De Gruyter Studium

Wilfried Härle

Ethik

De Gruyter

ISBN 978-3-11-017812-8
e-ISBN 978-3-11-024588-2

Library of Congress Cataloging-in-Publication Data

Härle, Wilfried, 1941–
  Ethik/Wilfried Härle.
    p. cm.
  Includes bibliographical references and indexes.
  ISBN 978-3-11-017812-8 (hardcover 23x15,5 : alk. paper)
  1. Christian ethics.   I. Title.
  BJ1253.H37 2011
  241--dc22
                                                    2010044276

Bibliografische Information der Deutschen Nationalbibliothek

Die Deutsche Nationalbibliothek verzeichnet diese Publikation in der Deutschen Nationalbibliografie; detaillierte bibliografische Daten sind im Internet über http://dnb.d-nb.de abrufbar.

© 2011 Walter de Gruyter GmbH & Co. KG, Berlin/New York

Druck: Hubert & Co. GmbH & Co. KG, Göttingen
Gedruckt auf säurefreiem Papier

Printed in Germany

www.degruyter.com

Amicis

Vorwort

Auf meine in diesem Verlag als Lehrbuch erschienene „Dogmatik"[1] folgt hiermit nach 15 Jahren die „Ethik". Zwischen beiden Büchern besteht inhaltlich und konzeptionell ein enger Zusammenhang. Das wird nicht nur in den Kapiteln 4 und 5 des Grundlegungsteiles sichtbar, die von den spezifischen Voraussetzungen und von den normativen Grundlagen christlicher Ethik handeln, sondern das betrifft diese Ethik im Ganzen. Im ersten Kapitel meiner Dogmatik habe ich mir unter der Überschrift: „Das Verhältnis von Dogmatik und Ethik"[2] die Verhältnisbestimmung zu eigen gemacht, die Schleiermacher diesen beiden Teildisziplinen der Systematischen Theologie gegeben hat. Überträgt man Schleiermachers Terminologie in die uns vertraute Sprache, dann kann man diese Verhältnisbestimmung so wiedergeben:

> Die Formel für die dogmatische Aufgabe ist die Frage: Was muss *sein*, weil es christlichen Glauben gibt? Die Formel für die ethische Aufgabe ist die Frage: Was muss *werden*, weil es christlichen Glauben gibt? Jede der beiden Disziplinen stellt also dasselbe dar, aber jede betrachtet es von einer anderen Seite.[3]

Die Dogmatik rekonstruiert und entfaltet demzufolge den Inhalt des christlichen Glaubens als angemessenes, wahres Verständnis der Wirklichkeit, wie sie ist. Die Ethik zieht aus diesem Wirklichkeitsverständnis die angemessenen, folgerichtigen Konsequenzen für das Handeln. Deshalb verweisen Dogmatik und Ethik immer wieder aufeinander, weil sie dasselbe, nämlich den christlichen Glauben, jeweils von einer anderen Seite aus betrachten.

Damit kommt auch in diesem Buch zum Ausdruck, dass es Ethik nicht unabhängig von religiös-weltanschaulichen Voraussetzungen gibt, sondern dass jeder Ethik ein religiöses oder weltanschauliches Verständnis von der Wirklichkeit, insbesondere vom Menschen und seiner Bestimmung zugrunde liegt. Dieses Wirklichkeitsverständnis und Menschenbild wird in der Ethik unter Bezugnahme auf die konkreten

---

[1] W. Härle, Dogmatik, Berlin/New York (1995) 2007³.
[2] A. a. O., S. 38 f.
[3] F. Schleiermacher, Die christliche Sitte nach den Grundsätzen der evangelischen Kirche im Zusammenhange dargestellt, Hg. L. Jonas, Berlin 1884², S. 23.

Herausforderungen zum Handeln, denen wir als Menschen permanent ausgesetzt sind, entfaltet und dabei im Blick auf seine Angemessenheit hin reflektiert und überprüft.

Eine solche Ethik wendet sich in erster Linie an Menschen, die sich dem christlichen Glauben innerlich verbunden und zugehörig fühlen und die für sich selbst und für andere Klarheit darüber gewinnen wollen, was aus dem christlichen Glauben für das menschliche Handeln (und seine Grenzen) folgt. Ich denke dabei sowohl an interessierte Christenmenschen wie an Pfarramts- und Lehramtsstudierende der Theologie, aber auch ganz besonders an die Frauen und Männer, die in Kirche und Schule beruflich mit der Aufgabe betraut sind, den christlichen Glauben auf seine ethische Bedeutung hin zu befragen, zu bedenken und zu vermitteln.

Eine solche Ethik wendet sich aber auch an Menschen, die einer anderen Religion oder gar keiner Religionsgemeinschaft angehören, aber sehr wohl daran interessiert sind zu erkunden, ob und inwieweit die christliche Ethik für sie eine tragfähige, überzeugende Option sein könnte oder mit ihren grundlegenden Überzeugungen übereinstimmt.

Diese Ethik will keinen Überblick über das geben, was es in Vergangenheit und/oder Gegenwart unter der Überschrift ‚Ethik' gegeben hat und gibt, sondern sie will zum ethischen Denken und Urteilen anleiten. Zu diesem Zweck trage ich hier das vor, was sich *mir* im Laufe meines Lebens in der Beschäftigung mit philosophischer und theologischer Ethik, mit christlicher und nicht-christlicher Ethik als überzeugend und tragfähig erschlossen hat. In diesem Zusammenhang wird natürlich viel von anderen Ethiken – zustimmend und abgrenzend – die Rede sein und werden solche anderen Positionen auch dargestellt. Aber das ist nicht gemeint als Wissensstoff, der um seiner selbst willen interessant ist, sondern als ein Denk- und Orientierungsangebot, das kritisch geprüft und nur insoweit übernommen werden soll, als es einleuchtet. Die paulinische Devise: „Prüfet aber alles, und das Gute behaltet" (1 Thess 5,21) gilt für das ganze Leben, aber sie passt besonders gut für eine Ethik.

Das Ziel dieser Ethik besteht auch nicht darin, verbindliche, verpflichtende Normen vorzugeben, sondern zu einer gut begründeten *eigenen* ethischen Urteilsbildung anzuleiten. Dazu werden ganz unterschiedliche Konzeptionen und Auffassungen vorgestellt und kritisch diskutiert. Nicht selten wird dabei deutlich, welche Position der Autor dieser Ethik für besonders überzeugend (oder für besonders problematisch) hält, aber auch das hat nicht den Sinn, ethische Vorschriften zu machen, sondern zum *eigenen* ethischen Nachdenken und Entscheiden anzuregen. Es ist nicht die Aufgabe einer Ethik, anderen Menschen ethische Entscheidungen abzunehmen, sondern ihnen Anregungen und

Hilfestellungen zu geben, damit sie besser zu den für sie selbst überzeugenden und tragfähigen Antworten finden können.

Dem dient das Bemühen, auch in dieser Ethik in einer möglichst *verständlichen* Sprache zu schreiben und theoretische Zusammenhänge durch Beispiele zu veranschaulichen. Letzteres dient zugleich dazu, den Bezug der Ethik zur Lebenswelt nicht aus dem Blick zu verlieren.

Diese Ethik ist in der Hoffnung geschrieben, dass sie sowohl als gemeinsamer Bezugstext für Seminare, Übungen oder Repetitorien als auch für das Selbststudium Einzelner oder kleiner Gruppen geeignet ist. Wer sie als Grundlage für die Examensvorbereitung – sei es das Pfarramts- oder ein Lehramtsexamen – benutzen möchte, muss den Teil B nicht notwendigerweise ganz durcharbeiten, sondern kann aus diesen ethischen Konkretionen ein oder zwei Kapitel auswählen. Jedes dieser Kapitel steht für sich. Wo es wichtige inhaltliche Zusammenhänge gibt, wird dies durch Querverweise sichtbar gemacht. Einen besonders knappen, konzentrierten Zugang zur Ethik bietet Teil C mit dem in einem einzigen Kapitel komprimierten sozialethischen Überblick.

Alle Teile dieser Ethik sind durch Vorlesungen, Seminare und Übungen hindurch- und aus ihnen hervorgegangen. Durch die Rückfragen, Kommentare und Kritik meiner Hörerinnen und Hörer bin ich dabei oft zu genaueren und differenzierteren Aussagen oder zu Korrekturen meiner bisherigen Auffassungen angeregt worden. Dafür sage ich den vielen – jüngeren und älteren – Menschen Dank, die mir insbesondere während meiner Lehrtätigkeit in Heidelberg solche Anregungen reichlich haben zuteilwerden lassen.

Herzlich möchte ich den Menschen danken, die mir bei der Niederschrift, bei den Korrekturen sowie bei der Anfertigung der Register behilflich waren: Dr. Frank-Martin Brunn, Astrid Faehling, Gertraud Kramer und Gisela Ramming-Leupold. Ich habe von ihrer gründlichen Hilfe außerordentlich profitiert.

Ein besonderer Dank gebührt ferner Prof. Dr. Dr. Thomas Fuchs und durch ihn dem Marsiliuskolleg Heidelberg für die Finanzierung von Hilfskraftarbeiten zur Fertigstellung des Bandes.

Danken möchte ich schließlich dem Verlag Walter de Gruyter, besonders den beiden (früher und jetzt) für Theologie zuständigen Ressortleitern, Dr. Claus-Jürgen Thornton und Dr. Albrecht Döhnert, die diese Veröffentlichung von Anfang bis zum Ende mit freundlichem Interesse, großem Sachverstand und unermüdlicher Geduld begleitet haben.

Ich widme diese Ethik den Frauen und Männern, mit denen ich mich freundschaftlich eng verbunden fühle – in Zuneigung und Dankbarkeit.

Heidelberg, den 27. Januar 2010   Wilfried Härle

Inhaltsverzeichnis

Vorwort VII
Abkürzungsverzeichnis XV

Einführung 1

Teil A: Grundlegung der Ethik 7

1   Zur Konzeption dieser Ethik 9
1.1   Begriffsklärungen 9
1.2   Ethische Teildisziplinen 12
1.3   Unterschiedliche Aspekte der Ethik 15
1.4   Näherbestimmung ethischer Normen 17
1.5   Konzeptionelle Vorentscheidungen für diese Ethik . . . 19
1.6   Ethik als theologische Disziplin 27

2   Soziologische und anthropologische Voraussetzungen
       der Ethik 29
2.1   Das Angewiesensein der Gesellschaft auf Ethos und Ethik . 30
2.2   Orientierungsbedarf und Bildungsfähigkeit des Menschen . 35
2.3   Individueller und gesellschaftlicher ethischer
       Orientierungsbedarf 54

3   Konstitutive Elemente der Ethik 65
3.1   Der Gegenstand der ethischen Reflexion 66
3.2   Der Gehalt des Ethischen 73
3.3   Die Formen des Ethischen 81
3.4   Das Subjekt des Ethischen 92
3.5   Die normative ethische Instanz 102
3.6   Der Kontext des Ethischen 129

4   Spezifische Voraussetzungen christlicher Ethik 134
4.1   Das Evangelium von Christus Jesus als Inbegriff
       der christlichen Botschaft 136
4.2   Das christliche Menschenbild 141
4.3   Das christliche Gottesverständnis 151

5	Normative Grundlagen christlicher Ethik	158
5.1	Biblische Grundlagen christlicher Ethik	158
5.2	Die Bedeutung der biblischen Grundlagen nach reformatorischem Verständnis	191
5.3	Liebesgebot, ethische Aporie und ethische Verantwortlichkeit	197
5.4	Auf dem Weg zu einer Leitbildethik	204
6	Ethische Urteilsbildung	207
6.1	Ethische Urteilsbildung und Wirklichkeitsverständnis	209
6.2	Anlass und Ziel ethischer Urteilsbildung	216
6.3	Schritte ethischer Urteilsbildung	218

Teil B: Konkretisierungen der Ethik 229

1	Menschenwürde	231
1.1	Ursprung des Begriffs „Menschenwürde"	232
1.2	Was ist unter „Menschenwürde" zu verstehen?	236
1.3	Menschenwürde als rechtlicher und ethischer Grundbegriff	245
1.4	Träger der Menschenwürde	251
1.5	Worin ist Menschenwürde begründet?	257
2	Gesundheit und Krankheit	262
2.1	Gesundheit und Krankheit im Menschenbild des Christentums	263
2.2	Normative Grundlagen der Medizinethik	272
2.3	Medizinethische Probleme am menschlichen Lebensbeginn	276
2.4	Medizinethische Probleme am menschlichen Lebensende	297
3	Sexualität, Liebe und Lebensformen	304
3.1	Sexualität	304
3.2	Liebe	328
3.3	Lebensformen	343
4	Gerechtigkeit	365
4.1	Gerechtigkeit als Gleichbehandlung des Gleichen	372
4.2	Gerechtigkeit und Billigkeit	381
4.3	Gerechtigkeit als Fairness und Verfahrensgerechtigkeit	383
4.4	Gerechtigkeit und Liebe	388

5	Friede	392
5.1	Friedensethische Entwicklung und Standortbestimmung	392
5.2	Vom gerechten Krieg zum gerechten Frieden	408
6	Das rechte Wort zur rechten Zeit	429
6.1	Sprache – (k)ein Thema der Ethik?	429
6.2	Die grundlegende Bedeutung der Sprache für das menschliche Leben	432
6.3	Das rechte Wort	435
6.4	Die rechte Zeit für das rechte Wort	444

Teil C: Überblick über die evangelische Sozialethik 447

1	Quellen	449
2	Konzeptionen	455
3	Inhaltliche Schwerpunkte	463

Bibelstellenregister 471
Personenregister 476
Begriffsregister 483

Abkürzungsverzeichnis

A. a. O.	Am angegebenen Ort, d.h. in der zuletzt zitierten Quelle
Abt.	Abteilung
Art.	Artikel
BSLK	Die Bekenntnisschriften der evangelisch-lutherischen Kirche
BVerfGE	Bundesverfassungsgerichtsurteile
CA	Confessio Augustana (Augsburgisches Bekenntnis)
DBK	Deutsche (Katholische) Bischofskonferenz
DH	Denzinger/Hünermann, Enchiridion symbolorum, definitionum et declarationum
Ebd.	Ebenda, d.h. an der zuletzt zitierten Stelle
EKD	Evangelische Kirche in Deutschland
EvTh	Evangelische Theologie
ESchG	Embryonenschutzgesetz
GG	Grundgesetz
GW	Gesammelte Werke
HWP	Historisches Wörterbuch der Philosophie
KGA	Kritische Gesamtausgabe
LDStA	Martin Luther Lateinisch-deutsche Studienausgabe
Lit.	Literaturangaben
MJTh	Marburger Jahrbuch Theologie
MThSt	Marburger Theologische Studien
NZSTh	Neue Zeitschrift für Systematische Theologie
par.	Dazu gibt es eine (synoptische) Parallelstelle
parr.	Dazu gibt es mehrere (synoptische) Parallelstellen
Rdnr.	Randnummer
PGD/PID	Präimplantationsdiagnostik
PL	Patrologia Latina
PND	Pränataldiagnostik
RGG	Religion in Geschichte und Gegenwart
SchKG	Schwangerschaftskonfliktgesetz
StGB	Strafgesetzbuch
SD	Solida declaratio
TRE	Theologische Realenzyklopädie
VELKD	Vereinigte evangelisch-lutherische Kirche Deutschlands

vs.	versus/gegen
WA	Weimarer Ausgabe
WA Br	Weimarer Ausgabe, Briefe
WA DB	Weimarer Ausgabe, Deutsche Bibel
ZEE	Zeitschrift für evangelische Ethik
ZevKR	Zeitschrift für evangelisches Kirchenrecht
ZSTh	Zeitschrift für Systematische Theologie
ZThK	Zeitschrift für Theologie und Kirche

Einführung

Beim Aufbau dieser Ethik gehe ich so vor, dass ich in einem ersten Hauptteil A die Grundlegungsfragen der Ethik behandle. Dabei beginne ich in den ersten drei Kapiteln mit den *allgemeinen* Fragen, die für *jede* Ethik gelten, sei sie philosophisch oder theologisch, religiös oder säkular. Das sind zunächst die Fragen, die sich auf das *Thema* einer Ethik beziehen (A 1). Dazu gehören die bei diesem Thema anstehenden Begriffsklärungen, die Verständigung über ethische Teildisziplinen und Aspekte, die Näherbestimmung ethischer Normen sowie konzeptionelle Vorentscheidungen und Abgrenzungen, kurz: hierzu gehören die Fragen, die sich auf die Ethikkonzeption dieses Buches richten. Dem folgt in einem nächsten Kapitel (A 2) der Blick auf die *soziologischen und anthropologischen Voraussetzungen der Ethik*, zu denen vor allem die Fragen nach dem gesellschaftlichen Ethikbedarf und nach der individuellen ethischen Bildungsfähigkeit gehören. Danach (A 3) sollen die *konstitutiven Elemente* der Ethik aufgelistet und diskutiert werden. Hierzu zähle ich die Fragen nach: dem *Gegenstand*, dem *Gehalt*, den *Formen*, dem *Subjekt*, der *normativen Instanz* und dem *Kontext* der Ethik.

Die beiden folgenden Kapitel (A 4 und A 5) entsprechen dann in Thematik und Abfolge den Kapiteln A 2 und A 3, sind aber bezogen auf die *christlich-theologische* Ethik. Kapitel A 4 thematisiert die *spezifischen Voraussetzungen* der christlichen Ethik, die man zusammenfassend als das christliche Wirklichkeitsverständnis bezeichnen kann, das als ein spezifisches Verständnis von Gott, Welt und Mensch zu entfalten ist. Das sich daran anschließende Kapitel A 5 ist das *inhaltliche Zentrum* dieser Ethik, weil es die *normativen Grundlagen*, aber auch die Grenzen der christlich-theologischen Ethik zum Gegenstand hat. In diesem Kapitel wird es auch darum gehen, die bekanntesten ethischen Normen der biblischen Überlieferung (u.a. die Zehn Gebote [Dekalog], die Goldene Regel, das Liebesgebot) zu diskutieren.

Das nächste, den Grundlegungsteil abschließende Kapitel (A 6) behandelt die Theorie der *ethischen Urteilsbildung*, die dazu anleiten und befähigen soll, die bis dahin gewonnenen grundlegenden ethischen Einsichten so in die Form geordneter Gedanken- und Urteilsschritte zu bringen, dass sie in überprüfbarer Weise auf konkrete ethische Fragestellungen und Probleme angewendet werden können.

In dem dann folgenden Teil B geht es um *Konkretionen der Ethik*, durch die einerseits das bisher Erarbeitete umgesetzt werden soll, andererseits die ethischen Handlungsfelder systematisch in den Blick genommen werden sollen, die bis dahin nur in Form exemplarischer Beispiele zum Zweck der Veranschaulichung auftauchten. Auf solche Konkretionen richtet sich naturgemäß das vorrangige Interesse der meisten Menschen, die sich mit Ethik beschäftigen; denn in dieser Form begegnen einem normalerweise die ethischen Fragen, Herausforderungen und Probleme im alltäglichen Leben, z. B. als Entscheidung für oder gegen einen Schwangerschaftsabbruch, für oder gegen eine Ehescheidung, zwischen Wehrdienst und Zivildienst.

Die Liste der hier behandelten sechs Handlungsfelder könnte unbegrenzt, wenn auch sicher mit nachlassender Plausibilität, erweitert werden; denn die möglichen ethischen Konflikt- und Entscheidungssituationen sind so umfassend wie das Leben, in dem sie vorkommen. Damit stellt sich für eine Ethik natürlich ein Problem, das sogar mehrere Aspekte hat. Das Problem lautet: In welcher Form kann und soll die prinzipiell unbegrenzte Fülle konkreter ethischer Herausforderungen im Rahmen eines solchen Buches behandelt werden? Und dieses Problem hat einen räumlichen, einen zeitlichen und einen wissenschaftstheoretischen Aspekt.

- *Räumlich* geht es um die Frage, welche *Fülle* an ethischen Konkretionen sinnvollerweise in einer Ethik untergebracht und von ihrem Autor und ihren Rezipienten verarbeitet werden kann.
- *Zeitlich* geht es um die Frage, wie den *Veränderungen*, die im Bereich ethischer Konkretionen permanent stattfinden, in einer (gedruckten) Ethik Rechnung getragen werden kann.[1]
- *Wissenschaftstheoretisch* geht es um die Frage, wie der Autor einer solchen Ethik das *Wissen* erwerben und ständig aktualisieren soll, das in all diesen Bereichen Voraussetzung für das Verstehen und für die fundierte Entscheidung von Problemen ist.

---

[1] Zur Veranschaulichung ein Beispiel: Im Jahr 1998 erschien ein dreibändiges Lexikon der Bioethik mit mehr als 2500 Seiten. Dieses Werk enthielt keinen Artikel über „Stammzellen" oder „Stammzellforschung". Im November desselben Jahres wurden erstmals Stammzellen aus sog. „überzähligen" menschlichen Embryonen gewonnen. Dadurch wurde die Forschung an und mit embryonalen Stammzellen in kürzester Zeit zu einem der meistdiskutierten Probleme der Bioethik und blieb es für mehrere Jahre. Das konnten die Herausgeber des Lexikons nicht voraussehen, aber es beeinträchtigte den Wert dieser Publikation schon nach kurzer Zeit beträchtlich.

Keiner dieser drei Aspekte kann ausgeschlossen oder umgangen werden. Sie müssen respektiert werden, und zwar durch strikte *Begrenzung* der Themen, die als ethische Konkretionen behandelt werden. Und mit der zu treffenden Auswahl kann nicht einmal der Anspruch verbunden werden, sie sei repräsentativ. Das könnte die Überlegung nahelegen, ganz auf solche Konkretionen zu verzichten und nur eine Grundlegung der Ethik zu veröffentlichen. Aber der damit verbundene Verlust wäre aus meiner Sicht doch zu groß. Unsere geschichtliche und gesellschaftliche Situation wird zu Recht als „posttraditional" bezeichnet, weil in ihr viele Überlieferungen abhanden gekommen oder fragwürdig geworden sind, an denen Menschen über lange Zeit hin ihr Verhalten orientiert haben. Das hat aber zur Folge, dass Individuen und Gruppen permanent mit Entscheidungssituationen konfrontiert werden, in denen sie nicht auf vorgegebene, bewährte Verhaltensmuster und Begründungszusammenhänge zurückgreifen können. Angesichts dieser Situation wäre es m. E. nicht zu rechtfertigen, auf solche Konkretionen ganz zu verzichten. Angemessener scheint es mir jedoch zu sein, die Erwartungen an einen solchen Konkretisierungsteil der Ethik *bescheiden* zu formulieren und realistisch *niedrig* zu hängen. Deswegen verzichte ich darauf, in diesem Teil umfassende, überblicksartige Einführungen in die verschiedenen Bereichsethiken (wie z.B. Medizin- und Bioethik, Sexualethik, Rechtsethik, Wirtschaftsethik, Ökologische Ethik, Ethik des Politischen, Ethik der Kultur) zu geben. Stattdessen wähle ich einige *Grundthemen* (wie Sexualität, Liebe und Lebensformen, Gesundheit und Krankheit sowie Sprache) und *Grundbegriffe* (wie Menschenwürde, Gerechtigkeit sowie Friede) aus, die in aktuellen ethischen Diskussionen eine hervorgehobene Rolle spielen und auch einen Bezug zu der konkreten Lebenssituation der Leserinnen und Leser haben dürften. Dass auch sie nur eine kleine Auswahl darstellen und überdies nur *ausschnitt*artig, bezogen auf *gegenwärtige* Diskussionen und auf den *begrenzten Kenntnisstand* des Verfassers diskutiert werden, sei ausdrücklich hinzugefügt.

Die Abfolge der Kapitel in Teil B ergibt sich *nicht* aus einem systematischen Prinzip, sondern aus einer eher assoziativen Verknüpfung. So erschien es mir sinnvoll, diesen Konkretisierungsteil mit dem Thema „Menschenwürde" (B 1) zu beginnen, das bereits in der Grundlegung eine wichtige Rolle spielte und sich deshalb als Scharnier zwischen Grundlegung und Konkretionen eignet.

Da das Thema „Menschenwürde" bei der medizinethischen Diskussion um Probleme am menschlichen Lebensbeginn und Lebensende eine herausragende Rolle spielt, bot es sich an, das Thema „*Gesundheit und Krankheit*" (B 2) im Anschluss an die Menschenwürde folgen zu lassen.

Die starke Orientierung am menschlichen *Leib* ist die Brücke, die von der medizinethischen Konkretion zum Thema „*Sexualität, Liebe und Lebensformen*" (B 3) führt, dem umfangreichsten Kapitel des Konkretisierungsteils, was sich aus den drei im Thema genannten und miteinander verbundenen Themenaspekten ergibt.

Von den Lebensformen aus bot sich für mich zunächst der Übergang zum Thema „Friede" an, aber die Tatsache, dass durch das Leitbild „gerechter Friede" in der Friedensdiskussion bereits das Thema „Gerechtigkeit" vorausgesetzt wird, während das Umgekehrte nicht gilt, hat mich schließlich zu der Umstellung veranlasst, derzufolge nun zunächst das Thema „*Gerechtigkeit*" (B 4) und erst danach das Thema „*Friede*" (B 5) behandelt wird.

Den Abschluss dieses zweiten Teils der Ethik bildet das Kapitel, das unter der Überschrift „Das rechte Wort zur rechten Zeit" (B 6) ein in den Lehrbüchern der Ethik nur selten behandeltes Thema aufgreift: eine *Ethik der Sprache*. Da Sprache *das* Medium der Ethik ist, hätte es auch guten Sinn gemacht, den Teil B mit diesem Kapitel zu beginnen. Dass ich mich nicht für diese Möglichkeit entschieden habe, hat den (kontingenten) Grund, dass ich meine Lehrtätigkeit an der Theologischen Fakultät der Universität Heidelberg im Oktober 2008 mit einer Vorlesung über dieses Thema offiziell abgeschlossen habe. Deshalb erschien es mir nun auch sinnvoll, den Teil der Ethik über die ethischen Konkretionen mit diesem Thema zu beenden.

Den inhaltlichen Abschluss dieser Ethik bildet ein komprimierter „Überblick über die evangelische Sozialkethik", der als Teil C gekennzeichnet ist.

Dass eine solche überblicksartige Präsentation von Grundlinien der evangelischen Sozialethik ihren Ort am Ende dieses Buches findet, erfüllt drei Funktionen:

- Es thematisiert mit dem Stichwort „*Sozial*ethik" einen Aspekt der Ethik, der durchgehend mitgedacht wurde, aber nicht immer thematisiert werden konnte.
- Es setzt mit dem Stichwort „*evangelisch*" einen konfessionellen Akzent, der ebenfalls durchgängig vorhanden war, aber nur selten explizit zur Geltung kommen konnte.
- Es bietet unter dem Stichwort „*Grundlinien*" so etwas wie eine Zusammenfassung, die zur abschließenden Lektüre geeignet ist, die aber auch als Ouvertüre gelesen werden kann.

Die in diesem Rahmen nur mögliche knappe Skizzierung von Grundlinien ist so aufgebaut, dass zunächst (1) nach den *Quellen* im Sinne der normativen Grundlagen gefragt wird, sodann (2) unter dem Leitbegriff *Konzeptionen* nach den unterschiedlichen Orientierungsmodellen, die in der evangelischen Sozialethik in Geschichte und Gegenwart eine dominierende Rolle gespielt haben und noch spielen, schließlich (3) unter dem Stichwort *Inhalte* nach den wichtigsten Aussagen, in denen die evangelische Sozialethik ihr spezifisches theologisches Profil zu erkennen gibt.

Drei Register, ein Bibelstellen-, ein Personen- und ein Begriffsregister, schließen den Band ab.

Literaturangaben zu den einzelnen Themen dieses Buches finden sich in der Regel jeweils in den ersten Anmerkungen der einzelnen Kapitel.

Teil A

Grundlegung der Ethik

1 Zur Konzeption dieser Ethik[1]

1.1 Begriffsklärungen

Begriffe wie „Ethik", „Ethos", „ethisch" oder „Moral", „Morallehre", „Moraltheologie", „Moralphilosophie", „moralisch" sowie „Sittenlehre", „Sittlichkeit" und „sittlich" sind zwar den meisten Menschen bekannt und mehr oder weniger vertraut, aber es ist nicht leicht, sie exakt zu definieren und deren Verhältnis zueinander genau zu bestimmen. Eine solche Klärung hängt immer auch von inhaltlichen Einsichten ab und ergibt sich daher erst fortschreitend aus der Entfaltung der Ethik selbst. Aber um überhaupt beginnen zu können, brauchen wir zumindest Arbeitsdefinitionen zur vorläufigen Verständigung. Woher können wir sie gewinnen?

Exkurs zur Begriffsbestimmung:
Der naheliegendste und bequemste Weg ist der Griff nach einem Wörterbuch[2]. Stößt man hierbei auf unbefriedigende oder unklare Auskünfte oder will man das, was dort behauptet wird, selbst überprüfen und nachvollziehen, so stehen zwei Wege offen, die man als *etymologisch* bzw. diachron und als *definitorisch* bzw. synchron bezeichnen und voneinander unterscheiden kann.

Das *etymologische* Verfahren arbeitet begriffs*geschichtlich* und versucht, durch Rückgang auf die Wurzel(n) und Wandlungen von Begriffen deren Bedeutung auf die Spur zu kommen. Auch hierfür stehen – etymologische – Wörterbücher als Hilfsmittel zur Verfügung. Gegen dieses Verfahren wird gelegentlich eingewandt, dass synonyme Begriffe für ein und dieselbe Sache in den verschiedenen Sprachen häufig ganz unterschiedliche geschichtliche Entwicklungen durchgemacht hätten, dass es teilweise zu erheblichen Bedeutungsverschiebungen in der Sprachgeschichte gekommen sei und dass deswegen der Etymologie nichts Verlässliches entnommen werden könne. Das trifft tatsächlich in vielen Fällen zu.

---

[1] Vgl. dazu W. Lienemann, Grundinformation Theologische Ethik, Göttingen 2008, S. 11–49.

[2] Die ausführlichsten und in der Regel zuverlässigsten Informationen erhält man aus dem Historischen Wörterbuch der Philosophie (HWP) Bd. 1–12 (Darmstadt 1971–2004). Für eine erste Information eignet sich aber auch das von O. Höffe herausgegebene Lexikon der Ethik (München 1977, 2002[6]). Ferner können die unterschiedlichen philosophischen und theologischen Nachschlagewerke zu Rate gezogen werden.

So ist der Erkenntnisgewinn vergleichsweise gering, wenn jemand, der die Bedeutung des Begriffs „Gymnasium" erfassen will, erfährt, dass Gymnasium aus dem griechischen Wort „γυμνός" abgeleitet sei und dass dies „nackt" bedeute. Damit will ich freilich nicht bestreiten, dass selbst diese etymologische Information mittels einiger Zwischenschritte bildungstheoretische Einsichten erschließen könnte.

Wenn und wo die Etymologie ergiebig ist, hat sie in der Regel den großen Vorteil der Anschaulichkeit und Nachvollziehbarkeit; denn die Wurzeln unserer theoretischen Begriffe bezeichnen häufig etwas Konkretes, Einfaches, gut Vorstellbares und tragen insofern zum Verständnis bei. Das ist auch – wie sich gleich zeigen wird – im Blick auf die hier zur Klärung anstehenden ethischen Grundbegriffe der Fall.

Das *definitorische* bzw. synchrone Verfahren orientiert sich demgegenüber nicht an der Geschichte, sondern an der gegenwärtigen Bedeutung und versucht Begriffe dadurch zu klären, zu erfassen und zu bestimmen, dass es sie aufgrund ihrer Verwendung zu anderen, benachbarten Begriffen in Beziehung setzt, von ihnen abgrenzt und so definiert. Die Leitfrage dieses Verfahrens lautet: Welches Phänomen bliebe unbenannt, wenn es diesen Begriff nicht gäbe? Der Vorteil dieses definitorisch-synchronen Verfahrens liegt darin, dass es am Phänomen orientierte, sachlich gefüllte Ergebnisse zu Tage fördern kann. Der große Nachteil besteht freilich darin, dass schon ein relativ präzises *Vorverständnis* von dem fraglichen Begriff erforderlich ist, um diese Frage überhaupt begründet beantworten zu können. Diese Methode ist also ergiebig, setzt aber andere Zugänge, wie z.B. lexikalische oder etymologische Informationen bereits voraus.

Insofern empfiehlt es sich in dieser Frage – wie bei vielen anderen –, die Unterscheidung zwischen diesen unterschiedlichen Verfahren nicht als *Alternative* aufzufassen, sondern die verschiedenen Zugangswege sinnvoll miteinander zu kombinieren.

Dem philosophischen Lexikon[3] ist zu entnehmen, dass die ältesten substantivischen Begriffe in unserem abendländischen bzw. indogermanischen Sprach- und Kulturkreis einerseits der aus dem Griechischen stammende Begriff „*Ethos*" sowie anderseits der indogermanische Wortstamm „*sueth-*" sind.

Dabei hat der Begriff „Ethos" merkwürdigerweise *zwei* unterschiedliche, aber einander ähnliche griechische Wurzeln:

- „το ἦθος" bezeichnet den üblichen Wohnort, das Gehäuse, den Stall, die Wohnung; daraus leitet sich die Gewohnheit, die Sitte, der Brauch ab, und
- „το ἔθος" bezeichnet die Gewohnheit und die Gewöhnung und ist abgeleitet von dem Verb „ἐθίζειν", das üben oder gewöhnlich *tun* bedeutet.

---

[3] Im bereits (s. Anm. 2) genannten Historischen Wörterbuch der Philosophie sind die Art. „Ethos" von G. Funke und H. Reiner (HWP 2 [1972], Sp. 812–815) und „Sitte" von W. Kersting (HWP 9 [1995], S. 897–907) hierfür einschlägig.

Ähnlich ist der Befund bei der indogermanischen Wurzel „sueth-" (altindisch „svādhā-") des deutschen Begriffes „Sitte", der soviel wie Eigenart, Gewohnheit, Sitte und Heimstätte bedeutet.

All diese Wurzeln verweisen in ihrer Grundbedeutung also auf etwas, das *gewohnt* und *vertraut* ist – sei es aufgrund regelmäßiger Praxis, sei es durch gezielte Übung. Das zeigt, dass das Ethos und die Sitte etwas mit Be-heimat-ung und Ge-wohn-heit zu tun hat. Als mögliche negative Konnotation könnte sich damit die Vorstellung von Unbeweglichkeit, Überraschungsarmut und Erstarrung verbinden.

Es war wohl *Aristoteles*, der als erster den Begriff „*Ethik*" in der Form ἠθική θεωρία (ethische Theorie) geprägt hat.[4] Ethik unterscheidet sich dabei vom Ethos dadurch, dass es sich bei der Ethik um die kritische Reflexion des Ethos handelt unter der Leitfrage, ob das gewohnte, vertraute, übliche Verhalten tatsächlich das richtige, gute, gesollte Verhalten ist.

Sozialgeschichtlich ist der Entstehungsort von Ethik die Situation der allmählichen Auflösung der griechischen Polis im 5./4. Jh. v. Chr. Dass sich die kritische Frage bezüglich des überlieferten Ethos in einer solchen Situation der Auflösung fester Lebensverhältnisse mit ihrer hohen sozialen Bindung und Kontrolle stellt, ist nicht verwunderlich. In solchen Übergangssituationen pflegt sich die Frage zu stellen, ob das, was „man immer so gemacht" hat, auch tatsächlich das Richtige bzw. das Gute ist. Dieser Gedanke findet sich freilich auch schon bei Heraklit (ca. 535–475 v. Chr.).[5] Damit aber gewinnt automatisch die ethische Reflexion und Einsicht des *Einzelnen* erhöhte, ja grundlegende Bedeutung.

Im Lateinischen wird das Adjektiv bzw. Adverb „ethica" bzw. „ethice" sowohl als Lehnwort aus dem Griechischen *übernommen* als auch von *Cicero* erstmals mit „moralis" *übersetzt*, einem Adjektiv, das seinerseits aus dem Substantiv „mos" abgeleitet ist, das Brauchtum, Sitte oder Charakter bedeutet.

In der deutschen Sprache haben insbesondere im 18. und 19. Jahrhundert die Begriffe „Sitte" und „Sittlichkeit" – ohne scharfe Unterscheidung zwischen ihnen[6] – dominiert, bevor sie allmählich durch die

---

[4] In diesem Zusammenhang weist er freilich auch darauf hin, dass schon Sokrates bzw. Platon vor ihm theoretisch über das Ethische nachgedacht und gesprochen haben (Metaphysik 987 b).

[5] „Man darf nicht handeln und reden als Kind seiner Eltern, d.h. einfach: ‚wie wir's überkommen haben'" (Fragmente, in: W. Nestle [Hg.], Die Vorsokratiker, Wiesbaden 1956, S. 104, Nr. 11).

[6] Als berühmte Belege seien genannt Kants Schriften „Grundlegung zur Metaphysik der Sitten" (1785, 1786²) und „Metaphysik der Sitten" (1797) sowie Schleiermachers großes Werk über „Die christliche Sitte" (1843).

Begriffe „Ethos", „Moral" und „Ethik" verdrängt wurden und selbst eine veränderte Bedeutung annahmen. So bedeutet „Sitte" heute eher Brauchtum, Gewohnheit oder auch gute Manieren, während „Sittlichkeit"[7] in der Umgangssprache kaum noch eine Rolle spielt.

Die Verwendung der Begriffe „Moral" und „Ethos" bzw. „moralisch" und „ethisch" hat auch *konfessionelle* Aspekte. So kommt der Begriff „Moraltheologie" nur im römisch-katholischen Bereich vor, während im evangelischen Bereich üblicherweise stets von „Ethik" die Rede ist. Fragt man, ob damit auch inhaltliche Unterschiede verbunden sind, so kann man sagen: Die Begriffe „Moral", „Morallehre" und „moralisch" orientieren sich eher an der inneren Qualität einer *Handlung*, die getan oder unterlassen werden soll, während die Begriffe „Ethos", „Ethik" und „ethisch" eher auf die *Person* des Handelnden blicken und sich an deren Integrität orientieren.[8]

Ich gebrauche ‚Ethos' und ‚Moral' grundsätzlich als *gleichbedeutende* Bezeichnungen für die handlungsleitenden Überzeugungen – also Regeln oder Normen – von einzelnen Menschen oder Gruppen von Menschen hinsichtlich der Frage nach dem guten bzw. richtigen Handeln. ‚Ethik' verwende ich als Bezeichnung für die theoretische Reflexion des Ethos bzw. der Moral – aber auch für das Reflexionsprodukt, das dabei entsteht, z.B. in Form eines solchen Buches. Die Adjektive ‚ethisch' und ‚moralisch' gebrauche ich so, dass sie nicht grundsätzlich und trennscharf unterschieden werden, wohl aber ‚ethisch' eher eine Affinität zur reflektierenden und handelnden *Person*, ‚moralisch' dagegen eher eine Affinität zu den für verbindlich gehaltenen *Handlungsnormen* hat.

1.2 Ethische Teildisziplinen[9]

Mit handlungsleitenden Überzeugungen unter der Leitperspektive richtig/falsch, gut/böse, gesollt/erlaubt/verboten, also mit ethischen bzw. moralischen Normen kann man sich in drei unterschiedlichen Hinsich-

---

[7] Siehe dazu K. Stock, Art. „Sitte/Sittlichkeit", in: TRE 31 (2000), S. 318–333. In der Umgangssprache kommt dieser Begriff allenfalls in der negierten Form von „Unsittlichkeit" bzw. „unsittlich" vor, in der Regel bezogen auf sexuelles Fehlverhalten.

[8] So J. Fischer, Handeln als Grundbegriff christlicher Ethik. Zur Differenz von Ethik und Moral, Zürich 1983, S. 19–21.

[9] Siehe dazu F. von Kutschera, Grundlagen der Ethik, Berlin/New York 1982, S. 39–46.

ten beschäftigen. Jede dieser Beschäftigungen ist sinnvoll und wissenschaftlich notwendig und existiert darum als eine Teildisziplin der Ethik.

a) Deskriptive Ethik

Die deskriptive, also beschreibende Ethik orientiert sich an ethischen bzw. moralischen Normen unter der Leitfrage ihres faktischen Vorkommens, Beachtetwerdens und ihrer Reflexionsgestalten. Das heißt: Deskriptive Ethik kann sich mit gelebtem *Ethos* bzw. faktisch vorkommender und praktizierter *Moral* beschäftigen und dabei geschichtliche Entwicklungen, Unterschiede zwischen Kulturen, gesellschaftlichen Schichten und Milieus oder das Verhältnis zwischen moralischer Meinungsäußerung und moralischer Lebenspraxis[10] zum Gegenstand ihrer Untersuchung machen. Es gibt freilich auch eine Form deskriptiver Ethik, die sich ihrerseits auf *Ethik* bezieht, also die Geschichte oder Gegenwart der ethischen Theoriebildung untersucht oder die Beziehungen zwischen verschiedenen ethischen Theorien thematisiert. Insbesondere in Gestalt der „Geschichte der Ethik" spielt diese Disziplin auch in der Literatur[11] und im universitären Lehrbetrieb eine wichtige Rolle.

b) Normative Ethik

Versucht die deskriptive Ethik zu beschreiben, welche ethischen bzw. moralischen Normen und Verhaltensweisen sowie Theoriebildungen es

---

[10] Die von A. Kinsey nach dem 2. Weltkrieg groß angelegten Untersuchungen und daraus entstandenen Reports über das sexuelle Verhalten des Mannes und der Frau gehören in diesen Bereich der deskriptiven Ethik und zeigen einerseits, wie groß die Differenzen zwischen geäußerter moralischer Überzeugung und faktischen Verhalten sein können, vor allem aber: welchen Einfluss auf die moralischen Überzeugungen die Publikation und Bewusstmachung solcher Differenzen haben kann. Dies ist zugleich ein erster Punkt, an dem sich zeigt, dass zwischen den Teildisziplinen der – in diesem Fall deskriptiven und normativen – Ethik nicht nur Grenzen, sondern immer auch Übergänge bestehen.

[11] Exemplarisch sei hier verwiesen auf die große, zwei bzw. dreibändige „Geschichte der christlichen Ethik" von W. Gass, Berlin 1881–1887, weiter auf „Die Ethik des Protestantismus von der Reformation bis zur Gegenwart" von Ch. Frey, Gütersloh 1989, auf die außerordentlich gründliche und detaillierte „Geschichte der Ethik" von J. Rohls, Tübingen 1991 sowie auf den von F. Nüssel hg. Sammelband: Theologische Ethik der Gegenwart, Tübingen 2009.

gibt, fragt die normative Ethik danach, welche es *geben soll*. Ihr geht es darum, welche moralischen Normen *als gültig* vertreten werden können und welche ethischen Theorien Zustimmung *verdienen*. Damit kommen naturgemäß bei der normativen Ethik noch stärker als bei der deskriptiven Ethik der Standpunkt und die persönliche Überzeugung des jeweiligen Autors ins Spiel. Dies kann sich nachteilig auswirken, sofern abweichende Überzeugungen nicht fair dargestellt und beurteilt werden, es hat aber auch den Vorteil des Engagements und der Identifikation mit dem Vorgetragenen. Von den vorangegangenen Überlegungen zur Bedeutung der Begriffe her hat sich jedenfalls ergeben, dass diese Aufgabe der normativen Ethik offenbar ins Zentrum jeder Ethik gehört. Auch im Blick auf die normative Ethik gilt, dass es keine strikte Abgrenzung gegenüber der deskriptiven Ethik gibt, genauer gesagt: gegenüber den deskriptiven Elementen und Funktionen der Ethik. Für zahlreiche ethische Konzeptionen ist es wesentlich, dass sie auf deskriptiven und damit wahrheitsfähigen Grundlagen aufbauen. Damit gewinnt das Adjektiv ‚deskriptiv' einen etwas anderen Sinn als unter a) und insofern ist es wichtig, zwischen deskriptiver Ethik und deskriptiv fundierter normativer Ethik zu unterscheiden.[12]

c) Metaethik

Die Aufgabe der Metaethik ist die Klärung der Begriffe, Methoden und Argumentationsformen, mit denen in der Ethik – insbesondere in der normativen Ethik – gearbeitet wird. Als eine eigenständige Teildisziplin hat sich die Metaethik erst im 20. Jahrhundert herausgebildet. Als ihr Grundlegungswerk gelten die „Principia Ethica" von G. E. Moore (1873–1958), die im Jahr 1903 auf englisch, 1970 in deutscher Übersetzung erschienen sind. Aber Moore verwendete für seine „Principia Ethica" noch nicht den *Begriff* ‚Metaethik'. Dieser wurde meines Wissens erstmals knapp zwei Jahrzehnte später von Franz Rosenzweig[13] in Analogie zu Hans Ehrenbergs Begriff des ‚Metalogischen' geprägt. Bei Rosenzweig bezeichnet ‚Metaethik' aber – noch – nicht die Beschäftigung mit den Begriffen, Methoden und Argumentationsformen der Ethik, sondern die ontologisch-metaphysischen Grundfragen der

---

[12] Dass die „*normativen* Funktionen von E(thik) (Kritik und Begründung von Normen) ... in ihren *deskriptiven* begründet und enthalten" sind, betont nachdrücklich E. Herms in dem Art. „Ethik I", in: RGG⁴ 2 (1999), Sp. 1598–1601. Vgl. auch seinen Art. „Ethik V", a.a.O. Sp. 1611–1624.

[13] Der Stern der Erlösung, Frankfurt a. M. 1921, S. 16f. und 82ff.

Ethik. In dem hier beschriebenen Sinne kam der Begriff ‚Metaethik' erst in den fünfziger Jahren des 20. Jahrhunderts auf, verbreitete sich dann allerdings ganz schnell und setzte sich allgemein durch. Die Metaethik hat von ihrer Aufgabenstellung her eine Tendenz zum Formalismus und zur Abstraktion und unterscheidet sich damit deutlich von der deskriptiven und von der normativen Ethik. Aber sie leistet beiden wertvolle Hilfe bei der wissenschaftlichen Selbstklärung und -prüfung.[14]

1.3 Unterschiedliche Aspekte der Ethik[15]

Wenn ich hier von *Aspekten* der Ethik spreche, so geht es nicht um ethische Handlungs- bzw. Anwendungsfelder, wie z.B. Sexualität, Gesundheit/Krankheit, Politik, Recht, Technik etc., wie sie im Konkretisierungsteil dieser Ethik (B) angesprochen werden, sondern um verschiedene grundlegende *Dimensionen*, in denen Menschen in all solchen Handlungsfeldern existieren, sich verhalten müssen und darum von ethischen Fragen betroffen sind. Es geht vor allem um die Unterscheidung zwischen den beiden Fragen: „Was soll ich (unter den hier und jetzt gegebenen Umständen) *tun*?" (das ist Gegenstand der Individualethik) und: „Welchen Beitrag soll ich leisten, um die gegebenen Umstände jetzt oder in Zukunft zu *verändern*?" (damit befasst sich die Sozialethik). Die Beachtung dieses Unterschieds ist in mehrfacher Hinsicht wichtig:

- Zunächst, weil es bei beiden Fragen um unterschiedliche Handlungsalternativen und -ziele geht,
- sodann, weil es nicht zum selben Ergebnis führen muss, wenn ich in einer Entscheidungssituation bloß für mich – als Person – stehe und zu wählen habe, oder in einem Amt bzw. einer sozialen Funktion – z.B. als Lehrerin, Pfarrer, Abgeordnete, Richter – zugleich meine Verantwortung für die Erhaltung oder Veränderung gegebener Strukturen und Ordnungen wahrzunehmen habe.

---

14 Dazu gehören auch die speziellen Fragen der *deontischen Logik*, die für den Bereich der Ethik gültig sind, aus Raumgründen aber hier nicht verhandelt werden können. Es sei jedoch verwiesen auf einige grundlegende, einführende Werke zur deontischen Logik: G. Kalinowski, Einführung in die Normenlogik, Frankfurt a. M. 1973; H. Lenk (Hg.), Normenlogik. Grundprobleme der deontischen Logik, Pullach bei München 1974 sowie G. H. von Wright, Handlung, Norm und Intention. Untersuchungen zur deontischen Logik, Berlin/New York 1977.
15 Ausführliche Erwägungen hierzu finden sich bei A. Rich, Wirtschaftsethik, (Bd. I), Gütersloh 1984, S. 41–67.

Dass diese Unterscheidung nicht nur möglich, sondern sinnvoll und notwendig ist, zeigt sich insbesondere einerseits dort, wo es um die ethische Frage geht, welche rechtlichen Regeln und institutionellen Bedingungen in einer Gesellschaft gelten sollen und welche dieser Möglichkeiten von den einzelnen Personen tatsächlich in Anspruch genommen werden sollten, und andererseits an der gegenläufigen Frage, ob es in bestimmten Situationen ethisch legitim sein kann, bestehende gesetzliche Regelungen zu übertreten.

Dabei muss man zur Vermeidung von Missverständnissen hinzufügen, dass rechtliche Regelungen und institutionelle Bedingungen nicht nur der ethischen Begründung und Überprüfung bedürfen, sondern ihrerseits – zumindest mittel- und langfristig – auch erhebliche *Auswirkungen* auf das Ethos in einer Gesellschaft haben: Was strafrechtlich nicht sanktioniert wird, gilt vielen schon bald als ethisch in Ordnung, ja in bestimmten Bereichen[16] entsteht aus einer rechtlichen Möglichkeit ein – realer oder empfundener – Erwartungsdruck, von dieser Möglichkeit nun auch tatsächlich Gebrauch zu machen.

Deshalb ist es sinnvoll, an allen ethischen Fragen und Themen den *individual*ethischen und *sozial*ethischen *Aspekt* zu unterscheiden. Es wäre jedoch nicht sinnvoll, sondern eher problematisch, die Ethik in eine Individualethik und Sozialethik *aufzuteilen*, weil dadurch die Zusammengehörigkeit und die Wechselwirkung zwischen diesen beiden Aspekten aus dem Blick geraten könnten.[17] Eine Einteilung oder gar Aufteilung der Ethik in Individualethik (Pflichten gegenüber sich selbst), Personalethik (Pflichten gegenüber dem Mitmenschen), Sozialethik (Pflichten gegenüber der Gesellschaft) und Umweltethik (Pflichten gegenüber der Natur) vermischt und verwechselt leicht die beiden hier genannten Aspekte mit unterschiedlichen Handlungsfeldern oder birgt in sich die Gefahr einer inhomogenen, gespaltenen Ethik, die doch in *einer* Person vereinigt werden muss.

---

16 Ich denke hierbei insbesondere an die erweiterten Möglichkeiten der Pränataldiagnostik in Deutschland sowie an die Möglichkeiten der aktiven Sterbehilfe in den Niederlanden.

17 Dementsprechend dient auch Teil C dieser Ethik (Überblick über die evangelische Sozialethik) nicht einer solchen Aufteilung und isolierten Betrachtung, sondern lediglich der konzentrierten Darstellung des sozialethischen *Aspekts*, der in der gesamten Ethik mit enthalten ist.

1.4 Die Näherbestimmung ethischer Normen

Ich habe in Abschnitt 1.1 „Ethos" bzw. „Moral" vorläufig definiert als die Bezeichnung für die handlungsleitenden Überzeugungen von Menschen hinsichtlich der Frage nach dem guten, richtigen oder gesollten Handeln. Ich fasse diese handlungsleitenden Überzeugungen jetzt zusammen in dem Begriff „ethische Normen", wobei ich unter einer Norm einen Maßstab verstehe, an dem sich etwas messen lassen kann und muss.

Die Frage, die sich nun stellt, lautet: Haben wir es immer mit *ethischen* Normen zu tun, wenn es um Normen für gutes, richtiges oder gesolltes Handeln – bzw. in der Umkehrung gegen schlechtes, verwerfliches, falsches, verkehrtes oder verbotenes Handeln – geht? Oder gibt es auch andere Handlungsnormen, die sich auf richtig oder falsch, geboten, erlaubt oder verboten beziehen? Tatsächlich kennen wir aus unserem gesellschaftlichen Zusammenleben in Geschichte und Gegenwart eine ganze Reihe von Normen, die zumindest mit diesem *Anspruch* verbunden wurden und so auftraten: Normen der Sitte und des Brauchtums, der Religion, des Rechts oder der Politik, um nur einige zu nennen. Will man sich die Charakteristik dieser unterschiedlichen Normen und ihr Verhältnis zu ethischen Normen bewusst machen, braucht man Kriterien, die eine Unterscheidung und Zuordnung erlauben. Vier Kriterien scheinen mir dafür gut geeignet, aber auch ausreichend zu sein:

– Geltungsbereich, d.h. *für wen* beanspruchen die Normen Geltung?
– Geltungsgrund, d.h. *woraufhin* beanspruchen sie Geltung?
– Funktion, d.h. *wozu* beanspruchen sie Geltung?
– Sanktion, d.h. *wodurch* wird die Geltung einer Norm bekräftigt bzw. durchgesetzt?

Wenden wir diese Kriterien auf die oben beispielhaft genannten Handlungsnormen an, so ergibt sich:

a) *Rechtsnormen*, z.B. Strafgesetze gelten für die Bewohner des jeweiligen Staatsgebietes; ihr Geltungsgrund ist das rechtmäßige Zustandegekommensein durch die zuständigen Organe; ihre Funktion ist der Schutz der Lebenssphäre der Bürger und damit die Sicherung des Zusammenlebens; mögliche Sanktionen sind Freiheitsentzug, Ableistung von Sozialstunden, Entzug der Fahrerlaubnis und Geldstrafe.

b) *Individuelle Willensvorsätze*, sogenannte Maximen gelten nur für die eigene Person; ihr alleiniger Geltungsgrund ist der eigene Willensvorsatz; sie dienen einer besseren z.B. disziplinierteren oder anspruchsvolleren Lebensgestaltung und kennen als Sanktionen allenfalls selbst gesetzte Belohnungen bzw. Bestrafungen z. B. in Form von Selbstanklagen und -vorwürfen.

c) *Machtgestützte Willkürregeln*, wie sie in Familien, ideologischen Gruppen, sektenartigen Gemeinschaften oder totalitären Staaten vorkommen können, gelten für die Menschen im Machtbereich dessen bzw. derer, die die Herrschaft ausüben; deren Macht und Wille ist auch der alleinige Geltungsgrund; sie dienen der Stabilisierung der Macht der Herrschenden und sind mit unkalkulierbaren Sanktionen versehen, die die Freiheit sowie Leib und Leben der Untergebenen betreffen können.

d) Normen der *Sitte und des Brauchtums* gelten regional, in bestimmten Milieus oder ganzen Gesellschaften; ihr Geltungsgrund ist eine anerkannte und praktizierte Gewohnheit; sie fördern den erwartungssicheren, reibungslosen gesellschaftlichen Umgang und sind mit „weichen", aber durchaus spürbaren Sanktionen wie Gewährung oder Entzug von Achtung sowie Teilhabe am bzw. Ausschluss vom gesellschaftlichen Leben verbunden.

e) *Religiöse Normen*, die z. B. die Teilnahme am Kult oder rituelle Vollzüge regeln, gelten naturgemäß nur für die Angehörigen der jeweiligen Religionsgemeinschaft; ihr Geltungsgrund ist in der Regel im Willen der höchsten religiösen Autorität (Gottheit, heilige Schrift, Priesterschaft) zu suchen; ihre Funktion ist die Vermeidung von Sakrilegien und der ordnungsgemäße Vollzug des religiösen Lebens; Sanktionen können sich auf den vorübergehenden oder dauernden Ausschluss aus der religiösen Gemeinschaft oder den Verlust des Heils beziehen.

f) Setzt man dazu nun die *Normen des Ethos bzw. der Moral* in Beziehung, so ergibt sich,

- dass deren Geltungsbereich nicht regional oder sektoral eingeschränkt ist, sondern grundsätzlich *alle* handlungs- und verantwortungsfähigen Menschen umfasst;
- dass ihr Geltungsgrund kein anderer ist als die *persönliche Einsicht* der handelnden Menschen in die Gültigkeit dieser Norm;
- dass sie primär dazu dienen, die persönliche *Identität* und das gedeihliche *Zusammenleben* der Menschen zu sichern;
- dass sie durch Sanktionen *nicht erzwungen* werden dürfen und können,
- dass sie aber von Gewährung und Entzug von (Selbst-)*Achtung* begleitet sind.

Als Fazit ergibt sich, dass Normen des Ethos bzw. der Moral sich dadurch von anderen Handlungsnormen unterscheiden, dass für sie paradoxerweise *zugleich* ein tendenziell universaler Geltungs*anspruch und* ein bloß individueller Geltungs*grund*, nämlich die persönliche Einsicht, charakteristisch sind. Weil das Erste der Fall ist, darum gibt es (sachgemäßerweise) einen universalen *Diskurs* über ethische Normen, weil das Zweite gilt, darum sind in diesem Diskurs keine anderen als *argumentative Mittel* zulässig.[18]

1.5 Konzeptionelle Vorentscheidungen für diese Ethik

In diesem Abschnitt will ich zwei konzeptionelle Alternativen thematisieren und kurz diskutieren, die sich für jede Ethik stellen und deren Vorentscheidung in die eine oder andere Richtung von großer Bedeutung ist. Es handelt sich einerseits um die Vorentscheidung für eine universalistische (gegen eine partikulare, relativistische) Ethik (a), andererseits um die Vorentscheidung für eine kognitivistische bzw. realistische (gegen eine nonkognitivistische bzw. konstruktivistische) Ethik (b).

a) Universalistische versus partikulare, relativistische Ethik[19]

Wenn im vorigen Unterabschnitt (1.4) von mir vorausgesetzt wurde, dass ethische Normen grundsätzlich universale Geltung beanspruchen, so bestreitet der Relativismus, dass es überhaupt ethische Normen ge-

---

[18] Für die Ethik gilt daher dieselbe Regel wie für Religion und Glauben: „sine vi humana, sed verbo" (Confessio Augustana Art. 28, BSLK 124,9, dt.: „ohne menschliche[n] Gewalt, sonder allein durch Gottes Wort" [Zeile 4f.]). Die römisch-katholische Kirche hat sich im 2. Vatikanischen Konzil diese Auffassung zu eigen gemacht in der Erklärung über die Religionsfreiheit unter dem Titel „Dignitatis humanae" (siehe LThK² 13 [1967], S. 712–748, bes. S. 714–717). Aus der Sicht des Islam wird häufig auf die Koran-Aussage Sure 2,256 verwiesen: „Es sei kein Zwang im Glauben" (vgl. auch Sure 10,99: „Und wenn dein Herr gewollt hätte, so würden alle auf der Erde insgesamt gläubig werden. Willst du etwa die Leute zwingen, gläubig zu werden?").
[19] Siehe hierzu R. B. Brandt (Hg.), Value and Obligation, New York 1961, S. 433–440; H. Schnädelbach, Art. „Relativismus", in: J. Speck (Hg.), Handbuch wissenschaftstheoretischer Begriffe (Bd. 3), Göttingen 1980, S. 556–560; A. Pieper, Ethik und Moral, München 1985, S. 35–38; G. König, Art. „Relativismus", in: HWP 8 (1992), Sp. 613–622 sowie H. J. Wendel/W. Wolbert, Art. „Relativismus", in: TRE 28 (1997), S. 497–504.

ben *könne*, die diesem Anspruch genügen. Mit dieser Ablehnung kann Unterschiedliches gemeint sein und aus ihr können unterschiedliche Folgerungen gezogen werden.

– Ein Einwand gegen den Universalismus könnte in dem Hinweis bestehen, dass es keine ethischen Normen gibt, die von allen Menschen als gültig anerkannt werden. Ich halte für möglich, dass das richtig ist. Aber diese Auffassung hat mit Relativismus nichts zu tun, denn bei ihm geht es nicht um die *Anerkennung* ethischer Normen, sondern um deren uneingeschränkte *Reichweite*, d.h. um die Frage, ob sie von allen Menschen anerkannt werden *könnten*.
– Ein weiterer Einwand gegen den Universalismus könnte lauten: Es gibt keine ethische Norm, die über die ganze Geschichte der Menschheit hin und in allen Kulturen als gültig behauptet oder vertreten wird. Auch das halte ich für möglicherweise zutreffend, aber auch das hat mit Relativismus nichts zu tun; denn der von ihm bestrittene Universalismus behauptet nicht, dass universalisierbare, also für alle Menschen gültige ethische Normen *vorhanden* sind oder mit Geltungsanspruch *vertreten* werden, sondern dass sie für alle Menschen aller Zeiten und Kulturen gelten *können*.
– Ein dritter Einwand gegen den Universalismus könnte in dem Hinweis bestehen, dass von unterschiedlichen Menschen (und für sie) auch nur unterschiedliche ethische Normen vertreten werden *können*, weil die Unterschiede zwischen Menschen so grundlegend sind, dass es keine für alle Menschen gültigen ethischen Normen geben *kann*. Ob diese Auffassung richtig oder falsch ist, hängt davon ab, *welche* Unterschiede der Vertreter des Relativismus im Blick hat: Solche des Lebensalters, der kulturellen Prägung, der charakterlichen Veranlagung, der sozialen Stellung *oder* solche, die das Menschsein *als solches* betreffen. Unter den erstgenannten Perspektiven gibt es natürlich zahllose Unterschiede, die in der konkreten ethischen Urteilsbildung Beachtung verdienen und es z.B. verbieten, vorschnell eine Gleichheit der Interessen bei allen Menschen unabhängig von Alter, Geschlecht, Milieu etc. vorauszusetzen. Aber auch das wäre im hier definierten Sinne kein Relativismus. Nur die Behauptung, dass es unaufhebbare – moralisch relevante – Unterschiede zwischen Menschen *als solchen* gibt, so dass es unmöglich ist, auch nur *eine* ethische Norm zu formulieren, die mit dem Anspruch universaler Gültigkeit auftreten kann, wäre *echter Relativismus*.

Wer diese Auffassung vertritt, bestreitet, dass es ethische Normen im hier definierten Sinn überhaupt gibt, ja überhaupt geben kann. Er kann sogenannte ethische Normen dann nur als Normen der Sitte und des Brauchtums mit regionalem oder sektoralem Geltungsanspruch akzeptieren. Dementsprechend kann er auch seine sogenannten ethischen Normen anderen Menschen gegenüber nicht argumentativ als gültig vertreten – jedenfalls nicht jenseits des eigenen Sektors oder der eigenen Region. Die Folge dieser Auffassung wäre, dass es z.B. keine sachliche Berechtigung dafür gibt, gegen die Anwendung von Folter, gegen Vergewaltigungen, gegen Völkermord, gegen Kindesmisshandlung oder -missbrauch bei anderen Völkern, Kulturen, gesellschaftlichen Gruppen oder Individuen zu protestieren, wenn dies dort zu den anerkannten oder geduldeten Verhaltensweisen gehört. Eine solche Konsequenz wäre abwegig, weil sie zeigt, dass der Unterschied zwischen Brauchtum und Ethos (noch) gar nicht erfasst und verstanden worden ist.

Aber das ist nur ein Empfinden. Lässt sich dafür auch argumentieren? Der Vertreter der universalistischen Position unterscheidet grundsätzlich zwischen dem Geltungs*grund* und dem Geltungs*bereich* einer ethischen Norm und vertritt die Auffassung, dass aus dem individuellen Charakter des Geltungsgrundes, also der persönlichen Einsicht, keineswegs eine Beschränkung des Geltungsbereiches der so eingesehenen ethischen Norm folgt. Diese zweite Frage hängt vielmehr ausschließlich davon ab, ob eine ethische Norm widerspruchsfrei universalisiert, also als für alle Menschen gültig behauptet werden kann.[20] Das eröffnet die Möglichkeit, mit dem Streit zwischen Universalismus und Relativismus so umzugehen, dass der Vertreter der universalistischen Position die Aufgabe und den Anspruch übernimmt, nach ethischen Normen zu suchen und sie zu formulieren, die dem Anspruch auf Universalisierbarkeit – ohne Widerspruch – genügen, während der Vertreter der relativistischen Position den Gegenpart übernimmt, indem er versucht, solche ethischen Normen als nicht widerspruchsfrei universalisierbar zu *erweisen*. So könnte ein unfruchtbarer Prinzipienstreit in eine fruchtbare Auseinandersetzung verwandelt werden, die den ethischen Diskurs voranbringt.

Mit meiner Option für eine universalistische Position übernehme ich also die Aufgabe, nach ethischen Normen zu suchen, die dem Anspruch genügen, ohne Widerspruch universalisierbar zu sein, d.h. für alle Menschen gelten zu können. Und ich habe die Vermutung, dass es mehrere Kandidaten für solche universal gültigen ethischen Normen gibt, z.B.:

---

[20] Wir werden später noch einmal auf das Thema „Universalisierung" im Zusammenhang mit Kants kategorischem Imperativ zurückkommen. Dort wird sich zeigen, dass Universalisierbarkeit kein hinreichendes, wohl aber ein notwendiges Kriterium für moralische Normen ist.

– Die Würde jedes Menschen ist zu achten!
– Du sollst keinen Menschen ermorden!
– Was du nicht willst, dass man dir tu, das füg auch keinem andern zu!

Es wäre nun die Aufgabe des Vertreters der relativistischen Position, zu zeigen, dass solche ethischen Normen für bestimmte Menschen nicht als gültig behauptet werden können, weil man sich sonst in einen Widerspruch verwickelt.

b) Kognitivistische versus nonkognitivistische Ethik[21]

Mit dem Begriff „Nonkognitivismus" bezeichnet man üblicherweise die vor allem von Ch. L. Stevenson (1908–1979)[22] und A. J. Ayer (1910–1989)[23] vertretene Auffassung des Emotivismus, die auf die Theorie der Sprechakte von J. L. Austin (1911–1960)[24] und J. R. Searle (*1932)[25] aufbaut. Die Vertreter der emotivistischen Position vertreten die Auffassung, moralische Aussagen und Normen klängen zwar häufig wie Feststellungen („Diese Handlung ist moralisch richtig"), sie seien aber de facto etwas ganz anderes, nämlich Ausdrucksformen von subjektiven Gefühlen bzw. moralischen Einstellungen. Nun wird vermutlich niemand bestreiten, dass moralische Äußerungen tatsächlich *auch* Ausdruck moralischer Gefühle und subjektiver Einstellungen sind, die Frage ist, ob sie *nur* das, also nichts anderes als das sind. Genau dies behaupten die Vertreter der emotivistischen Position und damit behaupten sie zugleich, dass moralische Aussagen nicht wahr oder

---

[21] Siehe dazu G. Grewendorf/G. Meggle, Seminar: Sprache und Ethik, Frankfurt a. M. 1974; F. von Kutschera, Grundlagen der Ethik, Berlin/New York 1982, bes. S. 39–106; S. J. Schmidt (Hg.), Der Diskurs des Radikalen Konstruktivismus, Frankfurt a. M. 1987; D. Hartmann/P. Janich (Hg.), Methodischer Kulturalismus. Zwischen Naturalismus und Postmoderne, Frankfurt a. M. 1996; P. Schaber, Moralischer Realismus, Freiburg/München 1997; Ph. Foot, Die Natur des Guten (2001), dt. Frankfurt a. M. 2004; J. Fischer/S. Grotefeld/P. Schaber (Hg.), Moralischer Realismus, Stuttgart 2004.
[22] Ch. L. Stevenson, Ethics and Language, New Haven/ London 1968. Vgl. dazu auch A. MacIntyre, Der Verlust der Tugend (1981), dt. Frankfurt a. M. 1995, S. 19–56.
[23] A. J. Ayer, Sprache, Wahrheit und Logik, Stuttgart 1970.
[24] J. L. Austin, Zur Theorie der Sprechakte (How to do things with Words), Oxford 1962, dt. Stuttgart 1972.
[25] J. R. Searle, Sprechakte, Cambridge 1969, dt. Frankfurt a. M. 1971.

falsch sein können, sondern allenfalls einer bestimmten Gefühlslage oder Einstellung adäquat bzw. nichtadäquat sind. Der harte Kern des Emotivismus ist m.E. die Bestreitung der Wahrheitsfähigkeit moralischer Aussagen und damit zugleich die Bestreitung jeder Form eines ethischen Realismus, der es für möglich und gegebenenfalls sogar für notwendig hält, moralische Aussagen an Tatsachen – Phänomenen, Erfahrungen – zu kontrollieren. *Insofern* sind zur nonkognitivistischen Position in einem weiteren Sinne auch der Voluntarismus und der Konstruktivismus zu zählen, die moralische Äußerungen ausschließlich auf Willensentscheidungen und Setzungen zurückführen, sowie solche Diskurstheorien, die den im Diskurs erzielten Konsens als *hinreichendes* Kriterium für die Gültigkeit von Aussagen beurteilen. Verbunden sind all diese Auffassungen durch die gemeinsame Negation: Moralische Normen kommen nicht durch einen Akt der Wirklichkeitserkenntnis zustande und können auch nicht an ihr auf ihre Gültigkeit hin überprüft werden, sie sind also nicht wahrheitsfähig, sondern sie sind Ausdruck von moralischen Gefühlen oder Impulsen, Ergebnis von Willensentscheidungen oder das Resultat von Kommunikationsprozessen unter möglichst günstigen, z.B. herrschaftsfreien Bedingungen.[26]

Diese Interpretation ist freilich nicht notwendigerweise mit dem Verweis auf Gefühle, Willensentscheidungen oder Konsensprozesse verbunden. Man könnte ja auch die Auffassung vertreten, dass es gerade Gefühle, Willensakte oder Verständigungsprozesse sind, die uns einen – möglicherweise besonders adäquaten – Zugang zu der Realität erschließen, auf die sich moralische Normen beziehen. *Dann* wären die emotivistischen, voluntaristischen und konsensualistischen Theorien keine *non*kognitivistischen Theorien, sondern eine besondere Art von kognitivistischen Theorien – so wie man üblicherweise (und zu Recht) den Intuitionismus[27] zu den kognitivistischen Theorien rechnet.

Prüft man die einzelnen Spielarten nonkognitivistischer Theorien, so stellt sich zunächst die Frage, warum das menschliche Gefühl nicht in der Lage sein sollte, das zu erfassen und zu erspüren, was gut oder

---

[26] Mit diesem Zusatz, der auf die günstigen Kommunikationsbedingungen rekurriert, zieht freilich ein kognitivistisches und realistisches Element in diese Theorien ein, das eigentlich einen Fremdkörper in ihnen darstellt.

[27] Darunter versteht man die Theorie, dass moralische Aussagen weder von Grundprinzipien *abgeleitet* noch argumentativ *begründet* werden können und müssen, sondern aus einer unmittelbaren Erkenntnis, in der die Wahrheit gewissermaßen „geschaut" wird, resultieren. Bildlich gesagt: Der Intuitionismus geht davon aus, dass ethische Probleme und Lösungen *mit einem Blick* erfasst werden (können). Siehe dazu auch unten Kap. A 3, Abschn. 3.5.2 d.

böse ist. Auch wenn man nicht der Auffassung ist, dass das Gefühl ein *untrüglicher* Kompass zum Aufspüren moralischer Normen ist, so spricht doch vieles dafür, dass das Gefühl – etwa als Mitgefühl oder als Einfühlungsvermögen – ein wichtiges *Element* bei der Formulierung oder Überprüfung moralischer Normen ist.

Im Blick auf den Voluntarismus stellt sich die Frage, ob damit gemeint ist, dass es für die Willensentscheidungen *gute Gründe* gibt, die angebbar und überprüfbar sind, oder ob der Voluntarismus von einer völlig willkürlichen, beliebig gewonnenen Entscheidung ausgeht, die man ebenso gut durch Würfeln oder Losen treffen könnte. Nur Letzteres wäre eine konsequent nonkognitivistische Theorie, als solche freilich nicht sonderlich plausibel.

Auch die Konsenstheorie ist nur dann eine konsequent nonkognitivistische Theorie, wenn sie sich nicht verbindet mit der Überzeugung, dass der freie Diskurs besonders gute Chancen für Sachargumente und Realitätswahrnehmung bietet, sondern wenn sie genau dies bestreitet und stattdessen nur auf den Konsens als gruppendynamisches Ergebnis setzt. Wenn *das* richtig wäre, hätte der Konsens in einer Gruppe von Betrunkenen dieselbe ethische Gültigkeit und Aussagekraft wie der Konsens, der in einer Ethikkommission erzielt wird. Diese Überzeugung werden wohl nur wenige Menschen teilen. Im Übrigen tut sich die Konsenstheorie schwer, anzuerkennen, dass gültige neue Einsichten – auch im Bereich der Ethik – nur von Menschen gefunden werden können, die bestehende Konsense in Frage stellen und sich dafür auf Erfahrungen oder Argumente beziehen, die bisher nicht oder nicht genügend wahrgenommen und ernst genommen wurden. Richtig an der Konsenstheorie ist aber, dass die *Durchsetzung* und allgemeine *Anerkennung* solcher neuen Einsichten der Konsensbildung bedarf. Das ist allerdings ein ganz anderes Thema und wird vermutlich von niemandem bestritten.

Aber hat denn David Hume (1711–1776) nicht recht mit seiner These, dass aus noch so vielen Aussagen über das, was *ist*, nicht abgeleitet werden kann, was *sein soll*?[28] Es ist allgemein üblich geworden, den von Hume kritisierten Schluss von Seinsaussagen auf Sollensaussagen mit dem Begriff „naturalistischer Fehlschluss" zu bezeichnen.[29] Über

---

[28] Ein Traktat über die menschliche Natur, 3. Buch, 1. Teil, 1. Abschn. (PhBM 283b), S. 211f.

[29] Der Terminus „naturalistischer Fehlschluss" (engl. „Naturalistic Fallacy") stammt jedoch von G. E. Moore und bezeichnet bei ihm die Annahme, man könne den moralischen Begriff „gut" durch andere, nicht-moralische Begriffe bzw. Eigenschaften definieren (siehe G. E. Moore, Principia Ethica [1903], dt.

lange Zeit hin galt die Diagnose „naturalistischer Fehlschluss" als Nachweis eines schwerwiegenden argumentativen Fehlers, und in *einer* Hinsicht ist das auch der Fall: Aus Seinsaussagen als solchen lassen sich in der Tat keine Sollensaussagen (im Sinne einer Deduktion) *ableiten*. Aber Sollensaussagen – und übrigens auch Seinsaussagen – lassen sich im Sinne einer Letztbegründung *gar nicht* ableiten, sondern sie lassen sich nur (abduktiv[30]) entdecken, formulieren, rechtfertigen, überprüfen – und bei alledem gibt es unauflösliche Zusammenhänge zwischen Seins- und Sollensaussagen, von denen ich hier nur die drei wichtigsten nennen möchte:

– Der fundamentalethische Grundsatz, der bereits in der Antike formuliert wurde: „Ultra posse nemo obligatur" (d. h. „Niemand ist über sein Können hinaus zu etwas verpflichtet") kehrt in der modernen Regel: „Ought implies can" wieder und behauptet einen notwendigen Zusammenhang zwischen Sollen und Können, wobei Letzteres eindeutig zum Sein gehört.[31] Was man (im strengen Sinn des Wortes) nicht tun *kann*, davon gilt nicht die Aussage, dass man es tun *soll*. Insofern hängt Sollen von Können ab, und Können ist ein Aspekt von Sein.

Stuttgart 1970, S. 41). Vgl. dazu auch A. MacIntyre, Der Verlust der Tugend (s. o. Anm. 22), S. 199 ff.

30 Eine Abduktion ist eine dritte Form logischen Schließens neben Induktion und Deduktion. Möglicherweise hat schon Aristoteles (Analytika priora II,25) diese Schlussform unter dem Begriff „ἀναγωγή" gekannt. Als eigentlicher Entdecker der Abduktion gilt freilich der amerikanische Philosoph Ch. S. Peirce (1839–1914). Während die Deduktion von einer Regel und einem Fall auf das Ergebnis schließt und die Induktion von einem Fall und dem Ergebnis auf die Regel, schließt die Abduktion vom Ergebnis und der Regel auf den Fall. Nur die Abduktion erweitert unser Wissen in *qualitativer* Hinsicht, sie tut dies freilich nur hypothetisch und darum irrtumsanfällig. Die Abduktion ist nicht etwa eine besonders seltene, sondern im Alltagsleben fortgesetzt auftretende Form der Schlussfolgerung – z. B. in Gestalt der ärztlichen Diagnose, einer Planungsentscheidung oder bei dem Versuch, etwas zu identifizieren. Da es häufig so ist, dass wir gerade das Naheliegendste übersehen und zuletzt entdecken, könnte dies auch eine Erklärung dafür sein, warum die Schlussform der Abduktion so lange verborgen blieb. Eine knappe, verständliche und verlässliche Information bietet der gleichnamige Artikel im HWP 1 (1971), Sp. 3 f. von R. Heede.

31 Diesen Zusammenhang habe ich etwas ausführlicher dargestellt in meinem Vortragstext „‚Lehrt euch nicht auch die Natur …?' Was wir von der Natur (nicht) lernen können", in: Wider die Natur (Studium Generale der Ruprecht-Karls-Universität Heidelberg im Wintersemester 2001/2002), Heidelberg 2003, S. 70 f.

- Jede Sollensaussage setzt, um wahrheitsgemäß gemacht werden zu können, ein *Wollen des Sollens* voraus, setzt also voraus, dass derjenige, der die Aussage macht, will, dass die in Frage kommende Handlung gesollt wird. In dieser Hinsicht besteht ein unauflöslicher Zusammenhang zwischen Sollen und Wollen. Was nicht (von irgendjemandem) gewollt wird, wird auch nicht gesollt. Insofern hängt Sollen von Wollen ab, und Wollen ist ebenfalls eine Aspekt von Sein.[32]
- Jede *Bewertung* einer Handlung als gut oder richtig, als besser oder schlechter erzwingt zwar nicht die *Ableitung* einer Sollensaussage, eignet sich aber zumindest als *mögliche Begründung* einer Sollensaussage. Umgekehrt setzt jede Sollensaussage, die inhaltlich begründet ist (also nicht bloß auf einer autoritären Setzung oder einem Befehl basiert), eine positive Bewertung voraus. Was nicht positiv bewertet wird, wird auch nicht gesollt. Insofern hängt Sollen von positiver Bewertung ab. Der dabei vorausgesetzte Maßstab für die Bewertung muss aber, wenn die Argumentation nicht zirkulär sein soll, Aussagen über das Sein enthalten (z.B. „Es ist gut", „Es ist nützlich", „Es dient dem menschlichen Glück"). Bewertung ist folglich ebenfalls ein Element oder Aspekt des Seins.

Generell gilt: Wenn wir moralische Normen oder Handlungen rechtfertigen, tun wir dies häufig – und zu Recht – durch Verweis auf Tatsachen oder Erfahrungen. Deshalb ist es ratsam, sich von dem Einwand, bei einer bestimmten Argumentation handle es sich um einen naturalistischen Fehlschluss, nicht allzu sehr beeindrucken zu lassen.[33]

Fazit: Die Ethik, die ich hier vertreten möchte, versucht moralische Normen zu finden, die Gültigkeit für *alle Menschen* beanspruchen können und die dabei *wahr oder falsch* sein können, weil sie sich auf eine Wirklichkeit beziehen, die angemessen erfasst, sozusagen getroffen, oder verfehlt werden kann. Damit folge ich der Spur einer universalistischen, kognitivistischen und realistischen Ethik und in diesem Sinne einer *normativen* Ethik auf einer *deskriptiven* Grundlage.

---

[32] Diesen Zusammenhang hat E. Herms ausführlich dargestellt in seinem Aufsatz „Sein und Sollen bei Hume, Kant und Schleiermacher", in: Marburger Jahrbuch Theologie XIII (2001), S. 39–59, bes. S. 49f.

[33] Noch einen Schritt weiter geht G. G. Simpson (Biologie und Mensch, Frankfurt a. M. 1972, S. 176), der im Blick auf das Ignorieren biologischer Verhaltensdeterminanten bei moralischen oder ethischen Argumentationen von einem „konternaturalistischen Trugschluss" spricht.

1.6 Ethik als theologische Disziplin

Ethik ist nicht nur eine theologische Disziplin, sie existiert – unter dem Namen ‚Ethik' oder unter dem Namen ‚Moralphilosophie' – auch als philosophische Disziplin – und das ist auch gut so. Aber worin besteht der Unterschied und worin nicht?

Er besteht *nicht* darin, dass die Philosophie sich an der Vernunft orientiert und die Theologie am Glauben. Vernunft und Glaube sind keine Gegensätze, sondern gehören – bei aller Verschiedenheit – eng, ja untrennbar zusammen. Die Vernunft lebt von methodischen und inhaltlichen Voraussetzungen, die sie ihrerseits nicht voraussetzungslos aus sich selbst gewinnen, sondern nur als gegeben, plausibel oder bewährt annehmen kann, um sie im Vollzug der philosophischen Arbeit auf ihre Verlässlichkeit hin zu überprüfen. Ohne Vertrauen auf die Verlässlichkeit vernünftigen Argumentierens – in der Regel auch auf die weitgehende Verlässlichkeit sinnlicher Wahrnehmung – wäre philosophische Arbeit überhaupt nicht möglich. Umgekehrt gilt, dass das Vertrauen, das eine Voraussetzung des Daseins überhaupt und jeder wissenschaftlichen Tätigkeit ist, der Überprüfung, Bewährung, methodischen Kontrolle bedarf, um kein *blindes*, sondern ein *sehendes, hellsichtiges* Vertrauen zu sein.[34] Die angemessene Verhältnisbestimmung von Glauben und Vernunft mag sich in unterschiedlichen Formen und Ausprägungen für die philosophische und theologische Ethik stellen, sie stellt aber keinen Unterschied, sondern eine gemeinsame Ausgangslage und Aufgabenstellung dar.

Der Unterschied zwischen philosophischer und theologischer Ethik besteht auch nicht darin, dass die philosophische Ethik *voraussetzungslos* arbeiten würde, die theologische hingegen *voraussetzungsvoll*. Bereits im vorigen Abschnitt wurde angedeutet, dass es gar keine voraussetzungslose Wissenschaft – einschließlich der Philosophie – gibt und geben kann, und dies ist inzwischen immer mehr zu einer allgemein anerkannten Einsicht geworden. Gute Philosophie und gute Theologie erweisen sich nicht als solche in dem utopischen Bemühen um Voraussetzungslosigkeit, sondern umgekehrt in dem Bemühen, die jeweiligen (eigenen und fremden) Voraussetzungen so genau und umfassend wie möglich zu erheben, zu benennen und auf ihre Tragfähigkeit hin zu

---

[34] Dies kommt sehr gut in den beiden auf Anselm von Canterbury zurückgehenden Formeln zum Ausdruck: „Fides quaerens intellectum" (dt.: „Der Glaube, der nach Einsicht sucht") bzw. „Credo, ut intelligam" (dt.: „Ich glaube um einzusehen"), die sich seit geraumer Zeit in der Theologie großer Zustimmung und Anerkennung erfreuen.

überprüfen. Und bei der Benennung der jeweiligen Voraussetzungen zeigen sich die tatsächlich bestehenden Unterschiede zwischen philosophischer und theologischer Ethik.

Der Unterschied zwischen philosophischer und theologischer Ethik besteht nämlich darin, dass sich die philosophische Ethik *keinem bestimmten* Wirklichkeitsverständnis – d.h. keiner bestimmten Vorstellung oder Lehre oder Theorie vom Menschen, von der Welt und von Gott – verpflichtet weiß, sondern solche Voraussetzungen entweder so formal und allgemeingültig wie möglich zu beschreiben versucht, oder in die persönliche Verantwortung des einzelnen Philosophen stellt. Demgegenüber ist die theologische Ethik als Disziplin einem *bestimmten* Verständnis der Wirklichkeit, und zwar als christliche Theologie dem *christlichen* Verständnis der Wirklichkeit verpflichtet. Was das heißt und wie sich das auswirkt, soll insbesondere in den Kapiteln A 4 und A 5 thematisiert werden.

2 Soziologische und anthropologische Voraussetzungen der Ethik

Von „Ethik" sprechen wir dann – so zeigte sich in Abschn. 1.1 des vorigen Kapitels – wenn Menschen nicht nur Gewohnheiten übernehmen und befolgen, sondern wenn sie ihre Handlungsentscheidungen *reflektieren* anhand des Kriteriums „gut"/„böse" bzw. „richtig"/„falsch". Die sprachgeschichtlichen Beobachtungen haben zwar gezeigt, dass der *Begriff* „Ethik" erst im 4. Jahrhundert vor Christus bei Aristoteles entstanden ist. Daraus darf aber nicht gefolgert werden, dass es vorher noch keine Ethik oder kein Ethos gegeben hätte.[1]

Zwar liegen die menschheitsgeschichtlichen Anfänge von Ethos und Ethik für uns im Dunkel der Frühgeschichte der Menschheit – sie lassen sich ebenso wenig exakt datieren wie in der Entwicklungsgeschichte des Kleinkindes –, aber auch die ältesten uns bekannten Kulturen zeigen Spuren von sozialer Ordnung, festen Regeln und religiöser Orientierung (z.B. Bestattungsriten). Das legt die Vermutung nahe, dass die Anfänge des Menschseins eng mit den Anfängen von Ethik verbunden sind. Dafür sprechen auch die beiden, schon bei Aristoteles zu findenden, philosophischen Definitionen des Menschen als (von Natur aus) in Gemeinschaft lebendes und auf Gemeinschaft angewiesenes Lebewesen (ζῷον πολιτικόν) und als vernunft- und sprachbegabtes Lebewesen (ζῷον λόγον ἔχον)[2]. Erstere verweist auf die für den Menschen konstitutive, aber nicht spezifische *Sozialität*, zweitere auf die für ihn konstitutive und spezifische *Rationalität*. Von beidem (in seiner wechselseiti-

---

[1] Ein anderes Beispiel für ein (überdies ethisch relevantes) Phänomen, das Menschen schon seit langem kennen, für das es aber über Jahrhunderte hin keinen eigenen Begriff gab, ist das Gewissen (συνείδησις). So hat z.B. das Alte Testament noch keinen Begriff für „Gewissen", aber es kennt die Sache und bringt sie bildhaft zum Ausdruck durch die Rede vom schlagenden Herzen (2 Sam 24,10). Ähnliches gilt für die antike griechische Tragödie, in der die Erynnien als bildhafte Beschreibung des schlechten Gewissens fungieren.

[2] Bei Aristoteles, Politikon 1253 a 3f. Die letztgenannte Definition findet sich schon bei Alkmaion (siehe: Die Vorsokratiker, hg. von W. Nestle, Wiesbaden 1956, S. 97 und Ch. Grawe/A. Hügli, Art. „Mensch", in: HWP 5 [1980], Sp. 1071).

gen Zusammengehörigkeit) soll im Folgenden die Rede sein; denn beide Elemente sind Voraussetzungen der Ethik.

2.1 Das Angewiesensein der Gesellschaft auf Ethos und Ethik

Der Begriff „Gesellschaft" wird häufig gebraucht, ist aber schwer zu fassen oder zu definieren. Das liegt einerseits an seiner Allgemeinheit, andererseits daran, dass „Gesellschaft" uns nicht als Gegenstand oder auch nur als ein Phänomen in unserer Umwelt begegnet, das wir distanziert betrachten und analysieren können, sondern dass wir immer schon „in ihr" sind und an ihr in irgendeiner Form Anteil haben, wenn wir von ihr reden.[3] Ein Zugang erschließt sich nur im Modus der Partizipation, die ihrerseits nicht als Resultat einer menschlichen Wahl, sondern mit dem menschlichen Dasein gegeben ist. Daraus ergibt sich auch schon das erste definierende Element: „Gesellschaft" gibt es nur, wo es Menschen gibt, durch die sie gebildet wird.[4] Menschen an sich sind aber noch nicht die Gesellschaft. Charakteristisch für Gesellschaft ist vielmehr zweierlei:

- die Interaktion zwischen Menschen, also die Tatsache, dass Menschen sich austauschen, handeln, sich verhalten etc. und dass dadurch und davon alle (anderen) Menschen in irgendeiner Form betroffen sind, also affiziert werden;
- die Regelhaftigkeit der Interaktion zwischen Menschen, aufgrund deren überhaupt erst Lernvorgänge, relative Erwartungssicherheit und damit verlässliche Kommunikation und Interaktion möglich ist. Diese Regelhaftigkeit gibt es einerseits (und primär) in Form der *Habitualisierung* (d.h. Ausbildung von Verhaltensgewohnheiten), andererseits (und sekundär) in Form der *Institutionalisierung* (d.h. der Ausbildung von vereinbarten, überprüfbaren Regelsystemen, mittels deren Menschen kommunizieren und interagieren).

Das Gesamtgefüge regelgeleiteter Abläufe und Vollzüge, in denen und mittels deren Menschen kommunizieren und interagieren, d.h. die Ge-

---

[3] Beides gilt auch von „Welt"; es gilt aber – im Zeitalter der Raumfahrt – nicht notwendigerweise von der „Erde".
[4] Zwar gibt es im Tierreich Gesellungsformen (Herden, Rudel, „Staaten"), die eine Analogie zur Gesellschaft (oder zu gesellschaftlichen Teilsystemen) bilden, aber eben nur eine Analogie, wie sich zeigen wird.

samtheit der regelgeleiteten Interaktion zwischen Menschen, bezeichnen wir als „Gesellschaft". „Gesellschaft" ist folglich das System, das alle sozialen Abläufe umfasst, sei es global (Weltgesellschaft) oder regional (Gesellschaft eines Volkes oder Staates). Die Teilhabe an den Abläufen und Vollzügen sozialer Interaktion erfolgt im Normalfall durch sog. „soziale Rollen", die wir haben, die uns zugeschrieben werden und die wir übernehmen (müssen).[5]

Beispiele für solche Rollen sind: Studierende/Hochschullehrer; (Ver-)Mieter; Verkehrsteilnehmer; Kinder/Eltern; Staatsbürger; Kirchenmitglieder; Freunde/Ehepartner; Vereinsmitglieder etc. Durch solche Rollen wird die soziale Identität (im Unterschied zur personalen Identität, die z.B. durch Namen, Geburtsort und -datum definiert wird) eines Menschen konstituiert. In der konkreten Lebensgeschichte eines Menschen bilden seine personale und soziale Identität freilich eine untrennbare Einheit.

Aus diesen knappen Bemerkungen dürfte schon deutlich geworden sein, welche Rolle Regeln für die Gesellschaft und das gesellschaftliche Zusammenleben spielen. Aber müssen es *ethische* Regeln sein? Es sind jedenfalls nicht nur naturgesetzliche Regeln, wie sie z.B. im Tierreich, Pflanzenreich und im Bereich des Anorganischen gelten, sondern deontische[6], also die Wahl von Handlungen betreffende Regeln. Natürlich unterliegen wir Menschen auch naturgesetzlichen Regeln, und sie bilden sogar eine notwendige Voraussetzung für soziale Interaktion, aber die soziale Interaktion selbst verläuft nach Regeln, die appellativen Charakter haben, denen (darum) auch wirksam widersprochen werden kann.

Aber es gibt im Bereich der appellativen/deontischen Regeln, wie auf S. 17f. gesagt, auch andere als die ethischen Regeln, z.B. Regeln der Willkürgewalt, die eine machthabende Gruppe einer anderen Gruppe auferlegt – unter Androhung schwerer Nachteile, unter Umständen des Todes. Das ist die Situation, in der die Konflikte innerhalb der gesellschaftlichen Interaktion ausschließlich durch Sanktionen bzw. durch deren Androhung einerseits und Fügsamkeit bzw. Unterwerfung andererseits entschieden werden, ohne dass diese Regeln selbst argumentativ, kommunikativ und im Konsens ausgehandelt, anerkannt oder vermittelt wären.

---

5 Siehe dazu E. Goffmann, Stigma. Über Techniken der Bewältigung beschädigter Identität, (1963) dt. 1975.

6 „Deontisch" und „deontologisch" (abgeleitet vom Griechischen „το δέον", das Seinsollende) sind Parallelbegriffe zu „ontisch und „ontologisch" (abgeleitet vom griechischen „το ὄν", das Seiende). Während Letztere das bezeichnen, was *ist* bzw. sich auf die Lehre von dem, was *ist*, beziehen, bezeichnen Erstere das, was *sein soll* bzw. sie beziehen sich auf die Lehre von dem, was *sein soll*.

Ein Gesellschaftssystem, das nur oder überwiegend auf solchen Regeln basiert, ist hochgradig instabil; denn es lebt von Unterdrückungsmechanismen, die den Charakter von Freiheitsberaubung und/oder Ausbeutung haben. Dadurch entsteht eine Situation, in der die geknechteten Individuen und Gruppen den Wunsch und Willen entwickeln, die Unterdrückung abzuwerfen oder selbst in die überlegene Herrschaftsposition zu gelangen. Zwar kann es sich in Katastrophensituationen (z. B. beim Ausbruch von Seuchen oder in bürgerkriegsähnlichen Situationen) als notwendig erweisen, von Regierungsseite aus Zwangsmaßnahmen zu ergreifen und Freiheitsrechte einzuschränken, aber dabei darf es sich nur um eng begrenzte, ethisch begründete Ausnahmesituationen handeln, die dem Wohl der Gesamtheit und den zukünftigen Lebensmöglichkeiten dienen und nach Beendigung der Ausnahmesituation so schnell wie möglich wieder aufgehoben werden müssen.

Sieht man von diesen Ausnahmesituationen ab, so stellt für solche rein auf Gewalt basierenden diktatorischen Gesellschaften das Ethos und die Ethik keine echte, tragfähige Begründung oder gar Ermöglichung zur Verfügung, sondern ist deren *Infragestellung* – sei es von unten (durch Widerstand), sei es von oben (durch eine Revolution oder Konversion innerhalb der Führungsschicht).

Es gibt aber noch andere Regeln, die zwar nicht selbst ethische Regeln sind, aber dennoch gesellschaftliche Interaktion ermöglichen: die Regeln des Rechts einschließlich der Regeln für seine Durchsetzung. Zwar basieren viele, vor allem grundlegende rechtliche Regeln (z. B. Verfassungen und Gesetze) auf ethischen Überlegungen und Entscheidungen, aber das gilt nicht für alle rechtlichen Regeln, und auch die, für die es gilt, sind deswegen noch keine ethischen Regeln.

Trotzdem kann man viererlei sagen:

- Dass jede Gesellschaft Regeln des Rechts braucht, ergibt sich selbst aus ethischen Überlegungen.
- Die für die Gesellschaft *grundlegenden* rechtlichen Regeln basieren selbst auf ethischer Reflexion, setzen Ethik also voraus. Grundrechtsartikel sind angewandte Ethik.[7]

---

[7] Das kann man als die Hauptthese des von W. Härle und B. Vogel herausgegebenen Sammelbandes: „Vom Rechte, das mit uns geboren ist". Aktuelle Probleme des Naturrechts, Freiburg, Basel, Wien 2007, bezeichnen. Und damit ist zugleich die bleibende Bedeutung dessen, was traditionell unter dem Begriff „Naturrecht" formuliert wird, festgehalten, ohne dass damit auch die problematischen Aspekte dieses Begriffs übernommen worden wären. Siehe dazu unten Kap A 3, Abschn. 3.5.3 a.

- Dass die Regeln des Rechts möglichst begrenzt sein müssen, ergibt sich ebenfalls aus ethischer Reflexion.
- Die überwiegende, regelmäßige Befolgung der rechtlichen Regeln in einer Gesellschaft kann selbst nicht mit (straf-)rechtlichen Regelungen erzwungen werden, sondern setzt ein „Ethos der Rechtsbefolgung" als Normalfall voraus. Andernfalls müsste auch der Rechtsstaat zum totalen Polizei- und Überwachungsstaat werden.

Eine Gesellschaft, die mittels rechtlicher Regeln interagiert, verträgt den Rechtsverstoß nicht als Mehrheitsverhalten oder als Normalfall, sondern nur als Ausnahmefall, der unter Sanktionsandrohung steht, also zu ahnden ist.[8] Den Rechtsverstoß bei den Organen, die für Rechtspflege und -durchsetzung zuständig sind, verträgt eine Gesellschaft sogar nur als absolute Ausnahme.[9] Das heißt: Im Blick auf die Gesellschaft, die für ihre Interaktion die Regeln des Rechts in Anspruch nimmt (die prinzipiell für alle Menschen gelten), kann man sagen: Sie ist auf Ethik und Ethos als Voraussetzung der Rechtssetzung und der Rechtsbefolgung angewiesen.[10]

Aber auch in der rechtlich fundierten Gesellschaft darf (um der Menschen willen) nur ein ganz geringer Teil der gesellschaftlichen Interaktion rechtlich geregelt sein (Rechtsbegrenzung). Es darf z. B. nicht rechtlich geregelt werden, worüber und mit wem Menschen kommunizieren, welche Beziehungen sie pflegen oder abbrechen, wie sie ihre Zeit verbringen und ihr Leben gestalten, welchen Ehepartner oder welchen Beruf sie wählen etc. Dabei ist keiner dieser Bereiche ethisch neutral oder belanglos. Denn in all diesen Bereichen brauchen wir Kommunikation und Kooperation miteinander sowie ein hohes Maß an Erwartungsgewissheit. Das heißt, wir müssen davon ausgehen können, was wir von anderen, möglicherweise uns fremden Menschen an Verhalten zu erwarten haben und welche Verhaltenserwartungen von ihnen aus uns gegenüber, und zwar unseren Handlungen und Erwartungen gegenüber bestehen. Solche Erwartungen und Erwartungserwartungen haben eine wichtige entlastende und stabilisierende Funktion. Das wird einem oft bewusst, wenn man in eine Umgebung gerät, deren Verhal-

---

[8] Siehe dazu den Hinweis von J. Rawls (Eine Theorie der Gerechtigkeit [1971] dt. Frankfurt a. M. 1975, S. 300) auf das sog. Schwarzfahrerproblem.

[9] Eine korrupte Polizei und/oder Justiz ist eine radikale Infragestellung der Funktionsfähigkeit einer Gesellschaft.

[10] Im Unterschied zu einer Gesellschaft, die rein auf Gewalt basiert, für die Ethos und Ethik eine Bedrohung darstellen, weil sie die Wurzel ihrer Überwindung sind.

tensregeln einem völlig unbekannt sind. Hier muss ein Großteil der Aufmerksamkeit und der Lebensenergie darauf gerichtet werden, sich auf völlig unerwartete Verhaltensweisen einzustellen. Damit wird aber viel von der Energie gebunden, die wir normalerweise zur Bewältigung anderer wichtiger Aufgaben benötigen. Deshalb ist jede Gesellschaft auf das Vorhandensein, die Geltung und weitgehende Einhaltung von Regeln angewiesen, die nicht sanktionsbewehrte Regeln des Rechtes sind, aber für die gesellschaftliche Kommunikation und Kooperation gelten.[11] In diesem Bereich spielt neben dem Ethos und der Ethik auch die Sitte als das gemeinschaftlich habitualisierte (ethisch erlaubte) Verhalten traditionell eine bedeutende Rolle.

Die Gesellschaft ist also zumindest in dreierlei Hinsicht auf Ethos und Ethik angewiesen:

– zur Vermeidung, Kritik und Überwindung rein auf Zwang beruhender Gesellschaftsstrukturen, soweit diese gegen die Menschenwürde und/oder Menschenrechte verstoßen;
– als Voraussetzung verantwortlicher Rechtssetzung und Rechtsbefolgung auch in den Bereichen, die keiner Kontrolle und keinen Sanktionen unterliegen (können);
– für die freie, eigenständige, verantwortliche Gestaltung der nicht rechtlich geregelten Interaktionsmöglichkeiten und -notwendigkeiten von Einzelnen, von Gemeinschaften und von Gesellschaften.

---

[11] Wenn demgegenüber gelegentlich die Auffassung vertreten wird, schon die Einführung und Anwendung von Regeln oder Kriterien für „gut" oder „böse" bzw. „richtig" oder „falsch" sei negativ zu beurteilen und nach Möglichkeit zu unterlassen und zu unterbinden, so muss man darauf hinweisen, dass damit das Problem nicht verschwindet, sondern nur auf eine andere Ebene verschoben wird. Denn die Forderung, die Einführung und Anwendung solcher Regeln oder Kriterien zu unterlassen und zu unterbinden, ist selbst der (normative) Versuch der Einführung und Anwendung einer solchen Regel bzw. eines solchen Kriteriums – lediglich auf einer anderen Ebene. Konsequent wäre nur der *Verzicht* auf sämtliche Normen und damit die Zulassung von *allem*. Ob dieser Verzicht wünschenswert wäre, kann jedoch mit guten Gründen bezweifelt werden.

2.2 Orientierungsbedarf und Bildungsfähigkeit des Menschen[12]

Höherentwickelte Tiere reagieren einerseits instinktgeleitet, d. h. durch angeborene Verhaltensmuster auf Reize, andererseits gibt es bei ihnen auch zahlreiche erworbene Verhaltensweisen (sei es durch Lernerfahrung im Allgemeinen, sei es durch Dressur im Besonderen). Auf beiden Wegen entsteht regelgeleitetes Verhalten, und so entsteht auch die Fähigkeit zu regelgeleitetem Kommunizieren und Interagieren mit ihrer Umwelt, mit anderen höheren Tieren und mit Menschen. Wir haben jedoch keinen Grund zu der Annahme, Tiere wählten ihre Verhaltensweisen so, dass ihnen dabei die Gründe ihrer Wahl bewusst wären.

Ganz anders beim Menschen. Hier geschieht unter Normalbedingungen nur Weniges rein instinktiv.[13] Dieses Wenige, wie z. B. der Saug- und Schluckreflex oder der Fluchtreflex bei Gefahr, ist freilich sehr wichtig, weil überlebensnotwendig. Vieles wird durch Erfahrung (hoffentlich nicht durch Dressur) gelernt, aber auch das so Vorgegebene kann zunächst oder nachträglich durch Überlegung und Wahl beeinflusst, korrigiert oder bewusst gewollt werden.

Die Vor- und Nachteile dieser Nicht-Festgelegtheit und Offenheit sind tausendfach beschrieben worden. Sie bedeuten eine große Variabilität und Anpassungsfähigkeit im Blick auf die Umwelt des Menschen, bis hin zu der Fähigkeit, in seine Umwelt einzugreifen und sie seinen Fähigkeiten und Bedürfnissen entsprechend umzugestalten, und sie bedeuten eine enorme Lernfähigkeit, aber auch Lernbedürftigkeit. Das „Mängelwesen" Mensch, das als „Nesthocker" eine im Vergleich zu allen (anderen) Tieren enorm verlängerte Kindheit hat („extra-uterines Frühjahr"), ist dadurch auch in der Lage, sein Verhalten zu wählen, zu steuern und zu verantworten.

---

12 Vgl. zum Folgenden Ch. Wulf (Hg.), Vom Menschen. Handbuch Historische Anthropologie, Weinheim und Basel 1997, F. Schrenk, Die Frühzeit des Menschen. Der Weg zum Homo sapiens, München (1997) 2003⁴ sowie die Art. „Mensch IX und X" in TRE 22 (1992), S. 548–577 von T. Koch und W. Hirsch.

13 Deswegen nennt Nietzsche den Menschen „das nicht festgestellte Tier". In dieselbe Richtung weisen die anthropologischen Forschungsergebnisse von H. Plessner (Die Stufen des Organischen und der Mensch. Einleitung in die philosophische Anthropologie, Berlin/Leipzig 1928), M. Scheler (Die Stellung des Menschen im Kosmos, Darmstadt 1930) und A. Gehlen (Der Mensch. Seine Natur und seine Stellung in der Welt, Bonn [1940] 1950⁵), die in Schelers These von der „Weltoffenheit" des Menschen ihren konzentrierten Ausdruck finden.

Wesentlich ist, dass der Mensch für seine Handlungen auf Ziele und Gründe angewiesen ist. Solche Gründe geben an, warum ein Mensch eine Handlung für besser hält als die andere, warum sie aus seiner Sicht also vorzuziehen ist. Aber im Blick auf diese Gründe lässt sich (notwendigerweise) erneut fragen, warum diese Gründe für ihn anderen Gründen gegenüber vorziehenswert sind. Wie bei der Sinnfrage[14] gerät man so in einen Regress, der erst dann abschließbar wird, wenn man auf etwas stößt, das den Charakter eines *Selbstzwecks* hat. In der Ethik trägt dies den Namen des höchsten Gutes („summum bonum") – wobei das Höchste jedenfalls als das Unüberbotene, wenn nicht sogar als das Unüberbietbare verstanden werden muss. Es ist das, was um seiner selbst willen erstrebt werden kann und will. Gleichgültig, ob man diese Frage für positiv und für definitiv beantwortbar hält oder nicht: In jedem Fall stellt sich hiermit die *ethische* Frage. „In jedem Fall" heißt freilich scheinbar nur: wenn ein Mensch sich auf diese anthropologische Herausforderung einlässt, mit Gründen zu wählen. Kann man sich aber nicht auch entscheiden, generell nicht (mehr) mit Gründen zu wählen, sondern es dem Zufall oder den Umweltreizen oder den Ansprüchen anderer zu überlassen, wie man handelt? Aber der Tatsache des Wählens und der Verantwortung entkommt man dadurch nicht; denn auch die Entscheidung, nicht (mehr) zu wählen, ist eine Entscheidung, die ein Mensch durch seine Wahl getroffen hat und die er zu verantworten hat; denn selbst im Blick auf diese abwegig wirkende (vielleicht manchmal tatsächlich unbewusst gewählte) Möglichkeit ergibt sich angesichts der permanenten Notwendigkeit zu wählen unabweisbar die Frage nach den Zielen, Normen oder Grundeinstellungen, an denen Menschen sich dabei orientieren (sollen). Und in einer einzigen solchen Entscheidungssituation überlagert sich dabei oft ein ganzes Bündel von Entscheidungen, in denen *letztlich* immer auch die Frage nach dem Sinn und Ziel des eigenen Daseins auf dem Spiel steht.

Nehmen wir als Beispiel die Schulwahl, die jedenfalls in unserem Kulturkreis vermutlich alle Eltern einmal (oder auch mehrmals) für ihre Kinder bzw. zusammen mit ihnen treffen (müssen). Dabei geht es in der Regel zunächst und vorrangig um die Frage nach der optimalen schulischen Förderungsmöglichkeit für das Kind, die ihm die Gelegenheit für einen möglichst guten Schulabschluss und infolgedessen möglichst günstige berufliche Chancen bieten; zugleich geht es damit aber auch um den Zielkonflikt zwischen optimaler Förderung (einschließlich beruflicher Chancen) einerseits und Vermeidung einer Überforderung des Kindes im Interesse seiner

---

[14] Siehe dazu W. Weischedel, Der Gott der Philosophen. Grundlegung einer philosophischen Theologie im Zeitalter des Nihilismus, 2. Bd. Abgrenzung und Grundlegung, Darmstadt 1972, S. 165–172.

gedeihlichen psychischen Entwicklung und Stabilität andererseits. Damit verbindet sich weiter die Frage, welche schulpolitische Option(en) man meint unterstützen zu müssen oder zu sollen. Schließlich muss in der konkreten Entscheidung die Frage nach dem Verhältnis dieser drei Ebenen zueinander in irgendeiner Form beantwortet werden. Lässt man diese Entscheidungssituation auf sich wirken, so zeigt sich, dass sie neben einfühlsamer Kenntnis des Kindes und verlässlichen Informationen über die bestehenden schulischen Möglichkeiten möglichst klare Vorstellungen darüber voraussetzt, welchen Sinn und welches Ziel schulische Bildung für das menschliche Leben (im Ganzen und im Einzelnen) hat, und dies setzt wiederum eine Leitvorstellung von Menschsein und menschlichem Leben voraus, die orientierende Funktion hat.

Vermutlich würden manche Menschen behaupten, sie könnten auch ohne eine ethische Grundorientierung und Leitperspektive entscheiden. Das besagt aber in der Regel nur, dass ihnen die sie leitenden Annahmen über die „Bestimmung des Menschen"[15] so in Fleisch und Blut übergegangen sind, dass sie zwar vorhanden sind und wirksam werden, aber nicht notwendigerweise auch ins Bewusstsein treten. Die Annahme einer fehlenden Grundorientierung und Leitperspektive beruht in diesem Fall also auf einer Fehleinschätzung. Es ist eine der wichtigen Funktionen von Ethik, dies bewusst zu machen und damit die bei einem Menschen tatsächlich vorhandene Grundorientierung und Leitperspektive ans Licht zu bringen und sichtbar zu machen.

Selbst in dem bereits kurz angesprochenen Fall, in dem Menschen keine *eigene* ethische Grundorientierung und Leitperspektive entwickeln, suchen oder haben, sondern in ihren Entscheidungen generell den wechselnden Trends ihrer Umgebung oder ihren jeweiligen augenblicklichen Neigungen folgen oder jeweils den Weg des geringsten Widerstands gehen und damit ihre Entscheidungskompetenz an andere Instanzen abgeben, ist doch dies eine zu verantwortende Entscheidung, der ebenfalls so etwas wie eine Grundorientierung und Leitperspektive zugrunde liegt.

Die meisten heranwachsenden und erwachsenen Menschen versuchen wohl eigenverantworteten ethischen Prinzipien zu folgen, selbst wenn sie dies zumindest gelegentlich eher unbewusst tun.

Jedenfalls gilt: *Begründete* eigene Handlungsentscheidungen sind nicht möglich ohne eine ethische Leitperspektive, in der die Frage nach dem, was gut ist und was für eine Art von Leben Menschen für erstrebenswert halten, zumindest am Horizont und als Horizont auftaucht. Insofern kann und muss von einem ethischen Orientierungsbedarf des einzelnen Menschen gesprochen werden.

---

[15] Siehe zu diesem (auch für diese Ethik) wichtigen Terminus, der 1748 von J. J. Spalding geprägt wurde, unten in Kap. A 4, Anm. 17 (S. 142 f.).

Zugleich zeigte sich: Dieser Orientierungsbedarf entsteht und besteht nur in dem Maße nicht, wie ein Mensch sich entscheidet, auf die Selbstbestimmung seines Lebens zu verzichten und sich stattdessen treiben zu lassen. Damit gerät er freilich unter eine sein ganzes Leben prägende Fremdbestimmung. Hier deutet sich erstmals an, dass es mit der Ausbildung des Ethos um so etwas wie menschliche Identität(sfindung) geht.

Aber nun stellt sich im Blick auf den Menschen (und von da aus auch auf die Gesellschaft) die Frage, ob diesem Bedarf an Ethos und Ethik auch tatsächlich eine *Fähigkeit* zu ethisch orientiertem Handeln entspricht bzw. korrespondiert. Gibt es also überhaupt eine ethische Bildungsfähigkeit des Menschen – oder ist sie eine Illusion bzw. ein Schein?

2.2.1 Die Hypothese von der ethischen Bildungsfähigkeit des Menschen

Dass jede normative Ethik die ethische Bildungsfähigkeit von Menschen (als ethischen Subjekten) voraussetzt, erscheint geradezu als trivial. Welchen Sinn hätte es, über gutes/richtiges/gesolltes Handeln nachzudenken, wenn dies gar keinen Einfluss auf das Verhalten hätte? Dabei könnte der „Einfluss" jedoch sehr unterschiedlich gedacht und realisiert werden: entweder

- als Überzeugung (mittels Argumenten) oder
- als Überredung (mittels rhetorischer Kunst) oder
- als Dressur (mittels Belohnung und/oder Bestrafung) oder
- als Lenkung (durch Hypnose oder ähnliche Mittel).[16]

Wenn es richtig ist, dass es beim Ethos und in der Ethik um ein Wählen und Handeln geht, das sich an Gründen und Zielen orientiert, die ihrerseits vom handelnden Individuum gewählt werden und zu verantworten sind, dann sind jedenfalls nicht alle vier genannten Formen der Einwirkung mit dem Wesen von Ethos und Ethik vereinbar, sondern nur die erstgenannte. Denn nur sie führt dazu, dass der zu bildende Mensch in die Lage versetzt wird, eigenständig und eigenverantwortlich zu wählen und zu handeln. In den anderen drei Fällen liegt das

---

[16] Hierzu ließe sich auch der Einsatz von Drogen zum Zwecke der Verhaltensbeeinflussung oder -steuerung rechnen.

Wählen und Handeln aufgrund von Gründen und Zielen ganz bei derjenigen Person, von der die Einwirkung ausgeht. Sie überträgt (mittels Überredung, Dressur oder Hypnose) ihre eigenen Gründe und Ziele auf eine andere Person, ohne ihr die Chance zu geben, durch Nachdenken und Nachfragen zu eigenen Überzeugungen zu kommen.[17]

Nun könnte man gegen diese Argumentation einwenden, dies sei ganz offensichtlich nicht nur der Normalfall ethischer „Bildung", wie er am Lebensanfang und in der frühen Kindheit erfolgt, sondern es könne auch gar nicht anders sein, solange die Fähigkeit zum (ethischen) Denken und Urteilen in einem Kind noch nicht erwacht ist.[18] Diese Fähigkeit wird traditionell auf das 7. Lebensjahr („perfecta aetas") datiert. Von daher erklärt sich zwar, warum der Großteil der wissenschaftlichen Erforschung ethischer bzw. moralischer Bildung sich auf das Schulalter (und dementsprechend auch auf die ethische Bildung während der Schulzeit) bezieht, aber das macht die Besinnung auf die Früh- und Vorformen ethischer bzw. moralischer Bildung nicht überflüssig.

Und hierbei kann es tatsächlich noch nicht um ein Lernen durch *argumentatives* Überzeugtwerden gehen, sondern hier spielen zwei andere (Vor-)Formen ethischer bzw. moralischer Bildung eine ausschlaggebende Rolle: das beeindruckende, prägende *Vorbild*[19] und die *Anweisung* zum Tun oder Lassen, die im Gefahrenfall sogar den Charakter des strikten Gebots oder Verbots, der gewaltförmigen Intervention und des Eingreifens bekommen kann und gegebenenfalls muss.[20]

---

17 Dass eine Person trotzdem – auch gegen solche Einwirkungen – zu ethischer Bildung und ethischem Handeln kommen kann, ist richtig, ist aber nicht diesen Einwirkungen zu verdanken, sondern dem Widerstand gegen sie.

18 Siehe hierzu die klassischen, immer noch grundlegenden Werke von J. Piaget, Das moralische Urteil beim Kinde (1932), dt. Stuttgart 1983 sowie von L. Kohlberg, Die Psychologie der Moralentwicklung, Frankfurt a. M. (1995) 1997². Aber auch die Arbeiten von E. H. Erikson, Identität und Lebenszyklus (1959), dt. Frankfurt a. M. (1966) 1974² sowie: Der vollständige Lebenszyklus, Frankfurt a. M. (1980) 1998⁴ sind hierfür einschlägig. Von den neueren theologischen Arbeiten zu dieser Thematik sei auf das umfangreiche Werk von K. E. Nipkow, Bildung in einer pluralen Welt, Bd. 1: Moralpädagogik im Pluralismus, Gütersloh 1998, verwiesen.

19 Erich Kästner hat diese Einsicht in dem Bonmot zum Ausdruck gebracht: „Ihr braucht euere Kinder gar nicht zu erziehen; sie machen euch sowieso alles nach".

20 Bezogen auf die Situation des kindlichen Individuums, das im Begriffe ist, sich oder andere durch sein Verhalten zu gefährden oder zu schädigen, haben wir es mit einer analogen Situation zu den bereits oben erwähnten gesellschaftlichen Notsituationen zu tun, in denen zur Abwendung oder Behebung eines übergesetzlichen Notstandes unter Umständen (vorübergehend und möglichst

Solche Interventionen sollten aber ebenso wie Gebote und Verbote grundsätzlich mit (möglichst nachvollziehbaren) Begründungen versehen werden, selbst wenn und solange es noch unsicher oder fraglich ist, ob und in welchem Umfang ein Klein(st)kind diese Begründungen schon verstehen kann. Das ändert freilich nichts daran, dass die ethische bzw. moralische Bildung in ihren Anfängen noch nicht durch Argumente, sondern primär über Vorbilder und Verhaltensanweisungen verläuft. Diese appellieren (noch) nicht an die Einsicht, sondern an die Fähigkeit und Bereitschaft zur Imitation und Identifikation mit vorgegebenen Verhaltensmustern. Imitation und Identifikation haben dabei die wichtige Funktion im Verlauf der menschlichen Identitätsfindung. Sie sind als solche nicht Ziele, wohl aber Wege, Schritte oder Mittel der moralischen bzw. ethischen Bildung. Auf diesem Weg werden die Spielräume für eigenständige und eigenverantwortliche Entscheidungen naturgemäß anwachsen, und es ist begrüßenswert, wenn ein Kind möglichst früh Gelegenheit bekommt, eigene Wünsche und Initiativen zu realisieren und damit Erfahrungen zu machen.[21] Ethischer Bildung ist auf diese Weise von Anfang an eine zweifache Zielsetzung zu eigen: die Einübung von Verhaltensweisen, die eigenem und fremdem Wohl dienen, und die Einübung von eigenständigem und eigenverantwortlichem Handeln und Verhalten, wobei diese beiden Zielsetzungen nicht unabhängig voneinander, sondern stets in engster Verbindung miteinander verfolgt werden sollten. Denn in der Ethik geht es um das Tun des Guten bzw. Richtigen aufgrund von eigener Überzeugung und Einsicht des Handelnden.

2.2.2 Auseinandersetzung mit grundlegenden Einwänden

Gegen diese These und Zielbestimmung erheben sich (in Vergangenheit und Gegenwart) drei Einwände, die alle darin übereinstimmen, dass eine solche Zielsetzung *illusionären* Charakter habe, da es nur scheinbar, aber nicht wirklich möglich sei, dieses Ziel zu erreichen. Das heißt:

---

    kurzfristig) in das normale Rechtsgefüge einer Gesellschaft eingegriffen werden muss. Auch im Blick auf die frühkindliche Moralerziehung dürfen solche schützenden oder rettenden Eingriffe aber nur als Notmaßnahmen erfolgen und müssen möglichst begrenzt bleiben.

[21] Programmatisch liegt dies dem pädagogischen Konzept von Emmi Pikler, unter dem Titel „Dein Kind zeigt dir den Weg" zugrunde, das durch die Veröffentlichung von M. Gerber, Dein Baby zeigt Dir den Weg, Mit-Kindern-wachsen-Verlag, Freiamt 2000 einer breiten Öffentlichkeit bekannt geworden ist.

eine ethische bzw. moralische Bildung im hier beschriebenen und definierten Sinne gebe es gar nicht. Sie anzunehmen, zu behaupten oder versuchsweise zu realisieren, beruhe auf einer Täuschung. Die drei Theorien, in denen dieser Einwand vorgebracht wird,

- der psychologische Egoismus,
- der evolutionsbiologische Determinismus und
- die deterministische Interpretation der menschlichen Gehirntätigkeit,

unterscheiden sich jedoch durch die von ihnen angeführten Argumente.

a) Psychologischer Egoismus

Die Theorie des sog. psychologischen Egoismus geht auf Thomas Hobbes[22] (1588–1679) zurück. Hobbes argumentiert wie folgt: Menschen verfolgen durch ihr Handeln das Ziel, ihre Wünsche zu befriedigen und sich gegen die Angriffe anderer zu verteidigen. Das heißt aber, jeder Handelnde verfolgt immer und ausschließlich eigene Interessen. Aus psychologischen Gründen müssen wir also einen allgegenwärtigen Egoismus annehmen. Menschen können aufgrund ihrer Verfassung gar nicht anders, als egoistisch zu handeln. Das kann nur dadurch begrenzt (und insofern auch geändert) werden, als ihnen von außen eine Macht entgegentritt, die um des Zusammenlebens aller willen mit Gesetzen und Sanktionen die schrankenlose Verfolgung der je eigenen Wünsche einschränkt.

Nun gibt es zweifellos menschliche Handlungen, die weder der Befriedigung eigener Wünsche dienen, noch durch äußere Gesetzgebung erzwungen werden. Um diese ebenfalls aus der Theorie des psychologischen Egoismus zu erklären, muss man annehmen, dass Menschen Gründe, Interessen und Wünsche unterschiedlicher Art haben können. So könnte ein Mensch Teile seines Vermögens für andere notleidende Menschen opfern, ohne dazu durch staatliche Gesetze genötigt zu sein. Der Vertreter des psychologischen Egoismus bestreitet dies nicht, fragt aber nach den Gründen, Interessen und Wünschen, die hinter solchen – nicht egoistischen oder zumindest nicht egoistisch wirkenden – Handlungen stehen, und er wird sie z. B. in der Suche nach gesellschaftlicher

---

[22] Siehe sein Hauptwerk: Leviathan (1651), dt. Neuwied/Berlin 1966, S. 94–102 sowie ders., Vom Menschen – Vom Bürger (1658), dt. Hamburg 1959, S. 24–35.

Anerkennung oder nach Belohnung im Jenseits finden. Nun könnte man freilich annehmen (oder es zumindest als Beispiel konstruieren), dass die „gute Tat" völlig im Verborgenen geschieht (und darum keine gesellschaftliche Anerkennung einbringt), oder dass der Handelnde gar nicht an ein Jenseits glaubt, in dem gute Taten belohnt werden, und trotzdem wäre es doch möglich, dass ein solcher Mensch Handlungen vollbringt, die nicht der Befriedigung seiner Wünsche, sondern dem Wohl seiner Mitmenschen dienen. Wäre das nicht eine Widerlegung des psychologischen Egoismus?

Der Vertreter dieser Theorie würde das mit folgendem Argument verneinen: Damit ein Mensch irgendeine Handlung ausführt, muss er den Wunsch oder das Interesse haben, so zu handeln. Hinter jeder Handlung steht darum ein eigenes Interesse des Handelnden, das durch diese Handlung befriedigt wird. Und deshalb – so der Gegeneinwand des psychologischen Egoismus – ist es gar nicht *möglich*, anders zu handeln als egoistisch.

Sieht man sich diese Theorie auch nur kurz an, so merkt man, dass sie im Unterschied zum ethischen Egoismus,[23] der die Auffassung vertritt, es sei moralisch richtig, stets das eigene Interesse zu verfolgen, nicht mit einer normativen Ethik vereinbar ist. Der psychologische Egoismus sagt nicht, dass Menschen egoistisch handeln *sollen*, sondern dass sie gar nicht anders *können*, als egoistisch zu handeln, weil sich das aus der Verfassung des Menschen und aus der Struktur von Handlungen ergibt. Der psychologische Egoismus vertritt einen psychologischen *Determinismus*, der jegliche Bemühung um ethische bzw. moralische Bildung als sinnlos und illusionär erscheinen lässt. Wenn diese Theorie recht hat, dann erledigt sich die Frage einer normativen Ethik wie die nach der Möglichkeit argumentativer ethischer Beeinflussung, also nach ethischer Bildung, weil dann der Egoismus als psychischer Mechanismus immer schon an die Stelle der ethischen Überlegung und Entscheidung tritt und sie bereits präjudiziert.

Mit dieser Theorie des psychologischen Egoismus hat sich Anfang des 18. Jahrhunderts der englische Religionsphilosoph Bischof Joseph Butler (1692–1752) in seinen Predigten[24] auseinandergesetzt, und er gilt als ihr erfolgreicher Kritiker. Butler argumentiert wie folgt: Hobbes vermische zwei Dinge miteinander (bzw. er versäumt, zwischen beiden zu differenzieren), nämlich *eigenes* Interesse und *eigensüchtiges*, also

---

[23] Siehe dazu unten Kap. A 3, Abschn. 3.5.2 a.
[24] Fifteen Sermons (1726), hg. von T. A. Roberts, London 1970, siehe bes. Vorwort (S. 12–15) und Sermon 11 (S. 100–107).

egoistisches Interesse. Es ist richtig, dass wir für jede Handlung ein eigenes Interesse haben müssen, also eines, das wir uns jedenfalls zu eigen gemacht haben, aber unter diesen eigenen Interessen können egoistische, altruistische, soziale und asoziale Interessen sein. So kann ein Mensch sein Eigentum, seine Zeit, Kraft, Geduld und seine Begabungen einsetzen für andere Menschen oder für eine soziale Aufgabe, ohne dafür Anerkennung auf Erden oder Lohn im Himmel zu erwarten, sondern nur, weil er diese Aufgabe für ethisch richtig oder für gut hält.

Gegen diese – meines Erachtens überzeugende – Argumentation Butlers gibt es freilich einen psychologischen Einwand, der den Charakter einer Unterstellung hat, die wohl nicht widerlegt werden kann, nämlich die Behauptung, *letztendlich* würden Menschen doch bei allem, was sie tun, egoistische, also eigensüchtige Interessen verfolgen, nämlich die innere Befriedigung, die dadurch erreicht wird, dass sie das Gute tun. Dieser Einwand setzt also voraus, dass es menschlich unmöglich ist, Gutes um eines anderen willen oder das Gute um seiner selbst willen zu tun. Es werde immer nur getan um der eigenen Befriedigung willen, also aus egoistischem Interesse. Diese These ist eine reine Behauptung, die überdies so konstruiert ist, dass sie nicht widerlegt werden kann, weil sie durch nichts gerechtfertigt oder begründet wird. Das zeigt sich auch dadurch, dass, wenn man einen Vertreter dieser Theorie fragt, was er gegebenenfalls als Widerlegung oder Gegenbeweis oder zumindest als Gegenargument akzeptieren würde, er wird sagen müssen: nichts. Das heißt aber: Es handelt sich um eine rein ideologische Behauptung.

Könnte man aber nicht wenigstens sagen, diese Zuspitzung des psychologischen Egoismus habe den Charakter einer heilsamen Warnung oder Veranlassung zur kritischen Selbstprüfung? Ich könnte nur in bestimmten Situationen und bezogen auf einzelne Handlungen sagen, es sei ein Gewinn, sich immer wieder zu prüfen, aus welchen Interessen oder Motiven man handelt. Wenn diese Frage sich verselbständigt und zum Generalverdacht gegen alles eigene und fremde ethische Handeln wird, bekommt sie den Charakter eines zerstörerischen Selbstzweifels analog der für Liebesbeziehungen tödlichen Frage: „Liebst du mich *wirklich* bzw. liebe ich dich *wirklich*? Oder lieben wir beide doch letztlich nur je uns selbst?". Solchen zerstörerischen Selbstzweifeln kann man sich, wenn sie sich einmal eingenistet haben, vielleicht nur entziehen, indem man ihre Beantwortung einer Instanz, die die Herzen der Menschen kennt, anheimstellt.[25]

---

[25] So wie D. Bonhoeffer dies am Ende seines beeindruckenden Gedichtes: „Wer bin ich?" tut: „Einsames Fragen treibt mit mir Spott. Wer ich auch bin, Du kennst

Fazit: Als gültige „Theorie" ist der psychologische Egoismus mangels Begründung nicht anzuerkennen. Als Anfechtung ist er (in Grenzen und an Grenzen) ernst zu nehmen.

b) Evolutionsbiologischer Egoismus

1948 gab es in den USA einen ersten Versuch, durch vergleichende zoologisch-soziologische Untersuchungen Gesetzmäßigkeiten des Verhaltens zu entdecken, die gleichermaßen für Tiere wie für Menschen gelten. Er blieb weitgehend wirkungslos. Der eigentliche Beginn der Soziobiologie liegt in den Arbeiten des Ameisenforschers Edward O. Wilson aus den 1970er Jahren.[26] Im Hintergrund steht dabei die Entdeckung der Gene als zur Selbstverdoppelung fähiger Erbanlagen und verhaltensbestimmender Faktoren. Nach heutiger Schätzung enthält jeder menschliche Zellkern ca. 50 000 Gene, an deren Entschlüsselung und Kartographierung intensiv gearbeitet wird.

Wilson geht von folgenden drei Grundannahmen aus:

– Das Verhalten und die Verhaltensmöglichkeiten des Menschen (wie der Tiere) werden durch Gene entscheidend bestimmt. Das kann entweder heißen: vollständig bestimmt oder stets mitbestimmt.
– Das Wesen und die „Intention" von Genen bestehen in der Selbstverdoppelung und damit in der Selbsterhaltung als Gen. Gene sind also insofern konstitutiv „egoistisch"[27].

---

mich, Dein bin ich, o Gott!" (Widerstand und Ergebung. Briefe und Aufzeichnungen aus der Haft, hg. von E. Bethge [NA 1970], München 1985³, S. 382.)

[26] E. O. Wilson, Sociobiology. The New Synthesis, Cambridge/Mass. 1975 sowie ders., On Human Nature (1978), dt. Biologie als Schicksal. Die soziobiologischen Grundlagen menschlichen Verhaltens, Frankfurt a. M., Berlin, Wien 1980. Vgl. hierzu und zum Folgenden auch R. D. Alexander, The Biology of Moral Systems, New York 1987; A. Knapp, Soziobiologie und Moraltheologie. Kritik der ethischen Folgerungen moderner Biologie, Weinheim 1989; M. Vogt, Sozialdarwinismus. Wissenschaftstheorie, politische und theologisch-ethische Aspekte der Evolutionstheorie, Freiburg, Basel, Wien 1997; Ph. Kitcher, Genetik und Ethik. Die Revolution der Humangenetik und ihre Folgen, München 1998 sowie W. Härle, Die ethische Relevanz der Soziobiologie und Evolutionstheorie (2004), in: ders., Christlicher Glaube in unserer Lebenswelt. Studien zur Ekklesiologie und Ethik, Leipzig 2007, S. 184–209.

[27] Diese – höchst missverständliche – Charakterisierung ist vor allem durch R. Dawkins, Das egoistische Gen (1976), dt. Berlin, Heidelberg, New York 1978 populär geworden.

– Im Prozess evolutionärer Ausdifferenzierung nimmt die genetische Identität (im Sinne von Gleichheit) zwischen den Generationen ab. Hat völlige genetische Identität (wie z.B. bei den Amöben) den Wert „1", so beträgt er bei den Insekten nur noch 0,75, bei den Wirbeltieren (inklusive Mensch) höchstens 0,5. Folglich müsste evolutionär der sog. „Altruismus"[28], der in Wirklichkeit „Liebe" zum eigenen Duplikat ist, sinken.

Nun zeigt – so Wilson – der Mensch aber ein unerwartet hohes Maß an Altruismus, das sich aufgrund der eben genannten Prämissen nur dann erklären lässt, wenn die erste Prämisse nicht im Sinne vollständiger Bestimmung, sondern nur im Sinne ausnahmsloser Mitbestimmung verstanden wird. Tatsächlich sieht sich schon Wilson nicht in der Lage, dies mittels des Phänomens genetischer Reproduktion zu erklären, da es zahlreiche Formen des Altruismus gibt, die die genetisch bedingten Verwandtschaftsgrenzen übersteigen. Abgesehen davon gibt es das grundsätzliche Problem, wie denn Individuen aufgrund ihrer Gene andere Individuen als genetisch verwandt oder nicht verwandt erkennen, was etwa bei der Horrorvorstellung des versehentlichen Vertauschens von Säuglingen von großer Bedeutung ist. Die Erklärung auf dem Weg über sozial vermitteltes Wissen oder über Vermutungen aufgrund von Kommunikation ist schon keine genetische Erklärung mehr und wäre auch kein Einwand gegen die Möglichkeit ethischer bzw. moralischer Bildung – im Gegenteil deren Bestätigung. Gleichwohl halten viele Soziobiologen an der Behauptung fest, menschliches Verhalten sei vollständig genetisch determiniert.[29]

---

[28] In der Soziobiologie wird der Begriff „Altruismus" ebenso unbefangen wie ungenau verwendet. Er bedeutet dort nicht eine zum Egoismus konträre Verhaltensweise, die sich *ausschließlich* oder *prinzipiell* am Wohl des anderen ausrichtet, noch wird darunter die *positive Zuwendung* zu einem anderen verstanden, sondern (nur) ein Verhalten gegenüber einem anderen, das für diesen *positive Folgen*, u.U. Nachteile für sich selbst (für die „personal fitness") erbringt. Die Verwendungsweise des Begriffs ist also rein folgenorientiert (vgl. dazu D. P. Barash, Soziobiologie und Verhalten, Berlin/Hamburg 1980, S. 83).

[29] Siehe z.B. E. Voland, Die Natur des Menschen. Grundkurs Soziobiologie, München 2007, bes. S. 11–17 und 150–156. Die Tatsache, dass Voland wiederholt (z.B. S. 116, 143 und 156) von einem „biologischen Imperativ" spricht, darf nicht so verstanden werden, als handle es sich dabei um eine Sollensforderung an den Menschen, der er folgen oder sich verweigern kann, vielmehr beschreibt der „biologische Imperativ" im Sinne Volands eine evolutionär gesteuerte Notwendigkeit, der sich nichts und niemand entziehen kann (siehe S. 143f.).

Ein zweiter grundlegender Gegeneinwand kommt hinzu: Die Tatsache, dass die Gene nicht anders (und nichts anderes) können, als sich selbst zu reproduzieren, besagt keineswegs, dass die daraus entstehenden und durch sie geprägten Lebewesen deshalb zu ihren Nachkommen eine besondere emotionale oder ethische Beziehung hätten, die man mit guten Gründen als altruistisch bezeichnen könnte. Schon Wilson selbst und ebenso Dawkins durchbrechen deshalb eine rein genetische Erklärung und werten den genetischen Faktor nur als *ein* Element, neben dem *kulturelle* Faktoren (Erziehung, Bildung, Kommunikation), die sog. Meme, eine entscheidende Rolle spielen.[30] So kommt Dawkins zu dem Resultat: „Wir sind als Genmaschinen gebaut und werden als Memmaschinen erzogen, aber wir haben die Macht, uns unseren Schöpfern entgegenzustellen. Als einzige Lebewesen auf Erden können wir uns gegen die Tyrannei der egoistischen Replikatoren auflehnen."[31] Das ist – auf soziobiologischer Basis – ein klares Bekenntnis zur ethischen Bildungsfähigkeit des Menschen, und so verstanden liefert die Soziobiologie natürlich keinen grundsätzlichen Einwand gegen den Sinn argumentativer ethischer Kommunikation.

In der Frühzeit der Soziobiologie wurde versucht, die Verbindung zwischen genetischer und kultureller Prägung in der Soziobiologie durch die Theorie der Gruppenselektion oder Verwandtschaftsselektion zu erklären.[32] Beide Ansätze enthalten wichtige Elemente, weil sie die besondere Bindung und Nähe in Kleingruppen, Familien, Sippen erklären können. Aber diese Intensität und Nähe kann sich auch als Intensivierung von Hass, Aggression und Gewalt auswirken, insofern ist ihre Erklärungsleistung für das Auftauchen von „Altruismus" beschränkt und ihre Leistung geht in den Fällen sogar gegen Null, wo es sich um „altruistisches" Verhalten gegenüber Individuen handelt, die *nicht* der eigenen Gruppe oder Verwandtschaft angehören.

Zur Erklärung des unerwartet hohen Maßes an Altruismus beim Menschen wird heute vor allem die (erstmals bereits 1971) von Robert L. Trivers zur Diskussion gestellte Theorie des „reziproken Altruismus"[33] vertreten. Damit ist gemeint, dass in einem sozialen System Hilfeleistungen oder Verzichtleistungen erbracht werden (können), die (zunächst) für denjenigen, der sie erbringt, von Nachteil sind, insgesamt aber von Nutzen auch für den, der sich „altruistisch" verhält,

---

[30] Siehe dazu R. Dawkins, Das egoistische Gen (s.o. Anm. 27), S. 304–322.
[31] A. a. O., S. 322.
[32] Siehe dazu D. P. Barash, Soziobiologie und Verhalten (s.o. Anm. 28), S. 80–100.
[33] R. L. Trivers, The Evolution of Reciprocal Altruism, in: Quarterly Review of Biology, 46 (1971), S. 35–57.

weil die Erbringung dieser Hilfeleistung verbunden ist mit der Erwartung einer entsprechenden Gegenleistung, also reziproken Charakter hat. Dabei ist entscheidend, dass zwischen erbrachter Leistung und erhoffter Gegenleistung eine erhebliche zeitliche Differenz und auch erhebliche quantitative oder qualitative Unterschiede bestehen können.[34] Interessanterweise nennt Barash diesen reziproken Altruismus „eine Art Goldene Regel der Biologie" und fügt an, dass er „am ehesten beim Homo sapiens von Bedeutung ist, einem" – wie er ironisch hinzufügt – „wenig bekannten und ziemlich anormalen Primaten".[35]

Was macht dessen Anormalität aus? Biologisch formuliert könnte man sagen: die Tatsache, dass er in außerordentlichem und unvergleichlichem Maße in seinem Verhalten nicht genetisch festgelegt, sondern zu kulturellem Lernen fähig ist. Wenn ich es recht sehe, wird dieser kulturelle Anteil inzwischen von den meisten differenziert denkenden Soziobiologen anerkannt und immer stärker gewichtet und betont. Damit aber verliert die genetische Prägung menschlichen Verhaltens immer mehr an Bedeutung, d.h. die Ausgangsthese a) muss immer stärker relativiert und eingeschränkt werden. Trotzdem ist die Frage nach den genetischen Rahmenbedingungen ethischen Handelns und ethischer Bildung nicht unerheblich, und zwar aus zwei Gründen:

– Für die ethische Bildung ist es wichtig zu wissen, mit welchen ethosfreundlichen und mit welchen ethosfeindlichen Triebkräften wir im Menschen zu rechnen haben: Wo sitzen die Verbündeten, wo die Gegner? Und das ist in psychologischer (Neigungen, Kräfte), inhaltlicher (Normen) und struktureller (ethische Bildungsinstitutionen) Hinsicht von Bedeutung.
– Für das ethische Verhalten ist es wichtig zu erkennen, dass ethische Bildung nur dann, wenn sie in die Tiefe der Verhaltensstrukturen und -dispositionen hineinreicht, eine Chance hat, die destruktiven Kräfte zu bändigen. Andernfalls bleibt sie ein dünner Firniss, der ab-

---

[34] Der – bei uns allerdings längst *gesetzlich* geregelte und verordnete – Generationenvertrag im Rentensystem ist ein Beispiel (und Sonderfall) eines solchen reziproken Altruismus. Um einen Sonderfall handelt es sich dabei insofern, als hierbei die Gegenleistung ja nicht von denen (den jetzigen Rentnern) erwartet werden kann, die jetzt der „Wohltat" teilhaftig werden, sondern nach dem selben Prinzip, das jetzt angewandt wird, von *künftigen* Generationen erhofft werden muss.
[35] Barash, Soziobiologie und Verhalten (s.o. Anm. 28), S. 99f.

blättert, wenn ernsthafte, z.B. als lebensbedrohlich empfundene Konflikte aufbrechen.[36]

Die Rede von einer „evolutionären Ethik"[37] erscheint mir jedoch zur Beschreibung dieser Einsichten eher als eine missverständliche, tendenziell übertriebene Bezeichnung. Franz M. Wuketits selbst warnt vor dem Versuch, „unter Rückgriff auf die Prinzipien der organischen Evolution eine Ethik zu begründen". Seine (realistische) These lautet: „Moralverhalten hat eine biologische, stammesgeschichtliche Grundlage".[38]

Unter welchen Bedingungen hat ethische Bildung die Chance, „in die Tiefe der Verhaltensstrukturen und -dispositionen" hineinzureichen, wie dies oben formuliert wurde? Lebensgeschichtlich dann, wenn sie möglichst *früh* beginnt, also bereits in der frühen Kindheit verankert ist, und zwar nicht als moralische Dressur, sondern als am Ziel der Selbstbestimmung orientierte Bildung.[39] Sachlich wird diese Tiefe am ehesten (oder sogar nur?) dann erreicht, wenn sie sich verbindet mit *religiösen* bzw. *weltanschaulichen*, das Ganze des Daseins betreffenden Einsichten und Erfahrungen. Interessanterweise ist dies eine Erkenntnis, die in der Soziobiologie selbst bereits sehr früh auftaucht. So

---

[36] Mit beiden Aspekten beschäftigt sich (anhand der vorliegenden Literatur) besonders intensiv K. E. Nipkow, Bildung in einer pluralen Welt. Bd. 1 (s.o. Anm. 18).

[37] So F. M. Wuketits, Verdammt zur Unmoral?, München 1993, S. 177ff. sowie ders., Gene, Kultur und Moral. Soziobiologie pro und contra, Darmstadt 1990 und K. E. Nipkow, a.a.O., S. 219f.

[38] F. M. Wuketits, Verdammt zur Unmoral (s.o. Anm. 37), S. 78f. Auf dieser Grundlage kommt Wuketits (a.a.O., S. 203) zu folgendem Fazit: „Was leistet eine evolutionäre Ethik? Das soziale Leben des Menschen ist, wie das aller Lebewesen, konfliktbeladen. Wir müssen damit rechnen, dass der Mensch von Natur aus kein friedfertiges Lebewesen ist, sondern in erster Linie auf seinen eigenen (individuellen) Vorteil bedacht, also nicht dazu geschaffen ist, über alle Angehörigen seiner Spezies und andere Arten seine hütende Hand zu halten. Da der Mensch auf das Leben in kleinen, überschaubaren Gruppen angelegt ist, begegnet er allem Fremden mit Skepsis; diese Skepsis kann sich in vielen Fällen zum Fremdenhass steigern, der aus allen Epochen der Geschichte gut dokumentiert ist. Nur die Einsicht, dass die gesamte ‚Menschheitsfamilie' – und mit ihr jeder einzelne! – heute auf dem Spiel steht, könnte auf der Basis der ebenfalls biologisch programmierten Neigung zur Kooperation dazu führen, dass wir uns, wenn schon nicht zur Nächstenliebe, so doch zu einer Klugheitsmoral entschließen, die unser Überleben erleichtert, wenngleich dieses durch nichts für alle Zeiten garantiert werden kann."

[39] Siehe dazu oben S. 39f.

hat bereits Wilson das vorletzte und letzte Kapitel seines Buches „Biologie als Schicksal" den Themen „Religion" und „Hoffnung" gewidmet. Und er beginnt mit dem Satz: „Die Prädisposition zu religiösem Glauben ist die komplexeste und mächtigste Kraft des menschlichen Geistes und aller Wahrscheinlichkeit nach ein unauslöschlicher Bestandteil der menschlichen Natur".[40] Diese Bedeutung sieht er vor allem darin, dass Religion Menschen auf eine dem bewussten Denken entzogene Weise dazu bringt, „ihr unmittelbares Eigeninteresse den Interessen der Gruppe unterzuordnen"[41]. Diese Fähigkeit und Kraft der Religion könnte nach Wilsons Meinung nur dann gebrochen werden und ganz verloren gehen, wenn es der Naturwissenschaft gelänge, die Religion „als ein durch und durch materielles Phänomen zu erklären". Aber diese Möglichkeit sieht Wilson nicht gegeben, weil der wissenschaftliche Naturalismus „nicht eine solche ursprüngliche Kraftquelle besitzt" wie die Religion – jedenfalls bislang noch nicht.[42]

c) Deterministische Interpretation der menschlichen Gehirntätigkeit

Von den genannten drei Einwänden gegen eine argumentative ethische Bildbarkeit des Menschen wirkt der Einwand, der sich auf die Ergebnisse neurophysiologischer Hirnforschung stützt, am stärksten, weil er – gestützt auf empirische Forschungsergebnisse – die Möglichkeit einer freien, eigenverantwortlichen Entscheidung des Menschen (wie jedes anderen Lebewesens auch) ganz grundsätzlich bestreitet. Dieser Einwand erklärt die Annahme von Handlungsfreiheit und von Verantwortlichkeit für Illusionen, die uns seit der frühen Kindheit anerzogen wurden und gesellschaftlich durchaus nützlich sein mögen, die aber einer empirischen wissenschaftlichen Überprüfung angeblich nicht standhalten.[43]

---

[40] E. O. Wilson, Biologie als Schicksal (s. o. Anm. 26), S. 160.
[41] A. a. O., S. 166.
[42] A. a. O., S. 181.
[43] Diese Auffassung wird von vielen Wissenschaftlern mit ganz ähnlichen Argumentationen vertreten. Besondere Öffentlichkeitswirksamkeit haben dabei G. Roth (Das Gehirn und seine Wirklichkeit. Kognitive Neurobiologie und ihre philosophischen Konsequenzen, Frankfurt a. M. 1994) und W. Singer durch zahlreiche Aufsätze, Interviews und Diskussionen erzielt. Eine ausgezeichnete Einführung in die Thematik gibt A. Draguhn, Willensfreiheit und Gehirn, in: Marburger Jahrbuch Theologie XVI (2004), S. 79–110. Siehe ferner W. Härle, Der (un-)freie Wille aus reformatorischer und neurobiologischer Sicht, in: ders.,

Die empirische Basis, auf die diese These sich stützt, besteht aus zwei Elementen: zum einen aus dem von H. H. Kornhuber entdeckten sog. „Bereitschaftspotential", zum anderen aus den sog. Libet-Experimenten: 1965 entdeckte der Neurologe H. H. Kornhuber das sog. Bereitschaftspotential.[44] „Es entsteht unmittelbar vor einer Willkürbewegung über dem vorderen (frontalen) und oberen (parietalen) Kortex. Somit scheint es der Aktivität solcher Kortexareale zu entsprechen, in denen freiwillig durchgeführte Bewegungen ‚entworfen' oder ‚geplant' werden. Bereitschaftspotentiale lassen sich aber etwa 1 Sekunde vor der eigentlichen Bewegung (z.B. der Beugung eines Fingers) nachweisen"[45].

Anknüpfend an die Entdeckung des Bereitschaftspotentials durch Kornhuber führte der amerikanische Physiologe Benjamin Libet in den 1980er-Jahren eine Reihe von Experimenten durch, auf deren Ergebnisse in der neueren Diskussion über die Frage der Willensfreiheit des Menschen und das Verhältnis von Bewusstseinsvorgängen und Gehirnprozessen immer wieder Bezug genommen wird.[46] Libet wollte mit diesen Experimenten herausfinden, ob dem Aufbau des Bereitschaftspotentials die bewusste, willentliche Entscheidung des Probanden *voraus*geht, so dass gesagt werden kann: Die Entscheidung sei ursächlich für die Entstehung des Bereitschaftspotentials.

Dabei ging er von folgender Versuchsanordnung aus: Die Probanden werden gebeten, ihren Finger bzw. ihre Hand zu einem von ihnen gewählten Zeitpunkt zu bewegen. Sie sollen diese Bewegung jedoch nicht bewusst planen, sondern warten, bis sie sich eines „Dranges"

Menschsein in Beziehungen. Studien zur Rechtfertigungslehre und Anthropologie, Tübingen 2005, S. 253–303; E. Herms, „Das Gehirn und seine Wirklichkeit". Hirnphysiologie als Theologie bei Gerhard Roth (2006), in: ders., Zusammenleben im Widerstreit der Weltanschauungen, Tübingen 2007, S. 90–101; G. Keil, Willensfreiheit, Berlin/New York 2007; W. Lienemann, Grundinformation Theologische Ethik (s.o. Kap. A 1, Anm. 1), S. 76–100 sowie das grundlegende Werk von Th. Fuchs, Das Gehirn – ein Beziehungsorgan. Eine phänomenologisch-ökologische Konzeption, Stuttgart 2008.

[44] H. H. Kornhuber/L. Deecke, Hirnpotentialänderungen bei Willkürbewegungen und passiven Bewegungen des Menschen. Bereitschaftspotential und reafferente Potentiale, in: Pflügers Archiv für die gesamte Physiologie des Menschen und der Tiere, Bd. 284 (1965), S. 1–17.

[45] A. Draguhn, Willensfreiheit und Gehirn (s.o. Anm. 43), S. 84.

[46] B. Libet/C. A. Gleason/E. W. Wright und D. K. Pearl, Time of Conscious Intension to act in Relation to Onset of Cerebral Activity (Readyness-potential), in: Brain 106 (1983), S. 623–642 sowie B. Libet, Unconscious Cerebral Initiative and the Role of Conscious Will in Voluntary Action, in: The Behavioral and Brain Sciences 8 (1985), S. 529–566.

("urge") zur Bewegung bewusst werden bzw. ein Bedürfnis verspüren, die Bewegung zu vollziehen[47]. Den Zeitpunkt, an dem sich die Probanden dieses Dranges bewusst werden, sollten sie auf einer schnell rotierenden Uhr ablesen und sich merken. Gleichzeitig wurde in einem EEG die Entstehung des Bereitschaftspotentials gemessen und ebenfalls zeitlich eingeordnet. Diese Versuche wurden mit zahlreichen Probanden und mehrfachen Wiederholungen durchgeführt.

Das Ergebnis dieser Versuche war, dass zwischen dem messbaren Beginn des Bereitschaftspotentials und der aufgrund des verspürten Dranges durchgeführten Handbewegung eine Differenz von 0,35–0,40 Sekunden lag, der zufolge das Bereitschaftspotential der Handlungsentscheidung offensichtlich voranging und nicht folgte. Ein weiteres, wichtiges Ergebnis der Libet-Experimente besteht darin, dass die Probanden in der Lage waren, den empfundenen Handlungsimpuls ("urge") noch vor Ausführung der Finger- bzw. Handbewegung zu stoppen, also – wie Libet sagte – ein Veto einzulegen[48]. Hierbei dominiert offenbar die bewusste, willentliche Entscheidung über das Bereitschaftspotential, ist ihm also vor- und übergeordnet. Libet selbst hat deshalb die deterministische Interpretation seiner Ergebnisse ausdrücklich abgelehnt. Zum Thema „Determinismus und Willensfreiheit" schreibt er daher: „Meine Schlussfolgerung zur Willensfreiheit, die wirklich frei im Sinne von Nicht-Determiniertheit ist, besteht dann darin, dass die Existenz eines freien Willens zumindest eine genauso gute, wenn nicht bessere wissenschaftliche Option ist als ihre Leugnung durch die deterministische Theorie".[49] Und er schließt den Abschnitt mit folgendem Zitat von Isaac Bashevis Singer: „Das größte Geschenk der Menschheit ist die freie Wahl. Es ist richtig, dass wir beim Gebrauch dieser freien Wahl eingeschränkt sind. Aber das Wenige an freier Wahl, das wir haben, ist ein solch großes Geschenk und ist potentiell so viel wert, dass es sich lohnt, gerade aus diesem Grund zu leben".[50]

---

[47] Dieses für den Versuch und seine Auswertung grundlegende Moment wird in der Diskussion über die Libet-Experimente in der Regel ignoriert. Stattdessen wird behauptet, die Probanden seien aufgefordert worden, *willkürlich* einen Zeitpunkt für die Bewegung zu *wählen* und ihn sich (durch Blick auf eine Uhr) zu merken. *Das stimmt jedoch nicht* (s. u. Anm. 51).
[48] B. Libet, Timing of Conscious Experience. Reply to the 2002 Commentaries on Libet's Findings, in: Consciousness and Cognition 12 (2003), S. 321–331 sowie ders., Mind Time. Wie das Gehirn Bewusstsein produziert (2004), dt. Frankfurt a. M. 2005, S. 177–179.
[49] B. Libet, Mind Time, a.a.O., S. 198.
[50] Zitiert nach B. Libet, Mind Time, a.a.O., S. 199.

In der interessierten Öffentlichkeit, aber auch in fachwissenschaftlichen Diskussionen werden die Ergebnisse der Libet-Experimente in der Regel ganz im Gegenteil als Beweis dafür interpretiert, dass das (unbewusst entstehende) Bereitschaftspotential der faktischen (bewusst vollzogenen) Entscheidung des Probanden vorangehe und diese *determiniere* und darum die Annahme einer freiwillentlichen Entscheidung auf einer Selbsttäuschung bzw. Illusion beruhe. Das ist im Sinne Libets eine glatte Fehlinterpretation, wie sich nicht erst aus den *Ergebnissen*, sondern schon aus der *Anordnung* der Versuche ergibt. Bezieht man diese mit in die Betrachtung ein, so fällt auf, dass Libet die Versuchsanordnung so gewählt hat, dass der zeitliche Vorsprung des Bereitschaftspotentials vor dem Handlungsentschluss eigentlich nicht überraschen kann. Er hat die Probanden ja nicht dazu aufgefordert, an irgendeinem Zeitpunkt willkürlich die Hand zu bewegen und sich zu merken, wann dieser Entschluss gefasst und ausgeführt wurde, sondern er hat sie – ganz im Gegenteil – aufgefordert, die Handlungen nicht bewusst zu planen oder willkürlich zu vollziehen, sondern zu warten, bis sie sich eines „Dranges" zur Bewegung bewusst werden.[51] Dass er aufgrund dieser Versuchsanordnung, die ihrerseits geeignet ist, einen solchen Drang entstehen und bewusst werden zu lassen, zu dem Ergebnis kommt, dass das Bedürfnis in Form des Bereitschaftspotentials dem Handlungsentschluss und -vollzug um einen kleinen Zeitraum (von 0,3–0,4 Sekunden) vorangeht, ist alles andere als verwunderlich.

Obwohl die Libet-Experimente keine besonders starke Aussagekraft haben, weisen sie doch darauf hin, dass unseren Handlungsentscheidungen eine unbewusste, affektive Beeinflussung und Handlungsvorbereitung vorausgeht, die zeigt, dass wir weitaus weniger Herr und Frau im eigenen Hause sind, als wir uns dies gerne einbilden. Man muss hier freilich vor einer Gefahr warnen, die schon in der sprachlichen Fassung vieler neurobiologischer Experimente und Theorien zum Ausdruck kommt, wenn dort vom Gehirn oder Teilen desselben bzw. vom limbi-

---

[51] Libets Beschreibung der Versuchsanordnung lautet: „the subject was instructed ‚to let the urge to act appear on its own at any time without any preplanning or concentration on when to act', that is, to try to be ‚spontaneous' in deciding when to perform each act" (a.a.O., S. 625). Auch schon in seiner Einführung schreibt Libet: „In the present study, the experience of the time of the first awareness of the urge to move was related by the subject to his observed ‚clock-position' of a spot of light revolving in a circle" (a.a.O., S. 624). Die Rede vom „Drang" („urge") ist also für Libet ganz entscheidend. Von dem gefühlten Drang (und nicht von einer geplanten oder willkürlich gefällten Entscheidung) hängt für ihn ab, ob die Handlung als spontan zu bezeichnen ist.

schen System so gesprochen wird, als handle es sich dabei um ein selbstständig agierendes Subjekt, welches das menschliche Handeln steuert oder sogar determiniert.[52] Erst eine solche Denk- und Redeweise führt zu einem Determinismus, der dem Menschen nicht nur Willensfreiheit, sondern auch Handlungsfreiheit und Verantwortung absprechen muss und selbst mythische Züge annimmt.

Aufgrund der vorliegenden empirischen Befunde lässt sich eine solche deterministische Interpretation und Theorie nicht begründen. Die Libet-Experimente scheinen vielmehr zu belegen, dass es zwischen den Handlungsimpulsen, die sich in Form von Bereitschaftspotential messen lassen, und der Handlungsentscheidung ein – zwar nur sehr kleines, aber doch vorhandenes – „Fenster" gibt, in dem Menschen gegen einen solchen Handlungsimpuls ein (wirksames) Veto einlegen können. Ethische Reflexion und Bildung könnte eine ihrer wichtigen Funktionen darin haben, Bewusstsein und Bereitschaft dafür zu schaffen, ein solches Veto dort einzulegen, wo es aus ethischen Gründen geboten oder empfohlen ist. Da das Zeitfenster für das Veto (mit ca. 0,1 sec) sehr klein ist, lässt es keinen Raum für die ethische Reflexion über eine bevorstehende Handlung. Diese Reflexion muss möglichst schon vorher stattgefunden haben, wenn sie in der dafür zur Verfügung stehenden Zeit die Kraft und Entschlossenheit freisetzen soll, ein Veto gegen eine sich anbahnende Handlung einzulegen. Wenn das eine zutreffende Beschreibung ist, haben ethische Erziehung, Bildung und Reflexion eine große Bedeutung – insbesondere in den kindlichen und jugendlichen Lebensphasen, in denen Verhaltensdispositionen ausgebildet, also Tugenden erlernt werden.[53]

a–c) Fazit

Im Durchgang durch die drei Gegenargumente ergab sich, dass keines von ihnen die Möglichkeit (und den Sinn) einer mit argumentativen Mitteln operierenden ethischen Bildung grundlegend in Frage stellt oder gar als unmöglich erweist. Das ist ein Plausibilitätsgewinn für die intuitive, erfahrungsgestützte Überzeugung, dass es nicht nur ethischen Ori-

---

[52] Auf die Gefahren solchen unbedachten Redens macht insbesondere Th. Fuchs immer wieder aufmerksam. Vgl. dazu seine einschlägigen Aufsätze in: ders., Leib und Lebenswelt. Neue philosophisch-psychiatrische Essays, Zug, Kusterdingen 2008, S. 306–375 sowie die Monographie: Das Gehirn – ein Beziehungsorgan. Eine phänomenologisch-ökologische Konzeption, Stuttgart 2008.
[53] Siehe dazu A. MacIntyre, Der Verlust der Tugend (s.o. Kap. A 1, Anm. 22) S. 163–350 sowie unten Kap. A 3, Abschn. 3.3 c.

entierungsbedarf, sondern auch ethische Bildungsmöglichkeiten für Menschen gibt, die zu einer selbstbestimmten ethischen Orientierung beitragen können. Gleichwohl weisen die Gegenargumente auf Faktoren hin, durch die sowohl die ethische Bildung als auch das ethische Handeln beeinflusst werden und in ihrer Eigenständigkeit eingeschränkt sind. Es gibt keine *bedingungslose* ethische Bildung und Handlungsfreiheit, und auch das verdient in der Ethik (und im Leben) Beachtung.

2.3 Individueller und gesellschaftlicher ethischer Orientierungsbedarf

Wie verhalten sich die beiden in 2.1 und 2.2 dargestellten Elemente zueinander? Wir verdeutlichen und diskutieren dies anhand von drei Modellen.

2.3.1 Platons Modell

Platon hat – insbesondere in seiner „Politeia" – die These aufgestellt, es gebe zwischen den verschiedenen menschlichen Seelenkräften (oft „Seelenvermögen" genannt) und der Struktur der Gesellschaft eine genaue Entsprechung, und die Ausbildung der Tugenden (also eine Form der anthropologischen Anwendung und Umsetzung der Ethik) bilde die Klammer, durch die die innere Harmonie des Menschen und die äußere Harmonie der Gesellschaft nicht nur je für sich hergestellt werden, sondern auch untereinander in Gleichklang gebracht werden.

In seiner „Politeia" nimmt Platon seinen Ausgangspunkt bei der Frage nach der Bedeutung der Gerechtigkeit für das Schicksal des Menschen nach dem Tod[54] und für den Aufbau und den Bestand eines wünschenswerten Gemeinwesens (Polis, verstanden als Stadt und/oder Staat). Dabei wird das Zusammenleben in einer Polis sehr nüchtern und realistisch begründet aus dem Vorteil, der für alle entsteht, wenn es so etwas wie Arbeitsteilung und gemeinschaftliche Befriedigung der Bedürfnisse gibt[55]. Und zwar geht es zunächst um die Befriedigung der

---

[54] Platon, Politeia. Der Staat (bearb. von D. Kurz, griech. Text von E. Chambry, dt. Übers. von F. Schleiermacher, in: Platon, Werke in acht Bänden, 4. Bd. Darmstadt [1971] 1990²) 330 d. Die folgenden, in den obigen Text eingefügten Stellenangaben beziehen sich auf diese Ausgabe der „Politeia".

[55] Vgl. zu dieser Thematik aus der neueren Soziologie das klassische Werk von E. Durkheim, Über soziale Arbeitsteilung. Studie über die Organisation höherer Gesellschaften, (1893, 1930) dt. Frankfurt a. M. (1977) 1996².

Grundbedürfnisse: Nahrung, Wohnung, Kleidung. Dafür braucht es den sog. *Nähr*stand, zu dem auch die kulturelle „Ernährung" durch Schauspieler, Dichter, Musiker, Tänzer etc. gehört. Platon nennt die Angehörigen dieses Standes „γεωργοὶ καὶ δημιουργοὶ" (Bauern und Handwerker, 369 b-374 d). Mit ihrer Existenz und Tätigkeit ist jedoch noch nicht die Frage der polizeilichen Ordnung nach innen und der Sicherheit gegen feindliche Angriffe von außen geklärt. Dazu bedarf es eines zweiten Standes: der „φύλακες καὶ ἐπίκουροι" (Wächter und Beamte, 374 d-412 b) als sog. *Wehr*stand. Schließlich bedarf es noch einer Regierungsgewalt (ἄρχοντες, 412 b-e), die über das Gemeinwohl wacht und es regiert. Dafür sieht Platon die Philosophen bzw. einen Philosophenkönig vor. Dies ist der *Lehr*stand, von dem die Leitung des Gemeinwesens ausgeht.

Jeder dieser Stände kann und wird aber nur dann seine ihm obliegende Aufgabe zum Wohl der Polis erfüllen, wenn er die seiner Funktion entsprechende *Tugend* ausbildet: Das ist für den Philosophen die σοφία, also die Weisheit (428 b), für die Wächter die ἀνδρεία, also die Tapferkeit (429 a) und für die Handwerker und Bauern die σωφροσύνη, also die Besonnenheit im Sinne der Mäßigung der Begierden (ἐπιθυμιῶν ἐγκράτεια, 430 e).
Graphisch dargestellt:

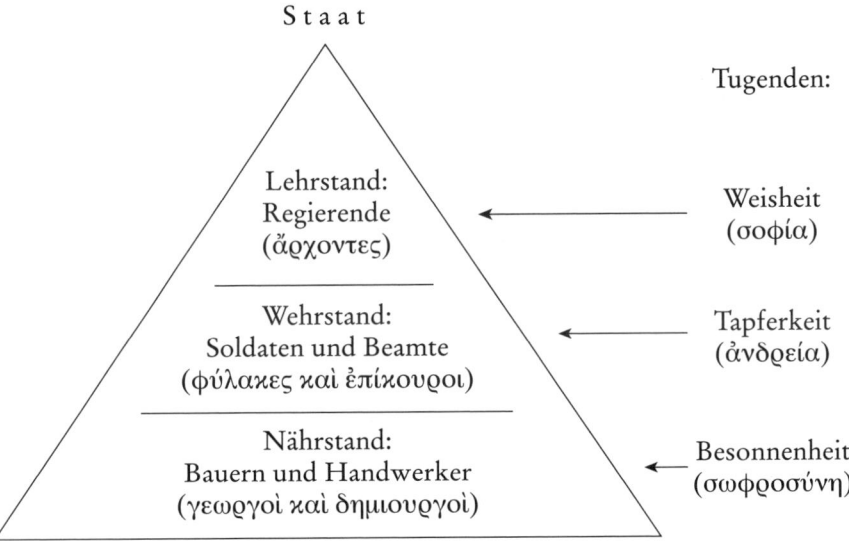

Und was ist nun mit der Gerechtigkeit (δικαιοσύνη)? Sie ist die Tugend, die für das Ganze des Gemeinwesens und für die Harmonie ihrer Teile untereinander sorgt. Während in der Philosophie vor und nach Platon (vor ihm Simonides und nach ihm Aristoteles und Ulpian) „Gerechtigkeit" definiert worden war als die Tugend, durch die jedem *zuteilwird*, was ihm zusteht („suum cuique")[56], sagt Platon, Gerechtigkeit bestehe darin, dass jeder das Seinige *tut* „τὸ τὰ αὐτοῦ πράττειν" (433 af). Was dabei „das Seinige" ist, sagt Platon in einer eher beiläufigen Bemerkung: Es ist das, „wozu seine Natur (φύσις) sich am geschicktesten eignet" (433 a). Platon hat bewusst das Modell der Polis gewählt, um zu klären, was Wohlordnung ist und welche Rolle dabei die Gerechtigkeit spielt, weil er einerseits davon ausgeht, dass zwischen der psychischen Struktur des Menschen und der Struktur der menschlichen Gesellschaft eine Parallele oder Analogie besteht (435 a – 436 a), und weil er der Überzeugung ist, dass man am Großen (der πόλις) die Gegebenheiten und Verhältnisse besser ablesen kann als am Kleinen (der ψυχή) (368 d – 369 b).

Die Seelenkräfte, die nach Platons Auffassung den drei gesellschaftlichen Ständen entsprechen, nennt er (von unten nach oben): das ἐπιθυμητικόν (das Begehrende, „womit sie [sc. die Seele] verliebt ist und hungert und dürstet und von den übrigen Begierden umgetrieben wird", 459 d); sodann das θυμοειδές (das Sich-ereifernde, Sich-durchsetzen-wollende, 441 a) und schließlich das λογιστικόν (die Vernunft bzw. das Vernunftvermögen).

Die oben genannten vier Kardinal-Tugenden sind nun natürlich genau die Tugenden, die für diese drei Seelenkräfte und ihren harmonischen Zusammenklang bestimmt sind, so dass also folgende Übersicht entsteht:

Gemeinwesen	Gerechtigkeit	**Seele**
Regierende (= Philosophen)	Weisheit	Vernunftvermögen
Soldaten und Beamte	Tapferkeit	Sich-durchsetzen-Wollendes
Bauern und Handwerker	Besonnenheit	Begehrendes

---

[56] Vgl. dazu W. Härle, „Suum cuique" – Gerechtigkeit als sozialethischer und theologischer Grundbegriff (1997), in: ders., Christlicher Glaube in unserer Lebenswelt (s. u. Kap. B 4, Anm. 18), S. 282–293.

Was sich hier zeigt, ist ein beeindruckend kohärentes („geschlossenes") Modell des Zusammenhangs von anthropologischem Mikrokosmos (Seele) und gesellschaftlichem Makrokosmos (Gemeinwesen). Zugleich wird deutlich, dass sich die Harmonie nicht von Natur aus einstellt, sondern nur durch ethische Bildung erreicht werden kann. Und diese Bildung gipfelt in der Ausbildung (Aneignung, Entwicklung) von Gerechtigkeit als der Fähigkeit und Bereitschaft jeder Seelenkraft und jedes Mitglieds der Gesellschaft, das Seine zu tun, wozu es von Natur aus am geschicktesten ist. Eine offene Frage ist allerdings, wer darüber zu entscheiden hat, wozu jeder und jedes am besten geeignet ist – der Einzelne oder die Regierenden. Beim ersten und zweiten Hinsehen wirkt dieses Modell möglicherweise durchaus attraktiv. Die Tatsache, dass Platon bei seinem Versuch, es in Sizilien unter Dionys und Dion politisch umzusetzen, kläglich scheiterte und schließlich als Sklave verkauft wurde, spricht als solche noch nicht gegen die Leistungsfähigkeit dieses Modells.

Nachdenklicher stimmt die Tatsache, dass der ältere Platon seine politische Philosophie neu, anders und bescheidener konzipierte[57], aber auch mit der Realisierung dieses Konzepts scheiterte. Die ausschlaggebenden Gegenargumente und Einwände ergeben sich m.E., wenn man sich ansieht, was für ein Erziehungs- und Bildungsprogramm Platon mit seinem πολιτεία-Modell verband, um es funktionsfähig zu machen. Das beginnt mit der staatlich geregelten Auswahl der Zeugungs- und Empfängnispartner und des Zeugungszeitpunktes, setzt sich fort mit der Ausschaltung der Familie aus der Erziehung und gipfelt in einem staatlichen Erziehungs- und Bildungsprogramm, das vom 4. bis zum 20., bei den Intelligentesten bis etwa zum 30. Lebensjahr reicht und ein System strenger Abhärtung, Schulung und Auslese darstellt. An diesem Programm und dem dabei vorausgesetzten Menschen- und Gesellschaftsbild zeigt sich, dass das Platonische Modell totalitäre Züge hat und ganz vom Staat aus konzipiert ist, dem sich der Einzelne ein- und unterzuordnen hat. Fast selbstverständlich, dass es in diesem Staat kein Privateigentum gibt. Das hat Platon dann in seinen *Nomoi* ebenso zugelassen wie das Familienleben, wollte dieses aber unter sorgfältige Überwachung und Kontrolle nach spartanischem Muster gestellt sehen.

---

[57] Platon, Nomoi. Gesetze (bearb. von K. Schöpsdau, hg. und überarbeitet von G. Eigler), in: Platon, Werke in acht Bänden, Bd. 8/1 und 2, Darmstadt [1977] 2005⁴.

2.3.2 Schleiermachers Modell[58]

Friedrich D. E. Schleiermacher, ein vorzüglicher Platonkenner und bis heute wohl der beste Platonübersetzer, nimmt Anregungen aus der Platonischen Seelen- und Gesellschaftslehre auf und verbindet sie in Form von Handlungstheorien, in denen anthropologische und gesellschaftliche Strukturen miteinander verknüpft sind. Er geht dabei von drei Unterscheidungen (als relativen Gegensätzen[59]) aus, die sich alle am Handlungsbegriff festmachen lassen und diesen konkretisieren. Und diese drei Unterscheidungen kreuzt und verbindet er dann untereinander:

- Er unterscheidet das „wirksame" oder „organisierende" Handeln vom „darstellenden, erkennenden oder symbolisierenden" Handeln[60].
- Er unterscheidet ferner zwischen einem Handeln, bei dem das Identische dominiert, also alle grundsätzlich auf dieselbe Weise handeln, und einem Handeln, bei dem das Individuelle dominiert, also jeder Mensch ausdrücklich sein unverwechselbar Eigenes (Eigenheit) zeigen soll.
- Schließlich unterscheidet er das Handeln, sofern es der Bildung des Einzelnen dient und das Handeln, sofern es der Gemeinschaftsbildung dient.

Die erste Unterscheidung bezieht sich auf die Arten des Handelns, die zweite auf die Mittel des Handelns, die dritte auf die Zwecke des Handelns. Kreuzt man diese drei Einteilungsprinzipien miteinander, so entsteht ein Achterschema, das sich in Gestalt eines Würfels darstellen lässt:

---

[58] Vgl. hierzu F. D. E. Schleiermacher, Ethik (1812/13), hg. und eingeleitet von H.-J. Birkner, Hamburg 1981 sowie E. Herms, Reich Gottes und menschliches Handeln (1985), in: ders., Menschsein im Werden. Studien zu Schleiermacher, Tübingen 2003, S. 101–124.

[59] Unter (relativen) Gegensätzen versteht Schleiermacher keine sich gegenseitig ausschließenden, sondern einander polar zugeordnete Größen, wobei im anderen jeweils auch ein gewisser Anteil des einen enthalten ist. Absolute Gegensätze (z.B. zwischen absolut gesund und absolut krank) sind für ihn Grenzwerte, die außerhalb unseres Wahrnehmungsfeldes liegen. In der uns zugänglichen Realität treffen wir nur auf relative Gegensätze.

[60] Schleiermacher, Ethik (s.o. Anm. 58), S. 19f. und 35f. Statt von Handlungen kann Schleiermacher dabei auch von „Hauptfunctionen der Vernunft" bzw. einfach von „Functionen" sprechen (a.a.O., S. 19 und 35).

Soziologische und anthropologische Voraussetzungen der Ethik 59

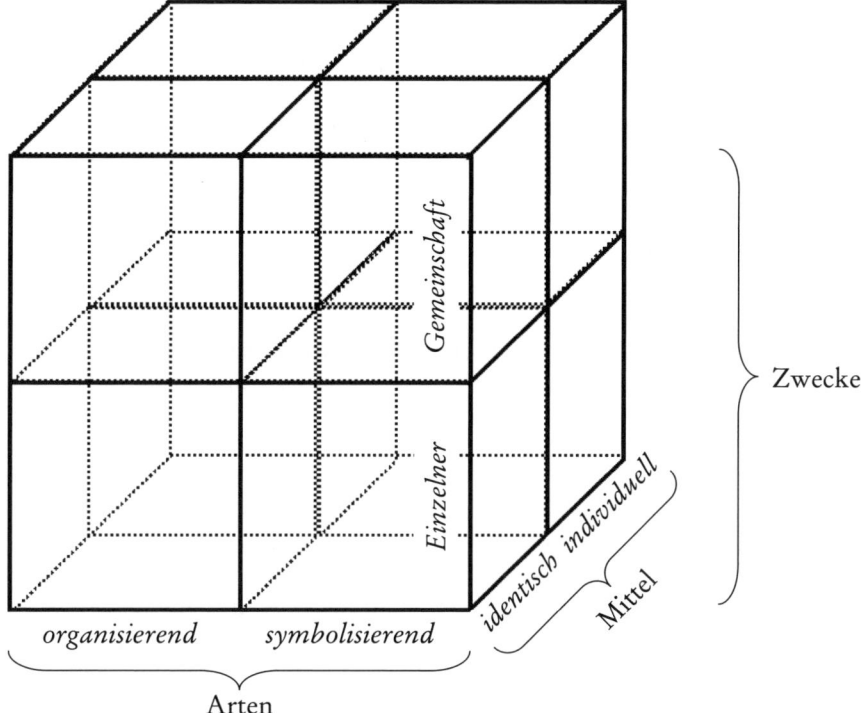

Im Unterschied zu Platon entwickelt Schleiermacher seine Theorie also nicht ausgehend von der Frage nach dem optimal funktionierenden Gemeinwesen, dem die Individuen ein- und untergeordnet sind, sondern er geht aus von den Handlungen bzw. Handlungsnotwendigkeiten endlicher Personen (Individuen), die freilich als solche ausnahmslos in interpersonalen, sozialen und naturhaften Zusammenhängen stehen. Damit entsteht eine sehr viel größere Vielfalt der Wahrnehmung und Beschreibung, ein differenzierteres Menschen- und Gesellschaftsbild also. Zugleich verschwindet dadurch der totalitäre Zug, der bei Platon nachweisbar war, und es verschwimmt auch der Unterschied zwischen dem anthropologischen Mikrokosmos und dem sozialen Makrokosmos. Gleichwohl taucht dieser Unterschied auch bei Schleiermacher wieder auf, einerseits verdeckt in der Unterscheidung von „Individuellem", das die Einzelnen voneinander unterscheidet und „Identischem", das die Einzelnen miteinander verbindet, andererseits taucht dieser Unterschied auch offen auf in Form der unterschiedlichen Handlungszwecke, die sich auf die *Einzelnen* oder auf die *Gemeinschaft* richten.

Schleiermacher ordnet diese unterschiedlichen Handlungsaspekte nun unterschiedlichen Funktionen und gesellschaftlichen Bereichen zu.[61] Dabei unterscheidet er Staat (incl. Volk), Wissenschaft, freie Geselligkeit, worunter er vor allem den Austausch und gesellschaftlichen Verkehr fasst, wie er in der Wirtschaft vorkommt, und Religion, wozu er auch die Kunst zählt. Er meint dabei bestimmte Nähen bzw. Affinitäten von Handlungsaspekten zu solchen Funktionen und Bereichen wahrzunehmen. So ist etwa die Wissenschaft durch ihre Orientierung an einer klaren, kontrollierbaren Sprache am *Identischen* ausgerichtet, während Kunst und Religion das *Individuelle* als Ausdrucksform brauchen und fördern. Und sowohl Wissenschaft als auch Religion und Kunst haben es primär mit *symbolisierendem*, nicht primär mit *organisierendem* Handeln zu tun, wie dies für den Staat (orientiert an *Identität* durch Gesetze) und die Geselligkeit (orientiert an *Individualität* durch freie Gestaltung) gilt. Wichtig ist für Schleiermacher jedoch die Einsicht: „Die Familie enthält die Keime aller vier relativen Sphären, welche erst in der weiteren Verbreitung auseinandergehen".[62] Das heißt: In der Familie sind der politische, wissenschaftliche, gesellige und kirchlich-religiöse Aspekt auf ursprüngliche Weise vorhanden und miteinander verbunden, indem Kinder in der Familie Regeln des Zusammenlebens (politischer Aspekt), den Erwerb von Wissen (wissenschaftlicher Aspekt), den geselligen Austausch (geselliger Aspekt) und religiöse Orientierung (religiöser Aspekt) lernen können. In der gesellschaftlichen Gesamtentwicklung differenzieren sich diese Funktionen dann auseinander, bleiben aber – um des (individuellen und sozialen) Ganzen willen – auch weiterhin aufeinander angewiesen. Das besagt zunächst für das Individuum, dass ein innerlich gegründetes, versiertes Sich-bewegen innerhalb und zwischen den gesellschaftlichen Teilbereichen im Sinne Schleiermachers ganz entscheidend davon abhängt, dass dieser Zusammenhang – als ein kohärenter – in der Kindheit erlebt wurde und für nachwachsende Generationen erlebbar gemacht wird. Andernfalls droht nicht nur der innere Zerfall der menschlichen Persönlichkeit und das individuelle Scheitern ihrer Lebensgestaltung, sondern letztlich, und das ist der zweite Gesichtspunkt, der Zerfall der Gesellschaft in isolierte oder konkurrierende Teilsysteme, die sich nicht mehr dem Gemeinwohl verpflichtet fühlen und zu ihm nicht konstruktiv beitragen.

Die Zuordnungen, die Schleiermacher hierbei vorgenommen hat, überzeugten freilich teilweise schon für seine Zeit nicht (mehr) in jeder

---

[61] Siehe dazu a.a.O., bes. S. 33.
[62] Ebd.

Hinsicht – vor allem, was das Individuelle anbelangt. Die Wirtschaftseinheiten (z. B. als Haushalte und Betriebe) sind – ebenso wie Religion und Kunst – eben nicht bloß individuell, sondern tragen immer schon auch in starkem Maße allgemeine (identische) Züge an sich. Und umgekehrt trägt das Allgemeine in Recht, Staat und Wissenschaft immer auch schon individuelle Züge. Die Unterscheidung zwischen „identisch" und „individuell" beschreibt weniger einen relativen Gegensatz als zwei Aspekte, die an allem vorkommen. Insofern ist Schleiermachers Modell zwar anregend, aber theoretisch und praktisch nicht ganz befriedigend.

2.3.3 Herms' Modell[63]

In Anknüpfung an Schleiermacher hat seit dem letzten Viertel des 20. Jahrhunderts Eilert Herms die gehaltvollsten theoretischen Beiträge zu einer Theorie vom Menschen in der Gesellschaft vorgelegt, die im deutschsprachigen evangelischen Bereich entstanden sind. Herms knüpft zwar an Schleiermacher an (auch an dessen Sicht der Familie), geht jedoch, ähnlich wie Platon, von der Frage aus, welche Funktionen in der Gesellschaft für den Menschen in jedem Fall erfüllt sein müssen, damit menschliches Leben möglich ist. Das heißt: Er geht aus von der Leitfrage nach dem, was der Erhaltung des Menschen im Gesamtzusammenhang der Gattung dient. Er orientiert sich hierfür am Selbsterleben. Und dabei stößt er auf vier Grundfunktionen oder „Leistungsarten"[64], die für die Daseinserhaltung konstitutiv sind:

– aggressionseindämmende, friedenserhaltende Funktionen und Leistungen, wie sie vor allem durch *Recht und Politik* erbracht werden;
– güterproduzierende und -verteilende und damit lebenserhaltende Funktionen und Leistungen, wie sie vor allem durch die *Wirtschaft* erbracht werden;
– wissensproduzierende und -vermittelnde Funktionen und Leistungen, wie sie vor allem durch *Wissenschaft* erbracht werden, und
– ethisch-orientierende Funktionen und Leistungen, wie sie vor allem durch *Weltanschauungen und Religionen* erbracht werden.

---

[63] Siehe hierzu E. Herms, Gesellschaft gestalten. Beiträge zur evangelischen Sozialethik, Tübingen 1991, bes. S. 56–94 und 380–398 sowie ders., Kirche für die Welt. Lage und Aufgabe der evangelischen Kirchen im vereinigten Deutschland, Tübingen 1995, bes. S. 195–197 und 210–230.
[64] E. Herms, Kirche für die Welt (a.a.O.), S. 195–197.

Dabei bilden die unterschiedlichen Funktionsbereiche, die notwendig aufeinander angewiesen sind, in sich verschiedene (teils konkurrierende, teils kooperierende) Organisationen aus, die entweder (bei Konkurrenz) um die größten Anteile kämpfen oder (bei Kooperation) einander zuarbeiten. Zugleich kann auch zwischen den vier Bereichen ein Kampf um die Vormachtstellung entstehen.[65] Hierbei zeigt sich auch: Das Gesamtgefüge gebraucht wie die Wirkweise der Teilbereiche nicht nur in Fülle technisch-orientierendes Wissen, sondern das dabei vorausgesetzte ethisch-orientierende Wissen. Nur wenn die unterschiedlichen Leistungsbereiche mit ihren je spezifischen Funktionen in ausreichendem Maß in einer Gesellschaft kooperieren, kann in ihr das Gemeinwohl, d.h. ihre „Wohlordnung" gefördert werden. Das Insistieren auf diesem Element ist ein Charakteristikum und eine Stärke des Konzepts von Herms.[66]

Graphisch wird dieses Modell von Herms selbst[67] wie folgt dargestellt:

---

[65] Das war in der Geschichte stets der Fall und ist auch noch in der Gegenwart zu betonen. So gab es von der Konstantinischen Wende Anfang des 4. Jahrhunderts bis in die Mitte des 17. Jahrhunderts eine Dominanz des Funktionsbereichs „Religion", die nach dem Dreißigjährigen Krieg abgelöst wurde durch eine Dominanz des Funktionsbereichs „Politik", die ihrerseits im 19. Jahrhundert mehr und mehr überging an den Funktionsbereich „Wirtschaft". Ob sie dort auch nach der Finanz- und Wirtschaftskrise von 2008ff. verbleibt, ist abzuwarten. Siehe zu diesem geschichtlichen Blick auf die Entwicklung des Gesellschaftssystems E. Herms, Die ökumenische Bewegung und das Friedensproblem der Neuzeit, in: ders., Von der Glaubenseinheit zur Kirchengemeinschaft. Plädoyer für eine realistische Ökumene, Marburg 1989, S. 216–243, bes. S. 224–237.

[66] Dabei wird die Kooperation von Herms vor allem gedacht als Austausch und Zusammenarbeit zwischen den in den verschiedenen gesellschaftlichen Funktionsbereichen und für sie verantwortlich tätigen Eliten und ist von diesen auch zu organisieren. Dass dies nur funktionieren kann, wenn auch *innerhalb* dieser Funktionsbereiche die vier (politischen, ökonomischen, wissenschaftlichen und weltanschaulich-religiösen) Funktionen wahrgenommen, zur Geltung gebracht werden und sich untereinander im Austausch befinden, spielt in dem Modell von Herms eine eher marginale Rolle (so z.B. in: Kirche für die Welt [s.o. Anm. 63], S. 404–406), verdient aber m.E. stärkere Beachtung. Vgl. dazu W. Härle, Kirche in die Wirtschaft! in: Christlicher Glaube in unserer Lebenswelt, Leipzig 2007, S. 39–53.

[67] Aus den zahlreichen graphischen Darstellungen, die sich dazu bei Herms finden, wähle ich diejenige aus, die m.E. am klarsten die bisher beschriebene Struktur darstellt. Sie findet sich in der umfangreichen Abhandlung von E. Herms, Erneuerung durch die Bibel. Über den Realismus unserer Erwartungen für die Kirche, in: ders., Kirche für die Welt (s.o. Anm. 63), S. 196f.

Soziologische und anthropologische Voraussetzungen der Ethik   63

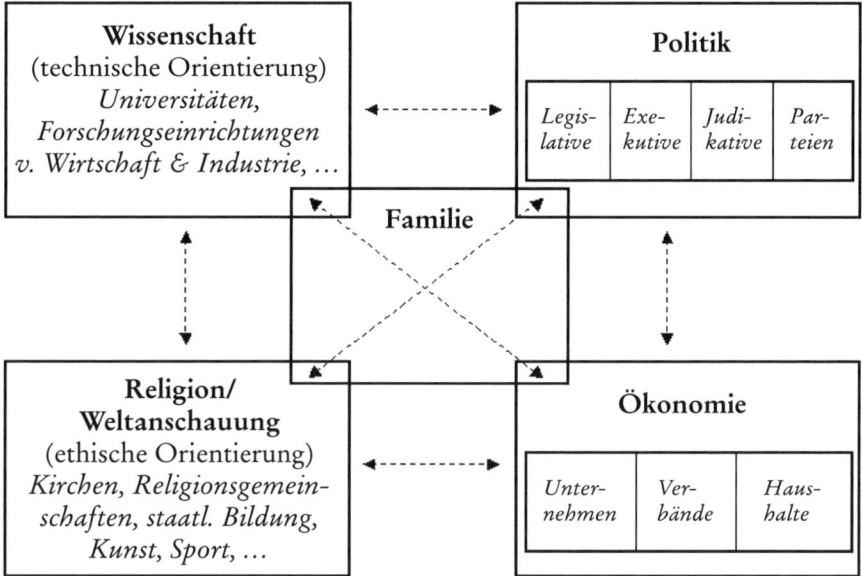

Die Notwendigkeit der Verbindung und des kooperativen Austauschs gilt dabei sowohl für das Gesamtgefüge (die Gemeinschaft bzw. Gesellschaft) als auch für die handelnden Individuen, deren jedes (als Teil des Ganzen) bestimmt ist zur Selbstbestimmung, in der es zu entscheiden hat, woran es sich orientieren will bzw. wodurch es sich orientieren lässt. Die Beantwortung dieser Frage ist jedem Einzelnen und der Gesellschaft insgesamt und in Wechselwirkung aufgetragen. Und diese Beantwortung kann nur gelingen, wenn es einen (organisatorisch ausgebauten und entwickelten) Teilbereich der Gesellschaft gibt, der sich genau dieser Frage stellt und damit die ethische Urteilsfähigkeit in Theorie und Praxis befördert.

2.1–3 Fazit

Es gibt einen unabweisbaren ethischen Orientierungs*bedarf* in der Gesellschaft wie für jeden Einzelnen. Dem entspricht auch die ethische Bildungs*fähigkeit* des Menschen, die freilich nicht naturwüchsig oder automatisch aktualisiert wird, sondern – von der frühesten Kindheit an – der gezielten Gestaltung und Aktualisierung bedarf. Je weniger diese Bildungsaufgabe wahrgenommen wird oder je einseitiger nur die individuellen oder die sozialen Aspekte in den Blick genommen werden, desto größere Gefahren drohen, sei es in individualistischer, sei es in totalitärer Hinsicht. Der Familie kommt dabei in jedem Fall eine unverzichtbare Basisfunktion zu. Soviel zu den soziologischen und anthropologischen Voraussetzungen (je)der Ethik.

3 Konstitutive Elemente der Ethik

3.0 Sprachanalytischer Zugang

Die Grundfrage, auf die eine normative Ethik Antwort zu geben versucht, hat Immanuel Kant knapp und treffend in die Worte gefasst: „Was soll ich tun?"[1] Man könnte stattdessen z.B. auch fragen: „Wie sollen wir uns verhalten?" „Welches Tun und Lassen ist richtig oder falsch?" „Was ist gut oder böse?" „Welchen Normen soll ich folgen?" „Welche Werte sollen realisiert werden?" oder: „Was ist Gottes Wille für mein Leben?" Lässt man diese (und andere gleichsinnige) Frageformulierungen auf sich wirken, so zeigen sich schnell folgende gemeinsamen Bestandteile:

a) Die Personal- bzw. Possessivpronomina: „Ich", „wir", „mein", die auf ein ethisches *Subjekt* verweisen, das so fragt.
b) Die Begriffe: „Tun", „Verhalten", „Lassen", „Orientierung", „Leben", die den ethischen *Gegenstand* bezeichnen, auf den sich die ethische Grundfrage richtet.

---

[1] So formuliert Kant es in einem Brief an C. F. Stäudlin vom 4. Mai 1793. Dabei ordnet er diese Frage sowohl einem bestimmten Wissenschaftsbereich (nämlich der Moral[philosophie]) zu als auch drei anderen Fragen, die für ihn alle zusammen das Aufgabenfeld der reinen Philosophie abstecken, indem er sagt: „Mein schon seit geraumer Zeit gemachter Plan der mir obliegenden Bearbeitung des Feldes der reinen Philosophie ging auf die Auflösung der drei Aufgaben: 1) Was kann ich wissen? (Metaphysik) 2) Was soll ich thun? (Moral) 3) Was darf ich hoffen? (Religion); welcher zuletzt die vierte folgen sollte: Was ist der Mensch? (Anthropologie …)" (I. Kant, Briefe, hg. und eingeleitet von J. Zehbe, Göttingen 1970, S. 216.) Fast wortgleich formuliert Kant dies in seinen Vorlesungen über Metaphysik (Akademie-Ausgabe Bd. 28, S. 533f.). Dort macht er jedoch zusätzlich deutlich, wie er die Frage: „Was ist der Mensch?" im Verhältnis zu den anderen drei Fragen verstanden wissen will, indem er sagt: „Man könnte alles Anthropologie nennen, weil sich die drei ersten Fragen auf die letztere beziehen". Das heißt: Sie ist nicht Anhang, sondern Zusammenfassung der drei anderen Fragen.

c) Die Ausdrücke „richtig", „falsch", „gut", „böse" für den positiven oder negativen ethischen *Gehalt*, den dieser Gegenstand haben kann.
d) Die Rede von: „Soll(en)", „Normen", „Werte" als *Formen*, in denen der ethische Gehalt angesprochen wird.

Schließlich sind in den obigen Frageformulierungen zwei weitere Elemente zwar nicht explizit, wohl aber implizit enthalten:

a) Der Adressat, an den sich diese Frage richtet und von dem möglicherweise – als *normative Instanz* – eine verbindliche Antwort erwartet oder jedenfalls erhofft wird.
b) Die Situation bzw. der *Kontext*, in denen diese Fragen gestellt werden und in denen versucht wird, sie zu beantworten.

Mit diesen sechs Elementen der ethischen Grundfrage möchte ich mich in diesem Kapitel beschäftigen. Es empfiehlt sich jedoch, bei der Behandlung dieser konstitutiven Elemente eine *andere* Reihenfolge als die obige zu wählen. Wenn man bereits weiß, welches die möglichen Gegenstände, Gehalte und Formen sind, mit denen wir es in der Ethik zu tun haben, ist es leichter, die Frage nach dem möglichen ethischen Subjekt zu behandeln, das zu diesen Gegenständen, Gehalten und Formen einen Zugang hat oder jedenfalls haben kann. Die Frage nach der normativen Instanz könnte unter Umständen vorgezogen werden (zwischen „Gegenstand" und „Gehalt"), sie setzt aber die Verständigung über das Subjekt voraus, da die ethische Frage mit gutem Grund als reflexive Frage verstanden werden kann; deshalb ist es günstiger, sie erst danach zu platzieren. Faktisch besteht eine *Interdependenz* zwischen *allen* Fragen; deshalb ist die Reihenfolge letztlich nur pragmatisch zu begründen. Aus solchen pragmatischen Gründen wähle ich die Reihenfolge: 3.1 Gegenstand; 3.2 Gehalt; 3.3 Formen; 3.4 Subjekt; 3.5 Normative Instanz; 3.6 Kontext.

3.1 Der Gegenstand der ethischen Reflexion

Womit *beschäftigt* sich Ethik? Womit *nicht*? Könnte nicht prinzipiell *alles* zum Gegenstand ethischer Reflexion gemacht werden? Ja, aber nur unter einem bestimmten *Aspekt*, nämlich unter dem, dass es selbst den Charakter einer „*Handlung*" hat oder als Voraussetzung, Element oder Resultat zu einer Handlung gehört. Das ergab sich bereits andeutungsweise aus der Reflexion über die Begriffe „Ethos" und „Ethik" oder

„Moral" (Kap. 1). Deshalb tauchen auch in unseren Fragen die Verben „Tun", „Verhalten" und „Handeln" auf, die wir vorerst als Synonyme betrachten wollen und unter dem Arbeitsbegriff „Handlung"² zusammenfassen. Die Wahl *dieses* Wortes hat den Vorteil, dass seit Aristoteles (πρᾶξις) bis heute die wissenschaftliche Reflexion über den Gegenstand der Ethik in der Regel unter diesem Begriff erfolgt.

Dass prinzipiell *alles* Gegenstand ethischer Reflexion sein kann, aber nur insofern es eine Voraussetzung, ein Element oder das Resultat einer Handlung bildet, erlaubt schon eine erste Abgrenzung. Solche Voraussetzungen, Elemente und Resultate können u. U. selbst etwas anderes sein als Handlungen, z. B. Dinge (etwa ein Fahrzeug, eine Waffe, ein Vertrag) oder Zustände (etwa eine Veranlagung, eine lebensgeschichtliche Prägung, eine räumlich-zeitliche Konstellation) oder Ereignisse (etwa ein Gespräch, eine Kettenreaktion, eine menschliche Lebensgeschichte). Warum sind solche Dinge, Zustände oder Ereignisse selbst keine Handlungen (jedenfalls keine von endlichen Subjekten)? Weil sie nicht ein Geschehen sind, das den Charakter des Vollzugs einer *Wahl* hat. Als vorläufige Definition lässt sich sagen: Ein Geschehen ist dann eine Handlung, wenn es mit Gründen als eine Wahl zwischen Möglichkeiten (zwischen A und B oder zwischen A und Nicht-A) verstanden und einem Subjekt zugerechnet werden kann. Wenn jemand stolpert und stürzt, *handelt* er oder sie (in der Regel) nicht. Aber ein Schauspieler, der als Teil seiner Rolle stolpert und stürzt, handelt sehr wohl; denn er hat dieses Stolpern und Stürzen gewählt (und überdies vermutlich eingeübt).

Handeln setzt also Wählen voraus und hat insofern *intentionalen* Charakter. Es ist auf ein Ziel oder einen Zweck aus und verwirklicht damit eine (bewusste oder unbewusste) Absicht.

---

² Vgl. Art. „Handlung" in: Lexikon der Ethik, hg. von O. Höffe, München 1992⁴, S. 112–114; R. Bubner, Handlung, Sprache und Vernunft, Frankfurt a. M. 1976; W. Härle, Art. „Handlung/Handlungstheorie", in: Evangelisches Sozialexikon, Stuttgart, Berlin 1980⁷, Sp. 568f.; H. Lenk (Hg.), Handlungstheorien interdisziplinär (bes. Bd. II und IV), München 1977–1981; H. Werbik, Handlungstheorien, Stuttgart 1978; J. Habermas, Theorie des kommunikativen Handelns, Bd. 1 und 2, Frankfurt a. M. 1981; ders., Vorstudien und Ergänzungen zur Theorie des kommunikativen Handelns, Frankfurt a. M. 1995; „Handeln Gottes", Marburger Jahrbuch Theologie I, Marburg 1987; J. Fischer, Handeln als Grundbegriff christlicher Ethik, Zürich 1983; D. Davidson, Handlung und Ereignis, Frankfurt a. M. 1990; E. Runggaldier, Was sind Handlungen? Eine philosophische Auseinandersetzung mit dem Naturalismus, Stuttgart 1996; E. Herms, Art. „Handlungsarten", in: RGG⁴ 3 (2000), Sp. 1426f.

Strittig könnte sein, ob jemand, der unter Hypnose agiert, selbst handelt. Man könnte sagen: „Ja", insofern als auch in dem Agieren irgendeine intentionale Wahl vorliegt, die allerdings von einem *fremden Willen* gesteuert ist. Dann ist es aber nicht die Wahl des Hypnotisierten, sondern des Hypnotiseurs; deshalb wäre es konsequent zu sagen: Der Hypnotiseur handelt und benutzt dabei den Hypnotisierten *als* oder *wie* ein Werkzeug bzw. Instrument. Dadurch ist freilich nicht aufgehoben, dass es (in der Regel) eine Handlung und als solche zurechenbar ist, sich hypnotisieren zu lassen. *Insofern* und an *dieser* Stelle liegt dann eine zurechenbare Handlung des Hypnotisierten vor. Das zeigt, dass Handlungen stets als *eigene* Handlungen einer Person verstanden werden müssen. Niemand kann Handlungen eines anderen vollziehen.

Ob ein Geschehen eine Handlung ist, lässt sich auch umformulieren zu der Frage, ob es in der gegebenen Situation für die handelnde Person eine *wählbare Alternative* gegeben hätte, wobei es zwar subjektiv wichtig, aber für den Handlungscharakter nicht entscheidend ist, um welchen *Preis* die Wahl bestand. Zwar wird häufig die Auffassung vertreten, jemand, der unter Todesdrohung etwas getan habe, hätte „keine Wahl" gehabt und sei deshalb für diese Tat gar nicht verantwortlich, aber das ist in ethischer (und handlungstheoretischer) Hinsicht nicht richtig. Vermutlich wird man sehr viel Verständnis dafür haben, dass jemand unter einer solchen Todesdrohung etwas getan hat, was er oder sie sonst nie getan hätte, aber das ändert nichts am Charakter der Tat als einer zurechenbaren Handlung.

Mit diesem Ansatz beim intentionalen, d.h. beim ziel- oder zweckorientierten Wählen ist gegenüber der *sprachlichen* Wurzel von „Handlung" bereits eine erhebliche Ausweitung vollzogen. Sprachgeschichtlich stammt „Handeln" offensichtlich von „Hand" ab. „Handeln" heißt ursprünglich: „Etwas mit Händen fassen und bearbeiten"[3]. Aber sich darauf zu beschränken, wäre ein viel zu enger, ethisch nicht leistungsfähiger Handlungsbegriff. Er würde z.B. das Sprechen, die Gestik und die Mimik nicht umfassen. Aber selbst wenn man diese hinzunähme und sagte: Es geht um alle körperlichen Aktivitäten, die den Charakter einer intentionalen Wahl zwischen Möglichkeiten haben, dann wäre auch das zu eng, weil bzw. wenn dabei sowohl sog. *geistige* Akte als auch *Unterlassungen* ausgeschlossen wären. Beides gehört jedoch zum Gegenstandsbereich der Ethik. Das soll zunächst gezeigt werden.

---

[3] Vgl. hier und im Folgenden jeweils die einschlägigen (etymologischen) Wörterbücher der deutschen Sprache, z.B. von Grimm, Kluge, Pfeifer u.a.

a) Symbolisierendes Handeln

Ich greife für das, was ich eben „geistigen Akt" nannte, auf Schleiermachers Begriff „symbolisierendes" Handeln (im Unterschied zum organisierenden Handeln) zurück.[4] Dabei würde man – wie bereits gesagt – Schleiermachers Unterscheidung *missverstehen*, wenn man sie interpretierte im Sinne *zweier Klassen* von Handlungen: mentale und physische. Die Unterscheidung bezieht sich vielmehr auf *alles* Handeln, sofern es ethisch reflektiert wird. Dabei bezeichnet „organisierendes Handeln" den Aspekt des Einwirkens mittels Vernunft auf die Natur, „symbolisierendes Handeln" hingegen den Vernunft- bzw. Reflexionscharakter dieses Einwirkens, sofern es für den Handelnden und/oder für andere erkennbar wird. Anders gesagt: Die ethische Reflexion über das organisierende Handeln ist naturgemäß selbst ein ethisch relevantes (auf intentionaler Wahl beruhendes) Geschehen. Und es ist ethisch betrachtet alles andere als gleichgültig, ob wir unsere Handlungen ethisch reflektieren. Diese Reflexion hat aber selbst nicht den Charakter einer (Neu-)Organisation der Natur, sondern besteht („nur") in der Deutung oder Interpretation dieses Organisierens und zwar mittels Wörtern, Begriffen, Argumenten, Gedanken, kurz: mittels Zeichen bzw. Symbolen. Diese zeichenvermittelten Deutungen sind also selbst ethisch relevante Handlungen. Und auch sie geschehen nicht unabhängig von der leibhaften Verfassung des Menschen, sondern vermittelt durch sie.

b) Unterlassen als Handeln

Im alltäglichen Sprachgebrauch versteht man unter einer „Handlung" oft das Gegenteil von einer „Unterlassung" (ähnlich in der Formel „Tun und Lassen"). Aber eine nicht vollzogene Handlung wird erst und nur dadurch zu einer Unterlassung, dass sie hätte gewählt („getan") werden können, aber nicht gewählt wurde. Richtiger: Es wurde gewählt, eine mögliche Tat nicht zu tun. Das kann lobenswert oder tadelnswert sein, es ist jedenfalls potentiell ethisch relevant. Offensichtlich wäre es verheerend, wenn man Unterlassungen aus der ethischen Reflexion ausklammern würde.

Dafür einige Beispiele: Unterlassene Hilfeleistung ist in der Regel ein ethisches Fehlverhalten, unter bestimmten Bedingungen auch ein Straftatbestand (StGB § 323 c).

---

[4] F. Schleiermacher, Ethik (siehe oben Kap A 2, Anm. 58), S. 20, Nr. 12. Vgl. dazu oben Kap. A 2, Abschn. 2.3.2.

In dem Gleichnis vom Weltgericht (Mt 25,41–45) liegt die Schuld derer, die verurteilt werden, nur darin, dass sie etwas unterlassen haben: „Was ihr nicht getan habt einem dieser meiner geringsten Brüder, das habt ihr mir nicht getan". In Jak 4,17 wird diese Einsicht in Form einer generellen Regel ausgedrückt: „Wer da weiß, Gutes zu tun, und tut's nicht, dem ist's Sünde."

Diese beliebig zu vermehrenden Beispiele zeigen, wie zentral die Kategorie „Unterlassung" für die ethische Reflexion ist. Und da sie in dem vorgeschlagenen Handlungsbegriff („intentionale Wahl einer Möglichkeit") enthalten sind, besteht hier auch kein Problem. Aber es ist gut, sich dies ausdrücklich bewusst zu machen.

c) Form und Stil von Handlungen

Zu Handlungen gehört nicht nur der Vollzug einer Wahl als solcher, sondern auch die Art und Weise, wie er vollzogen wird. Man könnte dies die *Form* oder den *Stil* einer Handlung nennen. Und diese können für die ethische Beurteilung einer Handlung (z.B. einer Begrüßung oder einer Hilfeleistung) von so großer Bedeutung sein, dass sie geradezu den Charakter einer Handlung bestimmen.

d) Handlungsmotiv

Ebenso gehört zu einer Handlung ihr *Motiv*, genauer gesagt: das Motiv der handelnden Person, also der Beweggrund, aus dem heraus sie die Handlung vollzieht. Das kann man gelegentlich einer Handlung förmlich abspüren oder dies zumindest meinen. Das Motiv oder die Gemengelage unterschiedlicher Motive können aber auch sowohl dem Handelnden selbst als auch seinem Gegenüber dunkel und unklar bleiben.

e) Handlungen als Einzelfälle von Klassen und Regeln

Eine weitere Präzisierung betrifft den Begriff „Handlung" selbst. Er erfährt in der wissenschaftlichen Analyse insofern eine gewisse Verallgemeinerung, als einzelne Handlungen als Einzelfälle einer Klasse und Regel verstanden werden müssen.[5] Um eine Handlung überhaupt als eine

---

[5] So auch – in einer etwas anderen Terminologie – E. Schockenhoff (Grundlegung der Ethik. Ein theologischer Entwurf, Freiburg, Basel, Wien 2007, S. 470):

bestimmte Handlung identifizieren zu können (z. B. als abfällige Geste oder als Wegnahme fremden Eigentums oder als Selbstopfer) ist es notwendig, sie als Fall eines Allgemeinen (und zwar einer Klasse und Regel) zu verstehen. Dabei kann dieser Fall durch sehr viele Qualifikationen als ein einmaliger gekennzeichnet werden („Der Raub dieser Handtasche dieser Besitzerin, der an diesem Tag und diesem Ort von dieser Person ausgeführt wurde"), aber auch in diesem Fall enthalten die Aussagen über diese Handlung („Raub", „Besitzerin", „Tag", „Ort", „Person"), und zwar schon durch ihre Kennzeichnung – aber auch durch ihre ethische Reflexion – stets (implizit) ein Urteil oder mehrere Urteile über eine Klasse von Handlungen und über die Regel, unter die sie fällt.[6]

Diesem Merkmal von „Handlungen" entzieht oder verweigert sich weithin ein Ethikkonzept, das in den sechziger und siebziger Jahren des 20. Jahrhunderts von sich reden machte: die Situationsethik.[7] Charakteristisch für eine solche Situationsethik ist zunächst, die weitgehende Ablehnung „traditioneller Normen" als überholt und nicht mehr zeitgemäß, sodann die Infragestellung allgemeiner Normen

---

„Moralische Normen beschreiben nicht individuelle Handlungen, sondern generalisierte Handlungsmuster, die in ihren moralisch relevanten Merkmalen übereinstimmen und daher zu Handlungstypen zusammengefasst werden."

6 Diese Einsicht ist bei W. K. Frankena (Analytische Ethik. Eine Einführung [1963], dt. München 1972, S. 45) enthalten in dem Satz: „Tatsache ist, dass jemand, der in einer konkreten Situation ein moralisches Urteil abgibt, sich damit implizit festlegt, dasselbe Urteil in jeder vergleichbaren Situation abzugeben, auch wenn Zeit, Ort und Subjekt der Handlung nicht dieselben sind." Hier taucht zum ersten Mal in dieser Ethik das Prinzip der Verallgemeinerung oder Universalisierung auf, das sich noch als ethisch sehr bedeutsam erweisen wird. Wenn man diesen Gedanken ganz konsequent fasst, muss auch die bei Frankena (a.a.O., S. 43–49 und 57–61) referierte Unterscheidung zwischen Handlungs- und Regeltheorien neu formuliert werden. Wenn jede Handlung, sofern sie überhaupt einer sprachlichen Bezeichnung zugänglich ist, als Fall einer Regel verstanden werden muss, dann unterscheiden sich Handlungs- und Regeltheorien nicht dadurch, dass sich erstere bloß auf einzelne Handlungen, zweitere dagegen auf Regeln beziehen, sondern dadurch, dass erstere die (und zwar möglichst alle) konkreten Umstände, unter denen regelgeleitete Handlungen stattfinden, in die ethische Reflexion und Urteilsbildung einbeziehen (logischer Vorrang des Einzelfalls), während die so genannten Regeltheorien diese konkreten Umstände bei der ethischen Reflexion bewusst möglichst außer Acht lassen (logischer Vorrang der Regel). Letztlich verwandelt sich damit die qualitative Unterscheidung zwischen Handlungs- und Regeltheorien in eine quantitative Unterscheidung im Blick auf das Interesse an dem Grad der Verallgemeinerung.
7 Als deren Hauptvertreter im christlichen Kontext gilt Joseph Fletcher (Moral ohne Normen?, Gütersloh 1967 und Leben ohne Moral?, Gütersloh 1969).

überhaupt. Damit stellt sich natürlich die Frage, wodurch sich eine Situationsethik dann überhaupt als Ethik ausweist und von einer Theorie der Beliebigkeit unterscheidet. Tatsächlich kommt auch die Situationsethik nicht ohne Normen aus. Dabei handelt es sich meist um ganz allgemeine und unspezifische Regeln (wie z.B. die Beförderung eigenen und fremden Wohlergehens), die dann in der einzelnen Handlungssituation vom Handlungssubjekt eigenverantwortlich anzuwenden sind. Dietz Lange charakterisiert die Situationsethik von daher – ironisch aber zutreffend – als „Ausverkauf ethischer Reflexion".[8] Diese Kritik richtet sich aber nicht gegen die Berücksichtigung der konkreten Handlungssituation in der Ethik, sondern gegen deren Instrumentalisierung zur Destruktion verbindlicher ethischer Normen.

a–e) Fazit

Eine Handlung ist folglich als zweck- oder zielgerichtete Wahl einer Möglichkeit ein motivgesteuerter, regelgeleiteter Wahlakt (der als aktive Tat oder als Unterlassung, als organisierendes und/oder symbolisierendes Handeln in einer bestimmten Form bzw. einem bestimmten Stil durchgeführt wird), und darum beschäftigt sich die ethische Reflexion genau genommen nicht mit einzelnen Handlungen, sondern mit Klassen von und Regeln für Handlungen bzw. mit Handlungen als *regelgeleiteten Wahlakten* sowie mit deren Voraussetzungen und Folgen als solchen, d.h. als Voraussetzungen und Folgen von regelgeleiteten Wahlakten.

In der konkreten ethischen Reflexion der einzelnen Person über die Wahl einer bestimmten Handlungsmöglichkeit oder über die Bewertung einer bereits vollzogenen Handlung kann demgegenüber die einzelne Handlung mit ihren ganz spezifischen Besonderheiten in den Vordergrund treten (etwa die Tatsache, dass diese Handtasche die gesamten Monatseinkünfte der Besitzerin enthielt oder dass ihr ein solcher Raub innerhalb kurzer Zeit zum wiederholten Male widerfuhr oder dass er mit einer schweren körperlichen Verletzung verbunden war), aber für die *begründete* (und nicht nur intuitive) ethische Urteilsbildung ist es doch nötig, sich an Regeln zu orientieren, die auch für vergleichbare Situationen und Fälle gelten (können).

Mit diesen Präzisierungen habe ich einen für die Zwecke dieser Ausführungen hinreichend genauen und konkreten Begriff vom *Gegenstand* der ethischen Reflexion formuliert, was sich wie folgt zusammenfassen lässt:

Gegenstand der normativ-ethischen Reflexion sind:

---

[8] D. Lange, Ethik in evangelischer Perspektive. Grundfragen christlicher Lebenspraxis, Göttingen (1992) 2002², S. 210.

- *Handlungen* sowie deren Folgen und Voraussetzungen, *sofern* sie Folgen und Voraussetzungen von Handlungen sind.
- Handlungen sind *Wahlakte* zwischen Möglichkeiten. Sie umfassen organisierende und symbolisierende Akte, Taten und Unterlassungen.
- Handlungen sind *intentionale*, d.h. zielgerichtete bzw. motivierte (im Unterschied zu rein zufallsgesteuerten) *Wahlakte*. Intentional ist dabei nicht notwendigerweise identisch mit bewusst.[9]
- Handlungen sind selbstbestimmte, *personale* Wahlakte, d.h. sie sind Wahlakte, die der sie ausführenden Person zurechenbar sind.
- Gegenstand der Ethik sind nicht singuläre, isolierte Einzelereignisse, sondern *Klassen* von Handlungen und auf sie bezogene *Regeln*. Das gilt schon für die Benennung von Handlungen. Es gilt aber nicht weniger für deren ethische Bewertung und Beurteilung.

3.2 Der Gehalt des Ethischen

Handlungen bzw. Klassen von Handlungen sind nicht in jeder Hinsicht, auch nicht in irgendeiner beliebigen Hinsicht Gegenstand der Ethik (z.B. nicht physiologisch, physikalisch oder ästhetisch), sondern im Blick auf ihren *ethischen Gehalt*, von dem in diesem Abschnitt die Rede sein soll. Dieser Gehalt wird seit der griechischen und römischen Antike als „das Gute"[10] (griech. „το ἀγαθόν"[11], lat.: bonum) bezeichnet. Was ist damit gemeint?[12]

---

[9] Es gibt zahlreiche unbewusst-intentionale Akte, die z.B. in der Körpersprache eines Menschen zum Ausdruck kommen.

[10] Gelegentlich wird freilich der Begriff „das Gute" als Benennung des ethischen Gehaltes zugunsten des Begriffs „das Rechte" problematisiert (z.B. A. Gewirth, Reason and Morality, Chicago 1978 sowie The Community of Rights, Chicago 1996). Häufig taucht die Frage nach dem Vorrang des Guten vor dem Rechten (oder umgekehrt) auf.

[11] Etymologisch leitet „το ἀγαθόν" sich ab von dem Verbum „ἄγαμαι", das „sich wundern", „bewundern" bedeutet.

[12] Siehe dazu: Aristoteles, Nikomachische Ethik 1096 a-b; G. E. Moore, Principia ethica (1903), dt. Stuttgart 1970; H. Reiner/R. Spaemann u.a., Art. „Gut etc.", in: HWP 3 (1974), Sp.937–976; M. Riedinger, Das Wort gut in der angelsächsischen Metaethik, Freiburg/München 1984; A. Pieper, Ethik und Moral, München 1985, S. 98–102; M. Nussbaum, The Fragility of Goodness, Cambridge 1986; G. Bader, Art. „Böse, das VI", in: RGG[4] 1 (1998), Sp. 1708f.; B. Himmelmann/N. Slenczka/E. Herms, Art. „Gut/Güter" in: RGG[4] Bd. 3 (2000), Sp. 1336–1339; Ph. Foot, Die Natur des Guten (2001), dt. Frankfurt a. M.

In der „Summa theologiae" des Thomas von Aquin findet sich die klassische Formulierung, die so etwas wie ein Grundprinzip aller Ethik zu sein beansprucht: „Das also ist die höchste Vorschrift des Gesetzes, dass das Gute zu tun und zu verfolgen und das Böse zu meiden ist".[13] Über diesen Satz, der so plausibel erscheint, dass er fast trivial klingt, soll zunächst reflektiert werden (3.2.1), bevor weiter zu fragen ist, was das Wort „gut" bedeutet (3.2.2) und worin das Gute besteht (3.2.3).

3.2.1 Ist das Gute zu tun?

Der Grundsatz, „das Gute ist zu tun, und das Böse ist zu meiden", ist weder so trivial noch so selbstverständlich, dass man ihn einfach voraussetzen kann. Ja, es gibt bestimmte Interpretationen des Satzes, in denen er sogar unsinnig oder falsch wird. Schließlich lässt sich an ihm ein Grundproblem jeder Ethik aufzeigen.

Nehmen wir an, eine Studentin plant das kommende Wochenende und gerät dabei in folgende schwierige Entscheidungssituation: Sie wird benachrichtigt, dass ihre Großmutter, die ihr viel bedeutet, zuhause im Sterben liegt. Sie müsste jedoch am Studienort in der Bibliothek ein Referat für die nächste Seminarsitzung vorbereiten, außerdem singt ihr kleiner Chor, der auf ihre Stimme angewiesen ist, im Gottesdienst. Sie versucht, sich darüber klar zu werden, was sie tun soll anhand der Frage: Was ist gut? (also zu tun) und: Was ist schlecht bzw. böse? (also zu lassen). Sie wird dabei mit größter Wahrscheinlichkeit zu dem Ergebnis kommen: Alle drei Möglichkeiten sind gut, keine ist schlecht/böse. Möglicherweise kommt sie von daher auf die Kompromiss-Idee, in irgendeiner Form alle drei Möglichkeiten zu realisieren, macht aber (rückblickend) die Erfahrung, gerade dadurch keiner dieser drei Handlungsmöglichkeiten wirklich gerecht geworden zu sein.

Dass etwas gut ist, heißt noch lange nicht, dass es zu tun ist! Zumindest muss zweierlei hinzukommen:

– Die Handlung darf im Vergleich zu anderen Handlungsmöglichkeiten *kein geringeres* Gut darstellen oder verwirklichen.
– Es muss für die handelnde Person *möglich* sein, dieses Gute tatsächlich zu tun.

Gilt also wenigstens das Gebot: Das jeweils Bestmögliche ist, sofern möglich, zu tun und alles andere ist zu meiden?

2004 sowie I. U. Dalferth, Leiden und Böses. Vom schwierigen Umgang mit Widersinnigem, Leipzig 2006.

[13] Thomas von Aquin, Summa theologiae II$_1$ q 94, a 2: „Hoc est ergo primum praeceptum legis, quod bonum est faciendum et prosequendum, et malum vitandum".

Aber auch gegen das so formulierte Gebot sind zwei Einwände denkbar:

- Dieses Gebot ist eine petitio principio, d.h. ein Scheinargument, das voraussetzt, was es beweisen will. Inwiefern? Würde jemand dieses Gebot uns gegenüber vertreten und wir fragen zurück: Warum sollen wir das Bestmögliche tun? Dann könnte der Gesprächspartner sagen:
  - weil alles andere *schlechter* ist;
  - weil es das Bestmögliche *ist*;
  - weil man das jeweils Bestmögliche *tun soll*.

  Alle drei Antwortmöglichkeiten haben rein analytischen (also keinen synthetischen, die Erkenntnis erweiternden) Charakter; d.h. sie erläutern nur die Begriffe, bringen aber kein neues Wissen hervor. Das zeigt, dass die „höchste Vorschrift des Gesetzes" missverstanden ist, wenn man sie als Beweis oder als Argument versteht. Sie ist tatsächlich in einem präzisen Sinn eine „petitio principii", nämlich die Formulierung eines *Grundsatzes* (eines principium) in Gestalt einer Forderung oder eines Gebotes.

- Der zweite Einwand ist ganz anderer Art und lässt sich am besten in Form eines Beispiels verdeutlichen:

  Eine Frau vereinigt in sich alle denkbaren Tugenden. Dabei wirkt sie nicht zwanghaft, sondern spontan und herzlich. Sie bildet sich darauf auch nichts ein, sondern ist bei alledem bescheiden und selbstkritisch. Was immer man sich unter einer lebenstüchtigen Frau vorstellen mag, ist in ihr verwirklicht. – Aber eines Tages (vielleicht am 60. Geburtstag, schlimmstenfalls auf dem Sterbebett) sagen Mann und Kinder: „Weißt du, dass wir unter deinem Gutsein furchtbar gelitten haben? Nicht weil etwas fehlte, sondern weil nichts fehlte, weil es das Bestmögliche war. Das hat uns förmlich erdrückt. Es hat uns bewusst gemacht, dass wir das nie erreichen, geschweige denn in irgendeinem Punkt überbieten können". Ich stelle mir vor, dass die Frau darüber zutiefst erschrickt und darin nicht ein Problem ihres Mannes und ihrer Kinder sieht, sondern – gut, wie sie ist – sich selbst fragt: „Hätte ich mich manchmal schlecht verhalten sollen? Wäre es richtig gewesen, nicht immer das Gute zu tun und das Böse zu meiden, sondern ist es manchmal geboten, das Böse zu tun und das Gute zu meiden?" Aber warum wäre es denn dieser Argumentation zufolge geboten, das Gute zu meiden? Doch offensichtlich deswegen, weil genau dies (jedenfalls für ihre Angehörigen) gut bzw. besser gewesen wäre.

Die Argumentation in diesem Gegenbeispiel kann offensichtlich (ebenfalls) nicht leisten, was es soll, nämlich das im Sinne des Thomas höchste Gebot zu widerlegen; denn in ihm wird ja letztlich auch mit dem Guten (scheinbar gegen das Gute) argumentiert. Trotzdem ist die Argumentation in diesem Beispiel m.E. von einiger Bedeutung; denn sie weist erstens darauf hin, dass der Begriff „gut" in sich mehrere Facetten und Schichten enthält, die unterschieden werden müssen; und sie weist zweitens darauf hin, dass das Ethische möglicherweise in sein Gegenteil umschlägt, wenn es die letzte und umfassendste Perspektive des Selbstverständnisses und der Lebensdeutung ist. Das könnte daher rühren, dass in der Ethik der Mensch eben *nur* unter dem Aspekt in den Blick kommt, dass er ein handelndes, wählendes, selbstbestimmtes Wesen ist.

Im Blick auf den Menschen als ethisch Handelnden gibt es aber m.E. keinen überzeugenden Grund, das primum praeceptum in Frage zu stellen: „Das Gute (im Sinne des jeweils Bestmöglichen) ist zu tun und das Böse zu meiden".

3.2.2 Was bedeutet „gut"?

Das Wort „gut" hat – wie sich eben schon andeutungsweise zeigte – mehr als eine Bedeutung. Und diese Bedeutungen lassen sich unterschiedlichen – zumindest zwei Ebenen[14] zuordnen:

a) Das instrumentelle Gute

Im instrumentellen Sinn bedeutet „gut" so viel wie „gut zu". Das heißt, etwas ist „gut", wenn es den Zweck erfüllt, zu dem es bestimmt ist oder für den es benötigt wird. So ist ein „gutes" Auto jedenfalls ein funktionsfähiges, aber je nach Benutzerinteresse ein schnelles, komfortables, sicheres, sparsames, geräumiges, schönes oder langlebiges bzw. nicht reparaturanfälliges Auto. Entsprechend ist ein „guter Arzt" ein medizinisch kompetenter, an seinen Patienten interessierter, sich für sie Zeit nehmender oder diagnostisch und therapeutisch erfolgreicher Arzt. Das alles meinen wir aber nicht, wenn wir von demselben Arzt sagen, er sei ein „guter Mensch". Hier können wir nicht einen Zweck angeben, sondern meinen so etwas wie eine charakterliche Qualität, die nicht unter die Rubrik „gut zu" gefasst werden kann, sondern auf eine andere Bedeutungsebene gehört.

---

[14] Ich beschränke mich hier auf *zwei* Ebenen, die m.E. deutlich zu unterscheiden sind. G. E. Moore (Grundprobleme S. 146) nimmt noch eine *dritte, mittlere* Ebene an: Dasjenige, was „den Wert vieler in sich guter Ganzheiten vermehrt". Das überzeugt mich aber nicht. Ich vermute vielmehr, dass sich das, was er auf der mittleren Ebene ansiedelt, bei Lichte besehen einer der beiden im Folgenden genannten Ebenen zuordnen ließe.

b) Das in sich Gute

Diese andere Bedeutungsebene des Wortes „gut" wird traditionell bezeichnet durch die Wendung „in sich gut". Das heißt, etwas ist nicht (bloß) als Mittel für einen Zweck gut, sondern es ist um seiner selbst willen lobens- bzw. erstrebenswert.

Während man von Schmerzen sagen kann, sie seien in sich ein Übel, aber manchmal bzw. in gewisser Hinsicht „gut zu" (nämlich z.B. zum Erkennen von Verbrennungsgefahr oder einer Blinddarmentzündung), könnte allenfalls ein masochistisch geprägter (geschädigter) Mensch sagen: Schmerzen seien in sich gut.

G. E. Moore hat sich in seiner grundlegenden Schrift: „Principia ethica"[15] mit der Frage beschäftigt, ob das Wort „gut" im Sinne von „in sich gut" ein definierbarer Begriff sei und er kommt zu einem eindeutig negativen Ergebnis, und das heißt: Die Bedeutung von „in sich gut" kann nicht von etwas anderem abgeleitet werden. Das halte ich für überzeugend. Aber das schließt nicht aus, dass man umschreiben und durch Beispiele veranschaulichen kann, was mit „in sich gut" gemeint ist. Eine solche Umschreibung habe ich schon gebraucht mit der Formel: „um seiner selbst willen lobens- bzw. erstrebenswert". Das würden vermutlich viele Menschen im Blick auf überzeugende ethische Handlungen, aber z.B. auch im Blick auf ein künstlerisches oder religiöses Erlebnis sowie im Blick auf erfüllte erotische oder sexuelle Erfahrungen sagen. Sie sind nicht nur „gut zu" – etwa zur Entspannung oder Bildung –, sondern sie sind in sich gut. Sie bedürfen keiner weiteren Begründung oder Rechtfertigung, ja sie vertragen möglicherweise gar keine weitere Begründung oder Rechtfertigung, weil sie damit in ihrem Wesen verkannt oder verfälscht würden.

Es wird sich zeigen, dass in der Ethik beides vorkommt: das instrumentell Gute und das in sich Gute, also gute Mittel und gute Zwecke. Dabei wird es sich aber als für die Ethik (etwa im Unterschied zur Technik) charakteristisch erweisen, dass im ethischen Sinne instrumentell gut nur etwas sein kann, dessen Zweck ebenfalls im ethischen Sinne in sich gut ist. Der Zweck heiligt in ethischer Hinsicht nur dann die Mittel, wenn der Zweck selbst „heilig" ist.[16] Ein ethisch verwerflicher Zweck heiligt hingegen nicht die zu seiner Verfolgung geeigneten Mittel, sondern verdirbt sie in ethischer Hinsicht. Und ethisch verwerfliche Mittel werden durch *keinen* Zweck geheiligt.

---

[15] Siehe oben Anm. 12.
[16] Das heißt freilich nicht, dass ein „heiliger" Zweck *jedes* Mittel heiligt.

3.2.3 Worin besteht das Gute bzw. was ist in sich gut?

Diese Frage nach der inhaltlichen Bestimmung des Guten stellte sich schon von Anfang an in der griechischen Philosophie: insbesondere bei Sokrates/Platon und bei Aristoteles.[17] Dabei zeigte sich schnell, dass es unbefriedigend ist, wenn darauf mit einer Aufzählung von Gütern geantwortet wird, zwischen denen es zur Kollision kommen kann, so dass sich die Frage nach dem wirklich Guten erneut stellt. Deswegen entsteht schon früh der Gedanke, das Gute sei letztlich *eines*. Und um dies Eine von der Vielzahl der Güter zu unterscheiden, sprach Aristoteles von dem Guten, das um seiner selbst willen zu wählen ist, als dem höchsten Gut („ἀκρότατον ἀγαθόν" oder auch „ἄριστον",[18] lat. „summum bonum").

Auch in einer zweiten Hinsicht fällt schon in der griechischen Philosophie eine folgenreiche Vorentscheidung, die für die ganze abendländische Ethik-Geschichte bestimmend geworden ist: Das „höchste Gut" wird nicht substanziell, sondern relational bestimmt, d.h. als dasjenige, was vom Menschen bewundert und/oder erstrebt wird und was dieses Streben erfüllt.

Mit diesem relationalen Ansatz scheint nun aber die erste Einsicht, das Gute sei *eines*, kaum vereinbar zu sein. Erstreben Menschen denn nicht sehr Verschiedenes als ihr höchstes Ziel und Glück? Aber die darin mit ausgesprochene Einsicht, dass alle Menschen (jeweils auf ihre Weise) Glück erstreben, wird bei Platon und Aristoteles zum Schlüssel der Bestimmung des höchsten Gutes. Das „höchste Gut" ist das erstrebte Glück selbst, die εὐδαιμονία. Dementsprechend sind Güter dasjenige, was zum Zustand wahren Glücks führt.

Mit der Rede vom „wahren Glück" wird freilich schon ein weiteres Problem erkennbar: Es gibt offenbar Glücksvorstellungen und ihnen zugehörige Güter, die nur scheinbar oder vorübergehend zum Glück führen. Deswegen kann die Ethik ihr Nachdenken über „das Gute" mit der Festlegung auf die Einheit und die Relationalität des Guten nicht beenden. Die neue Leitfrage, die nun auftaucht, lautet: Worin besteht denn das wahre Glück des Menschen? Und auch auf diese Frage wurden und werden in der Menschheitsgeschichte vielfältige und sehr unterschiedliche Antworten gegeben: In der Lust, die ihrerseits eher körperlich oder seelisch oder geistig interpretiert werden kann, in der

---

17 Aber auch bei den – nur teilweise zu Recht – viel geschmähten Sophisten. Und sie tut es (ohne inhaltliche Antworten) bis heute, so z.B. bei F. Savater, Tu, was du willst. Ethik für Erwachsene von morgen (1991), dt. Frankfurt a. M. (1993) 2007⁹.

18 Aristoteles, Nikomachische Ethik 1094a.

Erkenntnis der Wahrheit, letztlich in der Gotteserkenntnis, in der Tugend, die z. B. als Leben in Übereinstimmung mit der Natur verstanden wird. Auch hier scheint die Vielfalt das letzte Wort zu behalten.

Im 18., 19. und 20. Jahrhundert tauchen jedoch in der Philosophie- und Theologiegeschichte drei bemerkenswerte neue Bestimmungen auf: bei I. Kant, F. Schleiermacher und E. Bloch:

- Kant unterscheidet zwischen dem „obersten Gut", das angestrebt werden kann und das für ihn in der Tugend besteht, und dem „höchsten Gut" als dem Idealzustand der Welt, der erhofft oder postuliert werden kann und der für ihn besteht in „Glückseligkeit, ganz genau in Proportion der Sittlichkeit ausgeteilt"[19]. Anders gesagt: Das höchste Gut ist Gerechtigkeit und zwar die kommutative oder ausgleichende Gerechtigkeit, die jedem das gibt, was er aufgrund seiner Sittlichkeit verdient.[20]
- Schleiermacher kommt von seinem Ansatz her zu der These, das höchste Gut sei „die Einheit von Vernunft und Natur", wie sie „in der Gesamtheit des menschlichen Geschlechts" geschaut werden kann.[21] Diese Definition des höchsten Gutes ergibt sich aus Schleiermachers anthropologischem Grundansatz, der die Bestimmung des Menschen darin sieht, die Natur mittels Vernunft zu durchdringen und so beide zu einer Harmonie zu bringen. Das kann naturgemäß nicht im Leben eines einzelnen Individuums erreicht werden, sondern nur durch den Menschen als Gattungswesen.
- Bloch schließlich konstatiert eine Entwicklungsgeschichte, in der sich das höchste Gut herausgebildet und verändert hat: zunächst als „Gott", dann als „Reich Gottes", schließlich als das, was mit den früheren Fassungen eigentlich immer schon gemeint war, als „Reich der Freiheit".[22] Zwar ist auch hier – wie bei Schleiermacher – das höchste Gut als eine geschichtliche Realität gedacht, aber so, dass

---

[19] I. Kant, Kritik der praktischen Vernunft, Akademie Ausgabe Bd. 5, S. 109.
[20] A. Schopenhauer hat Kant deshalb vorgeworfen, mit dieser Auffassung heimlich wieder den Eudämonismus in der Ethik hergestellt zu haben.
[21] F. Schleiermacher, Ethik, in: ders., Werke, Bd. 2, Leipzig 1910, S. 509. Vgl. hierzu auch ders., Über den Begriff des höchsten Gutes (1830), in: ders., Kritische Gesamtausgabe (KGA), Abt. 1, Bd. 11, Berlin/New York 2002, S. 537–553.
[22] E. Bloch, Das Prinzip Hoffnung, Bd. 1–3 (1938–1947), Frankfurt a. M. 1959, S. 1566: „Das unter dem höchsten Gut Gedachte, das früher Gott hieß, dann Reich Gottes, und schließlich Reich der Freiheit ist, macht nicht nur das Zweckideal der menschlichen Geschichte aus, sondern auch das metaphysische Latenzproblem der Natur".

sich dabei nicht nur das höchste Gut sukzessive verwirklicht, sondern dass es sich im Verlauf der Geschichte selbst verändert.

Bemerkenswert sind diese drei Neuansätze, weil sie alle darauf hinweisen, dass die These vom Glück (εὐδαιμονία) als dem höchsten Gut letztlich nicht voll überzeugen kann. Darin schlägt sich eine häufige menschliche Erfahrung nieder: Das erstrebte Glück ist, wenn es sich einstellt, in der Regel gar nicht so erfüllend und befriedigend, wie man es sich vorgestellt und erhofft hatte. Deswegen kann man (frei nach Lessing) fragen, ob nicht das Streben nach Glück befriedigender und daher ein höheres Gut ist als das Erreichen von Glück. Aber demgegenüber gilt wohl: Wenn es in Verbindung mit dem Streben nicht die Hoffnung auf Erfüllung gäbe, wäre das Streben nur eine begrenzt befriedigende Sisyphus-Arbeit.[23]

Ein anderer, scheinbar spezifisch christlicher Ansatz zur Bestimmung des höchsten Gutes als ethische Zielvorstellung liegt darin, nicht von dem Glück auszugehen, das Handelnde für sich erstreben, sondern von dem, das sie anderen bereiten. Aber hier stellt sich erstens die Frage, worin das Motiv liegen könnte, im Glück des anderen das höchste Gut zu suchen und zu finden. Lässt sich dabei die Gefahr vermeiden, dass deren Glück faktisch nur Mittel zum Zweck des eigenen Glücks ist, also gar nicht selbst höchstes Gut, sondern nur Mittel dazu? Und zweitens stellt sich die Frage, ob es mit dem Glücklichmachen anderer nicht oftmals ebenso schwierig oder noch schwieriger ist wie bzw. als mit dem Selbst-glücklich-Werden. Ist es nicht eine verbreitete menschliche Erfahrung, dass fremdes oder eigenes Glück dann am schwersten erreicht wird, wenn es bewusst gesucht wird, während es sich im Zustand der Absichtslosigkeit ungesucht einstellen kann und gewissermaßen erst im Rückblick als Glück erkannt wird?

Diese schlichte Vermutung gibt folgenden wichtigen Hinweis zum Thema „höchstes Gut"[24]: Zwar haben wir möglicherweise Bilder, Vorstellungen, Ideen von dem, was wir als höchstes Gut erstreben, erhoffen

---

[23] Zu der Sisyphos-Gestalt, die A. Camus (Der Mythos von Sisyphos. Ein Versuch über das Absurde [1942], dt. Düsseldorf 1956) „geschaffen" hat, gehört freilich konstitutiv die Vorstellung, mit der Camus sein Buch schließen lässt: „Wir müssen uns *Sisyphos* als einen glücklichen Menschen vorstellen" (a.a.O., S. 101). Diese von Camus gegebene Antwort und das von ihm beschworene Glück sind jedenfalls solche, die im Horizont des Nihilismus, freilich eines heroischen Nihilismus, formuliert werden.

[24] Vgl. hierzu R. Spaemann, Glück und Wohlwollen. Versuch über Ethik, Stuttgart (1989) 2009⁵, bes. S. 85–95 („Die Antinomien des Glücks").

oder ersehnen. Zugleich machen wir die Erfahrung, dass wir gerade dadurch, dass wir es erstreben, das Erreichen des höchsten Gutes (und sei es nur in Form von ungetrübtem Glück) eher gefährden als ermöglichen. Warum das? Das Gut (oder Glück), das wir für uns oder andere erstreben, bleibt notwendig gebunden an unsere Vorstellungen von Glück, die sich in der Regel aus gemachten Glückserfahrungen, aber auch aus erlittenen Defiziterfahrungen speisen. Das heißt, die bisherige Lebensgeschichte gibt den Horizont ab, in dem sich das angestrebte Glück oder das erhoffte höchste Gut bewegt. Aber gerade das ist eine problematische Begrenzung. Die Begegnung mit dem Unbekannten, Fremden und Neuen, die Erfahrung des bisher noch nicht Erlebten, die überraschende Begegnung, die Ekstase, die alles bisher Erlebte übersteigert – all das kommt nicht in den Blick oder wird programmatisch ausgeblendet, wenn es sich um das von uns angestrebte höchste Gut und das von uns zu findende oder zu verwirklichende Glück handelt. Zur wahren Erfüllung gehören immer Elemente, die nicht planbar und machbar sind. Darum kann Glück nur dann ein Äquivalent für „höchstes Gut" sein, wenn es nicht gebunden ist an das, was wir als Glück erstreben, sondern die Offenheit für Unerwartetes und Ungeplantes einschließt – damit aber auch das Risiko der Enttäuschung, ja der Verletzung und Ablehnung. Billiger ist das höchste Gut wohl nicht zu haben. Es muss sich einstellen.

3.3 Die Formen des Ethischen[25]

In diesem Abschnitt geht es zunächst nur darum, dass das Gute als der ethische Gehalt in unterschiedlichen Formen beschrieben und damit an unterschiedlichen Aspekten von Handlungen festgemacht werden kann. Dabei stehen zwei mögliche Unterscheidungs- und Einteilungsschemata nebeneinander, gehen aber auch teilweise ineinander über: einerseits die Unterscheidung zwischen Güter-, Pflicht- und Tugendlehre bzw. -ethik, andererseits die Unterscheidung zwischen deontologischen und teleologischen[26] ethischen Theorien. Dabei kann man ohne

---

[25] Siehe dazu D. Lange, Ethik in evangelischer Perspektive (siehe oben Anm. 8), S. 258–272 und W. Härle, Die gewinnende Kraft des Guten. Ansatz einer evangelischen Ethik (2003), in: ders., Menschsein in Beziehungen. Studien zur Rechtfertigungslehre und Anthropologie, Tübingen 2005, S. 347–361. In der Grundlegung der Ethik von E. Schockenhoff (siehe oben Anm. 5) bekommt die Unterscheidung zwischen Tugendlehre und Normtheorie sogar eine den Aufbau und die Konzeption dieser Ethik insgesamt bestimmende Bedeutung.
[26] Siehe dazu W. K. Frankena, Analytische Ethik (siehe oben Anm. 6), S. 32–37.

große Schwierigkeiten die deontologischen Theorien mit der Pflichtethik, die teleologischen Theorien mit der Güterethik zusammenordnen. So entstehen drei Positionen: a) Güterethik/teleologische Theorien; b) Pflichtethik/deontologische Theorien; c) Tugendethik. Diese verschiedenen Positionen sollen zunächst kurz je für sich skizziert und dann in ein vergleichendes Gespräch miteinander gebracht werden.

a) Güterethik[27]/teleologische Theorien

Diese Position besagt: Gut ist eine Handlung dann, wenn sie etwas Gutes bewirkt oder hervorbringt. Dieser These zufolge bemisst sich der moralische Wert einer Handlung an ihrem (angestrebten) Ziel (τέλος) und/oder am (erreichten) Ergebnis. Das ist Ausdruck einer Folgenethik und hat etwas unmittelbar Einleuchtendes; denn wenn wir eigene oder fremde Handlungen bzw. Handlungsmöglichkeiten ethisch prüfen, fragen wir aus guten Gründen fast automatisch nach ihren Konsequenzen, und zwar sowohl nach den beabsichtigten Folgen als auch nach den nicht beabsichtigten, vielleicht sogar unerwünschten Nebenfolgen.[28] Angesichts der Tatsache, dass Menschen für ihre Handlungen Verantwortung übernehmen müssen, ist das ja auch ganz sachgemäß. Wir wählen (bewusst oder unbewusst), was wir für wünschenswert halten und meinen verantworten zu können.

Und doch taucht hier sofort ein Problem auf[29], das sich schon sprachlich in dem obigen Satz bemerkbar macht: „Gut ist eine Handlung, wenn sie etwas Gutes bewirkt oder hervorbringt". Das Wort „gut" taucht hier zweimal auf: einmal als Bewertung einer Handlung, dann als Bewertung eines Folge-Zustandes, der durch die Handlung bewirkt wird. Und hier taucht nun folgende Alternative auf: Entweder hat das Wort „gut" in beiden Fällen dieselbe Bedeutung, dann wird durch die These das Problem nur verschoben (u. U. sogar in einen Zirkel ver-

---

[27] Der Güterethik lässt sich auch die Wertethik zuordnen, wie sie etwa von M. Scheler (Der Formalismus in der Ethik und die materiale Wertethik, Halle [1916] 1921²) – gegen Kant – vertreten wird. Siehe hierzu die grundlegende Arbeit von H. Joas, Die Entstehung der Werte, Frankfurt a. M. 1997.

[28] Zu dem damit angesprochenen Problem „der Handlung mit doppelter Wirkung" siehe E. Schockenhoff, Grundlegung der Ethik (siehe oben Anm. 5), S. 462–464.

[29] Ein weiteres Problem, über das noch nachzudenken ist, zeigt sich durch die Frage, welche – direkten oder indirekten – zukünftigen Folgen einer Handlung können und müssen in eine solche Bewertung mit einbezogen werden? Ist der Verantwortungshorizont menschlichen Handelns begrenzt oder unbegrenzt?

wandelt), oder das Wort „gut" wird im zweiten Fall anders, nämlich außerethisch[30] verstanden, dann stellt sich die Frage, ob damit nicht die Ethik ihre Eigenständigkeit verliert, indem sie von einer außerethischen Größe abhängig gemacht wird.[31]

Dasselbe gilt für teleologische Theorien, die der Überzeugung sind, dass der Wert einer Handlung sich an deren Folgen, Konsequenzen oder Auswirkungen bemisst. Dabei müssen es nicht die realen, sondern können auch die intendierten oder vorhersehbaren Folgen sein. Maßstab für die moralische Qualität von Handlungen ist jedenfalls aus teleologischer Sicht der Wert oder die Wünschbarkeit von deren Folgen. Im Blick darauf resümiert Frankena: „Teleologen sind der Meinung, dass es ein und nur ein grundlegendes oder letztes Kriterium des moralisch Richtigen gibt, nämlich den vergleichsweisen (außerethischen) Wert dessen, was tatsächlich, wahrscheinlich oder der Absicht nach zum Entstehen gelangt".[32]

Offen ist dabei dreierlei:

- *Worin* besteht der Wert einer Folge, welches Kriterium wird also an diese Folgen angelegt, um deren Wert zu bestimmen: Ist es der durch sie ausgelöste Lustgewinn, das Glück, das Wohlergehen, die Lebenserhaltung, die Steigerung der Lebensqualität, die Vermehrung des Wissens und der Erkenntnis, etc.?
- *Wem* kommen diese positiven Formen zugute (dem Handelnden selbst, möglichst vielen Menschen, der Menschheit, allen Lebewesen)? Die klassische Antwort auf diese (und zugleich auf die erste) Frage hat Francis Hutcheson (1694–1747) mit seiner für den *Eudämonismus* und *Utilitarismus* maßgeblichen Formel gegeben: „The greatest happiness for the greatest number".[33] Aber diese Formel enthält zwei Folgeprobleme: Erstens: Wie verhält sich dabei die Größe des Glücks zur Größe der Zahl? Welches von beiden ist im

---

30 „Außerethisch" bedeutet hier und im Folgenden nicht „unethisch" im Sinne dessen, was ethisch zu missbilligen oder gar verwerflich ist, sondern „außerethisch" besagt, dass ein Sachverhalt einer anderen als der ethischen Betrachtungsweise unterzogen wird, z. B. einer ästhetischen oder rechtlichen Betrachtungsweise.
31 Gegen eine solche Unselbstständigkeit und Abhängigkeit der Ethik von außerethischen Größen wendet sich vor allem Kants Moralphilosophie mit allem Nachdruck.
32 W. K. Frankena, Analytische Ethik (siehe oben Anm. 6), S. 34.
33 F. Hutcheson, An Inquiry into the Original of Our Ideas of Beauty and Virtue (dt. Eine Untersuchung des Ursprungs unserer Vorstellungen von Schönheit und Tugend), London 1725, The Second Treatise, III,8.

Konfliktfall wichtiger? Zweitens: Wie muss das Glück unter die Nutznießer verteilt sein bzw. werden: egalitär oder differenziert?
– Wie kann diese Theorie in der Praxis angewandt und *überprüft* werden? Für die Bewertung einer Handlung reicht es ja nicht aus, ihre unmittelbaren und offen zutage liegenden Folgen zu bewerten, sondern es geht um die Gesamtfolgen und die schließen Nebenfolgen, verdeckte Folgen und Langzeitwirkungen mit ein. Mag man sich auch im Rückblick gelegentlich einen gewissen Überblick über diese Folgen verschaffen können, so ist doch die Kenntnis der (vermutlichen) Folgen im Moment der Handlungsentscheidung außerordentlich begrenzt und gibt jedenfalls kein *sicheres* Kriterium an die Hand.

b) Pflichtethik/deontologische[34] Theorien

Diese Position besagt: Gut ist eine Handlung dann, wenn sie einer gültigen ethischen Norm entspricht. Dies ist Ausdruck einer Norm- oder Pflichtethik, wie sie sich mit dem Namen Kant, aber z.B. auch mit einer christlichen Gebotsethik verbindet. Pflicht- oder Normethik betrachtet danach Handlungsklassen unter dem Aspekt ihres Gesollt- oder Gebotenseins oder Erlaubtseins (bzw. deren Negation).

In der Normenlogik bzw. deontischen Logik[35] ist das Verhältnis der Begriffe „geboten", „erlaubt" und „verboten" bzw. „sollen", „dürfen" und „nicht dürfen" gründlich untersucht worden. Dabei zeigt sich, dass der jeweils mittlere Begriff (also „erlaubt" bzw. „dürfen") in *zwei* Bedeutungsvarianten verwendet werden kann. Einer Variante zufolge ist alles erlaubt, was weder geboten noch verboten ist, sondern ein Mittleres zwischen beiden, ein sogenanntes „Adiaphoron" darstellt. Aber es ist auch nicht abwegig, „erlaubt" nur als Gegenbegriff zu „verboten" zu verwenden. Demnach ist dann alles erlaubt, was nicht verboten ist, also auch das, was geboten ist. Entsprechend gilt dieser Variante zufolge, dass man alles, was man soll, auch darf und umgekehrt. In einem Akademievortrag[36] hat Schleiermacher sich kritisch mit dem Begriff des Erlaubten beschäftigt, das sich „überall ... in die Mitte zwischen das pflichtmäßige und das pflichtwidrige [stellt], als ein drittes zu beiden welches keines von beiden sein will. Es will überall mit dem pflichtmäßigen das eine gemein haben, dass es nicht gewehrt werden kann; mit dem pflichtwidrigen aber das andere, dass es nicht gefordert werden darf".[37] Schleiermacher ist der Auffassung, dass sich streng gedacht dieser Begriff des Erlaubten innerhalb der Ethik nicht halten lässt.

---

[34] Zum Begriff „deontisch" bzw. „deontologisch" siehe oben Kap. A 2, Anm. 6.
[35] Siehe oben Kap. A 1, Anm. 14.
[36] F. Schleiermacher, Über den Begriff des Erlaubten (1826), in: ders., KGA, Abt. 1, Bd. 11, Berlin/New York 2002, S. 493–513.
[37] A. a. O., S. 493.

Vom Begriff „normative Ethik" her scheint sich dieser Ansatz bei den Pflichten oder Normen zu empfehlen, ja gerade aufzudrängen. Aber auch er impliziert ein Problem: Woher erhalten wir die gültigen ethischen Normen, oder genauer gefragt: Wer oder was macht eine Norm zu einer gültigen ethischen Norm, an der Handlungen sich prüfen und messen lassen müssen? Kant hat mit der Begründung und Ableitung des kategorischen Imperativs[38] darauf einen großartigen Antwortversuch unternommen, denn diese Antwort ist – ihrem Anspruch nach – nicht aus inhaltlichen anthropologischen oder kosmologischen Aussagen, sondern nur aus dem *Begriff* der ethischen Norm (bei Kant heißt diese Norm: „Sittengesetz") abgeleitet und lautet: „Handle so, dass die Maxime deines Willens jederzeit zugleich als Prinzip einer allgemeinen Gesetzgebung dienen könne."[39]. Das Problem besteht darin, dass die damit formulierte (formale) Universalisierungsregel, wenn sie auf Handlungen angewandt wird, zwar gültig, aber zu weit ist. Sie nennt eine notwendige, aber keine hinreichende Bedingung. Denn die Tatsache, dass eine Maxime, d.h. ein individueller Handlungsvorsatz zur Grundlage für eine allgemeine Gesetzgebung gemacht werden kann, heißt ja nur, dass sie für alle verpflichtend gemacht werden *könnte*, ohne dass dadurch ein Widerspruch entsteht. Das gilt aber für beliebig viele Nonsens-Regeln und sagt nichts über deren moralische Verbindlichkeit. Das heißt: Der kategorische Imperativ ist nur in der Lage, ethisch inakzeptables Handeln zu verhindern, aber er ist nicht ausreichend, um ethische Normen positiv zu begründen.

---

[38] Vgl. dazu H. J. Paton, Der kategorische Imperativ. Eine Untersuchung über Kants Moralphilosophie, Berlin 1962, sowie W. Härle, Die weltanschaulichen Voraussetzungen jeder normativen Ethik (2001), in: ders., Christlicher Glaube in unserer Lebenswelt. Studien zur Ekklesiologie und Ethik, Leipzig 2007, S. 210–237.

[39] I. Kant, Kritik der praktischen Vernunft, A 54. In dem in Anm. 38 genannten Aufsatz habe ich (auf S. 220f.) zwölf Formulierungen des *einen* kategorischen Imperativs (mit Quellenangaben) zusammengestellt, die sich bei Kant finden. Die hier zitierte Formulierung findet sich auf S. 220 unter d. Wirkungsgeschichtlich besonders bedeutend wurde die Form des kategorischen Imperativs, die Kant selbst als „praktischen Imperativ" bezeichnet: „*Handle so, dass du die Menschheit, sowohl in deiner Person, als in der Person eines jeden andern, jederzeit zugleich als Zweck, niemals bloß als Mittel brauchest*" (a.a.O., S. 221 j). Die überwiegende Zahl von Kants unterschiedlichen Formulierungen des kategorischen Imperativs findet sich in seiner Schrift: Grundlegung zur Metaphysik der Sitten von 1785. Für die eigene ethische Bildung empfiehlt es sich dringend, wenigstens die beiden hier zitierten Formulierungen des kategorischen Imperativs auswendig zu lernen.

Die Position der mit den Pflicht- bzw. Normethikern eng verwandten deontologischen Theorien kann man sich am besten in Abgrenzung von den teleologischen Theorien klarmachen.[40] Während diese der Auffassung sind, der ethische Wert einer Handlung hänge an ihren (außerethischen) Folgen, gilt von den Vertretern deontologischer Theorien: Sie „bestreiten entweder, dass dieses Kriterium überhaupt eine Rolle spielt, oder sie machen geltend, dass es außer ihm noch andere grundlegende oder letzte Kriterien des moralisch Richtigen gibt".[41] Damit müssen Deontologen eine Antwort auf die Frage geben, welche anderen Kriterien das sind oder sein können. Genau besehen ist das sogar eine Doppelfrage:

- Welche anderen Kriterien kommen hierfür in Betracht? Könnte das die inhärente moralische Qualität einer Handlung sein, wie z.B. ein gegebenes Versprechen zu halten, menschliches Leben zu erhalten oder Unschuldige vor Verfolgung zu schützen? Sind diese Handlungsregeln in sich gut, so dass es ethisch verwerflich ist, gegen sie um irgendwelcher positiver Folgen willen zu verstoßen? Oder sind sie nur als gut zu beurteilen, weil und solange sie das größte Glück der größten Zahl befördern?
- Wer bestimmt solche anderen Kriterien bzw. von woher lassen sie sich ableiten? Ergeben sie sich aus einer normativen Instanz wie Intuition, Gewissen, Vernunft, Sittengesetz oder Gott?

Deontologische Theorien tun sich schwer, das „andere", das nicht-teleologische Moment aufzuweisen und plausibel zu machen. Dagegen haben teleologische Theorien prima vista ein hohes Maß an Plausibilität und Akzeptanz. Teleologische Theorien können jedoch ihrerseits zu Konsequenzen führen, die erschrecken lassen, z.B. bei der Strafverfolgung und Aburteilung unschuldiger Menschen um des gesellschaftlichen Friedens willen oder bei der Tötung schwerstbehinderter Menschen, wenn damit das größte Glück der größten Zahl befördert würde. Dabei geht es in der Regel um die Kollision zwischen Folgen- und Nut-

---

[40] In knapper Form hat dies Theodor Storm in folgendem Epigramm getan: „Der eine fragt: Was kommt danach? Der andere fragt nur: Ist es recht? Und also unterscheidet sich der Freie von dem Knecht" (Ges. Werke in sechs Bänden, Bd. 1, Frankfurt a. M. 1983, S. 81). Aus dem Wortlaut des Epigramms ist freilich nicht mit Sicherheit zu entnehmen, wer aus der Sicht Storms der Freie und wer der Knecht ist – und daran erst zeigt sich, ob Storm selbst mit einer teleologischen oder einer deontologischen ethischen Theorie sympathisiert.
[41] So W. K. Frankena, Analytische Ethik (siehe oben Anm. 6), S. 34.

zenabwägung einerseits und der Respektierung von Menschenwürde und Menschenrechten andererseits.

Man kann natürlich teleologisch für Menschenwürde[42] argumentieren, aber verfehlt man damit nicht den Sinn und Grundansatz? Das hängt davon ab, wie diese Argumentation aussieht. Man stelle sich vor, Art. 1 GG hieße: „Die Würde des Menschen ist unantastbar, es sei denn, ihre Verletzung bringt der Menschheit insgesamt ein Mehr an positiven Folgen". Damit wäre der Sinn dieser fundamentalen rechtlichen und ethischen Norm geradezu in ihr Gegenteil verkehrt. Man könnte freilich auch so argumentieren: Die Respektierung der Menschenwürde und der Menschenrechte jedes Menschen ist eine unantastbar gültige Norm, *weil* deren Respektierung der Vermehrung des Glückes der Menschheit dient, ihre Verletzung hingegen negative Folgen für die Gesamtheit und für die Einzelnen erbrächte. Diese Argumentation baut in gewisser Hinsicht eine Brücke zwischen teleologischen und deontologischen Theorien; denn sie orientiert sich nicht an den (positiven oder negativen) Folgen einer *einzelnen Handlung*,[43] sondern an den Folgen der Einhaltung oder Missachtung von Handlungs*regeln*. Solche regel-teleologischen Theorien sind zumindest nicht im selben Maß wie handlungsteleologische Theorien dem Vorwurf ausgesetzt, bei ihnen heilige der Zweck alle Mittel.

c) Tugendethik

Diese Position besagt: Gut ist eine Handlung dann, wenn sie Ausdruck einer ethisch verantwortlichen Haltung (griech.: ἕξις, lat.: habitus) oder Verhaltensdisposition[44] ist. Eine Verhaltensdisposition ist in diesem Fall nicht nur eine *Fähigkeit*, sondern auch eine *Bereitschaft*, in einer sich einstellenden bzw. gegebenen Situation sich in ethisch verantwortlicher Weise zu verhalten. Wer es sich zu eigen gemacht bzw. angewöhnt hat, nicht zu lügen, hat die Verhaltensdisposition der Ehrlichkeit. Das nennt man, wenn und weil es ethisch *positiv* zu beurteilen ist, eine Tugend (griech.: ἀρετή, lat: virtus). Die Ausbildung bzw. Aneignung einer ethisch *negativ* qualifizierten Verhaltensdisposition, die

---

[42] Zum Thema „Menschenwürde" siehe unten Kap. B 1.
[43] Was, wie sich oben (bei Anm. 5) zeigte, schon eine unangemessen abstrakte Betrachtung und Beschreibung von Handlungen ist.
[44] Zum Begriff „Disposition" und „Dispositionsprädikat" siehe die Überlegungen von N. Goodman, Tatsache, Fiktion, Voraussage (1955), dt. Frankfurt a. M. (1975) 2006², S. 58–70.

es bekanntlich auch gibt, heißt hingegen Laster (griech.: κακία, lat. vitium).

Auch bei der Tugendethik gibt es ein Zirkelproblem: Woran bemisst sich das Gutsein der Haltung oder Verhaltensdisposition, damit eine ihr entstammende Handlung als gut bezeichnet werden kann? Hier kann die Tugendethik entweder der Güterethik bzw. den teleologischen Theorien folgen und sich an den positiven Folgen von Tugenden orientieren oder den Weg der Pflichtethik bzw. der deontologischen Theorien und sich an der inneren ethischen Qualität von Tugenden ausrichten. Aber möglicherweise bietet auch hierfür ein regel-teleologischer Ansatz eine begehbare Brücke.

Die Verortung des Guten in den Verhaltensdispositionen der Menschen wirkt möglicherweise beim ersten Hören nicht so plausibel wie die beiden anderen Positionen[45], und doch steckt (auch) in ihr eine wichtige Erkenntnis. Nehmen wir an, ein Mensch würde ab und zu oder auch häufig ethisch verantwortlich handeln, aber es wäre immer auch mit der Möglichkeit des Gegenteils zu rechnen (wie das ja tatsächlich in aller Regel der Fall ist), dann ist dies doch ein beträchtliches ethisches Defizit, weil es die ethische Erwartungsgewissheit zwischen Menschen grundsätzlich beeinträchtigt und in Frage stellt. Oder noch stärker: Nehmen wir an, ein Mensch handelt zwar ethisch verantwortlich, aber nicht aus innerer Überzeugung, sondern z. B. um sich ein Ansehen zu geben oder um seines geschäftlichen Vorteils willen, dann wird das ethisch Defizitäre und die damit verbundene Ungewissheit noch deutlicher erkennbar. Die Steigerung dessen wäre schließlich eine Gesellschaft, in der unmoralisches Handeln nur in dem Maße unterbleibt, wie es mit wirksamen Sanktionen belegt ist. Man müsste in diesem Fall von einer moralisch verkommenen Gesellschaft sprechen.[46] Die Tugendethik nimmt solche Phänomene und Gefahren in den Blick und

---

[45] Das könnte ein Grund dafür sein, dass die Tugendlehre, die von der biblischen und griechischen Antike an bis in die Neuzeit eine zentrale Rolle in der Ethik gespielt hat, in dem „modernen" Dual von teleologischen und deontologischen Theorien etwas aus dem Blick geriet.

[46] Im Vorgriff auf Kap. 5 kann und muss man demgegenüber aus christlicher Sicht (aber nicht nur aus ihr) wohl sagen, dass das Wesen des Guten, um das es in der Ethik geht, erst dann verstanden und erfasst wird, wenn es als innere Einstellung und Haltung, ja als Wesensäußerung einer Person (und nicht bloß ihrer Taten) verstanden wird. Zentrale christliche Texte, wie das Bild vom Baum und seinen Früchten (Mt 7,17ff; 12,33; Lk 6,43) sowie der nachdrückliche paulinische Hinweis auf die Bedeutung der Liebe im Verhältnis zu den Taten (1 Kor 13,1–3) weisen jedenfalls in diese Richtung.

fragt nach einer verlässlichen Verwurzelung des ethisch Guten in der Gesinnung bzw. „im Herzen" des Menschen.

a–c) Ein Vergleich der Positionen

Diese drei Formen kann man als Grundformen bezeichnen, in denen „das Gute" in der Geschichte der Ethik von Anfang an auftauchte und (mit wechselnden Akzenten und Schwerpunkten) immer wieder thematisiert wurde (als Erstrebenswertes, Gesolltes, Verhaltensbestimmendes). Es war wohl als erster Schleiermacher[47], der dies zu einer förmlichen Theorie ausarbeitete, indem er die These vertrat, dass zwischen Güterlehre, Tugendlehre und Pflichtlehre zwar zu unterscheiden sei, dass diese aber erst *gemeinsam* eine (vollständige) Ethik ausmachen: „Wenn alle Güter gegeben sind, müssen auch alle Tugenden und alle Pflichten mit gesezt sein; wenn alle Tugenden, dann auch alle Güter und Pflichten; wenn alle Pflichten, dann auch alle Tugenden und Güter".[48] Wobei es eine Besonderheit von Schleiermachers Ansatz ist, dass er der Güterlehre insofern den Vorrang einräumt, als die Einheit dieser drei Lehren von der Güterlehre aus gedacht ist, so dass die Ethik insgesamt als Lehre von der Realisierung des höchsten Gutes verstanden wird.

Die notwendige Zusammengehörigkeit dieser unterschiedlichen Formen kann man sich durch folgende Überlegungen (in Form rhetorischer Fragen) deutlich machen:

- Ist die Ausbildung von Tugenden und die Erfüllung von Pflichten nicht selbst ein Gut, das es anzustreben und zu verwirklichen gilt?
- Ist die Fähigkeit und Bereitschaft zur verlässlichen Erfüllung von Pflichten und zur zielstrebigen Verwirklichung von Gütern nicht selbst eine Tugend?
- Ist es nicht selbst eine ethische Pflicht, Güter zu verwirklichen und Tugenden auszubilden?

Ich kann nur dreimal „ja" sagen. So ist es! Das heißt aber nicht, dass die Unterscheidung dieser drei Grundformen sinnlos wäre, sondern nur, dass sie sich zwar offenbar voneinander unterscheiden, aber nicht voneinander trennen lassen. Sie sind drei unterschiedliche Aspekte der

---

[47] F. Schleiermacher, Ethik 1812/13 (siehe oben Kap. A 2, Anm. 58), Einleitung der letzten Bearbeitung von 1816/17, S. 218–225.
[48] A. a. O., S. 221.

Ethik und gehören insofern so zusammen wie die unterschiedlichen Ansichten, die sich ergeben, wenn man ein plastisches Kunstwerk umschreibt. Und welche Ansicht dabei dominiert, prägt eine Ethik. Das heißt: Die Ethik bekommt jeweils eine unterschiedliche Färbung oder sogar einen unterschiedlichen Charakter, wenn sie unter der Leitperspektive der Güter und Werte oder der Pflichten und Normen oder der Tugenden und Einstellungen betrachtet wird. Das lässt sich wie folgt konkretisieren:

- Beim Zugang über die *Tugend* (mit dem die philosophische Ethik des Abendlandes bei Platon und Aristoteles begonnen hat) ergibt sich eine Tendenz, die (deontologischen und/oder teleologischen) ethischen Vorgaben in der Persönlichkeit des Handelnden zu verankern. Damit fokussiert die Tugendethik das Nachdenken auf das handelnde Subjekt und seine Fähigkeiten. In gewisser Hinsicht bleibt der Mensch so auf sich selbst konzentriert. Es ist fast, als würde ihn die Außenwelt nicht erreichen und als käme es vor allem darauf an, sich selbst ethisch zu bilden und mit sich identisch zu sein. Diese Tendenz zur Beschäftigung mit sich selbst erinnert an die Haltung der incurvatio in seipsum[49] (des Um-sich-selbst-Kreisens). Freilich kann diese Gefahr durch die Inhalte der Tugendethik kompensiert und überwunden werden.
- Beim Zugang über die *Pflicht* ergibt sich eine Tendenz zur Heteronomie (Fremdbestimmung), möglicherweise sogar zur Verrechtlichung der Ethik. Wenn das Ethische jedoch auch deswegen unverzichtbar ist, weil es der Begründung, der Begrenzung und der Befolgung des Rechts dient[50], kann es mit diesem nicht identisch sein. Und wenn es in der Ethik darauf ankommt, das zu tun, was man selbst als das Gute erkannt hat, dann hat die Ethik eine Tendenz zur „Autonomie" (Selbstbestimmung) im Sinne der Eigenständigkeit, die dem Recht fremd ist.[51] Auch der Überschritt von der

---

[49] Diese Formulierung wird als Beschreibung der Sünde häufig Augustin zugeschrieben. Nach Augustin bewirkt aber die Abwendung des Menschen von Gott und seine Hinwendung zur Erde eine „Verkrümmung" („curvatio") nach *unten*. Diesen Hinweis verdanke ich Herrn PD D. Dr. Christof Müller vom Zentrum für Augustinus-Forschung an der Universität Würzburg.

[50] Siehe dazu oben Kap. A 2, Abschn. 2.1.

[51] Eine Besonderheit und ein Verdienst der Kant'schen Ethik liegt darin, den Pflichtcharakter der Ethik mit dem Autonomiegedanken verbunden zu haben, indem er sowohl Pflicht als auch Autonomie versteht als „Achtung fürs moralische Gesetz" (Kritik der praktischen Vernunft, A 139).

(rechtlich gestützten) Sitte zur Sittlichkeit ist ein Schritt weg von der Heteronomie. Das alles spricht dagegen, die (christliche) Ethik vom Begriff der Pflicht oder des Gebots aus zu entwerfen. Wohl aber muss der Gedanke der Pflicht in die Ethik einbezogen werden, damit die Verbindlichkeit des Ethischen zur Geltung kommt.

– Beim Zugang über die *Güter/Werte* kommt die Tendenz zur Eigenständigkeit dadurch deutlich zur Geltung, dass sie den Zugang über ein vom Menschen erstrebtes (höchstes) Gut wählt.[52] Eine Ethik wird dadurch verbindlich, dass sie Menschen überzeugt, gewinnt, für sich einnimmt. Dadurch wird die Ethik eng mit der Erfahrungswelt des Menschen verknüpft. Freilich taucht dadurch das Kant'sche Problem der Abhängigkeit von einer *außer*ethischen „vision of life"[53] auf. Aber ist das wirklich ein Problem? Für Kant, der alles auf Sittlichkeit aufbaut, ja. Aber im christlichen Wirklichkeitsverständnis[54] hat die Ethik nicht das erste und nicht das letzte Wort. Sie ist eingeordnet in eine Sicht vom Menschen, in der dieser grundlegend (und zwar zuerst und zuletzt) Empfangender ist. Das Handeln ist – äußerlich und innerlich – ein Umgehen mit vorgegebenen Möglichkeiten, ein Wählen, das sich in einem gegebenen Spielraum von Möglichkeiten bewegt.

Dieser letzte Hinweis auf die Sicht des Menschen könnte zeigen, dass es letztlich vom jeweiligen *Menschenbild* abhängig ist, ob in einer Ethik das Element der Güterorientierung oder der Pflichtorientierung oder der Tugendorientierung dominiert.

– Im *güter*ethischen Ansatz wird der Mensch verstanden als ein auf Zukunft ausgerichtetes und auf Hoffnung angewiesenes Bedürfniswesen, das auf Erfüllung hin unterwegs ist und dem das erhoffte Gute erst noch zuteilwerden muss.
– Im *pflicht*ethischen Ansatz wird der Mensch verstanden als ein Wesen, das unter ihm gestellten Ansprüchen und Forderungen steht und das darin von allen anderen Wesen unterschieden ist, dass es die Berechtigung dieser Forderungen einsehen und darum ihnen aus Überzeugung folgen kann.

---

[52] In ähnlicher Weise kann sich freilich auch die Tugendethik an den gesellschaftlich *erwünschten*, weil *erforderlichen* Verhaltensdispositionen orientieren.
[53] Vgl. dazu E. Herms, Grundlinien einer ethischen Theorie der Bildung von ethischen Vorzüglichkeitsurteilen, in: ders., Gesellschaft gestalten, Tübingen 1991, S. 48–52.
[54] Siehe dazu unten Kap A 4.

– Im *tugend*ethischen Ansatz wird der Mensch wahrgenommen als ein bildungsfähiges, aber auch als ein bildungsbedürftiges Wesen, das über seine natürlichen Anlagen, Strebungen und Triebe hinauskommen kann und soll.

Alle drei Elemente haben etwas Berechtigtes und sehen den Menschen unter einer *Bestimmung* stehen. Aber die Bestimmung wird – vermutlich aus anthropologischen Gründen – unterschiedlich akzentuiert. Sollte diese Vermutung richtig sein, dann wäre die Unterscheidung nicht unerheblich und nicht überflüssig. Und dann werden wir ihr dort wieder begegnen, wo es um die Bedeutung des Menschenbildes für die Ethik geht.

3.4 Das Subjekt des Ethischen[55]

Die Frage nach dem Subjekt des Ethos und der Ethik habe ich bewusst an diese vierte Stelle geschoben, um aus den bisherigen Klärungen über Gegenstand, Gehalt und Formen des Ethischen Einsichten und Kriterien ableiten zu können für die Beantwortung der Frage, wer als Subjekt des Ethischen in Frage kommt. Dabei werden wir nach allem bisher Gesagten davon ausgehen können, dass Menschen jedenfalls zur Klasse der ethischen Subjekte gehören. Die beiden offenen *Fragen* lauten aber: Gehören *nur* Menschen dazu oder gibt es auch andere Wesen, die wir als Subjekte des Ethischen bezeichnen oder anerkennen müssen? Und: Sind *alle* Menschen solche ethischen Subjekte oder nur einige?[56]

Zunächst will ich die *Kriterien* formulieren, die sich aus den bisherigen Überlegungen zu Gegenstand, Gehalt und Formen des Ethischen ergeben haben (3.4.1), sodann soll nach *anderen* möglichen Subjekten gefragt werden (3.4.2) und schließlich danach, ob *alle* Menschen ethische Subjekte sind (3.4.3).

---

[55] Vgl. hierzu T. Koch/W. Hirsch, Art. „Mensch IX und X", in: TRE 22 (1992), S. 548–577 sowie P. Andreas, Von Affen und Menschen. Verhaltensbiologie der Primaten, Darmstadt 1998.

[56] Als mögliche Folgefragen ergeben sich daraus: Wovon hängt das ab und was würde es ggf. bedeuten, wenn wir von bestimmten Menschen oder Menschengruppen sagen müssten, sie seien keine ethischen Subjekte?

3.4.1 Kriterien für die Bestimmung ethischer Subjekte

Wenn der Gegenstand der Ethik Handlungen bzw. Klassen von Handlungen sind, und wenn diese in der Ethik unter dem Aspekt ihres In-sich-Gutseins betrachtet werden, dann ist das erste Kriterium für die Bestimmung eines Subjekts als ethisches Subjekt dessen Fähigkeit zu handeln. Und aus der Definition von Handlungen als personale, intentionale Wahlakte[57] ergibt sich, dass Handlungsfähigkeit zweierlei einschließt:

(1) *Wahlfähigkeit*, d.h. die Fähigkeit, eine oder eine von mehreren vorgegebene(n) Möglichkeit(en) so für sich (und andere) wirksam werden zu lassen, dass sie dem wählenden Subjekt zugerechnet werden kann und dessen eigenes Dasein von nun an mitbestimmt, oder diese Möglichkeit nicht wirksam werden zu lassen.
(2) *Intentionalität*, d.h. die Fähigkeit, das Wahlverhalten abhängig zu machen von einem angestrebten Ziel, das durch die Wahl erreicht werden soll, oder von einem das Wahlverhalten bestimmenden Motiv, das durch die Wahl zum Ausdruck gebracht werden soll.

In den daran anschließenden Überlegungen (3.2 und 3.3) wurde erkennbar, dass der Gehalt – im Blick auf den Handlungen in der Ethik zu betrachten sind – das Gute ist, das um seiner selbst willen erstrebt oder verwirklicht wird, und zwar in der Form von Gütern und Werten, als Erfüllung von Normen, Geboten und Pflichten sowie in Ausbildung einer ethischen Gesinnung, eines Charakters oder von verlässlichen Verhaltensdispositionen, die den Namen Tugend(en) verdienen. Daraus ergibt sich ein drittes Kriterium:

(3) *Ethische Urteilsfähigkeit*, d.h.: die Fähigkeit, Handlungsmöglichkeiten auf ihre ethische Qualität hin zu prüfen, zu wählen und zu verantworten. Diese ethische Urteilsfähigkeit schließt ein: das Wissen um Handlungen als eigene (also Selbstbewusstsein), das Wissen um das Gute als Gesolltes (also Normbewusstsein) und das Wissen um das Verhältnis zwischen eigenen Handlungen und dem als Gutes Gewussten.[58]

---

[57] Siehe oben 3.1.
[58] Es wird sich später (siehe unten Abschn. 3.5.2 b) zeigen, dass dieses Kriterium identisch ist mit dem, was der Begriff „Gewissen" bezeichnet.

Mit diesem dritten Kriterium sind wir aber noch nicht am Ende. Es kommt ein viertes hinzu, das sich aus der Verbindung von ethischem Gegenstand (Handlungen) und ethischem Gehalt (das Gute) ergibt. Wenn Handlungen unter dem Aspekt ihres ethischen Gutseins Gegenstand der Ethik sind, dann heißt dies auch, dass das Gute durch Handlungen verfehlt werden kann. Das ergibt sich aus dem Charakter der Handlung als intentionalem Wahlakt, der ja nicht nur die Wahl zwischen unterschiedlichen ethisch positiv qualifizierten Handlungsmöglichkeiten einschließt, sondern auch die (Ab-)Wahl des positiv Qualifizierten, die Wahl des negativ Qualifizierten oder die (irrige) Wahl des vermeintlich Guten. Ein Subjekt, das immer und mit Notwendigkeit das Gute wählen und tun würde, brauchte keine (normative) Ethik, weil die Frage nach dem Guten immer schon positiv beantwortet wäre. Charakteristisch für ethische Subjekte ist daher auch deren:

(4) *Fehlbarkeit*, d.h. die ihnen eigene Möglichkeit, das Gute verfehlen zu können und zwar durch *Verkennen* des Guten (also durch Verblendung), durch Wahl verkehrter, weil ungeeigneter *Mittel* (also durch Irrtum) oder durch die Wahl ethisch verwerflicher *Ziele* und/oder *Mittel* (also durch Bosheit).

Diese vier *Kriterien* (Wahlfähigkeit, Intentionalität, ethische Urteilsfähigkeit und Fehlbarkeit) sind zu verstehen als je für sich *notwendige*, (erst) zusammengenommen *hinreichende* Kriterien zur Beurteilung, ob ein Wesen als ethisches Wesen gelten werden kann. Anhand dieser Kriterien soll nun zunächst gefragt werden, wer – außer Menschen – könnte ethisches Subjekt sein, und sodann, ob *alle* Menschen ethische Subjekte sind.

3.4.2 Mögliche andere ethische Subjekte als Menschen

Überlegt man, wer als solche anderen ethische Subjekte in Frage kommen könnte, so fallen mir ein: Kollektive (Gruppen, Institutionen, Organisationen, juristische Personen), mögliche außerirdische Lebewesen, Computer/künstliche Intelligenz, hochentwickelte Tiere, Engel/Dämonen, Gott. Ich gehe in umgekehrter Reihenfolge vor.

a) Gott

Am einfachsten ist es, das Kriterium der Intentionalität mit Gott in Verbindung zu bringen. Aber Wahlfähigkeit passt schon nicht, weil es für Gott keine ihm vorgegebenen, sondern nur von ihm geschaffene Wahlmöglichkeiten gibt. Ganz unmöglich ist es aber, auf Gott Begriffe wie Normbewusstsein, Gewissen oder Fehlbarkeit anzuwenden. Und selbst diejenigen, denen in diesem Zusammenhang das Theodizeeproblem einfällt, werden doch zugeben, dass dies kein Problem einer Ethik (oder eines Ethos) Gottes ist, sondern eine Frage nach der Wirklichkeit („Existenz") Gottes, nach den Wesenseigenschaften Gottes, nach dem Glauben an Gott und nach dem angemessenen Reden von Gott.[59] Gott ist kein mögliches ethisches Subjekt[60], obwohl er in der Theodizeefrage zumindest gelegentlich so behandelt wird.

b) Engel/Dämonen

Es gibt im biblischen Kanon mehrere Aussagen, die dafür sprechen, auch Engel, die ja in der Bibel von der Paradiesgeschichte, über die Vätererzählungen bis zur Geburt und Auferstehung Jesu Christi und als Repräsentanten der urchristlichen Gemeinden eine beträchtliche Rolle spielen, als ethische Subjekte zu betrachten. Dazu gehören einerseits die in Gen 6,2–4 und Jud 6 auftauchende Lehre vom Engelfall, andererseits die in 1 Kor 6,3 und 11,10 vorkommenden Aussagen über ein Gericht, das über die Engel ergehen wird und über deren Verführbarkeit durch menschliche Frauen. An diesen Stellen ist tatsächlich von so etwas wie einer ethischen Verfehlung von Engeln die Rede, die deren Fall und ein Gericht über sie zur Folge hat. Wäre dies ein verbindlicher Ausdruck einer biblischen Engellehre, so müssten wir Engel und Dämonen als ethische Subjekte bezeichnen, weil sie alle vier Kriterien erfüllen. Vom biblischen Gesamtzeugnis her ist jedoch schon das dabei vorausgesetzte Verständnis vom Wesen der Engel als verfehlt zu bezeichnen.[61] Sie erscheinen hier als eine Art übernatürlicher Geschöpfe Gottes. Aber von der Erschaffung solcher überirdischer Wesen wissen die biblischen

---

[59] Siehe dazu W. Härle, Dogmatik, Berlin/New York (1995) 2007³, S. 439–455.
[60] Das unterscheidet Gott von uns Menschen, aber z.B. auch von den Göttern des griechischen Pantheons, die im Übrigen bekanntlich bei einer ethischen Beurteilung nicht sonderlich vorteilhaft abschneiden.
[61] Siehe dazu W. Härle, Dogmatik (siehe oben Anm. 59), S. 296–300 und 489–492.

Schöpfungserzählungen nichts, und für die Annahme ihrer Existenz gibt es auch sonst keinen Anlass. Der Begriff „Engel" bezeichnet das geheimnisvolle Geschehen, dass Geschöpfe mit ihrem ganzen Dasein zu Boten Gottes werden. Mit der Erfüllung ihres Auftrags ist ihre Existenz als Engel beendet.[62] Es gibt die Möglichkeit, dass ein Mensch in einer bestimmten Situation zum bewahrenden Führer auf dem Weg des Guten wird oder als verführerischer Versucher auf dem Weg zum Bösen auftritt. Und insofern ist ein Mensch auch in dieser Situation und Funktion ethisches Subjekt, aber als menschliches Geschöpf, nicht als Engel, Dämon oder Teufel. Diese sind keine ethischen Subjekte, über die wir etwas wissen und sagen könnten.

c) Hochentwickelte Säugetiere

Unter der Frage, wer außer Menschen als ethische Subjekte in Frage kommen könnten, sind hochentwickelte Säugetiere, insbesondere die sog. Menschenaffen sowie Delphine zu bedenken, die beachtliche Intelligenz-Leistungen vollbringen. Sollten wir bei ihnen zu einem positiven Votum kommen, müsste freilich gefragt werden, wie weit dann die Grenze in Richtung auf andere (Säuge-) Tiere (wie Hunde, Katzen, Pferde) zu verschieben ist. Dabei gilt generell, dass wir tierisches Verhalten nicht durch Introspektion, sondern nur durch Beobachtung von außen beschreiben und beurteilen können. Deshalb stehen auch unsere Interpretationen tierischen Verhaltens unter dem Vorbehalt: soweit wir das erkennen und beurteilen können.

Welche unserer Kriterien sind bei diesen hochentwickelten Tieren erfüllt, welche nicht? Sie haben Wahlfähigkeit, was sie z.B. schon dann beweisen, wenn man ihnen qualitativ unterschiedliche Formen von Futter anbietet. Sie verfügen über Intentionalität, indem sie sowohl Ziele anstreben als auch die zu ihrem Erreichen erforderlichen Mittel wählen können.[63] Sie können durch ihr Verhalten Motive (wie Dankbarkeit) ausdrücken. Sie haben insofern ein Normbewusstsein, als sie lernen können, welche ihrer Handlungen belohnt oder welche bestraft wer-

---

[62] Siehe dazu C. Westermann, Gottes Engel brauchen keine Flügel (1957), München/Hamburg 1965, S. 7. Und mit den Begriffen „Teufel", „Satan" und „Dämonen" wird im christlichen Glauben der Machtcharakter des Bösen bezeichnet.
[63] So sind bekanntlich Schimpansen dazu in der Lage, zwei ineinander passende Teile von Stöcken zusammenzustecken oder sich eine Kiste an den richtigen Platz zu schieben, um an eine von ihnen begehrte Banane zu kommen.

den. Aber dieses Normbewusstsein richtet sich allem Anschein nach nur auf außermoralisch Gutes im Sinn des Angenehmen/Unangenehmen. Und darum geht auch das, was an Verhaltensweisen zu beobachten ist, die an ein „schlechtes Gewissen" erinnern, wohl nicht über das andressierte bzw. durch Erfahrung erworbene Wissen um die Strafträchtigkeit bestimmter Akte hinaus.

Die ethische Dimension der Erkenntnis des um seiner selbst willen Guten ist Tieren – soweit wir das erkennen können – verschlossen. Sie sind Geschöpfe, die einen eigenen Wert besitzen und Achtung verdienen. Insofern sind sie Thema und Gegenstand der Ethik, aber keine ethischen Subjekte – soweit wir wissen. Im Übrigen fehlt uns auch die Sprache, mittels derer wir mit Tieren über ethische Sachverhalte kommunizieren könnten.

d) Computer/künstliche Intelligenz

Computer und andere Formen künstlicher Intelligenz erbringen Leistungen, die teilweise das weit übertreffen, was Menschen möglich ist. Aber selbst dann, wenn sie ihre eigenen Fähigkeiten optimieren können und in der Lage sind, auf neue Aufgabenstellungen so „kreativ" zu reagieren, dass die Ergebnisse nicht vorhersagbar sind, sind und bleiben sie doch von Menschen geschaffene, programmierte und zu verantwortende Instrumente und Werkzeuge. Selbst wenn sie ihr Programm selbständig weiterentwickeln können, ist das immer noch Folge menschlichen Handelns und von den Menschen zu verantworten, die sie hergestellt, programmiert und eingesetzt haben. Würde ein Computer einen Anschlag verüben, würden wir ihn (vermutlich) zerstören, jedenfalls möglichst unschädlich machen, aber nicht ihn, sondern seine(n) Programmierer verantwortlich machen und gegebenenfalls ethisch und/oder strafrechtlich zur Verantwortung ziehen. Denn Computer haben weder echtes Selbstbewusstsein noch verfolgen sie eigene Interessen. Computer sind deshalb ausschließlich Mittel und Instrumente menschlichen Handelns. Sie sind aber weder Subjekte der Ethik, noch haben sie einen eigenständigen geschöpflichen Wert, der Achtung verdient.

e) Außerirdische Lebewesen (ETs)

Am leichtesten zu beantworten ist von allen sechs Möglichkeiten diese Frage, und zwar hypothetisch positiv: Wenn es außerirdische Lebewesen geben sollte, die die genannten vier Kriterien erfüllen und deshalb als Personen zu bezeichnen und zu behandeln sind, dann sind sie auch ethische Subjekte. Zur Zeit gibt es offenbar keinen ernsthaften Grund, mit der Existenz solcher personaler Wesen in unserem Universum zu rechnen, ohne dass man definitiv ausschließen könnte, dass wir eines Tages von solchen Wesen Kenntnis erhielten. Das Problem der Kommunikation mit ihnen, das sich zumindest anfangs stellen würde, wäre vermutlich nur vorübergehender Art und würde ihre Anerkennung als ethische Subjekte ebenfalls nicht ausschließen.

f) Kollektive

Ist z.B. eine Familie, ein Volk, ein Parlament, ein Betrieb, ein Verein, eine Kirche ein ethisches Subjekt? Das ist m.E. die schwierigste der hier zu entscheidenden Fragen. Davon hängt z.B. ab, ob es so etwas wie ein Kollektivgewissen oder eine Kollektivschuld gibt.

Kollektive können ziel- und zweckorientiert wählen und entscheiden – sei es mit Mehrheit oder einstimmig. Den Fall der Einstimmigkeit lasse ich im Moment außer Acht, weil hier nicht entscheidbar ist, ob nur alle einzelnen, die die Entscheidung getroffen haben, ethische Subjekte sind, oder ob auch zusätzlich das Kollektiv ein solches ethisches Subjekt ist.[64] Aber wie ist das bei einer Mehrheitsentscheidung? Sind dann nur diejenigen verantwortlich, die mehrheitlich diese Entscheidung zustande gebracht haben oder alle, also auch die dissentierende Minderheit, weil das Kollektiv insgesamt Verantwortung für solche Entscheidungen trägt? Für diese letztere Auffassung, derzufolge Kollektive eigenständige ethische Subjekte wären, könnte man wie folgt argumentieren: Hätten die Abweichenden, also die bei der Entscheidung unterlegende Minderheit, ihre Auffassung geschickter, zielstrebiger, konsequenter zur Geltung gebracht, wäre das Kollektiv möglicherweise zu einer anderen Entscheidung gekommen. Wäre ihnen dies nicht gelungen, so hätten sie das Kollektiv verlassen müssen. Also tragen sie an der von ihnen nicht getragenen, aber durch sie auch nicht verhinderten Mehrheitsentscheidung eine Mitverantwortung.[65] Das ist möglicherweise richtig. Aber das ist nicht die Frage. Dass jeder Mensch auch für

---

[64] Mit J. J. Rousseau kann man dies als den Unterschied zwischen einer „volonté de tout" und einer „volonté générale" formulieren.

[65] Für viele Menschen, die sich in Deutschland während des Dritten Reichs im inneren Widerstand befanden, war dies eine quälende Frage, wobei die Möglichkeit, „das Kollektiv zu verlassen" in vielen Fällen allenfalls temporär und unter äußerst erschwerten Bedingungen bestand.

das ethisch verantwortlich ist, was er nicht verhindert hat, *obwohl er es gekonnt hätte*, ist eine ganz andere These als die von Kollektiven als ethischen Subjekten. Hier geht es um ethische Mitverantwortung, obwohl die Entscheidung nicht verhindert und das Kollektiv nicht verlassen werden *konnte*. Um die These von Kollektiven als ethischen Subjekten zu verteidigen, könnte man sagen: Es geht bei Kollektiven und ihren Entscheidungen niemals bloß um die interagierenden Personen, sondern stets auch um Strukturen, Regeln, Institutionen z.B. des Rechts oder der Wirtschaft. Auch das ist richtig, und solche Strukturen bestimmen Entscheidungen wesentlich mit. Aber auch hier gilt wieder: Das ist eine andere Frage, nämlich die Frage, welche Bedeutung Strukturen für ethisch relevante Entscheidungen haben und wer gegebenenfalls für die Erhaltung oder Veränderung solcher Strukturen, Regeln oder Institutionen verantwortlich ist. Und hier stellen sich die oben im Blick auf Kollektiventscheidungen gestellten Fragen in gleicher Weise.

Auf allen möglichen Ebenen kann man sagen: Zwar werden ethisch relevante Entscheidungen unter Umständen von Kollektiven gefällt, aber ethische Subjekte sind immer nur einzelne Menschen mit ihren Intentionen und ihrer ethischen Verantwortung. Deshalb gibt es kein Kollektivgewissen und keine Kollektivschuld, wohl aber eine Kollektivscham, weil wir uns auch zu Recht dessen schämen können, was in einem Kollektiv, dem wir angehören (z.B. in unserer Familie) geschehen ist oder geschieht, ohne dass wir daran in irgendeiner Form verantwortlich beteiligt (gewesen) wären. In diesem Sinne kann ein Kollektiv auch für die Folgen einer Handlung in mehrfacher Hinsicht zur Verantwortung gezogen werden:

- *juristisch*, weil es eine Haftung von Körperschaften, Verbänden, Vereinen und anderen Organisationen etc. gibt;
- *geschichtlich*, weil wir die Folgen unserer Geschichte im Guten wie im Bösen mittragen müssen, auch wenn wir sie nicht verursacht haben;
- *politisch*, weil wir mit dafür verantwortlich sind, dass die strukturellen Ursachen vergangener Fehler oder Verbrechen nach Möglichkeit beseitigt werden.

Insofern kann man sogar von einer Verantwortung sprechen, die auch Kollektiven zugerechnet wird.

a–f) Fazit

Ethische Subjekte sind nur Menschen oder solche personale Wesen, die Menschen in der für die ethische Subjektivität maßgeblichen Hinsicht gleichen, also die genannten Kriterien für ethische Subjekte erfüllen. Kürzer gesagt: Ethische Subjekte sind nur wir Menschen und unseresgleichen.

3.4.3 Sind alle Menschen ethische Subjekte?

Die Antwort auf diese Frage lautet: Nein! Keineswegs sind alle Mensche ethische Subjekte. Ja, es lässt sich sogar umgekehrt sagen: Alle Menschen sind in bestimmten Phasen ihres Lebens keine ethischen Subjekte, also niemand ist es immer. So sind Menschen als Embryonen, Föten, Säuglinge und kleine Kinder *keine* ethischen Subjekte, weil ihnen das Streben nach dem um seiner selbst willen ethisch Guten, wiederum: so weit wir wissen, (aktuell) verschlossen ist. Aber es ist ihnen als Menschen *potentiell* erschlossen. Sie sind als Angehörige des Menschengeschlechts (genus humanum) dazu *bestimmt*, und das macht einen entscheidenden Unterschied etwa zu Tieren oder Systemen von künstlicher Intelligenz aus, von denen im vorigen Abschnitt die Rede war. Darüber hinaus beenden viele Menschen ihr Leben in einem Zustand, in dem sie zwar uneingeschränkt Menschen, aber nur noch in einem mehr oder weniger eingeschränkten Sinne ethische Subjekte sind. Umso aufmerksamere Wahrnehmung und Respektierung verdienen diese eingeschränkten Formen ethischen Subjektseins, soweit sie vorhanden sind.[66] Schließlich gibt es Menschen, die in einem solchen Grade geistig, besser intellektuell behindert sind, dass sie, wiederum: soweit wir wissen können, nie als ethische Subjekte angesprochen werden können, also auch keine Verantwortung wahrnehmen können und keine Schuldfähigkeit besitzen.

Was folgt daraus? Das ist hier die eigentlich wichtige Frage!

a) Mensch ≠ ethisches Subjekt

Aus der Tatsache, dass jemand nicht ethisches Subjekt ist, kann und darf nicht gefolgert werden, dass er kein Mensch sei oder kein Lebens-

---

[66] Siehe dazu G. Heuft/A. Kruse/H. Radebold, Lehrbuch der Gerontopsychosomatik und Alterspsychotherapie, München/Basel 2006² sowie A. Kruse, Das letzte Lebensjahr. Zur körperlichen, psychischen und sozialen Situation des alten Menschen am Ende seines Lebens, Stuttgart 2007.

recht habe. Das Menschsein hängt in keiner Hinsicht vom ethischen Subjektsein ab, sondern ausschließlich von der Zugehörigkeit zur Menschenfamilie, also vom Abstammungszusammenhang.[67]

b) Ethisches Subjekt ≠ Träger von Menschenrechten und Menschenwürde

Der Mensch besitzt schon als Mensch, nicht erst als ethisches Subjekt Menschenwürde und Menschenrechte, die man ihm zwar bestreiten, aber nicht nehmen kann. Deshalb und insofern ist die Würde des Menschen tatsächlich, wie Art. 1 (1) des Grundgesetzes der Bundesrepublik Deutschland sagt, „unantastbar".[68]

c) Wenn beide Ungleichungen richtig sind, dann erfassen ethische Subjektivität, Ethos und Ethik überhaupt nur eine vorletzte, aber nicht die letzte, entscheidende Dimension oder Schicht des Menschseins. Dann ist der Mensch ein Mensch und hat Menschenwürde nicht durch das, was er tut oder lässt, auch nicht durch das, was er tun oder lassen kann, sondern durch das, was er ist, weil es ihm zuteilwird.

Diese wichtige Einsicht schließt aber nicht aus, dass der Mensch in dem Maß, in dem er die Kriterien erfüllt, ethisches Subjekt zu sein, dies auch tatsächlich ist. Er kann sich in dieser Fähigkeit nicht durch ethische Verweigerung entziehen; denn auch die Verweigerung wäre – wie wir in Kap. A 2 sahen – seine ethisch zurechenbare Entscheidung. Und in dem Maß, in dem diese Fähigkeit gegeben ist, ist es eine Frage der Identitätsfindung oder Selbstentfremdung, ob und wie ein Mensch sich

---

67 Dies bringt bereits Aristoteles durch den Satz zum Ausdruck: „Denn ein Mensch zeugt einen Menschen" (Metaphysik 1032 a). Mit derselben Intention formuliert Bonhoeffer: „Die Frage, ob es sich bei Fällen angeborener Idiotie überhaupt um *menschliches* Leben handelt, ist so naiv, dass sie kaum einer Antwort bedürfte. Es ist von Menschen geborenes, krankes Leben, das ja nichts anderes sein kann als, freilich höchst unglückliches, *menschliches* Leben" (D. Bonhoeffer, Ethik, München 1992, S. 190). Besonders präzise wird derselbe Sachverhalt von R. Spaemann (Personen. Versuche über den Unterschied zwischen ‚etwas' und ‚jemand', Stuttgart [1996] 2006³, S. 256) formuliert: „Die Angehörigen der Spezies *homo sapiens sapiens* sind nicht nur Exemplare einer Art, sie sind Verwandte und stehen deshalb von vornherein in einem personalen Verhältnis zueinander. ‚Menschheit' ist nicht, wie ‚Tierheit', nur ein abstrakter Begriff zur Bezeichnung einer Gattung, sondern ist zugleich der Name einer konkreten Personengemeinschaft, der jemand nicht angehört aufgrund bestimmter faktisch feststellbarer Eigenschaften, sondern aufgrund des genealogischen Zusammenhangs mit der ‚Menschheitsfamilie'".
68 Siehe dazu B. Vogel (Hg.), Im Zentrum: Menschenwürde, Berlin 2006³, bes. S. 20–22 und hier in Kap. B 1, Abschn. 1.2.1–6, S. 242–245.

der „ethischen Forderung"[69] stellt. Dabei kommt es aber für die Wahrnehmung ethischer Verantwortung auch darauf an, dass ein Mensch weiß, dass weder sein (noch irgendeines Menschen) Menschsein, noch seine Menschenwürde durch seine ethischen Möglichkeiten und Leistungen konstituiert wird, sondern nur als etwas ihm (und allen anderen Menschen) Gegebenes in Anspruch genommen werden kann und muss. Es ist selbst ethisch relevant, das zu wissen, was alle Ethik transzendiert.

3.5 Die normative ethische Instanz[70]

3.5.0 Vorüberlegungen zur Klassifizierung möglicher normativer Instanzen

Wenn ich hier von „normativer ethischer Instanz" spreche, so ist das keine Festlegung auf das Konzept einer Pflicht- oder Gebotsethik, sondern in dem weiten Sinn gemeint, in dem in dieser „Ethik" von „normativer Ethik" die Rede ist. Gemeint ist also nicht nur die Instanz, die *Gebote* erlässt, sondern auch die, die darüber entscheidet, was Güter und Werte sind oder was als Tugend oder gute Gesinnung zu gelten hat.

Auch hier stehen wir offenbar vor einer Flut von Möglichkeiten: Was konnte und kann nicht alles den Anspruch zugebilligt bekommen, normative ethische Instanz zu sein und als solche anerkannt zu werden? Z.B. das wohl verstandene Eigeninteresse, die Familie als primäre Sozialisationsinstanz, speziell die Eltern und andere Vorbilder, der Staat, das Volk, die Partei, „der Führer", die Gesellschaft, die Kirche mit ihren Bekenntnissen und Dogmen, das päpstliche Lehramt, Gott (Jahwe, Allah), Christus Jesus, die Tora, die Bibel oder Teile der Bibel (z.B. der Dekalog und die Bergpredigt), der Koran, die praktische Vernunft, die Natur, das Naturrecht, das Gewissen, das Sittengesetz, die moralische Intuition, der moral sense oder auch der common sense. Wie soll man da auch nur Ordnung schaffen?

---

[69] Diese Formulierung übernehme ich von K. E. Løgstrup, Die ethische Forderung (1958⁴), dt. Tübingen 1968².
[70] Vgl. hierzu P. Tillich, Der religiöse Ursprung der moralischen Gebote (1959), in: Gesammelte Werke 3, Stuttgart 1965, S. 27–40; A. Auer, Autonome Moral und christlicher Glaube, Düsseldorf (1971) 1989³; Handbuch der christlichen Ethik, Freiburg u.a. Bd. 1, 1978, S. 46–167 und 243–339; A. Pieper, Ethik und Moral, München 1985, S. 108–139 sowie E. Schockenhoff, Grundlegung der Ethik (siehe oben Anm. 5), S. 357–544.

Die philosophische Tradition gibt uns ein einfaches, relativ plausibles Einteilungsinstrument an die Hand, bei dessen Anwendung es aber gelegentlich zu Problemen kommt. Sie unterscheidet spätestens seit Kant zwischen *heteronomen* (fremdbestimmten) und *autonomen* (selbstbestimmten) Ethiken, also zwischen solchen, bei denen die normative Instanz *außerhalb* des ethischen Subjekts liegt, und solchen, bei denen sie *innerhalb* dieses Subjekts liegt. Einiges lässt sich unschwer nach diesem Muster leicht zuordnen: So sind „die Partei" und „der Führer" heteronome Instanzen – jedenfalls für jeden, der nicht zur Partei gehört oder selbst der Führer ist. Ebenso sind „die Kirche" und „ihr Bekenntnis" für jeden Menschen, der nicht einer Kirche angehört, heteronome Instanzen. Ebenso leicht lassen sich andererseits „Eigeninteresse", „Gewissen", „moral sense", „Intuition" und „praktische Vernunft" dem autonomen Typus zuordnen.

Aber es bleibt viel übrig, weil der Dual „außerhalb"/„innerhalb" nicht überall und nicht immer eindeutig anwendbar ist. So lässt sich im Blick auf die je eigene Familie, den eigenen Staat, das eigene Volk, die eigene Gesellschaft, die eigene Kirche und ihre Bekenntnisse, aber auch im Blick auf den common sense fragen, ob sie eher heteronome Instanzen sind, weil sie als Ganzheiten von uns als ethischen Subjekten zu unterscheiden sind, oder eher zu den autonomen Instanzen gehören, weil und sofern wir selbst Teile dieser Größen sind.

Trotzdem ist diese Frage bei einigem Nachdenken nicht schwer zu beantworten: Im Blick auf die Funktion als normative Instanz lässt sich die Frage nur dann und solange nicht eindeutig entscheiden, wenn bzw. wie unsere eigenen ethischen Orientierungen fraglos und nahtlos mit dem übereinstimmen, was uns auch Familie, Staat, Kirche etc. an Normen vorgeben. Entscheidbar wird die Frage jedoch im *Konfliktfall*, weil sich dann die Alternative stellt: Folge ich meiner „inneren Stimme" *oder* dem, was mir – davon abweichend – von Familie, Staat, Kirche etc. vorgegeben und vorgeschrieben wird? Wer dieser letztgenannten Auffassung zuneigt, für den sind diese Größen normative Instanzen und zwar heteronome. Wer hingegen in einem solchen Konfliktfall seiner eigenen ethischen Orientierung folgt, für den haben die genannten heteronomen Instanzen entweder gar keine Funktion als normative Instanzen (mehr), oder sie sind nur schwache normative Instanzen, die im Konfliktfall anderen Instanzen unterlegen sind.

Wie sind aber „Gott", „Christus Jesus", „Bibel", „Koran" dem Dual „heteronom"/„autonom" zuzuordnen? Vermutlich würden viele Menschen sie spontan den heteronomen normativen Instanzen zuordnen. Aber bei etwas genauerem Nachdenken zeigt sich, dass zumindest Gott, aber auch Jesus Christus nicht als eine Wirklichkeit „außerhalb" des

Menschen (und der Welt) bezeichnet werden kann, weil dies eine unangemessene Begrenzung Gottes einschlösse. Die Alternative, also ein „innerhalb", passt freilich ebenso wenig. Und dies gilt auch für die Offenbarung Gottes – sei es in der Person Jesu Christi oder in den Texten der Bibel oder des Korans. Für alle diese Größen, d.h. für die Gottheit und ihre Offenbarung, passt der Dual „innerhalb"/„außerhalb" nicht. Deshalb muss hier eine dritte Rubrik gefunden werden, und es gibt sie längst: *theonome* normative Instanzen, d.h. solche normative ethische Instanzen, die in Gott bzw. in der jeweiligen Gottheit ihr Zentrum haben.

Aber es bleibt immer noch eine Gruppe übrig: z.B. „die Natur", „das Naturrecht" und „das Sittengesetz". Es ist eine schwierige Aufgabe, sie einzuordnen, weil diese Größen relativ unbestimmt sind, anders gesagt: weil sie bei unterschiedlichen Denkern unterschiedlich gefasst, gedeutet und verstanden werden. Trotzdem gibt es so etwas wie eine Grundtendenz: Natur, Naturrecht, Sittengesetz werden in der Regel verstanden als eine der Wirklichkeit im Ganzen – und zwar als Makrokosmos (Universum) und als Mikrokosmos (Mensch) – eingepflanzte normative ethische Struktur, an der alles Anteil hat, und die von vernunftbegabten Wesen unter geschichtlichen Bedingungen auch erkannt werden kann. Das könnte so scheinen, als handele es sich um eine Parallele zu Familie, Volk, Gesellschaft etc., da es ja beide Male um Partizipation an einem größeren Ganzen geht. Aber es gibt einen entscheidenden Unterschied: Die normative Struktur von Natur/Naturrecht/Sittengesetz ist im einzelnen Menschen ebenso vorhanden wie im Universum. Deswegen ist es nicht so, dass das Individuum sich einem *fremden* Willen unterwirft, wenn es sich der Natur, dem Naturrecht oder dem Sittengesetz unterwirft. Andererseits wäre aber auch die Vorstellung der Autonomie der Natur, dem Naturrecht und dem Sittengesetz nicht angemessen, denn der einzelne Mensch ist nicht an sich die normative Instanz, sie liegt auch nicht einfach in ihm, sondern er hat daran als an einer allgemeinen, umfassenden Wirklichkeit Anteil. Das legt es m.E. nahe, Natur, Naturrecht und Sittengesetz zu den theonomen Positionen zu zählen. Dafür spricht schließlich auch folgende Überlegung: Wenn diese Größen eine das ganze Universum durchwaltende normative Struktur bezeichnen, dann legt sich zumindest die Vermutung nahe, dass sie der Welt qua „Schöpfung" von einem absoluten Willen, also einer Gottheit mitgegeben worden sind. Das ist auch die Sicht fast aller Vertreter dieser Position – und sei es nur in der bei Kant vorhandenen abgeschwächten Position, dass das Sittengesetz zu denken sei, als ob Gott sein Urheber sei.

Damit haben wir alle Elemente in der Dreigliederung: heteronom, autonom, theonom (wenn auch mit Unschärfen) untergebracht und können uns nun diesen drei Gruppen im Einzelnen zuwenden.

3.5.1 Heteronome normative Instanzen[71]

Der Begriff „heteronom" bzw. „Heteronomie" hat einen schlechten Klang und löst fast automatisch negative Assoziationen und gefühlsmäßige Abwehr aus. Wer möchte sich schon fremdbestimmen und sich die Normen seines Handelns von anderen Instanzen vorgeben lassen? Vor die Wahl zwischen Autonomie und Heteronomie gestellt, würden die meisten Menschen vermutlich, ohne zu zögern, die Autonomie wählen. Bei längerem Nachdenken könnte es freilich so sein, dass der eine oder die andere unsicher wird; denn Heteronomie schließt ja auch eine enorme Entlastung ein: Ich als ethisches Subjekt muss nicht entscheiden und darum auch letztlich nicht verantworten, *woran* ich mich orientiere, *woher* ich die Maßstäbe für mein Handeln gewinne, und *was* ich zu tun und zu lassen habe, sondern diese Verantwortung wird mir durch die außerhalb meiner selbst liegende normative Instanz abgenommen.

Aber auch wenn jemand in dieser Hinsicht gar nicht in Versuchung gerät, stellt sich die heteronome Option ernsthafter dar, als dies auf den ersten Blick erscheint. Es geht ja letztlich nicht um die Frage, was uns sympathischer oder lieber wäre, sondern welche Auffassung am ehesten mit dem Wesen des Menschen und dem Wesen des Ethischen vereinbar und ihm angemessen ist. Und hier ließe sich nun folgendermaßen für heteronome normative Instanzen argumentieren: Wenn die normative Instanz eine Größe sein soll, an der sich das ethische Subjekt in seinen Handlungsentscheidungen orientieren kann, dann darf sie nicht mit dem Subjekt selbst identisch sein, das Orientierung sucht, sondern muss anderswoher stammen, muss also ein echtes Gegenüber sein. Um also überhaupt die normative Funktion erfüllen zu können, muss es sich offenbar um einen ἕτερος νόμος, ein fremdes, von außen kommendes Gesetz handeln. Andernfalls besteht die Gefahr (oder ist vielleicht unvermeidlich), dass sich das ethische Subjekt nur scheinbar an einer normativen Instanz orientiert, in Wirklichkeit aber einfach seinen eigenen Wünschen, Neigungen und Interessen folgt, also möglicherweise weder heteronom noch autonom, noch theonom, sondern einfach amoralisch handelt.

Man muss dieser Argumentation zunächst an einer entscheidenden Stelle recht geben: Ohne jegliche Form der Differenz zwischen ethi-

---

[71] Dazu zähle ich nun, nach dem in Abschn. 3.5.0 Ausgeführten: Familie/Eltern, Sippe/Volk, Staat/Partei/Führer, Kirche, Gesellschaft, common sense – sofern sie im ethischen Konfliktfall gegenüber der „inneren Stimme" den Vorrang haben.

schem Subjekt und normativer ethischer Instanz verlöre die normative Instanz gänzlich ihre normative Funktion und ihre orientierende Wirkung – sie hörte also auf, eine normative Instanz zu sein[72].

Aber nun muss doch auch ein entscheidendes Gegenargument bedacht werden, das noch einmal ganz zum Anfang dieser „Ethik"[73] zurücklenkt. Dort wies ich darauf hin, dass Ethik (ἠθική θεωρία) historisch entstanden ist aufgrund der Auflösung der griechischen Polis und ihrer fest gefügten Ordnung im antiken Griechenland des 5./4. Jahrhunderts v. Chr. Vor allem aber gilt in sachlicher Hinsicht: Ethik wird dadurch notwendig, dass die Frage nach dem Guten in die eigene Verantwortung übernommen und beantwortet werden muss. Die Orientierung an heteronomen ethischen Normen führt letztlich nicht zu einer überzeugenden Begründung. Denn: wodurch könnten heteronome Instanzen ihre normative Autorität begründen?

– Entweder dadurch, dass sie sich mit der Androhung von Sanktionen oder durch Versprechen von Belohnung durchzusetzen versuchen. Dann sind es aber keine ethischen, sondern *rechtliche oder politische* Normen.
– Oder dadurch, dass sie ihre normative Autorität von einer anderen Instanz ableiten. Dann ist aber letztlich diese *andere* Instanz die normative Autorität.
– Oder dadurch, dass die Instanzen für das ethische Subjekt inhaltlich überzeugend sind, d. h. aber, dass sie die Zustimmung und Einsicht des ethischen Subjektes gewinnen bzw. gewonnen haben. Dann sind sie aber im Blick auf ihre Geltung keine *heteronomen* Instanzen mehr.
– Oder dadurch, dass diese Autorität nur beansprucht und behauptet, aber nicht begründet wird. Dann *fehlt* aber jede Begründung, und es stellt sich die Frage: Was berechtigt zu diesem Anspruch und dieser Behauptung?

Kant hat schon recht: Mittels heteronomer ethischer Instanzen lässt sich Ethik letztlich nicht begründen, weil bei ihnen das entscheidende Moment fehlt: das Urteilen und Handeln aufgrund eigener Einsicht in das, was in sich gut ist.

---

[72] Wir müssen diese Einsicht im Blick auf die Auseinandersetzung mit den autonomen Theorien *festhalten*.
[73] Siehe oben Kap. A 1, S. 11.

Ein weiteres, verschärfendes Argument kommt hinzu: Wenn mit dem ethischen Handeln die personale Identität eines Menschen auf dem Spiel steht, dann ist es zwar richtig, dass Menschen zur Ausbildung ihrer personalen Identität Identifikationsmöglichkeiten und -angebote (und zwar in reichem Maß) benötigen, aber nur als Hilfsmittel zur Identitätsfindung, nicht als deren Ersatz.[74] Eine heteronome normative Instanz kann sich aber nicht mit dieser Rolle (als Hilfsmittel) zufriedengeben, sondern fordert völlige, vielleicht sogar bedingungslose Anerkennung, andernfalls wäre sie nicht normative Instanz. Aber gerade dieser Anspruch ist aus ethischen Gründen zurückzuweisen.

Sieht man sich zudem die Kandidaten, die als heteronome normative Instanzen in Frage kommen könnten, im Einzelnen an, so zeigt sich, dass sie ausnahmslos selbst auf normative ethische Instanzen angewiesen sind und nicht selbst als eine solche infrage kommen. Von daher sprechen viele Gründe dagegen, dass irgendeine heteronome Instanz als normative ethische Instanz infrage kommt. Lediglich das Wahrheitsmoment der Differenz zwischen ethischem Subjekt und normativer Instanz ist festzuhalten.

3.5.2 Autonome normative Instanzen[75]

In der Reihe der möglichen autonomen Instanzen fällt das Eigeninteresse insofern auf, als es vielen Menschen schwerfällt, Eigeninteresse überhaupt als normative *ethische* Instanz anzuerkennen. Einleuchtender ist normalerweise die Vorstellung, Eigeninteresse sei etwas, das durch die Ethik – von einer anderen normativen ethischen Instanz her – korrigiert oder gar überwunden werden müsste. Diese negative Bewertung des Eigeninteresses lässt sich aber mit guten Gründen infrage stellen. Damit will ich mich zunächst (a) beschäftigen. In den folgenden Abschnitten geht es dann um das Gewissen (b), den moral sense (c), die Intuition (d) und die praktische Vernunft (e) als mögliche autonome normative Instanzen.

---

[74] Hierfür ist immer noch – auch in pädagogischer Hinsicht – lehrreich zu lesen: D. Sölle, Stellvertretung. Ein Kapitel Theologie nach dem „Tode Gottes", Stuttgart/Berlin 1965.

[75] Hierunter fallen z.B.: Eigeninteresse, Gewissen, moral sense, ethische Intuition und praktische Vernunft.

a) Eigeninteresse (Ethischer Egoismus)

Im Unterschied zum psychologischen und biologischen Egoismus[76], die anthropologische Theorien sind, ist der ethische Egoismus tatsächlich eine normativ *ethische* Theorie, die in verschiedenen Formen vertreten worden ist und vertreten werden kann, die sich freilich alle bei näherem Zusehen als problematisch, teilweise sogar als selbstwidersprüchlich, erweisen.

Eine ethische Theorie, die das Eigeninteresse der handelnden Person, also des ethischen Subjekts, zur normativen Instanz erklärt, muss auf drei Fragen antworten:

– Was ist unter Eigeninteresse zu verstehen?
– Wie verhalten sich Eigeninteresse und Allgemeininteresse zueinander?
– Inwiefern ist diese Theorie verallgemeinerungsfähig?[77]

α) Eigeninteresse

„Eigeninteresse" ist ein sehr vager Begriff, der auch durch wissenschaftliche Bemühungen über eine ganz formale Definition hinaus letztlich nicht präzisiert, sondern nur differenziert werden kann, und das hängt u.a. damit zusammen, dass es sich um das *jeweilige* Eigeninteresse eines ethischen Subjekts handelt, und das kann sich mit ganz vielfältigen Inhalten und Formen verbinden. Es kann jedoch differenziert werden zwischen:

– einem scheinbaren und einem tatsächlichen Eigeninteresse;
– einem unreflektierten und einem aufgeklärten Eigeninteresse;
– einem kurzfristigen und einem langfristigen Eigeninteresse.

Alle drei Differenzierungen haben dasselbe Grundmuster. Sie weisen darauf hin, dass die Befriedigung scheinbarer, unreflektierter oder kurzfristiger eigener Interessen den tatsächlichen, aufgeklärten und langfristigen Interessen eines Menschen widersprechen kann, und dass es deswegen dem tatsächlichen, aufgeklärten und langfristigen Eigeninteresse entsprechen kann, auf die Befriedigung vieler Neigungen, Wünsche – zumindest vorerst und vorläufig – zu verzichten.

---

[76] Siehe oben Kap. A 2, Abschn. 2.2.2 a und b (S. 41–49).

[77] Diese Frage ergibt sich als notwendige Bedingung aus dem universalistischen Anspruch, von dem am Ende des ersten Kapitels dieser „Ethik" schon die Rede war (siehe oben Kap. A 1 Abschn. 1.5 a).

Im Zusammenhang mit der Finanz- und Wirtschaftskrise, die seit 2008 offen zutage getreten ist, hat auch eine Diskussion darüber begonnen, ob und inwieweit diese Krise mitbestimmt ist durch eine tiefgreifende gesellschaftliche Veränderung seit den 1960er Jahren, die sich als Paradigmenwechsel vom Sparkapitalismus zum Pumpkapitalismus beschreiben lässt.[78] Der entscheidende Punkt dieser Veränderung bestünde demnach darin, dass das früher übliche Aufschieben von Konsumwünschen bis zu dem Zeitpunkt, an dem die dafür erforderlichen finanziellen Mittel angesammelt waren, ersetzt wurde durch eine möglichst schnelle Befriedigung von Konsumwünschen mittels Krediten, die dann in der Regel langfristige Rückzahlungsverpflichtungen zur Folge haben. Der nicht auf den Sankt-Nimmerleins-Tag verschobenen Befriedigung des Konsumbedürfnisses korrespondiert dann möglicherweise die auf den Sankt-Nimmerleins-Tag verschobene Kredit-Tilgung, der unter Umständen kein adäquater materieller Gegenwert mehr entspricht.

Der aufgeklärte ethische Egoist kann eine sehr asketische Persönlichkeit sein, er wird in aller Regel sehr reflektiert und vorausschauend leben. Ja, er kann sogar starke soziale und altruistische Züge entwickeln, wenn und solange das in seinem Eigeninteresse liegt, z. B. um sich andere dadurch zu verpflichten.

β) Eigen- und Allgemeininteresse

Es gibt interessante ethisch-„egoistische" Theorien, bei denen man nicht leicht entscheiden kann, ob sie nun eigentlich egoistische oder utilitaristische Theorien sind. Das sind die „egoistischen" Theorien, die den Egoismus mit seiner sozialen Nützlichkeit begründen. So hat teilweise schon Joseph Butler[79] argumentiert, um das partielle Recht von Hobbes' Theorie des psychologischen Egoismus als normative Theorie des ethischen Egoismus gegen ihn behaupten zu können. Die interessanteste und – prima vista – amüsanteste Form einer solchen utilitaristisch begründeten egoistischen Theorie hat Bernard (de) Mandeville (1670–1733)[80] vorgelegt. 1705 trat Mandeville erstmals mit seinem sozialkritischen ethischen Konzept in Form eines Gedichts an die Öffent-

---

[78] Vgl. dazu R. Dahrendorf, Vom Sparkapitalismus zum Pumpkapitalismus, in: Cicero. Magazin für politische Kultur, 2009, Heft 8, S. 38–41.
[79] Siehe oben Kap. A 2, Abschn. 2.2.2 a.
[80] Er stammt von einer Hugenottenfamilie ab, die nach 1572 (Bartholomäusnacht) Frankreich verlassen und in den Niederlanden Zuflucht gefunden hatte. De Mandeville selbst wurde in den Niederlanden geboren, wanderte nach England aus, wo er Arzt und Schriftsteller wurde, eine Familie gründete und bis zu seinem Tod lebte.

lichkeit. Es hieß „The Grumbling Hive". 1714 erweitert er diesen Ansatz zu „The Fable of the Bees"[81], die eine ausführliche Kommentierung des Poems darstellt, mit dem programmatischen Untertitel „Private Vices, Public Benefits".[82].

Mandevilles Grundthese lautet: In weiten Teilen der Gesellschaft trifft man auf die Klage über verbreitete Lasterhaftigkeit der Menschen (in Form von Geldgier, Genusssucht, Triebhaftigkeit, Unfriede/Kriege, Ausbeutung) und fehlende Tugenden (wie Bescheidenheit, Ehrlichkeit, Friedfertigkeit etc.). Nähme man diese Klagen ernst und zöge aus ihnen Konsequenzen, so würde das allgemeine Wohl schweren Schaden leiden, denn ein Abbau der Laster und eine konsequente Tugendhaftigkeit hätten den totalen wirtschaftlichen, sozialen und politischen Zusammenbruch der Gesellschaft zur Folge. Das verdeutlicht er in Gedicht und Fabel anhand eines florierenden, aber durch und durch unmoralischen Bienenstocks, in den die Moral einzieht, und dessen Niedergang damit besiegelt ist.[83]

Charakteristisch und kritikwürdig sind an diesem Denkansatz m.E. vor allem zwei Elemente:

– Die ethische Beurteilung wird funktional vollständig abhängig gemacht von der *ökonomischen* Beurteilung. Hier bereitet sich die Entwicklung vor, die – vor allem von England ausgehend – seit der Mitte des 18. Jahrhunderts bis heute immer mehr bestimmend wurde: die Wirtschaft als die dominante Größe für das gesellschaftliche Leben – einschließlich der Ethik. Damit verliert die Ethik im Prinzip ihre Selbstständigkeit und ihre wirtschafts- und gesellschaftskritische Funktion und Bedeutung.
– Die ethische Beurteilung orientiert sich am Wohlergehen der *Mehrheit*, zu der der Verfasser und seine potentiellen Leser selbst gehören. Nicht die Würde des Individuums, sondern das „Glück" einer möglichst großen Zahl[84] gibt den Ausschlag. Dafür können und müssen Ungerechtigkeiten und zugrunde gehende Individuen in Kauf genommen werden.

---

[81] Dt.: B. Mandeville, Die Bienenfabel, Frankfurt a. M. 1980.
[82] Siehe dazu E. Herms, Private Vices – Public Benefits? Eine alte These im Lichte der Neuen Institutionen-Ökonomik, in: ders., Die Wirtschaft des Menschen. Beiträge zur Wirtschaftsethik, Tübingen 2004, S. 178–197 sowie A. Dietz, Der homo oeconomicus. Theologische und wirtschaftsethische Perspektiven auf ein ökonomisches Modell, Gütersloh 2005.
[83] B. Mandeville, Die Bienenfabel (siehe oben Anm. 81), S. 88–92.
[84] Siehe zu dieser Formel von F. Hutcheson oben bei Anm. 33.

Dabei kann es nach der Bienenfabel geradezu wie eine weise Einrichtung der Welt (durch Gott?) wirken – oder jedenfalls wie eine „*List* der Vernunft", wie Hegel es nannte[85], dass die Welt so geordnet ist, dass durch das nur mäßig begrenzte Ausleben des Eigeninteresses das Gesamtinteresse optimal befördert wird. Dieser Gedanke wird dann durch Adam Smith (1723–1790), den Begründer der Nationalökonomie, aufgenommen und mit einer anschaulichen, epochemachenden Formel versehen: „the invisible hand".[86] Smith vertritt die These, dass der Mensch, der in seinen Geschäften „das eigene Interesse verfolgt", von einer „unsichtbaren Hand geleitet das Interesse der Gesellschaft nachhaltiger fördert, als wenn er beabsichtigt, es zu tun". In bestimmten, aber relativ engen Grenzen gilt das tatsächlich, aber die Grenzen sind deswegen eng, weil einerseits eine Chancengleichheit vorausgesetzt werden muss, die sich keineswegs von selbst versteht, die im Gegenteil in vielen Bereichen nicht gegeben ist, und weil andererseits dem Verfolgen der Eigeninteressen entweder innere Grenzen gesetzt sein müssen – bei Smith durch die Annahme einer allen Menschen gegebenen Fähigkeit zur compassion und sympathy – oder ihm äußere Grenzen (z.B. durch Recht oder politische Kontrolle) gesetzt werden müssen. Das zeigt aber, dass das Setzen auf das Eigeninteresse zwar ein dynamischer ökonomischer Faktor ist, aber keine letztgültige normative ethische Instanz sein kann und darf, ja dringend selbst der ethischen Kontrolle, Steuerung und Begrenzung bedarf.[87]

γ) Die Verallgemeinerungsfähigkeit des ethischen Egoismus

Wenn man nicht von den sich selbstverständlich und verlässlich einstellenden public benefits der private vices oder von der im Hintergrund des Egoismus wirkenden invisible hand ausgeht, stellt sich in verschärfter, zugespitzter Form die Frage, um *wessen* Eigeninteresse es letztlich geht. Während die Theorien von Mandeville und Smith sich immer noch damit trösten können, dass fast alle dabei gut fahren, wenn viele oder alle ihrem Egoismus frönen, stellt sich die Frage nach den Profiteuren und nach den Zukurzkommenden natürlich dann unabweisbar, wenn es in dem Gesamtsystem neben den Gewinnern auch mehr oder weniger viele Verlierer gibt. Nun könnte man sagen: Eben dagegen sei der ethische Egoismus ein heilsames Gegenmittel, weil er

---

[85] G. W. F. Hegel, Wissenschaft der Logik (1816), in: ders., Werke in zwanzig Bänden, Bd. 6, Frankfurt a. M. 1969, S. 452.
[86] A. Smith, The Wealth of Nations, London (1776) 1981, Bd. 1, S. 400, dt.: Der Wohlstand der Nationen, München 1974, S. 371, dort finden sich auch die folgenden Zitate.
[87] Vgl. hierzu auch A. Dietz, Der homo oeconomicus (s.o. Anm. 82).

alle ethisch ermutigt und legitimiert, ihre eigenen Interessen energisch zu verfolgen, soweit sie das können. Und in diesem Nachsatz liegt ein Großteil der ethischen Problematik, die unweigerlich mit dem ethischen Egoismus verbunden ist.

Ein weiteres Problem kommt hinzu. Wer das Konzept eines ethischen Egoismus vertritt, muss sich fragen, ob und in welcher Form er den Egoismus tatsächlich als eine ethische, also verallgemeinerungsfähige Theorie vertreten kann. Und hier gerät er in folgendes Dilemma: Er müsste entweder zeigen können, dass es in seinem, des Ethikers, Interesse liegt, dass jeder Mensch in jeder Entscheidungssituation seine eigenen, also des jeweiligen handelnden Menschen, Interessen verfolgt. Aber wie sollte man zeigen können, dass das egoistische Handeln anderer Menschen in jedem Fall dem Wohl des Ethikers dient. Das kann mit Sicherheit nicht gezeigt werden. Oder er müsste zeigen können, dass es im Interesse jedes Menschen liegt, in allen Entscheidungssituationen das Interesse und Wohl dieses Ethikers zu verfolgen. Das kann er noch viel weniger zeigen. Das heißt jedoch: Das für die Ethik unverzichtbare Prinzip der Verallgemeinerbarkeit bringt den ethischen Egoisten in eine Aporie. Diese Aporie ließe sich scheinbar auflösen durch die These, es sei für alle handelnden Subjekte das Beste und diene ihrem Wohl, wenn sie egoistisch handeln. Wer diese These bzw. Begründung vertritt, argumentiert aber selbst nicht mehr egoistisch, sondern utilitaristisch. Genauer gesagt: Er lässt den ethischen Egoismus im Utilitarismus aufgehen; denn er argumentiert an der entscheidenden Stelle nicht von seinem Eigeninteresse aus, sondern vom größten Glück der größten Zahl aus.

Das heißt: Als ethische Position scheitert der ethische Egoismus, weil er seinem Wesen nach nur unter der Annahme einer vollkommenen und dauerhaften Chancengleichheit verallgemeinerungsfähig wäre. Da diese Annahme leicht zu falsifizieren ist, steht der ethische Egoist vor der Alternative, entweder Ethiker zu bleiben oder Egoist zu werden. Zu Recht schreibt D. Birnbacher deshalb: „Der Egoist – im ‚praktischen' Sinne – wird demnach gut daran tun, sich auf eine moralische Grundsatzdiskussion gar nicht erst einzulassen, sondern das Leben des Amoralisten zu führen, dem es schlicht gleichgültig ist, ob sich sein Handeln moralisch begründen lässt."[88]

α–γ) Nach allem Gesagten ist das Eigeninteresse zwar ein empirisch sehr einflussreicher, relevanter, deshalb zu bedenkender und auch partiell positiv zu würdigender ethischer Faktor, aber als normative In-

---

[88] D. Birnbacher/N. Hoerster (Hg.), Texte zur Ethik, München 1976, S. 167f.

stanz ist der ethische Egoismus das Ende der Ethik bzw. der Verzicht auf Ethik.[89]

b) Gewissen[90]

Zu den in unserem Kulturkreis weitgehend anerkannten normativen Instanzen der Ethik gehört das Gewissen. Das deutsche Grundgesetz zählt die Gewissensfreiheit zu den uneingeschränkten Grundrechten (Art. 4.1). Und im Blick auf den Kriegsdienst mit der Waffe wird die Bedeutung des Gewissensurteils eigens hervorgehoben (Art. 4.3). Als weitestgehend anerkannt dürften dabei folgende Annahmen bzw. Aussagen gelten:

- Man soll, ja man darf niemanden veranlassen, gegen sein Gewissen zu handeln.
- Das Gewissen kann in seinem Urteil irren, bleibt aber auch dann verbindlich.
- Nur das einzelne ethische Subjekt kann wahrnehmen und beurteilen, was ihm sein Gewissen sagt, ob es anklagt, tadelt, verbietet oder gebietet.

Diese drei Aussagen sind nicht ganz leicht miteinander zu verbinden. So ist es naheliegend zu fragen: Warum soll oder darf man niemanden veranlassen, gegen sein Gewissen zu handeln, wenn doch das Gewissen irren kann? Warum ist das Gewissen auch von anderen zu respektieren,

---

[89] Vom ethischen Egoismus ist die Selbstliebe zu unterscheiden, von der in Kap. A 5 die Rede sein wird (siehe unten Abschn. 5.1.5 ad e).
[90] Vgl. hierzu I. Kant, Die Religion innerhalb der Grenzen der bloßen Vernunft (1793), 4. Stück, §4; ders., Die Metaphysik der Sitten (1797), A 37f. und A 99ff.; S.Freud, Das Unbehagen in der Kultur (1930), in: ders., GW Bd. IV, London 1948, S. 419–506, bes. S. 482–495; H. Reiner, Art. „Gewissen", HWP Bd. 3 (1974), Sp. 574–592 (Lit.!); R. Preul, Religion – Bildung – Sozialisation, Gütersloh 1980, S. 187–214; H. J. Eckstein, Der Begriff Syneidesis bei Paulus, 1983; G. Ebeling/T. Koch, Was ist das Gewissen?, Hannover 1984 (EKD-Texte 8); A. Freund, Gewissensverständnis in der evangelischen Dogmatik und Ethik im 20. Jahrhundert, Berlin/New York 1994; Gewissensentscheidung und Rechtsordnung. Eine Themenreihe der KÖV 1997 (EKD-Texte 61); W. Härle, Art. „Gewissen", RGG[4] 3 (2000), Sp. 902–906; J. Römelt, Christliche Ethik in moderner Gesellschaft. Bd. 1, Grundlagen, Freiburg/Basel/Wien 2008, S. 76–112.

wenn doch nur der Handelnde selbst zu ihm einen Zugang hat? Was verleiht dem Gewissen seine Autorität und seinen hohen Rang?

Auf diese Fragen wird man keine zufriedenstellende Antwort geben können, wenn man nicht einen Grundirrtum aufklärt, der die Geschichte des Gewissensbegriffs bis heute begleitet und durchzieht.[91] Dieser Grundirrtum besteht in der Annahme, das Gewissen sei insofern eine normative Instanz, als es der Inbegriff der normativ-ethischen Überzeugungen eines Menschen sei. Dieser Grundirrtum kann seinerseits in mehreren Facetten auftreten, in einer *theo*nomen, *auto*nomen und *hetero*nomen.

- *Theonom* wird diese Überzeugung etwa bei Philon von Alexandrien (25 v.Chr.-50 n.Chr.) und in der mittelalterlichen Scholastik,[92] aber auch bei Johann Gottlieb Fichte[93] (1762–1814), wo das Gewissen als Stimme Gottes im Menschen verstanden wird, die als solche untrüglich ist und der Folge geleistet werden muss. Dagegen spricht allerdings die Tatsache, dass die Gewissensurteile der Menschen untereinander, ja sogar im Laufe ihrer eigenen Biographie einander grundlegend widersprechen können.
- *Autonom* überall dort, wo – wie z.B. bei Georg W. F. Hegel (1770–1831) – Gewissen als Inbegriff der subjektiv gewonnenen ethischen Überzeugungen gilt, denen die objektiven Überzeugungen in Staat und Gesellschaft gegenüberstehen können. Gegen diese Ansicht erhebt sich jedoch die Frage: Warum sollte man solche subjektiv gewonnenen ethischen Überzeugungen nicht beeinflussen und zu korrigieren versuchen?
- *Heteronom* dort, wo – wie z.B. bei Herbert Spencer (1820–1903), Friedrich Nietzsche (1844–1900) und Sigmund Freud (1856–1939) –

---

[91] Zu den wenigen, die diesem Irrtum nicht erlegen sind, gehören M. Luther (De votis monasticis, in: WA 8, 606, 32–34: „Conscientia enim non est virtus operandi, sed virtus iudicandi, quae iudicat de operibus", dt.: „Das Gewissen ist nämlich nicht eine Befähigung zum Wirken [des Guten], sondern eine Befähigung zum Urteilen, die über die Werke urteilt") und Th. Hobbes (Leviathan, Hamburg 1996, S. 274: „eines Menschen Gewissen ist sein Urteil").

[92] In Form der Lehre von der „Synteresis" oder „Synderesis". Diese – wahrscheinlich auf einen Abschreibfehler bei Hieronymus zurückgehende – Lehre besagt, dass es ein dem Menschen von Gott anerschaffenes Wissen um gut und böse gibt und die Fähigkeit, das als gut Erkannte auch zu tun. Siehe dazu K. Hilpert, Art. „Gewissen II", in: LThK³, Bd. 4, 1995, Sp. 622f.

[93] J. G. Fichte, Die Bestimmung des Menschen (1800), in: ders., Sämtliche Werke, Bd. 2, (1845) 1965, S. 298.

das Gewissen als Resultat eines geschichtlich-gesellschaftlichen Erziehungs- und Beeinflussungsprozesses verstanden wird, durch den Menschen sich selbst moralisch überwachen und dadurch unter Umständen abhängig, krank und deformiert werden. Das kann aber in keinem Fall eine gültige normativ ethische Instanz sein.

Kant hat demgegenüber in aller Deutlichkeit gesagt, dass das Gewissen nicht zuständig sei für die Frage, ob eine Handlung oder eine Handlungsregel ethisch richtig sei, das sei vielmehr eine Aufgabe der praktischen Vernunft. Beim Gewissen gehe es hingegen nur um die Frage, *ob* ich eine Handlung „mit meiner praktischen ... Vernunft zum Behuf [= Zweck] jenes Urteils verglichen habe" – und darin „kann ich nicht irren, weil ich alsdann praktisch gar nicht geurteilt haben würde".[94] Kant geht mit dieser Aussage nun allerdings in die andere Richtung einen Schritt zu weit, und zwar dadurch, dass bei ihm der Anschein entsteht, als beurteile das Gewissen nur, *ob* eine innere Prüfung der Handlung anhand des Normbewusstseins der praktischen Vernunft stattgefunden habe und ob diese *gründlich*, d.h. „mit aller Behutsamkeit", vorgenommen worden sei.[95] Aber wenn er damit recht hätte, dann müssten wir ein *gutes* Gewissen haben, wenn wir eine Handlung *sorgfältig* auf ihr ethisches Gutsein hin geprüft hätten, selbst wenn wir dabei zu einem *negativen* Ergebnis gekommen wären. Das stimmt aber nicht. Das Gewissen bezieht sich nicht nur auf die Tatsache und Sorgfalt der Prüfung, sondern auch auf ihr *Ergebnis*. Was ist folglich das Gewissen?

Hier – wie oft – gibt die Sprache samt den etymologischen Wurzeln wichtige Hinweise. Die Begriffe συν-είδησις, con-scientia und Ge-wissen haben gleiche Struktur. Insbesondere im Griechischen und im Latein wird deutlich, dass es sich um ein Mit-Wissen handelt, aber – und das ist das Besondere des Gewissens – um ein Mit-Wissen mit *sich selbst*. „Ich habe ein Gewissen" bedeutet auch: „Ich bin mein eigener Mit-Wisser." Aber das ist noch zu undifferenziert gesagt. Im Gewissen ist ein Mensch nämlich genau besehen in dreifacher Weise sein eigener Mit-Wisser:

– Er weiß, dass er selbst bestimmte Handlungen getan oder unterlassen hat, tut oder unterlässt, tun oder unterlassen will. Er weiß also um seine eigenen Handlungen. Das ist ein handlungsbezogenes Selbstbewusstsein.

---
[94] I. Kant, Metaphysik der Sitten, Tugendlehre A 38.
[95] So I. Kant, Die Religion innerhalb der Grenzen der bloßen Vernunft, Königsberg 1793, A 288.

- Er weiß, dass er bestimmte Handlungen oder Unterlassungen für ethisch gut oder böse, richtig oder falsch hält. Er weiß also um seine eigenen ethischen Überzeugungen.[96] Das ist ein normbezogenes Selbstbewusstsein.[97]
- Er weiß, dass zwischen seinen vollzogenen und geplanten Handlungen[98] und seinen ethischen Überzeugungen Übereinstimmung oder Widerspruch besteht. Er weiß also um das Verhältnis zwischen seinem handlungsbezogenen und seinem normbezogenen Selbstbewusstsein. Und dies Letztere ist die „Stimme des Gewissens", die sich normalerweise dann meldet, wenn Menschen wissen oder spüren, dass eine eigene Handlung dem *widerspricht*, was sie selbst für ethisch gut, richtig und geboten halten bzw., dass sie dem *entspricht*, was sie für ethisch verwerflich, falsch oder verboten halten.

Von daher kann nun klar werden, worin der geringfügig erscheinende Unterschied zwischen diesem von Kant inspirierten Gewissensverständnis und dem „traditionellen Missverständnis" vom Gewissen besteht und was er bedeutet:

- Das Gewissen beurteilt nicht die ethische Qualität von Handlungen an sich, sondern es beurteilt die ethische Qualität von Handlungen anhand des Kriteriums der (Nicht-) Übereinstimmung mit dem eigenen ethischen Normbewusstsein.
- Während man ruhig versuchen kann und soll, das ethische Bewusstsein anderer Menschen argumentativ zu beeinflussen, wenn es allem Anschein nach irrt, darf man das Gewissensurteil, das sich auf die ethische Überzeugung eines Menschen bezieht, nicht ignorieren, überspielen oder umzustimmen versuchen. Das ist so, weil in diesem letzteren Fall ein Mensch veranlasst wird, gegen etwas zu verstoßen, was er selbst für richtig hält, also gegen seine bestehende Überzeugung zu handeln. Im ersten Fall wird ein Mensch hingegen veranlasst, seine bestehenden ethischen Überzeugungen auf ihre Tragfähigkeit und Gültigkeit hin zu überprüfen. Das ist ein Akt der kritischen Vergewisserung. Im anderen Fall hingegen wird ein

---

[96] Das schließt Unschärfen, Unsicherheiten und Vagheiten nicht aus.
[97] Das wird – wie oben gezeigt – häufig mit dem Gewissen verwechselt bzw. gleichgesetzt.
[98] Sofern sich das Gewissen auf geplante Handlungen bezieht, spricht man von der „conscientia antecedens" (vorausgehendes Gewissen), sofern es sich auf getane Handlungen bezieht, spricht man von der „conscientia consequens" (nachfolgendes Gewissen).

Mensch zu einem inneren Widerspruch, also zu einem Identitätskonflikt verleitet.
- Das Gewissen überprüft folglich beim einzelnen Menschen in der konkreten Entscheidungs- und Handlungssituation, ob das, was er tut, dem entspricht oder widerspricht, was er selbst für ethisch richtig oder falsch hält.

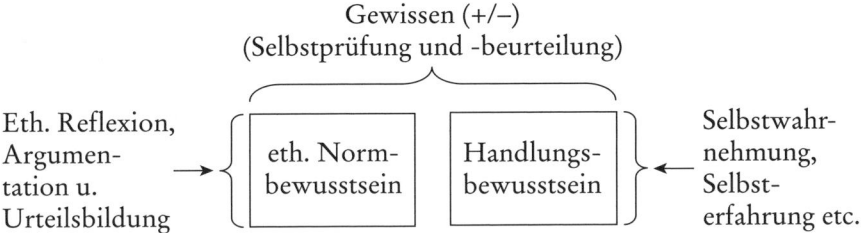

Wichtig ist noch ein erläuternder und bestätigender Zusatz. Es ist auffällig, dass sich das *gute* Gewissen in der Regel gar nicht meldet. Das lässt sich daraus erklären, dass die Übereinstimmung zwischen dem, was wir tun, und dem, was wir für ethisch richtig halten, nichts Besonderes ist und keiner erhöhten Aufmerksamkeit bedarf. Das schlechte Gewissen hingegen, das einen inneren Zwiespalt und Widerspruch signalisiert, meldet sich in der Regel von selbst und zwar mit Symptomen, die weit in den leiblichen Bereich hineinreichen (z.B. Beeinflussungen bzw. Störungen des vegetativen Nervensystems wie Herzklopfen, Erröten, Stottern, feuchte Hände, Schweißausbrüche, Schlaf- und Appetitlosigkeit, oder echte organische Erkrankungen bis zu Lähmungserscheinungen). Man kann das Gewissen allerdings durch permanente Missachtung seiner Warnungen und Anklagen auch allmählich (fast) zum Verstummen bringen – wie man umgekehrt das Gewissen wecken, schärfen und bilden bzw. kultivieren kann. Letzteres ist eine wichtige kirchliche und pädagogische Aufgabe, die ihr Ziel allerdings *nicht* darin hat, möglichst vielen Menschen bei möglichst vielen Handlungen ein schlechtes Gewissen zu machen, sondern darin, zu einem aufmerksamen, verantwortlichen Umgang mit den eigenen ethischen Überzeugungen anzuleiten.

So wichtig das Gewissen als ethische Überprüfungsinstanz und vor allem als Warnsignal ist, so deutlich ist geworden, dass es nicht selbst eine normative Instanz ist oder sein kann, sondern selbst auf eine solche normative Instanz angewiesen ist und verweist. Dabei sieht es nun so aus, als sei diese autonome normative Instanz so etwas wie das moralische Gefühl oder die Intuition oder die praktische Vernunft des Menschen. Diese „Kandidaten" für eine autonome normative Instanz sind nun zu betrachten.

c) Das moralische Gefühl (moral sense)[99]

Den Begriff „moral sense", d.h. moralisches Gefühl bzw. gefühlsmäßiges ethisches Urteilsvermögen, hat Lord Shaftesbury (1671–1731) in der Ethik der Aufklärung zu Geltung und Ansehen gebracht. Dieser „moral sense" ist nach der Auffassung von Shaftesbury ein besonderes, dem Menschen angeborenes Gefühl für „gut" und „böse", während A. Smith (1723–1790) mit D. Hume (1711–1776) die Auffassung vertritt, die moralischen Urteile wurzelten zwar im Gefühl und nicht in der Vernunft des Menschen, aber ihre Quelle sei nicht ein besonderes moralisches Gefühl, sondern das allgemein menschliche Gefühl für Sympathie. Gemeinsam ist aber beiden Richtungen die Überzeugung vom Gefühl als normativer ethischer Instanz im Menschen, sei es als besonderer Sinn für gut und böse, Recht und Unrecht, sei es als Einfühlungsvermögen. Aus dieser Quelle stammen Mitleid und Empörung über Ungerechtigkeit. Da sich das ethisch Gute bzw. Richtige durch das moralische Gefühl erschließt, wird Ethik hier selbst zu einer Sache des Gefühls.

Lässt man diesen Ansatz auf sich wirken, so fallen einem möglicherweise zahlreiche Beispiele für einen solchen moral sense oder für ein Gefühl des Mitleids ein, aber auch nicht wenige Beispiele, die dafür sprechen, dass dies bei unterschiedlichen Menschen sehr unterschiedlich entwickelt ist, d.h. auf Unterschiedliches anspricht. Deswegen muss man nicht bestreiten, dass Menschen von Natur aus zu ethisch relevanten Gefühlen wie Mitleid, Empathie, Gerechtigkeitssinn in der Lage sind. Freilich muss man dann auch einräumen, dass Menschen ebenso zu negativen Gefühlen in der Lage sind wie z.B. zu Neid, Habgier, Schadenfreude, Lust am Quälen, was man mangels Verstellungskunst auch schon an Kleinkindern deutlich beobachten kann. Insofern stellt sich die Frage, ob der moral sense – in welcher Form auch immer – tatsächlich als *normative* ethische Instanz in Frage kommt.

Nun ließen sich solche ethisch negativen Gefühlsregungen noch so in die Theorie integrieren, dass man den moral sense einer anderen, überlegenen Ebene zuordnet, so dass er sich auch als eine Art Schiedsrichter kritisch auf solche Gefühle beziehen könnte. Trotzdem scheidet

---

[99] Siehe dazu A. A. C. Shaftesbury (Third Earl of), A Letter concerning Enthusiasm to My Lord Somers, London 1708; ders., The Moralists. A Philosophical Rhapsody, London 1709; beide dt. in: Ein Brief über den Enthusiasmus. Die Moralisten, Hamburg 1980²; A. Smith, The Theory of Moral Sentiments, London 1759; dt.: Theorie der ethischen Gefühle, (1770) Hamburg 1977; J. Rohls, Geschichte der Ethik, Tübingen 1991, S. 258–267.

der moral sense als verlässliche normative Instanz aus, weil wir nicht selten nachträglich erkennen können, dass uns der moral sense falsche Kriterien gibt oder zu verkehrtem Handeln verleitet: z. B. gegenüber der Not in den Entwicklungsländern oder gegenüber körperlich behinderten Kindern.[100] Das „gut Gemeinte", das in diesem Zusammenhang oft zu Recht als das Gegenteil des Guten bezeichnet wird, ist ja oft das, was aus einer spontanen emotionalen Regung stammt, aber nicht im Blick auf seine Konsequenzen und seine tatsächlichen Wirkungen hin durchdacht ist. Zudem wusste schon die antike Rhetorik und wissen wir im Zeitalter der Massenmedien aus eigener Anschauung, in welchem Maß emotionale ethische Regungen davon abhängen, aus welcher Perspektive, mit welchen Mitteln und in welchem Kontext ein „Fall" präsentiert wird.

Auch wenn das moralische Gefühl sicher nicht als letztgültige normative ethische Instanz in Frage kommt, hat es aber doch in zweierlei Hinsicht eine wichtige Bedeutung:

– Einerseits *kann* das moralische Gefühl wie ein Seismograph anzeigen, dass in bestimmten Situationen in ethischer Hinsicht „etwas nicht stimmt", auch wenn es argumentativ noch so überzeugend präsentiert wird und rational der Fehler oder Irrtum (noch) nicht erkennbar ist. Diesem Gefühl sollte man jedenfalls insoweit trauen, dass man ihm nachgeht.
– Andererseits ist das moralische Gefühl ein unverzichtbares Element zwischenmenschlicher ethischer Verhaltensformen. Ohne Beteiligung der Gefühle oder Emotionen, also dessen, was man bildlich „das Herz" nennt, würde ethisch richtiges Verhalten kühl, vielleicht sogar kalt und „berechnend" und verlöre damit ein wesentliches Element.

---

100 In beiden Fällen fordert der moral sense oder das Mitgefühl in der Regel Hilfeleistungen, die sich mittel- und langfristig als problematisch oder gar als verheerend erweisen können, weil sie die Motivation und die Befähigung zur Selbsthilfe untergraben.

d) Intuition[101]

Der Begriff „Intuition", abgeleitet vom lateinischen Verb „intueri" (= „schauen, anschauen, betrachten, in den Blick fassen, mit einem Blick erfassen") bezeichnet eine Form der moralischen Beurteilung, die nicht auf der theoretischen Ableitung oder emotionalen Begründung des Urteils aufgrund von Prinzipien beruht, sondern sich spontan und als Gesamteindruck einstellt. Dem liegt vermutlich die Erfahrung zugrunde, dass Menschen, die von einem Konfliktfall oder von einem dramatischen Vorkommnis hören oder es auf andere Weise miterleben, häufig spontan empfinden und sagen: *So* ist es richtig bzw. falsch! oder: *Das* ist richtig bzw. falsch.

Woher stammen solche intuitiven moralischen Urteile? Da sie nicht bei allen Menschen und auch nicht in allen Lebensphasen derselben Menschen gleich ausfallen, ist es nicht plausibel, sie als eine angeborene normative Instanz, also wie einen von Natur aus dem Menschen mitgegebenen ethischen „Kompass" zu betrachten, der so geeicht ist, dass er zuverlässig die richtige „ethische Himmelsrichtung" anzeigen würde. Die psychologische Forschung legt die Annahme nahe, dass solche intuitiven Urteile erworben bzw. aufgebaut werden durch *szenische Erinnerungen* insbesondere aus der Kindheit, die affektiv positiv oder negativ besetzt sind. Neben den von Eltern, Erziehern und Lehrern sowie von Gleichaltrigen oder aus den Medien erlernten moralischen Regeln gibt es also einen zweiten Weg oder Aspekt, wie ethische Überzeugungen aufgebaut werden: die Erinnerung an beeindruckende Erlebnisse. In der Realität verbindet sich der pädagogisch-normative Aspekt häufig mit dem szenisch-intuitiven Aspekt, wenn nämlich szenisches Erlebnis und bewertender pädagogischer Kommentar eine Einheit bilden. Aber es gibt sicher auch beides getrennt. So können Erlebnisse so erschreckend oder so beglückend sein, dass sie in sich mit einer intuitiven Wertung versehen sind und so gespeichert werden.

Aber das zeigt: Solche Intuitionen werden in der jeweiligen Sozialisation erlernt und erworben, und sie sind als solche keine verlässliche normative Instanz. Wie verlässlich sie sind, hängt immer auch von der ethischen Qualität der sie vermittelnden und deutenden Umgebung ab.

---

[101] Siehe hierzu Th. Kobusch, Art. „Intuition", in: HWP 4 (1976), Sp. 524–540; M. R. de Paul/W.Ramsey, Rethinking Intuition. The Psychology of Intuition and its Role in Philosophical Inquiry, Lanham, Md. 1998; J. Fischer, Sittliche Intuition und reflektives Gleichgewicht, in: ZEE 44 (2000), S. 247–268 sowie A. Zeyer, Der Altruismus des Primaten. Neurobiologische Grundlagen der Intuition, in: ZEE 45 (2001), S. 302–314.

Deshalb bedürfen Intuitionen selbst einer Kontrolle und Überprüfung durch verallgemeinerbare ethische Normen. Sie haben als Indikatoren eine ebenso große Bedeutung wie das moralische Gefühl und sind nicht weniger ernst zu nehmen als dieses, ja häufig bilden sie mit dem moralischen Gefühl eine untrennbare Einheit, aber zur Norm für ethische Entscheidungen taugen sie erst, wenn zwischen ihnen und den als gültig erkannten Normen ein reflektives Gleichgewicht[102] hergestellt ist. Insofern erfüllt auch die moralische Intuition nicht den Anspruch, der an eine normative ethische Instanz zu stellen ist.

e) Die praktische Vernunft[103]

Als normative ethische Instanz empfiehlt sich die praktische Vernunft, also die Vernunft bezogen auf Handlungen in ethischer Hinsicht schon deshalb, weil das Gewissen, der moral sense und die Intuition sie voraussetzen und auf sie verweisen. Sie ist die Fähigkeit zum reflektierenden Urteil über gut und böse sowie zum Bedenken von Konsequenzen und Zusammenhängen. All das offenbart ihre besondere Leistungsfähigkeit und Stärke. Zu Recht sagt Kant: „Ohne alles moralische Gefühl ist kein Mensch; denn, bei völliger Unempfänglichkeit für diese Empfindung, wäre er sittlich tot", aber „das moralische Gefühl [ist] (wie Lust und Unlust überhaupt) etwas bloß Subjektives ..., was keine Erkenntnis abgibt"[104]. Dagegen gibt die Vernunft Erkennt-

---

[102] Diese, auf Nelson Goodman, Tatsache, Fiktion, Voraussage (siehe oben Anm. 44), S. 84–96, zurückgehenden Hinweise zur induktiven Urteilsbildung leiten dazu an, ethische Urteile nicht aus Prinzipien zu deduzieren, aber auch nicht aus Einzelfällen zu induzieren, sondern sie in einem „Wechselspiel zwischen Induktionsregeln und einzelnen induktiven Schlüssen" (S. 89) in ein Gleichgewicht zu bringen und so zu bestätigen. (Siehe dazu auch N. Daniels, Justice and Justification. Reflective Equilibrium in Theory and Practice, Cambridge 1996 sowie J. Fischer, Theologische Ethik. Grundwissen und Orientierung, Stuttgart 2002, S. 239–250.) In dieser Methode kommt faktisch die abduktive Schlussfolgerung (siehe oben Kap. A 1, Anm. 30) in ihrer – auch ethischen – Bedeutung gegenüber der deduktiven und induktiven Schlussfolgerung zur Geltung, nämlich als „eine Beziehung zwischen Daten und Hypothesen" (Goodman, a.a.O., S. 110), ohne dass in diesem Zusammenhang der Begriff „Abduktion" genannt wird.

[103] Siehe hierzu: I. Kant, Grundlegung zur Metaphysik der Sitten, 1785; ders. Kritik der praktischen Vernunft, 1788; M. Bremer u.a., Art. „Vernunft; Verstand", in: HWP 11 (2001), Sp. 748–863.

[104] I. Kant, Metaphysik der Sitten, 1797, Tugendlehre A 37. Bei Kant folgen die beiden Halbsätze einander in umgekehrter Reihenfolge.

nis ab. Nun könnte man gegen die praktische Vernunft als normative ethische Instanz denselben Einwand erheben, der gegen „moral sense" und „Intuition" erhoben wurde und wird: Ihre inhaltlichen Weisungen sind zu unterschiedlich und widersprüchlich, als dass wir es dabei mit einer verlässlichen normativen Instanz zu tun haben könnten. Zwar ist es richtig, dass der Rekurs auf die praktische Vernunft keine eindeutigeren und einhelligeren Ergebnisse zutage fördert als der Rekurs auf den moral sense oder die Intuition, aber der Unterschied besteht darin, dass die praktische Vernunft selbst in der Lage ist, diese Differenzen zu erkennen und konstruktiv zu bearbeiten, während der moral sense und die Intuition dazu *nicht* in der Lage sind. Es fehlt ihnen die korrigierende Potenz, die der praktischen Vernunft eignet. Zwar verfügt auch die praktische Vernunft nicht über die Fähigkeit, Evidenz bzw. Gewissheit beim erkennenden Subjekt zu erzeugen; diese muss *sich* vielmehr einstellen. Aber die praktische Vernunft kann unterschiedliche Perspektiven und Positionen einnehmen, um deren Wahrheitsgehalt zu prüfen. Das können weder der moral sense noch die Intuition.

Zu den durch die praktische Vernunft selbst wahrnehmbaren Grenzen der praktischen Vernunft als normativer Instanz gehört jedoch – wie sich bei der Beschäftigung mit dem kategorischen Imperativ zeigte[105] – die Einsicht, dass sie letztlich nur zu *negativer* Erkenntnis führen kann, indem sie mit dem Prinzip der Universalisierbarkeit eine zwar notwendige, aber nicht hinreichende Bedingung für die Erkenntnis des Guten nennt. Die praktische Vernunft sagt, welche Handlungen nicht gut sind, nämlich diejenigen, deren Regeln nicht verallgemeinerungsfähig sind, aber sie sagt *von sich aus* nicht, welche Handlungen im ethischen Sinne gut sind, weil sie dafür nur ein notwendiges, aber kein hinreichendes Kriterium angeben kann: die Universalisierbarkeit. Kant hat offenbar nicht bemerkt, dass die normativ ethische Leistungsfähigkeit der praktischen Vernunft in diesem Sinne begrenzt ist; deswegen hat er m.E. ihre Bedeutung überschätzt. Kant hat mit J. Locke (1632–1704) und in kritischer Abgrenzung von der rationalistischen Aufklärungsphilosophie eines R. Descartes (1596–1650), B. de Spinoza (1632–1677), G. W. Leibniz (1646–1716) und Ch. Wolff (1679–1754) zu Recht behauptet, dass es keine angeborene inhaltliche Vernunfterkenntnis (ideae innatae) gibt – auch nicht in ethischer Hinsicht. Und er hat die Annahme eines als normative ethische Instanz infrage kommen-

---

[105] Siehe oben Abschn. 3.3 b.

den moral sense ebenfalls zu Recht bestritten. Aber er konnte die dadurch aufgewiesene normative Lücke seinerseits nicht überzeugend schließen.

Nimmt man die benannten Grenzen von Kants eigenem moralphilosophischen Ansatz ernst, so wird man sagen müssen, dass die praktische Vernunft zwar eine höchst wertvolle kritische Instanz zur Prüfung aller ethischen Ansprüche und Forderungen ist, aber nicht selbst normative Instanz sein kann. Man müsste die Vernunft schon selbst – im ursprünglichen Wortsinne – als ein vernehmendes Organ für eine normative Instanz verstehen, um hierauf zu einer, zumindest *abgeleitet* positiven Antwort kommen zu können.

Im Übrigen ist auch hier zu bedenken, dass in concreto die menschliche Vernunft nie frei ist von Interessen, Absichten, Prägungen, die teilweise Voraussetzungen der Vernunft sind, teilweise Vorurteile, von denen sich die Vernunft nie ganz frei machen kann.[106] Freilich, soweit sie sich davon freimachen kann, geschieht dies vor allem durch die kritische Funktion der Vernunft selbst. Und diese kritische Funktion der Vernunft ist unverzichtbar.

3.5.3 Theonome normative Instanzen[107]

Weder unter den heteronomen noch unter den autonomen Kandidaten war eine wirklich überzeugende normative ethische Instanz zu finden: Die heteronomen Instanzen führen nicht zu *eigener* Erkenntnis des Handlungssubjekts, erreichen Ethik also gar nicht, weisen jedoch zu Recht auf die Differenz zwischen Subjekt und normativer Instanz hin. Die autonomen Instanzen leisten nicht, was sie leisten müssten, um *normative* Instanzen für die Ethik sein zu können, sie verweisen jedoch auf wichtige Elemente (wie Intuition und moralisches Gefühl) oder auf wichtige kritische Instanzen (wie Gewissen und praktische Vernunft). Demgegenüber können die theonomen Instanzen dann

---

[106] Siehe zu diesem Aspekt der Vernunft: J. Habermas, Erkenntnis und Interesse, Frankfurt a. M. 1968. Dieser inzwischen klassisch gewordene Text macht – im Anschluss an Peirce, Dilthey und Freud – die Kategorie des erkenntnisleitenden Interesses für die Erkenntnistheorie fruchtbar.
[107] Siehe hierzu P. Tillich, Die religiöse Substanz der Kultur, in: ders., GW Bd. IX, Stuttgart 1967; F. W. Graf, Theonomie, Gütersloh 1987, bes. S. 39ff.; E. Feil, Art. „Theonomie", in: HWP 10 (1998), Sp. 1113–1116; P. Haigis, Im Horizont der Zeit. Paul Tillichs Projekt einer Theologie der Kultur, Marburg 1998, bes. S. 68–70 und 84–87.

eine überzeugende Antwort bieten, wenn sie in der Lage sind, die Wahrheitsmomente der autonomen und heteronomen Theorien in sich aufzunehmen und wenn sie dabei deren Defizite vermeiden oder überwinden.[108]

a) Naturrecht und Sittengesetz[109]

Ein Blick in die Literatur belehrt, dass Begriffe wie „Naturrecht" und „Sittengesetz" außerordentlich vielfältig und unpräzise sind. Deswegen muss an dieser Stelle eine kurze Verständigung über sie versucht werden. Ich verwende „Naturrecht" und „Sittengesetz" zusammengefasst als Bezeichnung für ein grundlegendes ethisches Normengefüge, das als gültig vorausgesetzt ist bzw. wird, selbst (und gerade) wenn die moralischen Ansichten der Einzelnen und das positive Recht der maßgeblichen Institutionen einer Gesellschaft, insbesondere des Staates, davon abweichen oder dem widersprechen. Es geht beim Naturrecht und Sittengesetz um das Recht, das nicht durch menschliche Setzung Geltung erlangt, sondern „das mit uns geboren ist", wie Goethe es schön im „Faust" (Schülerszene) formuliert hat.

Besondere Evidenz bekommt der Naturrechtsgedanke in der Regel dann, wenn es gilt, ein ethisches oder rechtliches Urteil im Blick auf

---

[108] Dazu heißt es im Philosophischen Wörterbuch von Schmidt/Schischkoff (Art. „Theonomie", S. 577): „Während die Autonomie der Sittlichkeit eine eigene Gesetzgebung im sittlichen Geschehen voraussetzt, ist die Theonomie insofern kein Gegensatz dazu, als sie die Autonomie nicht aufhebt. Theonomie ist der weitere Weg der sittlichen Verwirklichung, nachdem der Mensch über seine eigenen Möglichkeiten zum Göttlichen hinausgreift".

[109] Siehe dazu E. W. Böckenförde/F. Böckle (Hg.), Naturrecht in der Kritik, Mainz 1973; O. Höffe, Naturrecht ohne naturalistischen Fehlschluss, Wien 1980; ders., Gerechtigkeit. Eine philosophische Einführung, München 2001, S. 40–46 und 49–53; M. Honecker, Einführung in die Theologische Ethik, Berlin/New York 1990, S. 107–125; F. Ricken/F. Wagner, Art. „Naturrecht", in: TRE 24 (1994), S. 132–185; R. Bubner, Welche Rationalität bekommt der Gesellschaft? Vier Kapitel aus dem Naturrecht, Frankfurt a. M. 1996; Ch. Schröer, Art. „Sittengesetz", in: LThK³, Bd. 9, 2000, Sp. 639; K. Stock, Art. „Sitte/Sittlichkeit", in: TRE 31 (2000), S. 318–333; W. Sparn, Art. „Sittengesetz", in: RGG⁴ 7 (2004), Sp. 1356; W. Härle/B. Vogel (Hg.), „Vom Rechte, das mit uns geboren ist". Aktuelle Probleme des Naturrechts, Freiburg/Basel/Wien 2007; dies. (Hg.), Begründung von Menschenwürde und Menschenrechten, Freiburg/Basel/Wien 2008.

einen gescheiterten Unrechtsstaat zu sprechen.[110] Der wichtige rechtsstaatliche Grundsatz, „nulla poena sine lege"[111] scheint nicht anwendbar zu sein, wo verbrecherisches Handeln von der „positiven", d.h. gesetzten und geltenden, Rechtsordnung gedeckt wird. Wenn in solchen Fällen nicht auf strafrechtliche Verfolgung verzichtet werden soll, weil ein solcher Verzicht seinerseits eklatant dem Rechts- und Gerechtigkeitsempfinden widerspräche, muss ein sogenanntes überpositives Recht oder Gesetz in Anspruch genommen werden: eben das Naturrecht oder Sittengesetz. An ein solches Naturrecht (z.B. in Gestalt der Menschenrechte) appellieren aber auch revolutionäre Bewegungen oder berufen sich darauf, um ihre Forderungen und ihre revolutionären Aktivitäten zu begründen.

Der Gedanke, dass es ein solches Naturrecht gebe, stammt bereits aus der griechisch-römischen Antike. Er setzt voraus, dass die Vernunft (der λόγος), die dem Menschen zur Orientierung gegeben ist, auch die Welt (den κόσμος) als „göttliches Gesetz" durchwaltet, das für den Menschen verbindlich ist.[112] Dieser Gedanke wurde von Sophisten und Stoikern aufgenommen und weiterentwickelt. In der stoisch-ciceronischen Tradition wurden dann[113] die fünf klassischen Grundprinzipien des Naturrechts formuliert:

– neminem laedere (niemanden verletzen);
– suum cuique (jedem das Seine [geben]);
– honeste vivere (ehrenhaft leben);
– deum colere (Gott verehren);
– pacta sunt servanda (Verträge sind einzuhalten).

Diese Prinzipien klingen beim ersten Hören ziemlich plausibel, sind aber faktisch inhaltlich sehr unbestimmt oder müssen zahlreiche Ausnahmen zulassen. Fragt man, woher wir um diese Prinzipien wissen (können), so lautet die klassische naturrechtliche Antwort: aus der praktischen Vernunft.[114]

---

[110] Siehe dazu die grundlegende Untersuchung von J. Kreuter, Staatskriminalität und die Grenzen des Strafrechts, Gütersloh 1997.
[111] Dt. „Ohne [im Sinne des Strafrechts gültiges] Gesetz keine Strafe".
[112] So schon Heraklit, Fragmente (siehe oben Kap. A 1, Anm. 5) S. 103f. und 107, Nr. 49.
[113] Zusätzlich zu der bereits oben 3.2 (S. 74) genannten Grundnorm, „dass das Gute zu tun und zu verfolgen und das Böse zu meiden ist".
[114] Seit der Aufklärungszeit erfolgte daher eine Umakzentuierung des Naturrechts zu einem Vernunftrecht.

In Röm 2,14–16 scheint Paulus diese These aufzunehmen und vorauszusetzen, wenn er sagt, dass den Heiden, die das Sinai-Gesetz nicht haben und kennen, doch ins Herz geschrieben ist, was das Gesetz fordert, zumal ihr Gewissen es ihnen bezeugt, dazu auch die Gedanken, die einander anklagen oder auch entschuldigen. Paulus vertritt damit jedoch keine ausformulierte Naturrechtslehre, sondern sagt nur, dass einerseits die gesetzesgemäßen Taten der Heiden, andererseits die Anklagen ihrer Gewissen bezeugen, dass auch die Heiden soviel vom Willen Gottes wissen, dass sie auch ohne das mosaische Gesetz wissen, was gut und böse ist, und sich darum vor Gott nicht durch ihre Unwissenheit entschuldigen können. Auf dieser Linie liegt auch die erste christliche Systematisierung des Naturrechtsgedankens bei Augustin, an die später die Reformatoren wieder anknüpfen: Das Gesetz (νόμος), das die Welt durchwaltet, wird dabei ausdrücklich von den biblischen Aussagen über das Gesetz Gottes her verstanden. Dieses Naturrecht als Gottes gute Ordnung für die Welt und den Menschen hätte der von Gott geschaffene Mensch erkennen können, aber durch die Sünde ist dieses Wissen und diese Erkenntnis verdunkelt. Deshalb bedarf es der Offenbarung Gottes zur Erkenntnis auch des Naturrechts. An diese paulinisch-augustinische Einsicht knüpft die evangelische Theologie an.

Die Scholastik, insbesondere Thomas von Aquin, betont demgegenüber die Fähigkeit des Menschen, auch nach dem „Sündenfall" das Naturrecht und das Sittengesetz mittels seiner Vernunft zu erkennen. Zwar beansprucht die scholastische Theologie und die römisch-katholische Lehre dabei für sich die Kompetenz, die Vernunft authentisch zu interpretieren, aber die neuzeitliche Vernunft entzieht sich dem, indem sie diese Kompetenz für sich selbst in Anspruch nimmt und das Naturrecht und das Sittengesetz selbständig mittels der praktischen Vernunft deutet (so Hugo Grotius [1583–1645], Samuel Pufendorf [1632–1694] und Jean Jaques Rousseau [1712–1778]).

Blickt man auf das, was etwa in der Lehre christlicher Kirchen durch Rekurs auf das Naturrecht begründet und legitimiert worden ist, z.B. die Kolonialpolitik, die Sklaverei, die Unterwerfung der Indianer, das Verbot künstlicher Empfängnisverhütung oder der Ausschluss von Frauen vom kirchlichen Amt,[115] dann gewinnt die augustinisch-reformatorische Skepsis an Plausibilität.

---

[115] Neuerdings erfolgt dieser Ausschluss allerdings eher unter Rückgriff auf die Tatsache, dass Jesus ein *Mann* war bzw. auf die Praxis Jesu, nur *Männer* als seine Jünger zu berufen. Nach derselben Logik würde freilich die Tatsache, dass Jesus *Jude* war, und seine Praxis, nur *Juden* als Jünger zu berufen, zu kaum praktikablen Konsequenzen führen. Denn nähme man diese Argumentation

So verweisen die Begriffe „Naturrecht" und „Sittengesetz" auf die Notwendigkeit der kritischen ethischen Überprüfung aller moralischen Ansichten und legalen Rechtsordnungen und damit auf eine diese Anschauungen und Ordnungen transzendierende normative ethische Instanz, und zwar letztlich auf Gott als den Geber von Naturrecht und Sittengesetz, aber sie können nicht beantworten, wie uns diese Instanz zugänglich wird und damit ihre normative Funktion übernehmen kann. Über das: „Prüft aber alles, und das Gute behaltet" (1 Thess 5,21) kommen wir auch hier nicht hinaus.

b) Die Selbsterschließung Gottes

In einer Hinsicht hat sich aber doch durch den Gedanken des Naturrechts und des Sittengesetzes etwas Neues ergeben, nämlich insofern, als die normative Instanz als der Wille Gottes zu verstehen ist, d.h. als Ausdruck des Willens der Instanz, die der schöpferische Ursprung und das vollendende Ziel der irdischen Wirklichkeit ist. Die Erkenntnis dieser Instanz ist freilich – jedenfalls nach evangelischer Überzeugung[116] – durch die menschliche Sünde verdunkelt und bedarf darum der Offenbarung durch Gott. Dabei ist es aber nicht so, dass durch die Offenbarung ein *neuer* Wille Gottes mitgeteilt würde, sondern dass durch sie der Mensch zur wahren Erkenntnis Gottes und der Welt kommt und damit auch den immer schon gültigen Willen Gottes für sich zu erkennen vermag. Das bezieht sich keineswegs nur auf Aussagen über das Wesen und Wirken Gottes, sondern in gleicher Weise auf die sich daraus ergebenden Aussagen über den Ursprung, die Beschaffenheit und die Bestimmung der Welt und insbesondere des Menschen in ihr. Dazu gehören auch so fundamentale und für die Ethik grundlegende Einsichten wie die in die Gleichheit aller Menschen vor Gott – trotz aller empirisch auszumachenden Ungleichheiten. Der Preis, den diese Bezugnahme auf Gott und seine Offenbarung kostet und der Gewinn, der damit zu erzielen ist, ist gleichermaßen hoch – für manche vielleicht zu hoch: Das besagt nämlich, dass

---

ernst, dürften auch nur Juden zum Priester- bzw. Bischofsamt geweiht werden. Und man kann nicht einmal sagen, das Judesein Jesu und seiner Jünger sei weniger konstitutiv für ihre Sendung als ihr Mannsein. Das Gegenteil ist der Fall.

116 Diese Einsicht findet in den päpstlichen Enzykliken der letzten Jahrzehnte freilich verstärkt Aufnahme und Berücksichtigung. Vgl. dazu E. Herms/L. Žak (Hg.), Grund und Gegenstand des Glaubens nach römisch-katholischer und evangelisch-lutherischer Lehre. Theologische Studien, Tübingen 2008, bes. S. 164–178.

normative Ethik schon für die Begründung der ethischen Normen anhand einer normativen Instanz auf ein religiöses Fundament angewiesen ist, und zwar sogar in dreifacher Hinsicht:

- In Hinsicht auf ihren *Grund*: Denn nur, wenn die normative Instanz identisch ist mit dem schöpferischen Grund des menschlichen Daseins, ist die ethische Norm weder ein fremdes Gesetz (also heteronom), noch aus dem faktischen Sein des Menschen abzuleiten (und in diesem Sinne autonom), sondern ihm als seine Bestimmung von Gott gegeben (also theonom) – und zwar so, dass sie ihm als einem personalen Wesen vorgegeben und aufgegeben ist und er sie erreichen oder verfehlen kann.
- In Hinsicht auf ihr *Gegenüber*: Denn nur, wenn sich die normative Instanz dem Menschen in einer äußeren, zeichenhaften Gestalt erschließt, kann er seine ursprüngliche und endgültige Bestimmung erkennen und aus der Situation der Verfehlung dieser Bestimmung zurückfinden zur Erkenntnis dessen, was ihm mit seinem Dasein verheißen und geboten ist. Da die ethische Verfehlung das Selbstverständnis des Menschen entscheidend mitbetrifft, kann er sie nicht von innen her und von sich aus überwinden.
- In Hinsicht auf ihr *Zustandekommen*: Denn nur, wenn dieses Erschließungsgeschehen einem Menschen äußerlich zuteilwird und ihn innerlich durch das Wirken seines Geistes gewinnt, überzeugt und gewiss macht, kann die Unterwerfung unter eine heteronome Instanz und die damit gegebene Situation der Entfremdung überwunden werden und eine grundlegende ethische Neuorientierung und eigenständige Urteilsbildung möglich werden.

Es ist nicht schwer zu erkennen, dass diese Begründung zumindest eine triadische, und da sie sich auf einen einheitlichen Sachverhalt bezieht, sogar eine trinitarische Struktur hat. Damit ist nicht behauptet, dass nur von der Selbstoffenbarung Gottes in Jesus Christus her wahre ethische Erkenntnis möglich wäre, wohl aber ist behauptet, dass als normativ ethische Instanz nur das in Frage kommt,

- was daseinsbegründenden Charakter hat,
- was sich in der erfahrbaren Welt zeichenhaft zu erkennen gibt und
- was selbst die Erkenntnis bzw. Gewissheit seiner Wahrheit bewirkt.

Die christliche Rede von Vater, Sohn und Heiligem Geist erfüllt diese Bedingung jedenfalls. Aber über dieses Offenbarungsgeschehen verfügen wir nicht, sondern wir können „nur" die Gewissheit haben, dass sich in bestimmten Zeichen und Überlieferungen Gott als Ursprung und Ziel der Welt und insbesondere des menschlichen Daseins erschlossen hat. Wenn diese Gewissheit auf Wahrheit basiert, dann ist die Frage nach der normativen Instanz überzeugend beantwortet. Das können wir nicht beweisen, aber dessen können wir subjektiv gewiss sein. Mehr ist nicht möglich, aber es sollte möglichst auch nicht weniger sein.

3.6 Der Kontext des Ethischen[117]

Andere mögliche Begriffe, unter denen das hier Gemeinte angesprochen werden könnte, wären „Situation", „Lage", „Gegenwartsbezug". Ich wähle „Kontext", weil das m. E. die anderen Aspekte weitgehend integriert. Das gilt allerdings nur dann, wenn man eine bestimmte Engführung des Kontextbegriffs vermeidet. „Kontext" bedeutet entweder a die *Umgebung* eines Textes oder b den *Gesamtzusammenhang*, zu dem ein Text gehört.

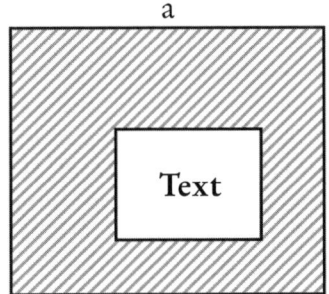
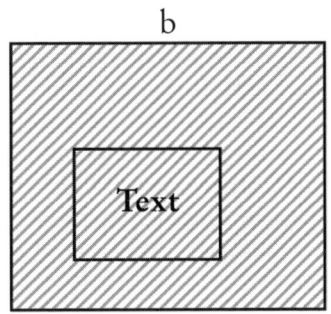

Der Unterschied zwischen beiden Bedeutungen zeigt sich anhand der Frage: Gehört der Text selbst zum Kontext oder nicht? Zwar entspricht vermutlich die erste Bedeutung, bei der der Kontext als Umgebung des Textes verstanden wird, eher dem allgemeinen Sprachgebrauch, aber sowohl für das Verhältnis von Kirche und Gesellschaft als auch für das Verhältnis von Theologie und Wissenschaft und schließlich ebenso für das Verhältnis des Ethischen (Ethos und Ethik) zu seinem Kontext ist nur

---

[117] Siehe dazu P. Tillich, Systematische Theologie, Bd. I (1959) 1984⁸, S. 9–12; W. Härle, Dogmatik, Berlin/New York 2007³, S. 176–183, sowie ders., Auf dem Weg zu einer lebensweltlichen Hermeneutik, in: Systematische Theologie der Gegenwart in Selbstdarstellungen, hg. v. Ch. Henning und K. Lehmkühler, Tübingen 1998, S, 352–372, bes. S. 359f.

das *umfassende* Verständnis von „Kontext" passend, das den Gesamtzusammenhang bezeichnet, zu dem der jeweilige „Text"[118] gehört. Denn es handelt sich in keinem dieser Fälle um das Gegenüber zweier (zunächst) voneinander unabhängiger Sachverhalte, die erst noch in eine Beziehung zueinander gesetzt werden müssen, sondern um eine immer schon bestehende Beziehung, die als solche wahrgenommen, reflektiert und gestaltet werden muss. Dabei spielt diese Beziehung mindestens auf drei Ebenen eine Rolle: (1) auf der Ebene des *Vollzugs* von Handlungen, (2) auf der Ebene der ethischen *Urteilsbildung* sowie (3) auf der Ebene der ethischen *Theoriebildung* (z.B. in einer solchen Darstellung der Ethik).

Dabei kann es hier nicht darum gehen, die tatsächliche Vielfalt von Kontexten aufzuzählen und zu analysieren, auch nicht darum, die heutigen Kontexte wahrzunehmen und zu analysieren, sondern nur darum, die Bedeutung der *Kontextualität* auf diesen drei Ebenen kurz zu reflektieren.

3.6.1 Die Kontextualität des Vollzugs von Handlungen[119]

Diese Form oder Ebene der Kontextualität besagt schlicht und einfach, dass Handlungen keine isolierten Größen sind, sondern stets mit anderen Handlungen zusammenhängen. Sie lassen sich zwar von anderen Handlungen unterscheiden, gehen aber an ihren Rändern ineinander über und zwar sowohl in synchroner Hinsicht (also gleichzeitig) als auch in diachroner Hinsicht (also in der Zeitabfolge). Der trivial klingende Satz: „Alles hängt mit allem zusammen" gilt auch für Handlungen. Aber er ist nicht trivial und schon gar nicht unwichtig, denn er weist darauf hin, dass wir in der Ethik – wie auch sonst in der Wissenschaft – mit Abstraktionen arbeiten, wenn wir bestimmte Handlungen gewissermaßen aus ihrem Kontext herauspräparieren und als solche isolierte Präparate betrachten.

So lässt sich die Frage der ethischen Legitimität von Schwangerschaftsabbrüchen nicht isolieren von der Frage nach pränataler Diagnostik, nach „verbrauchender" embryonaler Stammzellforschung, nach der Nutzung von fetalem Gewebe für medizinische Forschung, nach der Kinder- und Familienfreundlichkeit der Gesellschaft, nach den Geschlechterrollen etc.

---

[118] In den beiden beispielhaft genannten Fällen bilden „Kirche" und „Theologie" metaphorisch gesprochen den „Text", „Gesellschaft" und „Wissenschaft" bilden hingegen den Kontext.

[119] Dabei sei noch einmal darauf hingewiesen, dass damit *Klassen* von Handlungen gemeint sind (siehe oben Abschn. 3.1 e).

Diese Einsicht bereitet schon für deontologische Ethiken Schwierigkeiten, für teleologische Ethiken ist sie geradezu ruinös,[120] weil sie sagt, wie groß der betroffene Verantwortungsbereich ist und wie klein der Bereich, den ein Mensch überschauen kann. Wenn man sich dieser Differenz bewusst ist, veranlasst das jedenfalls zu großer ethischer Behutsamkeit und Bescheidenheit.

3.6.2 Die Kontextualität ethischer Urteilsbildung

Auch aus der ethischen Urteilsbildung ist die Bedeutung der Kontextualität nicht herauszuhalten. Nicht nur die Handlungen und ihre Beschreibung, sondern auch die ethischen Normen und/oder Ziele werden beeinflusst durch den Kontext, ja sie werden durch ihn mitbestimmt und mitverändert. Das gilt, weil unser Denken und Sprechen, unser Urteilen und Werten nicht außerhalb der jeweiligen geschichtlichen Situation stehen, sondern durch sie entscheidend mitgeprägt werden. Das klingt gefährlich relativistisch und scheint überdies in Richtung auf einen geschichtlich-gesellschaftlichen Determinismus zu führen, demzufolge Handlungen sich zwingend aus bestimmten Umweltkonstellationen ergeben. Dieser Auffassung bin ich nicht, muss dafür aber differenzierter argumentieren.

Auch grundlegende ethische Überzeugungen und Normen, genauer gesagt, unser grundlegendes Wert- und Normenbewusstsein ist geschichtlich-gesellschaftlich geprägt und wandelt sich daher unter Umständen mit der Geschichte. Das muss freilich nicht immer so sein, und damit erweist sich eine Differenzierung und Klärung als erforderlich. Der entscheidende Schlüssel liegt dabei in der zweifachen Erkenntnis,

– dass der Kontext selbst nicht monolithisch, sondern plural verfasst ist, und
– dass er den Menschen als Handlungs- und Urteilssubjekt zwar beeinflusst, aber nicht determiniert.

Wir können häufig wählen, von welchen Faktoren, Elementen und Traditionen wir uns bestimmen und prägen lassen wollen und von welchen nicht. Wir sind nicht Treibholz, sondern wie ein Schwimmer oder ein Ruderboot im Strom der Lebenswelt. Deshalb ist der Akt der Bewusstmachung von Beeinflussung und das Bemühen um eine eigenverant-

---
[120] Siehe dazu oben Abschn. 3.3 a und b.

wortliche Gestaltung dieses Beziehungsgefüges von ausschlaggebender Bedeutung.

Wenn wir die Tatsache bestreiten, dass wir auch in unseren ethischen Urteilen – sei es in Zustimmung oder im Widerspruch oder in einer Mischung aus beidem – Kinder unserer Zeit sind, heben wir die Tatsache der Beeinflussung nicht auf, sondern verschleiern sie (uns) nur. Das führt dazu, dass wir zeitbedingte Einsichten für zeitlos gültig erklären. Das ist die Gefahr des Fundamentalismus. Der einzig erfolgreiche Weg zur relativen Befreiung vom Einfluss der Situation, und d. h. zur Relativierung dieses Einflusses, führt paradoxerweise über seine *Anerkennung* als ein Faktum. Dabei bleibt uns dieser Aspekt der Kontextualität vor allem dann leicht verborgen, wenn wir – unter Umständen aus wohlerwogenen Gründen – tradierte Normen im Wortlaut übernehmen und als gültig anerkennen. Das verhindert aber die geschichtlich-gesellschaftliche Bedingtheit der ethischen Urteilsbildung nicht, weil dieselben Werte, Normen und Tugenden in einer veränderten Situation eine, wenn auch oft nur geringfügig, veränderte Bedeutung bekommen können.

Dies sei an zwei unterschiedlichen Beispielen kurz verdeutlicht: Die Aufforderung: „Seid fruchtbar und mehret euch" (Gen 1,28) kann unter den Bedingungen der Überbevölkerung der Erde nicht (mehr) den Charakter eines ausnahmslos gültigen ethischen Gebotes haben. Wie ist die in ihr enthaltene Verpflichtung und Ermutigung heute ethisch angemessen aufzunehmen? Ebenso ist das „Werk der Barmherzigkeit", Kranke zu besuchen (Mt 25,36 und 43) im Kontext unseres Gesundheits- bzw. Krankenhauswesens nicht in jedem Falle das, womit einem Kranken eine Wohltat oder Freude erwiesen wird. Möglicherweise erfüllt ein schriftlicher Gruß, der sich mit dem bewussten Verzicht auf einen Besuch verbindet, viel eher diese Funktion.

Es gehört zu einem reifen ethischen Urteil, um diesen Kontextbezug und damit um die Geschichtlichkeit ethischen Urteilens zu wissen, aber davor nicht zu resignieren, sondern im Wissen um diese Kontextualität und unter diesen Bedingungen ethisch zu urteilen und zu handeln, was unter Umständen auch heißen kann, *gegen* den Strom zu schwimmen.

3.6.3 Die Kontextualität der ethischer Theoriebildung

Wir steigen auf derselben Leiter nur eine dritte und letzte Stufe höher (oder tiefer), indem wir das bisher Gesagte nicht nur auf ethische Handlungen und auf die ethische Urteilsbildung, sondern auch auf die ethische Theoriebildung beziehen. Auch sie ist Element eines geschichtlich gewordenen gesellschaftlichen Kontexts und auch sie unterliegt geschichtlich-gesellschaftlich bedingten Wandlungen. Schon nachträgliche Aufnahmen verschiedener Abschnitte aufgrund der Voten der Hörerinnen und Hörer meiner Ethik-Vorlesung in diese schriftliche Fassung sind aus meiner Sicht dafür ein Beleg. Aufgrund politischer, rechtlicher oder wirtschaftlicher Veränderungen, neuer wissenschaftlicher Erkenntnisse oder Fragestellungen entstehen neue Diskussionslagen, die für Chancen oder Gefahren sensibilisieren können, die vor kurzem noch gar nicht existierten. Das zeigt, dass es die Aufgabe der ethischen Theoriebildung ist, die Bedeutung der Kontextualität auf allen Ebenen zu reflektieren, und dass selbst dies ebenfalls unter kontextuellen Bedingungen geschieht. Es gibt auch für die Ethik – ebenso wie für die Dogmatik – keinen archimedischen Standpunkt, also kein „δός μοι ποῦ στῶ", von dem aus irgendeine Welt aus den Angeln zu heben wäre. Wir sind immer mitten darin.

Aber kann es dann überhaupt eine letzte Ernsthaftigkeit und so etwas wie eine unbedingte ethische Forderung geben, die doch für die Ethik konstitutiv sind? Es gibt eine solche Ernsthaftigkeit und Forderung, aber beides selbst nur unter den geschichtlichen Bedingungen der Kontextualität. Das scheint ein Widerspruch zu sein, ist es aber ebenso wenig wie man sagen muss: Es gibt einen kategorischen Imperativ nur unter den Bedingungen der Sprache, der Leibhaftigkeit und der Endlichkeit. Dasselbe gilt übrigens für die Selbsterschließung Gottes als das Absolute, das sich unter geschichtlichen Bedingungen ereignet. Anders als so ist in dieser Welt und darum auch in der Ethik nichts zu haben.

4 Spezifische Voraussetzungen christlicher Ethik[1]

Dass es in diesem Buch ein solches Kapitel über spezifische Voraussetzungen christlicher Ethik gibt, versteht sich nach dem zuletzt Gesagten geradezu von selbst. Demgegenüber wird von vielen philosophischen, aber auch von manchen theologischen Ethikern die Auffassung vertreten, um der Allgemeinheit der Ethik willen könne, dürfe und müsse es gar keine *christliche* Ethik mit ihren besonderen Voraussetzungen geben. Das Ethische ergebe sich nicht aus dem christlichen Glauben, sondern aus dem allgemein Menschlichen, wie es grundsätzlich jedem vernunftbegabten Menschen zugänglich sei.

Richtig ist an dieser Gegenposition die Annahme, dass das Ethische für alle Menschen gelten will und gelten kann,[2] aber das besagt keineswegs, dass es deshalb frei sei von religiösen oder weltanschaulichen Voraussetzungen. Schon im Blick auf die normative ethische Instanz ergab sich, dass nur eine transzendente Instanz, die als Ursprung und Ziel der Welt und insbesondere des Menschen gedacht werden kann, die Bedingungen erfüllt, die hierfür erforderlich sind. Wer dafür den Begriff „Gott" vermeiden will, um stattdessen von der „Vernunft" oder der „Natur" zu sprechen, muss dann von der Vernunft bzw. Natur Aussagen machen, durch die diese de facto göttlichen Charakter erlangen.

Richtig an der genannten Gegenposition ist auch, dass die Erkenntnis des ethisch Guten bzw. Richtigen und das Tun des als gut bzw. rich-

---

[1] G. Ebeling, Die Evidenz des Ethischen und die Theologie (1960) sowie ders., Die Krise des Ethischen und die Theologie, beides in: Wort und Glaube, 2. Bd., Tübingen 1969, S. 1–55; W. Pannenberg, Die Krise des Ethischen und die Theologie (1961) sowie ders., Antwort an Gerhard Ebeling (1973), beides in: ders., Ethik und Ekklesiologie, Göttingen 1977, S. 41–69; W. Härle/E. Herms, Rechtfertigung. Das Wirklichkeitsverständnis des christlichen Glaubens, Göttingen 1979, S. 141–174; T. Rendtorff, Ethik, Bd. I, Stuttgart (1980) 1990², S. 37–61; E. Herms, Art. „Ethik V.", in: RGG⁴ Bd. 2, 1999, Sp. 1611–1624; J. Fischer, Theologische Ethik, Stuttgart/Berlin/Köln 2002, S. 13–195.

[2] Das gilt aber auch von der christlichen Verkündigung und Lehre, selbst wenn diese nicht allen Menschen einleuchten. Auch eine christliche „Dogmatik" versteht sich in diesem Sinne als allgemeingültig.

tig Erkannten nicht begrenzt sind auf Menschen, denen sich der christliche Glaube inhaltlich erschlossen hat und die sich darum selbst als Christen verstehen. Auch andere Religionen und Weltanschauungen enthalten grundlegende Aussagen über Gott, Welt und Mensch, aus denen ethische Überzeugungen und Orientierungen resultieren. Und zwischen den christlichen und den außerchristlichen Überzeugungen und Orientierungen müssen nicht nur Differenzen, sondern können auch – unter Umständen weitreichende – Gemeinsamkeiten bestehen. Das lässt sich nicht von vornherein und in abstracto beurteilen, sondern erst aufgrund genauerer inhaltlicher Kenntnis der verschiedenen religiösweltanschaulichen Überlieferungen.

Dabei wird man sich eine christliche, und zwar evangelische Ethik schwerlich vorstellen können, die ohne die folgenden vier Überzeugungen auskommt[3]:

– Die Welt ist *Gottes Schöpfung*, die dem Menschen zur verantwortlichen Gestaltung anvertraut ist.
– Der Mensch ist zum *Ebenbild Gottes* geschaffen und hat daher eine unantastbare *Würde*, die in Gottes Beziehung zu ihm gründet.
– Die ethische Forderung an den Menschen erreicht ihren Höhepunkt im *Doppelgebot* der Liebe.
– Die ethisch angemessene *Motivation* zum Tun des Guten ist konsekutiver Art, nämlich Dankbarkeit.[4]

Wer diese vier Aussagen für richtig und grundlegend hält, sie aber weder aus dem christlichen Glauben noch aus anderen religiös-weltanschaulichen Überlieferungen ableitet, muss die These vertreten, diese Aussagen ergäben sich aus reinen Vernunftüberlegungen, seien also allgemein, d.h. prinzipiell jedermann von sich aus zugänglich. Darin liegt eine Fehleinschätzung der Leistungsfähigkeit der Vernunft, die doch in inhaltlicher Hinsicht – aber auch für das Durchschauen ihres eigenen ideologischen Missbrauchs – auf Vorgaben angewiesen ist, die sie nicht selbst produzieren, sondern nur reflektieren und überprüfen kann. Die spezifisch inhaltlichen Voraussetzungen sind, wenn sie wahr sind, zwar *für* die menschliche Vernunft bestimmt, aber sie stammen nicht *aus* ihr, sondern aus dem, was sich der Vernunft als Wahrheit erschließt und zu sehen gibt.

---

[3] Mit dieser Behauptung und der ihr folgenden Aufzählung greife ich auf den Inhalt dieses und des folgenden Kapitels vor.
[4] Siehe dazu W. Härle, Die gewinnende Kraft des Guten (siehe oben Kap. A 3, Anm. 25), bes. S. 360f.

Fragt man nun, um welche spezifisch inhaltlichen Voraussetzungen es sich handelt, die in den obigen vier Aussagen exemplarisch zusammengefasst sind, dann ist es kaum möglich, eine engere Grenze anzugeben als diejenige, die mit der Dogmatik bzw. Glaubenslehre im Ganzen gezogen ist. Das heißt: Kein Teil der Dogmatik bzw. Glaubenslehre ist ethisch irrelevant und d.h. weiter: Die Dogmatik bzw. Glaubenslehre *insgesamt* enthält die inhaltlichen Voraussetzungen der christlichen Ethik, so wie die Ethik *insgesamt* die Konsequenzen aus dem christlichen Glauben für das Handeln zur Geltung bringt.[5]

Hier kann es sich freilich nur um einen knappen Grundriss handeln. Zur gründlichen Beschäftigung sei auf irgendeine ausgeführte Dogmatik[6] verwiesen.

4.1 Das Evangelium von Christus Jesus als Inbegriff der christlichen Botschaft

4.1.1 Die christliche Botschaft als Evangelium

An wichtigen Stellen des Neuen Testaments wird der Begriff „Evangelium" (εὐαγγέλιον) verwendet als zusammenfassende Bezeichnung für die christliche Botschaft, wie sie von Christus Jesus und über ihn verkündet wird, wie z.B. Mk 1,1 und 14f.; Mt 4,23; 11,5; Lk 4,18; 8,1; Röm 1,1 und 16; 1 Kor 1,17; Gal 1,6–9; 1 Petr. 1,12. Daraus ergibt sich für das Verständnis der christlichen Botschaft dreierlei:

– Die christliche Botschaft ist konstitutiv bezogen auf die *Person Jesu Christi*, d.h. ohne den Bezug zu ihm würde sich ihr Wesen verändern, verlöre sie sogar ihre Identität.
– Die christliche Botschaft bedarf der *Verkündigung*, durch die das Wirken und Geschick Jesu Christi interpretierend weitergegeben wird, so dass es gehört, verstanden werden und Glauben finden kann.

---

[5] Schon diese Formulierung zeigt, dass Rendtorff irrt, wenn er der Auffassung ist, die Grundlegungsfunktion der Dogmatik für die Ethik, die er bestreitet, hätte eine „Subordination der Ethik unter die Dogmatik" zur Folge (so in: T. Rendtorff, Ethik [siehe oben Anm. 1] Bd. I, S. 48). Rendtorffs zitierter Text ist durch Ausfall einer Zeile verstümmelt, die man aus der ersten Auflage (S. 21, Z. 19f.) ergänzen muss. Er lässt sich aber leicht rekonstruieren.

[6] In diesem Fall legt sich für mich der Hinweis auf W. Härle, Dogmatik, Berlin/New York 2007³ nahe. Aber als Kontrast sind natürlich auch andere Dogmatiken bzw. Glaubenslehren empfehlenswert.

– Die christliche Botschaft hat den Charakter einer *positiven*, ja *heilbringenden* Nachricht. Und das gilt auch im Blick auf ihre dunklen, bedrohlichen Elemente, die entweder auf das Dunkle hinweisen, das durch diese Botschaft aufgedeckt und sichtbar gemacht wird (z.B. in Form von Sünde, Krankheit, Elend, Tod), oder auf die negativen Folgen, die sich als Konsequenzen daraus ergeben, dass jemand sich dieser guten Botschaft verschließt.

Fragen wir nun, worin denn das Erfreuliche und Gute dieser Nachricht besteht, dann bietet das NT dafür drei Grundformeln an:

– In den synoptischen Evangelien ist es die Rede von der als Heil für die Verlorenen *anbrechenden Gottesherrschaft* (βασιλεία τοῦ θεοῦ).
– In den paulinischen Briefen ist es die Rede von der in Jesus Christus zugunsten der Sünder wirksam gewordenen *Gerechtigkeit Gottes* (δικαιοσύνη θεοῦ).
– In den johanneischen Schriften ist es die Rede von der Offenbarung des zur Rettung der Welt gesandten *Sohnes Gottes* (υἱός τοῦ θεοῦ).

Dabei geht aus allen Überlieferungsschichten deutlich hervor, dass Jesus Christus nicht nur Heil *ankündigt*, wie dies die (Heils-)Propheten getan haben, und auch nicht nur die *Bedingungen* für das Heil nennt, sondern selbst das Heil *bringt*, ja selbst das Heil *ist*, indem er – ohne alle Vorbedingungen – Menschen Gnade, Vergebung und Leben von Gott her zusagt bzw. zueignet. All das ist jedoch nicht äußerlich aufweisbar („siehe hier, siehe da", Lk 17,20f.), sondern auf verborgene Weise gegenwärtig und muss als solches geglaubt werden.

Was ist da aber – als Heil – verborgen gegenwärtig? Es ist Gottes „Ja" zu den Menschen, das nicht abhängig ist von deren Liebenswürdigkeit, von deren Anstrengung oder von deren moralischer bzw. religiöser Qualität, sondern ohne Vorbedingungen zugesagt, zugesprochen, zugeeignet wird. Diese Zusage wird auch auf sichtbar-leibhafte Weise zeichenhaft erfahrbar in den Krankenheilungen, in den Speisungen und Tischgemeinschaften Jesu, vor allem aber in seiner Bereitschaft, für diese bedingungslose Öffnung der Gottesgemeinschaft den Tod auf sich zu nehmen und bis zum bitteren Ende zu erleiden. Diesen Kreuzestod versteht die frühe Christenheit mit Jes 53 als stellvertretendes Strafleiden oder als Sühnetod oder als ein für allemal geschehenes Opfer oder als symbolische Vernichtung der Sünde – stets aber als von Gott ausgehende Rettungstat für den Menschen. Diese Deutung findet ihren Ausdruck in der Gewissheit, dass Gott den Gekreuzigten (und als solchen vom Gesetz verfluchten) nicht dem Tode überlassen, sondern auferweckt und damit zur Herrlichkeit Gottes erhöht hat.[7]

4.1.2 Anbruch und Vollendung des Heils

Ein in allen Überlieferungsschichten anzutreffendes Strukturelement des Evangeliums von Christus Jesus ist die Spannung zwischen erfahrbarer Gegenwart des Heils und seiner noch ausstehenden Zukunft.[8] In der Verkündigung Jesu kommt dies zum Ausdruck in dem *Nebeneinander* von Worten, Gleichnissen und Taten, die einerseits darauf hinweisen, dass die Gottesherrschaft in der Person Jesu bereits gekommen ist (so z.B. die Dämonenaustreibungen und ihre Interpretation nach Mk 3,22–30 parr., Mt 12,28 und Lk 11,20 sowie die Heilszusagen nach Lk 4,21 und 17,21 oder die Gleichnisse vom Schatz im Acker und von der kostbaren Perle in Mt 13,44–46), und andererseits von Worten und Gleichnissen, die von der Zukunft und dem nicht errechenbaren Eintreffen der Gottesherrschaft sprechen (Mk 13,28–37 parr.; Lk 16,1–8; Mt 13,47–50; 25,1–13.14–30.31–46).

Diese Spannung kommt aber auch *innerhalb* bestimmter Gleichnisse zum Ausdruck, die man früher oft „Wachstumsgleichnisse" nannte, heute eher als „Kontrastgleichnisse" bezeichnet. Es sind dies Texte, in denen ein kleiner, unauffälliger, bescheidener Anfang mit einem großen, beeindruckenden Ende kontrastiert wird, so z.B. Mk 4,26–29 (selbstwachsende Saat), Mk 4,30–32 parr. (Senfkorn); Mt 13,33 par. Lk 13,20f. (Sauerteig), aber auch das Gleichnis vom Sämann (sog. vierfaches Ackerfeld) (Mk 4,1–9) ist von seiner Pointe her hierzu zu zählen.

Dieser Befund erfordert eine Doppelaussage.
Einerseits:

– Die heilsame Lebensmöglichkeit in der Gemeinschaft mit Gott und dem Nächsten ist bereits eine gegenwärtige Möglichkeit. Sie ist präsent und erfahrbar.

---

[7] Siehe dazu W. Härle, „ ... gestorben für unsere Sünden". Zur Heilsbedeutung des Todes Jesu Christi, in: ders., Spurensuche nach Gott. Studien zur Fundamentaltheologe und Gotteslehre, Berlin/New York 2008, S. 407–422.
[8] Siehe dazu W. Härle, Die Basileia-Verkündigung Jesu als implizite Gotteslehre, in: Marburger Jahrbuch Theologie XI (1999), S. 11–30, bes. S. 18–25.

Andererseits:

– Was jetzt erfahrbar ist, ist nicht unumstritten, nicht aufweisbar. Es ist bedroht durch beängstigende Gegenerfahrungen. Ja, der Blick auf die Passionsgeschichte zeigt, dass gerade diese verborgen anwesende Lebensmöglichkeit den geballten Widerstand der Mächte des Todes und des Bösen auf den Plan ruft.

Dabei betont das Neue Testament besonders den Kontrast zwischen der durch das Evangelium erschlossenen neuen, heilsamen Möglichkeit des Glaubens und der dem Evangelium feindlichen Umwelt (der „Ungläubigen", der „Herrscher dieser Welt", der „Dämonen" und „Teufel"). Erst in der reformatorischen Theologie Luthers bricht sich die Erkenntnis mit aller Deutlichkeit Bahn, dass dieser Riss, Zwiespalt und Konflikt auch mitten durch die Person der Christen hindurchgeht. Das „simul iustus et peccator"[9] ist dafür der formelhafte (und erläuterungsbedürftige) Ausdruck.

Schon in seiner Schrift gegen den Löwener Theologen Latomus hat Luther 1521[10] daraus die Konsequenz gezogen, den Gegensatz zwischen Unheil und Heil nicht zu formulieren durch den Dual Sünde/Befreiung von der Sünde, sondern durch den differenzierteren Dual: „peccatum regnans" (herrschende Sünde) und „peccatum regnatum" (beherrschte Sünde), wobei er ausdrücklich hinzufügt, die „beherrschte Sünde" gleiche einem gefangen genommenen Räuber, der ständig danach trachtet, seine Fesseln abzuwerfen, auszubrechen und wieder seine Gewalt entfachen zu können.[11] Jedenfalls ist unter irdischen Bedingungen nur eine fragmentarische Erfahrung von Heil möglich – keine vollkommene, keine unangefochtene, keine endgültige. Zugleich enthält jedoch das Evangelium die Verheißung der uneingeschränkten Gottesherrschaft, und das heißt: einer Gottesherrschaft im Durchgang durch den Tod und unter Überwindung der Macht dieses „letzten Feindes" (1 Kor 15,26).

Es stellt eine außerordentlich schwierige, ethisch unmittelbar relevante dogmatische Frage dar, wie das Verhältnis zwischen fragmentarischer Heilserfahrung in der gegenwärtigen Welt und verheißener Vollendung des Heils im Eschaton durch Gott zu denken ist. Dabei geht es

---

[9] WA 56,269,21–270,13; 40/1,371,33f. und öfter. Vgl. dazu R. Hermann, Luthers These ‚Gerecht und Sünder zugleich' (1930), Darmstadt 1960 sowie W. Joest, Gesetz und Freiheit. Das Problem des Tertius usus legis bei Luther und die neutestamentliche Parainese, Göttingen (1951) 1961³, bes. S. 55–82.
[10] Rationis Latomianae ... confutatio, in: WA 8,43–128/LDStA 2,187–399.
[11] A. a. O., WA 8,91,8–94,15/LDStA 2,304,6–313,12.

weniger um die Frage nach der Vorstellbarkeit als vielmehr darum, ob und wie beides gedanklich miteinander verbunden werden kann. Würde die Vollendung als „Komplettierung" des Fragmentarischen gedacht, so verlöre die gegenwärtige Lebenssituation ihre Ernsthaftigkeit, ja vielleicht sogar ihre Bedeutung. Wird dagegen die Vollendung als „Verewigung" des Fragmentarischen gedacht, so verliert die Hoffnung auf Vollendung ihre Ernsthaftigkeit, ja vielleicht sogar ihre Bedeutung. Eine gedankliche Möglichkeit der Verbindung von Fragment und Vollendung sehe ich im Gedanken der *Integration* des Fragmentarischen in die Gottesherrschaft. Es wird in die Gottesherrschaft *aufgehoben*, d.h. zugleich: Es wird beendet, aufbewahrt und emporgehoben.[12] Dieser Gedanke ist aber m.E. nur dann konsistent denkbar, wenn die Integration des Fragmentarischen nicht zugleich als Verewigung des Bösen gedeutet wird, sondern mit der Lehre von der annihilatio mali (Vernichtung des Bösen) verbunden wird.

Das alles ist Thema einer ausgeführten Eschatologie. Was hier festzuhalten ist, betrifft die ethische Relevanz der soteriologischen und eschatologischen Implikationen des Evangeliums von Christus Jesus. Diese Relevanz lässt sich in folgenden sieben Punkten zusammenfassen:

– Das Evangelium von Christus Jesus wendet sich an den Menschen, sofern er sein Leben nicht als gelungen, sondern als gefährdet, bedroht oder gar gescheitert empfindet – sei es schicksalhaft oder schuldhaft, wobei schon auf dieser Unterscheidung kein Akzent liegt.
– Das Evangelium von Christus Jesus spricht diesem Menschen das zu, was er aufgrund eigener Anstrengung und Leistung nicht schaffen konnte und kann: eine neue Beziehung zu Gott, die charakterisiert ist durch Vergebung der Sünde, Leben und Seligkeit.[13]
– Das Evangelium von Christus Jesus durchbricht damit die Macht des Bösen (der Sünde), die den Menschen von Gott, von den Mitgeschöpfen und von sich selbst entfremdet, und befähigt ihn damit zum Tun des Guten.

---

[12] Diese Dreifach(be)deutung von „aufheben" übernehme ich von G.W.F. Hegel, der in der Regel freilich nur von zwei (nämlich den beiden ersten) Bedeutungen spricht (so z.B. in der „Phänomenologie des Geistes" [1807], in: ders., Werke in zwanzig Bänden, Bd. 3, Frankfurt a. M. 1970, S. 94), gelegentlich aber auch unter dem Stichwort „Emporheben" zusätzlich die dritte Bedeutung erwähnt (so in seiner „Wissenschaft der Logik" [1812], siehe ders., a.a.O., Bd. 5, Frankfurt a. M. 1969, S. 114).

[13] Damit spiele ich an auf die Aussage in Luthers Kleinem Katechismus: „denn wo Vergebung der Sünde ist, da ist auch Leben und Seligkeit" (BSLK 520,29f.).

- Diese Durchbrechung der Macht des Bösen ist keine Beseitigung oder Aufhebung dieser Macht, sondern nur die punktuelle, aber als solche unendlich wichtige Erfahrung von ihrer Überwindbarkeit.
- Ebenso ist die Befähigung zum Tun des Guten nur ein „posse non peccare" (also die Fähigkeit, nicht zu sündigen), kein „non posse peccare" (also keine Unfähigkeit zu sündigen)[14].
- Die christliche Hoffnung beinhaltet die Verheißung, dass Gott das angefangene Werk auch vollenden werde (Phil 1,6), indem er dem fragmentarischen neuen Leben Anteil an seiner Herrlichkeit gibt.
- Mit der Doppelaussage des „schon jetzt" und des „noch nicht" eröffnet das Evangelium von Christus Jesus einen Raum, in dem das Tun des Guten auf fragmentarische, bedrohte Weise möglich ist. Damit eröffnet es zugleich den Raum für die christliche Ethik.

Die ethische Orientierung für diesen Raum empfängt der Christenmensch einerseits durch ein bestimmtes Verständnis vom Menschen (4.2) und von Gott (4.3), andererseits durch normative Aussagen, die sich daraus gewinnen lassen (5).

4.2 Das christliche Menschenbild

4.2.1 Der Mensch als Beziehungswesen[15]

Das christliche Menschenbild geht davon aus, dass der Mensch in einem Beziehungsgefüge existiert: zu Gott, zu seinen Mitmenschen und Mitgeschöpfen sowie zu sich selbst, und dass diese Relationalität für sein Dasein konstitutiv ist. Dabei taucht in der Verbindung von Gottesbeziehung und Selbstbeziehung das Spezifikum auf, das ihn von allen

---

[14] Damit beziehe ich mich auf die vier Stufen, die sich sinngemäß bei Augustin (Contra Julianum, liber IV, in: PL 45,1393–1413) finden: a) vor dem Fall gibt es ein „posse peccare" des Menschen (d.h. er *kann* sündigen); b) nach dem Fall, unter der Herrschaft der Sünde, gilt ein „non posse non peccare" (d.h. er kann nicht nicht sündigen, also er *muss* sündigen); c) unter der Gnade wird das „posse non peccare" möglich (d.h. er *kann* die Sünde *lassen*); d) in der Herrlichkeit Gottes gilt das „non posse peccare" (d.h. er *kann nicht* [mehr] sündigen).
[15] Siehe dazu W. Härle/E. Herms, Rechtfertigung (siehe oben Anm. 1), S. 82–100; W. Härle, Systematische Philosophie. Eine Einführung für Theologiestudenten (1982) 1987², S. 211–212; ders., Menschsein in Beziehungen, Tübingen 2005, sowie Ch. Schwöbel, Menschsein als Sein-in-Beziehung. Zwölf Thesen für eine christliche Anthropologie (1991), Tübingen 2002, S. 193–226.

anderen Kreaturen unterscheidet, während die Relation zu Gott, zu Mitgeschöpfen und zu sich selbst je für sich genommen den Menschen mit allen anderen Kreaturen verbindet. Um dies zu verdeutlichen, ist es über die genannten Unterscheidungen zwischen drei oder vier[16] Relaten notwendig zu differenzieren zwischen solchen Relationen, die sich dem Wählen des Menschen verdanken (Beziehungen) und solchen Relationen, die für den Menschen gewählt sind, also nicht aus seinem Wählen abgeleitet werden können (Bezogenheiten). Exemplarisch für Erstere sind Partnerschaften, Berufswahlen, Mitgliedschaften in Vereinen etc. Charakteristisch für Letztere sind die Abstammungsbeziehung, die Geschlechtsidentität, die Nationalität etc.

Solche Bezogenheiten sind auch charakteristisch für Tiere und andere Lebewesen, und je höher entwickelt solche Lebewesen sind, umso klarer können wir bei ihnen auch Beziehungen im Sinne von gewählten Relationen feststellen. Was aber offensichtlich spezifisch menschlich ist, sind bestimmte Formen der Selbstbeziehung,

– wie wir sie erstens in Form ethischer Reflexionen kennen, die sich an der bzw. einer Ursprungsrelation orientieren (z.B. als Bezogenheit auf Gott, auf die Natur, auf das Schicksal etc. sowie in den Fragen: „Was soll ich tun?" „War das richtig, was ich gemacht habe?" „Dürfen wir das zulassen?"), und
– wie wir sie zweitens in Form weltanschaulich-religiöser Reflexionen und Orientierungen kennen (in den Fragen: „Was darf ich hoffen?" „Worauf kann ich vertrauen?" „Woher komme ich? Wohin gehe ich? Was ist der Sinn meines Daseins?" oder als kultische oder rituelle Begehung, als Gottesbeziehung oder als Absage an eine Gottesbeziehung).

Beides zusammenfassend lässt sich sagen, dass der Mensch sich in seiner Fähigkeit und Bestimmung[17] zu religiöser Reflexion und zu ethischer

---

[16] Zu welcher Zahl man kommt, hängt davon ab, ob man die Beziehung zu den Mitmenschen und Mitgeschöpfen als Einheit zusammenfasst oder zwischen beidem differenziert.
[17] Den Begriff „Bestimmung des Menschen" hat der Aufklärungstheologe J. J. Spalding 1748 geprägt als Titel einer kleinen Schrift, die noch in der zweiten Hälfte des 18. Jahrhunderts insgesamt 11 Auflagen erlebte (jetzt in: ders., Kritische Ausgabe, hg. von A. Beutel, Abt.1 Schriften, Bd. 1: Die Bestimmung des Menschen [1. Aufl. 1748 – 11. Aufl. 1794], Tübingen 2006). Die großen Geister der Zeit (z.B. Herder, Kant, Fichte) haben diesen Begriff sofort aufgenommen und für die Anthropologie fruchtbar gemacht. In der theologischen Anthropo-

Verantwortung – soweit wir wissen – von allen anderen Lebewesen unterscheidet, und dass dies das Spezifikum des Menschseins ausmacht.

Der Mensch existiert in diesem Beziehungsgefüge, und das Besondere des Menschen als Gattungswesen besteht darin, dass er dazu bestimmt ist, in diesen Bezogenheiten Beziehungen wahrzunehmen, zu erkennen und verantwortlich zu gestalten. Aber seine Zugehörigkeit zum Menschsein hängt nicht ab vom Realisierungsgrad dieser Bestimmung, sondern von seinem Eingebundensein in diesen relationalen Zusammenhang schon durch seine Abstammung. Deshalb und insofern ist Menschsein *konstitutiv relational*.

4.2.2 Der Mensch als endliches Geschöpf

Der christliche Glaube versteht den Menschen als Gottes Geschöpf. Dieses Verständnis teilt er mit vielen anderen Religionen. Gleichwohl hat auch dieses allgemeine, übergreifende Verständnis spezifische Züge, die es von anderen Religionen oder Weltanschauungen unterscheidet.[18] Das Verständnis des Menschen als Geschöpf Gottes enthält also sowohl verbindende als auch unterscheidende Elemente. Beide durchdringen sich jedoch so, dass das Unterscheidende im Licht des Gemeinsamen wahrgenommen werden muss – und umgekehrt. Um dies sichtbar zu machen, bedarf es einer zumindest skizzenhaften Explikation dessen, was aus der Sicht des christlichen Glaubens mit dem Begriff „Geschöpf Gottes" gemeint ist.[19]

---

logie ist die Rede von der Bestimmung des Menschen ein fester Bestandteil (z.B. bei R. Niebuhr, K. Barth, W. Pannenberg, E. Herms). Mit dem Begriff „Bestimmung des Menschen", der auch in dieser „Ethik" eine maßgebliche Rolle spielt, kommt zum Ausdruck, dass der Mensch nur aus dem Transzendenzbezug einer ihm *gegebenen* Bestimmung angemessen zu verstehen ist und dass das Menschsein unaufhebbar den Charakter eines zielgerichteten *Werdens* hat. Aber diese Bestimmung des Menschen kann – als „Bestimmung zur Selbstbestimmung" (E. Herms) – vom Menschen auch verfehlt werden. Sie ist von einem anthropologischen Determinismus grundlegend zu unterscheiden. Siehe dazu E. Herms, Das christliche Verständnis vom Menschen in den Herausforderungen der Gegenwart (1997), in: ders., Zusammenleben im Widerstreit der Weltanschauungen, Tübingen 2007, S. 1–24, sowie C. Tippmann, Die Bestimmung des Menschen bei Johann Joachim Spalding (1714–1804), Diss. Heidelberg 2010.

[18] Siehe dazu H.-M. Barth, Dogmatik. Evangelischer Glaube im Kontext der Weltreligionen, Gütersloh (2001) 2002², S. 481–524.

[19] Siehe dazu ausführlicher W. Härle, Dogmatik, Berlin/New York 2007³, S. 409–424.

Die Rede von der Welt als Schöpfung und vom Menschen als Geschöpf Gottes wird gelegentlich und wurde über lange Zeit als eine Alternative oder gar als ein Gegensatz zu naturwissenschaftlichen, z.B. evolutionstheoretischen Aussagen über den Ursprung von Welt und Mensch (miss-)verstanden, und zwar sowohl von Anhängern wie von Kritikern des Schöpfungsglaubens.[20] Zu einem solchen Missverständnis konnten sowohl die biblischen Schöpfungserzählungen in Gen 1 und 2 als auch die theologische Lehre von der Schöpfung aus dem Nichts (creatio ex nihilo) Anlass geben, sofern sie den Eindruck erweckten, damit werde eine Darstellung der Entstehung von Welt und Mensch gegeben, die mit den heutigen naturwissenschaftlichen Forschungsergebnissen unvereinbar sei. Indessen hat nicht zuletzt die genauere Betrachtung der biblischen Texte in der christlichen Theologie und Kirche seit langem zu einer Revision dieses Missverständnisses geführt. Schon die Tatsache, dass die Bibel mit *zwei* deutlich voneinander abweichenden Schöpfungserzählungen beginnt[21], weist darauf hin, dass es offenbar nicht ihre Absicht ist, eine naturwissenschaftlich zutreffende Darstellung von der Entstehung der Welt und des Menschen zu geben, sondern dass sie Welt und Mensch in ihrem konstitutiven Bezogensein auf Gott zur Darstellung bringen will. Dass die Rede von der Schöpfung und vom Geschöpf nicht naturgeschichtlich-prähistorisch verstanden werden will, zeigt aber auch schon Luthers – an das Alte Testament anknüpfende – Auslegung des ersten Glaubensartikels in seinem Kleinen Katechismus. Auf die Frage, was es heiße, an Gott als den Schöpfer des Himmels und der Erde zu glauben, antwortet er: „Ich glaube, dass mich Gott geschaffen hat samt allen Kreaturen ..."[22]. Mit diesem „mich" wird die Schöpfungsaussage als existentielles Bekenntnis zur eigenen Geschöpflichkeit zum Ausdruck gebracht und so in das gegenwärtige Leben hineingezogen und der Konkurrenz zu naturwissenschaftlichen Erklärungsversuchen entnommen.

Als dieses Bekenntnis besagt die christliche Rede von der Schöpfung und vom Geschöpf vor allem zweierlei:

---

[20] Ein neueres, besonders krasses Beispiel für dieses Missverständnis auf Kritiker-Seite ist „Der Gotteswahn" von R. Dawkins (2006), dt. Berlin 2007. Vgl. zu diesem Thema B. Janowski, F. Schweitzer und Ch. Schwöbel (Hg.), Schöpfungsglaube vor der Herausforderung des Kreationismus, Neukirchen-Vluyn 2010.

[21] Einer älteren, von der Erschaffung des Menschen ausgehenden Erzählung in Gen 2,4b-25 und einer jüngeren, auf die Erschaffung des Menschen zulaufenden Erzählung in Gen 1,1–2,4a.

[22] BSLK 510,33f.

– Zunächst weist sie auf eine grundlegende *Verbundenheit* zwischen Schöpfer und Geschöpf, Gott und Welt. Der Mensch ist – samt allen anderen Kreaturen – nicht als Zufallsprodukt da, sondern als bejahtes, gewolltes Wesen und soll darum auch von sich selbst und von seinen Mitmenschen bejaht und angenommen werden. Damit steht das Christentum im Gegensatz zu solchen (z.B. gnostischen oder manichäischen) Weltanschauungen oder Religionen, die die Welt gering achten oder gar als Manifestation des Bösen verstehen. Die geschaffene Welt ist etwas Wertvolles, Kostbares. Sie ist „sehr gut" (Gen 1,31). Und das besagt zugleich in ethischer Hinsicht, dass die Welt für den Menschen nicht beliebig verfügbar ist. Sie ist ihm gegeben, um sie zu beherrschen (Gen 1,28), zu bebauen und zu bewahren (Gen 2,15) – nicht um sie zu zerstören.
– Sodann verweist die Rede von der Schöpfung und vom Geschöpf auf eine grundsätzliche *Unterscheidung*, nämlich auf die zwischen Schöpfer und Geschöpf, Gott und Welt. Der Mensch (und jede andere Kreatur) ist nicht Gott, ist nicht sein eigener Schöpfer und Herr oder der anderer Geschöpfe. Damit widerspricht der christliche Schöpfungsglaube all jenen Vorstellungen, die die Welt im ganzen oder einzelne Instanzen in ihr vergöttlichen. Darauf kann man sich u.U. auch mit Menschen einigen, die mit dem Glauben an Gott nichts anfangen können, aber einem Verabsolutierungsverbot von Endlichem durchaus zustimmen. Das entzieht zugleich allen geschöpflichen Allmachtsbestrebungen und Absolutheitsansprüchen den Boden und entlarvt sie als angemaßte Versuche, sein zu wollen wie Gott. Zwar wird dadurch diese geschöpfliche Welt als Handlungs- und Gestaltungsraum des Menschen qualifiziert, der für menschliches Erforschen und Verändern nicht tabu, sondern offen ist. Insofern stellt der Schöpfungsglaube tatsächlich eine „Entzauberung" (Friedrich Schiller; Max Weber) der Welt dar. Aber er ist damit nicht offen für beliebige Veränderungen, sondern nur für solche, die den Wert und das Geheimnis der geschaffenen Welt respektieren.

Als Geschöpf ist der Mensch ein endliches Wesen. Das heißt nicht nur, dass er ein zeitlich begrenztes Wesen ist, dessen Lebenszeit irgendwann begonnen hat und irgendwann endet (im Unterschied etwa zur Vorstellung einer ewig existierenden Seele, die sich immer wieder neu inkarniert). Es heißt auch, dass der Mensch ein räumlich begrenztes sowie ein in seinem Wissen und seinen Fähigkeiten begrenztes Wesen ist. Das teilt er mit allen anderen Geschöpfen. Das Besondere des Menschen in dieser Hinsicht besteht darin, dass er um diese Endlichkeit weiß oder jedenfalls wissen kann, dass er zu seinem Tod gedanklich und gefühlsmäßig vorauslaufen[23] und ihn so antizipieren – aber auch, dass er ihn bewusst herbeiführen kann[24]. Die biblische Weisheit sieht im menschlichen Wissen um die Unvermeidlichkeit des eigenen Sterbens und Todes die Chance, „klug" zu werden (Ps 90,12).

Die grundlegende und elementare Reaktion auf das Gewahrwerden der eigenen Endlichkeit und des bevorstehenden Todes ist jedoch die Angst[25]. Der Tod wird als Drohung und Bedrohung, als Feind erlebt und so auch in der biblischen Überlieferung bezeichnet (1 Kor 15,26). Der Tod wird außerdem in der Bibel mehrfach mit der Sünde in Verbindung gebracht, so dass geradezu der Eindruck entstehen kann, der Tod werde als Strafe für die Sünde des Menschen verstanden und sei erst durch die Sünde oder aufgrund der Sünde in die Welt gekommen. Diesen Eindruck können bei oberflächlichem Lesen Aussagen wie Gen 2,17; 3,19; Psalm 90,7f.; Röm 5,12–21 und 1 Kor 15,56 machen. Seine einprägsamste Formulierung hat dieser Gedanke in dem Satz gefunden: „Der Tod ist der Sünde Sold" (Röm 6,23). Von daher scheint es so, als sei der Mensch nach biblischem Verständnis ursprünglich unsterblich gewesen und erst aufgrund der Sünde zur Sterblichkeit verurteilt worden.

Betrachtet man die genannten Stellen und die damit verbundene Sachthematik jedoch genauer, so ergibt sich ein anderes Bild: Die biblische Urgeschichte geht *nicht* davon aus, dass der Mensch anfangs unsterblich war und durch den „Sündenfall" sterblich geworden ist, sondern sie begründet die Sterblichkeit des Menschen damit, dass er „von der Erde genommen" und damit selbst „Erde", also irdisch ist (Gen 3,19). Die ihm angekündigte Folge seines Ungehorsams ist deshalb auch nicht Sterblichkeit, sondern der alsbaldige *Tod* (Gen 2,17), der dann aber nicht eintritt. Würde der schuldig gewordene Mensch vom Baum des Lebens essen, so *würde* er der Paradieserzählung zufolge unsterblich (Gen 3,22). Dem entspricht es, dass das in Christus Jesus erschienene Heil weder für ihn selbst noch für die übrige Menschheit in der Aufhebung der Sterblichkeit oder in der Umgehung des Todes besteht, sondern in der Hoffnung auf das *ewige* Leben im Durchgang durch den Tod.

---

[23] Siehe dazu M. Heidegger, Sein und Zeit (1927), Tübingen 1977[14], § 61 und 62.
[24] Daran knüpft der erste Satz von A. Camus' Mythos von Sisyphos (siehe oben Kap. A 3, Anm. 23) an: „Es gibt nur ein wirklich ernstes philosophisches Problem: den Selbstmord."
[25] So P. Tillich, Systematische Theologie Bd. I, S. 225 sowie – differenzierend – ders., Der Mut zum Sein, in: ders., GW Bd. XI, Stuttgart 1976[2], S. 39. Das gilt freilich nur, sofern der Tod nicht als „Erlösung" erhofft wird.

Trotzdem besteht nach biblischem Verständnis ein Zusammenhang zwischen Sünde und Tod, der auch als solcher zur Geltung gebracht werden muss, weil er der Realität entspricht. Im Zeichen der Verfehlung und Entfremdung des menschlichen Lebens gegenüber seinem göttlichen Ursprung, also im Zeichen der Sünde (Jer 2,13), verbindet sich mit dem Tod als dem Ende der irdischen Existenz die Drohung einer Verewigung dieser Daseinsverfehlung, also das, was in traditionellen Begriffen als ewige Verdammnis oder Hölle bezeichnet wird. Die Endgültigkeit des Todes – als Abbruch aller Entscheidungs- und Handlungsmöglichkeiten[26] –, die keine Neubesinnung und Umkehr mehr erlaubt, gibt der Sünde solch eine mit Vernichtung oder Verdammnis drohende Macht. Sie wird damit zum „Stachel des Todes" (1 Kor 15,56).

Diese Beobachtungen leiten dazu an, im Blick auf den Tod zu unterscheiden zwischen dem *kreatürlichen* Tod, der zur Schöpfung gehört, und einem *ewigen* Tod, der endgültige Trennung vom ewigen Leben und damit von Gott bedeuten würde. Eine solche Unterscheidung findet sich vorgeprägt in der Johannesapokalypse, die zwischen einem ersten und einem zweiten Tod unterscheidet (Apk 2,11; 20,6 und 14; 21,8). Dabei handelt es sich um zwei Aspekte, die sich beide mit dem Vorgang des Sterbens und der Realität des Todes verbinden (können): Weil der Tod auch Teil der Schöpfung ist, darum kann er legitimerweise herbeigesehnt werden und darum können Menschen „alt und lebenssatt" sterben, wie dies im Alten Testament mehrfach berichtet wird (Gen 25,8; 35,29; Hiob 42,17). Aber sofern der Tod auch die bedrohliche Möglichkeit ewiger Trennung von Gott einschließt, ist er der Sünde Sold. Der christliche Glaube kennt diese bedrohliche Möglichkeit freilich nur als in Christus überwundene Möglichkeit: „Der Tod ist der Sünde Sold, aber die Gabe Gottes ist das ewige Leben in Christus Jesus, unserem Herrn" (Röm 6,23).

Die Hoffnung auf die dem Menschen und der Welt verheißene heilvolle Zukunft eröffnet ein neues Verhältnis zu den Gegebenheiten und Möglichkeiten dieser Welt. Aus der Perspektive der endgültigen Erfüllung der dem Menschen gegebenen Bestimmung werden sie erkennbar als etwas Vorletztes[27]. Sie verlieren dadurch nicht ihren Wert und ihre Bedeutung, aber sie werden erkannt als das, woran der Mensch sein

---

[26] Siehe dazu W. Härle, Dogmatik, Berlin/New York 2007³, S. 632–634.
[27] Diesen Begriff hat D. Bonhoeffer in seiner Ethik, München 1992, S. 137–162 – als Gegenbegriff zum Letzten – in die theologische Diskussion eingeführt. Was zum Vorletzten gehört, ergibt sich für Bonhoeffer erst vom Letzten, von der Rechtfertigung des Menschen im Kreuz Jesu Christi her. Es ist das, was dem Letzten vorangeht und folgt. Formelhaft kann Bonhoeffer dieses Vorletzte zusammenfassen in den beiden Begriffen: „*das Menschsein und das Gutsein*" (a.a.O., S. 151).

Herz nicht hängen kann, weil es ebenso vergänglich ist wie er selbst. Sie werden damit zu etwas, was der Mensch dankbar und verantwortungsvoll gebrauchen kann, das er aber zugleich „haben soll, als hätte er es nicht" (1 Kor 7,30f.). Diese Form der inneren Distanz gibt Freiheit von den Dingen, Gelassenheit im Umgang mit ihnen und belässt ihnen ihren Eigenwert, ohne sie mit überzogenen Erwartungen zu belasten, die sie nicht erfüllen können. Zu diesen „vorletzten" Gegebenheiten und Möglichkeiten zählt nach christlichem Verständnis auch die Gesundheit (2 Kor 12,7–10), die körperliche Unversehrtheit (Mt 5,29) und sogar das irdische menschliche Leben selbst (Mk 8,35 f. parr.).

Das alles bedeutet freilich nur dann keine Weltverachtung, wenn dabei stets im Blick bleibt, dass das Irdische dazu bestimmt ist, durch den Tod hindurch verwandelt zu werden und so an der dem Menschen verheißenen Erfüllung seiner Bestimmung, also am ewigen Leben teilzuhaben. Gerade so wird das irdische Leben wertgeachtet und ausgezeichnet. Der Tod behält nicht das letzte Wort, sondern er ist selbst Durchgangspunkt zum ewigen Leben.

Von allem Gesagten her ergibt sich aus christlicher Sicht keine symmetrische, sondern eine asymmetrische Beziehung zwischen Leben und Tod. Das Leben ist – als irdisches und als ewiges Leben – Gottes erstes und letztes Wort. Der Tod ist dazwischen hineingekommen als Kehrseite des irdischen Lebens und als Drohung der Sünde. Gott ist ein „Freund des Lebens" (Weisheit 11,26), nicht des Todes. Dem entspricht es auch, dass ein wesentlicher Teil des Wirkens Jesu, mit dem er das Anbrechen der Gottesherrschaft zeichenhaft verkündigte und darstellte, in der Heilung von leiblich und/oder seelisch kranken Menschen bestand. Dem entspricht es auch, dass die auf Heilung bedachte ärztliche und pflegerische Betreuung und Fürsorge für Kranke von Anfang an bis heute zu den unaufgebbaren diakonischen Aufgaben der christlichen Kirche gehört.[28]

Aber so wie die Finsternis das Licht begleitet, so begleitet der Tod das Leben: als Kontrast, der zur Endlichkeit hinzugehört und als solcher anzunehmen ist, aber nicht als ein letztes Ziel oder als ein Eigenwert. Die Überwindung des Todes erhofft der christliche Glaube jedoch realistischerweise nicht von oder in dieser irdischen Welt, die ihrerseits als geschaffene, endliche Welt die Signatur der Vergänglichkeit trägt, sondern von dem ewigen Leben, das in diese Welt im Anbruch der Gottesherrschaft, in der Teilhabe an der Gerechtigkeit Gottes und in der Offenbarung Jesu Christi als des Sohnes Gottes vorscheint, aber in ihr noch nicht zur Vollendung kommt.

---

[28] Vgl. dazu unten Kap. B 2.

4.2.3 Die Gottebenbildlichkeit des Menschen[29]

Sprechen wir vom Menschen als Geschöpf Gottes, so betonen wir das, was den Menschen mit anderen Geschöpfen *verbindet*. Das bleibt gültig, aber es wird präzisiert, wenn wir nach dem fragen, was den Menschen als Geschöpf zugleich von den übrigen Geschöpfen *unterscheidet*. Dabei ergibt sich als erstes aus den biblischen Aussagen, dass diese Unterscheidung den Menschen gerade nicht von den anderen Geschöpfen trennt oder isoliert, sondern ebenfalls mit ihnen verbindet – nicht im Sinne der Gemeinsamkeit, wohl aber im Sinne der Gemeinschaft. Der Mensch ist nach christlichem Verständnis ein Wesen, das konstitutiv zur Gemeinschaft, und zwar zur Gemeinschaft in Zuwendung und Liebe, bestimmt ist. Er existiert (wie wir in Abschn. 4.2.1 sahen) von Haus aus in Beziehungen: zu Gott, zu seinen Mitgeschöpfen (insbesondere zu den Mitmenschen) und zu sich selbst, und zwar so, dass ihm diese Beziehungen nicht nur mit seinem Dasein gegeben, sondern zugleich zur Gestaltung aufgegeben sind. Als ein solches Beziehungswesen trägt er zugleich in einer Weise Verantwortung für sich selbst und für seine Mitgeschöpfe, wie dies von keinem anderen Geschöpf gesagt werden kann.[30] Weil er in der Lage ist, seine Geschöpflichkeit und die aller anderen Geschöpfe zu erkennen und sich zu ihr zu verhalten, darum kommt ihm dieser Auftrag zu. Das ist zugleich der Grund dafür, dass dem Menschen die Freiheit zur Wahl seiner Handlungen als wesentliches Element seiner Bestimmung zugesprochen werden muss. Nur weil der Mensch zur Freiheit bestimmt ist, kann er Verantwortung tragen und übernehmen.

Die Bibel und die christliche Lehre sprechen in diesem Zusammenhang davon, dass der Mensch zum Ebenbild Gottes geschaffen ist, d.h. nicht mit gleichen Eigenschaften ausgestattet, sondern zu Gottes Ge-

---

[29] Siehe dazu K. Barth, Die Kirchliche Dogmatik III/2, Zollikon-Zürich (1948) 1959², S. 242–391; H. W. Wolff, Anthropologie des Alten Testaments, Gütersloh (1973) 2002⁷, S. 233–243; C. Westermann, Genesis, 1. Teilband: Genesis 1–11, Neukirchen 1974, S. 203–214; O. Kaiser, Der Gott des AltenTestaments. Wesen und Wirken. Theologie des Alten Testaments, Teil 2, Göttingen 1998, S. 278–318; B. Janowski, Die Welt als Schöpfung Gottes. Beiträge zur Theologie des Alten Testaments 4, Neukirchen 2008, S. 107–171. Vgl. zu diesem Abschn. auch Kap. B 1 über die Würde des Menschen.

[30] Diese Kategorie macht H. Jonas (Das Prinzip Verantwortung. Versuch einer Ethik für die technologische Zivilisation, Frankfurt a. M. 1979) zur Grundlage seiner ethischen Konzeption und leitet aus ihr den einzigen für ihn gültigen „kategorischen Imperativ" ab, „dass es *Menschen* gebe" (a.a.O., S. 91f.).

genüber und Beauftragten auf der Erde bestimmt. Das verleiht dem Menschen eine unverlierbare und unantastbare Würde. Zwar kommt der Begriff „Menschenwürde" in der Bibel nicht vor, aber die Aussagen der Bibel über die besondere Stellung des Menschen in der Schöpfung und im Gegenüber zu Gott (neben Gen 1,26–28 und vor allem in Psalm 8,6–9) werden durch die Rede von einer allen Menschen unterschiedslos eignenden Menschenwürde („dignitas humana") angemessen erfasst und zur Geltung gebracht.[31]

Der Mensch kann freilich dieser ihm verliehenen Bestimmung und Würde widersprechen und sich ihr verweigern, und er tut dies vielfältig. Insofern ist die Rede von der Gottebenbildlichkeit und Würde keine Idealisierung des Menschen, sondern ist verbunden mit dem Wissen um seine Versuchlichkeit, Fehlbarkeit und Entfremdung. Gleichwohl bleibt auch der entfremdete Mensch, der damit zugleich von seinen Mitgeschöpfen und von sich selbst entfremdet ist, dazu bestimmt, als Gottes Ebenbild zu existieren. Darum kann er weder einem anderen Menschen dessen Menschenwürde, selbst wenn er sie mit Füßen tritt, nehmen, noch kann er seine eigene Menschenwürde verlieren oder loswerden. Daran erinnern nicht nur die alttestamentlichen Aussagen über die Gottebenbildlichkeit des Menschen nach dem „Sündenfall" (z. B. Gen 9,6 und Jak 3,9), sondern vor allem die neutestamentlichen Aussagen über Christus Jesus als das Ebenbild Gottes, in dem die ursprüngliche Bestimmung des Menschen so verwirklicht ist, dass dies zugleich allen anderen Menschen zugute kommt (z. B. 2 Kor 4,4; Kol 1,15 f.; Hebr. 1,3; in Verbindung mit Röm 9,28; 1 Kor 15,49 f.; 2 Kor 3,18 und Kol 3,10).

Von daher legt es sich nahe, nicht nur die Lehre von der Gottebenbildlichkeit des Menschen, sondern auch und insbesondere die Lehre von der Rechtfertigung des Sünders für die Entfaltung der Menschenwürde fruchtbar zu machen.[32] Denn durch sie wird unübersehbar deutlich, dass Menschenwürde jedem Menschen unabhängig von seiner Beschaffenheit oder seinen Leistungen zukommt, ja, dass der Mensch gerade in seiner Unvollkommenheit, Bedrohtheit und Fehlbarkeit darauf angewiesen ist, dass er an diese unantastbare und unverlierbare Würde erinnert und ihm ihr Gegebensein zugesagt wird.[33] Damit erhält

---

[31] Vgl. dazu unten Kap. B 1, Abschn. 1.1.
[32] Darauf weist R. Anselm (Die Würde des gerechtfertigten Menschen, in: ZEE 43 [1999], S. 123–136) zu Recht nachdrücklich hin.
[33] Darauf hat E. Benda (Erprobungen der Menschenwürde am Beispiel der Humangenetik, in: Aus Politik und Zeitgeschehen, Beiheft 3, vom 19. 01. 1985, S. 18) schon vor langem hingewiesen.

schon die Aussage über den Menschen als Geschöpf Gottes im christlichen Glauben eine spezifische Gestalt. Zu ihr gehört das Wissen um die menschliche Verfehlung, aber auch um die Möglichkeit der Versöhnung und um die Hoffnung auf Erlösung und Vollendung des Menschen durch Gott und im ewigen Leben.

4.3 Das christliche Gottesverständnis[34]

Das christliche Gottesverständnis ist trinitarisch – das gilt für die ersten drei bis vier Jahrhunderte *implizit*, danach *explizit*. Dabei hat sich die Trinitätslehre in der Ost- und Westkirche mit unterschiedlichen Akzentsetzungen entwickelt: Während die ostkirchliche Trinitätslehre von den drei Personen (Vater, Sohn und Heiliger Geist) und ihren Werken (Schöpfung, Erlösung, Heiligung) aus denkt und dementsprechend unbefangen die Trinität in Gestalt von drei (männlichen) Personen darstellen kann, geht die westkirchliche Trinitätslehre eher von der Einheit Gottes und seines Wirkens an der Welt aus und versteht die Dreiheit als innere Differenzierung im Sein und Wirken Gottes. Einer ihrer wichtigsten Grundsätze lautet dabei: „Opera trinitatis ad extra sunt indivisa"[35]. Diese westliche Form ist m.E. besser geeignet, die Einzigkeit und Einheit Gottes zu denken, also jeden latenten oder manifesten Tritheismus zu vermeiden. An sie schließe ich mich darum an.

Sie besagt im Blick auf das Wirken Gottes an der Welt (ökonomische Trinität), dass jede Form des Wirkens Gottes an der Welt zugleich daseinskonstituierenden (also schöpferischen), wirklichkeitserschließenden (also offenbarenden) und gewissheitsschaffenden (also erleuchten-

---

[34] E. Jüngel, Gott als Geheimnis der Welt, Tübingen (1977) 2000[7]; W. Kasper, Der Gott Jesu Christi, Mainz (1982) 1995[3]; W. Härle, Dogmatik, Berlin/New York 2007[3], Kap. 8–11; ders., Warum ausgerechnet drei? Grundsätzliche Überlegungen zur Trinitätslehre, in: ders., Spurensuche nach Gott. Studien zur Fundamentaltheologie und Gotteslehre, Berlin/New York 2008, S. 435–458; M. Mühling-Schlapkohl, Gott ist Liebe, Marburg 2000; W. Krötke, Gottes Klarheiten. Eine Neuinterpretation der Lehre von Gottes ‚Eigenschaften', Tübingen 2001; Benedikt XVI, Deus caritas est, 25. Dezember 2005 (in: Verlautbarungen des Apostolischen Stuhls, Nr. 171).

[35] Augustin, De trinitate I, 4, (dt. „Die Werke der Trinität nach außen [d.h. in der Beziehung zur Welt] sind ungeteilt"). Die entsprechende Formulierung des Konzils von Toledo aus dem Jahr 675 lautet: „Inseparabiles enim inveniuntur et in eo qoud sunt, et in eo quod faciunt" (dt. „Als untrennbar nämlich werden sie befunden sowohl in dem, was sie sind, als auch in dem, was sie tun" [DH 531]).

den) Charakter hat. Und sie besagt im Blick auf das sich darin erweisende und erschließende innergöttliche Sein (immanente Trinität), dass Gottes Wesen und sein Zugewandtsein zur Welt ihrerseits untrennbar verbunden sind durch das Band der Liebe. Das heißt: Gott ist wesensmäßig Zuwendung, Liebe (1 Joh 4,8 und 16). Der inneren Differenzierung im Sein Gottes in Form der unterschiedlichen Verhältnisbestimmungen von Vater, Sohn und Geist entspricht nicht eine Differenzierung im Wirken Gottes nach außen.[36] Beide Differenzierungen sind nicht miteinander identisch, wohl aber sind sie durch die Einheit Gottes untrennbar miteinander verbunden.

Dieser untrennbare Zusammenhang samt seinen internen Differenzierungen erschließt sich für das Erkennen am besten in der Weise, dass man der inneren Struktur des Wirkens Gottes nach-denkt und dabei mit der Gegenwart Gottes als Heiliger Geist beginnt und an ihr den gewissheitschaffenden Aspekt des göttlichen Wirkens verdeutlicht, der sich auf den wirklichkeitserschließenden Aspekt, die Selbsterschließung Gottes durch Jesus Christus, bezieht. Und das, was dabei erschlossen wird, ist der daseinskonstituierende Aspekt, d.h. das schöpferische Sein des dreieinigen Gottes als Vater, Sohn und Heiliger Geist. Anders formuliert: Der dreieinige Gott lässt Menschen durch seinen Geist erkennen, dass er – als der dreieinige Gott – sich ihnen durch seinen Sohn als ihr Schöpfer offenbart. Aber stets ist der dreieinige Gott dabei das untrennbar und ungetrennt wirkende Subjekt.

4.3.1 Die Gewissheit schaffende Gegenwart Gottes

Gott wird für einen Menschen zur Wirklichkeit nur so, dass dieser Mensch die Erfahrung der Gegenwart Gottes macht. Dabei handelt es sich immer um eine Erfahrung, die gemacht wird an irgendeinem welthaften Ereignis, das in dieser Erfahrung zum *Zeichen* der Gegenwart Gottes – wenn auch in ganz unterschiedlicher Weise – wird. Das kann ein beeindruckendes Naturerlebnis sein oder das Bild des Gekreuzigten, eine katastrophale Verlusterfahrung, das Hören oder Lesen eines Textes. Es gibt nichts, an dem diese Erfahrung nicht „gemacht" werden könnte. Aber das Wort „gemacht" verbaut eher den Zugang zum Ge-

---

[36] Demgegenüber hat die christliche Volksfrömmigkeit eine problematische Tendenz, das Werk der Schöpfung ausschließlich Gott dem Vater, das Werk der Versöhnung ausschließlich Gott dem Sohn und das Werk der Heiligung ausschließlich Gott dem Heiligen Geist zuzuordnen und damit die Einheit des Wirkens Gottes „nach außen" infrage zu stellen.

meinten. Denn diese Erfahrung kann einem Menschen nur so zuteilwerden, dass sie empfangen, zugelassen und hingenommen wird. Zwar gibt es vermutlich Situationen, in denen sie sich häufiger einstellt als in anderen (z.B. bei der Geburt oder beim Tod eines Menschen oder vor dem Isenheimer Altar), aber es gibt keine Technik, um die Erfahrung zu erzeugen, dass Gott gegenwärtig ist. In dieser Erfahrung ist Gott als Geist gegenwärtig, d.h. nicht auf eine distanzierte Weise, wiewohl sich die Erfahrung auf etwas Distanziertes (Entferntes, Erschreckendes) beziehen kann. Das heißt aber: Der Zugang zu Gott erschließt sich nur durch die geisthafte Gegenwart Gottes, die den Geist eines Menschen anrührt und zur antwortenden Deutung dieser Erfahrung stimuliert. Das Wirken Gottes als Heiliger Geist ist die Bedingung und der Beginn des Glaubens.

Das heißt nicht, dass die *Lehre* von Gott als dem Heiligen Geist der Anfang der christlichen Theologie wäre. Historisch war sie sogar das letzte Stück der Trinitätslehre. Das Naheliegendste wird ja oft als Letztes entdeckt. Aber ohne dieses Wirken, das Menschen – im Gefühl, Willen und Verstand, also in allen Seelenkräften – anrührt, kann gar keine Gewissheit und darum auch kein Glaube entstehen. Luther hat das in seinem Kleinen Katechismus in den Worten zum Ausdruck gebracht: „Ich glaube, dass ich nicht aus eigener Vernunft noch Kraft an Jesus Christus, meinen Herrn, glauben oder zu ihm kommen kann, sondern der Heilige Geist hat mich durch das Evangelium berufen, mit seinen Gaben erleuchtet, im rechten Glauben geheiligt und erhalten; gleichwie er auch die ganze Christenheit auf Erden beruft, sammelt, erleuchtet, heiligt und bei Jesus Christus erhält im rechten, einigen Glauben".[37]

Hier macht der christliche Glaube eine Aussage über seine eigenen Konstitutionsbedingungen (ebenso in CA V), und diese ist insofern aus der Sicht des Menschen passiv verfasst, als sie sich einem Menschen erschließen muss „ubi et quando visum est Deo, in his, qui audiunt evangelium" (dt.: „wo und wenn er will, in denen, so das Evangelium hören")[38]. Das ist wiederum eine für die Ethik höchst folgenreiche Aussage, die genau zu bedenken ist, und zwar sowohl hinsichtlich des – generell *unverfügbaren* – Bewirktwerdens des Glaubens als auch hinsichtlich des – grundsätzlich *verfügbaren* – Hörens des Evangeliums. Letzteres ist das Wahrnehmen von Worten, Bildern, Zeichen, die das Evangelium von Christus Jesus verkündigen. Diesem zweiten Aspekt müssen wir uns nun zuwenden.

---

[37] BSLK 511,46–512,8.
[38] A. a. O., 58,7f. bzw. 6f.

4.3.2 Das Wahrheit erschließende Wirken Gottes

Nach christlichem Verständnis wirkt der Heilige Geist nicht so, dass er einem Menschen auf geheimnisvolle, unvermittelte Weise Botschaften mitteilt, die andere Menschen nicht bekommen.[39] Das Wirken des Heiligen Geistes geschieht vielmehr so, dass einem Menschen Zeichen, die er – sei es alleine oder zusammen mit anderen – empfängt, in ihrer das Leben tragenden und orientierenden Bedeutung verständlich und gewiss werden.

Im Zentrum aller dieser Zeichen – von den Werken der Schöpfung (Röm 1,20–23) bis zu den visionären Ausblicken auf einen neuen Himmel und eine neue Erde (Apk 21,1–8) – steht für das Neue Testament und die christliche Kirche die Person Jesu Christi. Er ist die „letztgültige" und als solche „normgebende"[40], aber nicht die einzige Offenbarung Gottes, wie die neutestamentlichen Schriften und die kirchliche Lehre es sagen.[41] Dabei lässt sich mit großer Wahrscheinlichkeit sagen, dass Jesus nicht aufgetreten ist mit einem expliziten Offenbarungsanspruch oder einer expliziten Christologie, sondern er hat – wie ein Rabbi oder Prophet – erzählt, gelehrt, den Anbruch der Gottesherrschaft angekündigt, Kranke geheilt, Tischgemeinschaft mit religiös und gesellschaftlich Ausgestoßenen gepflegt, wurde dafür als Aufrührer und Gotteslästerer gefangen genommen, verklagt und hingerichtet. In diesem Wirken steckte jedoch ein ungeheurer *impliziter* Hoheitsanspruch.[42] Das haben Menschen erlebt, und dabei und dadurch kamen sie teilweise zu der Entscheidung, sich von ihm abzuwenden (Joh 6,60–66), teilweise zu der Gewissheit, dass er „der Weg, die Wahr-

---

[39] Solche individuellen Botschaften gibt es in der Bibel (wie im übrigen Leben) auch: z.B. für Josef (Mt 1,20f. und 2,12f.); für Maria (Lk 1,26–38); für Hananias (Apg 9,10–19); für Petrus (Apg 10,9–16); für Paulus (Apg 16,9f.) und viele mehr. Sie werden als Träume oder Visionen gedeutet, beziehen sich also ebenfalls auf Zeichen. Aber darauf ist Gottes Geist- und Offenbarungswirken nicht beschränkt.

[40] So P. Tillich, Systematische Theologie Bd. I, Berlin/New York 1984⁸, S. 158–164.

[41] Siehe dazu W. Härle, Dogmatik, Berlin/New York 2007³, S. 96–102.

[42] Dieser implizite Hoheitsanspruch äußert sich z.B.: in der Ankündigung der nahegekommenen Gottesherrschaft (Mk 1,15); im Bringen der Gottesherrschaft (Mt 12,28/Lk 11,20); in der Vergebung von Sünden (Mk 2,5–12); in der antithetischen Auslegung des Willens Gottes (Mt 5,28–48); in der Bindung der Gerichtsentscheidung des Menschensohnes an die Stellung der Menschen zur Verkündigung Jesu (Lk 12,8f.). Das alles ist entweder Wahnsinn oder Gotteslästerung oder Gottes Offenbarung.

heit und das Leben" ist (Joh 14,6), dass „in keinem anderen das Heil ist, auch kein anderer Name unter dem Himmel den Menschen gegeben ist, durch den wir sollen selig werden" (Apg 4,12).

Das besagt einerseits, dass Menschen durch Jesus Christus die Welt im Lichte der Wahrheit Gottes erkennbar und ihnen so die Wirklichkeit Gottes und der Welt erschlossen wird. Dadurch wird aber auch die (manifeste und subtile) Verworrenheit und Verlorenheit der Welt erkennbar. Das ist freilich nicht das Ziel des Wirkens Jesu, sondern nur ein notwendiger Weg zum eigentlichen Ziel: die Welt wieder zurechtzubringen (Eph 1,10; 1 Tim 2,4), sie mit Gott zu versöhnen (2 Kor 5,20; Kol 1,20) und so von der Herrschaft des Bösen zu befreien, d.h. zu erlösen (1 Petr 1,18f.). Entscheidende Bedeutung bekommen dabei der Tod und die Auferstehung Jesu Christi, die einerseits verstanden werden als ein stellvertretendes Sühne- oder Kampfgeschehen zugunsten des Menschen, andererseits als der Ort einer radikalen Umwandlung, an der die an Christus Jesus Glaubenden Anteil bekommen (Röm 6,1–11; Gal 2,20): Sie sind im Glauben und als Glaubende mit Christus der Sünde gestorben und können nun (als solche) den Willen Gottes erfüllen, indem sie Frucht des Geistes bringen, nämlich „Liebe, Freude, Friede, Geduld etc." (Gal 5,20).

Aber so wie bei der Verkündigung der Gottesherrschaft, so gilt auch im Blick auf Kreuz und Auferstehung: Das alles wird wirksam nur, indem es in dieser heilsamen Bedeutung verkündigt und geglaubt wird, d.h., wenn in Menschen das *Vertrauen* auf diese Verkündigung und so auf den Verkündigten entsteht und erhalten wird. Glaube ist dabei nicht eine Vorbedingung für das Heil, sondern die Weise, wie das Heil für einen Menschen wirksam wird. Insofern und deshalb ist der Glaube nicht nur notwendig, sondern auch hinreichend. Das ist die Begründung für das genuin reformatorische Bekenntnis zur Rechtfertigung „sola fide", allein durch den Glauben.[43] Aber „Glaube" als Vertrauen („fiducia") bedeutet nicht nur Überzeugtsein und Zustimmung, sondern ein „Sich-mit-dem-Leben-darauf-Einlassen". Und deswegen bleibt solcher Glaube nicht fruchtlos oder wirkungslos. Er ist „in der Liebe tätig" (Gal 5,6), aber nicht diese Frucht rechtfertigt, sondern die Rechtfertigung wird empfangen durch das Vertrauen, mit dem sich ein Mensch an Christus Jesus hängt.

Dies alles wird aber in seiner inneren Begründung und Zusammengehörigkeit erst dann verständlich und nachvollziehbar, wenn erkannt wird, dass sich in Christus Jesus die Wirklichkeit – nämlich die Wirklichkeit Gottes – erschließt, die der schöpferische Grund der Welt ist.

---

[43] BSLK 175,23–184,45.

4.3.3 Die daseinsbegründende Wirklichkeit Gottes

In seinen Abhandlungen über religiöse Symbole betont Tillich[44] immer wieder, dass Jesus als der Christus darum das zentrale und höchste Symbol Gottes werden konnte und sein kann, weil er bereit war, sich selbst zu verneinen bzw. verneinen zu lassen[45]. Ohne diese Bereitschaft zur Selbstnegierung wäre er nicht ein auf Gott hin transparentes Symbol, sondern ein Idol. Deswegen ist es ungenau und missverständlich, wenn man sagt, christlicher Glaube sei Glaube an Jesus. Genauer ist: Christlicher Glaube ist Glaube an Gott, wie er sich in Christus Jesus (zum Heil der Welt) erschlossen hat.

Diese Selbsterschließung geschah und geschieht in den Gleichnissen und Reden Jesu, aber ebenso in seinem Wirken und Sich-verhalten. Und das, was sich von daher von Gott erschlossen hat, bringt das Neue Testament in größter Einmütigkeit zum Ausdruck in den Aussagen: „Gott liebt den Menschen, auch den Sünder", „Gott liebt die Welt", und zwar ohne Vorleistung der Menschen. Ja, „Gott ist Liebe" (Joh 3,16; Röm 5,8; 8,38f.; 1 Joh 3,1 u. 4,7–21)[46]. Wie verhalten sich diese beiden Aussagen: „Gott liebt" und „Gott ist Liebe" zueinander? Die erste Aussage, die sich auf Gottes Wirken bzw. Handeln bezieht, kann man als personalistische oder theistische Aussageform bezeichnen. Sie kommt dem Vorstellungsvermögen und den religiösen Bedürfnissen der meisten Menschen entgegen, aber sie tendiert dazu, Gott als eine begrenzte, der Welt und dem Menschen gegenüberstehende Größe zu denken. Das ist dem Wesen und der Wirklichkeit Gottes unangemessen. Deswegen sind solche personalistischen Aussagen m. E. als „potenzierte Metaphern" zu bezeichnen.[47] Die Aussage „Gott ist Liebe" denkt

---

[44] P. Tillich, Sinn und Recht religiöser Symbole (1961), in: ders., Symbol und Wirklichkeit, Göttingen 1962, S. 10f.

[45] So z.B. in Jesu Antwort an den Reichen Mk 10,18: „Was nennst du mich gut? Niemand ist gut als Gott allein", vor allem aber in der Bereitschaft Jesu zu leiden und zu sterben; exemplarisch Mt 16,21–23 (parr.) sowie in der gesamten Passionsgeschichte.

[46] Dabei ist auffällig, dass es keine Stelle aus den synoptischen Evangelien gibt, in denen eine dieser beiden Formulierungen vorkäme, und das, obwohl doch genau dies – wie die Gleichnisse und das Wirken Jesu belegen – das Zentrum der Verkündigung und Sendung Jesu ist. Das spricht nicht gegen die Authentizität der oben zitierten Aussagen, sondern zeigt wohl nur, dass, wer das damit Gemeinte ganz verstanden hat, ohne ein solches Wort auskommt, wenn er dessen Wahrheit *lebt*.

[47] Siehe W. Härle, Dogmatik, Berlin/New York 2007³, S. 250–253.

Gott dagegen als ein Beziehungsgeschehen, das in allem welthaft Seienden anwesend ist und es (mit-) bestimmt. Damit tendiert sie eher zu einem pantheistischen Gottesverständnis, das Gott als in der Welt gegenwärtig und sie durchdringend denkt. Das ermöglicht es auch, die Selbstschließung Gottes in Christus Jesus widerspruchsfrei zu denken. Insofern ist diese Aussage dem Wesen und der Wirklichkeit Gottes angemessener – aber sie ist sperriger und vielleicht auch unbefriedigender für unser religiöses bzw. frommes Vorstellungsvermögen.

Beide Aussagen: „Gott *liebt*" und „Gott ist *Liebe*" sind metaphorisch, weil der Begriff „Liebe" in Anwendung auf Gott in wenigstens *einer* Hinsicht etwas anderes sagt als in Anwendung auf Menschen. Es ist dies die Einsicht, die Luther in These 28 der Heidelberger Disputation formuliert hat: „Die Liebe Gottes findet das für sie Liebenswerte nicht vor, sondern erschafft es".[48] Beide Redeformen bringen aber Gott zur Sprache als die schöpferische, daseinsbegründende Wirklichkeit, die auf keine Vorgaben und Vorleistungen angewiesen ist und insofern den Charakter des creators ex nihilo (Schöpfer aus dem Nichts) hat. Dabei weist schon Paulus darauf hin, dass diese Aussage über das Wesen Gottes in gleichem Maße im Blick auf die Schöpfung, die Versöhnung und die Vollendung gilt. Abraham glaubte dem Gott, „der die Toten lebendig macht und ruft das, was nicht ist, dass es sei" (Röm 4,17) – und das wurde ihm „zur Gerechtigkeit gerechnet" (Röm 4,3.5.9). Dabei zeigte sich bereits oben[49], dass diese daseinsbegründende Wirklichkeit Gottes nicht in Konkurrenz oder als Alternative zu den naturwissenschaftlich erforschbaren Prozessen der Weltentstehung (und des Weltendes) gesehen wird, sondern auf diese so bezogen ist, dass dadurch die Bejahung von Welt und Mensch zum Ausdruck kommt, die ihnen Wert und Würde verleiht – unabhängig von dem (auch selbstverschuldeten) Zustand, in dem sie sich befinden. Spätestens an dieser Stelle sollte die welt- und lebensbejahende Bedeutung der dogmatischen Aussagen über das christliche Welt- und Gottesverständnis für die Ethik mit Händen zu greifen sein.

---

[48] Martin Luther, Heidelberger Disputation, in: LDStA, Bd. 1, Leipzig 2006, 61,7f.; lat. „Amor Dei non invenit, sed creat suum diligibile" (a.a.O., S. 60,7). Und Luther fährt kontrastierend und affekttheoretisch klarsichtig fort: „Die Liebe des Menschen entsteht aus dem für sie Liebenswerten" (a.a.O., 61,8f.; lat.: „Amor hominis fit a suo diligibili" a.a.O., 60,8).

[49] Siehe oben Abschn. 4.2.2.

5 Normative Grundlagen christlicher Ethik

Die normativen Grundlagen der christlichen Ethik können nicht allein durch den Rückgriff auf die Bibel gefunden und beschrieben werden. Die Auslegungsgeschichte der Bibel im Rahmen der Kirchen- und Theologiegeschichte, insbesondere der reformatorischen Kirchen, ist ebenso mitzubeachten wie die gegenwärtige systematisch-theologische Reflexion. Aber ohne die biblischen Quellen lässt sich gar nichts über das spezifisch Christliche sagen. Deswegen gehe ich hier in einem Dreischritt vor, frage zunächst (5.1) nach biblischen Grundlagen, sodann (5.2) nach dem reformatorischen Verständnis der Bedeutung der biblischen Grundlagen und will schließlich (5.3) in systematisch-theologischer Reflexion die ethische Forderung nach christlichem (und jüdischem) Verständnis und als Ausdruck ethischer Aporien erörtern.

5.1 Biblische Grundlagen der christlichen Ethik[1]

Dieser Abschnitt hat fünf Unterabschnitte, die sich an unterschiedlichen normativen biblischen Texten orientieren: am Bundesbuch, am Buch der Sprüche, am Dekalog, an der Goldenen Regel und am Liebes-

---

[1] S. Schulz, Neutestamentliche Ethik, Zürich 1987; E. Lohse, Theologische Ethik des Neuen Testaments, Stuttgart 1988; W. Schrage, Ethik des Neuen Testaments, Göttingen (1982) 1989⁵; W. A. Meeks, The Origins of Christian Morality, Yale 1993; E. Otto, Theologische Ethik des Alten Testaments, Stuttgart 1994; St. Hauerwas, Selig sind die Friedfertigen. Ein Entwurf christlicher Ethik, Neukirchen 1995; Ch. J. H. Wright, Walking in the Way of the Lord. The Ethical Authority of the Old Testament, Leicester 1995; R. B. Hays, The Moral Vision of the New Testament, San Francisco 1996; F. J. Matera, New Testament Ethics, Louisville 1996; J. Barton, Understanding Old Testament Ethics, Louisville 2003; J. Rogerson, Theory and Practice in Old Testament Ethics, London 2004; R. Pregeant, Knowing Truth, Doing Good. Engaging New Testament Ethics, Minneapolis 2008 sowie F. W. Horn/R. Zimmermann (Hg.), Jenseits von Indikativ und Imperativ, Kontexte und Normen neutestamentlicher Ethik, Tübingen 2008.

gebot, wobei das quantitative und qualitative Hauptgewicht auf dem Dekalog und dem Liebesgebot liegen wird.

5.1.1 Vom Recht zum Gebot in Israel[2]

Jeder Sippenverband von einer bestimmten Größe an und jedes Volk braucht eine Rechtsordnung. Das gilt auch für das sich aus verschiedenen Stämmen und Stammesgruppen formende Israel und Juda. Es braucht und schafft einerseits sekundär eine Verfahrensordnung, die regelt, wer für die Setzung und Auslegung des Rechts, also die Anwendung in Rechtsfällen zuständig ist, und es braucht primär Vorschriften, die besagen, welche rechtlichen Normen und Regeln (Vorschriften samt Sanktionen) gelten. Insbesondere im Pentateuch ist uns eine Fülle solcher rechtlicher Regeln überliefert, von denen die des Bundesbuches (Ex 20,22–23,33, ohne den Dekalog in Ex 20,1–17) als die ältesten gelten. Geregelt werden darin die in der Gemeinschaft erfahrungsgemäß auftauchenden Konfliktfälle wie Eigentumsdelikte, Sexualvergehen, Körperverletzungen und Tötungshandlungen, aber es enthält auch kultische Vorschriften. Eine strenge Unterscheidung zwischen Profan- und Sakralrecht gibt es dabei nicht, denn alle Rechtsvorschriften werden verstanden als Gottesrecht, d.h. als von Gott legitimiert und autorisiert, wenn auch nicht unbedingt als von Gott direkt erlassen.

Diese Rechtsordnungen erfüllen mehrere Funktionen: Sie sollen dort, wo das Gemeinschaftsleben absichtlich oder unabsichtlich verletzt und gestört wurde, den Gemeinschaftsfrieden wiederherstellen, indem sie dem Schädiger eine angemessene Strafe auferlegen und so dem Geschädigten zu einer angemessenen Wiedergutmachung oder jedenfalls Genugtuung zu verhelfen suchen. Bei absichtlichen Tötungsdelikten ist freilich keine Wiedergutmachung möglich. Hier sieht die Rechtsordnung die Vergeltung der Untat in Form der Todesstrafe vor (Ex 21,12). Aber das gilt auch für andere Delikte wie Menschenraub, Verfluchung der Eltern, Zauberei und Geschlechtsverkehr mit Tieren (Ex 21,16f. und 22,17f.).

Die Grundform solcher Rechtsvorschriften ist das sog. kasuistische Recht in der Form: „Wer das und das tut, der ..." oder „Wenn einer das und das tut, dann soll ...". Dabei ist manches für uns so fremd und

---

[2] A. Alt, Die Ursprünge des israelitischen Rechts (1934), in: ders., Kleine Schriften zur Geschichte des Volkes Israel, München Bd. I, 1968⁴, S. 278–332; E. Gerstenberger, Wesen und Herkunft des „apodiktischen Rechts", Neukirchen-Vluyn 1965; E. Otto, Theologische Ethik des Alten Testaments, a.a.O., S. 18–116; Recht und Ethik im Alten Testament, Hg. E. Otto u.a., Münster 2004.

merkwürdig, dass wir es kaum verstehen, geschweige denn nachvollziehen können; anderes ist hingegen so realitätsbezogen und zeitlos, dass es sich auch in unseren Gesetzbüchern finden könnte.

Z.B. „Wenn Männer untereinander streiten und einer schlägt den anderen mit einem Stein oder der Faust, dass er zu Bett liegen muss, so soll der andere ihm bezahlen, was er versäumt hat und das Arztgeld geben" (Ex 21,18f.).

Zusammengefasst ist das Prinzip dieser Rechtsvorschriften im Ius talionis[3]: „Auge um Auge, Zahn um Zahn, Hand um Hand, Fuß um Fuß" (Ex 21,24; ähnlich Lev 24,20; Dt 19,21; Mt 5,38). In Ex 21,23 und Dt 19,21 ist dem aber vorangestellt: „Leben um Leben". Dieses Vergeltungsprinzip wird oft missverstanden als Ausdruck hemmungsloser Rach- und Vergeltungssucht. Das ist aber nicht richtig. Es dient vielmehr sowohl der Befriedigung des Vergeltungsbedürfnisses und dem Opferschutz als auch der Gewalt- und Vergeltungs*begrenzung*. Das kommt deutlicher zum Ausdruck, wenn man den Begriffen das passende Zahlwort hinzufügt, also z.B.: „*Ein* Auge für *ein* Auge etc.". Auf diese Weise wird deutlich, dass damit einerseits gesagt wird, was dem Opfer zusteht, dass damit aber andererseits auch eine Obergrenze formuliert wird: Vergelte nicht mehr, als dir angetan wurde.[4]

Solche Regelungen haben aber nicht nur ausgleichenden Sinn, sondern zugleich – wie alle strafrechtlichen Regelungen – präventive, vor allem generalpräventive Funktion, also eine abschreckende Funktion, d.h. sie sollen bewirken, dass aufgrund der Strafandrohung künftig solche Taten vermieden bzw. unterlassen werden. Das Ziel der Unrechts- und Sanktionsvermeidung durch Strafandrohung ist wahrscheinlich die wichtigste Funktion jeder Strafrechtsordnung, die folglich dann am wirksamsten wäre, wenn sie nie angewandt werden müsste.

Dem Talionsprinzip haftet jedoch eine zweifache Schwäche an: a) Es fordert auch dort Vergeltung, wo durch diese Vergeltung nichts wieder gutgemacht werden kann, wie das in gewisser Hinsicht bei einer Geldzahlung der Fall ist, und dies befriedigt insofern auf irrationale Weise das Vergeltungsbedürfnis, und b) das Talionsprinzip kann die Spirale der Gewalt nicht umkehren, sondern allenfalls stoppen. Aber das immerhin kann (und will) es leisten.

---

[3] Abgeleitet aus dem lat. „talio" = (Wieder-)Vergeltung. Darin steckt „talis" = „ein solches".

[4] Auf die Bedeutung dieses Aspektes werden wir im Zusammenhang der Goldenen Regel unter der Überschrift „Die neue goldene Regel" erneut zu sprechen kommen (s.u. Abschn. 5.1.4.3).

Als es im des 9.–7. Jh. v. Chr. in Israel zu einem wirtschaftlichen Aufschwung und zur Bildung einer ökonomischen Oberschicht kommt, gewinnt das Recht – insbesondere von der prophetischen Kritik eines Jesaja und Amos ausgehend – noch eine andere, neue Funktion. Es dient nun unter Berufung auf Gott dem sozialen Ausgleich. In diesem Zusammenhang gewinnen vor allem Sabbatjahr- (Lev 25,1–7) und Erlassjahr-Vorschriften (Lev 25,8–55) zur Befreiung von Schulden eine große Bedeutung.[5] Aber auch das Pfandrecht (Ex 22,25 f. und Dt 24,6), das regelt, welche lebensnotwendigen Besitzstücke (z.B. Mantel und Mühlstein) nicht (über Nacht) gepfändet werden dürfen, spielt eine große Rolle zum Schutz der Armen im Lande. Damit weitet sich das Recht aber auf einen Bereich aus, auf dem nicht mehr einfach von Ausgleich zugefügten Unrechts gesprochen werden kann, sondern es gewinnt soziale Funktion.

Interessant ist in diesem Zusammenhang aber, dass nicht nur verboten wird, das Recht von Armen, Fremden, Witwen und Waisen vor Gericht zu *beugen* (Ex 23,6; Dt 27,19), sondern an zwei Stellen im Bundesbuch und im Heiligkeitsgesetz (Ex 23,3 Lev 19,15.) auch davor gewarnt wird, den Armen bzw. Geringen vor Gericht zu *begünstigen*. Hier wird offensichtlich schon so differenziert gedacht, dass eine soziale Überkompensation kritisiert bzw. untersagt wird.

Das Recht, um das es im sozialen Bereich geht, lässt sich weniger leicht kasuistisch formulieren, sondern hat eher appellativen, apodiktischen Charakter: „Den Ertrag deines Feldes und den Überfluss deines Weinbergs sollst du nicht zurückhalten" oder „Wenn du Geld an einen Volksgenossen verleihst, sollst du keine Zinsen nehmen" (Ex 22,28 und 24). Solche Rechtsnormen schildern nicht einen Fall (Casus) und legen fest, mit welchem Strafmaß er gegebenenfalls zu ahnden ist (kasuistisches Recht), sondern sie verbieten – ohne wenn und aber – bestimmte Praktiken. Man spricht deshalb von „apodiktischem Recht".[6]

Von da aus ist es nur ein kleiner Schritt zu Vorschriften, die nicht mehr den Charakter überprüfbarer Rechtsnormen haben, sondern eher den Charakter ethischer Gebote bzw. (meist) Verbote, die ein Verhalten oder eine Einstellung fordern bzw. verbieten, unabhängig von Strafandrohungen oder zu erwartenden Nachteilen für den, der diese Ge- oder Verbote übertritt. Die Begründungen sind hier anderer Art (z.B.:

---

5 Im Zusammenhang mit der Überschuldung vieler unterentwickelter Länder haben diese uralten Regeln in den zurückliegenden Jahrzehnten erneut Beachtung gefunden und teilweise auch Anwendung und Umsetzung erfahren.
6 Siehe dazu A. Alt, Die Ursprünge des israelitischen Rechts, und E. Gerstenberger, Wesen und Herkunft des „apodiktischen Rechts" (siehe beide oben Anm. 2).

„Die Fremdlinge sollst du nicht bedrängen und bedrücken, denn ihr seid auch Fremdlinge in Ägyptenland gewesen" [Ex 22,20 und 23,9]). Hier wird an die Empathie Israels appelliert. Daneben gibt es als theologische Legitimation für solche rechtlichen und ethischen Vorschriften häufig auch den Verweis auf die Solidarität Gottes mit denen, die Unrecht erleiden (z.B.: „Wenn er zu mir schreit, werde ich ihn hören" [Ex 22,22 und 26]) oder schöpfungstheologische Legitimationen (z.B.: „Die Erde ist des Herrn und was darinnen ist" [Ps 24,1]). Die wirkungsgeschichtlich gewichtigste Begründungslinie läuft jedoch (all dies zusammenfassend) einerseits zu der Erkenntnis einer von Gott gestifteten und verbürgten *Weltordnung*, die vom Menschen erkannt und respektiert werden soll, andererseits zu der Überzeugung von einer *Willensoffenbarung* Gottes, der dem Volk Israel – und nicht nur ihm – seine Gebote gegeben hat und für sie einsteht. Das Erste zeigt sich vor allem in der älteren Weisheitsliteratur, das Zweite im Deuteronomium und dem sog. Heiligkeitsgesetz (Lev 17–26), aber insbesondere in dem Text, der als magna charta des alttestamentlichen Ethos gilt: im *Dekalog*. Von beidem soll in den beiden folgenden Abschnitten die Rede sein.

5.1.2 Weisheitliches Ethos[7]

Die Weisheitsliteratur, die im Alten Testament[8] vor allem durch das Buch der Sprüche, aber auch durch Hiob, Qohelet und manche Psalmen repräsentiert wird, enthält einen stark ausgeprägten Zug zu einem Ethos, das man mit einer Formulierung von O. F. Bollnow (1903–1991) als „einfache Sittlichkeit" bezeichnen kann.[9] Diese Einfachheit des Ethos zeigt sich einerseits in seiner durchgängigen Erfahrungsorientierung, andererseits in seinem Verzicht auf theoretische Durchdringung und Systematisierung. Daher ist es nicht zufällig, dass das weisheitliche

---

[7] Siehe dazu G. v. Rad, Weisheit in Israel (1970), Gütersloh 1992, S. 102–130; O. Kaiser, Der Gott des Alten Testaments, Theologie des Altes Testaments, Teil 1 Grundlegung, Göttingen 1993, S. 263–299; E. Otto, Theologische Ethik des Alten Testaments (s.o. Anm. 1), S. 117–174; D. J. Clines/H. Lichtenberger/H.-P. Müller (Hg.), Weisheit in Israel, Münster 2003; M. Köhlmoos, Art. „Weisheit/ Weisheitsliteratur II. Altes Testament", in: TRE 35 (2003), S. 486–497; A. Lange, Art. „Weisheitsliteratur II. Altes Testament", in: RGG⁴ 8 (2005), Sp. 1366–1369.

[8] Darüber hinaus kommen weisheitliche Auffassungen in der zwischentestamentlichen – früher „apokryph" genannten – Weisheitsliteratur (Weisheit Salomos, Tobias, Jesus Sirach, Baruch 3,9–4,4) reichlich zum Ausdruck.

[9] So O. Kaiser, Der Gott des Alten Testament (a.a.O.), S. 273.

Ethos sich vor allem in der Form von Sprüchen und von Spruchsammlungen artikuliert. In ihnen kommt der gesammelte weisheitliche Erfahrungsschatz im Blick auf das rechte menschliche Verhalten zum Ausdruck.

Was dabei das Maß für das *rechte* Verhalten ist, hat G. von Rad (1901–1971) wiederholt mittels der Formulierung zum Ausdruck gebracht: „Das Gute ist das, was gut tut".[10] Aber Israel sammelt in seiner Weisheitsliteratur nicht nur solche gut tuenden Erfahrungen aus dem Bereich des Rechtes, des Wirtschaftens und des Sexualverhaltens, sondern es ordnet diese Erfahrungen auch seinem Glauben an Jahwe zu. Er ist der Stifter der Weltordnung, deren Respektierung und Beachtung in den Weisheitssprüchen angeraten, ja anbefohlen wird. Jahwe steht auch als Garant für diese wohltuende Ordnung der Welt, die dem Menschen in seinen alltäglichen Erfahrungszusammenhängen als Aufforderung zum rechten Handeln begegnet. Darum und insofern ist auch das weisheitliche Ethos ein im Glauben an Jahwe gegründetes, mit ihm verbundenes Ethos, wie dies in dem weisheitlichen Grund-Satz zum Ausdruck kommt: „Der Weisheit Anfang ist die Furcht des Herrn, und den Heiligen erkennen, das ist Verstand" (Prov 9,10, ähnlich 1,7 und Hi 28,28).[11]

Diese von Jahwe gesetzte und erhaltene Ordnung zeigt sich der älteren Weisheit in einem stabilen Tun-Ergehen-Zusammenhang, der sich im positiven Fall mit der Rede vom Segen verbindet (Prov 10,6f.; 10,22; 11,11; 11,26; 22,9 und 24,25). Der Bruch bzw. die Missachtung dieser Ordnung bewirkt hingegen Verderben – für den einzelnen Täter, aber auch für sein mitbetroffenes soziales Umfeld. Dabei wird der Segen ganz konkret vor allem als langes Leben, Kinderreichtum und/oder wirtschaftlicher Reichtum gedacht (Prov 9,11 und 10,22).

Aber genau an dieser Stelle geriet die ältere Weisheit in eine Krise, die vor allem im Hiobbuch, aber auch bei Qohelet zum Ausdruck kommt[12]. Wenn es einen stabilen Tun-Ergehen-Zusammenhang gäbe, dann wäre es zulässig und ganz angemessen, aus fehlendem (oder verloren gegangenem) Wohlstand auf ein fehlerhaftes, sündhaftes Verhal-

---

[10] G. v. Rad, Weisheit in Israel (s.o. Anm. 7), S. 106f. und 110.

[11] Was die „Furcht des Herrn" bewirkt, die nicht als Angst vor Gott, sondern als respektvolle Achtung Gottes und der von ihm gesetzten Ordnung zu verstehen ist, thematisiert das Buch der Sprüche an zahlreichen Stellen und in ganz unterschiedlichen Hinsichten: Prov 8,13; 10,27; 11,27; 15,33; 16,6; 19,23 und 22,4.

[12] In Ps 73 begegnen wir einem Text, in dem das – offensichtliche oder vordergründige – Nicht-Funktionieren des Tun-Ergehen-Zusammmenhanges als Anfechtung erlebt und durchlitten wird, die aber durch den Blick auf das „Ende" der Gottlosen und der Gerechten (Ps 73,17 und 24) überwunden werden kann.

ten des betroffenen Menschen zurückzuschließen.[13] Aber gerade das wird im Hiobbuch eindrucksvoll und glaubwürdig – letztendlich von Jahwe selbst – widerlegt (Hi 42,7–9).

Das Ethos und das gesamte Wirklichkeitsverständnis der älteren und der jüngeren Weisheit haben in den zurückliegenden Jahrzehnten eine unerwartete, gelegentlich auch ambivalent wirkende Renaissance erfahren.[14] In ihr kommt zweierlei zum Ausdruck: einerseits das Interesse an einem erfahrungsbezogenen Ethos, das sich an dem orientiert, was dem Menschen gut tut, andererseits aber auch die Skepsis gegenüber der Annahme, dass es denen, die gut sind, immer (oder in der Regel) auch gut geht. An diesem Punkt stellen sich weitere künftige Klärungsaufgaben für die Ethik.

5.1.3 Der Dekalog und seine Auslegung[15]

5.1.3.1 Exegetische Beobachtungen

Der Dekalog (das „Zehnwort", die Zehn Gebote) ragt aus allen anderen Gebotsreihen des Alten Testaments heraus und zwar dadurch, dass er die wichtigsten religiösen und ethischen Gebote umfasst, in denen das zusammengefasst zu sein scheint, was nicht nur für Israel, sondern für alle Völker und Menschen gilt. Letzteres gilt allerdings nur mit einer Einschränkung, von der noch die Rede sein muss.

Der Dekalog ist zweimal im Alten Testament überliefert: Ex 20,1–17 und Dt 5,6–21. Beide Fassungen weichen an mehreren Stellen leicht voneinander ab: inhaltlich am deutlichsten im 9. und 10. Gebot („Haus"/„Weib" in Ex 20,17; „Weib"/„Haus" in Dt 5,21) sowie im Blick auf die Begründung des Sabbatgebots, das in Ex 20,11 aus dem

---

[13] Diese Logik wird auch (noch) von den Jüngern Jesu laut Joh 9,2f. vorausgesetzt und von Jesus zurückgewiesen.

[14] Das spiegelt sich nicht zuletzt in der Wahl von Beerdigungstexten wider, unter denen Koh 3 („Alles hat seine Zeit") vermutlich einen der Spitzenplätze einnimmt.

[15] F. L. Hossfeld, Der Dekalog, Freiburg/Göttingen 1982; F. Crüsemann, Bewahrung der Freiheit, München 1983; A. Peters, Kommentar zu Luthers Katechismen, Bd. 1, Göttingen 1990; W. H. Schmidt, Die zehn Gebote im Rahmen alttestamentlicher Ethik, Darmstadt 1993; E. Otto, Theologische Ethik des Alten Testaments, Stuttgart 1994, S. 208–219; ders. u. a., Art. „Dekalog I–VI", in: RGG⁴ 2 (1999), Sp. 625–634; T. Koch, Zehn Gebote für die Freiheit, Tübingen 1995; H. Deuser, Die Zehn Gebote. Kleine Einführung in die theologische Ethik, Stuttgart 2002.

Ruhen Gottes nach dem Schöpfungswerk abgeleitet wird, in Dt 5,15 aus der Erinnerung an die Sklaverei in Ägypten und an den Exodus.

Was im Blick auf beide Dekalogfassungen gleichermaßen auffällt, ist folgendes:

a) Die unterschiedliche Länge und Ausführlichkeit der Gebote.
   - Das Sabbatgebot samt Begründung ist länger als alle danach folgenden Gebote zusammengenommen.
   - Die Verbote zu töten, die Ehe zu brechen und zu stehlen bestehen hingegen im Hebräischen je nur aus zwei Worten und sind ganz gleichförmig aufgebaut.[16]

b) Die überwiegend negative Form der „Gebote". Nur die Aussagen, die sich auf das Halten des Sabbats und auf die Ehrung der Eltern beziehen, haben die Form positiver Gebote, alle anderen sind Verbote. Das hat mehr als nur formale Bedeutung. Der Dekalog verbietet seinem Wortlaut nach insgesamt eher das Tun des Bösen, als dass er das Tun des Guten vorschriebe.[17]

c) Die Unklarheit der Zählung. Es ist fast unmöglich, genau zehn Gebote zu rekonstruieren. Geht man von den Gebots- und Verbotsformulierungen aus, die in den Dekalogtexten auftauchen, so kommt man auf 15, die sich in elf Geboten zusammenfassen lassen. Ordnet man aber das sinngemäß Zusammengehörige zusammen, so kommt man nur auf neun Gebote.[18] Die theologische Hauptstreitfrage ist dabei: Gibt es neben dem Verbot, fremde Götter zu haben, ein eigenes Bilderverbot,[19] oder gehört das Bilderverbot zum Fremdgötterverbot, verbietet also nicht die Gottesbilder, sondern die Anbetung und Verehrung der Bilder *anderer* Götter[20].

---

[16] Man hat – von dieser Beobachtung ausgehend – immer wieder versucht, einen gleichförmigen Urdekalog zu rekonstruieren, der auf fünf, sechs oder zehn solcher kurzer Verbote („du sollst nicht" oder „du wirst nicht") zurückzuführen sind.

[17] Luther ändert das durch seine Auslegung des Dekalogs, von der noch die Rede sein wird (s. u. Abschn. 5.1.3.3).

[18] Dass sich trotzdem die Zehnzahl beharrlich erhalten hat, hat ganz sicher auch mnemotechnische Gründe: Die Zahl der Gebote entspricht der Zahl der Finger und das ist gut zu behalten und zu memorieren.

[19] So urteilen die orthodoxen, reformierten und anglikanischen Kirchen und der überwiegende Teil der alttestamentlichen Wissenschaft, die deshalb als 2. Gebot ein spezielles Bilderverbot zählen.

[20] So urteilen die römisch-katholische und die lutherische Kirche, die deshalb das Fremdgötterverbot und das Bilderverbot zu *einem* Gebot zusammenfassen. Von dieser Zählung, die in unserem deutschen Kontext die übliche ist, mache ich im folgenden Text Gebrauch.

d) Die zwei Verbote zu begehren. Die Aufteilung des Verbots „zu begehren", was einem anderen gehört, wirkt willkürlich. Das zeigt schon der oben erwähnte Austausch in der Reihenfolge von Haus und Frau in der Exodus- und Deuteronomium-Fassung.[21]

e) Die Abfolge der Gebote ist dagegen offenbar nicht willkürlich. Es gibt eine Grundaufteilung in Gottes- und Nächstengebote[22] und innerhalb dessen dann noch ein gewisses Gefälle vom Grundlegenden zum Abgeleiteten bzw. weniger Gewichtigen. Dabei fällt die Vorordnung der Elternverehrung vor das Verbot zu töten auf. Sie erklärt sich möglicherweise daraus, dass die Eltern nicht nur der irdische Ursprung des Lebens, sondern auch die Instanz der religiösen und ethischen Unterweisung sind. Ohne sie würde das Ethos gar nicht überliefert und kommuniziert.[23]

5.1.3.2 Die theologische Bedeutung des Dekalogs

In beiden Fassungen wird der Dekalog feierlich als Gottesrede eingeführt. Er hat damit höchste Autorität. Zugleich wird damit dem Dekalog ein theologisches Fundament und eine indikativisch-heilsgeschichtliche Begründung gegeben: „Ich bin der Herr, dein Gott, der dich aus Ägyptenland geführt hat, aus der Knechtschaft." Die Gottesbeziehung Israels wird demzufolge also nicht konstituiert durch Gottes Gebot oder gar durch den Gehorsam des Volkes, sondern durch die Gottestat der Herausführung und des Sinaibundes. In der Gottesrede stellt Gott sich vor und führt sich ein als der Retter und Befreier, der als solcher dem Volk Gebote gibt.[24]

---

[21] Deshalb ist es auch mehr als verständlich, dass Luther in seinem Großen Katechismus die Auslegung des 9. und 10. Gebots zusammenfasst (BSLK 633,31–639,5).

[22] Seit Augustin hat sich daran die bildliche Vorstellung von zwei Gebots-Tafeln angeschlossen, deren erste die Pflichten gegen Gott, deren zweite die Pflichten gegenüber dem Mitmenschen enthält.

[23] Deshalb ist es auch kein Zufall, dass im Alten Testament das Droh- und Verheißungswort speziell an das Elterngebot angeschlossen wird, das an der Spitze der (auf den Mitmenschen gerichteten) Gebote steht: Wer die Eltern nicht ehrt, indem er nicht auf sie hört, schneidet sich selbst von dem Traditionsstrom ab, von dem her ihm vermittelt werden könnte, was das Gute und Gebotene ist. Im Elterngebot geht es also auch um die Vermeidung eines religiösen und ethischen Traditionsabbruches.

[24] Dies unterstreicht W. H. Schmidt mit der These: „Die Gebote wollen ... nicht

Gegen den Einwand, dadurch werde nur *eine* Abhängigkeit, nämlich von Ägypten, gegen eine *andere* eingetauscht, ist zu sagen: Die Zehn Gebote wollen von ihrem Inhalt her keine Abhängigkeit schaffen, sondern zum menschen- und gemeinschaftsgerechten Umgang mit der geschenkten Freiheit anleiten, und d.h. zugleich: dem möglichen Missbrauch der gewonnenen Freiheit wehren. Als Gebote beschränken sie deshalb durchaus die Wahlfreiheit des Menschen, aber sie tun das nicht aus Willkür oder aus Missgunst, sondern aus der Einsicht heraus, dass das Einhalten dieser Gebote für den Menschen gut ist, ja seiner Bestimmung zur Gemeinschaft mit Gott und untereinander entspricht und in diesem Sinne seiner Freiheit dient.[25]

Insofern kann uneingeschränkt gesagt werden: Die Gebote Gottes sind eine Wohltat für den Menschen. Das wird schon durch das bisher Gesagte deutlich, weil der Mensch durch die Gebote davor bewahrt werden soll, seine Bestimmung zu verfehlen. Das wird aber noch unübersehbarer und eindeutiger, wenn man sich bewusst macht, dass die Gebote zugleich Schutzbestimmungen sind, durch die unsere Feiertagsruhe, unser Leben, unsere Ehe, unser Eigentum, unsere Kommunikation und unsere gesamte Lebenssphäre von Gott her unter Schutz gestellt wird. Alle Menschen sind zugleich Adressaten und Nutznießer des Dekalogs, weil er für alle gilt.

Gerade die dabei vorausgesetzte universelle Gültigkeit des Dekalogs könnte aber durch die heilsgeschichtliche Selbstvorstellung am Anfang des Dekalogs infrage gestellt sein; denn das angeredete „du", von dem gilt: „du bist von Gott aus der ägyptischen Sklaverei herausgeführt worden", ist offensichtlich nicht jeder Mensch. Das gilt nur für das Volk Israel. Gelten also auch die Zehn Gebote nur für dieses Volk bzw. für die, die diese oder eine analoge Befreiungstat erlebt haben und als eine ihnen von Gott her zuteilgewordene Befreiung verstehen können?[26]

---

    die Gemeinschaft mit Gott schaffen, sondern höchstens aufrechterhalten" (Einführung in das Alte Testament, Berlin/ New York 1995⁵, S. 118).

[25] So z.B. J. M. Lochman, Wegweisung der Freiheit. Abriss der Ethik in der Perspektive des Dekalogs, Gütersloh 1979; F. Crüsemann, Bewahrung der Freiheit, München 1983, und T. Koch; Zehn Gebote für die Freiheit, Tübingen 1995.

[26] Diese Frage wird uns im Zusammenhang mit dem folgenden Abschnitt über Luthers Auslegung des Dekalogs gleich noch einmal beschäftigen.

5.1.3.3 Luthers Auslegung des Dekalogs[27]

Die zuletzt gestellte Frage müsste dann – aber auch nur dann – bejaht werden, wenn der Verweis auf die Herausführung aus Ägypten die notwendige, weil einzig mögliche Begründung für die Gebote und die einzig mögliche Selbstidentifikation Gottes als Geber der Gebote wäre. Das ist jedoch nicht der Fall, wie man gut an Luthers Auslegung des Dekalogs im Kleinen Katechismus erkennen kann.[28]

Man hat Luther immer wieder vorgeworfen, er habe Israel den Dekalog gewissermaßen weggenommen (Enteignung Israels), indem er an mehreren Stellen verändernd in den Wortlaut der biblischen Dekaloggebote eingegriffen habe, und zwar dadurch, dass er:

- den Verweis auf die Herausführung aus Ägypten am Beginn des Dekalogs *weglässt*;
- das Droh- und Verheißungswort verallgemeinert, das im Bibeltext nur zum 1. Gebot gehört, es aber in seiner Auslegung auf *alle* Gebote bezieht;
- im 3. Gebot das Wort „Sabbat" durch „*Feiertag*" ersetzt;
- im 4. Gebot[29] die Verheißung des langen Lebens im *Lande* durch die Verheißung langen Lebens auf *Erden* ersetzt.[30]

---

[27] Vgl. dazu A. Peters, Kommentar zu Luthers Katechismen, Bd. I, Göttingen 1990.
[28] BSLK 506,39–510,21.
[29] „ ... auf dass du lange lebest in dem Lande, das dir der Herr, dein Gott, geben wird" (Ex 20,12) bzw. „ ... auf dass du lange lebest und dir's wohlgehe in dem Lande, das dir der Herr, dein Gott, geben wird" (Dt 5,16).
[30] Allerdings hat Luther die biblische Verheißung langen Lebens auf Erden nur in den *lateinischen* Fassungen der Katechismen im Wortlaut der Gebote beibehalten und dann dort entsprechend (von „Land" in „Erde") verändert (BSLK 508,19f.; 555,21; 587,5f.) „ut sis longaevus super terram". In der *deutschen* Fassung des Großen Katechismus taucht die Landverheißung (im ursprünglichen biblischen Wortlaut) jedoch in Luthers *Auslegung* des 4. Gebotes auf: „Auf daß du langes Leben habst im Lande, da Du wohnest" (BSLK 594). Mehrere neuere Katechismusausgaben (M. Luther, Der Große und der Kleine Katechismus, ausgewählt und bearbeitet von K. Aland und H. Kunst, Göttingen [1983] 1985², S. 7 und 18, sowie Der Kleine Katechismus Doktor Martin Luthers, Neubearbeitete Ausgabe, Hannover 1986, S. 3 und 9) verwenden in ihren (deutschen) Texten die ins Deutsche übersetzte lateinische Version (mit Umstellung der Worte): „ ... auf dass dir's wohlgehe und du lange lebest auf Erden".

Mir scheinen alle vier Veränderungen sachlich völlig gerechtfertigt zu sein:

- Die Weglassung des Verweises auf den Exodus leugnet diesen nicht und enteignet Israel nicht, sondern verfolgt das Ziel, dass alle Menschen und Völker die Zehn Gebote halten sollen, nicht nur diejenigen, die eine solche geschichtliche Befreiungstat erlebt haben. Die Streichung allein tut's freilich nicht; denn nach der Streichung stellt sich die Frage nach einer anderen Begründung für die Gebote und ihre Befolgung. Tatsächlich hat Luther in der Auslegung des 1. Artikels des Glaubensbekenntnisses die fehlende Begründung nachgeliefert, nämlich durch Verweis auf die Schöpfung, die ohne unser Verdienst und Würdigkeit geschieht und aufgrund deren wir deshalb „schuldig" sind, Gott zu danken, ihn zu loben, ihm zu dienen und ihm gehorsam zu sein.[31] An die Stelle der nur für Israel gültigen heilsgeschichtlichen Begründung tritt eine für alle Menschen gültige schöpfungstheologische Begründung, durch die Israel nicht ausgeschlossen, sondern doppelt (durch Exodus und Schöpfung) einbezogen ist.
- Die zweite Änderung (Generalisierung von Drohung und Verheißung, Fluch und Segen) entspricht ganz dem biblischen, speziell dem alttestamentlichen Selbstverständnis: Auf der Missachtung des Willens Gottes ruht generell der Fluch, auf seiner Beachtung generell der Segen. Damit schließt sich der Kreis zu dem hin, was über Sinn und Bedeutung der Gebote gesagt wurde. Wichtig ist dabei und von daher, dass Fluch und Segen nicht als willkürliche Bestrafung und Belohnung zu verstehen sind, sondern als innere Folgen der Taten im Sinne des bereits erwähnten Tun-Ergehen-Zusammenhanges.
- Die dritte Änderung, die Luther vorgenommen hat (Feiertag statt Sabbat), hat dieselbe Funktion wie die erste: der spezifische Bezug auf Israel wird ersetzt *nicht* durch einen spezifisch christlichen (etwa durch Nennung des Sonntags), sondern durch einen allgemein menschheitlichen Bezug. Es geht um die Heiligung des Feiertags. Ein spezifisch christliches Element kommt jedoch bei diesem Gebot dadurch indirekt ins Spiel, dass der Sonntag, als der christliche Feiertag, der Auferstehungstag Christi ist und dass demzufolge der christliche Feiertag nicht mehr der letzte, sondern der *erste* Wochentag ist. D.h. die Ruhe muss nicht erst durch eine Arbeitswoche verdient

---

[31] BSLK 511,6–8: „ ... des alles ich ihm zu danken und zu loben und dafür zu dienen und gehorsam zu sein schüldig bin".

werden, sondern der Mensch soll und darf aus der Ruhe, dem Hören und Beschenktwerden heraus leben.[32] Gegenüber der biblischen *Begründung* des Sabbatgebots mit den vorangehenden sechs Arbeitstagen (Ex 20,13 und Dt 5,13) ist damit eine wichtige Veränderung vollzogen, die allerdings in gewisser Hinsicht durchaus dem Wortlaut der priesterschriftlichen Schöpfungserzählung entspricht.[33]
- Die vierte Änderung Luthers, die Ersetzung von „Land" durch „Erde" im 4. Gebot dient ebenfalls der Universalisierung – wie die erste und dritte Änderung. Ihr immenser Gewinn besteht darin, dass die Verkündigung und Erfüllung der Gebote nicht mehr verbunden ist mit dem Anspruch auf ein bestimmtes Land, sondern sich auf die allen Menschen gemeinsam anvertraute Erde bezieht.[34]

Über die genannten Veränderungen im Text des Dekalogs[35] hinaus lassen sich aus Luthers Auslegungen der einzelnen Gebote des Dekalogs *drei Auslegungsgrundsätze* erheben, die von grundsätzlicher Bedeutung

---

[32] Diese heilsame und erfreuliche Pointe, die sich wohltuend auf das Lebensgefühl der Menschen auswirken könnte, droht in unserer Gesellschaft durch zwei neuere Entwicklungen in Vergessenheit zu geraten: durch die – vermutlich fahrplanbedingte – Veränderung der Zählung der Wochentage (laut DIN 1355), durch die der Sonntag vom ersten zum letzten Tag der Woche wurde, und durch die Sprachangewohnheit, durch die „der Sonntag" weitgehend durch „das Wochenende" abgelöst wurde. (Siehe dazu W. Härle, Schöner Sonntag, in: Zeitzeichen 2007, Heft 4, S. 18.)

[33] Wenn man diesen Wortlaut buchstäblich nimmt, ist der Mensch (zusammen mit den Landtieren) am letzten Arbeitstag der „Schöpfungswoche" erschaffen worden. Sein (bzw. ihr) erster (voller) Lebenstag ist also ein Sabbat und damit kein Arbeits- sondern ein Feiertag. Auf dieser mythologisch-erbaulichen Gedankenbrücke begegnen sich der Sabbat und der Sonntag als der (für den Menschen) *erste* Tag.

[34] Diese Ersetzung von „Land" durch „Erde" ist alles andere als eine Bagatelle. Es hätte für den Nahostkonflikt zwischen Israel und den Palästinensern unvorstellbar *positive* Auswirkungen, wenn sich beide (!) Seiten eine solche Auslegung des Dekalogs bzw. des in ihm artikulierten Ethos zu eigen machen könnten. Dabei setze ich allerdings voraus, dass mit dieser Ausweitung der Besitzanspruch nicht ausgedehnt, sondern relativiert wird. Die schreckliche Liedzeile „Denn heute gehört uns Deutschland und morgen die ganze Welt" zeigt freilich auf gespenstische Weise, dass sich das – jedenfalls in und für Deutschland – leider nicht immer von selbst verstand

[35] Sie belegen auch Luthers *freien* Umgang mit der Bibel, der jedenfalls nicht als „biblizistisch" verstanden und bezeichnet werden darf – und das im Blick auf einen so zentralen Text wie den des Dekalogs.

sind, weil sie einerseits auf bestimmte Grenzen und Defizite des Dekalogs hinweisen, andererseits selbst offensichtlich getragen sind von einer weiterführenden Erkenntnis in das Wesen der ethischen Forderung, die aber so im Dekalog noch nicht (voll) zum Zuge kommt:

– Die Auslegung jedes Gebots beginnt mit den Worten: „Wir sollen Gott fürchten und lieben, dass wir ...". Damit wird bei jedem der Folgegebote die Auslegung des 1. Gebots („Wir sollen Gott über alle Dinge fürchten, lieben und vertrauen"[36]) neu aufgenommen, so dass jedes der folgenden Einzelgebote als Anwendung und Konkretisierung des 1. Gebots und so der Dekalog als Einheit erkennbar wird. Das geht aus dem Dekalog selbst so noch nicht hervor. Warum sollte aus der Absage an alle anderen Götter die Achtung der Eltern, des Lebens oder der Wahrheit folgen? Das ist nur dann plausibel, wenn der Glaube an Gott als solcher die positive Ausrichtung auf den Mitmenschen einschließt. Und das ist nach biblischem Verständnis deshalb tatsächlich der Fall, weil der Gott, den wir über alle Dinge fürchten, lieben und vertrauen sollen, selbst für die Gerechtigkeit, die Achtung und die Liebe steht, die Menschen einander schulden. Dabei macht jedoch Luthers Rede vom „*fürchten* und lieben" vielen Menschen Schwierigkeiten. Das klingt nach Peitsche und Zuckerbrot; es wirkt zudem wie ein Widerspruch zu der Aussage aus 1 Joh 4,17f: „Furcht ist nicht in der Liebe, sondern die vollkommene Liebe treibt die Furcht aus. Denn die Furcht rechnet mit Strafe. Wer sich aber fürchtet, der ist nicht vollkommen in der Liebe". Diese mit der Liebe unvereinbare Furcht vor Strafe kann mit dem „Fürchten" aus Luthers Dekalog-Auslegung nicht gemeint sein. Die Furcht, von der Luther hier spricht, kann nur die *Ehrfurcht* sein, die die Heiligkeit der göttlichen Liebe ernst nimmt. „Fürchten und lieben" heißt darum letztlich nichts anderes als: „von ganzem Herzen lieben".[37]
– In der Auslegung jedes Gebots versucht Luther, und in noch stärkerem Maß tut dies der Heidelberger Katechismus, das Verbotene oder Gebotene zu *entfalten* und damit nicht nur zu veranschaulichen, sondern über ein verengtes Verständnis hinauszuführen. Im buchstäblichen Sinn verbietet der Dekalog ja nur recht grobe ethi-

---

[36] BSLK 507,42f.
[37] Siehe dazu A. Peters, Kommentar zu Luthers Katechismen, Bd. I Göttingen 1990, S. 130–137 sowie W. Härle, *Gott fürchten und lieben* – Martin Luther und die Kunst lebenswichtiger Unterscheidungen, in: ‚Nimm und lies!' Theologische Quereinstiege für Neugierige, Hg. R. K. Wüstenberg, Gütersloh 2008, S. 110–125, bes. S. 112–114.

sche Verfehlungen. Der Wortlaut der Gebote/Verbote lässt viele Ausweichmöglichkeiten, Schlupflöcher und Abweichungen zu. Luther versucht deshalb in seinen Auslegungen die Vielfalt des Lebens, der ethischen Gefährdungen und Herausforderungen detaillierter und umfassender zu beschreiben.

So entfaltet Luther das Verbot, Gottes Namen unnütz zu gebrauchen (2. Gebot) durch die Worte: „Wir sollen Gott fürchten und lieben, dass wir bei seinem Namen nicht fluchen, schwören, zaubern, lügen oder trügen, sondern ihn in allen Nöten anrufen, beten, loben und danken".[38] Oder er erläutert das Verbot zu töten (5. Gebot) mit den Worten: „Wir sollen Gott fürchten und lieben, dass wir unserem Nächsten an seinem Leib keinen Schaden noch Leid tun, sondern ihm helfen und fördern in allen Leibesnöten".[39] Und beim Verbot des Diebstahls (7. Gebot) heißt es: „Wir sollen Gott fürchten und lieben, dass wir unseres Nächsten Geld oder Gut nicht nehmen noch mit falscher Ware oder Handel an uns bringen, sondern ihm sein Gut und Nahrung helfen bessern und behüten".[40]

Aber diesem ausweitenden Auslegungsverfahren sind auch im Kleinen Katechismus Grenzen gesetzt. Es ist keineswegs erschöpfend, sondern macht nur eine Richtungsangabe, wie weitergedacht werden muss, wie die Gebote bzw. wie der Wille Gottes eigentlich zu verstehen ist, nämlich umfassend, so dass deutlich wird, Gottes Wille umfasst alle Bereiche des Lebens[41]. Das wird aber erst durch eine andersgeartete Forderung deutlich, die nicht immer noch weitere neue Einzelvorschriften hinzufügt, sondern die Mitte des menschlichen Handelns erfasst.

Diesen Vorgang hat G. Bornkamm in seinem Jesusbuch anschaulich beschrieben, indem er die konkreten Weisungen Jesu als Teil seiner Verkündigung kontrastierend in Beziehung setzt zu kasuistischer Gesetzesauslegung: „Diese hat ihr Kennzeichen darin, dass sie immer engere Maschen eines Netzes knüpft in dem Bestreben, das ganze Leben des Menschen einzufangen. Aber sie lässt mit jeder neuen Masche ein neues Loch und spart mit ihrem Eifer, konkret zu werden, doch in Wahrheit das Herz des Menschen aus. Diese ‚Herzlosigkeit' gehört zum Wesen aller Kasuistik. Die konkreten Weisungen Jesu dagegen greifen durch die Lücken und Löcher nach dem Herzen des Menschen und treffen dorthin, wo sein Dasein gegenüber dem andern und gegenüber Gott wirklich auf dem Spiel steht".[42]

---

[38] BSLK 508,5–9.
[39] BSLK 508,31–34.
[40] BSLK 509, 9–13.
[41] Ich spiele damit an auf Art. 2 der Barmer Theologischen Erklärung: „Wie Jesus Christus Gottes Zuspruch der Vergebung aller unserer Sünden ist, so und mit gleichem Ernst ist er auch Gottes kräftiger Anspruch auf unser ganzes Leben ...".
[42] G. Bornkamm, Jesus von Nazareth, Stuttgart u.a. (1956) 1980[5], S. 93.

– Gemäß einer dritten Auslegungsregel stellt Luther den positiven Gebotsformulierungen *negative* Auslegungen an die Seite (so im 3. und 4. Gebot) und – was ungleich wichtiger ist – er legt die Verbote (des 2. und 5.–10. Gebots) auch mittels *positiver* Erläuterungen aus.[43] Damit hört der Dekalog in Luthers Auslegung auf, überwiegend eine Sammlung von Verboten zu sein, die das Böse nur verhindern wollen, sondern er wird zu einer Anweisung, das Gute zu tun. Welche Bedeutung diese positive Ergänzung hat, wird deutlich an Texten wie der Erzählung vom reichen Mann und armen Lazarus (Lk 16,19–31) oder an der Rede vom Weltgericht (Mt 25,31–46). In beiden Fällen besteht die Schuld der Menschen ausschließlich im Nichtstun. Durch den Dekalog im wörtlichen Sinn würden sie überhaupt nicht getroffen, weil sie gegen keines der dort formulierten Verbote verstoßen haben. Aber auch hier gilt: Luthers positive Ergänzungen weisen nur in die Richtung, in der eine befriedigende Formulierung der ethischen Forderung zu suchen ist. Sie bieten sie selbst noch nicht.

So zeigt sich an allen drei Auslegungsregeln Luthers im Kleinen Katechismus, dass der Dekalog seine Stärke in der Konkretheit der Gebote und Verbote hat, dass er aber noch der Ergänzung und Zusammenfassung bedarf, die in derselben Richtung zu suchen ist: bei einer *umfassenden* ethischen Forderung, in der alle ethischen Gebote und Verbote explizit oder implizit enthalten sind. Diese Einsicht und das ethische Material zu ihrer Realisierung finden sich schon im Vorfeld des Neuen Testaments in Gestalt der Goldenen Regel (Tob 4,16) und in den Geboten der Gottes- und der Nächstenliebe (Dt 6,5 und Lev 19,18). Diese Einsicht und das zu ihrer Realisierung erforderliche Material werden aber im Neuen Testament aufgenommen und vertieft. Davon soll nun noch in den beiden folgenden Abschnitten die Rede sein.

---

[43] Auch dies ist den oben (S. 172) zitierten Auslegungen des 2., 5. und 7. Gebots zu entnehmen. Eine Ausnahme von dieser dritten Regel bilden Luthers Auslegungen des 1. und des 6. Gebots. In beiden Fällen hat zwar das Gebot den Charakter eines Verbots, aber Luthers Auslegungen enthalten keine Verbote, sondern nur Gebote: „Wir sollen Gott über alle Dinge fürchten, lieben und vertrauen" (BSLK 507,42f.) sowie: „Wir sollen Gott fürchten und lieben, dass wir keusch und züchtig leben in Worten und Werken und ein jeglicher sein Gemahl lieben und ehren" (BSLK 509,2–5). Man kann freilich fragen, ob die Adjektive „keusch und züchtig" nicht faktisch als oder zumindest wie implizite Verbote zu verstehen sind.

5.1.4 Die Goldene Regel[44]

Die Goldene Regel ist eine ethische Norm, die versucht, die Fülle dessen, was geboten ist, in einem einzigen Gebot zusammenzufassen. Wenn das gelingt, dann ist das in mehrfacher Hinsicht eine große Errungenschaft:

- Das eine Gebot umfasst dann alle Bereiche und Aspekte des Lebens. Es ist also *umfassend*.
- Es kann dann keinen unauflösbaren ethischen Konflikt zwischen zwei oder mehreren gleichrangigen höchsten Geboten geben. Es ist also *eindeutig*.[45]
- Das Gebotene ist leichter im Gedächtnis zu behalten, als dies bei einer Mehrzahl von Geboten der Fall wäre. Es ist also gut *merkbar*.

Aber wie soll in *einem* Gebot *alles* enthalten sein, was zu tun ist? Das ist entweder dadurch möglich, dass dieses eine Gebot ein Kriterium beinhaltet, anhand dessen jede mögliche Handlung (oder Unterlassung) daraufhin überprüft werden kann, ob sie getan oder unterlassen werden soll, oder es ist dadurch möglich, dass es ein höchstes, größtes, oberstes Gebot nennt, aus dem sich ableiten lässt, was jeweils zu tun und zu lassen ist. Die Goldene Regel ist ein Gebot des ersten Typus, also eines, das ein Kriterium beinhaltet, anhand dessen alle Taten ethisch über-

---

[44] Siehe dazu H.-H. Schrey, Art. „Goldene Regel III", in: TRE 13 (1984), S. 575–583; H.T.D. Rost, The Golden Rule, Oxford 1986; M. Singer, Art. „Golden Rule", in: Encyclopedia of Ethics, Bd. 1, 1992, S. 405–408; J. Wattles, The Golden Rule, Oxford 1996; H. Bedford-Strohm, Gemeinschaft aus kommunikativer Freiheit. Sozialer Zusammenhalt in der modernen Gesellschaft. Ein theologischer Beitrag, Gütersloh 1999, bes. S. 237–284; H.-J. Becker/ J. C. Thom/W. Härle, Art. „Goldene Regel I–III", in: RGG⁴ 3 (2000), Sp. 1076–1078; H. Schulz, Die Goldene Regel. Versuch einer prinzipientheoretischen Rehabilitation, in: ZEE 47 (2003), S. 193–209 sowie A. Ch. Albert, Helfen als Gabe und Gegenseitigkeit, Heidelberg 2010, bes. S. 325–336.

[45] Das schließt allerdings nicht aus, dass man mittels der Goldenen Regel in der Praxis in einen unauflösbaren ethischen Konflikt geraten kann, wenn diese gleichzeitig zwei unterschiedliche Handlungen (etwa verschiedenen Menschen gegenüber) gebietet, die nicht beide gleichzeitig ausgeführt werden können, wie z.B. die Einhaltung eines gegebenen Versprechens und die Hilfeleistung gegenüber einem Menschen, der einen Unfall hatte. Die Goldene Regel wird (vermutlich) beides fordern, aber es ist u.U. zeitlich nicht möglich, beides zu tun.

prüft werden können.⁴⁶ Sie existiert sowohl in einer negativen als auch in einer positiven Form. Und da dieser Unterschied ethisch nicht unerheblich ist, sollen beide Formen zunächst je für sich betrachtet werden:

5.1.4.1 Die negative Form der Goldenen Regel

Die negative Form der Goldenen Regel: „Was du nicht willst, dass man dir tu, das füg auch keinem andern zu" (Tob 4,16) gibt es in ähnlichem Wortlaut in mehreren Kulturen und Religionen. In der Bibel findet sie sich an einer relativ unauffälligen Stelle: in dem zur zwischentestamentlichen Literatur („Apokryphen") gehörenden Büchlein Tobias, und zwar dort innerhalb der Abschiedsrede (Tob 4,1–20), die ein alter Vater, namens Tobias, auf dem Sterbebett seinem gleichnamigen Sohn hält, und zwar als eine weisheitliche⁴⁷ Sammlung von Ermahnungen zu Barmherzigkeit und Mildtätigkeit. Die Goldene Regel wird in diesem Kontext nicht als Zusammenfassung oder auf andere Weise hervorgehoben, sondern eher beiläufig eingestreut. Aber tatsächlich ist sie eine beachtliche übergeordnete Regel, aus der viel an ethischer Einsicht abgeleitet werden kann. Wenn alle Menschen sich bei jeder geplanten Handlung fragen würden, ob sie möchten, dass andere so an ihnen handeln, und wenn die Antwort auf diese Frage dann handlungsleitend würde, so würden Gewalttätigkeit, Betrug, Ungerechtigkeit, Rücksichtslosigkeit etc. im zwischenmenschlichen Bereich vermutlich erheblich reduziert. Und das wäre doch schon viel.

Trotzdem hat diese Form der Goldenen Regel einige gravierende ethische Mängel:

– Sie schließt nur – wie die Verbote des Dekalogs, aber im Vergleich zu ihnen generell und darum umfassend – das Tun des *Bösen* aus, gebietet hingegen nicht das Tun des Guten. Damit erfasst diese Form der Goldenen Regel nicht oder nur unzureichend die Situationen, in denen Menschen durch Unterlassungen aneinander schuldig werden. Diesen Mangel kann man freilich dadurch beheben, dass man zu dem Tun – wie ich es in dieser „Ethik" vorgeschlagen habe⁴⁸ und selbst tue – auch Unterlassungen rechnet.

---

⁴⁶ Den anderen Typus verkörpert das Doppelgebot der Liebe, von dem im folgenden Abschnitt die Rede sein wird.
⁴⁷ S. o. Abschn. 5.1.2.
⁴⁸ S. o. Kap. A 3, Abschn. 3.1 b.

– Zum Maßstab für das Verbotene nimmt die negative Form der Goldenen Regel das, was der Handelnde bzw. die Handlung Erwägende selbst *nicht will*. Das ist aber insofern als Norm unzureichend, als unterschiedliche Menschen auch sehr unterschiedliche Abneigungen haben. Wenn ein Mensch einem anderen nicht zufügt, was er selbst von ihm nicht zugefügt bekommen möchte, kann das immer noch heißen, dass er ihm Dinge zufügt, die zwar für ihn selbst – sogar u.U. gut – akzeptabel (oder sogar erwünscht) sind, für die andere Person aber vielleicht schrecklich sind. Die Goldene Regel – und das ist wohl ihre größte ethische Schwäche – leitet nicht wirklich zur Einfühlung in andere Menschen an, sondern nur zum Bewusstmachen *eigener* Befürchtungen und Aversionen (oder auch Hoffnungen und Wünsche), und sie verleitet dazu, diese auf andere Menschen zu projizieren. Die Annahme, dass alle Menschen unabhängig von Geschlecht, Alter, sozialer Stellung, kultureller Prägung, individueller Lebensgeschichte (etwa) dieselben Abneigungen und Zuneigungen hätten, die vermutlich unbewusst hinter der Goldenen Regel steht, ist eine äußerst kühne und nicht zu rechtfertigende Annahme.[49] Trotzdem ist die Goldene Regel auch in dieser Hinsicht nicht einfach abzulehnen oder zu verwerfen. Sie kann nämlich dazu beitragen, anderen nichts zu tun, was wir selbst nicht getan haben möchten *und von dem wir wissen*, dass das für die andere Person *ebenso* gilt. Wenn man es so formuliert, merkt man aber, dass der „Umweg" über das eigene Wollen überflüssig ist. Wenn wir wissen, dass ein anderer Mensch etwas (von uns) nicht getan haben will, ist es für die ethische Prüfung völlig unerheblich, ob *wir* das getan haben möchten. Insofern bleibt dieser Punkt eine gravierende Schwäche der Goldenen Regel.

– Der dritte ethische Mangel der Goldenen Regel ist einer, den man aus der Formel nicht direkt und eindeutig entnehmen, sondern höchstens erschließen kann. So, wie die Goldene Regel dasteht, kann sie jedenfalls auch verstanden werden als ein Appell an kluges Eigeninteresse im Sinne von: „*Wenn* du nicht willst, *dann* …", oder „*Weil* du doch nicht willst, dass …, *darum* …". Dann wäre die Goldene Regel nichts anderes als eine Form des (aufgeklärten) ethischen Egoismus.[50] Aber – wie gesagt – das steht so nicht da. Und deswegen sollte man das dieser Formel auch nicht unterstellen, wohl aber ausdrücklich darauf hinweisen, dass sie – als „Goldene Regel", und das

---

[49] Man kann sogar sagen, dass nicht wenige Beziehungsprobleme und Generationenkonflikte durch die Vermutung zustande kommen, die Beteiligten hätten alle gleiche oder zumindest ähnliche Bedürfnisse.

[50] Siehe dazu oben Kap. A 3, Abschn. 3.5.2 a.

ist ja ein ethisches Gütezeichen – nicht *so* gemeint sein kann. Es kann immerhin auch gemeint sein: „Weil du doch weißt, wie schmerzlich es ist, wenn dir Übel zugefügt werden, tu das auch anderen nicht an". Jedenfalls ist die Frage nach der *Motivation*, die hinter der Goldenen Regel steht und in ihr zum Ausdruck kommt, ihrem Wortlaut nicht eindeutig zu entnehmen und ist darum klärungsbedürftig.

5.1.4.2 Die positive Form der Goldenen Regel

Im Blick auf die positive Form („Alles nun, was ihr wollt, dass euch die Leute tun sollen, das tut ihnen auch!" [Mt 7,12a] bzw.: „Und wie ihr wollt, dass euch die Leute tun sollen, so tut ihnen auch!" [Lk 6,31]) gelten der zweite und dritte Einwand ebenfalls, aber der erste Einwand greift hier nicht. Im Gegenteil: Die positive Form orientiert sich gerade nicht am Unterlassen des Bösen, sondern ausschließlich am Tun des Guten. Man könnte daraus freilich die etwas spitzfindige Frage ableiten, ob hierbei nun möglicherweise (umgekehrt) das Unterlassen des Bösen zu kurz oder ganz aus dem Blick komme. Aber das ließe sich natürlich mit denselben Mitteln beantworten und lösen wie im vorigen Abschnitt der spiegelbildliche erste Einwand: Auch Unterlassungen sind Handlungen.

Damit scheint sich zu ergeben, dass der Unterschied zwischen der negativen und der positiven Form der Goldenen Regel völlig unerheblich und irrelevant ist. Das wäre aber in gewisser Hinsicht eine überzogene Schlussfolgerung. Denn von ihrem *Kontext* bei Matthäus (in der Bergpredigt Jesu) und bei Lukas (in der ihr entsprechenden Feldrede Jesu) hat die Goldene Regel in ihrer positiven Form jedenfalls im Neuen Testament einen viel grundsätzlicheren, geradezu programmatischen Charakter verglichen mit der negativen Form der Goldenen Regel in Tobias 4,16. Das soll kurz gezeigt werden:

- In Lk 6,31 ist die Goldene Regel eingebettet in Aussagen über die Feindesliebe (Lk 6,27–35), also über das Gebot, das am konsequentesten ein „Ethos der Gegenseitigkeit" durchbricht und überwindet. Insofern könnte man sogar sagen, dass von diesem Kontext her der oben genannte dritte Einwand im Blick auf die positive Form der Goldenen Regel hinfällig wird. Im Gegenteil: Im unmittelbaren Anschluss an die Goldene Regel heißt es: „Und wenn ihr die liebt, die euch lieben, welchen Dank habt ihr davon? Denn auch die Sünder lieben ihre Freunde" (Lk 6,32). Gemeint oder intendiert ist also offenbar nicht ein Ethos der Gegenseitigkeit oder des klugen Eigeninteresses, sondern die Goldene Regel will darüber hinausweisen.

Trotzdem bleibt die Frage, ob dieses Ziel mit dieser Formulierung schon erreicht und diese Absicht verwirklicht wird, weil und solange das gebotene Tun des Guten sich auch hier an der Person des Handelnden und ihren Wünschen orientiert.

– Mt 7,12 ist der Beginn der Kette von Mahnungen zum Tun des Guten, mit denen die Bergpredigt abgeschlossen wird mittels der Bildreden von der engen und der weiten Pforte; von Frucht und Baum; vom Haus auf Sand oder Fels (Mt 7,13–29). Schon das deutet an, dass die Goldene Regel aus Mt 7,12a im Matthäusevangelium grundsätzliche Bedeutung hat. Und das wird auch im Kontext explizit; denn im unmittelbaren Anschluss an die Goldene Regel heißt es (Mt 7,12b): „Das ist das Gesetz und die Propheten!" Das heißt, die Goldene Regel wird als gültige Zusammenfassung der Toraweisung und der prophetischen Kritik aufgefasst: als umfassende ethische Norm. Das hebt die oben genannten Einwände nicht auf, aber es zeigt, welche Bedeutung das Neue Testament selbst dieser ethischen Norm gibt.

5.1.4.3 Die neue Goldene Regel

Die Rede von der „neuen Goldenen Regel" nimmt einen (englischsprachigen) Buchtitel des amerikanischen Soziologen Amitai Etzioni[51] auf und verdeutlicht an ihm eine bisher noch nicht angesprochene Schwäche der Goldenen Regel und die Möglichkeit ihrer Überwindung. Etzioni geht – erfahrungsgestützt – davon aus, dass sich die für das gesellschaftliche Zusammenleben notwendige Balance zwischen einem hohen Maß sozialer Ordnung und einem hohen Maß an freier Selbstbestimmung nicht automatisch einstellt, sondern durch verschiedene Gegenkräfte bedroht ist. Eine starke (zentrifugale) Gegenkraft stellt das Gefühl dar, selbst mehr an Lasten tragen zu müssen und/oder weniger an Wohltaten zu empfangen als andere Individuen bzw. Gruppen. Mit anderen Worten: Der Zusammenhalt und die Zusammenarbeit werden gefährdet durch eine als ungerecht oder unfair empfundene Verteilung von Belastungen. Und dieses negative Gefühl stellt sich in Ehen, Partnerschaften, aber auch in größeren Gruppen erfahrungsgemäß auch dann ein, wenn das Prinzip der Gegenseitigkeit oder Reziprozität in Form einer möglichst *gleichmäßigen* Verteilung der Pflichten und Aufgaben angewandt und möglichst konsequent durchgeführt wird. Zur

---

[51] A. Etzioni, The New Golden Rule. Community and Morality in a Democratic Society, New York 1996.

Überwindung dieses Zustandes schlägt Etzioni – als neue Goldene Regel – die Einführung einer „75 Prozent/75 Prozent-Regel" vor.[52] Damit ist eine Verteilungsregel gemeint, bei der beide beteiligten Seiten nicht je die Hälfte der Lasten übernehmen, sonder je drei Viertel. Das ergibt zwar – rein rechnerisch – ein Übersoll von 50 %, aber es führt im sozialen Leben zu einem gefühlten Ausgleich. Das ist so, weil vermutlich die meisten Menschen das, was sie selbst an Lasten oder Leiden tragen oder auf sich zu nehmen haben, drückender und schwerer empfinden als das, was sie an anderen Menschen als deren Lasten und Leiden wahrnehmen. Dadurch entsteht leicht das Gefühl oder der Eindruck, es bestehe kein Gleichgewicht. Und das führt nicht selten dazu, mehr von der anderen Seite zu fordern oder selbst weniger zu leisten.

Diese neue Goldene Regel besitzt eine soziale Plausibilität, die nicht zu verachten ist. Gegenüber der traditionellen Goldenen Regel (in ihrer negativen und positiven Form) hat sie freilich den Nachteil, sich nicht aus dem zu ergeben, dessen ein Mensch *spontan* inne ist (was will ich selbst [nicht]), sondern schon eine ethisch bzw. sozial motivierte komplexe gedankliche Operation vorauszusetzen. Insofern darf man wohl vermuten, dass es der neuen Goldenen Regel nicht gelingen wird, den Platz der alten einzunehmen, sondern dass sie diese kommentieren und vielleicht in einleuchtender Weise ergänzen wird.

5.1.4.1–3 Fazit

Die Goldene Regel ist als *Motivation* zum Tun des Guten vermutlich häufig wirksam, aber in ethischer Hinsicht unzureichend, weil sie nicht über ein Ethos der Gegenseitigkeit hinausführt. Sie ist als *Verhaltensmaßstab* nur mit Vorbehalt zu verwenden, weil sie sich an den Wünschen des Handelnden und nicht an denen des Adressaten der Handlung orientiert. Ihre Stärke hat sie in ihrer elementaren Plausibilität, die man als Anleitung zur Empathie und zur Universalisierbarkeit verstehen kann. Deshalb kann die Goldene Regel als ein Baustein und als eine Faustregel bei der Einführung in ethische Bildung sowie als sozialethisches Kriterium zur Entwicklung einer an Wechselseitigkeit und Fairness orientierten Sozialordnung gute Dienste tun. Und das sollte – bei aller auch notwendigen Kritik – nicht gering geachtet werden.

---

[52] A. a. O., S. 194. Etzioni erkennt freilich auch, dass eine solche Regel zur Ausbeutung derer (ver-)führen könnte, die stärker auf die Partnerschaft angewiesen sind, und erwägt daher (ebd.), ob nicht auch schon eine „60-Prozent/60-Prozent-Regel" ausreichend sein könnte.

5.1.5 Das Liebesgebot[53]

Das Liebesgebot ist – in seinen beiden Bestandteilen: als Gebot der Gottesliebe und der Nächstenliebe – keine Schöpfung des Neuen Testaments, sondern aus dem Alten Testament (Dt 6,5 und Lev 19,18) übernommen. Seine Zusammenstellung zum sog. *Doppelgebot der Liebe* und dessen Kennzeichnung als „größtes"[54] und „erstes"[55], also „höchstes"[56] Gebot, ist freilich erst dem Neuen Testament zu entnehmen.[57] Bezogen auf das Gebot der Nächstenliebe alleine findet eine solche Auszeichnung sich auch bei Paulus: „Denn was da gesagt ist (Ex 20,13–17): ‚Du sollst nicht ehebrechen; du sollst nicht töten; du sollst nicht stehlen; du sollst nicht begehren', und was da sonst an Geboten ist, das wird in diesem Wort zusammengefasst (Lev 19,18): ‚Du sollst deinen Nächsten lieben wie dich selbst.' Die Liebe tut dem Nächsten nichts Böses. So ist nun die Liebe des Gesetzes Erfüllung" (Röm 13,9f.).[58] Im Johannesevangelium steht das Gebot, *einander* zu lieben, an dieser Stelle (Joh 15,12).

---

53 Hierunter fasse ich auch Joh 15,12; Röm 13,9f. Siehe dazu: D. Lührmann, Liebet eure Feinde (Lk 6,27–36/Mt 5,38–48), in: ZThK 69 (1972), S. 412–438; P. Hoffmann/V. Eid, Jesus von Nazareth und eine christliche Moral, Freiburg 1975; G. Theißen, Gewaltverzicht und Feindesliebe und deren sozialgeschichtlicher Hintergrund, in: ders.; Studien zur Soziologie des Urchristentums, Tübingen 1979, S. 160–179; G. Strecker, Die Bergpredigt, Göttingen (1984) 1985²; H. Weder, Die „Rede der Reden", Zürich 1985; H.-P. Mathys, Liebe deinen Nächsten wie dich selbst, Freiburg/Göttingen (1986) 1990²; D. Lange, Ethik in evangelischer Perspektive, Göttingen 2002², bes. S. 425–443; M. Ebersohn, Das Nächstenliebegebot in der synoptischen Tradition, Marburg 1993; Gute Werke, Marburger Jahrbuch Theologie Bd. V, Marburg 1993, bes. S. 41–61 und 63–93; W. Härle, Dogmatik, Berlin/New York 2007³, S. 236–241 und 517–525 sowie H. Meisinger, Liebesgebot und Altruismusforschung, Freiburg/Göttingen 1996.
54 Griech.: „μεγάλη", so Mt 22,36 und 38.
55 Griech. „πρώτη", so Mk 12,28f. und Mt 22,38.
56 So übersetzt Luther „πρώτη" in Mk 12,28f. und „μεγάλη" in Mt 22,36 und 38.
57 Mk 12,30f.; Mt 22,37–39 sowie Lk 10,27. Im Lukas-Evangelium fragt der Schriftgelehrte Jesus nicht nach dem höchsten Gebot, sondern nach dem, was er tun müsse, um das ewige Leben zu ererben (Lk 10,25).
58 Dieser Text ist auch deswegen von grundsätzlicher Bedeutung, weil Paulus hiermit sagt, dass das Liebesgebot die Erfüllung der Dekaloggebote und der Goldenen Regel (jedenfalls in ihrer negativen Form) einschließt.

Das Doppelgebot der Liebe hat bei seinem ersten Auftauchen in der Bibel folgenden Wortlaut: „‚Du sollst den Herrn, deinen Gott, lieben von ganzem Herzen, von ganzer Seele, von ganzem Gemüt und von allen deinen Kräften'. Das andre ist dies: ‚Du sollst deinen Nächsten lieben wie dich selbst'. Es ist kein anderes Gebot größer als diese" (Mk 12,30f.).
Im Blick auf diesen Text stellen sich eine ganze Reihe von Fragen:

a) Handelt es sich um *ein* Gebot oder um deren *zwei*?
b) Was ist hierbei unter Liebe zu verstehen?
c) Was ist unter Gottesliebe zu verstehen?
d) Was ist unter Nächstenliebe zu verstehen?
e) Wie ist das „wie dich selbst" und damit die Selbstliebe zu verstehen?
f) Wer ist der zu liebende Nächste?

Keine dieser Fragen ist leicht zu beantworten, geschweige denn eine bloß rhetorische Frage. Aber keine dieser Fragen kann auch übergangen werden, wenn man verstehen will, was das Liebesgebot als ethische Norm besagt und welche Bedeutung es hat. Sie sollen deswegen im Folgenden angesprochen werden:

ad a) Orientiert man sich an der markinischen Textfassung, so muss man sagen, dass der Schriftgelehrte zwar nach dem *einen* höchsten Gebot fragt und Jesus diese Frage nicht als unsachgemäß zurückweist, sondern aufnimmt und sie beantwortet, dass er dabei aber ausdrücklich ein erstes (πρώτη, V. 28f.) und ein zweites (δευτέρα, V. 31) Gebot nennt. Der Schriftgelehrte nimmt das seinerseits auf, indem er sagt, es gebe kein größeres Gebot als *diese* (V. 31, Plural). Matthäus geht einen Schritt weiter, indem er zwar auch noch die Worte „πρώτη" und „δευτέρα" verwendet, aber das Wort „πρώτη" dem zweimal verwendeten Wort „groß" („μεγάλη") nachordnet (V. 36 und 38) und vom anderen Gebot sagt: „es ist ihm gleich" („δευτέρα ὁμοία αὐτῇ", V. 39). Aber auch hier ist abschließend von „diesen beiden Geboten" die Rede, in denen das Gesetz und die Propheten hängen (V. 40, Plural). Bei Lukas gibt es jedoch gar keine Unterscheidung und Zählung mehr. Hier ist das Gebot der Nächstenliebe einfach an das Gebot der Gottesliebe durch ein „und deinen Nächsten wie dich selbst" (Lk 10,27) angeschlossen. Man kann also sagen, dass es in der synoptischen Textgeschichte eine gewisse Entwicklung von der Zweizahl der beiden höchsten Gebote hin zu dem einen höchsten Gebot gibt, wobei aber auch noch in der lukanischen Fassung die zwei Elemente des Liebesgebotes unterscheidbar sind. Gemeinsam ist allen Aussagen, dass es jedenfalls kein größeres oder höheres Gebot gibt als das Gebot der Gottes- und der Nächstenliebe. Die etwas schillernde Rede vom *Doppelgebot der Liebe* bringt das durchaus angemessen zum Ausdruck.

ad b) „*Liebe*" ist – jedenfalls in der deutschen Sprache – ein außerordentlich gefühlsträchtiges und zugleich ein außerordentlich vielfältiges Wort. Es kann sich auf fast unbegrenzt viele und unterschiedliche Adressaten beziehen, wie z. B. Ehepartner und andere Partner, Kinder, Enkel und andere Familienangehörige, Freunde, den Beruf, ein Haustier, ein Hobby, die Heimat, einen Verein, die Kirche, die Musik oder Malerei etc., und das Wort enthält dabei meist jeweils andere Bedeutungsfacetten. Das Griechische und das Lateinische haben für „Liebe" mehrere deutlich voneinander unterschiedene Grundbegriffe. So ist „ἀγάπη" bzw. „charitas" zu unterscheiden von „ἔρως" bzw. „libido", aber auch von „φιλία" bzw. „amicitia".[59] Das für alle Formen der Liebe Gemeinsame ist etwas sehr Allgemeines: Stets handelt es sich bei Liebe um eine *Zuwendung*, für die zweierlei charakteristisch ist: Sie erfolgt in *positiver Absicht*, und sie erfolgt *von Herzen*, also gerne, nicht genötigt oder gar gezwungen. Das Besondere und Charakteristische der „ἀγάπη", von der im Zusammenhang mit dem Liebesgebot stets und ausnahmslos die Rede ist, besteht darin, dass sie die Form der Liebe ist, die ganz auf den Adressaten ausgerichtet ist. Das kann man so weder von der erotischen noch von der freundschaftlichen Liebe sagen, die immer auch auf das liebende Subjekt selbst ausgerichtet sind und ihm gut tun (wollen).

ad c) Was unter *Gottesliebe* zu verstehen ist,[60] wird in keiner der drei synoptischen Fassungen beantwortet oder auch nur gefragt. Es wird als verständlich, vielleicht sogar als selbstverständlich vorausgesetzt. Eine Hilfe zur Beantwortung dieser Frage liefert aber schon das ausführliche alttestamentliche Zitat, das im Markusevangelium mit dem „Sch'ma Israel" (aus Dt 6,4) beginnt, das jeder fromme Jude täglich spricht: „Höre Israel, der Herr, unser Gott, ist der Herr allein" (Mk 12,29), und dann folgt das bereits oben zitierte Gebot der Gottesliebe, in dem das „ganz" und „all" dominiert. Bis auf die synoptische Einfügung „von ganzem Gemüt" entspricht der Text der alttestamentlichen Vorlage aus Dt 6,5. Das Umfassende und Ausschließliche, das im Gebot der Nächstenliebe keine Entsprechung findet, ist jedenfalls ein charakteristisches Moment am Gebot der Gottesliebe. Und insofern besteht offenbar zwischen dem Gebot der Gottesliebe und dem ersten Ge-

---

[59] Siehe dazu C. S. Lewis, Was man Liebe nennt. Zuneigung Freundschaft Eros Agape (1960), dt. Basel/Gießen (1979) 1998⁶.
[60] Vgl. dazu K. Stock, Gottes wahre Liebe. Theologische Phänomenologie der Liebe, Tübingen 2000, bes. S. 255–278.

bot des Dekalogs eine nahe Verwandtschaft. Vielleicht kann man sagen, dass das Gebot der Gottesliebe die Innenseite des ersten Gebotes ist. Und für diese Innenseite ist das Verbum „lieben" ausschlaggebend. Es bezeichnet jedenfalls eine positive Zuwendung, wie sie im Gebet, im Hören auf Gottes Wort, in der Versenkung in Gott, in der Hingabe an Gottes Willen zum Ausdruck kommt, die sich freilich von anderen Facetten des Begriffs „Liebe" dadurch unterscheidet, dass sie weder erotischen, noch freundschaftlichen, noch familiären Charakter hat. Man kann es mit einer Formulierung von Kant so ausdrücken: „Gott lieben, heißt in dieser Bedeutung, seine Gebote *gerne* tun".[61] Unverzichtbar ist dabei – wie bereits erwähnt – das betonte *„gerne"*, durch das sich ein Handeln aus Liebe bzw. ein liebendes Handeln von einem Handeln aus Pflichterfüllung unterscheidet. Aber gerade hierin liegt freilich auch eines der großen Probleme des Liebesgebotes als *Gebot*, dass man Liebe im Sinne des Gerne-Tuns nicht (erfolgreich) gebieten kann. Geschieht das Tun der Liebe[62] aus Pflichtgefühl, so geschieht es nicht gerne. Geschieht es hingegen gerne, so braucht es nicht geboten zu werden.

ad d) Auch die *Nächstenliebe* unterscheidet sich als ἀγάπη von den anderen oben erwähnten Formen der Liebe.[63] Aber in ihr ist ein wesentliches Element enthalten, das man im Blick auf die Liebe zu Gott so nicht aussagen kann: die Zuwendung um des *Wohles* des anderen willen.[64] In

---

61 I. Kant, Kritik der praktischen Vernunft A 149. Darin ist ein Anklang an die Aussagen des Johanneischen Schrifttums enthalten, in dem gesagt wird, dass die Liebe zu Gott und zu Christus darin besteht, ihre Gebote zu halten (1 Joh 5,3 sowie Joh 14,15.21.23 f.; ähnlich in Joh 15,10 und 14), so wie Jesu Bleiben in der Gottesliebe sich darin zeigt, dass er Gottes Gebote hält (Joh 15,10). Und dieses Gebot fordert, „dass ihr euch untereinander liebt, wie ich euch liebe" (Joh 15,12). Damit schließt sich der Kreis zwischen der Liebe zu Gott und zum Mitmenschen. Im Blick darauf kann man sogar der zugespitzten Aussage von H. Braun (Jesus der Mann aus Nazareth und seine Zeit, Stuttgart/Berlin 1969², S. 164) zustimmen: „Jesus und die Jesustradition legen die Liebe zu Gott aus als die Liebe zum Nächsten".

62 Ich nehme hiermit erneut eine Formulierung auf, die als Titel einer Schrift Kierkegaards bekannt geworden ist: Der Liebe Tun (Kjerlighedens Gjerninger, 1847), dt. Bd. 1 und 2, Gütersloh 1983.

63 Das ist dem Text zu entnehmen, der als Beschreibung der Liebe nicht leicht zu übertreffen ist: 1 Kor 13.

64 Dieses Moment ist für die Nächstenliebe sogar unersetzlich wichtig. Sie fragt nach dem, was ein anderer Mensch braucht, weil es für ihn gut ist. Und diese Frage kann nicht allein durch Selbstreflexion des Handelnden beantwortet werden, sondern nur durch Empathie in Bezug auf das Gegenüber und – in der Regel – durch Kommunikation mit ihm.

einer Predigt über 1 Kor 13,4–7 hat Bonhoeffer sehr schön formuliert: „Die Liebe ... will nichts von dem anderen, sie will alles für den anderen".[65] Zur Beschreibung der ἀγάπη im Sinne der Nächstenliebe ist das jedenfalls treffend. Es bedarf lediglich erneut des bereits oben genannten Zusatzes: „und zwar gern", um die Nächstenliebe deutlich von lustloser oder widerwilliger Aufopferung zu unterscheiden, durch die das vom Liebesgebot Gemeinte gerade verfehlt würde.

Im Gebot der Feindesliebe (Mt 5,43 f.[66]; Lk 6,27 f.; Röm 12,20) erfährt das Gebot der Nächstenliebe seine äußerste Zuspitzung. Das wird häufig nicht nur als eine ethische Zumutung, sondern sogar als eine Absurdität empfunden. Das wäre es auch dann, wenn „Nächstenliebe" und „Feindesliebe" das Gefühl der Zuneigung oder Sympathie meinen würden, das wir häufig mit dem Begriff „Liebe" verbinden. Aber Feindesliebe wie Nächstenliebe meinen nicht ein Gefühl von *Zuneigung* oder Sympathie, sondern eine von Herzen kommende und insofern gerne geschehende *Zuwendung*, und zwar eine, durch die der Feind als Mensch wahrgenommen und behandelt wird. Wer Feindesliebe praktiziert, versucht sich in den Feind zu versetzen, ihn zu verstehen, sucht nach Möglichkeiten, die Feindschaft zu überwinden und zu beenden.[67] Versteht man Feindesliebe so, dann wird deutlich, dass gerade sie auch eine *politische* Herausforderung und Möglichkeit darstellt und nicht auf den privaten Bereich zu beschränken ist. Welch wichtige Bedeutung die Feindesliebe für die Bibel hat, wird nicht zuletzt daran deutlich, dass gerade sie begründet wird mit dem Handeln Gottes, der seine Sonne aufgehen und es regnen lässt über Böse und Gute (Mt 5,45; Lk 6,35). Schon im Alten Testament kann ein solches „Verhalten" geradezu als Charakteristikum Gottes bezeichnet werden: „Ich will nicht tun nach meinem grimmigen Zorn noch Ephraim wieder verderben. Denn [!] ich bin Gott und nicht ein Mensch und bin der Heilige unter dir und will nicht kommen, zu verheeren" (Hos 11,9).

ad e) Die Nächstenliebe unterscheidet sich aber auch darin von der Gottesliebe, dass sie nicht „von ganzem Herzen, von ganzer Seele und mit all deiner Kraft" (Dt 6,5) gefordert ist, sondern „nur" „wie dich

---

[65] D. Bonhoeffer, Werke, Bd. 13, Gütersloh 1994, S. 389.

[66] Das Gebot, den Feind zu hassen, findet sich nicht im Alten Testament. Dort (Ex 23,4 f.) gibt es vielmehr eine Vorform des Gebots der Feindesliebe, die sich auf das Vieh des Feindes bezieht.

[67] Wenn zum Ius talionis kritisch anzumerken war, dass es die Spirale der Vergeltung allenfalls stoppen, aber nicht umkehren könne (s. o. Abschn. 5.1.1), so ist nun vom Gebot der Feindesliebe zu sagen, dass es genau diesen Schritt in den Blick fasst, ihn gebietet und zu ihm ermutigt.

selbst" (Lev 19,18[68]). Ihr Maß findet die Nächstenliebe also in diesem „wie dich selbst" (Lev. 19,18) und damit in der *Selbstliebe*. Diese Aussage wird in der Auslegungsgeschichte unterschiedlich, teilweise sogar gegensätzlich interpretiert. Im Kern geht es hierbei um die Frage, ob die Selbstliebe als das verstanden wird, das durch die Nächstenliebe *überwunden und abgelöst* wird, oder ob die Selbstliebe der Maßstab ist, der auch für die Nächstenliebe *gültig und verbindlich* ist. Wäre das Erste gemeint, so wäre das Gebot so zu lesen, als hieße es: „Du sollst deinen Nächsten lieben *statt* dich selbst". Aber das steht nicht da, und das kann auch nicht gemeint sein, weil es sonst besagen würde: „Du sollst dich selbst *nicht* lieben". Diesen Satz gibt es in der biblischen Überlieferung nirgends. Und wenn man ihn in sie hineininterpretieren würde, müsste man sich fragen lassen, warum sollen wir zwar Gott und unseren Nächsten lieben, aber uns selbst nicht, die wir doch Gottes Geschöpfe und Adressaten *seiner Liebe* sind? Eine häufig gegebene Antwort auf diese Frage lautet: weil Selbstliebe der Egoismus ist, der aus ethischen Gründen überwunden werden muss.[69] Diese Gleichsetzung von Selbstliebe mit Egoismus, d.h. mit Selbstsucht, ist jedoch gefährlich, denn sie beruht auf einem Irrtum. Fraglos gibt es die Selbstsucht, die überwunden werden muss. Aber Selbstsucht ist nicht der Ausdruck von Selbstliebe, sondern viel eher Ausdruck *fehlender* Selbstliebe, deren Mangel, wie bei jeder Sucht, auf eine Weise auszufüllen versucht wird, die ihn nicht stillen kann. Und darum ist die Selbstsucht unersättlich. Wenn Liebe im Sinne der ἀγάπη, die Zuwendung zu einem Gegenüber ist, die für ihn Gutes will, dann ist Selbstliebe die Zuwendung eines Menschen zu sich selbst in der Absicht und Hoffnung, sich selbst Gutes zu tun. Das muss nicht immer Angenehmes oder Leichtes sein, aber es muss das sein, von dem wir erkannt haben, dass es für uns gut ist. Dieser positive Zugang zur Selbstliebe erschließt sich z.B. durch einen mittelalterlichen Traktat über die Gottesliebe[70], in dem vier Stufen der Liebe unterschieden werden, deren höchste und schwierigste es ist, sich selbst um Gottes willen zu lieben. Diese zunächst überraschend wirkende Aussage wird womöglich nachvollziehbar, wenn man sich klar macht, dass die meisten Menschen ihre eigenen dunklen Seiten gut genug kennen, um zu wissen, dass es gute Gründe gäbe, sie (und darum

---

[68] Dass an dieses Gebot der kleine Satz angefügt ist: „ich bin der Herr", verankert dieses Gebot der Nächstenliebe seinerseits in der Liebe zu Gott, die darin besteht, (gerne) seine Gebote zu halten.
[69] Vgl. oben in Kap. A 3 den Abschnitt über den ethischen Egoismus (3.5.2 a).
[70] Bernhard von Clairvaux, De diligendo Deo (1116/17), in: St. Bernhardi Opera Vol. III, Rom 1963, S. 153.

sich) nicht zu lieben. Wo solche Liebe zu sich selbst gelingt, ist sie jedoch ein guter Maßstab für die Liebe zum Nächsten.

ad f) Aber: „Wer ist denn mein Nächster?" So fragt laut Lk 10,29 (auch) der Schriftgelehrte, der „sich selbst rechtfertigen" will, nachdem er von Jesus auf das Doppelgebot der Liebe verwiesen wurde. Dabei sollte man freilich sofort hinzufügen, dass diese Frage nicht nur gestellt werden kann, um dem Anspruch des Gebotes der Nächstenliebe auszuweichen, sondern dass sie sich ganz ernsthaft stellt.

Die Antwort: „Jeder Mensch ist dein Nächster", wäre nicht nur unzureichend, sondern geradezu falsch und würde den Sinn des Gebotes verfehlen. Das Wort „Nächster", das bewusst räumliche Nähe, Begegnung, unter Umständen Berührung assoziieren lässt,[71] käme in einer solchen Aussage gar nicht zur Geltung. Etwas ganz anderes ist es, dass jeder Mensch mir zum Nächsten werden *kann* – oder ich ihm. Das ließe sich sagen, aber auch das wäre an sich noch keine sehr viel weiterführende Antwort. Eine solche gibt das Neue Testament jedoch durch die *Beispielgeschichte vom barmherzigen Samariter*.

Dabei fällt auf, dass schon die Überschrift dieser biblische Geschichte nicht etwa vom „liebenden Samariter" spricht, wie das aufgrund des unmittelbar vorangegangenen Liebesgebotes zu erwarten wäre, sondern ganz zutreffend vom *barmherzigen* Samariter.[72] Das Interesse dieser Erzählung liegt nicht darin zu sagen, was (Nächsten-)Liebe ist, sondern darin, die Frage nach dem *Nächsten* zu beantworten. Das tut sie auf eine überraschende Weise. Denn Jesus fragt den Schriftgelehrten am Ende nach seiner Einschätzung, wer denn in dieser Erzählung dem, der unter die Räuber gefallen war, „der Nächste gewesen" sei (Lk 10,36). Es ist längst beobachtet und immer wieder kommentiert worden, dass damit die Ausgangsfrage: „Wer ist denn mein Nächster?" nicht beantwortet wird durch Verweis auf den Hilfsbedürftigen, sondern *umgekehrt* wird in die Frage, wer *für den Hilfsbedürftigen* der Nächste gewesen oder geworden ist. Wenn man diese Umkehrung mit dem Gebot der Nächstenliebe verbindet, könnte man den abwegigen Schluss ziehen, Jesus wolle mit dieser Erzählung bewusst machen, dass der Samariter der Adressat der Nächstenliebe sei, da die-

---

[71] Dem hat F. Nietzsche (Also sprach Zarathustra I [1883], in: ders., Sämtliche Werke, Hg. G. Colli und M. Montinari, Bd. 4, München/Berlin/New York 1980, S. 77) bewusst sein Programm der „Fernsten-Liebe" entgegengesetzt.

[72] Das affektiv-gefühlshafte Element, das in dieser Erzählung enthalten ist, lautet denn auch nicht: „Als er ihn sah, gewann er ihn lieb" (so Mk 10,21 bei Jesu Begegnung mit dem Reichen), sondern: „Als er ihn sah, jammerte er ihn" (Lk 10,33). Das ist, wenn es zum Tun führt, Barmherzigkeit.

ser ja „der Nächste" sei und es gelte „seinen Nächsten zu lieben". Wenn dies aber ein Abweg der Auslegung ist, was ist dann der Sinn dieser überraschenden Umkehrung der Ausgangsfrage?

Eine Hilfe zur Beantwortung dieser Frage bietet das großartige Buch von Fritz Reuter: Ut mine stromtid (1862–1864), hochdeutsch: Das Leben auf dem Lande (München 1980³). Darin kommt die Pastorsfrau Regine Behrens vor, deren ausschlaggebende ethische Leitfrage bei allen Herausforderungen lautet: „Wer ist der Nächste dazu?" (a.a.O. S. 34, 80, 109, 118, 134, 166, u. ö.) Damit gewinnt sie – ausgehend von der konkreten Situation bzw. von dem konkreten Menschen, der Hilfe braucht – ein Kriterium, um zu überprüfen, ob sie selbst oder ob jemand anders die bzw. der Nächste zu dieser Person und Situation ist. Häufig führt diese Prüfung zu dem Ergebnis, selbst „die Nächste dazu" zu sein, und das veranlasst sie dann auch zum tatkräftigen Handeln. Aber das Ergebnis der Prüfung kann auch lauten, dass in diesem Fall jemand anders der oder die Nächste ist, und dann hat das eine Entlastung (oder sogar das Verbot, sich in die fremde Angelegenheit und Aufgabe einzumischen) zur Folge. Das schließt freilich nicht aus, dass in solchen Situationen die andere, hierfür – jedenfalls vermutlich oder vermeintlich – zuständige Person auf *ihre* Nächstenschaft und Verantwortlichkeit hin angesprochen werden kann.[73] Die Frage: „Wer ist denn mein Nächster?" wird so von Reuter äußerst fruchtbar in die Frage verkehrt: „Wem bin ich (in welcher Situation) der bzw. die Nächste?"

Die von Jesus vollzogene Umkehrung der Fragestellung führt dazu, dass die Aufmerksamkeit – ausgehend vom Hilfsbedürftigen – auf die Person gerichtet wird, die dadurch zur Barmherzigkeit herausgefordert ist, und das heißt, dass ihr ein Mensch in seiner Not so nahegekommen ist, dass sie dessen innewerden kann: „Ich bin in dieser Situation und für diesen Menschen ebenso der Nächste, wie es in der Erzählung der barmherzige Samariter war". Darauf passt dann gut die Antwort Jesu: „So geh hin und tu desgleichen!" (Lk 10,37). Besser kann man den Sinn des Gebotes der *Nächsten*liebe schwerlich auf den Punkt bringen.

5.1.5 ad a–f Das Liebesgebot und die anderen biblischen Gebote

Was besagt die im zurückliegenden Abschnitt herausgearbeitete biblische Hochwertung des Liebesgebots für die Bedeutung und Geltung der anderen, vorher angesprochenen biblischen Gesetze und Gebote, insbesondere des Dekalogs, sowie der biblischen Paränesen, die sich in den neutestamentlichen Briefen für die frühen Christengemeinden finden?

---

[73] Sollte diese andere Person sich verweigern oder sollte sie bestreiten, die Nächste dazu zu sein, dann würde sich die Frage erneut und unter dadurch veränderten Bedingungen stellen.

Die bisherige Argumentation könnte den Eindruck erwecken, das Ius talionis, das kasuistische und apodiktische Recht, der Dekalog und die Goldene Regel seien nur so etwas wie Entwicklungsstufen oder Leitern, über die man zu einem universalen ethischen Gebot (z.B. dem Liebesgebot) kommt, womit dann die Leiter ausgedient hätte. Aber dem Gewinn, der mit der Konzentration auf eine einzige, wenn auch in sich doppelte ethische Forderung verbunden ist, steht als Nachteil ein unvermeidliches Maß an Allgemeinheit, Abstraktheit und Unbestimmtheit gegenüber. Anders gesagt: Ein generelles, umfassendes Gebot bedarf dringend der Entfaltung und Konkretisierung durch bereichsspezifische ethische Ziele und Normen: z.B. Wahrhaftigkeit, Gerechtigkeit, Frieden oder Toleranz. Diese Aufgabe wird uns durch den alttestamentlichen Dekalog und die neutestamentlichen Paränesen nicht abgenommen, aber sie wird darin exemplarisch vorgeführt und insofern behalten diese Texte eine bleibende Gültigkeit und Bedeutung neben dem Liebesgebot. Wie kann dieses Verhältnis bestimmt werden?

a) Das Liebesgebot als Zusammenfassung der bleibend gültigen Einzelgebote

Diese Position geht davon aus, dass die Einzelgebote durch das Liebesgebot nichts von ihrer Gültigkeit verloren haben, sondern im Liebesgebot nur sachgemäß zusammengefasst,[74] zugleich aber überboten und radikalisiert werden. Die Einzelgebote formulieren sozusagen ein ethisches Minimum, das man nicht unter Berufung auf das Liebesgebot unterschreiten darf, wohl aber vom Liebesgebot her überschreiten muss. Was durch den Dekalog ge- und verboten wird, bleibt demnach ausnahmslos gültig, anderes kommt noch hinzu. Das Liebesgebot umfasst und überbietet demnach den Dekalog, hebt ihn aber nicht auf.

b) Das Liebesgebot als Begründung und Begrenzung der Einzelgebote

Diese Deutung geht davon aus, dass das Liebesgebot gegenüber dem Dekalog und anderen Einzelgeboten etwas qualitativ Neues ist. Die Einzelgebote und das Liebesgebot beabsichtigen dasselbe, aber die Einzelgebote formulieren das Intendierte nur unzureichend. Zwar ist es richtig, dass auch aus dem Liebesgebot in aller Regel folgt, das zu tun

---

[74] Diese Formulierung gebraucht Paulus in Röm 13,9.

oder zu lassen, was die Einzelgebote vorschreiben oder verbieten, aber die Liebe kann in besonderen Situationen auch etwas gebieten, verbieten oder zulassen, was mit den Einzelgeboten nicht vereinbar ist: z.B. zu lügen oder zu stehlen, um Menschenleben zu retten; den Feiertag zu „entheiligen", um Gutes zu tun. Das Liebesgebot wird hier verstanden als die Begründung, aber auch als die situationsbezogene Begrenzung der Einzelgebote.

a–b) Lässt sich dieser Streit entscheiden?

Die Aussagen des Neuen Testaments über die Verkündigung und das Wirken Jesu[75] tendieren insgesamt ebenso zur zweiten Deutung wie Augustin mit seinem berühmten: „Liebe, und dann tu, was du willst"[76] und Luther mit seiner These, die Christen könnten – ebenso wie Christus und die Apostel – neue Dekaloge machen.[77] Paulus hat hingegen in Röm 13,8–10 das Liebesgebot als Zusammenfassung und – nicht quantitative, sondern qualitative – Überbietung des Dekalogs und die Liebe als Erfüllung des Gesetzes beschrieben. Das kann man im Sinne der ersten Deutung verstehen.

Aber trotz der genannten Autoritäten muss man sagen: Die zweite Deutung ist *gefährlich*, denn sie öffnet dem Missbrauch Tor und Tür. Was kann nicht alles als die Liebe gelten oder ausgegeben werden, auf die sich Menschen berufen, wenn sie Gebote des Dekalogs übertreten wollen. Da scheint es doch viel sicherer und eher zu verantworten zu sein, am Dekalog als ethischem Minimum festzuhalten, das durch das Liebesgebot nur radikalisiert, vertieft und ergänzt wird.

Jedoch, trotz dieser sehr verständlichen und berechtigten Warnungen muss man aus theologischen Gründen sagen, die zweite Deutung ist die dem Liebesgebot, seiner Bedeutung und Stellung angemessene Deutung. Das lässt sich anhand einer einfachen Überlegung zeigen: Solange Dekalog und Liebesgebot miteinander übereinstimmen, lässt sich der

---

[75] Hierbei ist vor allem auf den Umgang mit dem Sabbatgebot (Mk 2,23–28 parr.; 3,1–6 parr.) zu verweisen. Wie ernst diese Einstellung Jesu gegenüber dem Sabbatgebot von seinen Gegnern genommen wurde, zeigt sich auch daran, dass laut den Berichten aller Evangelien (Mk 3,6; Mt 12,14; Lk 6,11; Joh 5,16–18) die Sabbatkonflikte die Ursache oder jedenfalls der Auslöser für die Absicht und den Plan waren, Jesus zu töten.
[76] Augustin, In Joannis epistulam … VII,8, in: PL 35, Sp. 2033: „Dilige, et quod vis fac".
[77] M. Luther, Disputatio De fide (1535), in: WA 39/1, 47,25–30.

Interpretationsstreit gar nicht entscheiden; wenn sie aber im Blick auf eine konkrete Situation miteinander kollidieren, dann muss auch der Vertreter der ersten Deutung, der ja davon ausgeht, dass im Liebesgebot der Wille Gottes in vertiefter Form erfasst ist, zustimmen, dass dann dem Liebesgebot der Vorzug gebührt.

Mit Berufung auf das 7. Gebot: „Du sollst nicht falsch Zeugnis reden wider deinen Nächsten", darf dann nicht gefordert werden, einem (potentiellen) Mörder, der unseren Freund verfolgt, um ihn zu töten, müsse auf die Frage nach dem Aufenthaltsort dieses Freundes eine wahrheitsgemäße Antwort gegeben werden.[78]

Dem möglichen Missbrauch des Liebesgebots muss dadurch gewehrt werden, dass der Handelnde sich selbst mit allem Ernst prüft, ob es tatsächlich die ἀγάπη ist, die ihn veranlasst so zu handeln, dass er zu den Zehn Geboten in Widerspruch gerät. Aber das ändert nichts an der grundlegenden Einsicht: Das höchste Gebot, also die oberste ethische Norm des christlichen Glaubens ist das Liebesgebot, genauer: das Doppelgebot der Liebe.

Aber das Liebesgebot ist eben auch *nur* das höchste Gebot. Sie ist nicht der Inbegriff aller Gebote. Das alltägliche menschliche Leben bietet eine Fülle ethischer Aufgaben in kleiner Münze, bei denen die Rede von „Liebe" überzogen wirken würde, weil es z.B. „nur" um Ehrlichkeit, Mut, Hilfsbereitschaft, Großzügigkeit oder Fairness geht. Fragt man, aus welchem Geist oder welcher grundlegenden Haltung sich solche Tugenden ergeben, dann kann man wohl zur Begründung auf das *Wohlwollen*[79] oder auf die *Achtung* verweisen, die Menschen einander schulden, und man kann völlig zu Recht hinzufügen, dass all dies konkrete Ausdrucksformen von Nächstenliebe seien, die sich auch im Zweifelsfall an diesem Maßstab messen lassen müssen. Aber es wäre ein Verlust, wenn jede konkrete ethische Forderung und Erfahrung differenzlos in der Liebe auf- und unterginge, von ihr gewissermaßen ver-

---

[78] Diese Ansicht vertritt I. Kant – zwar nicht unter Berufung auf den Dekalog, wohl aber auf den kategorischen Imperativ – in seiner Schrift: Über ein vermeintes Recht aus Menschenliebe zu lügen, in: ders., Werke in zehn Bänden. Hg. W. Weischedel, Bd. 7, Darmstadt 1968, S. 637–643. Mit ungezählt vielen anderen widerspreche ich dieser Auffassung, was jedoch nicht viel Mut erfordert.

[79] Diesen Begriff hat R. Spaemann (Glück und Wohlwollen. Versuch über Ethik, Stuttgart [1989] 2009⁵, bes. S. 123–140) dankenswerterweise in seiner Ethik und durch sie zur Geltung und zu Ehren gebracht. Er bietet sich an vielen Stellen an, wo „Liebe" zu gefühlsbetont und zu pathetisch klingen würde. Ein sachlicher Gegensatz zwischen Liebe und Wohlwollen muss (und darf) freilich deshalb nicht behauptet werden.

schluckt würde und damit ihre eigenständige Gestalt, Bedeutung und Berechtigung verlöre. Deswegen dient die Fülle der biblischen – und der einladenden außerbiblischen – Ermahnungen, Gebote und Gesetze der ethischen Gestaltung des Alltags und der Achtsamkeit gegenüber seinen konkreten Ausprägungen. Um dessentwillen ist es ein Gewinn, und zwar ein unverzichtbarer, wenn sie nicht in Vergessenheit geraten, sondern – zusammen mit dem Liebesgebot – in Erinnerung gehalten, reflektiert und kommuniziert werden.

5.2 Die Bedeutung der biblischen Grundlagen nach reformatorischem Verständnis[80]

5.2.1 Die Unterscheidung zwischen Gesetz und Evangelium

Mit der Unterscheidung zwischen Gesetz und Evangelium als *der* theologischen Grundunterscheidung[81] nimmt Luther zwar Ansätze von Paulus und Augustin auf, führt sie aber – aufgrund seines eigenen Erlebens und Nachdenkens – weiter. Luther entdeckt im Kloster, dass er unter der Drohung des Gesetzes Gott gar nicht von ganzem Herzen lieben *kann*, wie es das Gebot fordert, sondern dass er gerade in diesem Bemühen auf sich selbst bezogen bleibt. Das ist nicht etwa aufgrund einer besonderen Selbstbezogenheit Luthers so, sondern aus prinzipiellen Gründen: Wer das Liebesgebot erfüllt bzw. zu erfüllen versucht,

---

[80] Siehe dazu M. Luther, Von den guten Werken (1520), WA 6, 204–276; Von der Freiheit eines Christenmenschen (1520), WA 7, 20–38; Luthers Schreiben an die Christen zu Riga, Reval und Dorpat in Livland (1523), WA 12, 147–150 sowie seine Thesen für die erste Disputation gegen die Antinomer (1537), WA 39/1, 342–347 (= LDStA 2, 447–459); G. Calixt, Epitome theologiae moralis pars prima (1634), in: ders., Werke in Auswahl, Hg. I. Mager, Bd. 3, Göttingen 1970, S. 25–142; F. Schleiermacher, Die christliche Sitte nach den Grundsätzen der evangelischen Kirche im Zusammenhange dargestellt, Hg. L. Jonas, Berlin (1843) 1884²; G. Ebeling, Luther – Einführung in sein Denken, Tübingen (1964) NA 1990, bes. S. 120–197; A. Peters, Gesetz und Evangelium, Gütersloh 1981, S. 27–101; W. Härle, Die Rechtfertigungslehre als Richtschnur ethischen Handelns, in: ders., Menschsein in Beziehungen, Tübingen 2005, S. 335–346.

[81] Siehe dazu G. Ebeling, Luther (a.a.O.); ders., Das rechte Unterscheiden. Luthers Anleitung zu theologischer Urteilskraft, in: ders., Theologie in den Gegensätzen des Lebens. Wort und Glaube Bd. 4, Tübingen 1995, S. 420–459 sowie W. Härle, Luthers Theologie als Kunst lebenswichtiger Unterscheidungen, in: ders., Spurensuche nach Gott. Berlin/New York 2008, S. 240–256.

weil dies die Bedingung für das Bestehen in Gottes Gericht darstellt, der erfüllt das Gebot um dessentwillen, was *ihm* als positive Folge für das Tun des Gebotenen zugesagt ist, nämlich im Gericht zu bestehen und der Seligkeit teilhaftig zu werden. Das heißt aber: Er erfüllt es um seiner selbst willen. Er liebt nicht Gott (von ganzem Herzen), sondern bleibt auf seinen eigenen Vorteil bedacht. Die „Liebe" zu Gott und zum Nächsten sind faktisch nur Mittel zum Zweck der eigenen Rettung.

Diese Erkenntnis bringt Luther fast um den Verstand, weil er spürt, dass alle seine Taten, ja sogar sein Christusglaube[82] unter diesem Vorzeichen stehen, ihn also faktisch von Gott trennen, statt ihn mit Gott zu verbinden. Die Überzeugung, dass wir durch unser Tun vor dem gerechten Gott bzw. vor Gottes Gerechtigkeit bestehen müssen, bevor wir auf Annahme und Gottes Gnade hoffen dürfen, erweist sich als ein *Gefängnis*, das sich von *innen* nicht öffnen lässt. Wer sich nicht von Gott geliebt weiß, sondern meint, sich diese Liebe erst durch seine Gottesliebe verdienen zu müssen, kann Gott nicht wirklich lieben.

Zu einer Öffnung dieses Gefängnisses kommt es erst, als Luther erkennt, dass „Gerechtigkeit" in der Bibel[83] nicht die ausgleichende Gerechtigkeit (iustitia commutativa) des Richters meint, der jedem gibt, was er verdient hat, sondern die Gemeinschaftstreue (iustitia passiva), in der und durch die Gott dem in sich verschlossenen Sünder ohne dessen eigenes Verdienst seine Barmherzigkeit zuspricht. Das ist Evangelium. Es sagt nicht, was *der Mensch* zu tun hat (und sei es das Liebesgebot), sondern es sagt, was *Gott* für den Menschen tut.[84] Und eben damit weckt das Evangelium im Menschen, wenn es gehört, verstanden und geglaubt wird, die Liebe, die das Gesetz fordert.

Nichts ist also falsch oder auch nur überflüssig an dem, was das Gesetz, das Gebot, die Weisung sagt. Es ist gut, heilsam, lebensfördernd (Röm 7, 10–12). Aber *dass* es dem Menschen als Gesetz, Gebot, Weisung begegnet, das heißt als *Forderung*, die erst noch von ihm um seines Heiles willen (von Herzen) zu erfüllen ist, *das* schafft eine ausweglose Situation, weil es entweder zur Hybris verführt, die meint, das aus eige-

---

[82] Auf dessen heilsame Bedeutung sein Ordensoberer Johannes von Staupitz (ca.1468–1524) ihn immer wieder hinwies.
[83] Ausschlaggebend wurden dafür vor allem die beiden alttestamentlichen Aussagen aus Ps 31, 1 („Errette mich durch deine Gerechtigkeit") und Hab 2,4 („Der Gerechte wird aus Glauben leben"), durch die sich ihm der biblisch-evangeliumsgemäße Sinn von Röm 1,17 („Im Evangelium wird die Gerechtigkeit Gottes offenbart") erschloss.
[84] Exemplarisch in dem Satz: „Er hat seine Liebe zu uns erwiesen, als wir noch Sünder waren" (Röm 5, 8).

ner Kraft (ohne zuteilgewordene Liebe) leisten zu können, oder in die Resignation und Verzweiflung treibt angesichts der Erfahrung, genau das nicht zu können. Das Gebot fordert Gottes- und Nächstenliebe, aber indem es – als Gebot – voraussetzt, dass genau dies *nicht* geschieht, sondern durch das Gebot erst hervorgerufen werden muss, und indem es – als Gebot – den Eindruck erweckt, das könne der Mensch mit Anstrengung und gutem Willen zustandebringen, scheitert es notwendig.[85]

5.2.2 Die usûs legis

Hat dann das Gesetz überhaupt eine (positive) Funktion? Luther hat wohl als erster die Rede von den verschiedenen usûs legis eingeführt. Man kann diese Formel mit: „Gebrauch", „Wirkweise" oder auch „Funktion des Gesetzes" übersetzen. Zwei solche Gebrauchsweisen sind praktisch überall anerkannt: der usus politicus (der politische oder bürgerliche Gebrauch) und der usus elenchticus (der überführende Gebrauch).[86]

a) Der usus politicus sive civilis legis

Der politische bzw. bürgerliche Gebrauch des Gesetzes bezieht sich auf das Zusammenleben der Menschen, und zwar aller Menschen miteinander. Sein Ziel ist es, die *Wohlordnung*[87] dieses Zusammenlebens zu erreichen oder zu befördern, von der alle Menschen profitieren. „Alle Menschen" heißt: auch die Nichtchristen, auch die Andersgläubigen, auch diejenigen, die selbst keine ethischen Handlungssubjekte sind, aber natürlich auch die Christenmenschen. Dabei findet sich gelegentlich bei Luther[88] die Argumentation: Die Christen als Christen bzw. als wahrhaft Glaubende brauchten das Gesetz im politischen Gebrauch

---

[85] Dieser „Mechanismus" gilt übrigens keineswegs für alle Gebote, sondern nur für diejenigen, bei denen es darauf ankommt, dass sie nicht aus Selbstsucht, sondern aus Liebe getan werden.

[86] Im Blick auf den usus elenchticus gibt es freilich sowohl bei den sog. Antinomern des 16. Jahrhunderts als auch bei Karl Barth Vorbehalte, weil beide der Auffassung sind, dass nicht das Gesetz (an sich), sondern erst das Evangelium den Menschen zu wahrer Erkenntnis der Sünde führe.

[87] Zu diesem Begriff siehe oben Kap. A 2, Abschn. 2.3.3 (S. 62f.).

[88] M. Luther, Von weltlicher Obrigkeit (1526), in WA 11,251,22–254,26.

nicht, weil sie aus innerem Antrieb das Gute tun. Das ist richtig, aber dem ist sofort zweierlei hinzuzufügen: Als Sünder, die die Glaubenden immer auch noch sind, brauchen sie den usus politicus (selbst in Gestalt des Strafgesetzbuchs) sehr wohl; und wenn sie als *Glaubende* das Gesetz erfüllen (also nicht aus Furcht vor Strafe, sondern aus Freude am Guten) und mit ihm nicht in Konflikt kommen, dann heißt das zwar, dass sie es *als Glaubende* nicht brauchen, aber doch nur deswegen, weil es zwar für sie gilt, sie aber weder anklagt noch erst zum Tun des Guten motiviert.

Der politische Gebrauch des Gesetzes zielt weniger auf das Tun des Guten als auf das Unterlassen des Bösen.[89] Das entspricht durchaus den rechtlichen Regelungen im gesellschaftlich-politischen Bereich. Abgesehen von Ordensverleihungen gibt es in diesem Bereich fast nichts, wodurch Gutes belohnt, aber sehr vieles, durch das Gemeinschaftsschädigendes bestraft wird. Deshalb eignen sich der Dekalog und die negative Form der Goldenen Regel besonders gut dazu, den usus politicus legis zu veranschaulichen. Bei ihm geht es um „Recht und Frieden"[90], um Gerechtigkeit, um Bewahrung der Umwelt, um Erhaltung der Freiheit etc. Aber auch dort, wo diese Werte verwirklicht bzw. Gebote erfüllt werden, ist damit noch nicht automatisch die Beziehung des Menschen zu Gott in Ordnung gebracht. Der politische Gebrauch des Gesetzes zielt auf eine „bürgerliche Gerechtigkeit" (iustitia civilis), die eine Gerechtigkeit vor den *Menschen* ist (iustitia coram hominibus). Und als solche entspricht sie durchaus dem Willen Gottes für das menschliche Zusammenleben. Aber sie bewirkt keine Gerechtigkeit vor *Gott* (iustitia coram Deo), weil sie an diese existentielle Tiefenschicht nicht heranreicht. Der politische Gebrauch des Gesetzes kann nur das Tun des Menschen und damit seine „Werke" beeinflussen, indem er an die Handlungsfreiheit appelliert. Er kann aber nicht das Wollen des Menschen verändern, weil kein Gebot oder Gesetz das bewirken kann. Und deswegen bewirkt das Gesetz in seinem politischen und bürgerlichen Gebrauch auch keine Veränderung der inneren Einstellung des Menschen zu Gott, aus der heraus er seine Werke tut. Es erreicht nicht das „Herz" des Menschen und kann es nicht verändern. Das ist auch nicht seine Aufgabe.

---

[89] Darin gleicht er dem Dekalog (s.o. Abschn. 5.1.3.1 b).
[90] So die Leitformel in Art. 5 der Barmer Theologischen Erklärung.

b) Der usus elenchticus sive theologicus legis

Der (vor Gottes Gericht) überführende oder theologische Gebrauch des Gesetzes besteht darin, dem Menschen mit dem Gesetz einen Spiegel vorzuhalten, in dem er seine Sünde erkennen kann. Dies ist nach lutherischem Verständnis die Hauptaufgabe und der hauptsächliche Gebrauch des Gesetzes. Hinter dieser Überzeugung stehen die Aussagen des Paulus über das Gesetz als „Zuchtmeister auf Christus hin" (Gal 3,24f.). Während dies bei Paulus wohl primär heilsgeschichtlich verstanden wird, ist es von den Reformatoren existentiell-gleichzeitig gemeint. Das heißt: Der überführende Gebrauch des Gesetzes gilt dem Sünder, aber auch dem Gläubigen, sofern er Sünder ist. Er lässt ihn im Spiegel der Gebote seine eigenen Deformationen, Versäumnisse, Verkehrtheiten erkennen – nicht um ihn zur Besserung zu veranlassen, sondern damit er Zuflucht bei Christus suche. Der usus elenchticus legis soll und will also den Menschen zu Christus Jesus hintreiben als zu der Stelle, von der allein Rettung zu erhoffen und zu erwarten ist.

Diesen überführenden Gebrauch des Gesetzes hat Luther im Kloster erlebt und erlitten, was ihn zunächst in die Verzweiflung und dann aus der Verzweiflung zum Evangelium von Christus Jesus trieb. Aber diese Funktion ist mit einem einmaligen „Hintreiben" im Sinne eines Bekehrungserlebnisses nicht erfüllt und abgetan, sondern sie muss dem Menschen immer wieder zuteilwerden. Sie zeigt, dass nicht das Gesetz, sondern nur das Evangelium der Weg zum Heil ist. Der usus elenchticus sive theologicus legis bewirkt also nicht selbst das Heil, sondern er bewirkt den Schmerz oder sogar die Verzweiflung, die einen Menschen für das Evangelium öffnen kann. Insofern dient er indirekt dem Heil. Aber der heilsame, befreiende Durchbruch erfolgt erst – und immer wieder neu – durch das Evangelium.

5.2.3 Die Frage nach dem tertius usus sive usus didacticus legis

Schon in der Reformationszeit taucht die Frage auf, ob es nicht noch einen dritten Gebrauch des Gesetzes geben müsse, der für an Christus Glaubenden (nicht als Bürger und nicht als Sünder, sondern) *als Glaubende* gilt. Damit stellt sich die Frage: Gibt es neben dem politischen Gebrauch, in dem das Gesetz ein „Riegel" gegen das Überhandnehmen des Bösen ist, und neben dem theologischen Gebrauch, in dem das Gesetz ein „Spiegel" zum Erkennen der Sünde ist, noch einen didaktischen Gebrauch, in dem das Gesetz eine „Regel" ist, die zum Tun des Guten anleitet? Diese Frage wird in großer Einmütigkeit von Melanchthon und Calvin, aber auch von der Konkordienformel[91] bejaht – von Luther und ganz wenigen anderen hingegen verneint.

Worum geht es in diesem Streit genau, und worum geht es nicht?

a) Es geht nicht darum, dass das Gesetz für die Glaubenden, sofern sie Sünder sind, gültig ist und bleibt, und zwar nicht nur als Wegweisung, sondern auch als Anklage. Das ist im ersten und zweiten Gebrauch des Gesetzes ausgesagt und enthalten.[92]

b) Es geht auch nicht darum, dass der Christ als Christ in jeder Situation mit Sicherheit wüsste, was er aus der Liebe heraus zu tun und zu lassen hätte. Christen sind aufgefordert, zu *prüfen*, was der Wille Gottes in der jeweiligen Lebenssituation ist (Röm 12,2). Diese Prüfung hat nicht nur den Charakter der Situationsanalyse und der Selbstreflexion, sondern immer auch den der Beratung, des Hörens auf die Erfahrung und die Erkenntnis anderer. In diesem Sinne sind die biblischen Gebote, die Weisungen der Bergpredigt, die neutestamentlichen Paränesen ernst zu nehmen und zu beachten.[93] Aber das ist ethische Prüfung, Beratung, Erwägung – nicht ein dritter Gebrauch des Gesetzes.

c) Von einem solchen dritten Gebrauch des Gesetzes ist dort zu sprechen, wo dem Gesetz über seine beratende, der Prüfung dienende Funktion hinaus eine für den menschlichen Willen *motivierende* Funktion zugesprochen wird. Das heißt, dort, wo das Fruchtbringen (Joh 15,1–8; Gal 5,22f.) aus der Kraft des Geistes der Liebe als für sich alleine genommen nicht ausreichend betrachtet wird, sondern diesem Hervordrängen von innen das Ziehen von außen ergänzend an die Seite gestellt wird. Aber, wo solches Ziehen oder Drängen des Gesetzes nötig ist, da zeigt das doch, dass die Verkündigung des Evangeliums ihr Ziel noch nicht (oder nicht mehr) erreicht hat. Wie sollte aber das Gesetz die Wirkung des Evangeliums ergänzen können, wenn es selbst nicht in der

---

[91] Im Blick auf die Konkordienformel (SD Art. VI [BSLK 962–969]) kann man (nur) von einer vorsichtigen Bejahung sprechen. Für Calvin ist hingegen der tertius usus legis als der usus in renatis (Gebrauch für die Wiedergeborenen) der hauptsächliche Gebrauch des Gesetzes (siehe Institutio II, 7,12), und zwar in zweierlei Hinsicht: 1.) um sie Gottes Willen erkennen zu lassen, und 2.) um sie zum Tun dieses Willens zu ermahnen.

[92] Wenn die Konkordienformel den tertius usus legis mit dem Noch-Vorhanden-Sein des alten Adam begründet (siehe BSLK 964,39–42), so spricht sie faktisch vom ersten und zweiten Gebrauch des Gesetzes. Und wenn der dritte Gebrauch des Gesetzes nur sagte, dass dem an Christus glaubenden Menschen, sofern auch er noch Sünder ist, das Gesetz gilt, so wäre der Streit hinfällig.

[93] S. o. Abschn. 5.1.1–5.

Lage ist, das Gute hervorzubringen? Wenn das Gesetz dazu in der Lage ist oder wäre, dann bedürfte es dazu keines Evangeliums.

Nun scheint gegen diese Argumentation ein ganz einfacher Einwand möglich zu sein: Wenn Glaubende ohnehin den Willen Gottes erfüllen, dann trifft sie das Gesetz nicht in seinem dritten Gebrauch. Wenn sie ihn aber nicht erfüllen, trifft das Gesetz sie zu Recht. Und das hieße doch: Wenn der tertius usus legis auch möglicherweise nichts nützt, so schadet er doch auch nicht, sondern läuft allenfalls ins Leere.

Das wäre eine überzeugende Argumentation, wenn es nur um das *Tun* dessen ginge, was durch das Gesetz geboten ist. Zur äußerlichen Erfüllung von Geboten – auch denen des Dekalogs – kann man in der Tat durch Gesetze und die mit ihnen verbundenen Drohungen oder Verheißungen motiviert werden. Aus christlicher Sicht geht es jedoch um „der Liebe Tun" (Kierkegaard), und das wird durch Forderung(en) und durch ihre rein äußerliche Erfüllung nicht ermöglicht, sondern geradezu *verdorben*. Wenn ein Mensch einer solchen (zusätzlichen) Motivation durch die Weisung eines Gesetzes bedarf, so offenbart dies einen Mangel an Liebe, und dieser Mangel kann durch das Gesetz nicht aufgehoben, aufgewogen oder ausgeglichen werden. Ein Gesetz kann zwar bewirken, dass wir uns so verhalten, als hätten wir Liebe (1 Kor 13,1–3), aber wenn es *das* bewirkt, dann verschleiert und verbirgt es möglicherweise den Grundschaden, statt ihn offenzulegen und nach Heilung für ihn suchen zu lassen. Deshalb und in dieser Hinsicht ist der dritte Gebrauch des Gesetzes nicht nur überflüssig, sondern geradezu gefährlich[94]. Hätte der dritte Gebrauch des Gesetzes jedoch lediglich die Funktion, dem Menschen, der durch das Evangelium motiviert ist, Gutes zu tun, zur Erkenntnis dessen zu verhelfen, *was* in seiner Situation das Gute ist, dann wäre hiergegen nichts einzuwenden, sondern dies ausdrücklich zu bejahen.

5.3 Liebesgebot, ethische Aporie und ethische Verantwortlichkeit

Wenn das in 5.1 und 5.2 Ausgeführte zutreffend ist, dann befindet sich die christliche Ethik in einer merkwürdigen Situation; denn dann muss im Blick auf das nach christlichem Verständnis höchste Gebot, also im

---

[94] Er erinnert an die vom Gesetz gebotene zusätzliche Beschneidung, von der Gal 5,4 sagt: „Ihr habt Christus verloren, die ihr durch das Gesetz gerecht werden wollt, und seid aus der Gnade gefallen".

Blick auf das Liebesgebot, konstatiert werden: Gerade diese ethische Forderung kommt – als *Forderung* – offenbar nicht zum Ziel. Kann es dann überhaupt eine genuine christliche Ethik geben? Noch schärfer gefragt: Gibt es aus christlicher Sicht dann überhaupt eine ernsthafte ethische Verantwortung? Wie ließe sie sich ggf. begründen, und worin besteht sie? Darum geht es in diesem dritten Unterabschnitt.

5.3.1 Bedeutung und Grenze des Liebesgebots

Der Durchgang durch das Alte und Neue Testament sowie durch das reformatorische Verständnis der biblischen Grundlagen hat mit beeindruckender Eindeutigkeit ergeben, dass die ethische Forderung nach christlichem Verständnis im Liebesgebot kulminiert – in dieser Frage gibt es auch keine erkennbaren Differenzen zwischen den unterschiedlichen christlichen Konfessionen. Das Doppelgebot der Liebe ist aus christlicher Sicht das höchste Gebot, seine Erfüllung ist das höchste Gut – und zwar sowohl für den Handelnden als auch für sein Gegenüber.

Nun zeigte sich aber fast ebenso deutlich, dass dieses Gebot auf eine Schicht im Menschen zielt, die nicht seiner willentlichen Beeinflussung unterliegt[95]. In der Beispielgeschichte vom barmherzigen Samariter wurde dies anschaulich in der Formulierung: „er jammerte ihn" (Lk 10, 33). Die damit beschriebene Schlüsselerfahrung ist eine, die einem Menschen *zuteilwerden* muss, die ihm also *widerfahren* muss. Dazu kam es beim Priester und Leviten in dieser Erzählung nicht, die den unter die Räuber Gefallenen zwar sahen, aber von diesem Sehen nicht innerlich angerührt und bewegt wurden und darum vorübergingen. Wohl aber ereignet sich dies beim Samariter, und daraus folgt seine Tat der Barmherzigkeit. Dass es nicht diese Tat als solche und unabhängig von dem „er jammerte ihn" ist, zeigt 1 Kor 13,1–3 mit seinem dreimaligen „und hätte die Liebe nicht, ..." überdeutlich.

Wenn aber das höchste Gebot eines ist, dessen Erfüllung nicht in der menschlichen Entscheidungsfreiheit und -macht liegt, dann ist dies eine ethische Aporie, und zwar eine, aus der es mit ethischen Mitteln offenbar keinen Ausweg gibt: Es gibt weder den Ausweg, das Liebesgebot – als überzogene ethische Forderung – zu suspendieren; noch gibt es den

---

[95] H. Meisinger (Liebesgebot und Altruismusforschung, Freiburg/Göttingen 1996) spricht deswegen durchgängig und m.E. zu Recht von einem „Überforderungsbewusstsein", das ebenso mit dem Liebesgebot verbunden ist wie ein „Erweiterungsbewusstsein" und ein „Schwellenbewusstsein".

Ausweg, die der Liebe äußerlich entsprechenden Taten der Barmherzigkeit selbst mit der Liebe gleichzusetzen; noch gibt es den Ausweg, eine Methode zu entwickeln, wie doch durch Gebieten oder Verbieten Liebe geweckt oder hervorgerufen werden kann.

Damit bestätigt sich aber die lutherische These für die christliche Ethik: Der hauptsächliche Gebrauch des Gesetzes, und das heißt auch der hauptsächliche christlich-ethische Gebrauch des Gesetzes, ist der überführende Gebrauch, der dem Menschen zeigt, dass er nicht in der Lage ist, den Willen Gottes von sich aus zu erfüllen und das ihm gebotene Gute zu tun. Das nimmt der christlichen Ethik im Zentrum ihre Handhabbarkeit, verleiht ihr aber eine eindrucksvolle anthropologische Tiefe.

Die Quintessenz dessen heißt übrigens nicht: Das Liebesgebot ist also unerfüllbar, sondern sie heißt: Das Liebesgebot wird nur so erfüllbar, dass einem Menschen durch zuteilgewordene, empfangene Liebe die Fähigkeit und Motivation zur Liebe zuwächst.[96]

5.3.2 Die ethische Forderung und der usus politicus sive civilis legis

Die These vom überführenden Gebrauch als dem hauptsächlichen Gebrauch des Gesetzes[97] ist – wie sich zeigte – nicht zu verwechseln mit der Behauptung, dieser überführende Gebrauch sei sein *einziger* Gebrauch. Das biblische Ethos ist vielmehr erwachsen aus der Rechtsordnung bzw. aus dem Bemühen um die Wohlordnung des gemeinschaftlichen Lebens, und die christliche Ethik darf diesen Bezug nicht abschneiden oder aus dem Blick verlieren. Sie muss aber wissen und zu erkennen geben, dass im Blick auf diesen politisch-bürgerlichen Gebrauch die Dimension der Gesinnung oder der inneren Einstellung nur insoweit eine Rolle spielen kann, wie sie in Taten oder Unterlassungen zum *Ausdruck* kommt. Das hat mehrere Konsequenzen:

a) Auf der Ebene des bürgerlich-politischen Gesetzesgebrauchs hat das Gebot als Gebot, hat auch die methodische Pflege und Entwicklung von Verhaltensdispositionen (etwa durch Erziehung), haben auch positive und negative Sanktionen ihren guten Sinn und ihre Berechtigung.

---

[96] Auch das ist eine Erfahrung, die einem Menschen *zuteilwerden* muss. Sie ist aber nicht identisch mit der Auslöser-Erfahrung, die dem Samariter zuteilwird, sondern liegt ihr voraus und zugrunde.
[97] S. o. Abschn. 5.2.2 b.

b) Auf der Ebene des bürgerlich-politischen Gesetzesgebrauchs geht es nicht um die Gerechtigkeit vor Gott, sondern um die Gerechtigkeit vor den Menschen, aber dass Menschen diese pflegen und an ihr arbeiten, entspricht dem erhaltenden Willen Gottes.[98]

c) Auf der Ebene des bürgerlich-politischen Gesetzesgebrauchs geht es um Handlungen (einschließlich Unterlassungen), also um dasjenige, worüber wir – in den Grenzen unserer Handlungsmöglichkeiten – durch unsere Wahlfähigkeit verfügen[99], woran wir uns schuldig machen können, was uns aber auch gelingen kann, wozu wir andere und uns selbst auffordern und auffordern lassen können. Hier erfüllt das Gebot seinen ursprünglichen Sinn.

d) Auf der Ebene des bürgerlich-politischen Gesetzesgebrauchs bleibt das Ethos jedoch insofern gefährdet, als zu der immer bestehenden Versuchung, die Stimme des Gesetzes zu missachten, noch die fehlende Verwurzelung in der inneren Motivation, also „im Herzen" hinzukommt.

e) Auf der Ebene des bürgerlich-politischen Gesetzesgebrauchs muss das Liebesgebot übersetzt werden in Gebote, die sich auf Taten und Unterlassungen beziehen. Ein Muster dafür haben wir im Dekalog, andere Muster („neue Dekaloge") müssen wir angesichts neuer Herausforderungen schaffen. Dabei geht es darum, Gebote zu formulieren, die dem Liebesgebot nicht widersprechen, sondern entsprechen, ohne mit ihm identisch zu sein oder auf derselben Ebene zu stehen. Vielleicht kann man sagen: Ethische Forderungen auf der Ebene des bürgerlich-politischen Gesetzesgebrauchs beziehen sich auf Handlungen, die von Personen zu erwarten wären, *wenn* sie

---

[98] Bei Luther finden sich solche positiven Aussagen über die Gerechtigkeit vor den Menschen ausgesprochen selten. Es dominieren bei weitem die negativen und kritischen Aussagen (so z.B. WA 39/1, 82,21f.). Der Grund dafür ist die von Luther wahrgenommene große Gefahr, die Gerechtigkeit vor den Menschen in irgendeiner Weise mit der Gerechtigkeit vor Gott zu verwechseln oder gleichzusetzen. Siehe dazu W. Härle, Die Entfaltung der Rechtfertigungslehre Luthers in den Disputationen von 1535 bis 1537, in: Lutherjahrbuch 71 (2004), S. 211–228, bes. S. 217–224, abgedruckt in einer stark überarbeiteten Version unter dem Titel: Rechtfertigung vor Gott und vor den Menschen in Luthers Disputationen aus den Jahren 1535–37, in: ders., Menschsein in Beziehungen. Studien zur Rechtfertigungslehre und Anthropologie, Tübingen 2005, S. 21–37.

[99] Im Blick auf die iustitia civilis konzediert Luther dem Menschen durchaus einen freien Willen (liberum arbitrium), und zwar gerade in seiner Schrift über den unfreien Willen: De servo arbitrio (siehe LDStA Bd. 1, 606,29–608,4, dt. 607,39–609,6).

ihren Nächsten lieben würden wie sich selbst. Das zeigt einerseits, wie nahe diese ethischen Forderungen dem Liebesgebot sein können, andererseits wie und wodurch sie sich dennoch grundlegend von ihm unterscheiden.

f) Es spricht viel für die Vermutung, dass es auf der Ebene des bürgerlich-politischen Gesetzesgebrauchs *eine* ethische Norm gibt, die auch insofern mit dem Liebesgebot korrespondiert, als sie ebenso universal ist wie das Liebesgebot: das Gebot der *Gerechtigkeit*.[100]

5.3.3 Verantwortlichkeit angesichts der ethischen Aporie

Wenn es die beschriebene ethische Aporie zwischen Sollen und Nicht-aus-eigenem-Wollen-Können im Blick auf das höchste Gebot gibt, könnte sich die Vermutung nahelegen, dass der Mensch für sein ethisches (Fehl-)Verhalten gar nicht verantwortlich sei. Der vorige Unterabschnitt (5.3.2) hat aber schon gezeigt, dass das offenbar nicht der Fall ist. Zwar erscheint die ethische Verantwortung als eingeschränkt bzw. begrenzt, aber keineswegs als aufgehoben. Ja, in gewisser Hinsicht ist es sogar irreführend, von einer Begrenzung der Verantwortlichkeit durch die ethische Aporie zu sprechen. Um dies deutlich zu machen, muss jedoch der Verantwortungsbegriff geklärt, differenziert und erweitert werden.

a) Verantwortlichkeit[101]

„Verantwortlichkeit" ist ein mindestens dreistelliger Begriff, d.h. durch „verantwortlich sein" wird eine Situation oder ein Vorgang bezeichnet, an dem immer mindestens drei Instanzen beteiligt sind: 1.) jemand, *der* verantwortlich ist, 2.) jemand oder etwas, *vor dem* Verantwortung besteht, sowie 3.) etwas, *wofür* Verantwortung besteht. A ist

---

[100] Siehe dazu unten Kap. B 4.
[101] Ich verwende hierfür bewusst den Begriff „Verantwortlichkeit" und nicht „Verantwortung", weil „Verantwortung" doppeldeutig ist und einerseits die Rechenschafts*pflicht* bezeichnet, der ein Mensch u.U. entziehen kann, andererseits die *Übernahme* der Rechenschaftspflicht und ihrer Folgen. Im ersten Fall, um den es hier geht, ist ein Mensch *verantwortlich*, im zweiten Fall *übernimmt* er die *Verantwortung*. Vgl. zu diesem Themenfeld W. Weischedel, Das Wesen der Verantwortung, Frankfurt a. M. (1933) 1972³; H. Jonas, Das Prinzip Verantwortung, Frankfurt a. M. 1979 sowie W. Schweiker, Responsibility and Christian Ethics, Cambridge 1995.

vor B für C verantwortlich. Dabei ist die Verantwortlichkeit von Menschen grundsätzlich begrenzt auf eine bestimmte *Hinsicht*. Dann gilt: A ist vor B für C im Hinblick auf D verantwortlich. Damit ist der Begriff vierstellig.

Wer auf Bitten der Eltern die Aufgabe übernommen hat, auf deren Kinder aufzupassen, der (A) ist vor den Eltern (B) für die Kinder (C) im Hinblick auf deren Sicherheit während der Betreuungszeit (D) verantwortlich.

Dabei hat die Relation, die zwischen diesen Relaten besteht, etwas zu tun mit „antworten", und zwar mit einer Verpflichtung zu antworten. Wer vor jemand für etwas verantwortlich ist, kann die Antwort auf die Frage: „Warum hast du das getan?" nicht verweigern mit der Begründung: „Das geht dich nichts an". Wer verantwortlich ist, muss sich diese Rechenschaftspflicht, aber auch die Folgen seines Handelns (im Guten wie im Bösen) zuschreiben lassen, und das heißt, dafür ggf. Tadel, Kritik oder Strafe annehmen. Lob und Belohnung *muss* man hingegen nicht annehmen, weil man der Auffassung sein kann, die Erfüllung dieser Aufgabe sei etwas Selbstverständliches und nichts Verdienstvolles.

Die Frage, die sich angesichts der ethischen Aporie stellt, lautet nun: Wofür sind Menschen verantwortlich, wenn sie zwar Handlungen willentlich wählen können, aber ihr Wollen nicht willentlich verändern können? Ich möchte vorschlagen, zur Beantwortung dieser Frage den Verantwortlichkeitsbegriff zu differenzieren in ethische und existentielle Verantwortlichkeit.

b) Ethische Verantwortlichkeit für gewählte Handlungen

Von ethischer Verantwortlichkeit spreche ich dort, wo die Verantwortlichkeit sich auf Handlungen bezieht, die ein Handlungssubjekt hätte wählen können, wenn es dies gewollt hätte. Dabei kann man diesen Begriff so extensiv fassen, dass er alles für ein Subjekt Wählbare erfasst, oder ihn – wie in der Rechtsprechung – durch Zumutbarkeitsklauseln einschränken.

Beispiel: Bin ich verantwortlich, wenn ich zu einem Vortrag zu spät komme, 1. weil ein Verkehrsstau auf der Autobahn war? oder: 2. weil eine Lokomotive durch Triebwerksschaden ausfiel? oder 3. weil durch schwere Unwetter der Verkehr zum Erliegen kam? In allen drei Fällen würde man vermutlich fragen, ob diese Behinderung vorhersehbar war und ob der Vortragende so rechtzeitig abgereist ist, dass er die erwartbare Behinderung einkalkuliert hatte. Bei der Beantwortung beider Fragen gibt es einen Ermessensspielraum.

Ethische Verantwortlichkeit bemisst sich an der Frage der *Schuldhaftigkeit* im Sinne des So-oder-anders-handeln-Könnens: Hätte die Person anders handeln sollen und können? Unsere Überlegungen zum Ethos unter den Bedingungen des politisch-bürgerlichen Gesetzesgebrauchs haben gezeigt, dass eine solche ethische Verantwortlichkeit grundsätzlich besteht und auch durch die ethische Aporie nicht aufgehoben ist.[102]

c) Existentielle Verantwortlichkeit[103]

Ich weiß nicht, ob der Begriff „existentielle Verantwortlichkeit" bereits irgendwo als Terminus vorkommt.[104] Mit diesem Begriff will ich die Dimension von Verantwortlichkeit bezeichnen, auf die der junge, von Spinoza stark geprägte Schleiermacher bereits in seinem frühen Traktat über die Freiheit[105] hingewiesen hat. Die existentielle Verantwortlichkeit bezieht sich auf das, was wir *sind* und von dem wir gerade *nicht* sagen können, es sei ein Resultat unserer Wahl aus mehreren gegebenen Möglichkeiten. Die existentielle Verantwortung bezieht sich auch auf das, „wofür wir nichts können", „was wir nicht gewählt haben", was aber unser Sein (mit) ausmacht und möglicherweise sogar die Grundrichtung unseres Wollens bestimmt.

Wer den Begriff „Verantwortlichkeit" *nur* mit Wahlfreiheit verbinden kann, wird gegen diesen Verantwortlichkeitsbegriff protestieren. Aber Schleiermachers Argumentation ist nicht von der Hand zu weisen, dass wir auch für *das* die Verantwortung übernehmen müssen, was uns *bestimmt* und was uns *ausmacht*, obwohl wir es nicht in der Hand haben, um darüber beliebig zu verfügen. Ja, Schleiermacher geht noch

---

[102] Aus den Überlegungen zum Verhältnis zwischen rechtlichen und ethischen Normen (s.o. Kap. A 1, Abschn. 1.4) lässt sich folgern, dass es sinnvoll ist, innerhalb der Verantwortlichkeit für Handlungen im umfassenden Sinne noch einmal zu differenzieren zwischen rechtlicher Verantwortlichkeit und ethischer bzw. moralischer Verantwortlichkeit.

[103] Siehe dazu W. Pannenberg, Anthropologie in theologischer Perspektive, Göttingen 1983, S. 101–116 sowie L. Montada/B. Reichle, Existentielle Schuld. Explikation eines Konzepts, Trier 2006.

[104] Bei einer entsprechenden Google-Suche ließ er sich nicht nachweisen. W. Pannenberg verwendet in seiner Anthropologie (a.a.O., S. 111) hierfür unter Rückgriff auf W. Weischedel den Begriff der „Selbstverantwortung". Montada und Reichle verwenden (a.a.O.) den Begriff „existentielle Schuld".

[105] F. Schleiermacher, Über die Freiheit (1790/1792), in: ders., KGA I. Abt., Bd. 1, Berlin/New York 1984, S. 217–356.

einen entscheidenden Schritt weiter, indem er die These aufstellt, dass Menschen nur dann für ihr Handeln Verantwortung übernehmen können, wenn dies *nicht* aus ihrer freien (also auch anders möglichen) Wahl resultiert, sondern so untrennbar mit ihrem *Sein* als Person verbunden ist, dass es ihr tatsächlich zugerechnet werden kann und muss. „Verantwortlichkeit" bedeutet nach diesem Verständnis Selbstübernahme. Diese Form existentieller Verantwortungsübernahme ist ein wichtiges Reifungsresultat, weil sie dazu hilft, die Rolle des „Sozialisationsopfers" hinter sich zu lassen und nicht nur im Guten, sondern auch im Bösen das als Eigenes zu übernehmen, was uns von Gott, durch Schicksalsschläge, durch Glücksfälle oder von Menschen *mitgegeben* wurde. Und wenn sich die existentielle Verantwortlichkeit so auswirkt, dass der Versuch unterbleibt, die eigene Lebensproblematik samt der mit ihr verbundenen kreatürlichen Angst auf andere Menschen abzuschieben, dann ist damit ein erheblicher Gewinn erzielt, der auch *ethisch* relevant ist.

5.4 Auf dem Weg zu einer Leitbildethik[106]

Die dominierenden ethischen Paradigmen des 19. und 20. Jahrhunderts waren und sind bis heute die *Gebot*ethik, die Güter*ethik* und die *Verantwortungs*ethik. Erstere unter starkem Rückbezug auf Kant[107] (als Gesetzes-, Pflicht- und Gesinnungsethik), zweitere unter dem Einfluss des Utilitarismus (J. St. Mill[108] und P. Singer[109]) sowie der Wertethik

---

[106] E. Herms, Reich Gottes und menschliches Handeln, in: D. Lange (Hg.); Friedrich Schleiermacher 1768–1834, Göttingen 1985, S. 163–192; ders., Art. „Ethik V. Als theologische Disziplin", in: RGG⁴ 2 (1999), Sp 1611–1624; Was dem Leben dient. Familie – Ehe – andere Lebensformen. Eine Thesenreihe der Theologischen Kammer der Evangelischen Kirche von Kurhessen-Waldeck, Kassel 1998; W. Härle, Die gewinnende Kraft des Guten. Ansatz einer evangelischen Ethik (2003), in: ders., Menschsein in Beziehungen. Studien zur Rechtfertigungslehre und Anthropologie, Tübingen 2005, S. 347–361.

[107] W. Herrmann, Ethik, Tübingen (1901) 1921⁶ sowie A. Schweitzer, Kultur und Ethik (1923), München 1990. Schweitzer hat keine Wertethik, sondern eine kantianisch fundierte Pflichtethik vertreten, die das biblische Liebesgebot aufnimmt und in Richtung auf alles Lebendige ausweitet.

[108] J. St. Mill, Der Utilitarismus (1871), dt. Stuttgart 1976 (Hauptvertreter des klassischen Utilitarismus).

[109] P. Singer, Praktische Ethik (1979), dt. Stuttgart (1984) 1994² (Hauptvertreter des Präferenzutilitarismus).

(M. Scheler[110]), letztere ausgehend von *Max Weber*[111] und *Hans Jonas*[112]. Fragt man, was daran defizitär ist oder sein könnte, so ist es einerseits die Vernachlässigung der *Tugend*ethik,[113] also der Ethik, die sich an der Ausbildung lebensdienlicher Verhaltensdispositionen orientiert, und andererseits die Behandlung der genannten Typen von Ethik als Alternativen. Anders gesagt: Alle drei Konzeptionen isolieren und verabsolutieren tendenziell je einen Aspekt der Ethik, der wichtig, aber nicht das Ganze ist. Dies lässt sich vermeiden, ohne die berechtigten und wichtigen Einsichten der Gebots-, Güter- und Verantwortungsethik zu verlieren, wenn man – auf der Spur Schleiermachers[114] – Pflichten-, Güter-, Verantwortungs- und Tugendethik als *Einheit* fasst und dabei der (theonomen) *Bestimmung des Menschen*[115] die Rolle der Leitperspektive zuerkennt. Dann lassen sich folgende, für die christliche Ethik wichtige und weiterführende Einsichten gewinnen bzw. festhalten:

a) Die für die (jüdisch-) christliche Ethik fundamentale Bedeutung der Bestimmung des Menschen und der Welt können auf diese Weise ihre systematische Funktion nicht nur als dogmatische Voraussetzung, sondern auch für die *Ziel- und Normbestimmung* der Ethik (wieder) gewinnen. Der Mensch ist zur Gottebenbildlichkeit und d.h. zum Gerechtfertigtwerden aus Glauben bestimmt, und die Welt ist für und durch das Kommen des Reiches Gottes als Raum der Liebe bestimmt. Dadurch wird deutlich, dass Gebote und die dem Menschen zugemutete Verantwortlichkeit nicht willkürlich eingeführte oder über den Menschen verhängte Größen sind, sondern aus dem resultieren, was dem Menschen und der Menschheit von Gott her als ihre Bestimmung zugedacht ist.

---

110 M. Scheler, Der Formalismus in der Ethik und die materiale Wertethik, Halle 1921. Vgl. hierzu auch H. Joas, Die Entstehung der Werte, Frankfurt a. M. 1997.
111 M. Weber, Politik als Beruf. Vortrag (1919), in: ders., Gesammelte politische Schriften. Hg. J. Winckelmann, Tübingen 1988⁵, S. 505–560, bes. S. 545ff.
112 H. Jonas, Das Prinzip Verantwortung. Versuch einer Ethik für die technologische Zivilisation, Frankfurt a. M. 1979. Vgl. dazu auch schon W. Weischedel, Das Wesen der Verantwortung. Ein Versuch, Frankfurt a. M. (1933) 1972³.
113 Siehe dazu E. Herms, Virtue. A Neglected Concept of Protestant Ethics (1982), in: ders., Offenbarung und Glaube. Zur Bildung des christlichen Lebens, Tübingen 1992, S. 124–137. Seit der Entstehung jenes Textes ist dieses Defizit allerdings an vielen Stellen – auch in außer-christlichen Konzeptionen – erkannt und partiell behoben worden
114 S. o. Kap. A 3, Abschn. 3.3 a-c.
115 Siehe zu diesem Leitbegriff oben Kap. A 4, Anm. 17.

b) Das Gebot und die dem Menschen zugemutete und abverlangte Verantwortung drängen und schieben ihn gewissermaßen von außen und setzen damit seinen Widerstand nicht nur voraus, sondern verstärken ihn sogar in der Regel noch. Demgegenüber lockt und zieht die Bestimmung im Sinne der erkannten Verheißung. Sie will den Menschen gewinnen, indem sie ihm einleuchtet, für ihn attraktiv wird und ihm als Gut bewusst wird. Eine an der Bestimmung des Menschen orientierte Leitbildethik knüpft damit an den Gedanken an, dass Ethik vom Gedanken des höchsten Gutes (summum bonum)[116] aus zu entwerfen und zu entfalten ist. Die Ethik wandelt damit auch ihren gebietenden in einen einladenden Ton und Stil.

c) Die *Gebots-*, aber auch die *Verantwortungsethik* tendieren zu strikten *Dualen*, wie erlaubt/verboten, verantwortlich/unverantwortlich, richtig/falsch, gut/böse. Eine an der Bestimmung des Menschen orientierte Leitbildethik, die nach dem *summum bonum* fragt und von da aus argumentiert, orientiert sich demgegenüber eher an kontinuierlichen Übergängen, bei denen es neben richtig/falsch, gut/böse, erstrebenswert/nicht erstrebenswert immer auch um das *mehr oder weniger* Erstrebenswerte, Gute oder weniger Gute geht. In einer solchen Ethik ist Raum für Abstufungen und Komparative. Darin könnte man auch eine gefährliche Tendenz zur *Aufweichung* der Ethik sehen. Diese Gefahr bestünde aber m. E. nur dann, wenn die Einsicht aus dem Blick gerät, dass es dabei um die Realisierung oder Verfehlung der menschlichen Bestimmung geht, zu der – im Horizont des Fragens und Suchens nach dem höchsten Gut – auch die relativen Güter gehören.

Es gibt jedoch noch eine andere Schwäche und Gefahr einer solchen „Leitbildethik": Sie könnte den Anschein erwecken, als sei es Aufgabe des Menschen, das noch nicht vorhandene höchste Gut durch sein Handeln zu verwirklichen, also erst zu erschaffen. Dann wäre die Überforderung mindestens ebenso groß wie in einer unbegrenzten Güter-, Wert- oder Verantwortungsethik. Entscheidend ist vom Alten und Neuen Testament her, dass das höchste Gut in Gottes Wirken als Schöpfer und Versöhner bereits so nahe „herbeigekommen" ist, dass wir es nicht nur als Ziel und Maßstab unseres Handelns erkennen können, sondern immer schon von ihm leben. Christliches Ethos ist „*vom Ziel her*" unterwegs".[117]

---

[116] S. o. Kap. A 3, Abschn. 3.2.3.
[117] So W. Härle, Dogmatik, Berlin/New York 2007³, S. 72, dort wird dieser Gedanke auch näher erläutert.

6 Ethische Urteilsbildung[1]

Ethische Urteilsbildung in einem weiten und unspezifischen Sinn des Wortes gibt es (vermutlich), seit es ethische Reflexion, ethisches Nachdenken, ethisches Entscheiden gibt. Denn alle praxisbezogene Theoriebildung beginnt mit dem Gewahrwerden praktischer Probleme und mit dem Versuch, sie zu lösen. Eine zweite Stufe bildet das Erfahrungslernen aus den bisherigen Versuchen der Urteilsbildung und ihrer Anwendung. In diese zweite Stufe gehen nicht nur eigene Versuche und ihre Ergebnisse ein, sondern auch die, die man bei anderen Personen (z.B. bei Eltern, Großeltern, Lehrern) beobachten konnte oder von denen man (durch sie) gehört hat. So wird Erfahrungswissen in Sachen ethischer Urteilsbildung angesammelt, wobei – wie bei den meisten Lernvorgängen – Negativerfahrungen besonders eindrücklich und nachhaltig sein dürften, z.B. das Übersehen von Handlungsfolgen auf den Handelnden selbst oder auf andere Personen oder die Nichtbeachtung von Konsequenzen für gleichartige Problemkonstellationen.

Zur Ausbildung einer *Theorie* ethischer Urteilsbildung im engeren und eigentlichen Sinn des Wortes kommt es freilich erst, wenn das so erworbene Erfahrungswissen seinerseits *systematisch* – auf Stärken und Schwächen, Lücken oder Vollständigkeit, methodische Durchsichtigkeit, Anwendbarkeit und Begründbarkeit hin – reflektiert wird. Auf dieser dritten Stufe ist schon die *Kasuistik*[2] anzusiedeln, die als eine

---

[1] A. Jeffner, Die Rechtfertigung ethischer Urteile, in: ZEE 19 (1975), S. 234–248; H. E. Tödt, Versuch zu einer Theorie ethischer Urteilsbildung, in: ZEE 21 (1977), S. 81–93; ders., Perspektiven theologischer Ethik, München 1988, S. 21–48; E. Herms, Grundlinien einer ethischen Theorie der Bildung von ethischen Vorzüglichkeitsurteilen (1979), in: ders., Gesellschaft gestalten, Tübingen 1991, S. 44–55; H. Ringeling, Ethische Normativität und Urteilsfindung, in: ZEE 28 (1984), S. 402–425; D. Lange, Ethik in ethischer Perspektive, Göttingen 2002², S. 508–521; W. Härle, Art. „Ethische Urteilbildung", in: RGG⁴ 2 (1999), Sp. 1634; J. Fischer, Theologische Ethik, Stuttgart u.a. 2002, S. 239–250.

[2] Siehe dazu W. Korff, Art. „Normen II. Ethisch", in: TRE 24 (1994), S. 628–637, bes. S. 635–637 sowie St. Feldhaus, Art. „Kasuistik", in: LThK³ 5 (1996), Sp. 1290–1292.

frühe Form ethischer Urteilsbildung grundlegende ethische Normen zu (fiktiven oder realen) konkreten Konfliktsituationen in Beziehung setzt, indem sie aus allgemeinen, übergeordneten ethischen Normen anwendungsorientierte Folgerungen für Einzelfälle zieht. Schließlich erfolgte die Ausbildung einer – auch so genannten – *Theorie* ethischer Urteilsbildung auf dem Hintergrund der Entstehung und Entwicklung der *Metaethik*.[3] Diese Theorie ethischer Urteilsbildung entstand in den 1970er Jahren im Kontext der (Europäischen) Societas Ethica[4]. An dem die Theoriebildung anstoßenden Aufsatz von H. E. Tödt[5] kann man noch erkennen, dass und wie dieser erste Versuch als Schema zur Bildung und Überprüfung ethischer Urteile aus der universitären Praxis abgeleitet wurde. Bei E. Herms bekommt er – aufgrund seiner Klärung der Grundbegriffe – den Charakter einer im strengen Sinne so zu nennenden Theorie. Und das bleibt auch so bei Lange und Fischer. Sie blieb aber bislang auf den deutschsprachigen Bereich beschränkt.[6]

Die Theorie ethischer Urteilsbildung wird schon in ihrer Anfangszeit selbst zu einem *Gegenstand* ethischer Urteilsbildung,[7] d. h. sie wird der Frage unterzogen, ob die gefundene, erprobte und theoretisch gerechtfertigte Theorie gegenüber möglichen anderen Theorien ethisch vorzugswürdig oder unterlegen ist. Das ist möglich und das ist notwendig, weil und sofern das Bilden ethischer Urteile selbst den Charakter einer *Handlung*(sklasse) hat, die ethisch zu reflektieren ist. Der dadurch entstehende *Zirkel* ist kein „Teufelskreis" (Circulus vitiosus), sondern ist die unvermeidliche Konsequenz der Tatsache, dass eine konsistente Theorie sich jedenfalls[8] nicht selbst widersprechen darf.

---

[3] S. dazu oben Kap. A 1, Abschn. 1.2 c.

[4] Siehe dazu E. Herms, Grundlinien einer ethischen Theorie der Bildung von ethischen Vorzüglichkeitsurteilen (siehe oben Anm. 1), S. 44, Anm. 1.

[5] H. E. Tödt, Versuch zu einer Theorie ethischer Urteilsbildung (siehe oben Anm. 1).

[6] Dies ist jedenfalls das Ergebnis meiner bisherigen Recherchen im englischsprachigen Bereich, wo man angesichts der dortigen großen Bedeutung der Metaethik am ehesten eine solche Theorie erwarten würde – sei es als eigenständige Entwicklung, sei es als Übernahme, Adaption und Weiterentwicklung der europäischen Theorieansätze.

[7] Dies bringt unter den in Anm. 1 genannten Titeln der von E. Herms dadurch zum Ausdruck, dass er von „einer ethischen Theorie der Bildung von ethischen Vorzüglichkeitsurteilen" spricht, das Adjektiv „ethisch" also *zweimal* verwendet, einmal für die *Theorie* und einmal für die *Vorzüglichkeitsurteile*.

[8] Das Wort „jedenfalls" soll andeuten, dass damit eine Theorie noch nicht bewiesen oder gerechtfertigt ist, sondern dass sie damit nur eine notwendige (aber noch keine hinreichende) Bedingung erfüllt.

Im Sinne dieses Theorieansatzes will ich auch hier die Diskussion über ethische Urteilsbildung aufnehmen und behandeln. Die Theorie ethischer Urteilsbildung, die im Folgenden vorgestellt wird, hat folglich nicht den Charakter einer „Gebrauchsanweisung", eines „Fahrplans" oder eines „Rezepts", sondern dient der differenzierenden Analyse der Voraussetzungen, Faktoren und Zusammenhänge, die bei der ethischen Urteilsbildung zu berücksichtigen sind. Dabei zeigen sich dann zwar auch sinnvolle Abfolgen von Schritten, aber diese sind nicht zwingend oder alternativlos, sondern lassen sich u.U. auch sinnvoll anders anordnen oder mehrfach durchlaufen. Wie ausführlich und gründlich der Prozess der ethischen Urteilsbildung jeweils durchgeführt wird, hängt – neben anderem – auch entscheidend von der *Zeit* ab, die dafür zur Verfügung steht. Es gibt Entscheidungssituationen, in denen es, wörtlich oder im übertragenen Sinne, „um Leben oder Tod" geht und die darum gar keine Zeit zu einer reflektierenden Urteilsbildung lassen. In solchen Situationen muss entweder aufgrund früherer Urteilsbildung gehandelt werden oder eine intuitive Entscheidung getroffen werden. Jedenfalls wäre es fatal, wenn die Urteilsbildung die Zeit in Anspruch nähme und blockierte, die eigentlich dringend für das Handeln benötigt würde.

6.1 Ethische Urteilsbildung und Wirklichkeitsverständnis

6.1.1 Die Bedeutung des vorausgesetzten Wirklichkeitsverständnisses[9]

Ich beginne die inhaltlichen Ausführungen über die Theorie ethischer Urteilsbildung bewusst mit dem vorausgesetzten Wirklichkeitsverständnis (der „vision of life"[10]), weil dieses für die ganze Theorie und Praxis ethischer Urteilsbildung grundlegende Bedeutung hat. Es taucht nicht erst dort auf, wo es um die Bearbeitung und Lösung ethischer Probleme geht, sondern ist immer schon vorauszusetzen – auch dort, wo es erst einmal um die Identifizierung einer Situation als Herausforderung zur ethischen Urteilsbildung geht. Das menschliche Wirklichkeitsverständnis bildet zunächst[11] die *Folie*, auf der sich die gesamte Theorie

---
[9] Vgl. dazu oben Kap. A 4.
[10] Siehe zu diesem Begriff oben Kap. A 3, Anm. 53.
[11] Damit deute ich an, dass das Wirklichkeitsverständnis zwar immer und vorrangig für den Prozess der ethischen Urteilsbildung diese grundlegende, orientierende Funktion hat, dass darin der Zusammenhang von ethischer Urteilsbildung und Wirklichkeitsverständnis aber nicht aufgeht. Vielmehr gibt es auch

und Praxis ethischer Urteilsbildung abspielt. Dies gilt sogar in zweifacher Hinsicht, in einer *allgemeinen*, die alle möglichen personalen Interaktionspartner betrifft, und in einer *speziellen*, die die handelnde, genauer gesagt: die nach einer angemessenen ethischen Entscheidung suchende Person betrifft. Ich beginne mit dieser zweiten, naheliegenden Hinsicht:

a) In *spezieller* Hinsicht ist das Wirklichkeitsverständnis eines Menschen seine persönliche weltanschauliche „Folie", vor der und auf der sich jeder ethische Entscheidungsprozess vollzieht. Das gilt auch für den Fall, dass dieses Wirklichkeitsverständnis einem Menschen gar nicht als solches bewusst ist. Aber auch in diesem Fall hat ein Mensch, wenn[12] er ein ethisches Subjekt ist, ein solches Wirklichkeitsverständnis, in dem seine grundlegenden Überzeugungen über Ursprung, Verfassung und Bestimmung seines eigenen Daseins im Kontext der gesamten Wirklichkeit enthalten sind.

Dazu gehören schon die Annahmen hinsichtlich dessen, was ein möglicher *Gegenstand* eigener ethischer Entscheidungen sein kann. So gehört hierzu z. B. die Einsicht, dass nur gegenwärtige und zukünftige, aber nicht vergangene Wahlmöglichkeiten ein möglicher Gegenstand einer ethischen Entscheidung sein kann, so sehr wir häufig wünschten, wir hätten in der Vergangenheit anders entschieden, als wir es getan haben. In der Form von Verantwortungsübernahme, Bedauern, Reue, Bitte um Entschuldigung etc. können wir uns natürlich *jetzt* zu einer früheren Entscheidung verhalten, aber wir können die damalige Entscheidung durch nichts ungeschehen machen. Es mag Wirklichkeitsverständnisse geben, in denen diese Unumkehrbarkeit der Zeit nicht vorkommt, und für die die genannte Einschränkung nicht gilt. Es ist freilich die Frage, wie realistisch und orientierungskräftig sie sind.

Zu einem solchen Wirklichkeitsverständnis gehört sodann die Einsicht, wer als *Subjekt* einer ethischen Urteilsbildung und Entscheidung in Betracht kommt. Dazu gehören nicht nur die in Kap. A 3, Abschn. 3.4.1 thematisierten kategorialen Einsichten hinsichtlich der Frage, wer als mögliches ethisches Subjekt in Frage kommt, sondern auch die Beantwortung der damit nicht identischen Frage, wie sich ethische Urteilsbildung und ethische Subjektivität zueinander verhalten. Das damit

---

eine – sei es bestätigende, sei es irritierende – Einwirkung der ethischen Urteilsbildung *auf das* Wirklichkeitsverständnis, von der später (siehe unten Abschn. 6.1.2) noch die Rede sein wird.

[12] Dass nicht jeder Mensch in jeder Phase seines Lebens ethisches Subjekt ist, wurde bereits oben (Kap. A 3, Abschn. 3.4.3) gezeigt.

angesprochene Problem kommt zum Ausdruck in der Frage: „Kann ich anstelle einer anderen Person eine ethische Urteilsbildung oder Entscheidung vornehmen?" Eine naheliegende Antwort lautet: „Ja, wenn ich von diesem Urteil selbst betroffen bin oder wenn mich diese andere Person um meinen ethischen Rat gebeten hat." Aber bei näherem Zusehen erweist sich diese Antwort als problematisch. Wenn ich von der ethischen Entscheidung einer anderen Person selbst betroffen bin, kann und werde ich mir möglicherweise ein ethisches Urteil über deren Entscheidung bilden, aber das ist dann immer noch *mein* (bewertendes) Urteil, in dem die ethische Entscheidung einer anderen Person Gegenstand *meiner* ethischen Urteilsbildung ist, aber es ist keine Urteilsbildung *anstelle* dieser anderen Person. Und wenn ich von ihr um ethischen Rat oder eine Entscheidungshilfe gebeten wurde, gilt dasselbe: Es ist *mein* Rat und *meine* Entscheidungshilfe, die ich auch als solche zu verantworten habe, aber es ist keine Entscheidung anstelle der anderen Person. Deshalb kann auch niemand einem ethischen Subjekt seine ethische Verantwortung abnehmen. Daraus folgt, dass ethische Urteilsbildung sich zwar in *bewertender* Hinsicht und Absicht auf die ethischen Entscheidungen anderer Personen beziehen kann, dass sie aber nicht stellvertretend für andere geschehen kann.

Zu einem solchen Wirklichkeitsverständnis gehören schließlich die Überzeugungen hinsichtlich der *Bestimmung* und des *Zieles* des Menschen in der Welt („vision of life"), sowie die daraus folgenden normativ-ethischen Überzeugungen, von denen er sich leiten lässt. Es leuchtet ohne weiteres ein, dass die ethische Urteilsbildung, die Handlungsalternativen im Blick auf ihr ethisches Gutsein bewertet und entscheidet, dafür *Kriterien* benötigt, aufgrund deren diese Bewertung und Entscheidung vorgenommen und gerechtfertigt werden kann. Die Bedeutung dieses normativen Elements des Wirklichkeitsverständnisses ist jedoch so grundlegend und weitreichend, dass von ihm nicht nur die ethische Entscheidung (z. B. eines Konflikts) im engeren Sinne abhängt, sondern schon die *Entdeckung und Bewertung* einer Situation als ethischer Konflikt. Das heißt, die wahrgenommene „Störung" der Handlungsroutine, die in der Regel den Prozess ethischer Urteilsbildung auslöst und in Gang setzt, erfolgt selbst schon auf dem Hintergrund und vor der Folie von Überzeugungen hinsichtlich Bestimmung und Ziel der Wirklichkeit, und zwar in der Form der *Abweichung* von diesen Überzeugungen oder der *Unvereinbarkeit* mit ihnen. So erleben wir Situationen oder hören Nachrichten über Situationen, die mit unseren normativ-ethischen Überzeugungen so in Spannung stehen, dass wir entweder – ohne langwierige ethische Urteilsbildung, also intuitiv – sofort der Überzeugung sind: „Das darf nicht sein", oder dass wir in einen

Prozess ethischer Urteilsbildung hineingezogen werden hinsichtlich der Frage: „Wie könnte dieses Problem angemessen(er) gelöst werden?"[13]

b) In *allgemeiner* Hinsicht gilt das in Abschn. a) Gesagte zunächst insofern, als es für *alle* ethischen Subjekte gilt und zwar in grundsätzlich gleicher Weise. Das unterscheidet und verbindet ethische Subjekte im Prozess der ethischen Urteilsbildung voneinander und miteinander: Es *unterscheidet* sie insofern voneinander, als das jeweils eigene Wirklichkeitsverständnis, das einem Menschen in seiner Lebensgeschichte zugewachsen ist (und weiter mit ihm und in ihr wächst), *irreduzibel perspektivisch* ist. Es ist geprägt durch die Lebenswelt eines Menschen, durch seine Lebensgeschichte und durch seine soziale und personale Identität. Das ist nicht im Sinne einer einseitigen Prägung und Beeinflussung zu verstehen, sondern im Sinne einer *Wechselwirkung* zwischen den weltanschaulich prägenden Einflüssen, die dem einzelnen Menschen zuteilwerden, und der konkreten Verfassung und Lebenswelt des einzelnen Menschen, der diese Einflüsse in *spezifischer* Form aufnimmt und verarbeitet. Die Rezeption des Wirklichkeitsverständnisses erfolgt secundum hominem recipientem, gemäß dem aufnehmenden Menschen, seiner Verfassung und seinen Möglichkeiten. Da dies aber für *jedes* ethische Subjekt gilt, kann ebenso gesagt werden: Diese Verschiedenheit *verbindet* ethische Subjekte im Prozess der ethischen Urteilsbildung miteinander.[14] Aber über diese geradezu triviale Einsicht

---

[13] Man könnte diesen Ausgangspunkt ethischer Urteilsbildung mit einem von Schleiermacher entlehnten Ausdruck als „ethischen Keimentschluss" bezeichnen. Diese Ausgangs- und Anfangssituation ist auch insofern für den weiteren Prozess ethischer Urteilsbildung wichtig, als in diesem Prozess häufig die unterschiedlichen, antagonistischen Argumente und Kräfte noch unreduzierter einander gegenüberstehen und miteinander ringen, als dies in späteren Phasen der Urteilsbildung der Fall ist, wo möglicherweise *eine* Seite in der Urteilsbildung die Oberhand gewinnt und dabei (zum Zwecke einer möglichst eindeutigen Entscheidung) die Argumente der *anderen* Position sukzessive ausgefiltert, eliminiert oder verdrängt werden. Wenn im ethischen Diskurs aufgrund unterschiedlicher ethischer Urteilsbildung die Argumente sich auf verschiedene Personen verteilt haben, besteht einerseits die *Gefahr*, dass diese verdrängten Elemente nun in der anderen Person besonders entschlossen bekämpft werden, oder es besteht die *Chance*, sich durch Rückerinnerung an die Situation des ethischen Keimentschlusses zu vergegenwärtigen, wie nahe (und plausibel) diese Argumente einem selbst anfänglich waren oder zumindest erschienen.

[14] Das kommt – geistreich und witzig – zum Ausdruck in der Szene aus dem Film „Das Leben des Brian", in der ein Zuhörer, der zusammen mit vielen anderen Brians Botschaft hört: „Ihr seid alle verschieden", dagegen protestiert mit dem Zwischenruf: „Nein, ich nicht".

hinaus hat die irreduzible Perspektivität des jeweiligen Wirklichkeitsverständnisses für den Prozess der ethischen Kommunikation eine weitere, keineswegs triviale Bedeutung: Sie weckt die Frage, inwieweit unter dieser Voraussetzung die je individuellen Prozesse ethischer Urteilsbildung füreinander überhaupt zugänglich, kommunikabel und nachvollziehbar sind und was dies für die intersubjektive ethische Kommunikation bedeutet.

Zugänglich sind bzw. werden sie – einschließlich ihrer weltanschaulichen Voraussetzungen in Gestalt des jeweiligen Wirklichkeitsverständnisses – jedenfalls nur dadurch, dass sie seitens des betreffenden ethischen Subjekts zeichenhaft, sei es sprachlich oder außersprachlich, *kommuniziert* werden. Bei außersprachlicher Kommunikation denke ich an *Handlungen*, an denen solche Voraussetzungen abgelesen oder aus denen sie erschlossen werden (können).

So erlaubt z. B. ein – sei es brutaler, sei es achtsamer – *Umgang* mit Tieren Rückschlüsse darauf, welche Bedeutung und „Wertigkeit" Tiere für das betreffende ethische Subjekt haben, selbst wenn es sich darüber nicht verbal äußert.

Ob solche weltanschaulichen Voraussetzungen dann intersubjektiv nachvollziehbar im Sinne von verstehbar und/oder zustimmungsfähig sind, hängt einerseits von der Deutlichkeit und Konsistenz dieser Kommunikation(en) ab, andererseits von dem Verhältnis, das sich dabei zwischen den fremden und den eigenen weltanschaulichen Voraussetzungen zeigt. Und da gibt es zwischen Übereinstimmung und Widerspruch auch Abstufungen, die unterschiedliche Grade von Nähe oder Ferne bezeichnen. Das heißt aber: Das jeweilige Wirklichkeitsverständnis als Inbegriff der weltanschaulichen Voraussetzungen ethischer Urteilsbildung bildet nicht eo ipso eine unübersteigbare Hürde für die Kommunikation über ethische Urteilsbildung, sie kann aber sehr wohl diejenigen unterschiedlichen weltanschaulichen Voraussetzungen sichtbar werden lassen, die nicht mehr *innerhalb* des ethischen Diskurses geklärt oder diskursiv entschieden werden können. Gerade deshalb stellt es einen großen Gewinn dar, wenn diese Voraussetzungen nicht ausgeblendet oder in ihrer Bedeutung geleugnet, sondern offengelegt und benannt werden. Aufgeklärte Ethik ist nicht weltanschauungsfreie Ethik, sondern eine, die sich über eigene und fremde weltanschauliche Voraussetzungen möglichst umfassend und klar Rechenschaft zu geben versucht.

6.1.2 Die Bedeutung der ethischen Urteilsbildung für das Wirklichkeitsverständnis

Konnte der hinter uns liegende Abschn. 6.1.1 den Anschein erwecken, es gebe lediglich eine Einwirkung des Wirklichkeitsverständnisses *auf die* ethische Urteilsbildung, so ist dieser Eindruck nun – wie oben angekündigt[15] – insofern zu korrigieren, als auf die Einwirkung hingewiesen werden soll, die *von der* ethischen Urteilsbildung auf das Wirklichkeitsverständnis erfolgt. Dass sie gegenüber der grundlegenden Bedeutung des Wirklichkeitsverständnisses für die ethische Urteilsbildung *sekundär* ist, ändert nichts daran, dass es sie gibt und dass sie in der Ethik Beachtung verdient.

Dabei kann diese Bedeutung der ethischen Urteilsbildung für das Wirklichkeitsverständnis an zwei Stellen sichtbar gemacht werden: *innerhalb* des Prozesses ethischer Urteilsbildung in der Form des (Nicht-)Auftauchens von Widersprüchen (Inkonsistenzen), die sich aus dem vorausgesetzten Wirklichkeitsverständnis ergeben oder nicht ergeben. Im letzteren Fall wird man sagen können, dass der Prozess der ethischen Urteilsbildung eine *Bestätigung* der weltanschaulichen Voraussetzungen erbracht hat. Das ist zwar keine *starke* Einwirkung, aber es ist jedenfalls eine Einwirkung. Wesentlich bedeutsamer ist freilich der erstgenannte Fall, bei dem innerhalb der ethischen Urteilsbildung ein weltanschaulich bedingter Widerspruch auftaucht, der möglicherweise für das ethische Subjekt dessen bisherige weltanschauliche Voraussetzungen erschüttert oder infrage stellt.

So könnten z.B. die weltanschaulichen Prämissen,
– dass jedes von Menschen abstammende Wesen ein eigenständiges Lebensrecht hat,
– dass die Tötung von Menschen für Forschungszwecke ethisch verwerflich ist und
– dass die Schwangere ein freies Entscheidungsrecht über das Leben des sich in ihr entwickelnden Embryos hat,

in der ethischen Urteilsbildung über die Zulässigkeit von verbrauchender Embryonenforschung zu einem Widerspruch führen, der unter Beibehaltung aller drei Prämissen nicht lösbar ist. Wird diese Inkonsistenz vom ethischen Subjekt nicht hingenommen, so wird es sich genötigt sehen, sein Wirklichkeitsverständnis auf die Gültigkeit einiger in ihm enthaltenen Prämissen hin zu überprüfen.

Noch komplexer und schwieriger ist die Situation, wenn die ethische Urteilsbildung zwar nicht zu Inkonsistenzen *innerhalb* der Urteilsbildung führt, wenn sich aber bei der (gedanklichen oder realen) *Anwendung* eines ethischen Urteils in der Praxis (also *außerhalb* der ethischen

---
[15] Siehe oben Anm. 11.

Urteilsbildung) erweist, dass das so abgeleitete Urteil ethisch nicht akzeptabel ist. Dabei kann es sich um das Sichtbarwerden einer bislang noch nicht gezogenen ethischen Folgerung handeln, die dem Wirklichkeitsverständnis des ethischen Subjekts eklatant widerspricht, oder um das erst in der Praxissituation sich ereignende Innewerden eines normativen Defizits in diesem Wirklichkeitsverständnis.

So konnte im Dritten Reich die für einen Menschen überraschende Entdeckung, dass ein befreundeter Mitmensch oder ein geliebter Partner jüdischer Abstammung war und unter die – bis dato von ihm ethisch akzeptierten – Rassengesetze fiel, die weltanschaulichen Prämissen, die diesen Gesetzen zugrunde lagen und damit die gesamte nationalsozialistische Ideologie mit einem Schlag in ihrer ganzen ethischen Verwerflichkeit erkennen lassen.

Es lässt sich nicht prognostizieren, welchen Ausgang ein solcher Konflikt zwischen dem Wirklichkeitsverständnis und dem Ergebnis ethischer Urteilsbildung für das davon betroffene ethische Subjekt hat. Es könnte sein, dass dies zur Korrektur eines bisher für gültig gehaltenen ethischen Urteils oder zur – gänzlichen oder teilweisen – Infragestellung der weltanschaulichen Voraussetzungen, also des Wirklichkeitsverständnisses führt. Für das ethische Subjekt kann Letzteres dramatische Folgen haben, wenn es das menschliche Selbstverständnis im Kern tangiert oder sogar infrage stellt. Eine Korrektur oder gar eine Neugewinnung eines Wirklichkeitsverständnisses kann zwar durch solche ethischen Konflikte angestoßen, aber es kann nicht durch sie alleine behoben oder geheilt werden. Dazu bedarf es weiterreichender Erfahrungen und Einsichten weltanschaulich-religiöser Art.

Das heißt zugleich, dass das Verhältnis zwischen Wirklichkeitsverständnis und ethischer Urteilsbildung weder als *deduktiv* zu beschreiben ist, so dass die ethischen Urteile mit zwingender Notwendigkeit aus dem Wirklichkeitsverständnis abgeleitet werden könnten, noch dass aus ethischen Urteilen *induktiv* ein Wirklichkeitsverständnis aufgebaut werden könnte. Vielmehr erweist sich auch hier[16] die von Aristoteles entdeckte und von Peirce analysierte dritte logische Beziehung der *Abduktion*, wonach die Situation im Lichte des Wirklichkeitsverständnisses interpretiert wird als dem Phänomen der ethischen Urteilsbildung angemessen. Sie teilt mit der *Deduktion* den Charakter einer Ableitung. Aber sie ist im Unterschied zu ihr nicht zwingend. Sie teilt mit der (nicht vollständigen) *Induktion* den Charakter eines risikoreichen Verfahrens. Aber sie führt über beide dadurch hinaus, dass sie geeignet ist, unser Wissen in *qualitativer* Hinsicht zu erweitern – auch in ethischen Fragen.

---

[16] Siehe oben Kap A 1, Anm. 30.

6.2 Anlass und Ziel ethischer Urteilsbildung

6.2.1 Der Anlass ethischer Urteilsbildung

Anlass für den Prozess ethischer Urteilsbildung ist in der Regel[17] ein akuter oder ein sich allmählich aufbauender ethischer Konflikt, der sich daran zeigt, dass unsere Handlungsroutine dadurch gehemmt wird, dass wir unsicher, ratlos oder zerrissen sind hinsichtlich der Frage, was wir in einer konkreten Situation tun sollen.

Eine solche Hemmung der Handlungsroutine stellt sich für mich regelmäßig ein, wenn ich am Straßenrand oder am Eingang eines Gebäudes eine Person sitzen sehe, die bettelt. Da ich die Entscheidung, wie ich mich verhalte, nicht ein für allemal getroffen habe und auch nicht ein für allemal entscheiden möchte, *immer* etwas zu geben oder *nie* etwas zu geben, sondern dies von der Situation abhängig mache, beginnt jedes Mal ein – zumindest kurzer – Prozess ethischer Urteilsbildung. Dieser hängt zumindest von dem *Gesamteindruck* der bettelnden Person, von ihrer (schriftlichen oder mündlichen) *Begründung* für die Bitte um Unterstützung, von der *Art* der erbetenen Hilfe („Geld" oder „etwas zu Essen") und von meinem *Zeitbudget* ab. Als (relativ) befriedigend erlebe ich den Ausgang dieses Entscheidungsprozesses in der Regel dann, wenn ich mir wenigsten etwas Zeit nehmen konnte, um mit der Person zu sprechen, um ihre Notsituation besser einschätzen zu können und daraufhin zu entscheiden, ob und in welcher Form ich Hilfe leiste; als (relativ) unbefriedigend hingegen dann, wenn ich möglichst achtlos und wortlos vorbeigehe oder mich einfach durch etwas Geld „freikaufe".

Natürlich kann sich der Prozess ethischer Urteilsbildung auch auf eine ethische Entscheidung beziehen, aus der eine grundsätzliche, weitreichende, dauerhafte Festlegung z.B. für oder gegen eine bestimmte Lebensform, für oder gegen einen Beruf, für eine politische Option resultieren soll. Unter den Multioptionsbedingungen unserer nachtraditionalen Gesellschaft sind solche Entscheidungen in wesentlich geringerem Maß als früher „einfach vorgegeben" und nur – mehr oder weniger fraglos – zu übernehmen. Umso größere Bedeutung gewinnt die ethische Urteilsbildung in diesen elementaren Bereichen der Lebensplanung und -gestaltung. Insofern ist ein gesellschaftlich bedingtes Anwachsen von ethischem Reflexions-, Urteils- und Entscheidungsbedarf zu konstatieren.

---

[17] Ausnahmen bilden z.B. Übungsbeispiele in Lehrveranstaltungen oder die nachträgliche Bewertung einer fremden ethischen Urteilsbildung. Wenn diese nicht willkürlich (oder zu Lehrzwecken) gewählt wird, hat sie freilich häufig auch einen ethischen Konflikt zum Anlass.

6.2.2 Das Ziel ethischer Urteilsbildung

Das Ziel ethischer Urteilsbildung verhält sich spiegelbildlich zu ihrem Anlass. Ist es dort ein Konflikt, der sich in der Störung der Handlungsroutine zeigt, so ist es hier die Behebung des Konfliktes, die sich in der Wiedergewinnung der Handlungsroutine zeigt. Aber das ist eine sehr einfache, allzu einfache Beschreibung dessen, worum es geht, weil es sich zu sehr am Modell der Reparatur eines aufgetretenen technischen Defektes orientiert. Das kann gelegentlich so sein und so „funktionieren", aber es wird der Komplexität und Bedeutung von ethischen Urteilsbildungsprozessen doch nur marginal gerecht.

Selbst wenn man hier noch einmal zwischen (intendiertem) Ziel und (erreichtem) Ergebnis unterscheidet, könnte es sich schon als unangemessenes *Ziel* erweisen, angesichts der Komplexität und Konflikthaftigkeit bestimmter Situationen einfach die Handlungsroutine wiederzugewinnen. Vielmehr könnte es in vielen Situationen zu einer realistischen Zielbestimmung und Ergebniserwartung gehören, verbleibende, ungelöste Problemaspekte gerade nicht restlos zum Verschwinden zu bringen, sondern präsent zu halten – und sei es nur als Erinnerung an ein noch zu lösendes Problem oder an das, was in der ethischen Urteilsbildung nicht restlos „aufging" und vielleicht auch nicht aufgehen konnte und durfte.[18]

Von daher erschließt sich eine weitere Antwortmöglichkeit für die Frage nach dem Ziel ethischer Urteilsbildung: Sie soll dazu dienen, zu Entscheidungen zu kommen, mit denen das ethische Subjekt verantwortlich, d.h. Rechenschaft gebend weiterleben kann. Das Gegenteil hierzu wäre nicht nur eine Unterbrechung von Handlungs*routine*, sondern ein weitgehender Ausschluss aus der Kommunikation und aus dem sozialen Leben.[19] Wenn eine solche Entscheidung gefunden wurde bzw. gelungen ist, hat der Prozess ethischer Urteilsbildung hingegen ein zumindest vorläufiges (befriedigendes) Ziel und Ergebnis erreicht.

---

[18] H. Thielicke hat in seiner Theologischen Ethik (Bd. II/1, Tübingen 1959, S. 62–201) im Blick darauf die Bedeutung und die Problematik des Kompromisses für das ethische Urteilen und Handeln des (Christen-)Menschen ausführlich beschrieben und dabei die Formel geprägt: Die kompromisslosen Forderungen Jesu in der Bergpredigt seien „ein Stück Gaze in der Wunde, die sie an einem unheilvollen und voreiligen Zuheilen hindert" (a.a.O. Bd. II/2, Tübingen 1958, S. 471).

[19] Siehe dazu die immer noch lesenswerte Abhandlung von H. Schelsky: Ist die Dauerreflexion institutionalisierbar? Zum Thema einer modernen Religionssoziologie (1957), in: ders., Auf der Suche nach Wirklichkeit. Ges. Aufsätze, Düsseldorf-Köln 1965, S. 250–275.

6.3 Schritte ethischer Urteilsbildung

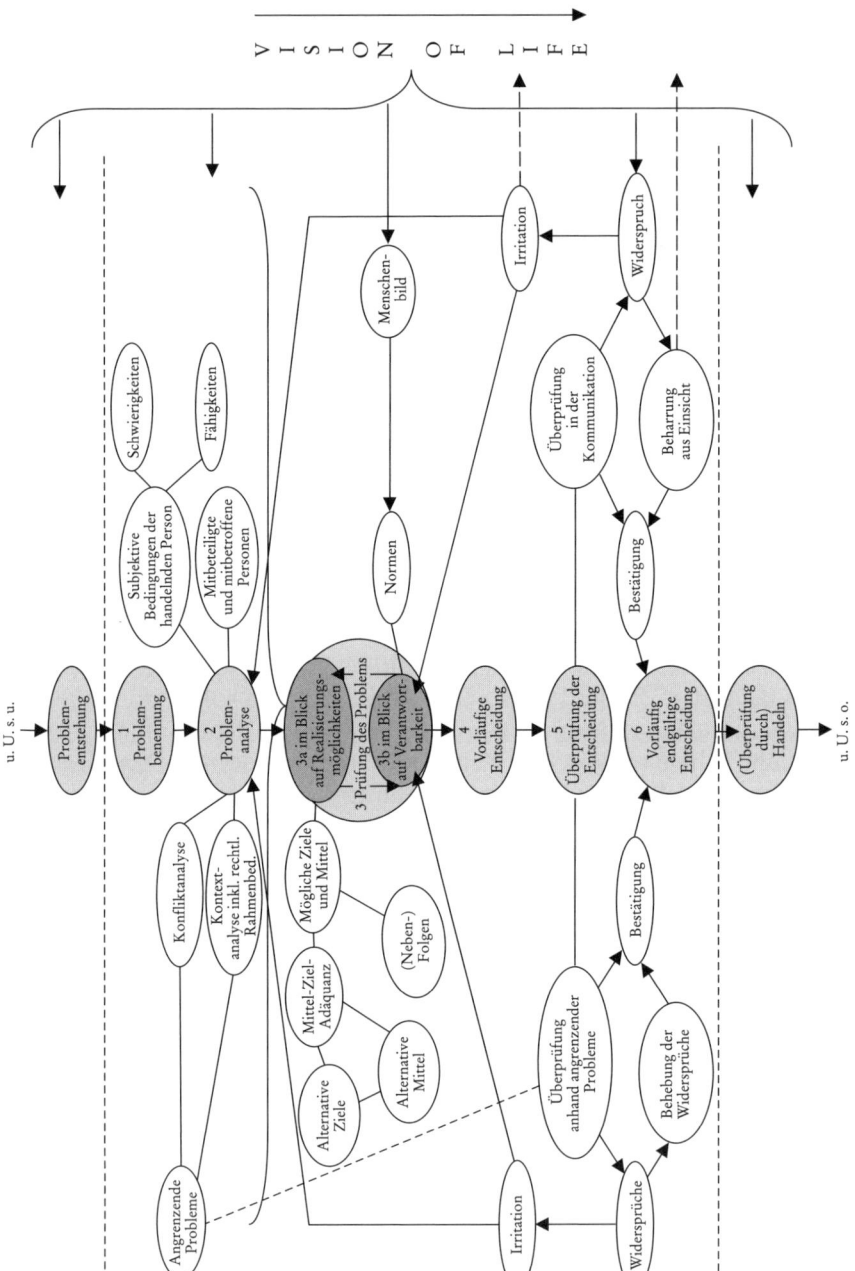

Erläuterung:
Das nebenstehende Schema der Schritte ethischer Urteilsbildung, das im Folgenden vorausgesetzt und erläutert wird, gibt auf der Mittelachse in sechs nummerierten Schritten eine empfehlenswerte Abfolge der ethischen Urteilsbildung wieder. Dabei sind drei Auffälligkeiten zu notieren und zu beachten:

1.) Der Schritt Nr. 3 („Prüfung des Problems") enthält *zwei* Teilschritte (3a und 3b), die als Prüfung *„im Blick auf Realisierungsmöglichkeiten"* und als „Prüfung der *Verantwort*barkeit" deutlich zu unterscheiden sind, aber nicht voneinander getrennt werden sollten, weil sie im ethischen Urteilsprozess zusammengehören.

2.) Zwei Schritte (der erste und der letzte) liegen *außerhalb* des Schemas, weil sie die Problementstehung und die Überprüfung der gefundenen Lösung umfassen, also selbst nicht im strengen Sinne zum Schema ethischer Urteilsbildung gehören, sondern eine seiner Voraussetzungen und eine mögliche Konsequenz benennen.

3.) Die Abkürzungen unter dem letzten, außerhalb des Schemas liegenden Schritt „u.U. s.o." besagen, dass unter Umständen bei der (Überprüfung durch) Handlung ein neues ethisches Problem entsteht oder sich zeigt, das dann einen *erneuten Durchgang* durch das Schema empfiehlt oder erforderlich macht. Das Schema bekommt dadurch die Gestalt einer (quer liegenden) Litfasssäule.

Am rechten Rand des Schemas läuft die vorausgesetzte „vision of life" mit, um dadurch die in Abschn. 6.1.1 explizierte durchgängige ethisch orientierende Funktion des jeweiligen Wirklichkeitsverständnisses zu veranschaulichen.

Dieses Schema wurde von mir über Jahre hin in Lehrveranstaltungen erprobt und immer wieder korrigiert bzw. verfeinert. Es hat sich insgesamt gut bewährt. Bei seiner Anwendung im schulischen Ethik- oder Religionsunterricht empfiehlt es sich erfahrungsgemäß in vielen Fällen, die Komplexität des Schemas etwas zu reduzieren.

Wichtig ist jedoch auch, dieses Schema nicht in einem mechanischen Sinn misszuverstehen oder zu missbrauchen. Die einzelnen Schritte dürfen nicht voneinander isoliert und „abgehakt" werden, sondern bilden einen Gesamtzusammenhang, und der Übergang von der „Analyse" und „Prüfung" (2 und 3) zu den verschiedenen Stufen der „Entscheidung" (4–6) hat nicht den Charakter einer Deduktion, sondern erfordert *Urteilsfähigkeit*, die duch Erfahrung und Bildung erworben wird.

6.3.1 Analyse des ethischen Problems und Konflikts

Wenn einem ethischen Subjekt ein ethisches Problem bewusst geworden ist, das zu einer Lösung drängt bzw. eine Lösung verlangt, dann bestehen die sinnvollen ersten Schritte darin, das Problem im Blick auf den in ihm enthaltenen und sichtbar werdenden Konflikt hin zu *analysieren*. Zu einer solchen Analyse gehört die Beantwortung der folgenden Fragen:

- *Wer* ist an dem Konflikt beteiligt, sei es als Mithandelnde oder als von dem Problem Betroffene? Was ist über deren Situation, über ihre Fähigkeiten und über ihre Ziele bekannt oder in Erfahrung zu bringen?
- In welchen *Kontext* gehört das Problem? Was für eine Vorgeschichte hat es, wie ist es verflochten, welche Reichweite hat es und wie dringlich ist seine Bearbeitung und Lösung? Wie hängt also das Problem mit der Situation zusammen, in der es begegnet, und was hängt von diesem Problem und seiner Lösung ab?
- Was ist das entscheidende *Problem* in der möglicherweise auftauchenden Vielzahl von Problemaspekten? Was ist also bei dem Ganzen die Hauptsache, was sind Nebensachen? Wie ist aufgrund der Analyse das Problem zu *benennen*? Worum geht es also?

So könnte etwa bei der Entscheidung über eine Geschäftsgründung in einem fremden Land bekannt werden, dass dort üblicherweise Schutzgelder für die Gewährleistung der Sicherheit gefordert (und in der Regel auch bezahlt) werden. Handelt es sich dabei um einen Fall von Erpressung oder um Bestechung? Und wie ist bezogen auf beide Delikte die Rechtslage in dem betreffenden Land? Ohne Klärung dieser Sachverhalte wird man schwerlich eine ethisch fundierte Entscheidung treffen können.

Nach Abschluss dieser beiden ersten Analyseschritte sollte das ethische Subjekt über ein möglichst deutliches und umfassendes Bild von dem zu lösenden Problem haben. Dabei ist die Benennung des Problems u. U. nicht schon als erster Schritt, sondern erst in einem zweiten Schritt möglich. Gelegentlich zeigt sich zudem erst bei den späteren Schritten, dass noch wichtige Informationen zur Problemanalyse erforderlich sind, die dann erst noch eingeholt, also nachgeholt werden müssen.[20]

---

[20] Hier zeigt sich erstmals, dass das Schema u. U. wiederholt angewandt werden muss. Das wird sich auch noch an einer anderen Stelle zeigen (siehe unten Anm. 23) und ist kein Nachteil, sondern möglicherweise ein Zugewinn an Genauigkeit.

6.3.2 Bewusstmachung möglicher und wünschenswerter Handlungsziele

Sowohl zum analytischen als auch zum evaluativen, also bewertenden Teil der ethischen Urteilsbildung gehört es, sich – bezogen auf das analysierte Problem – mögliche und wünschenswerte Handlungsziele bewusst zu machen. Dafür sind folgende Fragen hilfreich:

- Was sollte erreicht werden? Gibt es eine oder mehrere *Zielvorstellung*(en), die aus jetziger Sicht geeignet wären, das bestehende Problem zu lösen oder zumindest zu erleichtern und akzeptabler zu machen?
- Inwiefern wäre der erstrebte Zustand tatsächlich ein *Fortschritt* gegenüber der jetzigen bzw. bisherigen Situation? Wer würde davon (welchen) Vorteil haben? Er hätte (welche) Nachteile zu gewärtigen?
- Welche *Mittel* stehen für die Erreichung dieser Ziele bereits zur Verfügung? Welche müssten erst beschafft werden? Wäre das möglich und um welchen Preis bzw. mit welchem Aufwand?
- Welche *Motive* sprechen für (und gegen) die unterschiedlichen möglichen Handlungsziele? Inwiefern sind diese Motive verallgemeinerungsfähig, inwiefern beziehen sie sich lediglich auf partikulare oder rein individuelle Interessen?

Durch die Beantwortung dieser Fragen wird idealerweise ein Szenario (oder es werden mehrere Szenarien) sichtbar, wie die Lösung eines ethischen Problems aussehen könnte. Dies ist der eigentlich *kreative* Teil der ethischen Urteilsbildung. Dabei kommt es darauf an, nicht vorschnell unkonventionelle oder schwierig erscheinende Lösungsmöglichkeiten beiseite zu schieben oder zu verwerfen, sondern auch Ungewohntes als Möglichkeit einzubeziehen und zu erwägen. Bei diesem Schritt kann auch in besonderem Maße von anderen gelernt werden – und zwar sowohl von erfolgreichen wie von missglückten Versuchen.

6.3.3 Prüfung der Handlungsziele, der Mittel und der Nebenfolgen

Mit diesem Schritt bewegt sich die ethische Urteilsbildung in das *Zentrum* des Entscheidungsprozesses; denn nun geht es um die Bewertung von Zielen und Mitteln – auch in normativ-ethischer Hinsicht. Auch, aber nicht nur. Denn der normativ-ethischen Bewertung geht häufig[21] sinnvollerweise die Prüfung hinsichtlich ihrer *Realisierbarkeit* voran.

a) Diese Prüfung der *Realisierbarkeit* umfasst genau genommen drei Aspekte. Zu prüfen ist:

- ob die erwogenen[22] Handlungsziele *überhaupt* realisierbar sind;
- ob die für die erwogenen Handlungsziele erwogenen Mittel überhaupt *geeignet* sind, diese Ziele zu erreichen,
- ob die für die Erreichung der erwogenen Handlungsziele erwogenen Mittel überhaupt *zur Verfügung stehen* oder *beschafft werden können*, und
- welche unbeabsichtigten und unerwünschten *Folgen* (sog. Nebenfolgen) beim Einsatz der Mittel und/oder bei der Verwirklichung der Ziele möglicherweise zu erwarten sind.

Muss auch nur *eine* der drei ersten Fragen verneint werden, so ist die Prüfung der Realisierbarkeit dieser Handlungsoption bereits negativ entschieden und es stellt sich die Frage, ob es andere mögliche Handlungsziele gibt und wie es um deren Realisierbarkeit bestellt ist. Dabei ist es keine Verneinung der Frage der Realisierbarkeit, wenn sich bei der Überprüfung ergibt, dass die Realisierung nur unter hohem Einsatz und großen Opfern möglich ist. Insbesondere bei der Bekämpfung totalitärer Systeme oder terroristischer Strukturen kann die Realisierung von der Bereitschaft abhängen, notfalls sogar das eigene Leben zu opfern. Auch wenn dies einen äußersten ethischen Grenzfall darstellt, ist es doch zu unterscheiden von der Feststellung, dass die Realisierung eines Hand-

---

[21] Ausnahmen hiervon sind z.B. ethische Megaprobleme, in deren Lösung immense Mittel investiert werden müssen. Erfolgt die Investition dieser Mittel bereits zu einem Zeitpunkt, in dem die Prüfung der Verantwortbarkeit noch nicht erfolgt ist (vielleicht mangels hinreichender Sachkenntnis noch nicht erfolgen konnte), so besteht die Gefahr, dass die Investition der Mittel eine Situation schafft, in der eine unbefangene, sachgemäße Prüfung der Verantwortbarkeit kaum noch oder gar nicht mehr möglich ist, da die bereits investierten Mittel einen großen Akzeptanzdruck für die erwogenen Handlungsziele erzeugen. Es erscheint dann leicht als „nicht verantwortbar", die erwogenen Handlungsziele angesichts der getätigten Investitionen *nicht* zu realisieren. Damit ersetzt faktisch die Prüfung der Realisierbarkeit durch ihre Umsetzung die Prüfung der Verantwortbarkeit. Das ist ein schweres ethisches Defizit.

[22] Hier und im Folgenden ist von „erwogenen" Handlungszielen und Mitteln die Rede, weil damit der Status von Handlungszielen und Mitteln im Modus der ethischen *Urteilsbildung* (noch vor der Entscheidung und Handlung) bezeichnet werden soll.

lungszieles *unmöglich* ist. Eine andere Frage ist, wer gegebenenfalls bereit ist, um eines solchen Zieles willen ein solches Opfer zu bringen.

Die Tatsache, dass die Prüfung der Realisierbarkeit im Blick auf ein erwogenes Handlungsziel positiv ausgeht, schließt jedoch diesen Prüfungsschritt noch nicht notwendigerweise ab; denn es könnte sich zeigen, dass es zur Erreichung dieses Handlungszieles auch noch *andere* Mittel gibt, die möglicherweise hinsichtlich ihrer Realisierbarkeit weniger gut geeignet sind, aber möglicherweise weniger Nebenfolgen nach sich ziehen oder hinsichtlich ihrer Verantwortbarkeit den Vorzug verdienen.[23]

b) Die Prüfung der *Verantwortbarkeit* ist ebenfalls ein komplexer Vorgang; denn sie betrifft

– die erwogenen Handlungsziele,
– die dafür erforderlichen bzw. erwogenen Mittel,
– die durch die Verfolgung der Ziele und den Einsatz der Mittel möglicherweise entstehenden Nebenfolgen sowie
– den Verzicht auf eine Veränderung der Situation.[24]

Im Blick auf jeden dieser vier Problemaspekte ist von der vorausgesetzten „vision of life" aus zu prüfen, ob sie ethisch verantwortbar sind.

Dies setzt voraus, dass die ethischen *Normen*, die mit dem Wirklichkeitsverständnis als der jeweiligen „vision of life" gegeben sind, im Blick auf das zur Entscheidung anstehende Problem entfaltet, differenziert und präzisiert werden. Auch hier gilt, dass die Normen im Blick auf die ethische Urteilsbildung, also für die ethische Entscheidung, zunächst und grundsätzlich *orientierungsgebende* Funktion haben. Aber auch hier[25] stehen mit der ethischen Urteilsbildung und ihrer Umsetzung in der Handlungs- bzw. Lebenspraxis die ethischen Normen zu-

---

[23] Wurden solche Alternativen im Prozess der Urteilsbildung übersehen oder nicht beachtet, so ist beim Auftauchen von Schwierigkeiten hinsichtlich der Verantwortbarkeit ebenfalls eine wiederholte Anwendung der Schritte geboten, d. h. es ist spätestens dann zu prüfen, ob es möglicherweise „technisch" unterlegene, aber „ethisch" überlegene Handlungsalternativen gibt, die dann in die ethische Urteilsbildung mit einbezogen werden müssen.

[24] In der Überschrift dieses Abschnittes taucht dieser – wichtige – Aspekt nicht *explizit* auf. Er ist aber unter dem Begriff „Handlungsziele" *implizit* enthalten, da ja auch eine Unterlassung eine Handlung ist (siehe oben Kap. A 3, Abschn. 3.1 b).

[25] Siehe zur (sekundären) Umkehrung in Form der *Bestätigung* des Vorgegeben bereits oben Abschn. 6.1.2.

gleich auf dem Prüfstand unter der Leitfrage, ob sie sich bewähren oder als problematisch erweisen.[26] Im letztgenannten Fall wird der Prozess ethischer Urteilsbildung unterbrochen (nicht abgebrochen) werden müssen zugunsten eines Prozesses weltanschaulich-religiöser Reflexion und Neuorientierung.

6.3.4 Die vorläufige[27] Entscheidung

Ist die Prüfung der Realisierbarkeit der erwogenen Handlungsalternativen mit einem Ergebnis abgeschlossen, so kann das ethische Subjekt eine (vorläufige) Entscheidung fällen. Diese Entscheidung kann nur zwischen den Handlungsalternativen gefällt werden, die sich als realisierbar *und* als verantwortbar erwiesen haben. Was nicht realisierbar ist, scheidet von selbst aus, was nicht verantwortbar ist, hat auszuscheiden.

Es ergeben sich grundsätzlich drei mögliche Ergebnisse für eine (vorläufige) Entscheidung:

– Bleibt dabei gar *keine* Handlungsalternative übrig, so heißt dies: Es gibt keine realisierbare und verantwortbare Alternative zum status quo. Daraus folgt: Die Unterlassung einer diesbezüglichen Handlung, also die Beibehaltung des status quo ist dann angezeigt; denn es kann nicht geboten sein, eine nicht verantwortbare Handlung zu wählen und zu realisieren. Allerdings kann dieses vorläufige Ergebnis der ethischen Urteilsbildung auch als Motiv wirken, den Prozess der Urteilsbildung zu wiederholen, um möglicherweise doch noch eine realisierbare und verantwortbare Lösung zu finden. In diesem Fall erweist die Rede von der *vorläufigen* Entscheidung in besonderem Maße ihre Plausibilität.

---

[26] Diesen Aspekt der ethischen Urteilsbildung betont vor allem J. Fischer (Theologische Ethik, Stuttgart u.a. 2002, bes. S. 239–243) unter Rückgriff auf die von J. Rawls angestoßene Debatte über das reflektive Gleichgewicht („reflective equilibrium"). Allerdings sucht Fischer nach einem Gleichgewicht zwischen Prinzipien und Intuitionen, während es mir hier um die Wechselwirkung zwischen ethischen Normen und der Handlungs- bzw. Lebenspraxis geht.

[27] Die Rede von der „vorläufigen" Entscheidung verweist auf die Möglichkeit ihrer Überprüfung, von der im nächsten Abschnitt die Rede sein soll. Eine solche Überprüfung im Sinne eines, wie ich es nennen möchte, „metaethischen Tutiorismus" (s. S. 225) sehen bereits die Entwürfe von Tödt, Ringeling und Lange (siehe oben Anm. 1) vor.

- Bleibt bei der Prüfung nur *eine* einzige Handlungsmöglichkeit übrig, so ist die (vorläufige) Entscheidung damit bereits für diese Möglichkeit gefallen. Diese Alternativlosigkeit kann – je nach Lage – als ein starkes Votum wirken, nun auch tatsächlich so zu handeln, oder als Verunsicherung im Blick auf die Frage, ob eine möglicherweise bestehende Alternative übersehen wurde. Im letzteren Fall gälte ebenfalls das oben zur Wiederholung des Prozesses der Urteilsbildung Gesagte.
- Bleiben bei der Urteilsbildung *mehrere* realisierbare und verantwortbare Handlungsmöglichkeiten übrig, so sind diese untereinander anhand des Maßstabs der Vorzugswürdigkeit zu vergleichen und die vorzugswürdigste ist zu wählen. Dabei lässt sich nicht abstrakt bestimmen, worin diese Vorzugswürdigkeit besteht, ob z.B. in der leichten Verfügbarkeit der erforderlichen Mittel oder in der Geringfügigkeit der möglichen Nebenfolgen. Ein legitimes ethisches Kriterium sollte es bei dieser vergleichenden Auswahl aber sein, dass die Vermeidung von Risiken den Vorrang haben sollte vor der Erhöhung vergleichbarer Chancen (Tutiorismus). Das Bedürfnis nach einer Wiederholung des ethischen Urteilsbildungsprozesses wird sich vermutlich auf den (internen) Vergleich der gefundenen realisierbaren und verantwortbaren Handlungsmöglichkeiten beschränken.

6.3.5 Die Überprüfung der vorläufigen Entscheidung

Wenn die Überprüfung der vorläufigen Entscheidung nicht auf eine reine Wiederholung des Prozesses ethischer Urteilsbildung hinauslaufen soll, die dann prinzipiell unendlich oft stattfinden könnte und dann mit Sicherheit jedes Handeln verhindern würde, muss angegeben werden, welches die Überprüfungsinstanzen sind, die im bisherigen Verfahren noch nicht vorkamen, aber sinnvollerweise Berücksichtigung finden sollten. Ich nenne eine problembehaftete und folglich aus meiner Sicht strittige Instanz und eine unproblematische und folglich aus meiner Sicht unstrittige Instanz.

a) Die m.E. *problembehaftete, strittige* Überprüfung ist die „Überprüfung in der *Kommunikation*", von der schon in dem obigen Schaubild die Rede ist. Mit „Kommunikation" ist dabei der sprachliche Austausch über das anstehende Problem und über den Prozess der ethischen Urteilsbildung (im Ganzen oder in Teilen) mit anderen ethischen Subjekten gemeint. Sinnvoll ist diese Überprüfung in der Kommunikation, weil auf diesem Wege Problemaspekte, Lösungsmöglichkeiten und mögliche Konsequenzen sichtbar werden können, die vom ethischen Subjekt selbst übersehen wurden oder ihm nicht bekannt waren. Das ist zweifellos ein Gewinn, und selbst wenn der Gewinn nur darin besteht, sich auf diesem Wege zu vergewissern, dass andere auch nichts sehen, was man selbst nicht in die Überlegung einbezogen hat, und auf diese Weise den Prozess und sein Ergebnis bestätigen.

Warum nenne ich diese Form der Überprüfung trotzdem „problembehaftet" und „strittig"? Deshalb, weil in dieser Kommunikation naturgemäß die weltanschaulich-ethischen Prägungen und Orientierungen *anderer* ethischer Subjekte auftauchen und einen Einfluss auf die eigene Urteilsbildung gewinnen können, die den Charakter einer *Fremdbestimmung* oder *Entfremdung* haben bzw. bekommen kann. Macht man sich dieses Problem und diese Gefahr jedoch bewusst und versucht, sie zu vermeiden, so überwiegen die Vorteile, die mit einer solchen Überprüfung in der Kommunikation verbunden sind, und es ist nichts gegen sie einzuwenden.

b) Die m. E. *unproblematische, unstrittige* Überprüfung ist die „anhand angrenzender bzw. paralleler *Probleme*", von der ebenfalls im obigen Schaubild die Rede ist. Hierbei geht es um das Erfordernis der *Konsistenz* im eigenen ethischen Urteilen und Handeln, von dem bereits in Abschn. 6.1.2 die Rede war. Diese Konsistenz ist erforderlich, weil sie davor schützen kann, in ethischen Fragen *willkürlich* (z. B. parteiisch oder „nach Lust und Laune") zu entscheiden und zu handeln. Damit würde die ethische Ernsthaftigkeit und Kommunikationsfähigkeit eines ethischen Subjekts tiefgreifend beeinträchtigt. Um dies zu vermeiden, ist es sinnvoll, im Prozess ethischer Urteilsbildung bewusst nach solchen angrenzenden oder parallelen ethischen Problemen zu suchen (und sie zu sammeln), bei denen es zumindest auf den ersten Blick um dieselbe oder doch ähnliche Problemsituation geht und bei der dieselbe oder doch ähnlichen ethischen Normen Anwendung finden müssten. Auch hier kann man nicht vorab festlegen, ob die ethische Urteilsbildung, die jetzt zur Debatte steht, zum Maßstab wird, an dem die angrenzenden bzw. parallelen Probleme zu beurteilen und zu entscheiden sind, oder ob umgekehrt diese angrenzenden bzw. parallelen Probleme und die für sie gefundenen Lösungen zum Maßstab für das zur Debatte stehende Problem werden. Jedenfalls könnte vom einen auf das andere ein – sei es problematisierendes, sei es erhellendes – Licht fallen, das die vorläufige Entscheidung, die im vollzogenen Prozess ethischer Urteilsbildung gefunden wurde, irritiert oder bestätigt. Im Falle der Irritation wird dies in aller Regel Anlass zu einer Wiederholung (Iteration) des Prozesses ethischer Urteilsbildung (unter Einbeziehung *beider* Problemkonstellationen) sein. Ist (auch) diese Irritation behoben, so kann der Prozess der ethischen Urteilsbildung durch eine (vorläufig) *endgültige*[28] *Entscheidung* abgeschlossen und durch eine entsprechende Handlung in die Praxis umgesetzt werden.

---

[28] Ich übernehme diesen (zunächst paradox klingenden) Ausdruck aus dem Wahlrecht, wie es etwa bei Bundestags-, Landtags- und Kommunalwahlen praktiziert wird, indem der Wahlleiter nach Abschluss der Auszählung aller Stimmen am Wahlabend das Wahlergebnis bekannt gibt, das sich aufgrund dieser Auszählung ergeben hat. Indem dieses (im Unterschied zu Prognosen und Hochrechnungen) endgültige Wahlergebnis als „vorläufig" bezeichnet wird, wird auf einen Spielraum nochmaliger Überprüfung(en) aufgrund von möglichen Einsprüchen gegen die Korrektheit des Wahl- oder Auszählungsverfahrens verwiesen. Ob dieser Spielraum genutzt wird (werden muss) und zu einem anderen Ergebnis führt, hängt davon ab, ob es solche Einsprüche gibt und ob sie begründet sind. So könnte dies auch bei der ethischen Urteilsbildung sein. Im gravierendsten Fall muss dann die Urteilsbildung noch einmal von vorne beginnen (vgl. dazu auch die Erläuterung zu dem graphischen Schema ethischer Urteilsbildung unter 6.3, Ziff. 3).

Teil B

Konkretisierungen der Ethik

1 Menschenwürde[1]

In diesem ersten Kapitel des Konkretisierungsteils möchte ich den Versuch unternehmen, zu entfalten und zu begründen, worin Menschenwürde als ein zentrales Element des christlichen Menschenbildes besteht, das für viele ethische[2] Entscheidungen eine wesentliche Rolle spielt. Zunächst soll dabei etwas über die Herkunft und Geschichte des Begriffs und über damit verbundene begriffliche Unterscheidungen gesagt werden, die für die Beschäftigung mit dem Thema „Menschenwürde" grundlegend sind.

---

[1] Siehe aus der Fülle der Literatur, die dazu seit dem Jahr 2000 erschienen ist: die Themenbände bzw. -hefte über „Menschenwürde", Marburger Jahrbuch Theologie Bd. XVII/2005 und Deutsche Zeitschrift für Philosophie 53/2005, H. 4, S. 571–619; U. Volp, Die Würde des Menschen. Ein Beitrag zur Anthropologie in der Alten Kirche, Leiden/Boston 2006; B. Vogel (Hg.), Im Zentrum: Menschenwürde, Berlin 2006; G. Brudermüller/K. Seelmann (Hg.), „Menschenwürde" Begründung, Konturen, Geschichte, Würzburg 2008; B. Dorst/C. Neuen/W. Teichert (Hg.), Würde. Eine psychologische und soziale Herausforderung, Düsseldorf 2009; J. Isensee, Der grundrechtliche Konnex von Menschenleben und Menschenwürde, in: Zeitschrift für Lebensrecht 18/2009, Heft 4, S. 114–124 sowie W. Härle, Würde. Groß vom Menschen denken, München 2010.

[2] Menschenwürde ist sowohl eine grundlegende *ethische* als auch eine grundlegende *rechtliche* Kategorie. (Zum Verhältnis von ethischem und rechtlichem Menschenwürdeverständnis siehe unten Abschn. 1.3). Letzteres belegt (für unseren Bereich) Artikel 1 (1) des Grundgesetzes: „Die Würde des Menschen ist unantastbar. Sie zu achten und zu schützen ist Verpflichtung aller staatlichen Gewalt". Im Unterschied zu anderen Grundrechten unserer Verfassung gilt dieser Artikel (ebenso wie Art. 4 über Glaubens-, Gewissens- und Bekenntnisfreiheit) *ohne jede Einschränkung*, er kann also auch nicht durch Abwägung mit einem anderen Grundrecht oder durch ein Gesetz eingeschränkt und damit relativiert werden. Diese Auffassung bestreitet allerdings M. Herdegen in seiner Überarbeitung des Grundgesetzkommentars von Maunz und Dürig aus dem Jahre 2003 (Neuanpassung 2005 und 2006), die ihrerseits von E.-W. Böckenförde unter der Überschrift: „Die Würde des Menschen war unantastbar" scharf kritisiert wurde (FAZ vom 03. 09. 2003).

1.1 Ursprung des Begriffs „Menschenwürde"

1.1.1 Gemeinsame und differenzierte Würde

Als feststehender Terminus findet sich der Begriff „Menschenwürde" wohl erstmals als „dignitas humana" in der lateinischen Sprache. Die Entstehung dieses lateinischen Begriffs lässt sich in ihren Anfängen bis auf Marcus Tullius Cicero (106–43 v. Chr.) zurückverfolgen. Zwar findet sich der Terminus bei ihm noch nicht explizit, wohl aber lässt sich seine Entstehung dort beobachten. In seiner Schrift „De officiis"[3] geht Cicero der Frage nach, „welche Auszeichnung und Würde [dignitas] in (unserer menschlichen) Natur liegt", und zwar im Vergleich zu den Tieren.[4] Dabei geht er von folgender These aus:

> „Man muss ... erkennen, dass wir von der Natur gleichsam mit zwei Rollen betraut sind. Die eine von ihnen ist gemeinsam, daher, dass wir alle teilhaben an der Vernunft und dem Vorrang, durch den wir vor den Tieren herausragen, von dem sich alles Ehrenvolle und Schickliche (her-)leitet und aus dem die Methode, das rechte Handeln zu finden, entwickelt wird. Die andere aber ist die, die einem jeden eigentümlich zugewiesen ist. Wie nämlich in den Körpern große Verschiedenheiten sind, ... und ebenso den Gestalten teils Würde [dignitas], teils Anmut innewohnen, so treten in den Seelen noch größere Verschiedenheiten auf"[5]

---

[3] Cicero verfasste diese Schrift im Jahre 44 v. Chr. Ich zitiere sie nach der zweisprachigen, von K. Büchner übersetzten und edierten Ausgabe unter dem Titel: Vom rechten Handeln, Zürich (1953) 1994⁴.

[4] „ ... quae sit in natura (nostra) excellentia et dignitas" und „quantum natura hominis pecudibus reliquisque beluis antecedat" (a.a.O., S. 90 f.).

[5] A. a. O., S. 91 f.; lat.: „Intelligendum ... est duabus quasi nos a natura indutos esse personis; quarum una communis est ex eo, quod omnes participes sumus rationis praestantiaeque eius, qua antecellimus bestiis, a qua omne honestum decorumque trahitur et ex qua ratio inveniendi officii exquiritur, altera autem, quae proprie singulis est tributa. Ut enim in corporibus magnae dissimilitudines sunt, ... itemque in formis aliis dignitatem inesse, aliis venustatem, sic in animis existent maiores etiam varietates". Wenige Seiten später (a.a.O., S. 98 f.) erweitert Cicero diese Zweiteilung der Rollen („personae") zu drei oder vier, indem er noch die Unterschiede hinzunimmt, die dem Menschen durch irgendeinen Zufall oder eine Lage („casus aut tempus") auferlegt wird, oder die wir uns willentlich wählen („nostra voluntate"). Beachtenswert ist an dieser Aussage auch, dass Cicero die Vernunft die für die Bildung ethischer Urteile („die Methode, das rechte Handeln zu finden") zuständige Fähigkeit nennt.

Das Entscheidende an diesem Text ist die von Cicero vorgenommene Unterscheidung zwischen zwei Arten von Würde, die dem Menschen zukommen kann bzw. zukommt: die eine ist eine individuell *differenzierte* Würde, die sich aus der *unterschiedlichen* Ausstattung, Leistung, Begabung oder Entscheidung der Menschen ergibt; die andere ist eine allen Menschen *gemeinsame* und für alle *gleiche* Würde, die mit der allen Menschen gemeinsamen Teilhabe an der Vernunft gegeben ist. Dabei spielt es für Cicero keine Rolle, ob diese Vernunft unterschiedlich stark ausgeprägt oder entwickelt ist, sondern alleine die Teilhabe aller Menschen an der Vernunft ist ausschlaggebend für diese grundlegende und gemeinsame Form der Würde.

Es wäre ein Missverständnis der Argumentation Ciceros, wenn man annähme, dass diese beiden Würde-Verständnisse einander widersprächen oder miteinander rivalisierten, so als sei das eine richtig und das andere falsch. Vielmehr sind beide Formen der Würde zutreffend und für das menschliche Zusammenleben wichtig. Die allen Menschen *gemeinsame* Würde, die man als „Menschenwürde" bezeichnen muss, weist darauf hin, dass jeder Mensch bloß aufgrund der Tatsache, dass er zum Menschengeschlecht (wie zu einer großen Familie) gehört, Achtung und Anerkennung verdient und grundlegende Rechte (Menschenrechte) hat. Die Respektierung der *unterschiedlichen* Formen von Würde, durch die Menschen sich nach Leistung, Verdienst, Stellung etc. voneinander unterscheiden, sorgt hingegen dafür, dass die für die Erhaltung und Weiterentwicklung des Zusammenlebens erforderlichen und förderlichen Besonderheiten Anerkennung und Respekt finden. Das kann sich auf z.B. große Vorbilder (Wohltäter der Menschheit), auf Menschengruppen (die Alten), auf Berufsgruppen (Staatsoberhäupter) oder auf Eliten (große Künstler, Erfinder oder Entdecker) beziehen. Dieses *differenzierte* Würdeverständnis ist weder kritikwürdig noch konkurriert es mit dem allgemeinen Verständnis von Würde, sondern ist von ihm grundsätzlich *zu unterscheiden*. Eine Gesellschaft, die z.B. solche Differenzierungen aufgrund von Lebensleistung nicht wahrnähme und achtete, würde langfristig ihre eigene Struktur beschädigen oder zerstören. Deshalb ist auch aus ethischer Sicht sowohl die Achtung und der Schutz der *Menschen*würde als auch die Achtung und der Schutz berechtigter[6] Formen *differenzierter* Würde zu fordern.

---

[6] Diese zusätzliche Qualifizierung ist notwendig, um berechtigte von unberechtigten, d.h. willkürlich zugesprochenen oder angemaßten Formen der Würde zu unterscheiden.

Für unseren Zusammenhang, in dem es um die *Menschen*würde geht, steht jedoch die erste, alle Menschen verbindende, weil ihnen allen unterschiedslos und in gleicher Weise zukommende Würde im Vordergrund der Überlegungen.

Hat man dies als die Pointe des Begriffs „Menschenwürde" erkannt, so zeigt sich freilich, dass es in anderen Kulturen auch schon solche (oder zumindest ähnliche) Vorstellungen unter anderen Begriffen gegeben hat, die teilweise noch wesentlich älter sind als die Überlegungen Ciceros. So findet sich etwa in der alttestamentlichen Überlieferung diese Einsicht schon Jahrhunderte früher und wird dort mit Hilfe der Begriffe *„Ehre"*, *„Herrlichkeit"* (Ps 8,6) und *„Bild Gottes"* (Gen 1,26f.; 9,6) zum Ausdruck gebracht. Das Christentum ist darin dem Judentum gefolgt und hat spätestens seit Ambrosius von Mailand[7] (ca. 339–397) dafür auch den *Begriff* „Menschenwürde" verwendet. Dabei begründen Judentum und Christentum die damit gegebene allgemeine und gleiche Würde aller Menschen nicht mit deren Teilhabe an der Vernunft (wie Cicero als Vertreter der Stoa dies tut), sondern aus der *Gottesbeziehung*, durch die ihm diese Würde (unabhängig von Verdienst, Leistung, moralischer Beschaffenheit oder religiöser Befindlichkeit) verliehen ist. Notabene: Gottesbeziehung ist hierbei nicht die Beziehung des Menschen zu Gott, sondern Gottes Beziehung zum Menschen.

Die so verstandene *Menschen*würde orientiert sich *nicht* an den real existierenden Unterschieden zwischen den Menschen, sondern bloß an der Tatsache des Menschseins. Darin kommt die Überzeugung zum Ausdruck, dass der Mensch als Mensch, also *jeder* Mensch in *jeder* Phase seiner Entwicklung, Achtung verdient, dass ihm also eine Würde eignet, die mit seinem *Dasein* gegeben ist und ihm von Menschen weder gegeben noch genommen, weder zu- noch aberkannt, sondern nur geachtet oder missachtet werden kann. Man kann sich vorstellen, welche Revolution es dargestellt haben muss, als in der antiken Gesellschaft, die vom grundlegenden Wertunterschied zwischen Männern und Frauen, Freien und Sklaven, Einheimischen und Fremden geprägt war, die Einsicht formuliert wurde, dass jeder Mensch als Mensch gleiche Würde besitzt, und dass diese Würde unantastbar ist. Es hat freilich beschämend lange gedauert, bis diese Einsicht sich auch bis in die alltägliche Praxis und in die Rechtsordnung hinein zur Geltung gebracht hat.

---

[7] De dignitate conditionis humanae, in: ML 17, Sp. 1105–1110.

1.1.2 Wert als Preis oder Würde

Wir nähern uns dem Begriff „Menschenwürde" weiter an, indem wir eine Unterscheidung betrachten, die spätestens seit Immanuel Kant geläufig ist. Kant unterscheidet zwischen zwei Arten von Wert, einem *relativen* Wert und dem *absoluten* Wert. Den ersteren, den er auch *„Preis"* nennt, billigt er allem zu, was Wertschätzung erfährt, weil es z. B. für jemanden nützlich ist oder ihm gefällt, aber grundsätzlich auch durch etwas anderes ersetzt werden kann. Das Letztere, den absoluten Wert, den Kant *„Würde"* nennt, hat für ihn alleine der Mensch als das vernunftbegabte, sittliche Wesen. In Kants eigenen Worten gesagt:

> „Im Reich der Zwecke hat alles entweder einen *Preis* oder eine *Würde*. Was einen Preis hat, an dessen Stelle kann auch etwas anderes, als *Äquivalent*, gesetzt werden; was dagegen über allen Preis erhaben ist, mithin kein Äquivalent verstattet, hat eine Würde."[8]

Dabei geht aus Kants Formulierungen *ein* Element der Unterscheidung nicht so deutlich hervor, wie man das eigentlich wünschen möchte: Der relative Wert bzw. der Preis ist etwas, was irgendein Interessent einer Sache *zuerkennt* – sei es als Verkäufer oder Käufer, als Anbieter oder Nutzer –, hingegen ist die Würde etwas, was der ‚Sache', in diesem Fall also dem Menschen, *selbst eignet*.[9] Damit wird ein grundlegender Unterschied zwischen relativem und absolutem Wert, also zwischen Preis und Würde sichtbar, der für das Verständnis von Menschenwürde von großer Bedeutung ist: Wenn man sich Kants Unterscheidung zu eigen macht, ist „Würde" jedenfalls nichts, was einem Menschen durch andere Menschen (oder auch durch sich selbst) erst *zugeteilt* oder *zugeschrieben* und dementsprechend auch wieder *weggenommen* oder *abgesprochen* werden könnte, sondern etwas, das dem Menschen mit seinem Dasein als Mensch (von Gott) gegeben ist. Dass die Menschenwürde dem Menschen von Gott gegeben oder verliehen sei, reiht sie gerade nicht in die Kategorie eines „relativen Wertes" ein, sondern bringt ihren absoluten Wert zum Ausdruck.

---

[8] I. Kant, Grundlegung zur Metaphysik der Sitten (1785) BA 77.
[9] Diese Unterscheidung hat E. Herms in seinem Aufsatz: Menschenwürde, in: MJTh XVII/2005, S. 79–134, bes. S. 89–96, mit Nachdruck herausgestellt. Er unterscheidet allerdings – von Kant abweichend – nicht zwischen ‚Preis' und ‚Würde' bzw. ‚relativem Wert' und ‚absolutem Wert', sondern (nur) zwischen ‚Wert' und ‚Würde'. Er ordnet folglich den Begriff „Würde" nicht dem Begriff „Wert" unter, sondern setzt beide Begriffe einander entgegen.

Zwar ist auch die Würde ausgerichtet auf ein Gegenüber, von dem sie anerkannt werden will und soll, aber dieses Gegenüber *schafft nicht* die Würde, es erkennt oder spricht sie auch nicht *zu*, sondern die Würde liegt im Würdeträger selbst begründet. Auf die Rolle des Menschen als Würdeadressat werden wir später eingehen, wenn es um das Verhältnis zwischen Menschenwürde und der Würde anderer Geschöpfe geht.[10]

1.2 Was ist unter „Menschenwürde" zu verstehen?

Mit den bisherigen Bemerkungen zum Ursprung des Begriffs „Menschenwürde" und zu notwendigen Unterscheidungen ist die Frage noch nicht explizit beantwortet, was unter „Würde" und unter „Menschenwürde" zu verstehen ist, worin sie besteht, wodurch sie geachtet oder missachtet wird. Dem wollen wir uns nun zuwenden.

1.2.1 Der Mensch als Zweck oder bloßes Mittel

Unter den Texten, die für die Interpretation von Menschenwürde eine wichtige Rolle gespielt haben, hat keiner eine größere Wirkungsgeschichte gehabt als die Form von Kants Kategorischem Imperativ, die er als „praktische(n) Imperativ" bezeichnet: „Handle so, dass du die Menschheit, sowohl in deiner Person, als in der Person eines jeden andern, jederzeit zugleich als Zweck, niemals bloß als Mittel brauchest".[11] Vor allem durch den Grundgesetzkommentar von Maunz/Dürig[12] sowie durch die Rechtsprechung des Bundesverfassungsgerichts[13] hat diese Interpretation eine überragende Bedeutung gewonnen.[14] Demnach wäre die Menschenwürde immer dann verletzt, wenn ein Mensch gar nicht um seiner selbst willen wahrgenommen und behandelt wird, sondern ausschließlich in seiner Bedeutung oder seinem Wert für andere(s).

---

[10] Siehe dazu unten bei Anm. 24.
[11] I. Kant, Grundlegung zur Metaphysik der Sitten BA 66f.
[12] Grundgesetz. Kommentar, München 1958ff. Art. 1, Abs. 1, Rdnr. 28.
[13] BVerfGE 9,89 (95); 27,1 (6); 28,386 (391); 45,187 (228); 50,166 (175) sowie 87,209 (228).
[14] Eine entscheidende Rolle spielt dabei freilich ein Begriff, der in Kants Formulierung gar nicht vorkommt: der Begriff „Objekt". Davon soll im nächsten Unterabschnitt die Rede sein. Hier will ich mich zunächst ganz auf Kants Formulierung konzentrieren.

Gegen Kants Rede vom Behandeln (der Menschheit) eines Menschen als *bloßes Mittel* wird immer wieder eingewandt, sie sei viel zu unbestimmt, um in konkreten Entscheidungssituationen ein Kriterium an die Hand zu geben, ob eine bestimmte Handlung als Achtung oder Missachtung der Menschenwürde zu interpretieren sei. In juristischer Hinsicht ist das sicher in der Regel zutreffend. Und trotzdem ist diese Kritik nicht *ganz* berechtigt; denn es gibt Situationen, in denen es tatsächlich um die Entscheidung geht, ob ein Mensch geschädigt oder getötet werden darf, um die Lebens- oder Heilungsmöglichkeiten anderer Menschen zu erhalten oder zu erhöhen. Ein eklatantes Beispiel hierfür sind sogenannte fremdnützige Menschenversuche ohne Einwilligung der Probanden. In solchen Fällen wird also durchaus ein Mensch als bloßes Mittel gebraucht und ist nicht zugleich Zweck. Und damit wird seine Menschenwürde missachtet. Aber es gibt möglicherweise auch noch andere Formen, in denen die Menschenwürde missachtet oder geachtet wird, die nicht darin bestehen, dass ein Mensch bloß als Mittel (für einen fremden Zweck) behandelt wird. Deshalb ist die Kant'sche Formel, obwohl sie einen richtigen und wichtigen Kern hat, unzureichend, wenn man sie als Definition von „Menschenwürde" auffasst oder gebraucht.

1.2.2 Der Mensch als Person oder Objekt

Durch die Fassung, in der G. Dürig in seinem Grundgesetzkommentar die Menschenwürde interpretiert hat, wurde die sog. *Objektformel* zu einem weiteren dominierenden Interpretationsmuster in der deutschen Rechtsprechung. Sie lautet: „Die Menschenwürde ist getroffen, wenn der konkrete Mensch zum Objekt, ... zur vertretbaren Größe herabgewürdigt wird".[15] Charakteristisch für ein *Objekt* ist zunächst, dass es ein Gegenstand oder Ding ist, über das andere verfügen (können), und das nicht in sich die Freiheit hat, zuzustimmen oder sich zu verweigern, sich zu erschließen oder zu verschließen. Charakteristisch für ein Objekt ist weiter, dass es einen *Wert* hat, der in Form eines *Preises* ausgedrückt, bezahlt und entgegengenommen werden kann. Wenn Menschen in diesem Sinn als Objekte behandelt werden, dann ist das in der Tat mit ihrer Menschenwürde unvereinbar. Deswegen ist ethisch unbestreitbar, dass z.B. Sklaverei, Menschenraub und Menschenhandel nicht mit der Menschenwürde vereinbar sind, selbst wenn zwischen Besitzer und dem menschlichen „Besitz" ein emotionales Verhältnis beste-

---

[15] Siehe oben Anm. 12.

hen oder entstehen sollte, in dem die käuflich erworbene Person für ihren Eigentümer durchaus nicht bloß Mittel, sondern auch Zweck sein oder werden könnte.

Aber das Bundesverfassungsgericht hat selbst in einem seiner Urteile darauf hingewiesen, dass es durchaus Situationen gibt, in denen Menschen als oder wie Objekte behandelt (z.B. abgeführt, weggetragen oder eingesperrt) werden, ohne dass damit ihre Menschenwürde missachtet würde.[16]

Auch die Objektformel trifft also *etwas* an der Menschenwürde, ist aber keine umfassende *Definition* und auch keine umfassende *Konkretisierung* dessen, was Achtung oder Missachtung von Menschenwürde ist, sondern nur *ein* freilich wichtiger *Aspekt* hiervon. Das wird auch daran deutlich, dass die Objektformel ihre eigentliche Überzeugungskraft wohl von dem Verbum „herabwürdigen" gewinnt, mit dem sie abschließt. Daran zeigt sich aber, dass die Formel in dieser Hinsicht faktisch *zirkulär* ist.

1.2.3 Selbstbestimmung oder Fremdbestimmung des Menschen

In der gegenwärtigen medizinethischen Diskussion wird – vor allem bezogen auf das Lebensende – die Beachtung oder Nichtbeachtung der *Willensäußerungen* eines Menschen im Blick auf mögliche medizinische Behandlungsmaßnahmen als exemplarischer Fall für die Achtung oder Infragestellung von Menschenwürde gewichtet. Als „menschen*un*würdig" gilt demzufolge ein Sterben, bei dem Menschen gegen ihren ausdrücklichen Wunsch durch medizinische Maßnahmen am Leben erhalten werden. In vielen neueren Texten scheint „Menschenwürde" geradezu als Synonym für *„Selbstbestimmungsrecht"*.

Aber auch ganz einseitige Vertreter des Selbstbestimmungsrechts sind sich natürlich dessen bewusst, dass keineswegs *jede* Willensäußerung, die auf einen Behandlungsabbruch oder auf das eigene Sterben zielt, befolgt werden darf, selbst wenn die entsprechenden Handlungen rechtlich zulässig sind. Vielmehr wird stets gefordert, dass solche Äußerungen „wiederholt" oder „in unterschiedlichen Situationen" gemacht werden müssten, um Befolgung zu verdienen. Darin drückt sich

---

[16] So konstatiert das Bundesverfassungsgericht: „Der Mensch ist nicht selten bloßes Objekt nicht nur der Verhältnisse und der gesellschaftlichen Entwicklung, sondern auch des Rechts, insofern er ohne Rücksicht auf seine Interessen sich fügen muss. Eine Verletzung der Menschenwürde kann darin allein nicht gefunden werden" (BVerfGE 30,1 [25f.]).

das Erfahrungswissen aus, dass der Sterbewunsch häufig geäußert wird, ohne dass ein Mensch tatsächlich aus dem Leben scheiden will. Der „selbstbestimmte Wille" ist ein schwankendes, unsicheres Gebilde. Zudem sind solche Willensäußerungen in hohem Maße durch *fremde* Einflüsse mitbestimmt, so dass sich auch von daher die Gleichsetzung von Menschenwürde mit Selbstbestimmung verbietet.

Trotzdem ist zuzugestehen, dass es normalerweise eine Missachtung der Würde eines Menschen ist, wenn andere in ihrem therapeutischen Umgang mit diesem Menschen etwas tun, was dessen erklärtem Willen widerspricht.[17] Es gehört zur Würde des Menschen, die Anwendung medizinischer Maßnahmen an sich selbst *untersagen* zu können. Die Achtung der Menschenwürde konkretisiert sich hier als Beachtung der klaren Willensäußerung eines Menschen im Blick auf sein Krankheitsgeschick oder seinen Sterbeprozess, wenn er eine Behandlung ausdrücklich für sich ablehnt.

Würde man daraus aber ableiten, dass Menschenwürde doch mit (ernsthafter) Selbstbestimmung gleichzusetzen ist, so würde man dafür einen verheerenden Preis bezahlen müssen: dann hätten nämlich alle Menschen, die noch nicht oder nicht mehr zur Selbstbestimmung fähig sind, auch keine Menschenwürde. Diese Konsequenz ist so abwegig, dass sie keiner ausführlichen Begründung bedarf. Aber sie muss benannt werden, um die fatale Gleichsetzung von Menschenwürde und Selbstbestimmung, die vielfach (mit positiver Resonanz) vertreten wird, bewusst zu machen, und ihr energisch zu widerstehen.

1.2.4 Entscheidungsfreiheit des Menschen gegen Zwangsmaßnahmen

Ein anderes Phänomen, an dem die *Miss*achtung von Menschenwürde sich konkretisiert, ist nach allgemeiner Auffassung die Androhung oder Anwendung von *Zwangsmaßnahmen*, etwa in Gestalt von *Folter*, sei es zur Erpressung eines Geständnisses oder einer Aussage. Obwohl es Situationen gibt, in denen es als „menschlich verständlich" erscheint, wenn ein Polizeibeamter in der Hoffnung auf Rettung von bedrohtem Menschenleben Foltermaßnahmen androht oder anwendet, ist doch nicht zu bestreiten, dass damit die Würde dessen, dem diese Androhung oder Anwendung gilt, missachtet wird. Diese Missachtung besteht da-

---

[17] Es sei denn, es gäbe gravierende Gründe für diese Nicht-Beachtung, z.B. das Wissen darum, dass der Patient sich in einem Zustand der Verwirrung befindet oder dass seine Willensäußerung selbst ein Symptom seiner Krankheit, z.B. einer schweren Depression, ist.

rin, dass die Androhung oder Anwendung von Gewalt das Ziel hat, den Betroffenen *gegen seinen Willen* zu einer Aussage zu *zwingen*, die er nur macht, weil er Angst vor Schmerzen hat oder nicht mehr in der Lage ist, diese zu ertragen. Durch die Folterdrohung oder -praxis wird sein *Wille gebeugt oder gebrochen*, und das ist in der Tat mit der Achtung der Würde eines Menschen nicht vereinbar.

Dagegen wird gelegentlich eingewandt, Nothilfe zur Rettung von Menschenleben sei aber doch rechtlich zulässig und stelle offenbar keine Missachtung der Menschenwürde dar, obwohl sie dem Angreifer u. U. noch größere Übel zufügt als Folter, nämlich ihn gegebenenfalls sogar tötet. Das ist richtig, zeigt aber, dass Folter und Nothilfe sich in zwei gravierenden Hinsichten unterscheiden: Einerseits hat die Nothilfe das Ziel, das Leben bedrohter Menschen dadurch zu retten, dass sie den Angreifer (notfalls mit Waffengewalt) an seinem Tun *hindert* und so Leben rettet. Das ist nur möglich in einer Situation, in der der Angreifer als solcher *identifiziert* ist und an seinem Tun gehindert werden kann. Demgegenüber hat die Polizei es in der Situation, in der Folter erwogen oder angewandt wird, mit einem *mutmaßlichen* Täter zu tun, und sie kann nicht wissen, *ob* sie den Willen dieses mutmaßlichen Täters überhaupt durch Folter brechen kann. Es ist also nicht auszuschließen, dass das Folteropfer gar nicht der Täter ist, sondern sich vielleicht nur (aus Wichtigtuerei) als solcher ausgibt; und es ist ungewiss, ob die Folter überhaupt bei ihm ein geeignetes Mittel ist, um das erstrebte Ziel zu erreichen. In beiden Hinsichten ist die Folter mit Ungewissheiten belastet, die im Falle der Nothilfe nicht gegeben sind, und die Folter versucht, diese Ungewissheiten durch einen gewaltsamen Eingriff in das Innenleben des vermutlichen Angreifers zu überwinden. Das ist mit der Achtung der Menschenwürde nicht zu vereinbaren. Wer trotzdem meint, in einer bestimmten Situation aus ethischen Gründen so handeln zu müssen, muss dann auch bereit sein, die Konsequenzen dieser Handlung zu tragen.[18]

Grundsätzlich gilt also: Die Anwendung oder Androhung von Folter ist als ein Fall von (versuchter) Beugung oder Brechung des menschlichen Willens nicht mit der Achtung der Menschenwürde zu vereinbaren, aber natürlich ergibt sich daraus im Umkehrschluss keine hinreichende Definition von Menschenwürde. Auch hierbei handelt es sich nur um *ein* Element von Menschenwürde.

---

18 Siehe dazu W. Härle, Kann die Anwendung von Folter in Extremsituationen aus der Sicht christlicher Ethik gerechtfertigt werden? in: ders., Christlicher Glaube in unserer Lebenswelt. Studien zur Ekklesiologie und Ethik, Leipzig 2007, S. 337–356.

1.2.5 Achtung der Intimität gegen Bloßstellung oder Demütigung

Ein weiteres Feld für die Missachtung von Menschenwürde lässt sich bezeichnen mit den Begriffen „Bloßstellung oder Demütigung". Die gelegentlich der Öffentlichkeit durch die Medien eindrücklich präsentierten Bilder von Kriegsgefangenen (z. B. aus dem irakischen Abu Ghreib), die durch ihre Wärter gedemütigt werden, stehen exemplarisch für eine besonders drastische Form von – in diesem Fall sogar oft wörtlich zu verstehender – Bloßstellung von Menschen, durch die deren Würde eklatant missachtet wird. Dass die Respektierung des Schamgefühls von großer Bedeutung für die Würde des Menschen ist, bringt schon die biblische Paradieserzählung eindrucksvoll zur Geltung.[19]

Aber es gibt natürlich zahlreiche *andere Formen*, durch die Menschen bloßgestellt, gedemütigt, der Lächerlichkeit preisgegeben oder zum Gegenstand des Spottes gemacht werden, die allesamt eine Missachtung der Menschenwürde darstellen (können). Das heißt aber: Es gehört zur Würde des Menschen, dass das, was er von sich der Öffentlichkeit nicht preisgeben möchte und auf dessen Kenntnis die Öffentlichkeit kein Anrecht hat, auch tatsächlich im Verborgenen bzw. in der Sphäre seiner *Intimität* verbleiben darf. Insofern gehören die Achtung und der Schutz der Intimsphäre eines Menschen zur Achtung und zum Schutz seiner Menschenwürde, wiederum ohne dass sich daraus eine umfassende Definition ableiten ließe.

1.2.6 Gleichberechtigung gegen Diskriminierung von Menschen

Als letztes Feld für die Konkretisierung der Missachtung von Menschenwürde nenne ich – ohne Anspruch auf Vollständigkeit – den Ausschluss von Menschen von der Teilhabe an der *Rechtsgleichheit* innerhalb einer Gesellschaft, z. B. aufgrund von ethnischer Zugehörigkeit, sozialer Stellung, Geschlecht, Religion oder Weltanschauung. Gerade die Tatsache, dass in der Geschichte der Menschheit über lange Zeit hin Ausländer, Kranke, Sklaven, Frauen und Kinder sowie bestimmte Minderheiten als „Nicht-Menschen" oder als „*Untermenschen*" behandelt bzw. misshandelt wurden, empfinden wir zu Recht als eine schwere Missachtung ihrer Menschenwürde. Letztlich läuft dies in allen genannten Fällen darauf hinaus, diesen Menschen ihr *Menschsein* zumindest teilweise abzusprechen und ihnen daraufhin die Rechte, die Parti-

---

[19] Vgl. dazu W. Härle, Dogmatik, Berlin/New York 2007³, S. 486f.

zipationsmöglichkeiten und die Achtung zu verweigern, die ihnen als Menschen zustehen.

Die Tatsache, dass selbst totalitäre, menschenverachtende Systeme wie der Nationalsozialismus zunächst versuchten, Menschen anderer rassischer Zugehörigkeit ihr *Menschsein* abzusprechen, indem sie für „Untermenschen" oder „Ungeziefer" erklärt und publizistisch als solche(s) dargestellt wurden[20], zeigt, dass es offenbar doch ein tief sitzendes Wissen um die unantastbare Würde jedes Menschen gibt, das in solchen Fällen zunächst einmal „semantisch abgeschaltet oder ausgeschaltet" werden muss, bevor man mit Aussicht auf Zustimmung oder wenigstens Tolerierung seitens der Bevölkerung solche Vernichtungsaktionen starten kann. Man muss Menschen offenbar erst einmal ihr Menschsein absprechen, bevor man in der Öffentlichkeit wagen kann, ihre Menschenwürde zu bestreiten und sie entsprechend zu behandeln.

1.2.1–6 Menschenwürde als Anrecht auf Achtung des Menschseins

Wie hängen diese unterschiedlichen Konkretisierungen von Menschenwürde und ihrer Achtung bzw. Missachtung untereinander zusammen? Das Gemeinsame liegt nicht in irgendetwas Speziellem am Menschen, sondern offenbar im *Menschsein*[21] selbst, das *Achtung gebietet*. Das heißt aber: „Würde" ist zu verstehen als *das Anrecht auf Achtung*. Und „Menschenwürde" ist folglich das *Anrecht auf Achtung des Menschseins* jedes Menschen, das seinerseits Achtung verdient.[22]

---

20 Eine ähnliche Funktion nimmt heute die Bezeichnung von Wachkoma-Patienten als „menschliches Gemüse" („human vegetable"), von Embryonen als „Zellhaufen" oder von Föten als „Schwangerschaftsgewebe" (so „pro familia" in ihren Broschüren für Jugendliche) ein.

21 Dieses Menschsein meint auch der bei Kant vorkommende (oben bei Anm. 11) zitierte Begriff „Menschheit", den wir üblicherweise als Kollektivbegriff für die Gesamtheit aller Menschen verstehen und gebrauchen.

22 Siehe dazu B. Vogel (Hg.), Im Zentrum: Menschenwürde, Berlin 2006, S. 20–22. Die dort gegebene Definition ist jedoch hier in *einem* Wort verändert und damit weiterentwickelt worden. Während Menschenwürde dort als (objektiver) *Anspruch* auf Achtung definiert wird, verwende ich hier den Begriff „Anrecht", der nicht den Anklang an subjektive Ansprüche oder an ein problematisches Anspruchsdenken enthält. Eine Anregung zu dieser Weiterentwicklung hat mir E. Gräb-Schmidt durch ihre Kritik am Begriff „Anspruch" gegeben. Eine mich sehr beeindruckende Bestätigung für diese Weiterentwicklung habe ich von meinem Sohn Tobias Härle erhalten. Dafür möchte ich beiden auch an dieser Stelle meinen Dank aussprechen.

Dabei taucht der Begriff ‚Achtung' in diesem Zusammenhang zweifach auf: als Respektierung des *Menschseins des Menschen* und als Respektierung des menschlichen *Anrechts* auf Achtung. Beides bezieht sich auf denselben Sachverhalt, aber in unterschiedlicher Weise. Von dem *Anrecht* auf Achtung sagt das Grundgesetz zu Recht, es sei *unantastbar*, und d.h. nicht nur, es solle oder dürfe nicht angetastet werden, sondern es *könne* nicht angetastet werden. Dieses Anrecht bleibt also auch dort bestehen, wo Menschen es ignorieren, bestreiten oder mit Füßen treten, indem sie z.B. das Leben von Menschen antasten oder ihnen ihr Selbstbestimmungsrecht bestreiten.

Wem es Schwierigkeiten bereitet, sich etwas Sinnvolles unter einem Anrecht vorzustellen, das unantastbar ist und bleibt, auch wenn es nicht geachtet wird, kann sich diese Möglichkeit leicht an einem Beispiel deutlich machen: Vermutlich würden alle Menschen dem Satz zustimmen: „Jedes Kind hat ein Anrecht auf liebevolle Zuwendung". Nun gibt es zweifellos Kinder, denen (aus den verschiedensten Gründen) keine liebevolle Zuwendung zuteilwird. Damit wird ihr Anrecht auf Zuwendung nicht geachtet, aber es hört als Anrecht auf liebevolle Zuwendung selbstverständlich nicht auf, vorhanden und gültig zu sein. Die Kinder behalten dieses Anrecht. Es ist und bleibt unantastbar, auch wenn es nicht geachtet wird. Vielleicht könnte man sogar noch einen Schritt weitergehen und sagen: Gerade die Nichtachtung des Anrechts auf liebevolle Zuwendung macht das Vorhandensein, die Gültigkeit und Unantastbarkeit dieses Anrechts unübersehbar bewusst.

Niemand kann einem Menschen das *Anrecht* auf Achtung *nehmen*. Aber sehr wohl können Menschen dieses Anrecht missachten, sie können Menschen so behandeln, als hätten sie dieses Anrecht nicht. Und darum hat GG Art. 1 auch darin recht, dass er nicht nur die Unantast*barkeit* der Menschenwürde – im Sinne des Anrechts auf Achtung – konstatiert, sondern zugleich sagt: „Sie [sc. die Würde des Menschen] zu achten und zu schützen ist Verpflichtung aller staatlichen Gewalt." Jene *Feststellung* und diese *Forderung* bilden also keinen Gegensatz, sondern gehören aufs Engste zusammen. Weil das *Anrecht* auf Achtung unantastbar ist, darum ist es Verpflichtung aller staatlichen Gewalt, dieses Anrecht zu *achten* und es dort, wo es missachtet wird, zu *schützen*.

Grundlegend an dem damit gegebenen Definitionsversuch ist zweierlei:

– Menschenwürde ist ein *Anrecht*. Das unterscheidet Menschenwürde sowohl von subjektiven Ansprüchen, die Menschen erheben, weil sie den *Wunsch* haben, etwas zu besitzen oder zu erreichen, als auch von Rechten, die von ihnen im Lauf ihrer Lebensgeschichte *erworben* oder ihnen von anderen irdischen Instanzen *verliehen* wurden. Ein Anrecht auf Achtung als Mensch ist demgegenüber etwas, das

jedem Menschen mit seinem Dasein gegeben ist. Und ein solches Anrecht verlangt von anderen (und sogar vom Träger selbst) Anerkennung und Respektierung.
- Menschenwürde ist das Anrecht auf *Achtung* als Mensch. Achtung ist ein facettenreicher, vielschichtiger Begriff. Er umfasst nicht die Gewährung aller möglichen Wohltaten oder die Erfüllung aller Wünsche, er umschließt aber in jedem Fall ein Wahrnehmen und Ernstnehmen des Menschen und einen respektvollen Umgang mit ihm und zwar gerade mit ihm in seiner Eigenheit und Eigenart. Insbesondere besteht Achtung in der Anerkennung und Respektierung der *Rechte* (Menschenrechte), die mit dem Dasein des Menschen gegeben sind.

Wenn Menschenwürde das Anrecht auf Achtung ist, das dem Menschen mit seinem Dasein gegeben ist, dann schließt die Achtung der Menschenwürde in jedem Fall die Anerkennung des Würdeträgers *als Mensch* ein, aber auch – und das ist ein zusätzlicher, wichtiger Aspekt – die Anerkennung des Würdeträgers als (potentieller oder aktueller) Würde*adressat*[23], d.h. als ein Wesen, das dazu in der Lage ist, die Würde anderer Wesen zu erkennen, anzuerkennen, zu achten – oder eben auch zu missachten. An dieser Unterscheidung und Verbindung zwischen *Würdeträger und Würdeadressat* lässt sich zeigen, dass und inwiefern sich *Menschen*würde von einer denkbaren *Tier*würde oder von einer allgemeinen *Geschöpf*würde unterscheidet, ohne dass man deswegen bestreiten sollte, dass auch Tiere eine *spezifische Würde*[24] besitzen, die Achtung verdient. Die spezifische Würde empfindungsfähiger Tiere wird einerseits geachtet durch die Unterlassung jeder Tierquälerei (im Sinne der Zufügung unnötiger Schmerzen), andererseits durch das ernsthafte Bemühen um artgemäße Haltung.[25] Wir haben jedoch keinen Grund zu der Annahme, dass Tiere in der Lage sind zu erkennen, dass

---

[23] Auf die Bedeutung des Menschen als Würdeadressat für das angemessene Verständnis von Menschenwürde hat E. Herms in seinem Aufsatz: Menschenwürde in: MJTh XVII/2005, S. 79–134 mit gut nachvollziehbaren Argumenten verwiesen.

[24] Man muss freilich sorgfältig prüfen, ob es tatsächlich sinnvoll ist, im Blick auf Tiere (auf alle? auf einige? auf welche?) den *Begriff* „Würde" zu gebrauchen. Tut man es im Sinne Kants (siehe oben bei Anm. 8 und 11), so wäre damit nicht nur die Schlachtung und der Verzehr von Tieren, sondern auch ihr Kauf oder Verkauf und ihre Verwendung für medizinische Versuche ausgeschlossen. Können wir das durchhalten?

[25] Dass dagegen nicht nur die Unterversorgung, sondern auch die Überversorgung, also jede Form von unangemessener Versorgung verstößt, ist hinlänglich bekannt.

ein anderes Wesen Würde hat und ihm darum mit der (unausgesprochenen) Forderung begegnet, diese zu achten (wie dies Løgstrup und Levinas gelehrt haben[26]), aber wir haben sehr wohl Grund zu der Annahme, dass *Menschen* von einer bestimmten Entwicklungsstufe an zu solcher Erkenntnis und Achtung in der Lage sind.[27] Das heißt aber zugleich, dass das, was den Menschen als Gattungswesen von anderen Geschöpfen *unterscheidet*, vor allem in dessen Funktion als Würdeadressat und damit in seiner *Verantwortlichkeit* für andere Kreaturen (und für sich selbst) besteht. Umso erschreckender und bedrückender ist es, wenn der Mensch diese Sonderstellung zur *Miss*achtung des Wohls anderer (menschlicher und außermenschlicher) Geschöpfe missbraucht.

Aber ist die mit der Rede von der Achtung der Menschenwürde ausgesprochene Norm *nur* Verpflichtung der *staatlichen* Gewalt, wie es im Grundgesetz heißt? Handelt es sich dabei ausschließlich um ein *rechtliches* Gebot? Gilt das nicht in einem umfassenden Sinn auch für das zwischenmenschliche Zusammenleben, soweit es rechtlich nicht geregelt ist? Darum soll es im folgenden Abschnitt gehen.

1.3 Menschenwürde als rechtlicher und ethischer Grundbegriff

1.3.1 Menschenwürde als rechtlicher Grundbegriff

Der in unserem Bereich bekannteste und wichtigste Text zur Menschenwürde ist der bereits[28] zitierte Artikel 1 (1) aus dem Grundgesetz für die Bundesrepublik Deutschland[29]: „Die Würde des Menschen ist unan-

---

[26] K. E. Løgstrup nennt dies „die unausgesprochene, sozusagen anonyme Forderung an uns, das Leben des anderen ... in unseren Schutz zu nehmen" (Die ethische Forderung, Tübingen [1959] 1968², S. 18). Ähnlich verweist E. Levinas auf das Antlitz des Anderen, aus dem – ohne Worte – die Bitte um Schonung seiner Existenz spricht (Die Bedeutung und der Sinn [1964], in: ders., Humanismus des anderen Menschen, Hamburg 1989, S. 40f.).

[27] Die Unterordnung eines Tieres unter ein Leittier oder unter einen Menschen – sei es instinktiv, aufgrund von Dressur, aus Angst oder um erwarteter Belohnung willen – ist als solche noch kein Fall von Würde-Achtung, könnte allenfalls als entfernte Analogie dazu gewertet werden.

[28] Siehe oben in Anm. 2.

[29] Ich zitiere nach der Ausgabe von Ch. Pestalozza: Verfassungen der deutschen Bundesländer, München 1995⁵, S. 1. Das Grundgesetz wurde am 23. Mai 1949 beschlossen.

tastbar. Sie zu achten und zu schützen ist Verpflichtung aller staatlichen Gewalt". Hier hat „Menschenwürde" fraglos den Charakter eines *rechtlichen Grundbegriffs*. Seine überragende Bedeutung ergibt sich aus wenigstens zwei Tatsachen:

– erstens durch die Stellung des Menschenwürde-Artikels am *Beginn* des Grundgesetzes und daraus, dass durch ihn *alle* staatliche Gewalt verpflichtet wird;
– zweitens durch die sog. Ewigkeitsgarantie in Art. 79 (3) des Grundgesetzes, die besagt, dass eine Änderung des Grundgesetzes *unzulässig* ist, „durch welche ... die in den Artikeln 1 und 20 niedergelegten Grundsätze berührt werden".

Da das Grundgesetz selbst keine Interpretation oder Definition[30] von „Menschenwürde" gibt, die entsprechende Aussage also eine „nichtinterpretierte These"[31] ist, wurden und werden zur Interpretation von Art. 1 (1) GG und damit von „Menschenwürde" die Urteile des Bundesverfassungsgerichtes herangezogen, von denen bereits die Rede war.[32] In ihnen dominiert – wie gesagt – die Kant'sche Unterscheidung von Zweck und (bloßem) Mittel sowie die Dürig'sche Objektformel. Aber was fällt rechtlich unter den Schutz von Art. 1 (1) GG? Wann und wodurch wird das Anrecht eines Menschen auf Achtung seines Menschseins so missachtet, dass dies auch zum Gegenstand eines gerichtlichen Verfahrens und eines Verfassungsgerichtsurteils werden kann?

Mit Sicherheit ist dies dort *nicht* der Fall, wo die Missachtung der Menschenwürde lediglich den Charakter einer inneren Einstellung oder verbaler, mimischer bzw. gestischer Äußerungen annimmt, die ihrerseits nicht den Tatbestand der Beleidigung, üblen Nachrede, Verleumdung oder Verunglimpfung[33] erfüllen. Das deutsche Strafgesetzbuch[34] enthält jedenfalls nur zwei Paragraphen (§ 130 und 131)[35], die unter den Überschriften „Volksverhetzung" und „Gewaltdarstellung" den Angriff auf die Menschenwürde anderer wie folgt unter Strafe stellen:

---

30 Im Blick auf die Frage nach der Definierbarkeit von „Menschenwürde" vertritt die heutige Rechtswissenschaft ganz überwiegend die Auffassung, „Menschenwürde" sei als Rechtsbegriff nicht eindeutig definierbar.
31 So Th. Heuss in: Jahrbuch für öffentliches Recht, n. F. 1/1951, S. 49.
32 Siehe oben Anm. 13 und 16.
33 Siehe zu diesen Tatbeständen StGB § 185–200.
34 Strafgesetzbuch, Textausgabe von Th. Weigend, München 2009[47].
35 Für den Hinweis auf diese Paragraphen möchte ich meinem Heidelberger Kollegen D. Dölling danken.

- § 130 (1): „Wer in einer Weise, die geeignet ist, den öffentlichen Frieden zu stören ... die Menschenwürde anderer dadurch angreift, dass er Teile der Bevölkerung beschimpft, böswillig verächtlich macht oder verleumdet, wird mit Freiheitsstrafe von drei Monaten bis zu fünf Jahren bestraft".
- § 130 (2): „Mit Freiheitsstrafe bis zu drei Jahren oder mit Geldstrafe wird bestraft, wer 1. Schriften ..., die zum Haß gegen Teile der Bevölkerung oder gegen eine nationale, rassische, religiöse oder durch ihr Volkstum bestimmte Gruppe aufstacheln, zu Gewalt- oder Willkürmaßnahmen gegen sie auffordern oder die Menschenwürde anderer dadurch angreifen, daß Teile der Bevölkerung oder eine vorbezeichnete Gruppe beschimpft, böswillig verächtlich gemacht oder verleumdet werden, verbreitet ..., oder 2. eine Darbietung des in Nummer 1 bezeichneten Inhalts durch Rundfunk verbreitet".
- § 130 (4): „Mit Freiheitsstrafe bis zu drei Jahren oder mit Geldstrafe wird bestraft, wer öffentlich oder in einer Versammlung den öffentlichen Frieden in einer die Würde der Opfer verletzenden Weise dadurch stört, dass er die nationalsozialistische Gewalt- und Willkürherrschaft billigt, verherrlicht oder rechtfertigt."
- § 131 (1): „Wer Schriften ..., die grausame oder sonst unmenschliche Gewalttätigkeiten gegen Menschen oder menschenähnliche Wesen in einer Art schildern, die eine Verherrlichung oder Verharmlosung solcher Gewalttätigkeiten ausdrückt oder die das Grausame oder Unmenschliche des Vorgangs in einer die Menschenwürde verletzenden Weise darstellt, verbreitet ... wird mit Freiheitsstrafe bis zu einem Jahr oder mit Geldstrafe bestraft".

Darüber hinaus kommt der Begriff „Menschenwürde" im Strafgesetzbuch nicht vor. Wie ist das zu erklären angesichts der hochrangigen Bedeutung, die die Achtung und der Schutz der Menschenwürde aufgrund der Verfassung genießen?

Es ist dadurch zu erklären, dass Achtung und Schutz der Menschenwürde als rechtliche Größen ansonsten nur auftreten in Verbindung mit, genauer gesagt: in Form von Straftaten, die auch andere (Menschen-)Rechte verletzen. So kennt das Strafgesetzbuch natürlich das Verbrechen der (sexuellen) Nötigung, des schweren Menschenhandels und der Verletzung von Privatgeheimnissen[36] oder der bereits oben genannten Volksverhetzung und Gewaltdarstellung, die alle den Tatbestand der Missachtung der Menschenwürde erfüllen (können), aber es ist die *konkrete Form*, in der dies geschieht, die im Strafgesetzbuch mit Strafe bedroht, im Strafverfahren mit Strafe belegt und im Strafvollzug bestraft wird. Dadurch, dass diese Handlungen (als konkrete Formen der Missachtung der Menschenwürde) Gegenstand des Strafrechts sind, ist es nicht erforderlich, sie eigens als Missachtung der Menschenwürde anzuklagen oder zu verurteilen.

---

[36] StGB § 174–179; § 181 und § 203.

Eine andere rechtlich relevante Situation ergibt sich dort, wo der Gesetzgeber Gesetze oder Verordnungen erlassen hat, die vom Verwaltungs- oder Verfassungsgericht auf ihre Verfassungsgemäßheit hin überprüft werden[37] und dann u.U. als mit Art. 1 (1) GG unvereinbarer Verstoß gegen Achtung und Schutz der Menschenwürde beurteilt und folglich für *ungültig* erklärt werden.

So fand ein die Öffentlichkeit bewegendes Verfahren vor dem Bundesverfassungsgericht statt zur Überprüfung des Luftsicherheitsgesetzes, das erlaubte, ein von Terroristen gekapertes Flugzeug, das offensichtlich als terroristische Angriffswaffe gegen ein bedeutendes Ziel verwendet werden sollte, auch dann vor Erreichung des Zieles abzuschießen, wenn dieses Flugzeug mit Passagieren besetzt wäre. Das Bundesverfassungsgericht kam dabei zu dem Ergebnis[38], dass dieses Gesetz *nicht* mit der Achtung und dem Schutz der Menschenwürde der Besatzung und der Passagiere vereinbar wäre und erklärte es folglich für verfassungswidrig und ungültig. In einem solchen Fall spielt die Menschenwürde als Begründung für ein Urteil eine unmittelbare Rolle.

Aber es gibt noch einen anderen Fall, in dem die Menschenwürde als rechtlicher Grundbegriff unmittelbar einschlägig ist und Anwendung findet. Das ist dann der Fall, wenn es z.B. Praktiken oder Verhaltensformen von Menschen gibt, die behördlich geduldet werden, obwohl sie möglicherweise nicht mit der Menschenwürde vereinbar sind.

Als Beispiel hierfür nenne ich das – wegen seines kuriosen Anlasses und Namens weithin bekannt gewordene – Verwaltungsgerichtsurteil zum sog. Zwergenweitwurf[39]. Anlass für das entsprechende Verfahren und Urteil war die Praxis, dass sich kleinwüchsige Menschen auf Jahrmärkten freiwillig zur Verfügung stellten, um sich (gegen Geld) in einer Art Wettbewerb möglichst weit durch die Luft werfen zu lassen. Obwohl dies mit der Einwilligung (und auf Wunsch) der betroffenen kleinwüchsigen Menschen geschah, kam das Verwaltungsgericht zu dem Ergebnis, dass diese Praxis nicht mit der Menschenwürde dieser Personen zu vereinbaren sei und darum zu verbieten sei. Wichtig daran ist vor allem die Tatsache, dass die eigene Zustimmung der Betroffenen die objektive Missachtung der Menschenwürde nicht aufhebt.

---

[37] Anhand von GG Art. 20 (3): „Die Gesetzgebung ist an die verfassungsmäßige Ordnung ... gebunden".
[38] BVerfGE 115, 118 ff bes. S. 151–165.
[39] Verwaltungsgericht Neustadt an der Weinstraße, in: Neue Zeitschrift für Verwaltungsrecht 1993, S. 98f. Für die Angaben zum Fundort in dieser und in der vorangehenden Anmerkung danke ich meinem Heidelberger Kollegen M. Anderheiden auch an dieser Stelle.

1.3.2 Menschenwürde als ethischer Grundbegriff

Die bisherigen Ausführungen zur Menschenwürde als einem rechtlichen Grundbegriff hatten insofern bereits selbst ethischen Charakter, als die Setzung grundlegender rechtlicher Normen auf ethischen Überlegungen und Begründungen beruht.[40] Sie ergeben sich aus einem bestimmten Menschenbild, und sie orientieren sich am Prinzip der Universalisierbarkeit. Insofern zeigt und bewährt sich auch im Blick auf Menschenwürde der rechtsbegründende Charakter der Ethik.

Aber die Bedeutung von „Menschenwürde" als ethischer Grundbegriff geht darin nicht auf. Ja, man kann gerade an der Menschenwürde, verstanden als Anrecht auf Achtung, zeigen, dass und warum grundlegende ethische Forderungen, Verhaltensdispositionen und Verantwortlichkeiten weit über das hinausreichen, was durch die Rechtsordnung vorgeschrieben oder unter Strafe gestellt werden kann. Wenn ich im vorigen Unterabschnitt sagte, die Missachtung der Menschenwürde habe mit Sicherheit dort nicht den Charakter eines *Rechts*verstoßes, wo sie lediglich den Charakter einer inneren Einstellung oder verbaler, mimischer bzw. gestischer Äußerungen annimmt, die ihrerseits nicht den Tatbestand der Beleidigung, üblen Nachrede, Verleumdung oder Verunglimpfung erfüllen[41], so ist damit zugleich das weite Feld möglicher Missachtung von Menschenwürde angedeutet, das zwar nicht rechtlich fassbar, aber gleichwohl für das menschliche Leben und Zusammenleben von größter Bedeutung ist. Dabei muss man sogar noch einen Schritt weitergehen: Es wäre keineswegs wünschenswert, dass die Rechtsordnung eines Landes gedankliche, verbale, mimische, gestische Ausdrucksformen der Missachtung von Menschenwürde unter Strafe stellt. Wer sollte das schließlich überprüfen und rechtlich be- bzw. verurteilen? Was für eine Gesellschaft wäre es, in der „verbale, gestische oder mimische Missachtung der Menschenwürde" einen Straftatbestand darstellte? Jedenfalls keine wünschenswerte, sondern bestenfalls eine totalitäre Überwachungsgesellschaft.

Aber solche „verbale, mimische, gestische Missachtung der Menschenwürde" gibt es vielfach, und sie ist von großer Bedeutung. Denn durch solche Verhaltens- und Ausdrucksformen können Menschen psychisch und sozial gepeinigt, gequält, in die Verzweiflung getrieben werden etc. Aber das alles entzieht sich in der Regel einer rechtlichen Verurteilung. Es entzieht sich jedoch nicht einer *ethischen* Bewertung und

---

[40] Siehe dazu oben Kap. A 2, bei Anm. 7.
[41] Siehe oben S. 246.

Beurteilung. Es ist freilich die Frage, ob diese ethische Bewertung und Beurteilung von irgendeiner *menschlichen* Instanz angemessen (oder gar letztgültig) durchgeführt werden könnte.[42] Aber auch das nimmt ihr nichts von ihrer für das menschliche Leben und Zusammenleben großen Bedeutung.

Bei der Überlegung, an welcher Stelle und in welcher Form in unserer Gesellschaft ein wirksamer Impuls zur Überwindung von Aggressivität und Gewalt – insbesondere unter Kindern und Jugendlichen – und damit zu einem friedlichen, gedeihlichen Miteinander nötig und möglich wäre, sind sich die für Erziehung und Bildung im vorschulischen und schulischen Bereich Tätigen und Verantwortlichen relativ schnell darüber einig, dass durch eine Haltung und ein Verhalten, in dem die Menschenwürde (verstanden als Anrecht auf Achtung) jedes Menschen geachtet, anerkannt und respektiert wird, ein Beitrag zur Verbesserung des gesellschaftlichen Lebens geleistet würde, der in seiner Bedeutung schwerlich überschätzt werden könnte. Achtung der Menschenwürde ist eine unübertreffliche und unersetzliche Grundlage für ein gedeihliches gesellschaftliches Leben.

Solche Achtung schließt jedoch keineswegs automatisch Zustimmung oder Verzicht auf Kritik ein. Es ist möglich, einem Menschen mit Achtung zu begegnen, auch wenn man ihm auf der ganzen Linie widersprechen muss und ihn auch in seinem Verhalten oder seinen Äußerungen nicht akzeptieren kann. Die Achtung äußert sich dann unter Umständen gerade darin, diesen Widerspruch und dieses Missfallen ihm gegenüber offen auszusprechen. Und solcher Widerspruch ist nicht die geringste Form von Achtung, und es ist vor allem nicht die selbstverständlichste Form von Achtung.

Nicht zuletzt im Umgang mit Kindern und Jugendlichen, die in der Gefahr stehen, zu verwahrlosen und in die Kriminalität abzurutschen, kann die Festigkeit des Widerspruchs und Widerstandes eine Form von Achtung sein, die in ihrem bisherigen Leben weitgehend – jedenfalls in verlässlicher und nachvollziehbarer Form – gefehlt hat. Aber eine dauerhaft positive Wirkung wird solcher Widerspruch und Widerstand wohl nur dann erzielen, wenn die davon Betroffenen spüren können, dass es auch dabei um ihre Würde und ihr Wohl geht.

---

[42] Hierzu sind die Aussagen hilfreich, die Paulus in 1 Kor 4,3–5 macht: „Mir aber ist's ein Geringes, dass ich von euch gerichtet werde oder von einem menschlichen Gericht; auch richte ich mich selbst nicht. Ich bin mir zwar nichts bewusst, aber darin bin ich nicht gerechtfertigt; der Herr ist's aber, der mich richtet. Darum richtet nicht vor der Zeit, bis der Herr kommt, der auch ans Licht bringen wird, was im Finstern verborgen ist, und wird das Trachten der Herzen offenbar machen. Dann wird einem jeden von Gott sein Lob zuteil werden."

1.4 Träger der Menschenwürde

Dass die Frage nach dem Träger der Menschenwürde trotz des bisher Gesagten nicht völlig trivial ist, und dass mit der richtigen Antwort: „jeder Mensch" noch nicht alles gesagt ist, ergibt sich daraus, dass strittig ist, *wer* unter den Begriff *Mensch* fällt, wie also dessen Subjektbereich zu bestimmen ist. Danach ist zunächst zu fragen.

1.4.1 Wer fällt unter den Begriff „Mensch"?

Im Unterschied zum Begriff „Person"[43] ist der Begriff „Mensch" – zumindest auch – ein *biologischer* Begriff.[44] Als solcher ist er durch die Zugehörigkeit zur Spezies „homo sapiens (sapiens)" definiert, die eine hochentwickelte Spezies in der Klasse der Säugetiere darstellt.[45] Aber das Gesagte ist insofern noch zu einseitig biologisch formuliert, als das Abstammungsverhältnis zugleich ein *Verwandtschaftsverhältnis*, also eine soziale Kategorie ist. Das Besondere am Abstammungsverhältnis ist generell, dass es unweigerlich sowohl eine biologische als auch eine soziale Kategorie ist, die nicht durch unsere Zuschreibung oder Anerkennung zustande kommt, sondern unserer Anerkennung immer schon

---

[43] Vgl. hierzu R. Spaemann, Personen – Versuche über den Unterschied zwischen ‚etwas' und ‚jemand', Stuttgart 2006³, sowie W. Härle, Menschsein als Personsein, in: R. Slenczka (Hg.), Der Mensch als Person. Theologische und anthropologische Erkundungsgänge, Gütersloh 2010.

[44] Mit dieser *Unterscheidung* zwischen den *Begriffen* „Person" und „Mensch" schließe ich keineswegs ein, dass es Menschen gäbe, die keine Personen wären; auch ist damit *nicht notwendig* die Annahme verbunden, dass es Personen gibt, die keine Menschen sind. Man könnte also durchaus annehmen, dass die Extension des Begriffs „Person" mit der Extension des Begriffs „Mensch" identisch ist, und trotzdem verlöre die Unterscheidung zwischen „Person" und „Mensch" damit nicht ihren Sinn, d.h. ihre differierende Intension – ebenso wenig wie dies bei den Begriffen „Morgenstern", „Abendstern" und „Venus" der Fall ist, die alle auf denselben Planeten verweisen, aber ihn in unterschiedlicher Hinsicht bezeichnen.

[45] Auf den möglichen Einwand, damit werde der Mensch vollständig in das Tierreich eingeordnet, möchte ich mit der zweiten These aus Luthers Disputatio de homine antworten: „Neque disputare nunc necesse est, An proprie vel improprie Homo vocetur animal" (WA 39/1, 175,5f./LDStA 1, 664,3f. dt: „Es ist jetzt nicht nötig, darüber zu disputieren, ob der Mensch im eigentlichen oder uneigentlichen Sinn des Wortes als ‚tierisches Lebewesen' bezeichnet wird").

vorgegeben ist und sie von uns fordert. Das elementarste Beispiel hierfür ist das Verhältnis einer Mutter und auch eines Vaters zu ihrem Kind. Dieser biologisch-soziale Doppelaspekt und die Vorgegebenheit kommen gut zum Ausdruck in der Rede vom „genus humanum", vom „Menschengeschlecht" oder von der „Menschheitsfamilie".

Beide Betrachtungsweisen, die biologische und die sozialphilosophische, stimmen darin überein, dass ein Wesen dann unter den Begriff „Mensch" fällt, wenn es in den Abstammungs- und damit in den Verwandtschaftszusammenhang zu (anderen) Menschen hineingehört. Deshalb kann gesagt werden: Mensch ist jedes Wesen, das von Menschen abstammt – gleichgültig, ob diese Abstammung auf dem Weg über natürliche Zeugung und Empfängnis, durch künstliche Befruchtung oder durch Klonierung[46] erfolgt.

Als Alternative zu dieser Beantwortung der Frage nach der Zugehörigkeit zu Menschsein über die Gattungs- bzw. Speziezugehörigkeit wird einerseits vorgeschlagen die *Zuschreibung* der Zugehörigkeit aufgrund einer kulturellen Konvention oder aufgrund einer gesetzlichen Regelung, andererseits die *Konstatierung* der Zugehörigkeit aufgrund bestimmter Eigenschaften, durch die ein Wesen sich (anderen) Tieren gegenüber auszeichnet, z.B. Sprache, Vernunft, Interessen. Im ersten Fall hängt die Zugehörigkeit zur Menschheitsfamilie von einer willkürlichen Entscheidung (wessen?) ab, durch die der Gedanke der Menschenwürde und der Menschenrechte faktisch beseitigt wird, weil die Zuschreibung nicht begründungspflichtig ist und jederzeit auch wieder aufgehoben werden kann. Im zweiten Fall wird nicht mehr ein menschliches Individuum gedacht, sondern eine Aneinanderreihung von Zuständen, in denen jeweils die fragliche Eigenschaft vorhanden ist, die jedoch durch all die Zustände (z.B. Bewusstlosigkeit, vorgeburtlicher Zustand, früheste Kindheit, Altersdemenz) unterbrochen wird, in denen diese Eigenschaft(en) nicht vorhanden oder zumindest nicht feststellbar ist bzw. sind. Keine der beiden Alternativlösungen ist in der Lage, die ethische Stellung des Menschen, wie sie in den Begriffen „Menschenwürde" und „Menschenrechte" zum Ausdruck kommt, zu begründen oder auch nur zur Sprache zu bringen. Dazu ist nur die Einsicht in die Bedeutung der Abstammung und der Zugehörigkeit zur Menschheitsfamilie in der Lage.

---

[46] Die Nennung der Klonierung möge bitte nicht als implizite Zustimmung zum reproduktiven Klonen von (bzw. bei) Menschen verstanden werden. Ihre Erwähnung hat nur den Sinn, festzuhalten, dass auch ein auf diesem Wege aus menschlichen Zellen entstandenes Wesen natürlich ein Mensch wäre.

Von da aus ist nun auch die Frage nach den *Grenzen* des so definierten Begriffs „Mensch" zu beantworten. Dabei ist zunächst festzuhalten, dass es *keine* Grenze geben kann, die bei Wesen, die von Menschen abstammen und damit zur Menschheitsfamilie gehören, aufgrund fehlender Eigenschaften, Fähigkeiten oder anderer Ausstattungsmerkmale gezogen werden könnte. Anders gesagt: Keine mögliche körperliche oder intellektuelle Behinderung – einschließlich der Anenzephalie – kann dazu berechtigen, einem Wesen, das von Menschen abstammt, das Menschsein abzusprechen. Trotzdem bleibt aber die Frage zu stellen und zu beantworten, *ab wann und bis zu welchem Zeitpunkt* ein von Menschen abstammendes Wesen als „Mensch" zu bezeichnen ist.

In dem ganzen Entwicklungsprozess von der Verbindung des Genoms der Samenzelle und der Eizelle zu einem neuen, lebensfähigen Genom, also von der Befruchtung an bis zum Tod des Menschen,[47] gibt es in seiner Entwicklung keine qualitative Zäsur[48], an der aus einem nicht-menschlichen Zellgebilde erst ein Mensch würde. Der menschliche Embryo entwickelt sich, wie das Bundesverfassungsgericht[49] zutreffend festgestellt hat, von Anfang an *als* Mensch, nicht *zum* Menschen. Alle Einschnitte, die es in dieser Entwicklung gibt – Verlust der Totipotenz, Einnistung in die Gebärmutter, Ausbildung des Primitivstreifens, Entstehung des zentralen Nervensystems, erste spontane Bewegungen, selbständige Lebensfähigkeit, Geburt – stellen trotz ihrer Bedeutung für die menschliche Entwicklung keine solche qualitative Zäsur dar. Zwar ist mit der Einnistung (Nidation) die Möglichkeit der Mehrlingsbildung abgeschlossen, aber auch davon hängt ja nicht ab, ob das entstehende Wesen ein Mensch ist, sondern nur, *wie viele* Menschen aus der Befruchtung entstehen können.

Umgekehrt wird immer wieder die Frage gestellt, ob man nicht hinter den Zeitpunkt der Befruchtung zurückgehen müsse auf das sog. Vorkernstadium, in dem die Samenzelle bereits in das Plasma der Eizelle eingedrungen ist, aber noch keine Verbindung des beiderseitigen Genoms stattgefunden hat. Diese Frage ergibt sich besonders aufgrund der Praxis der In-vitro-Fertilisation, bei der – zur Schonung der Frau bzw. werdenden Mutter – die Befruchtung von mehr Eizellen eingelei-

---

[47] Und – wie sich gleich zeigen wird – noch darüber hinaus.
[48] Vgl. dazu als unverdächtigen Zeugen P. Singer, Schwangerschaftsabbruch und ethische Güterabwägung, in: Medizin und Ethik. Hg. H.-M. Sass, Stuttgart (1989) NA 1999, S. 139–145.
[49] BVerfGE 88, 203 [251f]; 39, 1 [37]. So auch – unter Bezugnahme auf die Forschungsergebnisse der neueren Biologie – J. Römelt, Christliche Ethik in moderner Gesellschaft, 2. Bd. Lebensbereiche, Freiburg/Basel/Wien 2009, S. 196.

tet, dann aber durch Kryokonservierung unterbrochen wird, als laut Embryonenschutzgesetz befruchtet werden dürfen und eingepflanzt werden können[50]. Das entscheidende Argument lautet nun: Würde der Befruchtungsvorgang in vitro nicht durch Kryokonservierung unterbrochen, so würde wenige Stunden später die Befruchtung stattfinden, d. h.: Die Befruchtung ist offensichtlich die unmittelbare Konsequenz des eingeleiteten Prozesses. Beginnt also nicht doch das menschliche Leben und damit die Zugehörigkeit zur Spezies „Mensch" schon in dem Moment, in dem ein Spermium in das Plasma der Eizelle eindringt?

Zwar ist dies in der Tat – wenn es nicht durch Kryokonservierung oder auf anderem Wege verhindert wird – die wahrscheinliche Konsequenz des Eindringens in das Plasma, aber eben nur die wahrscheinliche Konsequenz und noch nicht der Vorgang selbst. Würde man schon im Blick auf diese Vorkerne von Menschen sprechen, so würde man genau genommen schon der Samenzelle und der Eizelle je für sich oder zumindest im Prozess des Sich-aufeinander-zu-Bewegens die Qualität des Menschseins zusprechen (müssen). Aber das wäre ebenso unsinnig, wie wenn man beliebige menschliche Körperzellen, deren Genom durch Klonierung zu einem menschlichen Embryo werden *könnte*, deswegen schon als „Menschen" bezeichnete und sie entsprechend behandelte.

Erst von dem kurzen Prozessabschnitt[51] an, in dem sich die Genome der Samen- und Eizelle zu einem neuen, eigenständigen, lebensfähigen Genom verbinden, das alsbald die Gestalt einer Zygote annimmt, ist es sinnvoll, vom Beginn des Menschseins zu sprechen – nicht früher, aber auch nicht später.

Im Blick auf das Ende des Menschseins sind die definitorischen Probleme m. E. noch größer als beim Beginn. Dabei überlagern sich – zumindest scheinbar – zwei Probleme: einerseits das Problem der Todesdefinition, andererseits die Verhältnisbestimmung von Tod und Menschsein. Von einer bloß *scheinbaren* Überlagerung spreche ich deswegen, weil die Todesdefinition zwar insbesondere im Blick auf die Frage der Organentnahme eine große Rolle spielt[52], aber nicht für die Definition des Menschseins. Anders gesagt: An der jeweiligen Todesde-

---

50 Vgl. dazu das Embryonenschutzgesetz (ESchG) vom 13. Dezember 1990, § 1 in Verbindung mit § 8.
51 Ich spreche hier bewusst nicht von einem „Moment", um nicht den irreführenden Eindruck zu erwecken, es handle sich bei der Befruchtung um ein ausdehnungsloses Punctum mathematicum. Auch dieser Vorgang hat Prozesscharakter, nimmt also eine bestimmte – wenn auch sehr kurze – Zeit in Anspruch.
52 Vgl. dazu E. Stock, Menschliches Leben und Organtransplantation, in: MJTh IX/1997, S. 83–110.

finition – Hirntod, klinischer Tod, biologischer Tod – hängt zwar die Frage, wo die Unterscheidungslinie zwischen einem *lebendigen* und einem *toten Menschen* verläuft, aber nicht die Frage, wo das *Menschsein* endet.

Selbst wenn dies beim ersten Hören merkwürdig klingen sollte, kann doch kein Zweifel daran bestehen, dass tote Menschen immer noch *Menschen* sind und von uns entsprechend behandelt – z. B. bestattet – werden. Ebenso ist unbestritten, dass auch der tote Mensch Achtung verdient, also in gewisser Hinsicht Menschenwürde besitzt,[53] womit freilich nicht behauptet wird, dass die Achtung gegenüber lebenden Menschen und die Achtung gegenüber toten Menschen dieselbe Bedeutung hätten oder dieselben Ausdrucksformen annehmen müssten.[54]

Wir können weder im Blick auf den Anfang noch im Blick auf das Ende des Menschseins einen genauen Zeitpunkt definieren oder festlegen, aber wir können Grenzen, sozusagen Schutzgrenzen, ziehen, die wir am Lebensanfang und am Lebensende zu respektieren haben. Diese Anfangsgrenze ist der Prozess der Befruchtung und Empfängnis, und die Grenze am Lebensende ist der klinische Tod im Sinne des irreversiblen Herz-Kreislauf-Stillstands. Was dazwischen liegt, ist ein lebender Mensch mit seiner unantastbaren Würde.

---

[53] Es ist eine der Stärken der Definition von „Menschenwürde" als „Anrecht auf Achtung des Menschseins jedes Menschen" (siehe oben bei Anm. 22), dass sie – besser als Dürigs Objektformel oder gar als die häufig vollzogene Gleichsetzung von Menschenwürde mit Selbstbestimmung – in der Lage ist, die Ausstrahlung der Menschenwürde auf den menschlichen Leichnam plausibel zu machen. Vgl. dazu W. Härle, Sektion aus Sicht der Theologie, in: H. Knoblauch/B. Tag, Sectio, Berlin 2010, S. 299–312.

[54] In der juristischen Diskussion wird im Blick auf dieses Thema gelegentlich von einer „Ausstrahlungswirkung" der Menschenwürde über den menschlichen Tod hinaus gesprochen. M. Herdegen spricht in seinem Grundgesetz-Kommentar (siehe oben Anm. 2), S. 31, Rdnr. 54 zurückhaltender und nicht ganz logisch von der „nachwirkende(n) Respektierung der Menschenwürde des Verstorbenen". Nachwirkend kann nicht die Menschenwürde *Verstorbener* sein, sondern die Menschenwürde *Lebender* kann auf sie als Verstorbene nachwirken.

1.4.2 Der Speziesismus-Vorwurf

Die im vorigen Unterabschnitt vorgestellte Position begegnet dem Vorwurf des *Speziesismus*.[55] In einem seiner Werke zitiert P. Singer die Definition von „Speziesismus", die sich im Oxford English Dictionary findet: „Diskriminierung oder Ausbeutung bestimmter Tierarten durch den Menschen aufgrund eines angenommenen Vorrangs des Menschen".[56] Diese Definition ist nicht ganz genau und bringt die Pointe des Speziesismus-Vorwurfs nicht präzise zum Ausdruck. Sie erweckt den Anschein, die Überordnung der Spezies „Mensch" gegenüber (anderen) Tierarten sei Speziesismus.[57] Das stimmt aber nicht.

Genau besehen liegt nach Singers Überzeugung jedoch überall dort (aber auch nur dort) Speziesismus vor, wo Spezies-Zugehörigkeit für ein *ethisch* relevantes Merkmal oder Kriterium gehalten wird. Singer – sowie die übrigen Kritiker des Speziesismus – vertreten demgegenüber die Auffassung, ethisch relevant könnten nur Eigenschaften oder Fähigkeiten sein, die einem – menschlichen oder tierischen – Individuum[58] zukommen, nicht dagegen die Zugehörigkeit zu einer Spezies als solche. Als Vorwurf bzw. Kritik wird dieser Begriff bzw. das darin zum Ausdruck kommende Denken deswegen beurteilt, weil Speziesismus eine Parallele zu Rassismus und Sexismus sei – und darum ebenso verwerflich wie diese. In jedem dieser Fälle werde die Zugehörigkeit – sei es zu einer Rasse, einem Geschlecht oder einer Spezies – als ethisch relevantes Merkmal behandelt, aus dem eine Über- oder Unterordnung abgeleitet werde, anstatt sich an den tatsächlichen Eigenschaften und

---

[55] Diesen Begriff hat der Oxforder Psychologe Richard Ryder 1970 geprägt (Animal Revolution: Changing Attitudes toward Speciesism, Oxford [1970] 1989). Durch Peter Singers Praktische Ethik (1979), dt. Stuttgart (1984) 1994², S. 90–94 u. ö. wurde dieser Begriff einer breiten, interessierten Öffentlichkeit bekannt und zu einem festen Bestandteil der neueren medizin- und bioethischen Diskussion. Zur Position Singers und zur Auseinandersetzung mit ihr siehe W. Härle, Überlegungen zum Menschenbild – in Auseinandersetzung mit Peter Singer, in: ders., Menschsein in Beziehungen, Tübingen 2005, S. 305–333.

[56] P. Singer, Leben und Tod (1994) dt. Erlangen 1998, S. 174.

[57] Aus Singers Praktischer Ethik (siehe oben Anm. 55, S. 144) geht jedoch hervor, dass Singer eine solche Überordnung weder ablehnt noch für Speziesismus hält.

[58] Bei einer gründlichen Analyse zeigt sich jedoch, dass sich genau dieser von ihm als Grundbegriff eingeführte (Individuen-)Begriff in seiner Ethik auflöst. Siehe dazu W. Härle, Alle Menschen sind Personen. Auseinandersetzung mit dem Speziesismusvorwurf, in: P. Dabrock/R. Denkhaus/ St. Schaede (Hg.), Gattung Mensch. Interdisziplinäre Perspektiven, Tübingen 2010.

Fähigkeiten der jeweiligen Individuen zu orientieren. Diese Parallelisierung und ihre Begründung verleiht Singers Speziesismus-Vorwurf zweifellos erhebliches Gewicht und nötigt dazu, ihn ernst zu nehmen. Es ist jedoch zu fragen, ob die Parallelisierung zwischen Rassismus, Sexismus und Speziesismus zulässig ist oder auf einem Irrtum beruht.

Wenn es so wäre, dass die Rassen und Geschlechter sich durch wesentliche Eigenschaften oder Fähigkeiten voneinander unterschieden, die eine wertende Über- bzw. Unterordnung begründen, dann wäre nicht einzusehen, warum solche Unterschiede nicht auch ethisch relevant sein könnten. Aber die Kritik am Rassismus und Sexismus besagt ja in ihrem Kern, dass es solche Unterschiede zwischen den Rassen und zwischen den Geschlechtern nicht gibt, und dass *deshalb und insofern* der ethische Rekurs auf sie im Sinne einer wertenden Über- oder Unterordnung unzulässig und gefährlich ist. Die Parallelisierung zwischen Rassismus, Sexismus und Speziesismus wäre nur dann berechtigt, wenn die Einsicht, die wir eben gegen Rassismus und Sexismus geltend gemacht haben, auch im Blick auf den Speziesismus gälte, nämlich dass vorhandene Unterschiede zwischen Eigenschaften und Fähigkeiten der verschiedenen Spezies keine Über- oder Unterordnung begründen können.

Die biblischen Aussagen über den Menschen und sein Verhältnis zu anderen Kreaturen, insbesondere zu Tieren und Pflanzen,[59] gehen ausnahmslos davon aus, dass es zwischen dem Menschen einerseits und den Tieren und Pflanzen andererseits *wesentliche* Unterschiede gibt und dass diese Unterschiede Über- bzw. Unterordnungsverhältnisse begründen. Insofern ist das jüdisch-christliche Menschen- und Weltbild konstitutiv speziesistisch, und dasselbe gilt vom Konzept der „Menschenwürde": Es ist ebenfalls konstitutiv speziesistisch. Ob dies eine Schwäche oder innere Widersprüchlichkeit dieses Menschenbildes und der Menschenwürde-Konzeption darstellt, ist im folgenden Abschnitt zu prüfen.

1.5 Worin ist die Menschenwürde begründet?

In diesem Abschnitt setze ich nun zweierlei voraus: Erstens, dass Menschenwürde das Anrecht auf Achtung des Menschseins ist; zweitens, dass zwischen dem Sein des Menschengeschlechts und dem Sein der übrigen Geschöpfe (Tiere, Pflanzen etc.) ein wesentlicher Unterschied be-

---

[59] Sie finden sich vor allem in Gen 1,26–29, Gen 2,15f. und 19f., Gen 9,1–7 und Ps 8,4–9.

steht. Damit wird jedoch nicht bestritten, sondern ausdrücklich betont, dass das Sein aller Geschöpfe zu achten ist, und dass es sinnvoll sein könnte, auch im Blick auf das Achtung gebietende Sein der anderen Geschöpfe von deren – spezifischer – „Würde" zu sprechen. Wenn man Letzteres tut, ist freilich der Unterschied zwischen „Menschenwürde", „Tierwürde" oder „Naturwürde" jeweils mit zu benennen, damit die spezifischen, ethischen und rechtlichen Leistungen,[60] die mit dem Begriff „Menschenwürde" – und nur mit ihm – verbunden sind, nicht aus dem Blick geraten.

1.5.1 Das Besondere am Sein des Menschen

In Vergangenheit und Gegenwart wurde häufig die Vermutung geäußert, in der Fähigkeit zur Selbstbeziehung – sei es als Selbstwahrnehmung, Selbsterfahrung, Selbstbewusstsein oder Selbstbestimmung – hätten wir es mit dem Spezifikum zu tun, durch das Menschen sich von allem anderen geschaffenen Seienden unterscheiden. Das ist jedoch nicht richtig. Zwar scheint die Fähigkeit zur Selbstbeziehung in der Evolution spät entstanden zu sein, nämlich erst bei höheren Säugetieren und Menschen. Aber es gibt eben nicht nur bei Menschen, sondern auch im Tierreich Selbstwahrnehmung und Selbstbestimmung, und – bei hochentwickelten Primaten – sogar nachweisbare Formen der Selbsterkenntnis und des Selbstbewusstseins, wie sie sich etwa in der Fähigkeit von Schimpansen zeigen, die in der Lage sind, sich selbst von ihrem Spiegelbild zu unterscheiden.

Gilt das auch für die Beziehung des geschaffenen Seienden zu seinem Woher, Wohin und Wozu, seinem Ursprung, Ziel und Sinn? Allem Anschein nach unterscheidet es die Spezies Mensch von allen anderen Geschöpfen, dass nur der Mensch in der Lage ist, *danach* zu fragen, dies zu *erkennen* und sich davon in seinem Fühlen und Wollen bestimmen zu lassen. Genau dies macht den konstitutiven Unterschied zwischen der Spezies „Mensch" und allem anderen Geschaffenen aus. Wenn diese These zutrifft – und ich halte sie für zutreffend –, dann haben wir es hierbei mit dem Spezifikum zu tun, in dem zugleich die Begründung für die Überordnung des Menschen gegenüber den anderen Geschöpfen zu suchen ist.

---

[60] Ich denke dabei insbesondere an das Verbot von Menschenversuchen ohne deren Einwilligung zur Erprobung von Arzneimitteln, während nur wenige Menschen ein entsprechendes generelles Verbot für Tierversuche für ethisch geboten halten.

In der Gesamtheit des geschaffenen Seienden ist die Spezies „Mensch" die einzige, von der wir wissen, dass sie – in Gestalt ihrer einzelnen Individuen und in überindividuellen Gemeinschaften – dazu in der Lage ist, nach dem Ursprung, Ziel und Sinn des Seienden und damit nach *Gott*[61] zu fragen, darüber Vermutungen oder Erkenntnisse zu äußern und sich dazu – in Verehrung oder Ablehnung – zu verhalten. Dieses Angelegtsein auf religiöse, weltanschauliche und ethische Kommunikation ist so charakteristisch für die Spezies „Mensch", dass in der einschlägigen Forschung häufig das Auftauchen entsprechender Symbole und Gebräuche – z. B. in Form von Bestattungsriten – als Indiz für das Auftreten von „Homo sapiens" genommen wird.[62]

Damit ist natürlich nur gesagt, dass die Anlage oder Bestimmung zur weltanschaulich-religiös-ethischen Kommunikation das Charakteristikum der Spezies „Mensch" bildet. Sie begründet die Besonderheit der Menschenwürde im Unterschied zum Sein aller anderen Geschöpfe. Sie begründet auch seine damit gegebene Überordnung, wie sie in der biblischen Vorstellung von der dem Menschen übertragenen fürsorglichen Herrschaft (dominium terrae) zum Ausdruck kommt. Denn nur eine Erkenntnis – oder zumindest Ahnung – von Ursprung, Ziel und Sinn des Seienden befähigt dazu, dessen Wesen und Bestimmung so zu erkennen, dass ein dem angemessener, verantwortlicher Umgang mit dem Seienden möglich ist. Das schließt freilich die Möglichkeit nicht aus, dass der Mensch wider besseres Wissen mit seinem Leben und dem der anderen Geschöpfe umgeht, also seine großen Fähigkeiten missbraucht und unverantwortlich handelt. Aber durch die in der weltanschaulich-religiösen Dimension begründete ethische Verantwortungsfähigkeit unterscheidet sich der Mensch von allen anderen Geschöpfen und ist ihnen zugleich verantwortlich übergeordnet.

---

[61] Dabei muss in der Frage nicht unbedingt das Wort „Gott" vorkommen. Sprachliche Alternativen dazu bilden Begriffe wie „Schicksal", „Sein" oder – heute besonders häufig – „Natur".

[62] Das scheint erstmals beim Neandertaler, also vor ca. 100 000 Jahren der Fall gewesen zu sein. Siehe dazu F. Schrenk, Die Frühzeit des Menschen. Der Weg zum Homo sapiens, München 2003⁴, S. 113: „Die Neandertaler bestatteten ihre Toten und gaben ihnen Grabbeigaben mit. Zum ersten Mal in der langen Geschichte der Menschheitsentwicklung nahm man sich der Verstorbenen an."

1.5.2 Geltung und Realisierungsgrad der Bestimmung des Menschen

Wenn man den Versuch unternimmt, die These von der unantastbaren Menschenwürde inhaltlich zu begründen und sie nicht nur zu behaupten, gerät man in die Nähe von Auffassungen, die Menschen nur dann Würde zuerkennen, wenn dafür bestimmte individuelle Bedingungen erfüllt sind. Insbesondere die Praktische Ethik von Peter Singer lehnt deshalb die Anerkennung einer Würde ab, die mit dem Menschsein als solchem, unabhängig von der Ausbildung bestimmter individueller Fähigkeiten oder Eigenschaften, gegeben wäre.

Ist dies nicht konsequent? Muss man nicht, wenn man das Spezifikum des Menschseins, das die Menschenwürde begründet, in der Bestimmung zur weltanschaulich-religiös fundierten ethischen Verantwortung sieht, die Konstatierung von Menschenwürde auf diejenigen menschlichen Individuen begrenzen, bei denen man etwas von der Realisierung dieser Bestimmung *wahrnehmen* oder mit guten Gründen *als gegeben vermuten* kann?

a.) Gegen diese Annahme spricht zunächst folgende Tatsache: Da alle Menschen von der Befruchtung an in einem Entwicklungsprozess existieren, in dem zunächst nichts von der Realisierung der Bestimmung des Menschen erkennbar wird, würde diese frühe Entwicklungsphase den mit dem Menschenwürde-Gedanken verbundenen Rechts- und Lebensschutz verlieren. Da aber diese Entwicklungsphase eine notwendige Bedingung für die weitere Entwicklung ist, in der die Bestimmung des Menschen realisiert werden kann, würde mit dem Wegfall der Anerkennung dieser Anfangsphase zugleich das infrage gestellt, was auf sie und aus ihr folgt.

b.) Wenn Menschenwürde nur in dem Maß und Grad als gegeben und anzuerkennen angenommen würde, in dem die Realisierung der Bestimmung erkennbar wird, würde Menschenwürde selbst zu einem graduellen Begriff, der stets nur mehr oder weniger – vermutlich in keinem Fall vollständig – gegeben ist. Diese Auffassung von einer bloß graduellen Menschenwürde hätte unweigerlich zur Folge, dass sie auch bloß eine *graduelle* Achtung erfordert. De facto würde dadurch der Gedanke der Menschenwürde überhaupt preisgegeben und durch den der individuell variierenden Würde einzelner Menschen ersetzt.

c.) Wenn Menschenwürde nur insofern und insoweit als gegeben angenommen werden könnte, wie die Bestimmung des Menschen individuell realisiert ist, dann wäre die Anerkennung und Achtung der Menschenwürde abhängig davon, ob diese Realisierung für andere Menschen erkennbar wird und diese daraufhin das Vorhandensein von Menschenwürde konstatieren. Die „Menschenwürde" würde also faktisch abhängig von einem Akt der Zuschreibung, die angesichts veränderter Erkenntnis auch wieder zurückgenommen bzw. entzogen werden könnte. Würde aber „Menschenwürde" als Resultat einer Zuschreibung durch Menschen verstanden, so verlöre sie ihren Sinn, etwas zu benennen und zur Anerkennung zu bringen, was mit dem Sein des Menschen gegeben und darum für ihn selbst wie für alle anderen unverfügbar ist. Diese Gründe reichen m. E. aus, um an der Erkenntnis der Menschenwürde und ihrer – rechtlichen und ethischen – normativen Bedeutung unreduziert und unbeirrt festzuhalten.

2 Gesundheit und Krankheit

Die Beschäftigung mit Fragen der Ethik geschieht stets – sei es bewusst oder unbewusst – in einem religiösen oder weltanschaulichen Horizont. Das gilt naturgemäß auch für die *medizinethischen* Konkretionen, um die es in diesem Kapitel geht.[1] Schon die Identifizierung und Kartographierung der sich hier stellenden Probleme setzt ein Menschen- und Weltbild voraus, gemessen an dem eine bestimmte Situation oder Entwicklung als ethisches *Problem* erkannt wird. Erst recht gilt dies für jeden Vorschlag zur *Lösung* eines (medizin-)ethischen Problems. Die nachfolgenden Ausführungen wollen verstanden werden als ein Beitrag zu den Themen „Gesundheit" und „Krankheit" aus christlicher Sicht.

Dafür ist es sinnvoll, zunächst danach zu fragen, wie aus christlicher Sicht Gesundheit und Krankheit zu verstehen und zum Menschsein in Beziehung zu setzen sind (2.1). Danach soll nach den normativen Grundlagen der Medizinethik gefragt werden (2.2), bevor die speziellen medizinethischen Probleme am menschlichen Lebensbeginn (2.3) und Lebensende (2.4) thematisiert werden.

---

[1] Siehe dazu: Kirchenamt der EKD und Sekretariat der DBK (Hg.), Gott ist ein Freund des Lebens. Herausforderungen und Aufgaben beim Schutz des Lebens, Gütersloh 1989; H.-M. Sass (Hg.), Medizin und Ethik, Stuttgart 1989; T. L. Beauchamp und J. F. Childress, Principles of Biomedical Ethics, Oxford 2001⁵; U. H. J. Körtner, Unverfügbarkeit des Lebens? Grundfragen der Bioethik und der medizinischen Ethik, Neukirchen 2001; H. Kreß, Medizinische Ethik. Kulturelle Grundlagen und ethische Wertkonflikte heutiger Medizin, Stuttgart 2003; P. Dabrock, L. Kinnert und S. Schardien, Menschenwürde und Lebensschutz. Herausforderungen theologischer Bioethik, Gütersloh 2004; D. Ritschl, Zur Theorie und Ethik der Medizin. Philosophische und theologische Anmerkungen, Neukirchen 2004; M. Düwell, „Bioethik". Methoden, Theorien und Bereiche, Stuttgart/Weimar 2008; J. Römelt, Christliche Ethik in moderner Gesellschaft, 2. Bd., Lebensbereiche, Freiburg/Basel/Wien 2009, S. 117–315; M. Spieker (Hg.), Biopolitik. Probleme des Lebensschutzes in der Demokratie, Paderborn u.a. 2009.

2.1 Gesundheit und Krankheit im Menschenbild des Christentums

2.1.1 Der Mensch als mit Würde ausgestattetes endliches Geschöpf Gottes[2]

Der christliche Glaube versteht den Menschen als Gottes Geschöpf.[3] Dabei besagt die christliche Rede von der Schöpfung und vom Geschöpf vor allem zweierlei:

– Einerseits stellt sie eine *Verbundenheit* dar zwischen Schöpfer und Geschöpf, Gott und Welt. Der Mensch ist – zusammen mit allen anderen Kreaturen – nicht zufällig da, sondern als von Gott bejahtes, gewolltes Wesen und soll darum auch vom Menschen selbst bejaht und angenommen werden. Die Welt ist nicht von Gott verlassen, sondern Raum seines erhaltenden und erlösenden Wirkens.
– Andererseits stellt die Rede von der Schöpfung und vom Geschöpf eine grundsätzliche *Unterscheidung* dar, nämlich zwischen Schöpfer und Geschöpf, Gott und Welt. Der Mensch – wie jede andere Kreatur – ist nicht Gott, ist nicht sein eigener Schöpfer und Herr oder der anderer Geschöpfe. Zwar wird dadurch diese geschöpfliche Welt als Handlungs- und Gestaltungsraum des Menschen qualifiziert, der für menschliches Erforschen und Verändern nicht tabu, sondern offen ist. Aber er ist nicht offen für *beliebige* Veränderungen, sondern nur für solche, die den Wert und das Geheimnis der geschaffenen Welt respektieren.

Der so von Gott geschaffene Mensch ist nach christlichem Verständnis ein Wesen, das konstitutiv zur *Freiheit in Gemeinschaft* bestimmt ist. Er existiert von Haus aus in Relationen: zu Gott, zu seinen Mitgeschöpfen – insbesondere zu den Mitmenschen – und zu sich selbst, und zwar so, dass ihm diese Relationen als Bezogenheiten nicht nur mit seinem Dasein gegeben, sondern zugleich als Beziehungen zur verantwort-

---

[2] Dem medizinethischen Handlungsfeld lässt sich nicht *ein* einziger ethischer Wert, wie Gesundheit oder Leben zuordnen, weil es um die Würde und das Wohl des endlichen Geschöpfs „Mensch" geht. Diese Komplexität soll in dieser Überschrift zumindest angedeutet werden. In der Ethik von J. Römelt (a.a.O., S. 117) kommt die darin enthaltene Zweiheit in der Überschrift des medizinethischen Kapitels noch deutlicher zum Ausdruck: „Christliche Ehrfurcht vor dem menschlichen Leben und Annahme seiner Endlichkeit".

[3] Vgl. dazu Kap. A 4, Abschn. 4.2.2.

lichen Gestaltung aufgegeben sind. Als solches Beziehungswesen ist der Mensch – und zwar jeder Mensch – *Person*. Damit trägt er zugleich in einer Weise Verantwortung für seine Mitgeschöpfe, wie dies von keinem anderen Geschöpf gesagt werden kann. Weil er in der Lage ist, seine Geschöpflichkeit und die aller anderen Geschöpfe zu erkennen und sich zu ihr zu verhalten, darum kommt ihm dieser Auftrag zu. Das ist zugleich der Grund dafür, dass dem Menschen Freiheit als wesentliches Element seiner Bestimmung gegeben ist und zugesprochen werden muss. Nur weil der Mensch zur Freiheit bestimmt ist, kann er Verantwortung tragen und übernehmen.

Die Bibel und die christliche Lehre sprechen in diesem Zusammenhang davon, dass der Mensch zum Ebenbild Gottes geschaffen ist, d. h. zu Gottes Gegenüber und Beauftragten. Das verleiht dem Menschen seine unverlierbare und unantastbare Würde.[4]

Als von Gott unterschiedenes Geschöpf ist der Mensch ein *endliches* Wesen. Das heißt nicht nur, dass der Mensch in seinem Wissen, seinen Fähigkeiten und Möglichkeiten begrenzt ist. Es heißt auch, dass er ein zeitlich und räumlich begrenztes Wesen ist. Auch das teilt er mit allen anderen Geschöpfen. Das Besondere des Menschen in dieser Hinsicht besteht jedoch darin, dass er um diese Endlichkeit weiß oder jedenfalls wissen kann, dass er zu seinem Tod gedanklich und gefühlsmäßig vorauslaufen und ihn so – aber auch nur so – antizipieren kann. Die biblische Weisheit erkennt darin die Chance, vom Wissen um die Unvermeidlichkeit des eigenen Sterbens her „klug" zu werden (Psalm 90,12).

Diese Klugheit ist nicht Ausdruck von Resignation oder Apathie, sondern einer Hoffnung, die über den Tod hinausreicht. In dieser Hoffnungsperspektive werden die Gegebenheiten und Möglichkeiten dieser Welt erkennbar als etwas Vorletztes. Sie verlieren dadurch nicht ihren Wert und ihre Bedeutung, aber sie werden erkannt als das, woran der Mensch sein Herz nicht hängen soll, weil es ebenso vergänglich ist wie er selbst. Sie werden damit zu etwas, was der Mensch dankbar und verantwortungsvoll gebrauchen kann, das er aber zugleich „hat, als hätte er nicht" (1 Kor 7,30f.). Diese Form der inneren Distanz gibt Gelassenheit im Umgang mit den Dingen und belässt ihnen ihren Eigenwert, ohne sie mit überzogenen Erwartungen zu belasten, die sie ohnehin nicht erfüllen können. Zu diesen „vorletzten" Gegebenheiten und Möglichkeiten zählt nach christlichem Verständnis auch die Gesundheit (2 Kor 12,7–10), die körperliche Unversehrtheit (Mt 5,29) und sogar das irdische menschliche Leben insgesamt (Mk 8,35f.).

---

[4] Vgl. dazu Kap. A 4 Abschn. 4.2.3 und Kap. B 1.

Das alles impliziert solange keine Weltverachtung, wie dabei stets im Blick bleibt, dass das Irdische dazu bestimmt ist, durch den Tod hindurch an der ihm verheißenen Erfüllung und Vollendung, also am *ewigen Leben* teilzuhaben. Gerade so wird das irdische Leben wertgeachtet und ausgezeichnet. Der Tod behält nicht das letzte Wort, sondern wird selbst verstanden als Durchgangspunkt zum ewigen Leben.

So wie die Finsternis das Licht begleitet, so begleitet der Tod das Leben: als Kontrast, der zur Endlichkeit hinzugehört und als solcher anzunehmen ist, aber nicht als ein letztes Ziel und nicht als eine Macht, die um ihrer selbst willen da ist. Die Überwindung des Todes erhofft der christliche Glaube jedoch realistischerweise nicht von oder in dieser irdischen Welt, die ihrerseits als geschaffene, endliche Welt die Signatur der Vergänglichkeit trägt, sondern von dem ewigen Leben, das in diese Welt vorscheint, aber in ihr nicht zur Vollendung kommt.

2.1.2 Der Mensch als leib-seelische Einheit[5]

Als endliches Geschöpf ist der Mensch ein konstitutiv leibliches Geschöpf, und auch das teilt er mit allen anderen belebten Kreaturen. Diese Leiblichkeit[6] ist nach christlichem Verständnis in dem Maße konstitutiv für das Menschsein, dass auch die Hoffnung auf Auferstehung und ewiges Leben sich mit der Vorstellung einer *leiblichen* Seinsweise verbindet (1 Kor 15,35–49). Dazu ist es freilich notwendig, im Anschluss an Paulus zwischen den ganz unterschiedlichen Formen der Leiblichkeit zu unterscheiden, die keineswegs alle mit „Fleisch und

---

[5] Siehe dazu E. Herms, Der Leib als Symbol menschlicher Freiheit und Abhängigkeit, in: ders., Sport. Partner der Kirche und Thema der Theologie, Hannover 1993, S. 13–24; Th. Fuchs, Leib – Person – Raum, Stuttgart 2000, bes. S. 88–99 und 122–134; ders., Leib und Lebenswelt, Neue philosophisch-psychiatrische Essays, Baden-Baden 2008 sowie W. Härle, Der Mensch als leib-seelische Einheit, in: ders. (Hg.), Ethik im Kontinuum. Beiträge zur relationalen Erkenntnistheorie und Ontologie, Leipzig 2008, S. 97–101.

[6] Die Rede vom „Leib" (statt vom „Körper") und von der „Leiblichkeit" (statt von der „Körperlichkeit") verweist auf den konstitutiven Bezug zur Seele als dessen Lebendigkeit, Empfindungsfähigkeit und Geistigkeit. Rein physikalisch betrachtet ist der menschliche Leib ein Körper, d.h. ein im Raum-Zeit-Kontinuum ausgedehntes Gebilde wie ein Würfel oder eine Kugel. In der ganzheitlichen anthropologischen Betrachtung zeigt sich dieser spezifische Körper jedoch als Leib. Was das heißt, kann aber nur erfasst werden unter Heranziehung des Begriffs „Seele" (siehe oben).

Blut" oder auch nur mit Materie verbunden sind. Das Unaufgebbare am Leib-Begriff wird wohl angemessener damit erfasst, dass der Leib die *Gestalt* der Geschöpfe ist, die es ihnen überhaupt erst ermöglicht, einander (und sich selbst) wahrzunehmen und zueinander und zu sich selbst in Beziehung zu treten. In diesem Sinn ist Leiblichkeit in der Tat für das Menschsein (wie für die belebte geschöpfliche Existenz überhaupt) unverzichtbar, denn wir können uns nicht einmal einen Menschen in Gedanken *vorstellen* ohne eine, und zwar seine „leibliche" Gestalt.

Für die reale irdische Daseinsweise bedeutet Leiblichkeit jedoch ungleich mehr und Konkreteres: Als leibliches Lebewesen ist der Mensch auf den Austausch mit seiner Umwelt angewiesen, muss er deren Ressourcen in Anspruch nehmen, muss er pflanzliches und/oder tierisches Leben vernichten, um sein eigenes Leben erhalten zu können. Als leibliches Wesen ist der Mensch zudem angreifbar und verletzlich, erleidet er Schmerzen, Verwundungen, Krankheiten und letztendlich den Tod.

Aber der Mensch ist nicht nur ein leibhaftes Wesen, sondern er ist eine leib-seelische *Einheit*. Das besagt, dass er nicht nur einen Leib und eine Seele *hat*, sondern Leib und Seele *ist* – selbst in den Fällen, in denen das Seelische auf seine elementaren vegetativen oder sensitiven Elemente reduziert ist. Daran wird deutlich, dass der Mensch auch in dieser Hinsicht mit den anderen Kreaturen verbunden ist. Nur diese Sichtweise wird auch den psycho-physischen bzw. psycho-somatischen Interdependenzen und Wechselwirkungen gerecht, deren die Medizin und die anderen Humanwissenschaften in den letzten Jahrzehnten immer stärker ansichtig geworden sind.

Dabei ist es eine irreführende Vorstellung, wenn man annimmt, die Seele müsse als eine Instanz, ein Subjekt oder gar als eine Substanz gedacht werden. Alle diesbezüglichen Vermutungen und darauf aufbauenden Suchbewegungen zum Aufspüren einer „Seele" verkennen das Wesen dessen, was der Begriff „Seele" bezeichnet. Die Seele ist keine Instanz irgendwo im Leib, sondern sie ist die *Verfassung* des Leibes[7], und zwar – wie man im Anschluss an Aristoteles[8] differenzieren kann:

---

[7] Von der so verstandenen Seele zu sagen, sie sei unsterblich, ist zwar nicht falsch, wohl aber missverständlich, weil es die Vorstellung weckt, es handle sich um ein Subjekt, das sterben könnte.

[8] Vgl. zur Aristotelischen Seelenlehre seine Schrift: Περί ψυχῆς, lat.: De anima II,3, 414 b – 415 a. Was das Wort „Seele" meint, ist folglich unterbestimmt, wenn es auf das Vernunftvermögen (anima rationalis) reduziert wird. „Seele" ist auch anima sensitiva und anima vegetativa (siehe oben).

– seine *Lebendigkeit*, die der Mensch mit Tieren und Pflanzen teilt (anima vegetativa);
– seine *Empfindungsfähigkeit*, die der Mensch mit höherentwickelten Tieren teilt (anima sensitiva);
– seine *Geistigkeit*[9], die für den Menschen unter den Geschöpfen wohl einmalig ist (anima rationalis bzw. spiritualis).

Trotz des bisher Gesagten hat es in einer bestimmten Hinsicht guten Sinn zu sagen, dass der Mensch nicht nur Leib und Seele *ist*, sondern dass er einen Leib und eine Seele *hat* – und zwar einen beseelten Leib und eine leibhafte Seele. Dies wird deutlich, wenn man sich bewusst macht, dass der Mensch dazu fähig ist, von sich als leib-seelischer Einheit und Ganzheit zu abstrahieren und seine Aufmerksamkeit auf seinen Leib oder auf seine Seele, genauer gesagt: auf den leiblichen oder den seelischen Aspekt seines Daseins zu richten und damit zugleich zu sich selbst in eine betrachtende oder reflektierende Distanz zu treten. Das ist möglich, obwohl der Mensch, der sich so zu sich selbst verhält, dabei nicht aufhört, leib-seelische Einheit zu sein. Als unmöglich oder als problematisch wäre all dies auch nur dann zu bezeichnen, wenn damit die leib-seelische Einheit des Menschen geleugnet oder bestritten würde. Solange dies nicht geschieht, solange die Abstraktion also grundsätzlich als solche anerkannt und nicht geleugnet wird, ist weder die Möglichkeit der Abstraktion noch ihr guter Sinn zu bestreiten, erlaubt sie es doch, problematische (Fremd- oder Selbst-)Identifikationen eines Menschen mit bestimmten leiblichen oder seelischen Gegebenheiten und Befindlichkeiten (z. B. krankhafter Art) aufzubrechen und in Frage zu stellen. Dieser Gesichtspunkt verdient im Rahmen medizinethischer Reflexion besondere Beachtung.

2.1.3 Gesundheit und Krankheit als Weisen menschlichen Befindens

Als endliches, lebendiges Wesen bewegt sich der Mensch in einem Raum der Selbst-Wahrnehmung und des Sich-Selbst-Empfindens, der unter anderem bestimmt ist durch die Polarität von *Gesundheit und Krankheit*. Da diese Weise des Befindens sich beim Menschen in der Regel stark auf seine gesamte Erlebnis- und Handlungsfähigkeit

---

[9] Dabei könnte es im Blick auf die Geistigkeit sinnvoll sein, an ihr noch einmal zu differenzieren zwischen Emotionalität, Sozialität und Intellektualität bzw. Rationalität.

auswirkt, hat die Frage nach Gesundheit oder Krankheit einen hohen Stellenwert. Sie spielt daher verständlicherweise sowohl im Selbsterleben als auch in der Alltagskommunikation eine große Rolle – insbesondere dann, wenn Menschen sich von Krankheit beeinträchtigt oder bedroht fühlen.

Dabei gehört es zu den Eigentümlichkeiten dieser Weise menschlichen Befindens, dass es schwierig sein kann, bei sich selbst oder bei anderen eindeutig zu bestimmen, ob ein Mensch gesund oder krank ist. Häufig ist es so, dass ein Mensch sich in bestimmter Hinsicht als gesund, in anderer hingegen gleichzeitig als krank erlebt. Deswegen bilden Gesundheit und Krankheit keine absoluten, sich ausschließenden Gegensätze, sondern gehen häufig ineinander über. Völlige Gesundheit und völlige Krankheit sind Grenzwerte, zwischen denen sich das menschliche Befinden und Selbsterleben normalerweise bewegt.

Deshalb ist es auch schwierig, den Gesundheits- (und den Krankheits-)*Begriff* eindeutig und phänomengerecht zu definieren.[10] Im Rückblick auf die in der Medizinethik häufig diskutierten Definitionsversuche zum Gesundheitsbegriff lassen sich in unserem Kontext zwei entgegengesetzte Begriffsbestimmungen ausmachen: die Definition der Weltgesundheitsorganisation (WHO) von 1946, derzufolge Gesundheit „ein Zustand vollständigen körperlichen, geistigen und sozialen Wohlbefindens und nicht nur des Freiseins von Krankheit und Gebrechen" ist,[11] und die Definition des Theologen und Mediziners Dietrich Rössler, derzufolge Gesundheit „nicht die Abwesenheit von Störungen" ist, sondern „die Kraft, mit ihnen zu leben".[12]

Während die erste Definition von einem unrealistisch wirkenden *Idealbegriff* von Gesundheit ausgeht, aufgrund dessen Krankheit als die Regel und Gesundheit als die kaum je erreichte, seltene Ausnahme erscheint, tendiert die zweite Definition dazu, Gesundheit so sehr vom Element der (psycho-physischen) Funktionsstörung abzulösen und auf die (Un-)Fähigkeit des Umgangs mit Störungen zu reduzieren, dass selbst Schwerstkranke oder Sterbende, die die Kraft haben, ihr Geschick zu akzeptieren und mit ihm zu leben, als gesund bezeichnet werden müssten. Die eigentliche (und zu lobende) Leistung von Rösslers

---

[10] Siehe hierzu die informativen Ausführungen von A. Kruse, Gesund altern. Stand der Prävention und Entwicklung ergänzender Präventionsstrategien, Baden-Baden 2002, bes. S. 1–19.

[11] World Health Organization, Basic Documents, Vol. 1, Genf 1976. Siehe dazu auch U. H. J. Körtner, Unverfügbarkeit des Lebens? (s.o. Anm. 1), S. 37–43; H. Kreß, Medizinische Ethik (s.o. Anm. 1), S. 42–57, bes. S. 42f.

[12] D. Rössler, Der Arzt zwischen Technik und Humanität, München 1977, S. 73.

terminologischem Vorschlag liegt daher nicht auf semantischem, sondern auf ethischem Gebiet. Das heißt, mittels seiner Formulierung lässt sich zwar nicht definieren, was der Begriff „Gesundheit" bedeutet, wohl aber beschreiben, was das Ziel des Umgangs mit Krankheit sein könnte und sollte.

Um zu einem angemesseneren Gesundheits- und Krankheitsbegriff zu kommen, ist es sinnvoll, wenn nicht sogar notwendig, eine dreifache Unterscheidung zu berücksichtigen:

- einerseits die Unterscheidung zwischen einer *Begriffs*bestimmung von „Gesundheit" bzw. „Krankheit" und ethischen Aussagen über den angemessenen *Umgang* mit Gesundheit und Krankheit,
- andererseits die Unterscheidung zwischen *physischen* und *psychischen* Aspekten von Gesundheit und Krankheit,
- schließlich die Unterscheidung zwischen der von Gesundheit bzw. Krankheit betroffenen *Person* und ihrem *Lebenskontext*.

Die Berücksichtigung dieser Differenzierungen, die nicht als Trennungen missverstanden werden dürfen, bedarf allerdings eines gemeinsamen Bezugspunktes, wenn sie nicht willkürlich geraten soll. Dieser Bezugspunkt kann nur die dem Menschen gegebene *Bestimmung* sein, wie sie schon im Grundlegungsteil, aber auch im ersten Kapitel des Konkretisierungsteils ansatzweise entfaltet wurde.[13] Dabei ergibt sich aus den Aussagen über die Endlichkeit des Menschen, dass Krankheit und Tod als solche nicht der Bestimmung des Menschen widersprechen, sondern dass beide – als Möglichkeit und als Realität – zum geschaffenen Dasein des Menschen gehören. Folglich kann aus christlicher Sicht nicht gesagt werden, es sei die von Gott gegebene Bestimmung des Menschen, gesund zu sein.[14] Wohl aber ist es die Bestimmung des Menschen, mit der ihm anvertrauten Gesundheit verantwortungsvoll umzugehen, Krankheiten wo möglich zu kurieren sowie nicht heilbare Krankheit und nicht behebbare Behinderung zu akzeptieren und zu ertragen. Aus einer solchen Annahme von Krankheit und Behinderung kann eine reife Lebenshaltung erwachsen.

---

[13] Siehe oben Kap. A 4, Abschn. 4.2.3; Kap. A 5, Abschn. 5.4 sowie Kap. B 1.
[14] Dementsprechend ist auch die – z.B. bei H. Kreß, Medizinische Ethik (s.o. Anm. 1), S. 58–78 – wiederholt verwendete These vom „Recht auf Gesundheit" als ganz missverständliche Äußerung zu bezeichnen. Was es gibt, ist eine Recht auf medizinische Versorgung, aber das ist etwas ganz anderes als ein Recht auf Gesundheit.

Demzufolge muss der Gesundheits- und Krankheitsbegriff so bestimmt werden, dass dabei nicht von einem Ideal, sondern von der gegebenen Realität ausgegangen wird. Diese Realität besagt, dass Krankheit den Charakter einer *Störung* hat, die das empfängliche und tätige Leben des Menschen beeinträchtigt. Diese Störung und die daraus resultierende Beeinträchtigung kann mehr oder weniger erheblich, akut oder bedrohlich sein. Dementsprechend ist es auch sinnvoll, im Blick auf Gesundheit von einem Mehr oder Weniger auszugehen. Maßstab hierfür ist die Erhaltung oder Wiederherstellung der Lebens- und Beziehungsfähigkeit, und das heißt auch: der Arbeits- und Genussfähigkeit des Menschen in seiner leib-seelischen Einheit.

Damit kommt die zweitgenannte Differenzierung in den Blick: die zwischen der leiblichen und der seelischen Gesundheit bzw. Krankheit des Menschen. Es gibt den Fall physischer Gesundheit bei gleichzeitiger psychischer Krankheit und den umgekehrten Fall psychischer Gesundheit bei gleichzeitiger physischer Erkrankung. Häufig sind freilich beide Störungen miteinander verbunden – vermittelt vor allem über die Phänomene des *Leidens* und des *Schmerzes*, in denen beide Sphären sich berühren oder überschneiden. Hierin zeigt sich die Tendenz, dass Gesundheit und Krankheit den Menschen als ganzen, also als leib-seelische Einheit in einem bestimmten Lebenskontext betreffen. Dieser Zusammenhang verdient sowohl in medizinischer als auch in medizinethischer Hinsicht Beachtung.

Einen entscheidenden Schritt in diese Richtung hat die WHO getan, als sie auf ihrer Ottawa-Konferenz 1986 ihre frühere Gesundheits-Definition grundsätzlich und gründlich revidiert hat,[15] freilich ohne dass das bis heute bereits ins öffentliche Bewusstsein gedrungen wäre. Zu dieser Revision schreiben Andreas Kruse und Christina Ding-Greiner[16]:

„Die klassische Definition von Gesundheit wird heute eigentlich von niemandem mehr ernsthaft geteilt. Und auch die Weltgesundheitsorganisation entwickelte in der Ottawa-Deklaration aus dem Jahre 1986 ein neues Gesundheitsverständnis: Gesundheit stellt danach einen Oberbegriff dar, der fünf Merkmale umfasst: Aktivität, Lebenszufriedenheit, subjektiv erlebte Gesundheit, Gesundheitsverhalten, gesunder Lebensstil. Damit erweitern sich selbstverständlich auch die Ziele der Therapie und Pflege: Nicht allein die Überwindung oder Linderung einer Krankheit stehen damit im Zentrum, sondern auch die Unterstüt-

---

15 Ottawa-Charta zur Gesundheitsförderung, 1986.
16 A. Kruse/Ch. Ding-Greiner, Gesundheitliche Prävention bei Frauen in der zweiten Lebenshälfte. Abschlussbericht an das Bundesministerium für Gesundheit, Bd. 1, Heidelberg 2007, S. 10f.

zung des Menschen bei der Aufrechterhaltung oder Wiederherstellung von Selbstständigkeit und sozialer Teilhabe sowie bei seinem Bemühen um Bewältigung der Krankheit ... Damit verbunden ist die vermehrte Zuwendung zu deren [sc. der Patienten] *Lebenswelt*: Wie sind deren Wohn- und Wohnumfeldbedingungen beschaffen, in welchem Maße sind diese in ein tragfähiges soziales Netzwerk integriert, inwiefern können diese durch professionelle Dienste unterstützt werden, welche Vorstellungen von Teilhabe haben diese und was ist zu tun, damit sich diese persönlichen Vorstellungen verwirklichen können? Zudem ist bei der Behandlung von Patientinnen und Patienten mit chronischen Erkrankungen die *seelisch-geistige Dimension* vermehrt anzusprechen – und zwar in der Hinsicht, dass diese den Krankheitsprozess besser verstehen, dass sie durch ihr eigenes Gesundheitsverhalten Therapie- und Pflegemaßnahmen unterstützen, dass sie Lebensbereiche erkennen und verwirklichen, die ihnen helfen, neue psychische Kraft zu schöpfen und zu neuer Lebensperspektive zu finden."

Dass Gesundheit – wo dies möglich ist – anzustreben ist, ergibt sich aus christlicher Sicht daraus, dass Gesundheit die Form menschlichen Befindens ist, in der die dem Menschen gegebenen Lebensmöglichkeiten *unreduziert* zugänglich sind, Krankheit hingegen diese Möglichkeiten *einschränkt*. Dem entspricht es auch, dass ein wesentlicher Teil des Wirkens Jesu, mit dem er das heilsame Nahekommen Gottes zeichenhaft verkündigte und darstellte, in der Heilung von physisch und/oder psychisch Kranken bestand.

Aber gleichzeitig muss zur Geltung gebracht werden, dass es Behinderungen und Erkrankungen gibt, bei denen die Hoffnung auf Heilung unrealistisch ist und die Aufgabe nur darin bestehen kann, Krankheit oder Behinderung als Teil des eigenen Lebens *anzunehmen*.

Beiden Aspekten entspricht es, dass die auf Heilung oder Linderung bedachte ärztliche und pflegerische Betreuung und Fürsorge für Kranke in der christlichen Kirche von Anfang an bis heute zu den unaufgebbaren diakonischen und seelsorglichen Aufgaben gehört.

Die zeitliche Begrenztheit *und* die ewige Bestimmung, die dem Menschen gegeben ist, machen sein Leben kostbar und erhaltenswert. Aber der durch die Hoffnung auf Vollendung im ewigen Leben gewiesene Weg besteht nicht in der Verpflichtung zur Verlängerung des irdischen Lebens um jeden Preis. Ebenso gilt, dass nicht alles, was das irdische Leben verlängert, deshalb auch schon der Würde des Menschen dient. Die Menschenwürde ist die Würde des *begrenzten* menschlichen Lebens. Und diese Begrenzung ist *auch* eine Wohltat für den Menschen: Sie ist *auch* Begrenzung des Fluches, der auf dem irdischen Leben liegt (so Gen 3,19). Anders als in dieser Ambivalenz kann aus der Sicht des christlichen Glaubens nicht zu den Fragen von Gesundheit und Krankheit Stellung genommen werden.

Der ethisch angemessene Umgang mit Gesundheit und Krankheit zeigt sich deshalb auch in unterschiedlichen Verhaltensweisen:

- als achtsamer Umgang mit eigener und fremder Gesundheit;
- als Zuwendung zu den von Leiden, Krankheit und Behinderung Betroffenen;
- als medizinische Forschung im Dienste des Menschen;
- als Bereitschaft zur Seelsorge, die kranke und sterbende Menschen begleitet und ihnen beisteht;
- als Weisheit von Patienten und Ärzten, die erkennt, wann der Kampf gegen das Sterben eines Menschen geboten ist, und wann er seine Berechtigung verloren hat, und es nur noch darauf ankommt, in das Sterben einzuwilligen.

Wo ein Mensch so den Tod annehmen und im Frieden sterben kann, da wird ein wesentliches Element der Würde des begrenzten menschlichen Lebens und damit der Bestimmung des Menschen erlebbar. Dieser Ziel- und Endpunkt macht nicht rückwirkend allen Einsatz für die Gesundheit des Menschen sinnlos oder fragwürdig, sondern er besiegelt die – ihrerseits begrenzte – Bedeutung und Wichtigkeit, die dieser Einsatz aus der Sicht des christlichen Glaubens für das geschöpfliche Leben hat.

2.2 Normative Grundlagen der Medizinethik

In der Medizinethik haben sich vor allem durch das medizinethische Standardwerk von Tom L. Beauchamp und James F. Childress, Principles of Biomedical Ethics[17] in den zurückliegenden Jahren vier ethische Prinzipien weitgehend Anerkennung verschafft. Sie lauten:

a) „Respect for Autonomy". Damit ist weder gemeint, dass ein Patient das Recht (oder auch nur die Möglichkeit) hätte, nur nach solchen Gesetzen zu leben, die er sich selbst gegeben hat (das wäre „Autonomie" im strengen Sinn des Wortes[18]). Damit kann auch nicht gemeint sein ein Anspruch auf alle denkbaren Therapiemöglichkeiten unabhängig von der Frage, ob sie verfügbar und finanzierbar sind. Sinnvollerweise kann und muss damit jedoch die Beachtung und der Respekt vor

---

17 Oxford 2001⁵, bes. S. 57–282.
18 Siehe dazu W. Härle, Autonomie – ein vielversprechender Begriff, in: W. Härle, Menschsein in Beziehungen, Tübingen 2005, S. 213–241.

der Selbstbestimmung des Patienten gemeint sein, der das Recht hat, wohlüberlegt selbst darüber zu entscheiden, ob eine mögliche Therapie an ihm durchgeführt werden soll oder nicht. Dies setzt naturgemäß voraus, dass ein Patient – schon, noch, gegenwärtig – in der Lage zu solcher Selbstbestimmung ist.

b) „Nonmaleficence". Mit diesem zweiten Prinzip wird an den alten medizinethischen Grundsatz des „Nihil nocere", also nicht zu schaden, angeknüpft, der schon im Hippokratischen Eid[19] und in vielen anderen ärztlichen Gelöbnissen und (Selbst-)Verpflichtungen verankert ist. Dieses „nihil nocere" ist eine Parallele zu dem naturrechtlichen Prinzip „neminem laedere".[20] Damit ist natürlich auch die Tötung eines Patienten ausgeschlossen, und sei es auf dessen ausdrücklichen Willen hin. Für das medizinische Handeln ist – ethisch betrachtet – die Verletzung oder Schädigung eines Patienten keine Handlungsoption, die jemals als Ziel angestrebt werden könnte. Das schließt nicht aus, dass in vielen Fällen eine Schädigung des Patienten in Kauf genommen oder bewusst als Mittel eingesetzt werden muss, um das Ziel der Heilung überhaupt erreichen zu können. Klassische Beispiele dafür sind die Operation oder die Verabreichung von Pharmaka, die immer auch unerwünschte, schädigende Nebenwirkungen haben (können). Die vorübergehende, als Mittel unvermeidliche Schädigung steht hierbei ganz im Dienst des Wohltuns und der Heilung.

c) „Beneficence". Mit dem Prinzip des Wohltuns bzw. der medizinischen Fürsorge und Hilfe rückt das positive Pendant zur nonmaleficence in den Blick. Der Sinn medizinischen Handelns wird ja nicht schon dadurch erreicht, dass dem Patienten kein Übel oder Schaden zugefügt wird, sondern erst dadurch, dass seine Krankheit geheilt oder nach Möglichkeit schon dem Entstehen einer Krankheit (durch Vorsorge und gesunde Lebensweise) vorgebeugt wird. Dieses dritte Prinzip gehört ebenfalls zum Standardrepertoire medizinethisch verantworteten Handelns, es galt sogar für lange Zeit als das „oberste Gesetz" medizinischen Handelns.[21] Dabei gehört es zu einer realistischen Selbstein-

---

[19] Siehe H.-M. Sass, Medizin und Ethik (s.o. Anm. 1), S. 351: „Und ich werde die Grundsätze der Lebensweise nach bestem Wissen und Können zum Heil der Kranken anwenden, dagegen nie zu ihrem Verderben und Schaden. Ich werde auch niemandem eine Arznei geben, die den Tod herbeiführt, auch nicht, wenn ich darum gebeten werde, auch nie einen Rat in dieser Richtung erteilen. Ich werde auch keiner Frau ein Mittel zur Vernichtung keimenden Lebens geben".

[20] Siehe oben in Kap. A 3, Abschn. 3.5.3 a (S. 125).

[21] „Salus aegroti suprema lex" (dt.: Das Wohl des Kranken ist oberstes Gesetz [medizinischen Handelns]). Diese Vorrangstellung wird in der heutigen medizin-

schätzung medizinischen Handelns zu wissen, dass unterschieden werden muss zwischen der *Intention*, das Wohl des Patienten zu erreichen, und dem tatsächlichen Erreichen dieses Zieles. Zu den medizinethischen Weisheiten früherer Zeiten gehörte der unterscheidende Satz: „Medicus curat, Deus sanat" (dt. „Der Arzt versorgt [den Patienten medizinisch], Gott heilt ihn"). Möglicherweise ist diese Weisheit im Wissen und Handeln von Ärzten auch heute noch häufiger präsent, als sie sich in solchen Worten Ausdruck verschafft.

d) „Justice". Dass das Prinzip der Gerechtigkeit, von dem in einem späteren Kapitel noch eigens die Rede sein wird,[22] auch ein medizinethisches Grundprinzip ist, leuchtet möglicherweise nicht ebenso ein, wie dies bei den drei erstgenannten Prinzipien der Fall ist. Tatsächlich taucht dieses Prinzip nur auf im Blick auf eine besondere (allerdings nicht selten eintretende) Situation: im Blick auf die *Knappheit* medizinischer Ressourcen, wobei zu den Ressourcen nicht nur Medikamente gehören, sondern mindestens ebenso häufig kompetentes medizinisches Personal und Zeit. Dabei besagt Knappheit, dass nicht genügend medizinische Ressourcen zur Verfügung stehen, um alle medizinischen Notwendigkeiten und berechtigten Erwartungen zu befriedigen.[23] In dieser Situation stellt sich naturgemäß die Frage nach einer gerechten Verteilung der verfügbaren (aber nicht für alle ausreichenden) medizinischen Mittel. Dabei ist es eine Besonderheit des medizinethischen Gerechtigkeitsproblems, dass es hierbei um die Güter „Leben" und „Gesundheit" geht, die sich grundsätzlich einer Aufteilung oder auch einer finanziellen Aufrechnung entziehen. Mit der Nennung des Prinzips „Gerechtigkeit" ist daher noch keineswegs darüber entschieden, welche Verteilung nach welchen Kriterien (z.B. nach zeitlicher Reihenfolge, Heilungschancen, sozialer Stellung, Zufallsprinzip) in medizinethischer Hinsicht als „gerecht" bezeichnet werden kann und auch so empfunden wird. Aber die Erledigung dieser *Aufgabe* ist damit gefordert.

a–d) Die Reihenfolge dieser vier Prinzipien will zwar nicht als Rangfolge verstanden werden, aber die Anordnung verleiht ihnen doch

---

ethischen Diskussion gelegentlich durch Verweis auf das Prinzip der Selbstbestimmung in Frage gestellt oder bestritten mittels des Satzes: „Voluntas aegroti suprema lex", also: „der *Wille* des Kranken ist oberstes Gesetz".

[22] Siehe unten Kap. B 4.

[23] Unter dem französischen Begriff der „Triage" (der ursprünglich verwendet wird für das Aussortieren von Kaffeebohnen oder das Rangieren von Zügen) wird auch dieses Problem und dieses Prinzip schon seit langem in der Medizinethik diskutiert, insbesondere mit Blick auf die Frage, nach welchen Kriterien im Katastrophenfall Verletzte vor- oder nachrangig behandelt werden sollen.

ein gewisses Gefälle, allerdings nicht in dem Sinn, dass ein vorgeordnetes Prinzip stets den argumentativen Vorrang vor einem nachgeordneten Prinzip hätte. Das hat zur Folge, dass es zwischen diesen vier Prinzipien zu Konflikten kommen kann, die mittels dieses Modells nicht entschieden werden können, da es auch kein übergeordnetes oder oberstes Prinzip gibt, aus dem die anderen Prinzipien abgeleitet sind und durch das sie gegebenenfalls auch begrenzt werden können.

Ganz offensichtlich ist das – zwischen den ersten beiden Kriterien – dann der Fall, wenn ein Patient seine Selbstbestimmung in der Form ausübt, dass er vom Arzt aktive Hilfe zum Sterben im Sinne von Tötung auf Verlangen fordert, wobei hier noch die Tatsache hinzukommt, dass Tötung auf Verlangen im deutschen Strafrecht eine schwere Straftat ist. Ein Konflikt ergibt sich aber auch dann, wenn knappe medizinische Ressourcen gerecht verteilt werden müssen, dadurch aber einigen Patienten Schaden zugefügt wird oder sie zumindest keine ausreichende medizinische Fürsorge erhalten (Kollision zwischen Prinzip 4 einerseits und den Prinzipien 2 und 3 andererseits).

Aus der Perspektive der kontinentalen ethischen Tradition fällt auf, dass die Achtung der Menschenwürde in dieser Reihenfolge von Prinzipien fehlt. Manche würden vermutlich sagen: das sei gar nichts anderes als die Respektierung der Selbstbestimmung, aber das ist mit Sicherheit falsch.[24] Ja, aus der hier vertretenen ethischen Tradition spricht viel für die Auffassung, dass die Achtung der Menschenwürde nicht nur als fünftes Prinzip zu ergänzen wäre, sondern auch in medizinethischer Hinsicht die höchste Norm darstellt, aus der die anderen Prinzipien abzuleiten und durch die sie auch zu begrenzen sind. Im Fortgang dieses Kapitels will ich versuchen zu zeigen, welche Bedeutung eine auf dem Prinzip der Menschenwürde basierende Medizinethik hat, die die genannten vier Prinzipien nicht bestreitet oder ignoriert, aber als aus der Menschenwürde abgeleitete und ihr untergeordnete ethische Normen versteht. Dabei will ich mich hier auf medizinethische Probleme beschränken, die sich insbesondere am Beginn und am Ende des menschlichen Lebens stellen.

---

[24] Siehe oben Kap. B 1, Abschn. 1.2.3.

2.3 Medizinethische Probleme am menschlichen Lebensbeginn[25]

2.3.1 Das medizinethisch relevante Handlungsfeld am menschlichen Lebensbeginn

Ich möchte zunächst einen Blick auf das medizinethische Handlungsfeld werfen und versuche dabei zunächst eine strukturierte Übersicht über Handlungsmöglichkeiten (2.3.1.1) zu geben und daraufhin einen Blick auf die darin enthaltenen und damit gestellten medizinethischen Grundfragen (2.3.1.2) zu werfen. Dabei ergibt sich – von der Sache her – ein Schwergewicht bei den *vor*geburtlichen (pränatalen) Themen, aber teilweise sind auch die (perinatalen) Themen aus dem *Umfeld* der Geburt mit in den Blick zu nehmen.

2.3.1.1 Medizinethisch relevante Handlungsmöglichkeiten am menschlichen Lebensbeginn

a) Hilfen bei der Entstehung und Erhaltung menschlichen Lebens

Hierzu gehören die künstliche Insemination im Leib der Frau (in utero) mit dem Sperma des eigenen Mannes (homologe Insemination) oder mit dem Sperma eines anderen Mannes[26] (heterologe Insemination). Seit 1976 ist die Möglichkeit der künstlichen Befruchtung in der Petrischale hinzugekommen: die In-vitro-Fertilisation. Prinzipiell technisch möglich, aber rechtlich in Deutschland nicht zulässig sind das reproduktive Klonen[27], durch das ein genetisch (fast) identischer „Zwilling" eines der beiden Elternteile erzeugt wird, und die Leihmutterschaft, bei der eine befruchtete Eizelle einer anderen Frau implantiert und von dieser ausgetragen, das Kind aber nach der Geburt an die „Spenderin" der Eizelle zurückgegeben wird.

---

[25] Vgl. hierzu das grundlegende Werk von N. M. Ford, The Prenatal Person. Ethics from Conception to Birth, Oxford 2002.

[26] Es kann dabei auch ein sogenannter „Sperma-Mix" von verschiedenen Samenspendern verwendet werden. Damit wird die Möglichkeit ausgeschlossen, den leiblichen Vater des entstehenden Kindes zu identifizieren.

[27] Das wurde im Tierversuch („Dolly") bereits (nach zahlreichen Fehlversuchen) erfolgreich durchgeführt. Dabei wurden allerdings auch schwere unerwünschte Nebenfolgen (z.B. frühzeitiges Altern und Gelenkschäden) erkennbar.

Zu den Möglichkeiten, die Kindesaussetzungen und Kindestötungen verhindern und so der Erhaltung menschlichen Lebens dienen sollen, zählen einerseits die (in Frankreich seit 1941 legalisierte) anonyme Geburt, bei der eine Schwangere ihr Kind ohne Bekanntgabe ihrer Identität legal in einer Klinik zur Welt bringen kann, sodann das Angebot von Babyklappen, in denen Säuglinge (gleichfalls anonym) abgelegt werden können, schließlich auch die (Freigabe zur) Adoption.

b) Maßnahmen zur Verhinderung der Entstehung menschlichen Lebens

Hierzu zählen Empfängnisverhütung durch sogenannte natürliche Methoden oder durch (künstliche) Empfängnisverhütungsmittel. Hierzu gehören aber auch nidationshemmende Mittel, die nicht die Befruchtung, sondern erst die Einnistung der bereits befruchteten Eizelle in der Gebärmutter verhindern und damit eine früheste Form der Abtreibung darstellen.[28] Und hierzu gehören alle (anderen) Formen der Abtreibung, die sich aufgrund der bestehenden deutschen Rechtslage[29] unterteilen lassen in Abtreibungen in den ersten zwölf Wochen nach der Empfängnis (StGB § 218a [1] und [3])[30], Abtreibungen in der Zeit bis zur 22. Woche nach der Empfängnis (StGB § 218a [4]) und Spätabtreibungen ab der 23. Schwangerschaftswoche, die nur aufgrund einer medizinischen Indikation (gemäß StGB § 218 a [2] in Verbindung mit SchKG § 2a) rechtlich zulässig sind. (Siehe dazu unten 2.3.4 c.)

---

[28] Sie wird jedoch im StGB (§ 218 (1) Satz 2) ausdrücklich „nicht als Schwangerschaftsabbruch im Sinne dieses Gesetzes" bezeichnet.

[29] Grundsätzlich gilt hierfür StGB § 218 (1): „Wer eine Schwangerschaft abbricht, wird mit Freiheitsstrafe bis zu drei Jahren oder mit Geldstrafe bestraft." Hinzu kommen die folgenden Absätze von StGB § 218: „(2) In besonders schweren Fällen ist die Strafe Freiheitsstrafe von sechs Monaten bis zu fünf Jahren ... (3) Begeht die Schwangere die Tat, so ist die Strafe Freiheitsstrafe bis zu einem Jahr oder Geldstrafe. (4) Der Versuch ist strafbar. Die Schwangere wird nicht wegen Versuchs bestraft".

[30] Hierzu zählen neben den nach StGB § 218 strafbaren Abtreibungen einerseits die nicht-indizierten Abtreibungen, die nach Beratung von einem Arzt durchgeführt werden, die laut BVerfG zwar rechtswidrig sind, aber straffrei bleiben, andererseits kriminologisch indizierte Abtreibungen, wenn die Schwangerschaft durch eine rechtswidrige Tat (z. B. eine Vergewaltigung) zustandegekommen ist.

c) Diagnosemöglichkeiten am Lebensbeginn

Hierzu zählen einerseits die rechtlich und ethisch grundsätzlich akzeptierten, aber in ihrer Praktizierung teilweise umstrittenen[31] Möglichkeiten der – nicht-invasiven und invasiven[32] – Pränataldiagnostik (PND). Bedauerlicherweise entsprechen den umfangreichen Diagnosemöglichkeiten nur wenige Therapiemöglichkeiten. Deshalb dient die PND nur in seltenen Fällen der Behandlung und Heilung von Embryonen und Föten, sondern im günstigen Fall der Beruhigung der werdenden Eltern, im ungünstigen Fall der Abtreibung des sich entwickelnden Kindes. Das gilt andererseits auch für die bis vor einiger Zeit in Deutschland rechtlich nicht zulässige Präimplantationsdiagnostik (PID/PGD), die nur im Anschluss an eine In-vitro-Fertilisation durchgeführt werden kann und bei der der Embryo im frühesten Entwicklungsstadium (also noch vor der Implantation in den mütterlichen Uterus) auf mögliche chromosomale Normabweichungen bzw. Schädigungen hin untersucht (und dann nicht in den Uterus implantiert, sondern verworfen) wird. (Siehe dazu unten 2.3.4 b.)

---

[31] Die Strittigkeit rührt vor allem daher, dass die Pränataldiagnose einer erheblichen Behinderung des Embryos oder Fötus in Deutschland fast routinemäßig dessen Abtreibung zur Folge hat. Damit wird in vielen Fällen faktisch eine embryopathisch indizierte Abtreibung durchgeführt, die sowohl rechtlich als auch ethisch problematisch ist. StGB § 218a (2) kennt keine embryopathische, also durch Krankheit oder Behinderung des Embryos oder Fötus indizierte legale Abtreibung, sondern nur eine, die „angezeigt ist, um eine Gefahr für das Leben oder die Gefahr einer schwerwiegenden Beeinträchtigung des körperlichen oder seelischen Gesundheitszustandes der Schwangeren abzuwenden, und die Gefahr nicht auf eine andere für sie zumutbare Weise abgewendet werden kann". Siehe dazu aber seit 1. 1. 2010 auch § 2a SchKG über „Aufklärung und Beratung in besonderen Fällen".

[32] Zu den nicht-invasiven Methoden zählt vor allem (neben dem Abhören) die Ultraschalluntersuchung, zu den invasiven Methoden zählen die Fruchtwasseruntersuchung (Amniozentese), die Chorionzottenbiopsie und die Untersuchung des Nabelschnurblutes. Siehe hierzu: Ch. Swientek, Was bringt die Pränatale Diagnostik? Informationen und Erfahrungen, Freiburg 1998; R. Kollek, Präimplantationsdiagnosik, Tübingen/Basel 2000 sowie V. Weigert, Bekommen wir ein gesundes Kind? Pränatale Diagnostik: Was vorgeburtliche Untersuchungen nutzen, Reinbek 2001.

d) Gentherapie und Enhancement

Auch wenn in diesem Bereich nur weniges bereits technisch möglich ist, gehört doch die Gentherapie, bei der genetisch bedingte Defekte durch therapeutische genetische Eingriffe am Embryo behoben werden sollen, zu dem medizinischen Handlungsfeld, das der ethischen Reflexion bedarf. Dabei ist zwischen somatischer Gentherapie, die nur den Embryo selbst betrifft, und genetischer Keimbahntherapie, die auch auf dem Weg über die Vererbung die möglichen späteren Nachkommen des Embryos betrifft, zu unterscheiden. Der genetischen Keimbahntherapie nahe verwandt, wenn auch anders motiviert, sind die Pläne und (Tier-)Versuche, die nicht die Behebung einer Krankheit oder Behinderung, sondern die Optimierung der genetischen Ausstattung von Embryonen zum Ziel haben, um deren Chancen im evolutionären Kampf ums Überleben bzw. im gesellschaftlichen Zusammenleben zu verbessern.

e) Medizinische Forschung an Embryonen, Kindern und anderen Nichteinwilligungsfähigen

Hier steht an erster Stelle die in Deutschland gesetzlich verbotene *verbrauchende*, also tötende *Embryonenforschung*, die jedoch aufgrund des Imports von Stammzelllinien aus dem Ausland auch in Deutschland unter der Bedingung möglich ist, dass die Tötung der Embryonen weder in Deutschland stattfindet noch durch die hiesige Embryonenforschung motiviert ist. Dies versucht der Gesetzgeber durch eine Stichtagsregelung zu erreichen, die nur den Import und die Nutzung solcher Stammzelllinien erlaubt, die bereits vor einem bestimmten, in der Vergangenheit liegenden Datum existierten. Gegenüber dieser ethisch umstrittenen embryonalen Stammzellforschung ist die Forschung an und mit *adulten* Stammzellen, wie sie aus Nabelschnurblut oder aus dem Rückenmark gewonnen werden können, ethisch und rechtlich völlig unproblematisch.

Anders als das oben (unter 2.3.1.1 a) erwähnte reproduktive Klonen, dient das Klonen mit *therapeutischer* Zielsetzung nicht der Erzeugung neuen Lebens, sondern geschieht im Interesse der Herstellung von Gewebe oder Organen, die zu therapeutischen Zwecken eingesetzt werden sollen. Die Bezeichnung „therapeutisches Klonen" ist irreführend, da der therapeutische Einsatz bislang nur ein Ziel und eine Hoffnung darstellt, aber noch nicht technisch möglich ist. Da hierfür ebenfalls, wie bei der verbrauchenden Embryonenforschung, menschliche Embryonen vernichtet werden, partizipiert das Klonen mit therapeutischer

Zielsetzung voll an der rechtlichen und ethischen Problematik der verbrauchenden Embryonenforschung. Hinzu kommt, dass durch die Verwendung *fremder* Embryonen (eigene stehen in der Regel nicht zur Verfügung) beim therapeutischen Einsatz ein erhebliches Krebsrisiko besteht, durch das der mögliche therapeutische Nutzen infrage gestellt bzw. neutralisiert wird.

Die *Arzneimittelforschung an Nichteinwilligungsfähigen* gehört insofern ebenfalls in den Bereich der medizinethischen Handlungsmöglichkeiten am Lebensbeginn, als Embryonen, Föten, Säuglinge und Kinder jedenfalls zu der Gruppe der Nichteinwilligungsfähigen gehören, an denen – wegen des Fehlens ihrer Einwilligung – grundsätzlich keine fremdnützige Forschung durchgeführt werden darf. Damit entsteht jedoch das Problem, dass für diese Personengruppe keine nach den standardisierten Methoden beforschten und getesteten Arzneimittel zur Verfügung stehen. Die Medizinethik kann daher nicht umhin abzuwägen, welches dieser Übel eher zu akzeptieren ist, oder nach einem anderen Ausweg aus diesem Dilemma zu suchen. Ein solcher Ausweg könnte darin bestehen, in diesem besonderen Fall auf die üblichen standardisierten Forschungsmethoden zu verzichten und stattdessen therapeutische Erfahrungen mit bestimmten Medikamenten und Heilverfahren systematisch zu sammeln und auszuwerten. Das hätte den großen ethischen Vorteil, dass auf fremdnützige Forschung ohne Einwilligung der Probanden verzichtet werden könnte zugunsten einer strengen Verbindung von Forschung und therapeutischem Einsatz zugunsten der Probanden, richtiger: der Patienten.

2.3.1.2 Medizinethische Grundfragen am menschlichen Lebensbeginn

Blickt man auf diese medizinethisch relevanten Handlungsmöglichkeiten am menschlichen Lebensbeginn und fragt, welche ethischen Grundfragen sich dabei stellen, so zeigen sich vor allem vier solche Grundfragen:

a) Die Frage nach der Definition des menschlichen Anfangs

Dabei ist in der etwas vagen, nicht vertrauten Rede vom „menschlichen Anfang" dreierlei zusammengefasst, das in der Diskussion teils als eng zusammengehörig behandelt wird, das aber auch teilweise ausdrücklich unterschieden wird: menschliches Leben, Menschsein und Menschenwürde.

Dass mit der menschlichen Befruchtung/Empfängnis *menschliches Leben* entsteht, wird kaum an irgendeiner Stelle bestritten. Wie sollte man das sich entwickelnde „Gebilde" auch sonst bezeichnen. Dass es im biologischen Sinne Leben, also etwas Belebtes ist, lässt sich nicht infrage stellen, und dass es von Menschen abstammendes und darum menschliches Leben ist, auch nicht. Die entscheidende erste Streitfrage lautet aber: Ist dieses menschliche Leben auch schon ein *Mensch*, oder handelt es sich dabei um so etwas wie um die Vorform eines Menschen, also nur um einen potentiellen oder zukünftigen Menschen? Die zweite Streitfrage, die sich daran eng anschließt, lautet: Selbst wenn (bzw. sobald) man solche Frühformen menschlichen Lebens als „Menschen" bezeichnet, kommt ihnen dann schon Menschenwürde (im vollen Sinn des Wortes) zu, oder muss man auch hier ebenfalls von einer Vorform der Menschenwürde bzw. von einer allmählich werdenden Menschenwürde sprechen? Aber lassen sich Menschsein und Menschenwürde überhaupt so graduieren?

b) Die Bestimmung von Menschenwürde

Dass und wie schon in der ersten Grundfrage nach dem menschlichen Anfang die Frage der Menschenwürde enthalten ist, zeigte sich eben. Dabei stellt sich aber nicht nur die Frage nach der zeitlichen Zuordnung von Menschenwürde und menschlicher Entwicklung, sondern es stellen sich zugleich die Fragen nach der Bedeutung, dem Verständnis und den rechtlichen Implikationen von Menschenwürde. Für die Frage nach der Begriffsdefinition von Menschenwürde können wir hier auf das vorangegangene Kapitel[33] verweisen. Kontrovers wird die Frage verhandelt, worin der Status und die Begründung von Menschenwürde zu suchen und zu sehen ist.[34] Handelt es sich bei ihr um etwas durch Menschen Zugesprochenes, das auch abgesprochen und entzogen werden kann, oder um etwas mit dem Dasein Gegebenes? Beruht Menschenwürde auf bestimmten Eigenschaften (welchen?) oder auf bestimmten Relationen, in denen der Mensch existiert (ebenfalls: welchen?)? Ist Menschenwürde grundsätzlich „begründungsoffen", oder kommt für sie nur eine transzendente bzw. transzendentale Begründung infrage?

---

[33] Siehe oben Kap. B 1, Abschn. 1.2.
[34] Vgl. dazu W. Vögele, Menschenwürde zwischen Recht und Theologie. Begründungen von Menschenrechten in der Perspektive öffentlicher Theologie, Gütersloh 2000.

Schließlich stellt sich in concreto, etwa im Blick auf die verbrauchende Embryonenforschung, die Frage nach den *rechtlichen Implikationen* von Menschenwürde. Schließt Menschenwürde in jedem Fall die Tötung für einen guten wissenschaftlichen oder therapeutischen Zweck aus? Gilt hier also das Verbot aus Kants „praktischem Imperativ"[35], die Menschheit, sowohl in der eigenen Person als auch in der Person jedes anderen, „jederzeit zugleich als Zweck, niemals bloß als Mittel" zu brauchen? Oder ergibt sich diese Konsequenz daraus nicht?

c) Fragen menschlicher Identität

Durch Gentherapie und Enhancement wird das menschliche Genom oder die menschliche Persönlichkeit durch medizinische Eingriffe gezielt verändert, und zwar der Intention und dem Anspruch nach verbessert. Selbst wenn dies nicht die Keimbahn und damit die Erbfolge betrifft, stellt sich die Frage, ob es ethisch (und rechtlich) zulässig ist, solche Veränderungen vorzunehmen. Wer trägt und übernimmt dafür die Verantwortung – auch für nicht erwünschte oder nicht vorhersehbare Auswirkungen? Wie wird damit die Conditio humana selbst und damit die menschliche Natur verändert, und zwar vermutlich auf eine irreversible Weise? Mit solchen Vorstellungen verbinden sich teilweise Begeisterung, teilweise tiefes Erschrecken angesichts der Utopien von „Menschenzüchtung" und vom perfektionierten Menschen.[36]

Während es bei Gentherapie und Enhancement um die Identität der menschlichen Natur und damit der menschlichen *Gattung* geht, steht bei anonymer Geburt und Babyklappe „nur" die personale Identität des auf diesem Wege zur Welt gebrachten oder ausgesetzten menschlichen *Individuums* infrage, freilich in manchen Fällen auch die Identität der Frau als Mutter, die *ihr Kind* (durch das sie vielleicht erst zur Mutter wurde) hergegeben hat und nicht mehr finden kann. Der ethische Konflikt, um den es dabei geht, ist vor allem der zwischen dem

---

[35] Siehe oben Kap. B 1, Abschn. 1.2.1, bei Anm. 11.
[36] Siehe z.B. L. Silver, Remaking Eden. How Genetic Engineering and Cloning Will Transform the American Family, New York 1998; P. Sloterdijk, Regeln für den Menschenpark, Frankfurt a. M. 1999; J. Habermas, Die Zukunft der menschlichen Natur. Auf dem Weg zu einer liberalen Eugenik? Frankfurt/Main 2001 sowie Ch. Kohler-Weiß, Das perfekte Kind. Eine Streitschrift gegen den Anforderungswahn, Freiburg/Basel/Wien 2008. Die Matrix für den Umschlag von der Euphorie zum Erschrecken bildet A. Huxley, Brave New World (1932), dt. Schöne neue Welt (1953), Frankfurt a. M. 1990.

Recht auf Leben und dem Recht auf Wissen um die eigene Abstammung. Sind das vergleichbare Größen? (Wie) lässt sich dieser Konflikt verantwortlich entscheiden? Welche Bedeutung hat das Wissen um die eigene Herkunft für die eigene Identität und Lebensführung?

Die verschiedenen Formen der Adoption (verdeckt, halboffen, offen, je nachdem, wieviel die das Kind abgebenden Eltern von den Adoptiveltern wissen und wie die Kontaktmöglichkeiten zwischen ihnen sein können) bilden gegenüber anonymer Geburt und Babyklappe zweifellos in ethischer Hinsicht die bei weitem vorzugswürdigere Lösung[37], da sie das zur Adoption freigegebene Kind nicht dauerhaft vom Wissen um seine Abstammung und Herkunft abschneiden. Aber Fragen nach den *Gründen* für diese Freigabe stellen sich auch hier, und die personale Identität im Spannungsfeld zwischen leiblichen Eltern und Adoptiveltern muss in jedem Fall vom Kind erst gewonnen werden, und dies gelingt in der Regel dann besonders gut, wenn das Kind möglichst früh von seiner Herkunft erfährt.[38] Da die Freigabe eines Kindes zur Adoption in vielen Gesellschaften mit einem Makel oder Stigma verbunden ist („Rabeneltern"), wird von dieser Möglichkeit, durch die zahlreiche Kinderwünsche erfüllt werden könnten, leider wenig Gebrauch gemacht

d) Die Wertung von Gesundheit, Krankheit und Behinderung

Sowohl im Zusammenhang mit PND und PID stellt sich vor allem aufgrund der damit häufig verbundenen Entscheidung zur Abtreibung bzw. „Verwerfung" eines menschlichen Embryos die Grundfrage nach der Bewertung von Krankheit oder Behinderung für das Menschsein. Hierbei stoßen grundlegend unterschiedliche Sichtweisen aufeinander, für deren eine der Satz charakteristisch ist: „Krankheit oder Behinderung ist kein Grund für eine Abtreibung", während eine entgegensetzte Haltung in dem Satz zum Ausdruck kommt: „Beim heutigen Stand der Medizin muss man kein genetisch geschädigtes Kind mehr zur Welt bringen". Werdende Mütter bzw. Eltern erleben sich nicht selten in dem

---

[37] Zumal viele Erfahrungen und vergleichende Untersuchungen dafür sprechen, dass diese Angebote eher die Abgabe von Kindern *fördern*, da die Kinder ohne diese Angebote gar nicht abgegeben würden.

[38] Erfahrungsgemäß gelingt das dadurch besonders gut, dass dem Adoptivkind bewusst gemacht wird, dass es – in jedem Sinn des Wortes – ein „Wunschkind" war und ist, nach dem Motto: „Natürliche Eltern müssen nehmen, was sie bekommen, wir als Deine Adoptiveltern konnten uns Dich aussuchen".

Dilemma zwischen diesen beiden Imperativen stehend. Wer dieses Dilemma vermeiden will, kann von seinem „Recht auf Nicht-Wissen" Gebrauch machen und auf (invasive) PND verzichten.[39] Eine solche Haltung ist keineswegs verantwortungslos. Angesichts der Tatsache, dass durch PND ohnehin nur ein geringer Bruchteil der Krankheiten und Behinderungen erkannt werden können, die im Laufe eines menschlichen Lebens auftreten (können), ist diese Haltung sogar rational.

2.3.2 Bioethischer Konsens hinsichtlich der *Bedeutung* der Menschenwürde

2.3.2.1 Beschreibung dieses Konsenses

Angesichts des in unserer Gesellschaft vorhandenen Dissenses in Fragen der Reproduktionsmedizin und verbrauchenden Embryonenforschung – beides Fragen, bei denen es entscheidend um Menschsein und Menschenwürde geht – muss es ein großes Interesse daran geben, bestehende Gemeinsamkeiten nach Möglichkeit zu erhalten und verlorengegangene wiederzugewinnen; denn in den Grundfragen des Menschseins und der Menschenwürde braucht jede Gesellschaft einen möglichst breiten und belastbaren Konsens. Einen solchen Konsens sehe ich an folgenden vier Punkten:

a) Die Achtung der Würde jedes Menschen ist fundamental für unsere Rechtsordnung und für unser gesellschaftliches Zusammenleben.

b) Medizinische Forschung im Interesse der Erhaltung und Verbesserung der Gesundheit sowie zur Vermeidung, Heilung oder Linderung von Krankheit und Behinderung ist ein hohes Gut.

c) Es ist mit der Menschenwürde unvereinbar, Menschen ohne deren Zustimmung zu Forschungszwecken zu benutzen, wenn dadurch deren Gesundheit oder Leben beeinträchtigt wird oder bedroht ist.[40]

d) Es ist mit der Menschenwürde und dem daraus abgeleiteten Lebensrecht unvereinbar, Menschen deshalb zu töten, weil sie eine schwere körperliche und/oder intellektuelle[41] Behinderung haben.

---

[39] Siehe dazu: Kirchenamt der EKD/Sekretariat der DBK (Hg.), Wieviel Wissen tut uns gut? Chancen und Risiken der voraussagenden Medizin (Gemeinsame Texte 11), Hannover/Bonn 1997.

[40] Dies stellt einen forschungsethischen Minimalkonsens dar.

[41] Ich spreche bewusst nicht von ‚geistiger Behinderung', sondern von ‚intellektueller Behinderung', weil dies der Tatsache Rechnung trägt, dass Menschen

2.3.2.2 Ethische Begründung dieses Konsenses

Bevor wir fragen, wo dieser Konsens endet und der Dissens beginnt, soll angesichts der Tatsache, dass es in der Ethik nicht um Positionen, sondern um Argumentationen geht,[42] zunächst – in der gebotenen Kürze – die Frage gestellt werden, wie sich diese vier Konsenspositionen hinsichtlich ihrer Bedeutung erläutern und argumentativ begründen lassen, um sie von bloßen Denkgewohnheiten oder willkürlichen Setzungen zu unterscheiden.

ad a) Wenn die Achtung jedes Menschen grundlegend für die Rechts- und Gesellschaftsordnung ist, kann es kein Recht irgendeiner (politischen oder rechtlichen) Instanz geben, dieses Recht im Blick auf irgendeine Gruppe von Menschen oder irgendwelche Individuen abzuerkennen oder einzuschränken. Dies wiederum kann nicht seinerseits auf einer willkürlichen (politischen oder rechtlichen) Setzung beruhen, die man als ‚Zuschreibung' bezeichnen könnte, sondern hat den Charakter einer Entdeckung und Anerkennung der dem Menschen mit seinem Dasein gegebenen Würde. Die *Formulierung* dieser Entdeckung in (Rechts-)Sätzen ist zwar eine kulturelle Aufgabe und variiert dementsprechend. Dasjenige aber, was dabei zur Geltung gebracht und formuliert wird, hat den Charakter einer als unverfügbar anerkannten *Gegebenheit*.

ad b) Das Leben des Menschen ist trotz – und wegen – seiner Endlichkeit ein Wert, der Achtung und Erhaltung verdient. Krankheit und Behinderung sind Einschränkungen der Möglichkeiten von Lebensgestaltung und -freude. Als solche müssen sie nur dann hingenommen werden, wenn es keine ethisch vertretbaren Möglichkeiten gibt, das Leben zu verlängern, Krankheit zu heilen oder zu lindern oder Behinderungen zu beheben bzw. erträglicher zu machen. Fortschritte in all diesen Bereichen setzen Forschung voraus, die deshalb ausdrücklich zu bejahen, zu fordern und zu fördern ist.

ad c) Geraten die Menschenwürde in ihrer fundamentalen Bedeutung und das hohe Gut der medizinischen Forschung in Konflikt miteinander, so gebührt der Achtung der Menschenwürde der unbedingte Vorrang vor den Interessen und Zielen der medizinischen Forschung. Die Menschenwürde gibt daher kriteriologisch den Rahmen ab, inner-

---

mit einer intellektuellen Behinderung über ein hohes Maß an Geist (z.B. in Form von Intuition, Einfühlungsvermögen und Feinfühligkeit) verfügen können, das nicht notwendig an einen bestimmten Intelligenzqotienten geknüpft oder mit ihm verbunden ist. Manchmal ist sogar das Gegenteil zu beobachten.

[42] Siehe oben Kap. A 1, Abschn. 1.1.

halb dessen sich ethisch verantwortbare medizinische Forschung bewegen muss.[43]

ad d) Keine Behinderung eines Menschen – gleichgültig, ob angeboren oder durch Lebensgeschick zuteilgeworden – macht aus einem Menschen etwas anderes als einen Menschen. Und da Menschsein nicht steigerungs- oder minderungsfähig ist, macht sie aus ihm auch nicht mehr oder weniger Mensch. Deshalb hat jeder Mensch mit einer Behinderung dasselbe Anrecht auf Achtung seiner Würde und Schutz seines Lebens wie ein Mensch mit einer geringeren oder ohne jede (erkennbare) Behinderung[44]. Das gilt selbst für die extremsten Formen von Behinderung, durch die die Kommunikationsfähigkeit eines Menschen gegen null geht: die Anenzephalie, also das Fehlen wesentlicher Teile des Gehirns bzw. deren Degeneration.

ad a–d) Sollte die Unterstellung dieses Konsens auf einem Irrtum beruhen, oder sollten wir in eine Situation geraten, in der dieser Konsens – ganz oder teilweise – verloren ginge, so wäre das tief bedauerlich und besorgniserregend, würde aber keines der genannten Argumente außer Kraft setzen. Wer diese Überzeugungen teilt, müsste daran unbeirrt festhalten und müsste für sie mit erhöhtem argumentativen Aufwand eintreten und werben. Daraus wird deutlich, dass der faktische Konsens nicht die Begründung für die dargestellte Position darstellt, sondern sich „nur" auf ihr gegenwärtiges Anerkanntsein bezieht.

2.3.3 Bioethischer Dissens hinsichtlich der Frage nach dem *Beginn* der Menschenwürde

Dass der skizzierte Konsens in Fragen des Menschseins und der Menschenwürde das Entstehen von Dissensen und Kontroversen nicht verhindert hat, resultiert vor allem daraus, dass die Frage nach dem Subjektbereich des Menschseins und der Menschenwürde sowie nach einer möglichen Abstufung von Menschenwürde und ihres Schutzes strittig ist. Mit anderen Worten gesagt: Es besteht weder Einmütigkeit darüber, wann bzw. womit das Menschsein und damit die Menschwürde be-

---

[43] Vgl. dazu die informative Schrift von S. Rolf, Zwischen Forschungsfreiheit und Menschenwürde. Unterschiede beim Umgang mit menschlichen Embryonen in England und Deutschland, Frankfurt a. M. 2009.
[44] Siehe dazu J. Eurich, Gerechtigkeit für Menschen mit Behinderung. Ethische Reflexionen und sozialpolitische Perspektiven, Frankfurt/New York 2008.

ginnt, wie also der moralische relevante Status[45] des menschlichen Embryos zu beurteilen ist, noch darüber, ob Menschenwürde vom Beginn menschlichen Lebens an in vollem Maße zu achten und zu schützen ist. Dabei besteht der Menschenwürdeschutz jedenfalls darin, ein menschliches Wesen nicht *bloß* als Mittel für einen fremden Zweck zu gebrauchen.[46] Gegen die Achtung und den Schutz der Menschenwürde verstößt deshalb in jedem Fall die Tötung eines menschlichen Wesens für – auch hochrangige – Forschungszwecke. Dasselbe gilt aber auch für einen verändernden Eingriff in die Entwicklung eines menschlichen Wesens, durch den es die Funktion eines Gewebe- oder Organspenders ohne eigene personale Qualität bekäme. Ab wann ist all das verboten? Hier lassen sich fünf unterschiedliche Positionen ausmachen.

2.3.3.1 Beschreibung der unterschiedlichen Positionen

Die fünf diskutablen[47] Positionen zu dieser Frage lauten: Menschliches Leben und damit Menschenwürde beginnt …

a) … mit der *Geburt* des Fötus, durch die aus dem Fötus in unserer Sprache ‚ein Kind' und laut Bürgerlichem Gesetzbuch ein eigenständiges Rechtssubjekt wird;[48]

b) … mit der *Einnistung* (Nidation) des Embryos in den Uterus einer Frau (etwa eine Woche nach der Befruchtung/Empfängnis);[49]

c) … mit der Verbindung des weiblichen und männlichen Genoms zu einer eigenständigen, lebensfähigen, sich entwickelnden Größe, also mit der *Befruchtung/Empfängnis*;[50]

---

[45] In den zurückliegenden Jahren hat sich hierfür die Formulierung „moralischer Status des Embryos" eingebürgert. Da ein Embryo kein ethisches Subjekt ist, ist dieser Ausdruck ausgesprochen missverständlich. Genauer ist es, vom „moralisch relevanten Status" des Embryos zu sprechen.

[46] Siehe oben Kap. B 1, Abschn. 2.1.

[47] Die gelegentlich hinzugefügte sechste – vor allem durch Peter Singer bekannt gewordene – Position besagt, das schutzwürdige Menschsein – richtiger: Personsein – beginne erst lange *nach* der Geburt mit der Ausbildung bewusster eigener Interessen (etwa im neunten Lebensmonat), und darum könne erst von da an sinnvollerweise von einem Recht auf Leben die Rede sein. Diese Position halte ich für indiskutabel.

[48] Diese Position vertritt V. Gerhardt, Der Mensch wird geboren. Kleine Apologie der Humanität, München 2001.

[49] Diese Auffassung wird von der Mehrzahl der Forscher vertreten, die sich für die Legalisierung der verbrauchenden Embryonenforschung einsetzen.

[50] Diese Auffassung vertreten z.B. die christlichen Kirchen in Deutschland.

d) ... mit dem Eindringen des Spermiums in das Plasma der Eizelle, weil damit der Prozess beginnt („*Vorkernstadium*"), der, wenn er nicht gestoppt bzw. unterbrochen wird, zur Befruchtung führt.[51]

e) Menschliches Leben, Menschenwürde und ihr Schutzanspruch entwickeln sich *graduell* entsprechend der Entwicklung des Embryos und Fötus und sind erst von der Geburt an vollständig gegeben.[52]

2.3.3.2 Diskussion dieser Positionen

Was spricht für, was gegen diese verschiedenen Positionen?

ad a) Dass das Menschsein erst mit der *Geburt* beginne, ist ganz unplausibel. Dagegen spricht nicht nur die Tatsache, dass der Fötus für die Schwangere schon während der Schwangerschaft ein immer eigenständiger werdendes und als solches erlebbares Gegenüber ist, sondern dagegen spricht auch die eigenständige Lebensfähigkeit des Fötus etwa von der 24. Schwangerschaftswoche an, die im Falle einer Frühgeburt ja auch anschaulich wird. Im Prozess der Geburt findet keine Verwandlung eines Nicht-Menschen in einen Menschen statt, sondern was geboren wird, ist bereits ein Mensch.[53]

ad b) Für die *Nidation* als Zäsur spricht scheinbar, dass erst mit ihr definitiv feststeht, ob es zu einer (eineiigen) Mehrlingsbildung gekommen ist, so dass erst von da an klar ist, wie viele menschliche Wesen sich im Mutterleib entwickeln. Aber schon die Formulierung zeigt, dass es dabei nicht um die Frage geht, ob das, was hier entsteht, menschliche Wesen sind, sondern nur, *wie viele* sich hier entwickeln. Die Nidation ist zwar eine Zäsur für die werdende Mutter, denn mit ihr beginnt – unserer Definition zufolge – die Schwangerschaft. Aber mit der Nidation beginnt nicht das Menschsein des Embryos.

ad c) Für die *Befruchtung/Empfängnis* als Beginn des menschlichen Lebens spricht die Tatsache, dass durch den Prozess der Verbindung und Vermischung (,Verschmelzung') der beiden Genome, die von Vater und Mutter stammen, das neue Genom entsteht, das biologisch den neu entstehenden Menschen ausmacht. Von da an entwickelt er sich nach

---

[51] Hierfür argumentiert z.B. P. Dabrock, in: Menschenwürde und Lebensschutz (s.o. Anm. 1), S. 193–204.

[52] Zu dieser Auffassung tendiert H. Kreß, Medizinische Ethik, (s.o. Anm. 1), S. 110–127.

[53] *Insofern*, aber auch *nur* insofern ist der Titelsatz von V. Gerhardt: „Der Mensch wird geboren" (s.o. Anm. 48) richtig. Was Gerhardt jedoch behauptet, läuft auf den (abwegigen) Satz hinaus: „Durch die Geburt entsteht ein Mensch".

diesem individuellen Bauplan als Mensch. Aber der Blastozyste oder dem Embryo sieht man im Frühstadium (jedenfalls als medizinischer Laie) noch nicht an, dass es sich um ein sich entwickelndes menschliches Wesen handelt. Diese Auffassung ist also kontra-intuitiv.

ad d) Für die Einbeziehung des sog. *Vorkernstadiums* in den Prozess des sich entwickelnden Menschseins spricht die Tatsache, dass es durch das Eindringen einer Samenzelle in das Plasma der Eizelle zu einer Befruchtung/Empfängnis kommt, wenn dieser Prozess nicht (z.B. durch Kryokonservierung) künstlich gestoppt und unterbrochen wird. Aber gilt das nicht auch schon für den Geschlechtsverkehr, wenn eine empfängnisbereite Eizelle zur Verfügung steht und nicht verhütet wird? Diese Argumentation nötigt m.E. dazu, auch schon Eizellen und Spermien je für sich (zumindest sofern sie sich auf dem Weg zur Befruchtung/Empfängnis befinden) als menschliche, mit Menschenwürde ausgestattete Wesen zu bezeichnen und entsprechend zu behandeln. Dafür kann ich aber keine ernsthafte Begründung erkennen.

ad e) Es *scheint* zwar so, als sei die Position, die eine gleitende, *kontinuierlich* anwachsende, parallel zur menschlichen *Entwicklung* im Mutterleib verlaufende Pflicht zur Achtung und zum Schutz der Menschenwürde annimmt, ein akzeptabler Ausweg oder Kompromiss, der noch dazu den Vorteil hat, sich an dem zu orientieren, was wir an Entwicklungsprozessen sehen und wahrnehmen können. Das klingt gut, weil es phänomenorientiert und realistisch ist. Der Haken an dieser Argumentation ist jedoch, dass Achtung und Schutz der *Menschenwürde* keine quantifizierbaren Größen sind, sich also nicht minimieren oder steigern lassen. Denn wenn das Verbot, einen Menschen bloß als Mittel zu gebrauchen, eine Minimalforderung für Achtung und Schutz der Menschenwürde ist (s.o. Kap. B 1, Abschn. 1.2.1), dann gibt es im Blick auf dieses Kriterium nur ein Ja oder Nein, aber kein Mehr oder Weniger. Zwar entwickelt sich der Mensch von der Befruchtung an kontinuierlich, aber das ethisch oder rechtlich gebotene Schutzniveau für die Menschenwürde entwickelt sich nicht kontinuierlich (auch nicht diskontinuierlich), wenn und weil der Mensch sich nicht zum Menschen, sondern *als Mensch* entwickelt.[54]

Die Entscheidung über solche medizinethischen Fragen kann letztlich niemand einem ethischen Subjekt abnehmen. Man muss sie selbst fällen und verantworten. Das ist nicht leicht und kann sogar in tragische und aporetische Situationen führen, aber dabei will und kann die medizinethische Reflexion Hilfestellungen geben.

---

[54] BVerfGE 88, 203, 251f.; vgl. auch BVerfGE 39, 1 (37).

2.3.4 Konkrete ethische Konflikte am Lebensbeginn

Von solchen argumentativen Hilfestellungen soll hier im Blick auf drei konkrete ethische Konflikte die Rede sein, die sich im Blick auf den Beginn des menschlichen Lebens stellen können:
  a) Verbrauchende Embryonenforschung (siehe oben 2.3.1.1 e),
  b) Präimplanationsdiagnostik (siehe oben 2.3.1.1 c) und
  c) Schwangerschaftsabbruch (siehe oben 2.3.1.1 b).

a) Verbrauchende Forschung an embryonalen Stammzellen

Stammzellen sind Zellen, die sowohl zu kontinuierlicher Vermehrung als auch zu breiter Ausdifferenzierung fähig sind. Aus *toti*potenten menschlichen Stammzellen können Menschen entstehen, aus *pluri*potenten menschlichen Stammzellen können (nur noch) menschliche Gewebe und Organe entstehen. Bis zum Achtzellstadium der embryonalen Entwicklung haben wir es mit totipotenten Stammzellen zu tun, danach nur noch mit pluripotenten Stammzellen oder mit vollständig ausdifferenzierten Zellen. Stammzellen gibt es jedoch nicht nur im Anfangsstadium der embryonalen Entwicklung, sondern auch z.B. im Nabelschnurblut oder in anderem Blut sowie im Rückenmark. Man nennt sie *adulte* Stammzellen. Sie sind nicht mehr totipotent, wohl aber pluripotent. Aus ihnen können also keine Menschen, wohl aber menschliche Gewebe oder Organe werden.

Schon diese wenigen Aussagen zeigen, wo das Problem liegt und wo nicht. Es entsteht nicht bei der Verwendung adulter Stammzellen zu Forschungs- oder Therapiezwecken. Diese Verwendung ist ethisch und rechtlich nicht nur unproblematisch, sondern verdient nachdrückliche Unterstützung und Förderung. Das Problem liegt in der Verwendung von totipotenten embryonalen Stammzellen zu Forschungs- oder Therapiezwecken, weil diese Verwendung mit dem ‚Verbrauch' dieser Zellen und auf diese Weise mit der Tötung dieser Embryonen (oder Zygoten) verbunden ist. Deshalb ist es auch nur konsequent, dass der deutsche Gesetzgeber durch das Embryonenschutzgesetz die verbrauchende embryonale Stammzellforschung unter Strafe gestellt hat.

Dass es darüber trotzdem einen mit großer Heftigkeit geführten ethischen und juristischen Streit gibt, liegt *nicht* daran, dass in Deutschland die Auffassung vertreten wird, es sei (rechtlich und/oder ethisch) legitim, menschliche Wesen für Forschungs- oder Therapiezwecke zu verbrauchen, also zu töten. Ursache dieses Streites ist vielmehr, dass von nicht wenigen Wissenschaftlern und Politikern die Auffassung vertreten wird, menschliche Embryonen seien in ihrem Anfangsstadium (vor der Einnistung in den mütterlichen Uterus) noch gar keine menschlichen Wesen mit Menschenwürde und eigenständigem Lebensrecht. Hier zeigt sich, dass die oben (siehe 2.3.3) besprochene Frage nach dem Beginn des Menschseins und damit nach dem Beginn der Menschenwürde die entscheidende Streitfrage ist, von der abhängt, ob embryonale Stammzellforschung mit der Menschenwürde vereinbar ist oder nicht. Aus der hier vertretenen und begründeten Sicht ergibt sich jedenfalls ein klares „Nein!" zur embryonalen Stammzellforschung. Wer dieses „Nein!" zusätzlich durch den Hinweis untermauern oder verstärken wollte, embryonale Stammzellforschung sei wissenschaftlich nicht notwendig und therapeutisch nicht direkt einsetzbar, hat zwar vermutlich recht, verwechselt aber die Argumentationsebenen, um die es bei diesem Streit geht. Die Frage, ob embryonale Stammzellforschung medizinisch nützlich oder ergiebig ist, hat eine große wissenschaftliche und wissenschaftspolitische Bedeutung, aber ihre Beantwortung kann *nichts* dazu beitragen, ob verbrauchende embryonale Stammzellforschung mit der Menschenwürde vereinbar ist. Und diese Frage ist aus *ethischen* Gründen zu verneinen. Sollten jedoch eines Tages die Forschungen mit embryonalen Stammzellen beeindruckende, auch therapeutisch relevante Ergebnisse erbringen, so würde dadurch der gesellschaftliche Druck auf die ethische Argumentation sicher erheblich zunehmen.

b) Präimplantationsdiagnostik

Präimplantationsdiagnostik (PID/PGD) kann nur im Anschluss an eine In-vitro-Fertilisation durchgeführt werden. Bei ihr wird der Embryo im frühesten Entwicklungsstadium (also noch vor der Implantation in den mütterlichen Uterus) auf mögliche chromosomale Normabweichungen bzw. Schäden hin untersucht und dann gegebenenfalls nicht in den Uterus implantiert, sondern verworfen. Wie ist dies ethisch zu beurteilen? Ich setze für diese ethische Diskussion voraus, dass es um ein *ernsthaftes* ethisches Problem geht, und das ist z.B. dann gegeben, wenn in der Familie eines der beiden Elternteile schwere Erbkrankheiten vorgekommen sind, wenn bereits eine (oder mehrere) Schwangerschaft(en) aufgrund eines Gendefektes beim Embryo bzw. Fötus zu einer Fehlgeburt geführt hat (bzw. haben) oder durch eine Abtreibung (nach Pränataldiagnostik) beendet wurde(n) oder wenn in der Familie bereits ein oder mehrere Kind(er) mit einer Behinderung geboren wurden und die Familie sich durch ein weiteres Kind mit einer Behinderung überfordert sähe. Könnte und sollte man in solchen besonderen Fällen nicht die Möglichkeit einer In-vitro-Fertilisation mit anschließender PID vorsehen?

– Dafür spräche, dass auf diese Weise der Frau eine (weitere) sie belastete und belastende Schwangerschaft und ein möglicher Schwangerschaftsabbruch (nach PND mit medizinisch positivem Ergebnis) erspart werden könnte. Im Blick auf die letztgenannte Möglichkeit könnte man scheinbar die Verwerfung genetisch geschädigter Embryonen vor bzw. anstatt einer Implantation als das kleinere Übel bezeichnen. Und das hieße: sie verdient ethisch betrachtet den Vorzug. Aber das kann man erst dann sagen, wenn man auch die Gegenargumente betrachtet und gewichtet und dagegen abwägt.

– Gegen die PID spricht zunächst, dass es trotz zahlreicher Versuche keine Verständigung darüber gibt, welche genetischen Schädigungen als so schwerwiegend gelten können, dass sie eine Verwerfung, also eine Tötung von menschlichen Embryonen rechtfertigen könnten. Die Legalisierung von PID wäre daher eine schiefe Ebene, auf der es kein Halten mehr gibt. Sodann: Von den im Leben eines Menschen möglicherweise auftretenden schweren Behinderungen können nur ca. 5 %, nämlich die sogenannten monogenetischen Schädigungen, durch PID erkannt werden. Was bedeutet es für den Umgang mit diesen anderen schweren Krankheiten und Behinderungen, wenn die durch PID erkannten zu einem Grund für die Tötung von menschlichen Embryonen gemacht werden? Ferner: PID ist kein Ersatz für PND (dafür ist sie viel zu unzuverlässig), sondern nach einer PID, die zur Implantation führt, erfolgt auch noch PND, die wiederum eine Abtreibung zur Folge haben kann. Schließlich: PID mit der anschließenden Möglichkeit der Verwerfung stellt eine Selektion zwischen lebenswertem und lebensunwertem Leben dar. Können wir es wagen, (erneut) diese grundverkehrte Zugangsweise und Einstellung zu menschlichem Leben einzuführen oder auch nur zuzulassen?

– Nicht nur quantitativ, sondern auch qualitativ sind die ethischen Argumente gegen PID weitaus stärker als das Argument für ihre Zulassung. Insofern kann man meiner Überzeugung nach nicht von der PID als kleinerem Übel sprechen, das in Kauf genommen werden sollte oder gar müsste. Sie ist ein Übel, das wir vermeiden sollten. Aber das *eine* Argument für die PID ist damit natürlich nicht entkräftet, und es wiegt für die davon betroffenen Paare vermutlich schwer. Ein möglicher Ausweg aus ihrem Dilemma, ein Kind zu wollen, aber ein Kind mit einer für sie zu schwerwiegenden Behinderung befürchten zu müssen, besteht in dem schmerzlichen Verzicht auf eigene leibliche Kinder, was die Möglichkeit der Adoption nahelegt.

c) Schwangerschaftsabbruch

Ist eine *Abtreibung* ein Verstoß gegen die Menschenwürde der Leibesfrucht? Für diese Auffassung spricht zwar *scheinbar* die Tatsache, dass die Abtreibung nicht den Tatbestand der Notwehr erfüllt, da die Leibesfrucht ja keinen rechtswidrigen Angriff gegen die Schwangere führt (obwohl unfreiwillig schwanger gewordene Frauen manchmal sagen, genau *so* erlebten sie die Schwangerschaft). Aber man kann daraus nicht folgern, dass die Abtreibung *in jedem Fall* eine Missachtung der Menschenwürde der Leibesfrucht ist, weil der Schwangerschaftskonflikt, der zur Abtreibung führt, ein Konflikt zwischen dem Lebensrecht der Schwangeren und dem Lebensrecht ihres Kindes sein *kann*. Im Falle eines solchen tragischen Konflikts wird – wie auch immer die Entscheidung fällt – nicht das Anrecht des Kindes auf Achtung und Schutz *missachtet*, sondern dieses Anrecht *kann* (jedenfalls für *einen* der Beteiligten[55]) *nicht* geachtet werden. Und das ist etwas anderes.

Dieser Konflikt wird im deutschen Strafgesetzbuch § 218 a (2) geregelt, indem ein aus diesem Grund vorgenommener Schwangerschaftsabbruch als „nicht rechtswidrig" gekennzeichnet wird. Das ist die sogenannte medizinische Indikation für einen Schwangerschaftsabbruch, die sich nicht nur unmittelbar auf die Bedrohung des *Lebens*rechtes der Schwangeren bezieht, sondern auch auf „die Gefahr einer schwerwiegenden Beeinträchtigung des körperlichen oder seelischen Gesundheitszustandes der Schwangeren", wenn „die Gefahr nicht auf eine andere für sie zumutbare Weise abgewendet werden kann".

Dasselbe gilt für die sogenannte kriminologische Indikation, die dann gegeben ist, „wenn nach ärztlicher Erkenntnis an der Schwangeren eine rechtswidrige Tat ... begangen worden ist, dringende Gründe für die Annahme sprechen, dass die Schwangerschaft auf der Tat beruht, und seit der Empfängnis nicht mehr als zwölf Wochen vergangen sind" (so StGB § 218 a (3)). Dahinter steht die Überzeugung, dass der

---

[55] H. M Robinson hat in seinem Roman „Der Kardinal" (Frankfurt a. M. [1953] 1995) in beeindruckender Weise den Fall dargestellt, in dem – aufgrund der Lehre der römisch-katholischen Kirche – in dieser tragischen Konfliktsituation die werdende Mutter geopfert (und nicht das Kind getötet) wird.

Gesetzgeber nicht befugt ist, die Austragung einer Schwangerschaft, die durch Vergewaltigung, sexuelle Nötigung oder sexuellen Missbrauch entstanden ist, mit rechtlichen Mitteln zu erzwingen. In diesem Fall spricht die Achtung der Menschenwürde der Schwangeren dafür, auf eine Kennzeichnung der Abtreibung als ‚rechtswidrig' und auf eine entsprechende Strafandrohung zu verzichten. Das heißt natürlich nicht, dass eine Frau, die bereit ist, eine solche Schwangerschaft auszutragen, damit gegen ihre eigene Menschenwürde verstoßen würde. Es nötigt – im Gegenteil – zu Hochachtung, wenn eine Frau die Leibesfrucht nicht durch Abtreibung das ‚büßen' lassen will, was ihr angetan worden ist. Aber *verlangen* kann man eine solche Größe und Haltung bei dieser schweren Entscheidung weder in rechtlicher noch in ethischer Hinsicht.

Nun wird aber der weit überwiegende Teil der (jährlich mindestens 120000) Abtreibungen in unserer Gesellschaft nicht dieser Indikationen wegen durchgeführt, sondern als strafloser Schwangerschaftsabbruch gemäß StGB § 218 a (1). Das Bundesverfassungsgericht[56] hat darauf bestanden, dass diese Abtreibungen gemessen am Grundgesetz *rechtswidrig* sind; denn bei ihnen wird nicht notwendigerweise ein tragischer Konflikt zwischen Grundrechten der Schwangeren und ihrer Leibesfrucht vorausgesetzt. Das Bundesverfassungsgericht hat aber gleichzeitig eingeräumt, dass diese Abtreibungen in der Frühphase der Schwangerschaft trotz ihrer Rechtswidrigkeit *straffrei* bleiben können, wenn dies Teil eines Konzepts zum Schutz des ungeborenen Lebens ist, das „den Schwerpunkt auf die Beratung der schwangeren Frau legt, um sie für das Austragen des Kindes zu gewinnen". Diese Argumentation stellt einen Drahtseilakt dar, der leicht diffamiert oder lächerlich gemacht werden kann. Und dies ist umso leichter möglich, als der Gesetzgeber entschieden zu wenig tut, um diesen Kompromiss in seiner Begründung und genauen Bedeutung im öffentlichen Bewusstsein zu halten und angemessen umzusetzen. Aber Kritiker der durch das Bundesverfassungsgericht ermöglichten ‚Lösung' müssen sich andererseits fragen lassen, ob sie eine *weniger problematische* Lösung haben oder kennen, die auch dem Schutz ungeborenen menschlichen Lebens besser (bzw. weniger schlecht) dient.

Im Zusammenhang mit Pränataldiagnostik stellt sich das Problem, ob eine aufgrund der Untersuchungsergebnisse zu erwartende schwere (genetisch bedingte) Erkrankung oder Behinderung der Leibesfrucht ein legitimer Grund für eine Abtreibung sein könne. Darin kommt erneut die Grundfrage nach der Bewertung von Krankheit oder Behinderung für das Menschsein zum Ausdruck. Zwei grundlegend unter-

---

[56] Siehe hierzu und zum Folgenden: BVerfGE 88, 203.

schiedliche Sichtweisen stoßen hierbei häufig aufeinander, für deren eine Krankheit und Behinderung der Leibesfrucht kein Grund für eine Abtreibung sein dürfen, während die entgegensetzte Haltung in der Überzeugung zum Ausdruck kommt, dass man heutzutage kein Kind mehr zur Welt bringen sollte, von dem man wissen kann, dass es aller Voraussicht nach schwerkrank oder schwerbehindert sein wird. Werdende Mütter bzw. Eltern erleben sich nicht selten in dem Dilemma zwischen diesen beiden Sichtweisen stehend.

Wer diesen Zwiespalt vermeiden will, kann von seinem „Recht auf Nicht-Wissen" Gebrauch machen und auf (invasive) Pränataldiagnostik verzichten.[57] Eine solche Haltung ist keineswegs verantwortungslos, sondern lässt sich sowohl mit dem Lebensrecht jedes menschlichen Wesens begründen als auch mit der Tatsache, dass wir auch bei einem Kind nach der Geburt niemals eine schwere Krankheit oder schwere Behinderung als Tötungsgrund akzeptieren würden. Und angesichts der bereits oben genannten Tatsache, dass durch Pränataldiagnostik ohnehin nur ein geringer Bruchteil der schweren Krankheiten und Behinderungen erkannt werden können, die im Laufe eines langen menschlichen Lebens auftreten, ist diese Einstellung sogar sehr gut begründet.

Andererseits würde vermutlich niemand ohne Not *wählen*, ein schwerkrankes oder schwerbehindertes Kind zu bekommen. Dafür ist das damit in aller Regel verbundene Leid der Familien, die ein Kind mit einer schweren Behinderung bekommen, zu belastend. Dafür sind auch die – trotz gesellschaftlicher Hilfe und Unterstützung – zu erwartenden Belastungen und Beeinträchtigungen des Lebens mit einem schwerkranken oder schwerbehinderten Kind zu groß. Allerdings gibt es auch die dem entgegenstehende, von vielen Familien bezeugte Erfahrung, dass gerade Kinder mit einer schweren Krankheit oder Behinderung besonders geliebte, wertgeschätzte und für das gemeinsame Leben unersetzliche Menschen sind. Deswegen kann gelegentlich schon der Kontakt eines Paares, das ein Kind mit schwerer Behinderung (etwa mit Down-Syndrom) erwartet, zu einer Familie, die seit Längerem mit einem solchen Kind lebt und es mit viel Zuwendung gefördert hat, die Entscheidung zugunsten der Annahme des eigenen, voraussichtlich behinderten Kindes herbeiführen. Dass eine solche Entscheidung der Menschenwürde des Kindes, das eine Behinderung hat, entspricht und angemessen ist, versteht sich von selbst – sogar in den (ganz wenigen)

---

[57] Siehe dazu Kirchenamt der EKD/Sekretariat der DBK (Hg.), Wieviel Wissen tut uns gut? (s.o. Anm. 39). Dort (in Abschn. 2.3.1.2 d) wurde die hier entfaltete Argumentation bereis in knapper Form zusammengefasst.

Fällen, in denen das Kind rückblickend bedauert, nicht von seinen Eltern abgetrieben worden zu sein.

Die Rechtslage ist in unserer Gesellschaft (auch) in dieser Frage eindeutiger als die Rechtspraxis. In den neunziger Jahren des 20. Jahrhunderts wurde vorübergehend geplant, anlässlich der (durch die deutsche Einheit notwendig gewordenen) Reform der §§ 218 und 218 a-c StGB neben der medizinischen und kriminologischen Indikation auch eine embryopathische Indikation als möglichen Grund für eine nicht rechtswidrige Abtreibung einzuführen. Sinn und Ziel dieses Vorhabens war es, die zu erwartende schwere (nicht heilbare) Erkrankung oder Behinderung der Leibesfrucht bis zu einem bestimmten Zeitpunkt der Schwangerschaft (vor der eigenständigen Lebensfähigkeit des Fötus) als Indikation für eine Abtreibung anzuerkennen. Diese Pläne stießen damals auf den erbitterten Widerstand von Behindertenverbänden, Kirchen und anderen Institutionen in unserer Gesellschaft, weil dies als eine Unwerterklärung des Lebens von Menschen mit Behinderung und damit als ein Angriff auf deren Menschenwürde empfunden wurde. Angesichts dieser Proteste unterblieb das Vorhaben der Einfügung einer embryopathischen Indikation in das Strafgesetzbuch.

Aber die Abtreibungen von Embryonen und Föten mit abzusehender oder zu erwartender schwerer Erkrankung oder Behinderung unterblieben deshalb nicht; denn sie wurden und werden nun der *medizinischen* Indikation subsumiert. Das heißt: Nicht die zu erwartende Krankheit oder Behinderung der *Leibesfrucht* kann ein Grund für eine medizinisch indizierte Abtreibung sein, wohl aber die (aufgrund der zu erwartenden Erkrankung oder Behinderung der Leibesfrucht) akut bestehende Gefahr für das Leben oder den körperlichen oder seelischen Gesundheitszustand der *Schwangeren* kann ein solcher Grund sein. Dient diese ‚Lösung' der Wahrhaftigkeit und der Durchsichtigkeit?

Mit dem Wegfall der geplanten embryopathischen Indikation und ihrer Subsumtion unter die medizinische Indikation entfiel auch die vorgesehene zeitliche Begrenzung und Befristung, die bei der medizinischen Indikation nicht zu vertreten wäre. Damit werden nun – faktisch aus embryopathischen Gründen – alljährlich hunderte von Spätabtreibungen an Föten vorgenommen, die bereits eigenständig lebensfähig sind und darum gezielt getötet werden, um zu verhindern, dass sie eine ‚Abtreibungsgeburt' überleben. Dieser von den meisten Beteiligten und Betroffenen als unerträglich empfundene Zustand wird allmählich Gegenstand (bescheidener) politischer Abhilfebemühungen, wie sie in dem seit 1. 1. 2010 gültigen Schwangerschaftskonfliktgesetz (insbesondere § 2 a über „Aufklärung und Beratung in besonderen Fällen") erkennbar werden.

Auch wenn man nicht verkennen darf, dass die bewusste Annahme eines Kindes mit einer schweren Krankheit oder Behinderung für die davon unmittelbar Betroffenen eine große Herausforderung darstellt, kann es doch keine Frage sein, dass damit – und nur damit – genau das geschieht, was um der Achtung und des Schutzes der Menschenwürde willen in dieser Situation das ethisch Gebotene ist. Die damit geforderte Verantwortung tragen freilich nicht nur die davon (als Familienangehörige) unmittelbar Betroffenen, sondern die gesamte Gesellschaft, deren Humanität und Menschenwürde damit angefragt ist. Wer sich dieser Verantwortung (als Außenstehender) entzieht, hat jedenfalls kein Recht, diejenigen zu kritisieren, zu tadeln oder zu verachten, die sich nicht imstande sehen, ein Kind mit einer schweren Krankheit oder Behinderung anzunehmen und ihm in ihrem Leben den Platz zu geben, der ihm aufgrund seines Menschseins und seiner Menschenwürde zusteht.

2.4 Medizinethische Probleme am menschlichen Lebensende

Die medizinethischen Probleme, die sich am menschlichen Lebensende stellen, kreisen in unserer Zeit und in unserer Gesellschaft vor allem um das Stichwort „Sterbehilfe"[58]. Dabei ist ein hoher Prozentsatz in unserer Bevölkerung der Auffassung, dass aktive Sterbehilfe (also Tötung auf Verlangen) und ärztliche Beihilfe zur Selbsttötung gute Wege zu einem würdigen Tod seien und darum gesetzlich eröffnet werden sollten.[59] Wer

---

[58] Siehe dazu: F. Rest, Das kontrollierte Töten. Lebensethik gegen Euthanasie und Eugenik, Gütersloh 1992; R. Spaemann/Th. Fuchs, Töten oder sterben lassen? Worum es in der Euthanasiedebatte geht, Freiburg/Basel/Wien 1997; U. Eibach, Sterbehilfe – Tötung aus Mitleid, Wuppertal 1998²; L. Ohly, Sterbehilfe: Menschenwürde zwischen Himmel und Erde, Stuttgart 2002; H. Rüegger, Sterben in Würde? Nachdenken über ein differenziertes Würdeverständnis, Zürich 2003; R. Beckmann/M. Löhr/J. Schätzle (Hg.), Sterben in Würde. Beiträge zur Debatte über Sterbehilfe, Krefeld 2004; Nationaler Ethikrat, Selbstbestimmung und Fürsorge am Lebensende. Stellungnahme, Berlin 2006; K. Göring-Eckardt (Hg.), Würdig leben bis zuletzt. Sterbehilfe – Hilfe beim Sterben – Sterbebegleitung – Eine Streitschrift, Gütersloh 2007; Kirchenamt der EKD (Hg.), Wenn Menschen sterben wollen. Eine Orientierungshilfe zum Problem der ärztlichen Beihilfe zur Selbsttötung, Hannover 2008.
[59] Siehe dazu: Kirchenamt der EKD (Hg.), Im Geist der Liebe mit dem Leben umgehen. Argumentationshilfe für aktuelle medizin- und bioethische Fragen, Hannover 2002, S. 34–36, bes. Anm. 23.

diese Auffassung nicht teilt, muss sich um eine sorgfältige, d.h. einfühlsame und argumentativ nachvollziehbare Auseinandersetzung mit den Motiven und Gründen bemühen, durch die Menschen veranlasst werden, nach aktiver Sterbehilfe oder nach ärztlich assistiertem Suizid zu rufen. Dabei sind genau betrachtet zwei Aufgaben gestellt: Einerseits geht es darum, zu zeigen, warum Tötung auf Verlangen und assistierter Suizid nicht der richtige Weg zu einem Sterben in Würde sind, andererseits um die Suche nach einem besseren Weg, der die Ängste und Befürchtungen der Menschen aufnimmt und zu beantworten versucht.

2.4.1 Warum nicht Tötung auf Verlangen und assistierter Suizid?

a) Die Tötung eines Menschen, von dem man selbst oder ein anderer nicht angegriffen oder lebensgefährlich bedroht wird (bzw. wurde), ist in allen höherentwickelten Kulturen und Religionen ein grundlegendes Tabu, das nicht verletzt werden darf. Denn das Leben ist das grundlegendste Gut, das wir besitzen; es ist die Basis aller anderen Güter. Schon deshalb ist die Forderung nach Legalisierung von Tötung auf Verlangen zurückzuweisen. Sie berührt und verletzt eine für das menschliche Leben und Zusammenleben fundamentale Grenze, auch wenn der Todeswunsch von dem Patienten ausgeht.

b) Tötung auf Verlangen macht einen anderen Menschen zu einem Tötenden und mutet ihm zu, mit dieser Handlung in irgendeiner Form fertigzuwerden. Die Lyrikerin Mascha Kaléko hat (nach dem frühen Tod ihres Sohnes) den Satz formuliert: „Bedenkt: den eignen Tod, den stirbt man nur, doch mit dem Tod der andern muss man leben".[60] Im Falle der Tötung (auf Verlangen) muss der Tötende mit einem Tod leben, den er selbst herbeigeführt und zu verantworten hat. Im Blick auf den Arzt kommt noch hinzu, dass er sich damit zum Handlanger des Todes machen lässt und damit sein ärztliches Selbstverständnis (als Anwalt des Lebens) tiefgreifend infrage stellt und beschädigt.

c) Es liegt in der Logik der rechtlichen Freigabe der Tötung auf Verlangen, dass es nicht bei einer Begrenzung auf ausdrücklich verlangte Tötungshandlungen bleibt, sondern dass dann alsbald auch Menschen getötet werden, die nicht mehr einwilligungsfähig sind, aber ebenso leiden wie Sterbende, die den Tötungswunsch äußern. Man kann langfristig nicht umhin, auch einwilligungsunfähigen Sterbenden diese „Wohltat" zu gewähren. Dem Einstieg in die Tötung auf Verlangen

---

[60] M. Kaléko, Verse für Zeitgenossen, (Düsseldorf 1978) Reinbek 2005[20], S. 9.

folgt daher mit innerer Notwendigkeit der Übergang zur Tötung ohne Verlangen und damit ein weiterer Tabubruch.[61]

d) Die Tatsache, dass im Durchschnitt der Bevölkerung ca. 90 % aller Suizidversuche misslingen, ist ein Argument nicht für, sondern *gegen* die Institutionalisierung von ärztlich assistiertem Suizid. Denn diese außerordentlich hohe Rate von nicht-vollendeten Suizidversuchen[62] zeigt, dass der Suizidversuch in der Regel nicht das Ziel verfolgt, aus dem Leben zu scheiden, sondern ein Hilferuf an die Umgebung ist, der auf eine unerträgliche Situation aufmerksam machen soll. Wird der Suizidversuch nun aber so aufgenommen, dass er zum tatsächlichen Suizid weitergeleitet wird, so werden damit Menschen faktisch in vielen Fällen gegen ihren eigentlichen Willen in den Suizid getrieben.

e) Das m. E. gewichtigste Argument gegen eine rechtliche Freigabe der Tötung auf Verlangen oder eine Institutionalisierung des ärztlich assistierten Suizids wird sichtbar, wenn man sich fragt, was es für die künftige Situation des Sterbens in unserer Gesellschaft bedeuten würde, wenn diese Möglichkeiten rechtlich offen stünden. Johannes Rau hat es unter Berufung auf einen Arzt so formuliert: „Wo das Weiterleben nur eine von zwei legalen Optionen ist, wird jeder rechenschaftspflichtig, der anderen die Last seines Weiterlebens aufbürdet".[63] Eine solche Situation können wir nicht wollen, und darum spricht auch dieses Argument eindeutig gegen die Zulassung der aktiven Sterbehilfe und des assistierten Suizids.

---

[61] Dies ist im Blick auf die Erfahrungen, die in den Niederlanden mit der – vorsichtigen – Legalisierung der aktiven ärztlichen Sterbehilfe gemacht wurden, nicht nur eine Vermutung oder Befürchtung, sondern eine eingetretene und genau feststellbare Tatsache. So werden seitdem in den Niederlanden pro Jahr etwa tausend Menschen *ohne* Bitte um oder Einwilligung zur aktiven Sterbehilfe getötet.

[62] Sie liegt allerdings bei Männern deutlich niedriger als bei Frauen, und sinkt mit fortschreitendem Alter, also mit der Annäherung an den zu erwartenden Tod ab. Ich danke Frau Dr. Christina Ding-Greiner, Heidelberg, für diesen Hinweis auf die letztgenannte Differenzierung, die sich aus der neuesten Suizid-Statistik ergibt.

[63] Johannes Rau, Wird alles gut? Für einen Fortschritt nach menschlichem Maß, Frankfurt a. M. 2001, S. 27f.

2.4.2 Lebenshilfe im Sterben

a) Der Weg zu einem Sterben in Würde wird erleichtert durch die Gewissheit, dass der Sterbeprozess nicht gegen den Willen des Sterbenden durch medizinische Maßnahmen hinausgezögert wird, sondern dass er sterben darf, wenn er sterben will. Wir müssen zur Kenntnis nehmen, dass Menschen im Blick auf ihr Sterben Angst haben vor einer Medizin, die nicht loslassen kann, sondern auch noch das letzte verfügbare Mittel gegen den Tod einsetzt. Die *passive Sterbehilfe*, d.h. das Sterbenlassen eines Menschen auf seinen ausdrücklichen Wunsch hin ist ein möglicher, verantwortbarer, richtiger und ggf. sogar geforderter Weg zu einem Sterben in Würde. Das ist etwas völlig anderes, als einen Menschen zu töten.[64] Zu sterben ist die Bestimmung jedes Menschen, getötet zu werden ist die Bestimmung keines Menschen. Wenn Menschen die Gewissheit haben können, dass sie sterben dürfen, wenn es für sie an der Zeit ist und ihrem Willen entspricht, dann ist dies ein wichtiger Beitrag *gegen* die Forderung nach rechtlicher Freigabe der Tötung auf Verlangen und assistiertem Suizid. Dieser Respektierung des Patientenwillens am Lebensende sollen auch Patientenverfügungen und Vorsorgevollmachten dienen. Beide Instrumente stehen freilich vor dem Problem, dass sie zu einem Zeitpunkt abgefasst bzw. erteilt werden müssen, an dem der potentielle Patient noch voll einwilligungsfähig ist. Gelten sollen sie aber zu einem Zeitpunkt, an dem er nicht mehr einwilligungsfähig sein wird. Problematisch ist diese unaufhebbare Zeitdifferenz insofern, als dadurch die Frage, was denn der Patient *jetzt im Sterben* tatsächlich wünscht, nicht beanworten kann. Sie bleibt mit einer großen Unsicherheit belastet.

– Um diese zu umgehen, enthält eine Patientenverfügung *inhaltliche* Aussagen und Festlegungen darüber, was in der Situation der Nichteinwilligungsfähigkeit getan und unterlassen werden soll. Und das ist dann (nach der jetzigen Rechtslage) auch genau so umzusetzen.
– Anders die Vorsorgevollmacht: durch sie beauftragt und ermächtigt der potentielle Patient eine Person seines Vertrauens damit, in der Situation der eigenen Nichteinwilligungsfähigkeit für sich zu entscheiden. Das ist eine situationsgerechte Stellvertretung des eigenen Willens durch einen nahestehenden Menschen.

---

64 Siehe dazu R. Spaemann/Th. Fuchs, Töten oder sterben lassen? (s.o. Anm. 58).

– Wer weder eine Patientenverfügung ausstellt noch eine Vorsorgevollmacht erteilt, muss darauf vertrauen, dass die behandelnden Ärzte in Absprache mit den Angehörigen darüber entscheiden, was im Sterbeprozess im Sinne des Patienten getan oder unterlassen werden soll.

Die Unsicherheit, die mit jeder dieser „Lösungen" verbunden ist, lässt sich nicht eliminieren. Sie ist ein Bestandteil des Sterbens nach dem Verlust der Einwilligungsfähigkeit. Es ist letztlich eine ganz persönliche Entscheidung, ob man sich für diese unbekannte zukünftige Situation lieber auf das verlässt, was man früher selbst schriftlich verfügt hat und was dann ausgeführt wird, oder ob man sich lieber auf Menschen verlässt, denen man vertraut und die dann in der konkreten Situation im Sinne des Sterbenden entscheiden können, was getan oder unterlassen werden soll.

b) Der Weg zu einem Sterben in Würde wird erleichtert durch das Wissen um die Verfügbarkeit wirksamer Schmerzlinderung; denn im Vordergrund dessen, was Menschen im Blick auf ihr Sterben und ihren Tod befürchten, steht die Angst vor unerträglichen Schmerzen. Dagegen hilft die Palliativmedizin. Wir dürfen das Ziel nicht aus den Augen verlieren, eine so gute flächendeckende palliativmedizinische Versorgung zu haben, dass Menschen ihre Angst vor unerträglichen Schmerzen getrost beiseite legen können. Wenn dabei die erforderliche Dosierung von Schmerzmitteln so hoch ausfällt, dass dies faktisch zu einer Lebensverkürzung führt, dann ist damit die Frage nach der Zulässigkeit der sog. *indirekten Sterbehilfe* gestellt. Zwar ist diese lebensverkürzende (Neben-)Wirkung von Morphinen und Opiaten weitaus seltener, als das in der Vergangenheit angenommen wurde, und es gibt sogar lebensverlängernde Effekte. Aber selbst wenn eine solche lebensverkürzende Nebenwirkung eintreten sollte, ist doch aus ethischer Sicht in dieser Frage das zu bekräftigen, was Papst Pius XII schon im Jahr 1957 zu dieser Frage gesagt hat: Alles hängt von der *Absicht* ab, in der solche Mittel verabreicht werden. Soll die Verabreichung von Schmerzmitteln den Tod herbeiführen, oder dient sie nur dem Ziel der Schmerzlinderung und nimmt dafür ggf. auch eine Lebensverkürzung in Kauf. Im ersten Fall hätten wir es mit (verkappter) aktiver Sterbehilfe zu tun, im zweiten Fall dagegen mit ethisch unproblematischer, unter Umständen sogar ethisch gebotener indirekter Sterbehilfe.

c) Der Weg zu einem Sterben in Würde wird geebnet und erleichtert durch die Ermöglichung eines Sterbens in vertrauter Umgebung und im Kontakt mit lieben Menschen. Wir wissen jedoch, dass die überwiegende Mehrzahl von Menschen nicht in häuslicher Umgebung sterben kann, sondern in Kliniken, auf Intensivstationen, in Alten- und Pflegeheimen. Das liegt auch daran, dass die Angehörigen aufgrund fehlender Kräfte und Kenntnisse sowie beengter Wohnverhältnisse nicht in der Lage sind, die Pflege und Betreuung sterbender Menschen zu übernehmen. Wie gut ist es da, wenn es in Form von stationären *Hospizen* und ambulanten *Hospizdiensten* Einrichtungen und Möglichkeiten gibt, die zumindest etwas von der erhofften Kultur des Sterbens in einer vertrauten Umgebung ermöglichen.

d) Der Weg zu einem Sterben in Würde wird erleichtert durch die *Erreichbarkeit* ärztlicher und seelsorglicher Begleitung auf der letzten Wegstrecke. Wenn ich hier nur von „Erreichbarkeit" und nicht von „Betreuung" spreche, so tue ich dies, weil es in der Sterbephase auch eine Aufdringlichkeit oder Zudringlichkeit geben kann, der gegenüber der Wunsch des Patienten nach Alleinsein Respekt verdient. Das gilt jedenfalls für alles, was über die sogenannte Grundversorgung hinausgeht. Freilich sind die meisten Menschen dankbar, wenn sie die Erfahrung machen, dass Ärzte bereit sind, sie zu begleiten, obwohl keine Heilungschancen mehr bestehen, das Therapieziel also von der kurativen zur palliativen Behandlung umgestellt worden ist. Es fällt Ärzten nicht immer leicht, diese Umstellung zu vollziehen, und sie nicht als eine Niederlage zu erleben, sondern als eine spezifische Form der ärztlichen Präsenz und Begleitung. In solchen Situationen muss sich zeigen, ob Ärzte, die mit ihrem „medizinischen Latein" am Ende sind, damit auch mit ihrem „menschlichen Latein" am Ende sind, d.h., ob sie wirklich Ärzte und nicht nur Mediziner sind.

e) Der Weg zu einem Sterben in Würde wird geebnet und erleichtert, wenn Patienten und Ärzte in dieser letzten Lebensphase gemeinsam die Herausforderung annehmen, die eigene Begrenztheit und Endlichkeit wahrzunehmen und anzunehmen, wenn auch in ganz unterschiedlichen Formen, nämlich als Grenze der Heilungsmöglichkeiten (so der Arzt) oder als Ende des eigenen Lebens (so der Patient). Wo dies geschieht und gelingt, kann die Sterbephase für Patienten, Pflegepersonal, Ärzte, Seelsorger und Angehörige gemeinsam zu einer Phase der Reifung und Vertiefung werden, durch die der Abschied von dieser Erde und der Übergang in eine andere Wirklichkeit vorbereitet wird. Das ist dann eine Lebenshilfe im Sterben, aus der die Sterbenden und die Lebenden Mut gewinnen können für ihr eigenes Leben und Sterben.

Im Blick auf die Sterbephase stellt sich für Arzt und Patient die gemeinsame Aufgabe zu erkennen, wann das Sterben begonnen hat und der Tod unaufhaltsam naht. Dabei sagt diese Diagnose oder Einschätzung der Situation als solche noch nicht, was nun zu tun oder zu lassen ist, sondern das hängt davon ab, wie der Patient, sofern er sich noch –

verbal oder nonverbal – äußern kann, diese Diagnose bewertet bzw. interpretiert. So kann der Sterbeprozess interpretiert werden als eine letzte gegebene Frist, die mit allen verfügbaren medizinischen Möglichkeiten zu verlängern ist, damit noch ausstehende Begegnungen stattfinden, Konflikte bereinigt werden, Vorkehrungen für die Zeit nach dem Tod getroffen werden können, oder auch nur, damit dieses letzte Stück Leben bis zum letzten Tropfen ausgekostet werden kann. Eine entgegengesetzte Interpretation und Bewertung bestünde darin, nun dem Kommen des Todes nichts mehr entgegensetzen zu wollen, ihn nur noch sehnlich zu erwarten, um endlich „die Augen zumachen" zu dürfen. Das könnte nicht nur den Verzicht auf alle therapeutischen Maßnahmen, sondern auch den Verzicht auf Essen und Trinken einschließen. Auch das ist dann zu respektieren. Und zwischen diesen beiden äußersten Möglichkeiten gibt es eine Fülle von Facetten.

Gerade in dieser letzten Phase kommt es auf das an, was Rilke in die Bitte gefasst hat: „O HERR, gieb jedem seinen eignen Tod. Das Sterben, das aus jenem Leben geht, darin er Liebe hatte, Sinn und Not".[65] In dieser Phase sind Ärzte und Patienten gemeinsam gefordert, zu der diesem jeweiligen Leben angemessenen Form des Abschlusses und des Loslassens zu finden. Diese Einwilligung in das Sterben als die letzte Phase des Lebens könnte im günstigsten Fall so etwas sein wie eine gemeinsame, Arzt und Patient verbindende Form der Selbstbestimmung im Sinne der Menschenwürde. Es ist die Selbstbestimmung, die bewusst darauf verzichtet, durch überflüssige lebensverlängernde Maßnahmen oder durch eigenmächtige lebensverkürzende Maßnahmen über den Zeitpunkt des Todes verfügen oder ihn bestimmen zu wollen, sondern die darin besteht, das Sterben und den Tod zuzulassen und anzunehmen, wenn und weil sie an der Zeit sind. Auch dafür stimmt dann der schöne Satz von Paul Gerhardt: „Wer so stirbt, der stirbt wohl".[66]

---

[65] R. M. Rilke, Gesammelte Gedichte, Frankfurt/Main 1962, S. 103.
[66] Dies ist die Schlusszeile von „O Haupt voll Blut und Wunden", (Evangelisches Gesangbuch Nr. 85, Vers 10).

3 Sexualität, Liebe und Lebensformen

3.1 Sexualität[1]

3.1.1 Begriffsaspekte von „Sexualität"

„Sexualität" gibt es erst seit der Wende vom 18. zum 19. Jahrhundert. Diese These ist weniger überraschend, als sie klingt, ja, sie wirkt fast trivial, wenn man bedenkt, dass das Wort „Sexualität" in Anführungszeichen steht. Dann sagt sie zunächst nur, dass der *Begriff* „Sexualität" erst um 1800 in der deutschen Sprache (vermutlich vermittelt über das französische „sexualité") Einzug gehalten hat bzw. erst da entstand.[2]

Sprachbildungen stehen jedoch häufig für sich verändernde gesellschaftliche Realitäten und menschliche Erfahrungsweisen, und deswegen ist der Hinweis auf die erstaunlich späte Entstehung von „Sexualität" keineswegs trivial. Und gerade bei einem Phänomen, das konstitutiv zum Menschsein gehört, ja auch Tiere (und Pflanzen) umfasst, stellt sich natürlich die Frage, was dieser sprachliche Befund besagt. Dass der Bereich des Sexuellen häufig mit einer Aura der Intimität, Schamhaftigkeit, Prüderie und des Verschweigens oder bloßen Andeutens umgeben ist, könnte für diese relativ späte Begriffsbildung zwar eine Rolle spielen, reicht aber für ihre Erklärung doch nicht aus.

Vielmehr müssen wir zur Kenntnis nehmen, dass die vielen Phänomene und Erfahrungen, die wir mit dem Begriff ‚Sexualität' zusammenfassen, über Jahrtausende hin offenbar nicht als zusammengehörig

---

[1] Siehe dazu S. Freud, Drei Abhandlungen zur Sexualtheorie (1905), in: GW V, London 1942, S. 27–145; G. Schmidt, Jugendsexualität, Stuttgart 1993; C. Borck/M. Schetsche/R. Lautmann, Art. „Sexualität", in: HWBPh 9 (1995), Sp. 725–742; R. Wille, Art. „Sexualität", in: Lexikon der Bioethik, Bd. 3, Gütersloh 1998, S. 326–331; G. Schmidt/B. Strauß (Hg.), Sexualität und Spätmoderne. Über den kulturellen Wandel der Sexualität, Stuttgart 1998; P. Gerlitz/M. Banner/U. Gerber, Art. „Sexualität", in: TRE 31 (2000), S. 186–221.

[2] Der älteste bislang bekannte Beleg findet sich bei J. W. von Goethe ca. 1812 (Zur Morphologie, WA Bd. II/6, S. 187) sowie in zwei Briefen Goethes aus den Jahren 1814 und 1820, in denen er von der „Sexualität der Pflanzen" spricht, was auf uns eher befremdlich wirkt.

empfunden wurden und darum keine *gemeinsame* Bezeichnung aus sich heraus setzten oder erforderlich zu machen schienen. Es gibt eine jeweils eigene Sprachgeschichte für die einzelnen Elemente, die dann im Begriff „Sexualität" zusammenflossen. Natürlich spielt dabei der lateinische Begriff „sexus" eine entscheidende Rolle als Bezeichnung für das natürliche, biologische *Geschlecht* von Menschen und Tieren (und Pflanzen), wobei *vier* Formen unterschieden werden: männlich (virilis), weiblich (muliebris), beides (uterque) sowie zwitterhaft (ambiguus). Der Begriff „sexus" ist seinerseits abgeleitet aus dem Verbum „secare", das „schneiden, trennen, unterscheiden" bedeutet. „Sexus" bezeichnet also von seinem Ursprung her etwas, wodurch Lebewesen sich (innerhalb ihrer Gattung und Art noch einmal) voneinander unterscheiden, trennen und einteilen lassen: eben das weibliche und/oder männliche Geschlecht.

Ein zweiter Begriff, der hierher gehört, ist das lateinische „genus", das ebenfalls „Geschlecht" bedeutet, nun aber im Sinne von Abstammung, Familie, Herkunft, Gattung oder Gattungsbegriff. In diesem Sinne wird der Begriff auch noch in unserer heutigen Sprache verwendet, wenn etwa von einem Menschen gesagt wird, er entstamme einem alten Adelsgeschlecht oder wenn von der Zugehörigkeit aller Menschen zum Menschengeschlecht gesprochen wird.

Andere lateinische Begriffe, die zu dem Sprachfeld von „Sexualität" gehören, sind: „libido" (Begierde, Lust, Verlangen, Vergnügen, Wollust, sinnliche Liebe), „cupiditas" (Begierde, Leidenschaft, heftiges Verlangen, Lust), „concupiscentia" (Begehrlichkeit, Begierde, Verlangen) sowie „voluptas" (Lust, Vergnügen, Freude, Lustgefühl, Sinnenlust, Wollust). Man sieht, es handelt sich um eine bedeutungsmäßig eng zusammengehörige Familie von Begriffen, in deren Zentrum die Begriffe „Begierde" und „Lust" stehen. Dass auch diese libidinös-erotische Komponente zum Begriff „Sexualität" gehört, überrascht nicht.[3]

Wieso kam es aber in der Neuzeit zur Ausbildung des *gemeinsamen* Begriffs „Sexualität", und wie lässt er sich definieren? Solche Begriffsbildungen haben natürlich immer eine (lange) Vorgeschichte. Und die Forschung sieht wichtige Vorstufen dieser Begriffsgeschichte einerseits bei Augustinus, der den Zusammenhang und die Unterscheidung zwischen Geschlechtlichkeit, Kinderzeugung, Begierde und Askese reflek-

---

[3] Ähnlich ist übrigens der Befund im Griechischen, wo das Wortfeld „Sexualität" durch die Begriffe „φῦλον", „γένος", „ἀφροδισία", „ἔρως" und „ἐπιθυμία" gebildet wird. Ein genaues Äquivalent für „sexus" gibt es im Griechischen nicht, allenfalls die Rede vom männlichen und/oder weiblichen „γένος" bzw. der „φύσις". Aber das sind sehr allgemeine Begriffe.

tierte; andererseits im (christlichen) Mittelalter, wo es im Minnesang zu einer Kultivierung der erotischen Liebe unter den Bedingungen von Entsagung kam und das (mögliche) Spannungsverhältnis zwischen Erotik, Sexualität, Ehe und Fortpflanzung bewusst thematisiert wurde.

Die Entdeckung des einheitlichen Phänomens der Sexualität erfolgte an der Grenze vom 18. zum 19. Jahrhundert vor allem auf dem Weg über medizinisch-pathologische, soziologische und psychologische Studien. Zugleich zeigte sich aber auch die Entwicklungs- und Veränderungsgeschichte der Sexualität, in deren Mittelpunkt immer stärker das durch die Romantik verstärkte Ideal einer umfassenden, ganzheitlichen Beziehung von Mann und Frau trat.

Wenn ich es recht sehe, gibt es traditionell zwei unterschiedliche Zugänge zu einer Begriffsbestimmung, einen eher biologisch-anatomischen Zugang, der sich an der sexuellen *Ausstattung* orientiert, und einen eher psychologisch-ethologischen, der sich eher am sexuellen *Verhalten* orientiert.

Die biologisch-anatomische Begriffsbestimmung setzt ein bei den Voraussetzungen bzw. bei dem Ausgangspunkt der Sexualität, also bei der Tatsache der Zweiteilung (oder Vierteilung) von Menschen, Tieren und Pflanzen in männlich/weiblich (sowie mann-weiblich und zwitterhaft) einschließlich der je unterschiedlichen organischen und hormonellen Ausstattung und versteht „Sexualität" als den Inbegriff der Erscheinungs- und Ausdrucksformen sowie der Folgen der Teilung in je etwa eine männliche und eine weibliche Hälfte der Organismen, die sich auf geschlechtliche Weise fortpflanzen.[4] Dieser Begriff ist insofern sehr weit und offen, als er z.B. (früh-)kindliche Erscheinungsformen der Sexualität voll mit einzubeziehen erlaubt.

Die psychologisch-ethologische Begriffsbestimmung setzt dagegen eher beim Zielpunkt ein, wenn sie „Sexualität" definiert als die „Gesamtheit aller Verhaltensweisen, Triebe und Bedürfnisse (bei Mensch und Tier), die sich auf den Geschlechtsakt oder im weiteren Sinne auf die Befriedigung des Sexualtriebes beziehen"[5]. Bei diesem Zugang droht all das wegzufallen, was nicht der Befriedigung des Sexualtriebs dient, also z.B. ein Großteil von innerfamiliären Beziehungen, dafür erfasst dieser Begriff aber *alle Formen* von Sexualbeziehungen.

Ein dritter, neuerer Zugang lässt sich als soziologisch-konstruktivistisch bezeichnen. Er arbeitet vor allem mit dem Begriff „Gender" als dem (gesellschaftlich) zugeschriebenen Geschlecht und besteht darin,

---

[4] So z.B. R. Wille, Art. ‚Sexualität', in: Lexikon der Bioethik 3 (1998), S. 326.
[5] So der Art. „Sexualität", in: Brockhaus Enzyklopädie 17 (1973), S. 349.

„Sexualität" als das zu verstehen, was eine Gesellschaft durch Regeln, Rollen-Zuweisungen, Stereotypen etc. als „Sexualität" definiert. In seiner radikalen Form bestreitet dieser Konstruktivismus *jede* biologische Fundierung der Geschlechterrollen und bildet damit eine Alternative zu allem bisher Gesagten.[6] In seiner gemäßigten Form ist dieser soziologisch-konstruktivistische Zugang eine Ergänzung und Präzisierung zu den beiden anderen Zugängen, indem er auf die sozialen und kulturellen Formungselemente sowohl des Biologischen als auch des Psychologischen verweist.

Für den Zweck eines ethischen Lehrbuchs scheint es mir am angemessensten, von der psychologisch-ethologischen Begriffsbestimmung auszugehen, weil sie eine natürliche Affinität zum Handeln und zur Lebensführung hat. Um unsachgemäße Verengungen zu vermeiden, werde ich aber (vor allem unter der Überschrift „Lebensformen") das einbeziehen, was sich aus den beiden anderen Ansätzen als notwendige Ergänzung ergibt.

Misslich an dieser „Definition" ist allerdings, dass in ihr sowohl der Begriff „Geschlechtsakt" als auch „Befriedigung des Sexualtriebes" zur Definition von „Sexualität" vorkommt. Dadurch erhält diese „Definition" nämlich etwas Zirkuläres. Das lässt sich nur vermeiden, indem man versucht, diese beiden „definierenden" Begriffe bzw. Formeln noch etwas weiter zu entschlüsseln.

Was meint „Sexualtrieb"? Unter einem Trieb verstehen wir ein Streben, ein Aus-sein-auf, das (aus der Sicht des Strebenden) der Befriedigung vitaler Bedürfnisse, der Erhaltung des Individuums oder seiner Gattung oder der Weitergabe seiner Gene dient. Neben dem Sexualtrieb kennen wir Hunger, Durst, Schlafbedürfnis, vielleicht auch Brutpflege als solche vitalen Triebe. Von ihnen allen unterscheidet sich der Sexualtrieb durch zweierlei: durch seine *Lust*betontheit (im Unter-

---

6 So z. B. I. Karle, Seelsorge in der Moderne, Neukirchen 1995, bes. S. 166–205 (siehe dazu unten Abschn. 3.1.3). Zur Ethik der Geschlechterdifferenz siehe auch: L. Irigaray, Das Geschlecht, das nicht eins ist, Berlin 1979; dies., Ethik der sexuellen Differenz, Frankfurt a. M. 1991; C. Gilligan, Die andere Stimme. Lebenskonflikte und Moral der Frau (1982), dt. München (1984) 1991[5]; J. Gray, Men are from Mars, Women are from Venus, New York 1993; D. Schnack/ R. Neutzling, Die Prinzenrolle. Über die männliche Sexualität, Reinbek 1993; H. Bußmann/R. Hof (Hg.), Genus. Zur Geschlechterdifferenz in den Kulturwissenschaften, Stuttgart 1995; H. Kuhlmann (Hg.), Und drinnen waltet die züchtige Hausfrau. Zur Ethik der Geschlechterdifferenz, Gütersloh 1995 sowie I. Karle, „Da ist nicht mehr Mann noch Frau". Theologie jenseits der Geschlechterdifferenz, Gütersloh 2006.

schied zu einer bloßen Überlebensnotwendigkeit) und durch seine *Leibbetontheit*, was im Berühren, Streicheln, Geschlechtsverkehr, aber auch im Anschauen und Sich-zeigen zum Ausdruck kommen kann.[7]

Schließlich noch eine wichtige Ergänzung: Für den Zweck einer Ethik geht es nur um *menschliche* Sexualität.[8] Insofern ist die bisherige Definition noch zu weit, weil in ihr das spezifisch Menschliche noch fehlt. Andererseits muss man aufpassen, damit auf diese Weise nicht schon ethische Kriterien in den Begriff „Sexualität" hineindefiniert werden. Diesen schmalen Grad zwischen Ethologie und Ethik kann man m.E. am besten treffen mit der Definition von „Sexualität", die dem einschlägigen Artikel aus dem Historischen Wörterbuch der Philosophie[9] entstammt. Danach ist „Sexualität" „eine kommunikative Beziehung, in der die beteiligten Personen Gefühle mit primär genitaler Lust erleben, ohne sich darauf zu beschränken". Zwar fehlt in dieser Begriffsbestimmung das Element der Fortpflanzung ganz, trotzdem soll – mangels einer besseren Alternative – hier in diesem Sinne (und mit diesem ergänzenden Hinweis) von „Sexualität" und darauf bezogener „Sexualethik" die Rede sein.

3.1.2 Sexualität in der menschlichen Entwicklung

Wenn im folgenden Abschnitt kurz von der Funktion und Rolle der Sexualität in der menschlichen Entwicklung die Rede ist, so geht es um Aspekte, die man als *notwendige* Bedingungen, aber nicht als *hinreichende* Bedingungen für die Entwicklung menschlicher Sexualität bezeichnen kann. Weil das Hinreichende das Notwendige voraussetzt und/oder einschließt, erscheint es mir sinnvoll, es nicht zu übergehen, sondern im Rahmen des sich hier Möglichen knapp zu thematisieren.

Bis zum Beginn des 20. Jahrhunderts (und teilweise noch darüber hinaus) gab es ein Bild vom menschlichen Leben, in dessen Anfangs- und Endphase jedenfalls die Sexualität, häufig aber auch Intimität und Erotik, keinen Platz hatten. Kleine Kinder und alte Menschen erschienen als quasi asexuelle Wesen. Es war vor allem Sigmund Freud, der – grundlegend mit seinen „Drei Abhandlungen zur Sexualtheorie" von 1905[10] – dieses Bild grundsätzlich in Frage stellte, ja, längerfristig betrachtet,

---

[7] Dafür steht der schöne Ausdruck: „Hautsache Liebe".
[8] Das gilt, obwohl es abweichende Formen des Sexualverhaltens gibt, bei denen Tiere als Sexual-„partner" oder -objekte gebraucht, d.h. missbraucht werden.
[9] M. Schetsche/R. Lautmann, Art. ‚Sexualität II' in HWBPh 9 (1995), Sp. 730.
[10] Siehe oben Anm. 1.

zerstörte, jedenfalls soweit es die Anfangsphase betraf. Auch wenn seitdem viele Forschungen stattgefunden haben, die die Details der Theorie Freuds als falsch (in der Regel als unzulässig generalisierend) erwiesen, ist doch sein Ansatz im Ganzen eindrucksvoll bestätigt worden.

Schon in der frühen Kindheit gibt es Verhaltensformen, wie z.B. Saugen an der Mutterbrust oder am eigenen Daumen, Spielen an den eigenen Genitalien, Küssen und Sich-nackt-zeigen, die für das Kind mit (sexueller) Lust verbunden sind. Partnerorientierte genitale Sexualität taucht bei Kindern jedoch in der Regel nur dort auf, wo sie diese bei Erwachsenen beobachten und nachahmen oder – vor allem – wo sie dazu von anderen stimuliert, verführt und missbraucht werden. Von daher gibt es gute Gründe zu sagen: Genitale Sexualität (im Sinne von Geschlechtsverkehr) gehört noch nicht in die Kindheit. Sie ist ein frühreifer und deswegen die Entwicklung beeinträchtigender Vorgang. Hiervon gilt die weisheitliche Beschwörung, „dass ihr die Liebe nicht aufweckt und nicht stört, bis es ihr selbst gefällt" (Cant 8,4).[11] Diese Phase der Kindheit wird abgeschlossen durch physiologische Veränderungen an den Pubertierenden, die *endogenen* Charakter haben. Dabei wird diese Phase – soweit wir wissen – nicht durch das Wachstum eines neuen Organs bzw. die Entstehung neuer Drüsen oder Ähnliches ausgelöst, sondern durch das *Absterben* der Zirbeldrüse im Zwischenhirn. Diese übt offenbar zwischen Geburt und Pubertät auf die Hypophyse[12] eine *hemmende* Wirkung aus, stirbt dann aber ab und lässt so die hormonelle Funktion[13] der Hypophyse zur Wirkung kommen. Die hormonelle Wirkung der Hypophyse (genauer: ihres Vorderlappens, der Adenohypophyse) auf die männlichen und weiblichen Keimdrüsen (Gonaden) ist dann vor allem *stimulierender* Art. Man spricht deshalb von gonadotropinen Hormonen. Diese Gonadotropine üben auf die Hoden (Testes) und Eierstöcke (Ovarien) eine *dreifache* Wirkung aus: sie stimulieren und regulieren

---

[11] Dieser Text ist vor allem durch den Song der Gruppe Puhdys „Wenn ein Mensch lebt" bekannt geworden. Hierher gehört auch die Aussage von Cant 8,8f.: „Unsere Schwester ist klein und hat keine Brüste. Was sollen wir mit unserer Schwester tun, wenn man um sie werben wird? Ist sie eine Mauer, so wollen wir ein silbernes Bollwerk darauf bauen. Ist sie eine Tür, so wollen wir sie sichern mit Zedernbohlen".

[12] Das ist die 0,6 Gramm schwere Hirnanhangdrüse, die sich in einer Knochenhöhle an der Schädelbasis befindet.

[13] Hormone sind Botenstoffe mit Wirkungen in anderen Körperregionen als in denen, von denen sie ausgehen bzw. ausgesandt werden.

- das Wachstum der Keimdrüsen und der weiblichen Brüste;
- die Hormonfunktion der Keimdrüsen sowie das Mutterschaftshormon;
- die Ausbildung von Samen- und Eizellen (Spermien und Ova).

Wichtig ist vor allem die genaue Betrachtung der zweiten, sogenannten endokrinen, also hormonanregenden Funktion bzw. dessen, was die (androgenen und östrogenen) Hormone der Keimdrüsen (Testosteron und Östrogen[e]) sowie das (gestagene) Mutterschaftshormon (Progesteron) bewirken.

- *Testosteron* bewirkt das Wachstum von Penis und Klitoris, die Entwicklung des Schwellkörpers im Penis (nicht jedoch die Erektion), die Produktion von Samenflüssigkeit, die Körper- und Gesichtsbehaarung, aber auch die Glatzenbildung, die Ausbildung einer tiefen Stimme (durch Kehlkopfverknorpelung), die Verstärkung des Eiweissstoffwechsels, das Längenwachstum des Skeletts und die Verknöcherung der Epiphysenfugen an den Knochenenden *sowie* die Erhöhung der Sexualerregung.
- *Östrogene* bewirken das Wachstum der sekundären *weiblichen* Geschlechtsorgane (Gebärmutter, Eileiter, Scheide, Schamlippen und Brustdrüsen), die Kontraktion der Uterus- und Eileitermuskulatur, den Eiweisaufbau für den Stoffwechsel, das Längenwachstum des Skeletts und eine *verstärkte* Verknöcherung der Epiphysenfugen. Beim Mann bewirken die Östrogene zudem eine Hemmung der Sexualerregung, da Östrogen die Testosteronbildung verringert.
- *Progesteron* bewirkt die Hemmung oder Beseitigung der Eileiter- und Uterusmuskulatur-Kontraktion (da während der Schwangerschaft diese Transport- und Reinigungsaufgabe überflüssig ist, ja kontraproduktiv wäre), die Blutversorgung der Uterusschleimhaut und den Abbau der Schleimhaut in der Vagina, das Wachstum der Milch bildenden Drüsenzellen in der weiblichen Brust sowie die Steigerung der Basal-Temperatur um ca. 0,5 Grad.

Insgesamt erklärt dieses Wunderwerk vieles, was Menschen aus Selbsterfahrung und Beobachtung kennen – einschließlich spezifischer Unterschiede zwischen den Geschlechtern im Erscheinungsbild und Verhalten. Insbesondere wird deutlich, warum diese hormonellen und die daraus resultierenden körperlichen Veränderungen sich auf das Sexualverhalten Jugendlicher auswirken: einerseits durch das Wachstum der Geschlechtsorgane, andererseits – und vor allem – durch ein erhöhtes Erregungspotential. Zugleich wird verständlich, warum die Zeit der Pubertät eine Phase großer Veränderung, Umorientierung und Verunsicherung ist. Dabei muss man sich klarmachen, dass dies alles nur Mittel und Instrumente erotischer und sexueller Kommunikation sind (d. h. notwendige, aber nicht hinreichende Bedingungen). Wie diese im zwischenmenschlichen Verhalten „eingesetzt" und „verwendet" werden, wie sie durch Bildung geformt werden (oder unkultiviert bleiben), das sind ethische und pädagogische Fragen, die damit alleine nicht beant-

wortet, sondern noch offen sind. Damit hat es dann die Sexualethik, die Sexualerziehung und die sexuelle Bildung zu tun.

Der Eintritt in die Pubertät bedeutet jedenfalls den Beginn einer neuen sexuellen Entwicklungsphase mit erheblichen Anforderungen der Neuorientierung und Bildung. Wenn Freud das Neue dieser Phase auf die zweifache Formel „Objekt- bzw. Partnerorientierung" und „Unterordnung aller Teiltriebe unter die Genitalität" bringt, ist das zwar nicht verkehrt, aber doch missverständlich, weil nicht hinreichend genau.

a) Partnerorientierung

In neuer Intensität steht mit der Pubertät eine Ablösung von der Vater-Mutter-Bindung *und* eine Ein- und Unterordnung der autoerotischen Elemente in bzw. unter eine Sexualität an, die sich auf ein (bislang) fremdes Gegenüber ausrichtet. Der entscheidende Reifungsschritt, der damit verbunden ist, ist die Auseinandersetzung mit dem Anderen, dem Außerfamiliären, dem Fremden, die, wenn sie gelingt, eine Horizonterweiterung und Ablösung von selbstzentrierten Verhaltensmustern sowie schließlich auch eine Bereicherung des Gen-Pools befördern kann. Dabei ist es für die menschliche Entwicklung und Reifung nicht günstig, wenn zu schnell und zu früh und zu exklusiv eine bisherige *inner*familiäre Bindung durch eine neue *außer*familiäre ersetzt wird. Wie bei allen gravierenden Lebensübergängen ist es zumindest förderlich, wenn nicht sogar notwendig, dass zwischen der Phase, die verlassen wird, und der neuen Lebensphase, auf die ein Mensch zugeht, eine sogenannte „Umwandlungsphase" oder „leere Zone" durchschritten wird.[14] Das Wissen um die Notwendigkeit solcher – nicht leicht zu ertragenden – Zwischenphasen ist in unserer Gesellschaft nicht sonderlich stark ausgeprägt.

b) Die Dominanz der genitalen Sexualität

Von der Pubertät an richtet sich das sexuelle Begehren sehr viel stärker als vorher – gedanklich und/oder real – auf geschlechtliche Vereinigung aus. Die hormonelle Entwicklung liefert dazu den Anlass und die Ausstattung, und sie verstärkt die Triebspannung, die durch eine solche

---

[14] Für diese Einsicht sind grundlegend: A. van Gennep, Les rites de passage, Paris 1909, dt.: Übergangsriten, Frankfurt a. M./New York 1986, sowie W. Bridges, Transitions. Making Sense of Life, Chicago 1980. Den Hinweis auf Bridges verdanke ich S. Glockzin-Bever.

Vereinigung vorübergehend abgebaut werden kann. Es gibt jedoch allem Anschein nach nicht nur bei Jugendlichen, sondern auch bei Erwachsenen eine genitale Orientierung (bzw. Fixierung), die „typisch männlich" sein könnte. Die Fixierung darauf und die dadurch bedingte Abwertung oder Ausblendung anderer (Vor-)Formen der Erotik und Sexualität, vor allem des Hautkontaktes durch Küssen und Streicheln, stellt doch eher einen Verlust und Mangel als eine Errungenschaft dar[15]. Das wird noch unterstrichen durch die Tatsache, dass die männliche Triebentspannung nach dem Geschlechtsverkehr ungleich steiler abwärts verläuft als die weibliche, was leicht zu Enttäuschung und Vorwürfen führt. Es sieht freilich andererseits so aus, als habe sich hier in den letzten Jahrzehnten ein gewisser Wandel dahingehend vollzogen, dass Frauen deutlicher als früher auch im Bereich der Sexualität ihre Wünsche (und Abneigungen) zum Ausdruck bringen, anmelden und zur Geltung bringen.

Die Sexualität im Leben der Erwachsenen war in der Geschichte der Menschheit – abgesehen von ausgesprochen prüden Zeiten – kein generell tabuisiertes Thema. Trotzdem brachte auch hier die sozialwissenschaftliche Forschung überraschende Erkenntnisse zu Tage – insbesondere durch die beiden Kinsey-Reports über „Das sexuelle Verhalten des Mannes" und „Das sexuelle Verhalten der Frau"[16]. In diesen Untersuchungen zeigte sich, dass das faktische sexuelle Verhalten von – auch religiös bzw. kirchlich hoch verbundenen – Menschen sich teilweise erheblich von den offiziell in Geltung stehenden Normen unterschied und dass es eine Vielfalt sexuellen Verhaltens (vorehelicher, ehelicher und außerehelicher Art) gab, wie man dies bis dahin für kaum möglich gehalten hatte. Diese Vielfalt hat seitdem noch erheblich zugenommen, einerseits durch die mit der Studentenbewegung verbundenen Ansätze „sexueller Befreiung", andererseits durch den neueren, postmodernen Trend zum Individualismus.[17] Ob Letzteres nur eine vorübergehende

---

[15] Vgl. dazu H. Lang, Art. „Geschlechtlichkeit 2.2", in: Lexikon der Bioethik 2 (1998), S. 93–95, basierend auf den Forschungen von Masters und Johnson (1966).

[16] Siehe oben Kap. A 1, Anm. 10.

[17] Vgl. dazu G. Schmidt/B. Strauß (Hg.), Sexualität und Spätmoderne. Über den kulturellen Wandel der Sexualität, Stuttgart 1998. Der Sexualwissenschaftler Volkmar Sigusch spricht in diesem Band (S. 4) im Blick auf die 80er und 90er Jahre des 20. Jahrhundert von „eine(r) so enorme(n) Transformation der Sexualität, dass es ... nicht übertrieben scheint, von einer Revolution zu sprechen", deren „symbolische() und reale() Auswirkungen ... möglicherweise einschneidender seien als die der schnellen und lauten sexuellen Revolution der

"Welle" ist, oder ob dieser Trend breite Bevölkerungsschichten dauerhaft erreicht, bleibt abzuwarten. Aber unbestreitbar ist wohl eine immense („postmoderne") Vielfalt, Individualisierung und Dynamisierung sexuellen Verhaltens.[18] Entspricht dies den vielfältigen, individuellen Anlagen der Menschen und darum auch ihrer individuellen und humanen Bestimmung und Bildung? Gerade daran ist Zweifel nicht nur erlaubt, sondern geboten. Dazu lassen die Untersuchungen zu wenig an Glück und Erfüllung erkennen – eher ein ratloses und rastloses Herumprobieren, verbunden mit einem großen sexuellen Leistungsdruck.

Über die lebensgeschichtliche Entwicklung der Sexualität beim erwachsenen Mann und bei der erwachsenen Frau, wie sie durch die Erfahrung der Lebensmitte einschließlich der Wechseljahre beeinflusst wird, lässt sich darum heute schwer noch etwas Allgemeingültiges sagen. Dass es von der Lebensmitte an zu hormonell bedingten Veränderungen kommt, ist unbestritten. Diese Veränderungen haben durchweg nicht den Charakter von dauerhafter Steigerung der sexuellen Appetenz oder Aktivität, sondern entweder von kurzfristigem Aufflammen oder den einer Dämpfung und Beruhigung. Insofern war es verständlich, dass in der Öffentlichkeit dem Bild der asexuellen Kindheit über lange Zeit das Bild eines asexuellen Alters entsprach. Aber auch diese Vorstellung löst sich allmählich auf – freilich auch hier nicht ohne Widerstand. So wie die Wahrnehmung kindlicher Sexualität erschwert oder verhindert wurde durch die Vorstellung von der angeblich reinen, unschuldigen Kindheit im Gegensatz zur angeblich unreinen, sündigen Sexualität, so wird die Wahrnehmung der Alten-Sexualität behindert durch Vorstellungen wie: das gehöre sich nicht mehr, das sei peinlich, lächerlich oder gar unmoralisch. Hinzu kommt, dass körperliche Veränderungen, wie z.B. das Erschlaffen des Bindegewebes, die Hemmung fördern können, sich einem anderen Menschen nackt zu zeigen – zumal wenn man nicht mit ihm zusammen alt geworden ist. So ergab sich bei einer im Jahr 1976 durchgeführten Umfrage[19], dass etwa 60 % der Befragten (unter und über 50 Jahren gleichermaßen) die Auffassung vertraten: „Die meisten älteren Menschen interessieren sich nicht mehr für

---

60er und 70er Jahre". Und Sigusch fährt (ebd.) fort: „Während die alte Sexualität vor allem aus Trieb, Orgasmus und dem heterosexuellen Paar bestand, bestehen die Neosexualitäten vor allem aus gender difference, Selbstliebe, Thrills und Prothetisierungen".

[18] Es gibt freilich, wie manche Umfragen andeuten, seit einiger Zeit auch einen gegenläufigen Trend – vor allem bei Jugendlichen –, der Enthaltsamkeit vor der Ehe, monogame Verhaltensweisen und Treue favorisiert.

[19] H. Tümmers, Sexualität im Alter, Köln 1976.

sexuelle Dinge". Knapp 20 % der Älteren stimmten sogar der Aussage zu: „Ein älterer Mensch, der noch seinem Sexualtrieb nachgibt, macht sich vor Gott schuldig." Dieses Tabu ist aber, wie neuere Untersuchungen zeigen, im Schwinden.[20]

3.1.3 Kulturelle und gesellschaftliche Bedingungen der Sexualität

Es geht in diesem Abschnitt nicht um eine Kultur- oder Sozialgeschichte der Sexualität, sondern um die Frage, inwieweit sexuelle Identitäten und Geschlechterrollen biologisch und inwieweit sie kulturell bzw. gesellschaftlich bestimmt und geprägt sind. Diese Frage nach kulturell bzw. sozial bestimmten Geschlechterunterschieden und -rollen bildet – als Frage nach dem sozialen Geschlecht („Gender"[21]) im Unterschied zum biologischen Geschlecht („Sex") – ein wichtiges Element, in verschiedenen Hinsichten sogar eine Voraussetzung für sexualethische Aussagen – sowohl zur Entwicklung und Bildung der Sexualität als auch zu den Lebensformen.

Ich nehme dieses Thema so auf, dass ich zunächst eine konsequent konstruktivistische Interpretation von „Geschlecht", nämlich die von Isolde Karle[22], ganz kurz referiere und mich danach kritisch mit ihr auseinandersetze.

a) Die konstruktivistische Position: Sex als Gender

Die konstruktivistische Position lässt sich zusammenfassen in der Formel: „Zweigeschlechtlichkeit als soziale Konstruktion" (S. 173). Gegenüber der traditionellen Annahme, Frau- und/oder Mannsein sei

---

[20] Vgl. dazu H. Schneider, Altern und Sexualität, in: E. Lang/K. Arnold (Hg.), Vorbereitung auf das aktive Alter, Stuttgart 1986, S. 128–137; K. von Sydow, Lust auf Liebe bei älteren Menschen, München 1992 sowie H. Walter, Das Alter leben!, Darmstadt 1995, S. 151–155.

[21] Laut dem Oxford English Dictionary ist „gender" ursprünglich die Bezeichnung für das *grammatische* Geschlecht und wird jetzt differenziert sowohl in grammatischer wie in soziologischer Hinsicht verwendet. Das englische Wort „genus" fungiert als biologische Einteilung im Sinne von „Gattung", „sex" steht hingegen für die Unterscheidung zwischen männlich und weiblich.

[22] Ich orientiere mich dabei an der Arbeit von I. Karle, Seelsorge in der Moderne, Neukirchen 1996, S. 173–186. Verweise auf dieses Buch werden im Folgenden in Form von Seitenangaben in den obigen Text eingefügt.

eine natürliche Einteilung der Spezies Mensch, vertritt sie eine soziologisch-konstruktivistische Sichtweise, derzufolge gilt, „dass Menschen *in* sozialen Praktiken und *in* der Auseinandersetzung mit gesellschaftlich Vor-Strukturiertem zu Frauen und Männern werden und dies in einem andauernden und lebenslangen *Prozess*" (S. 174). Der Sinn dieser These wäre jedoch noch weit unterbestimmt, wenn man damit nur meinte, die Zuschreibung bestimmter Eigenschaften, Verhaltensweisen, Tätigkeitsfelder zu den Geschlechtern sei ein gesellschaftliches Konstrukt. Nein: Die These ist so radikal gemeint, wie sie formuliert ist: Sie bezieht sich auch auf die „*basale Zweigeschlechtlichkeit*" selbst (ebd.). Dabei wird (im Anschluss an K. Christiansen[23]) vorausgesetzt, dass es vier biologische Variablen der Geschlechterdifferenzierung gibt:

– das Geschlecht als chromosomale Größe,
– das Geschlecht als gonadale Größe,
– das Geschlecht als hormonale Größe und
– das sogenannte morphologische Geschlecht.

In Anwendung auf die Geschlechteridentität lautet die Konsequenz daraus jedoch: „Eine Sammlung aller geschlechtsbestimmenden Merkmale ergibt nun zwar für die Mehrheit, aber keineswegs für alle eindeutige Geschlechtsdefinitionen" (S. 186).[24] Dabei will die konstruktivistische Position ganz grundsätzlich verstanden sein. Ihre Grundthese lautet: Es gibt Geschlechtlichkeit nicht als Sexus, d.h. nicht als natürlich gegebene, also vorgegebene Geschlechtsidentität, sondern *nur als Gender*, d.h. als soziales, kulturelles Produkt.[25] Auch sämtliche Körpermerkmale, Erfahrungen und Verhaltensweisen, die wir üblicher-

---

[23] K. Christiansen, Biologische Grundlagen der Geschlechterdifferenz, in: U. Pasero/F. Braun (Hg.), Konstruktion von Geschlecht, Pfaffenweiler 1995, S. 13.
[24] Was dabei „Mehrheit" und „keineswegs ... alle" besagt, ergibt sich erst aus der Aussage von T. Schroeder-Kurth, dass die Geschlechterdifferenzierung zwar ein „komplexes und störanfälliges Geschehen" ist, das jedoch bei „über 99 Prozent aller Menschen ... zum durchschnittlichen Mann oder zur durchschnittlichen Frau führt" (T. Schroeder-Kurth, in: H. Kuhlmann [Hg.], Und drinnen waltet die züchtige Hausfrau [s.o. Anm. 6], S. 31). Damit verschwindet das Problem natürlich *nicht*, aber diese Einsicht hilft zu seiner angemessenen Proportionierung.
[25] Noch einmal I. Karle (s. o Anm. 22), S. 181: „Die *Sozialordnung der Zweigeschlechtlichkeit* ist nicht etwas Naturgegebenes, sondern wird durch alltägliche Regeln der Interaktion hervorgebracht und bestätigt".

weise für „von Natur aus" weiblich oder männlich halten, sind dies faktisch nicht, sondern sind (schon indem sie sprachlich benannt und damit gedeutet werden) gesellschaftlich-kulturelle Konstrukte.

b) Kritische Würdigung

Ich stimme dem Verständnis der Geschlechterdifferenz als eines *relativen* Gegensatzes (im Sinne Schleiermachers) durchaus zu. Und ebenso stimme ich dem Satz zu, dass wir alles Naturhafte, sobald wir es wahrnehmen und deuten, stets in kultureller und sozialer Vermittlung wahrnehmen und deuten. Der „vorsoziale Körper"[26] als (dynamisches) Objekt wird wahrnehmbar durch Zeichen, die aber erst durch unsere Interpretation als solche und in ihrer Bedeutung wahrgenommen werden können. Diese sind aber durchweg kulturell bedingt. *Insofern* ist es richtig, dass es „Sex" nur in Verbindung mit „Gender" gibt.

Aber wie bei allen konstruktivistischen Theorien wird die Bedeutung des „vorsozialen Körpers" als dynamisches Objekt dabei nicht hinreichend ernst genommen. Dadurch erscheinen die sozialen Konstruktionen als *beliebige* Konstrukte. Der Denkfehler, der dabei gemacht wird, beruht m. E. auf folgendem Dual: Entweder lässt sich die Geschlechterdifferenz aus der naturalen Basis deduzieren oder sie ist reines gesellschaftliches Konstrukt. Aber diese Dualisierung ist unangemessen: Die naturale Basis leistet eine gewisse, nicht unerhebliche Orientierung der Geschlechterdifferenz, kann sie jedoch alleine nicht erklären. Aber aus der kulturellen Deutung (Interpretantenbildung) alleine ist sie auch nicht zu erklären. Sie hat und braucht ein dem (Selbst-)Erleben zugängliches naturhaftes Substrat – und zwar nicht nur ab und zu, sondern permanent.[27] Deswegen müssen physiologische Befunde für die Darstellung und Bearbeitung der Geschlechterdifferenz ernster genommen werden, als das in der konstruktivistischen Gender-Position der Fall ist. Sonst geht auch die wichtige Unterscheidung verloren, *welche* gesellschaftlichen Bedingungen Gegenstand sinnvoller sozialer oder kultureller Änderungsbemühungen sind und welche *nicht*.

---

[26] So S. Hirschauer, Die interaktive Konstruktion von Geschlechtszugehörigkeit, in: KZSS 46 (1994), S. 112.
[27] Siehe dazu W. Härle, Die Wirklichkeit – unser Konstrukt oder widerständige Realität? in: ders., Spurensuche nach Gott, Berlin/New York 2008, S. 54–68.

Ich will das kurz an vier m. E. relevanten Beispielen zu veranschaulichen versuchen:
- Menstruation, Schwangerschaft und Geburt kommen zwar nicht bei allen Frauen, und sie kommen bei keiner Frau immer vor, aber es ist ein relevanter Sachverhalt, dass sie bei keinem Mann je vorkommen. Diese Erfahrungen *können* zumindest das Erleben tiefgreifend bestimmen.
- Dass die im Durchschnitt unterschiedliche Körperkraft „weniger Ursache, sondern vielmehr *Wirkung* der praktizierten geschlechtlichen Arbeitsteilung" (S. 184) sei, ist einfach falsch. Sie ist auch hormonell bedingt und damit genetisch verankert. Diese Differenz, die eine permanente (latente) *Drohung* im Verhältnis von Männern zu Frauen darstellt, wird meines Erachtens für reale Geschlechterunterschiede und Lebensmöglichkeiten zu wenig beachtet, zumal jede Kompensation durch Kampfsport oder Bewaffnung grundsätzlich auch für den ohnehin schon körperlich überlegenen Teil möglich ist. Diese von vielen Frauen als Bedrohung erlebte Differenz kann nur durch Bildung (vor allem der Männer) abgemildert werden – das ist allerdings auch dringend nötig.
- Die These, „dass lediglich gesellschaftliche Paarbildungsregeln darauf hinwirken, dass die Männer jeweils größer als ihre Partnerinnen sind" (ebd.), *verwechselt* eine allgemeine, statistisch erfassbare Tatsache mit dem Einzelfall und vertauscht Ursache und Wirkung. Nicht die kulturell bedingte Zusammenstellung von Paaren bewirkt den durchschnittlichen Größenunterschied, sondern die durchschnittliche hormonelle Ausstattung ist dafür ursächlich.
- Schließlich haben auch Hirnstromuntersuchungen ergeben, dass es in den Denkstrukturen bzw. in der Gehirnaktivität zwischen Frauen und Männern signifikante Unterschiede gibt, die kurz gesagt darauf hinauslaufen, dass Frauen umfassender, Männer isolierter denken.

3.1.4 Sexuelle Abweichungen (Deviationen[28])

Mit diesem Abschnitt betreten wir ein aus mehreren Gründen schwieriges Gebiet:

Einerseits waren abweichende Formen sexuellen Empfindens und Verhaltens in der Menschheitsgeschichte (auch in der Christentumsgeschichte) häufig Anlass für Verspottung, Isolierung, Ächtung, Verfolgung, Bestrafung und Tötung von Menschen. Insofern ist dies ein auch *schuldbeladenes* Gebiet.

---

[28] Vgl. dazu die bereits oben in Anm. 1 erwähnte erste Abhandlung S. Freuds zur Sexualtheorie über „Die sexuellen Abirrungen". Siehe außerdem: W. Simon/J. H. Gagnon, Sexuelle Außenseiter. Kollektive Formen sexueller Abweichungen, Hamburg 1970 sowie G. Kockott/G.W. Unold, Art. „Sex Deviation/Paraphilie", in: Lexikon der Bioethik, Bd. 3, 1998, S. 338–346.

Andererseits ist es ein Bereich, in dem es Phänomene gibt, die teilweise heute (oder schon seit langem) als völlig normal und unanstößig gelten, teilweise als verwerflich, teilweise als krankhaft. Zwischen diesen Gruppen gibt es keine klaren Grenz- oder Trennungslinien, sondern nur *fließende Übergänge*.

Sodann sind die humanbiologischen, medizinischen und psychologischen Forschungsergebnisse, die eine Antwort auf die Frage nach den Ursachen für Deviationen zu geben versuchen, alles andere als eindeutig, vielmehr auf fast allen Gebieten kontrovers. Das betrifft sowohl die Frage nach den *Entstehungsursachen* (einschließlich der Frage nach der Zulässigkeit dieser ätiologischen Frage) als auch die Frage, ob und inwieweit eine *Korrektur* abweichender Verhaltensformen möglich, wünschbar und zulässig ist.

Schließlich ist schon die *Sprache und Begrifflichkeit*, die hier verwendet wird, heikel. Sind „Abweichungen" zugleich „Abirrungen" oder gar „Perversionen"? Wovon weichen sie ab? Was ist in diesem Bereich normal? Handelt es sich dabei um „Störungen" oder „Varianten" der sexuellen Entwicklung und Verhaltenspraxis? (Inwieweit) Darf hier überhaupt von „Anlage", „Prägung" oder „Disposition" gesprochen werden? Ist es zulässig, den Begriff „Therapie" in diesem Zusammenhang – empfehlend – zu verwenden? – Und das alles wird gefragt vor dem Hintergrund der oben genannten schuldbeladenen Geschichte.

Von daher könnte sich entweder die generelle Nichtbefassung mit diesem Phänomen nahelegen oder jedenfalls der Verzicht auf eine ethische Betrachtung. Wer für die Nichtbefassung mit dem Phänomen bzw. den Phänomenen sexueller Abweichungen plädiert, braucht deswegen nicht zu bestreiten, dass es eine Vielzahl von Formen sexuellen Empfindens und Verhaltens gibt, die außerhalb des Spektrums üblicher erotischer und sexueller Kontakte liegen, aber er bzw. sie würde darauf verzichten, dies zu thematisieren. Begründen ließe sich das mit den eben genannten Schwierigkeiten. Begründen ließe es sich auch mit der relativen Seltenheit. Begründen ließe es sich schließlich mit der ethischen Irrelevanz. Was wir nicht ethisch zu betrachten bzw. zu bewerten haben, müssen wir auch nicht als Phänomen thematisieren.

Ich halte alle drei Begründungsmöglichkeiten für eher bequem als einsichtig. Dass hier alles schwierig ist und große Behutsamkeit erfordert, und dass es kaum eindeutige Grenzziehungen gibt, ist zwar richtig, aber das dispensiert nicht von der Beschäftigung – eher im Gegenteil. Dass es sich um Minderheiten handelt, ist wohl auch richtig, aber warum sollten diese weniger Beachtung verdienen als Mehrheiten? Schließlich: Ob und inwieweit eine ethische Beurteilung (un-)zulässig bzw. ge- oder verboten ist, lässt sich erst entscheiden, wenn man die Phänomene zur Kenntnis genommen hat.

Es gibt auch von unterschiedlichen kirchlichen Gruppen immer wieder Stellungnahmen, die entweder die Position vertreten, die Vielfalt sexuellen Verhaltens außerhalb der Ehe sei generell Ausdruck von Sünde und darum abzulehnen und zu verwerfen, oder sie sei Ausdruck von geschöpflichem bzw. kreatürlichem Reichtum und als solcher unter ausdrücklichem Verzicht auf jede ethische Abwertung zu akzeptieren. Beide Positionen sind aber m.E. in ihrer Einseitigkeit inakzeptabel. Einerseits ist nicht sexuelles Verhalten außerhalb der Ehe automatisch Sünde, sondern das hängt von seiner konkreten Gestaltung ab. Und das gilt für *alle* Prägungen und Veranlagungen, nicht nur für die „abweichenden". Andererseits ist die generelle Akzeptanz dort nicht möglich, wo es um sexuelle Verhaltensformen geht, die z.B. mit Gewalt verbunden sind und durch die (andere) Menschen, insbesondere Kinder, psychischen oder physischen Schaden erleiden können. Zumindest diese (nicht unerhebliche) Gruppe von abweichenden sexuellen Verhaltensformen muss einer ethischen und/oder psychiatrischen Betrachtung unterzogen werden. Dazu ist ein Blick auf die Phänomene unerlässlich.

Aber um welche Phänomene handelt es sich dabei? Und vor allem: Woran bemisst sich, was „abweichendes Verhalten" oder „Störung der Sexualpräferenz" ist? Hier gibt es zwei Möglichkeiten: entweder bestimmt man Deviationen anhand eines *ethischen* Normbegriffs von gelingender, reifer, humaner Sexualität als davon abweichendes Verhalten. Dann ist die (negative) ethische Beurteilung schon implizit mit dem Begriff „abweichendes Verhalten" gegeben. Oder man orientiert sich an einem *statistischen* Norm- bzw. Normalitätsbegriff. Damit wäre dann noch gar nicht gesagt, was ethisch erstrebenswert ist: das Mehrheits- oder Minderheitsverhalten oder beides oder keines von beiden. Und wenn wir diesen letzteren Weg beschreiten würden, bekämen wir einen ganz unspezifischen Begriff von abweichendem Verhalten. Dann wäre z.B. möglicherweise eheliche Treue oder Verzicht auf vorehelichen Geschlechtsverkehr oder auf Selbstbefriedigung deviantes Sexualverhalten.

Die Verwendung eines solchen statistischen Begriffs von Deviation, selbst wenn man ihn (systemwidrig) ergänzt durch normative Minimalkriterien, wie z.B. Ausschluss von Gewaltanwendung und/oder Schädigung, ist jedoch deswegen in der Ethik nicht zielführend, weil es nicht das seltene Vorkommen, sondern die Normabweichung ist, die ein bestimmtes Sexualverhalten zu deviantem Verhalten macht. Vorausgesetzt ist dabei immer eine Vorstellung von gelungener, reifer sexueller Entwicklung, und d.h. aus der Sicht des christlichen Menschenbildes: Vorausgesetzt ist dabei die Zielvorstellung[29] einer *Sexualität, die in eine personale, durch Liebe[30] bestimmte Zweierpartnerschaft[31] integriert* ist oder sich darauf zubewegt. An diesem Maßstab ist zu messen, was als Variante oder Spielart, und was als Deviation oder Abweg zu beurteilen ist.

Im Zusammenhang mit Deviationen taucht immer wieder die Frage auf, ob es legitim und angemessen sei, dafür den *Krankheits*begriff (oder den der Behinderung) zu verwenden. Dabei wirkt die Rede von „Krankheit" ambivalent: einerseits (durch Abgrenzung von Schuld im ethischen oder rechtlichen Sinne) als *Entlastung und Schutz*, andererseits (durch Abgrenzung vom Gesunden, Normalen) als *Stigmatisierung oder Herabsetzung* („Du bist ja krank!"). Wo die Rede von Krankheit und Behinderung in einem solchen stigmatisierend-herabsetzenden Sinn gebraucht wird, zeigt sich einerseits ein merkwürdiges oder gestörtes Verhältnis zu (eigener und fremder) Krankheit oder Behinderung, andererseits eine nicht hinreichend geklärte Verhältnisbestimmung von Krankheit und ethischer Verantwortlichkeit. Meine These lautet an dieser Stelle: Krankheit und Behinderung können die Reichweite ethischer Verantwortung einschränken, aber sie heben sie nur in Extremfällen völlig auf. Andererseits: Krankheit und Behinderung begründen einen Anspruch des kranken bzw. behinderten Menschen auf Hilfe und Unterstützung (nicht auf Heilung!) an die Gesellschaft als Solidargemeinschaft. *Insofern* ist der Krankheitsbegriff auf sexuelle Deviationen durchaus partiell anwendbar.

---

[29] Die Rede von der „Zielbestimmung" soll auch darauf hinweisen, dass es auf dem Weg zu diesem Ziel naturgemäß sexuelle Verhaltensformen geben kann, die noch „unterwegs" sind, bei denen also noch weitere Reife- und Entwicklungsschritte möglich und wünschenswert sind. Wo das der Fall ist, kann letztendlich nur der betreffende Mensch selbst beurteilen und wissen.

[30] Siehe dazu unten Abschn. 3.2.

[31] Mit der normativen Verwendung des Begriffs „Zweierpartnerschaft" stellt sich die Frage nach der ethischen Beurteilung von sog. „Gruppensex" oder praktizierter Bisexualität in Dreier- oder Viererkonstellationen. Dafür spielt naturgemäß die Frage eine entscheidende Rolle, ob die personale erotisch-sexuelle Beziehung von ihrer Bestimmung her eine *Zweier*beziehung – oder irgendeine *beliebige* Beziehungskonstellation – ist. Nimmt man die mit Erotik und Sexualität verbundene Beziehungstiefe und Intimität ernst, erscheint jede Vergrößerung der *Zahl* als eine Verminderung der *Qualität* – gleichgültig, ob an gleichzeitige oder abwechselnde Beziehungen gedacht ist. Siehe dazu die unterschiedlichen Positionen in: P. M. Pflüger (Hg.), Das Paar. Mythos und Wirklichkeit. Neue Werte in Liebe und Sexualität, Olten/Freiburg 1988 sowie F. Fellmann, Das Paar. Eine erotische Rechtfertigung des Menschen, Berlin 2005.

3.1.5 Sexualität aus christlicher Sicht

Der Mensch ist nach christlichem Verständnis eine leib-seelische *Einheit*.[32] Er *hat* nicht nur Leib und Seele, sondern *ist* beides. Für diese leib-seelische Einheit haben Erotik und Sexualität eine konstitutive und hohe Bedeutung. In dieser Einheit ist der Mensch ein konstitutiv geschlechtliches Wesen, dem das Erleben von erotischer und sexueller Liebe nicht verboten ist oder madig gemacht wird, sondern ausdrücklich erlaubt, ja geradezu geboten wird. Erotik und Sexualität gehören zum christlichen Leitbild von gelingendem Menschsein, weil Geschlechtlichkeit eine *Schöpfungsgabe* – und nicht etwa das Resultat des Sündenfalles – ist.

Das ergibt sich besonders aus der älteren Schöpfungserzählung in Gen 2, wo von dem ursprünglich allein erschaffenen Menschen gesagt wird: „Es ist nicht gut, dass der Mensch allein sei". Erst als auch die Frau erschaffen ist, ist die intendierte Gutheit der Schöpfung erreicht. Diese Schöpfungserzählung endet mit einem deutlichen lobenden Hinweis auf die erotische und sexuelle Liebe: „Darum wird ein Mann [wörtlich: Mensch] seinen Vater und seine Mutter verlassen und seinem Weibe anhangen, und sie werden sein *ein* Fleisch. Und sie waren beide nackt, der Mensch und sein Weib, und schämten sich nicht" (Gen 2,24f.).[33] Während in Gen 2,24 der partnerschaftlich-erotische Aspekt der Sexualität im Zentrum steht, ist es in der jüngeren priesterschriftlichen Schöpfungserzählung der auf die Fortpflanzung bezogene, generative Aspekt, also die Fruchtbarkeit und Mehrung (Gen 1,28 sowie 9,7). Beide Aspekte gehören offenbar so wesentlich zum Menschsein aus biblisch-christlicher Sicht, dass sie – neben dem Bebauungs- und Herrschaftsauftrag (Gen 2,15 und Gen 1,28) – in ganz auffälliger Weise betont werden.

Aber gerade deshalb ist die Sexualität auch vom Einbruch des Bösen in die Schöpfung mit betroffen. Zwischen dem letzten Satz der zweiten Schöpfungserzählung: „Und sie waren beide nackt ... und schämten sich nicht" (Gen 2,25) und dem ersten Satz der Erzählung vom „Sündenfall" (Gen 3,1)[34] liegt *kein paradiesischer Zeitraum*. Schöpfungs-

---

[32] Vgl. oben Kap. B 2, Abschn. 2.1.2.

[33] Es gibt nur wenige alttestamentliche Texte, die im Neuen Testament so häufig zitiert werden wie dieser Abschluss der Schöpfungserzählung aus Gen 2,24, nämlich in: Mk 10,7f.; Mt 19,5; 1 Kor 6,16 und Eph 5,31.

[34] In der alttestamentlichen Wissenschaft gibt es seit Längerem – erstmals wohl schon bei Julius Wellhausen (Die Composition des Hexateuch, Berlin [1899] 1963³, S. 12) eine Tendenz, den *ambivalenten* Charakter von Gen 3 zu betonen

paradies und Einbruch des Bösen beschreiben nicht Zeitabschnitte oder Epochen, sondern *Aspekte* des Menschseins und der Menschenwelt. Und *das* ist die Welt, in der auch *wir* leben. Wenn die Bibel und der christliche Glaube von der Schöpfung sprechen, so ist ihr Standort stets „jenseits von Eden" (Gen 4,16).[35]

Da eine erste Folge des „Sündenfalles" das Sich-(voreinander-)schämen ist (Gen 3,7), hat man gelegentlich vermutet, der Sündenfall bestehe nach biblischer Vorstellung in einer sexuellen Handlung, also vermutlich im (ersten?) Geschlechtsverkehr[36], aber das widerspricht dem biblischen Denken, wie es aus den bereits zitierten Stellen sowie vor allem aus dem Hohenlied Salomos hervorgeht. Weil die Sexualität eine Schöpfungsgabe Gottes ist, darum gilt (auch) von ihr: „Was Gott rein gemacht hat, das nenne du nicht verboten" (Apg 10,15). Der „Sündenfall" ereignet sich nicht dadurch, dass der Mensch von dieser Schöpfungsgabe Gottes Gebrauch macht, sondern dadurch, dass er sich durch die Stimme des *Misstrauens* gegen Gott (Gen 3,4f.) bestimmen lässt. *So* verliert er sein Vertrauen auf Gott und *insofern* seine Unschuld. Nun schämt er sich vor Gott, seinen Mitmenschen und vor sich selbst; denn Sünde verbindet nur oberflächlich betrachtet miteinander, in der Tiefe *trennt* sie stets – von Gott, von den Mitmenschen und von sich selbst.

Aber es ist wohl wahr, dass vom Verlust des Gottvertrauens dann auch das *Geschlechterverhältnis* betroffen und beschädigt wird. So ist eine der Sündenfolgen, von der in Gen 3,16 die Rede ist, das ungestillte Verlangen der Frau nach dem Mann und dessen Herrschaft über sie. Das patriarchale Herrschaftsverhältnis zwischen den Geschlechtern gehört also laut Gen 2f. nicht zur *Schöpfungsordnung*, sondern ist Ausdruck eines *Fluches*, den die Sünde nach sich zieht.

Das Wissen darum, dass *auch* die Geschlechtlichkeit von der Macht des Bösen bedroht ist und durch sie verdorben werden kann, durch-

---

und den Einbruch des Bösen eher graduell (Brudermord, Sintflut, Turmbau) zu verstehen. Diesen Hinweis auf Wellhausen verdanke ich meinem Heidelberger Kollegen J. Ch. Gertz.

[35] Diese prägnante biblische Formulierung hat John Steinbeck zum Titel seines berühmten, vor allem als Film bekannt gewordenen Romans gemacht. Bei Rolf Rendtorff (Theologie des Alten Testaments, Bd. 2, Neukirchen 2001, S. 17) findet sie Verwendung als Überschrift für den Abschnitt, in dem der – stets in Anführungszeichen gesetzte – „Sündenfall" und seine Auswirkungen thematisiert werden.

[36] Die zur Sünde verführende Schlange könnte dann als Phallus-Symbol gedeutet werden.

zieht die Bibel als *eine* Linie, die von Gen 6,4 über Gen 12, Gen 19f., Gen 26f., Gen 34 bis zu Gen 38f. in auffälliger Intensität und Dichte erkennbar wird. Dies findet in anderen biblischen Texten[37], insbesondere in der durchgängigen Warnung vor Ehebruch[38], aber auch in der Absage an Ehescheidung (Mk 10,1–12 parr.) und Homosexualität (Lev 18,22; 20,13; Röm 1,24–27), Geschlechtsverkehr mit nahen Verwandten (Lev 18,6–18; Dtn 27,20 und 22f.) und während der Menstruation (Lev 20,18) oder mit Tieren (Ex 22,18; Lev 18,23; 20,15f.) Ausdruck.

Manches davon (wie z.B. die Verwerfung sexueller Kontakte zu Tieren) ist uns unmittelbar nachvollziehbar, manches andere (z.B. die Verurteilung der Homosexualität) ist für die meisten Menschen heute ganz fremd und problematisch. *Nirgends* ist Sexualität *an sich* Sünde, wohl aber ist sie ein Teilbereich menschlichen Lebens und Handelns, der auch von der Macht des Bösen betroffen ist und affiziert sein *kann*. Ein besonderes Gewicht spricht das Alte Testament (besonders das Heiligkeitsgesetz) den sexuellen Verfehlungen allerdings insofern zu, als damit die Sphäre der Entstehung und Weitergabe des *Lebens* betroffen ist. Im Neuen Testament tritt an die Stelle dessen der Hinweis, dass sexuelle Verfehlungen (etwa in Form des Kontaktes mit Prostituierten) den *Leib* des Menschen betreffen (so 1 Kor 6,13–20) und deswegen dem Menschen nicht äußerlich bleiben.

Die Rettung und Befreiung des Menschen aus der Macht des Bösen erhofft und erwartet der christliche Glaube generell nicht von der Aktivität, Anstrengung oder ethischen Erneuerung des Menschen, schon gar nicht von bestimmten Sexualpraktiken (wie dies in der antiken Kultprostitution der Fall war), sondern von Gottes (bedingungsloser) Annahme und Bejahung des Menschen, wie sie ihm durch das Evangelium von Jesus Christus zugesprochen wird. Diese Annahme und Bejahung kann dort, wo sie Vertrauen erweckt und so angenommen und bejaht wird, auch eine Heilung der sexuellen und familiären Beziehungen bewirken. Dabei ordnet das Neue Testament die Zugehörigkeit zur Gottesherrschaft und die durch sie begründete neue Gemeinschaft unter Menschen in ihrer Bedeutung den erotischen, sexuellen und familiären Beziehungen deutlich *vor*.[39] In diesen Zusammenhang gehört auch die Antwort Jesu auf die Frage der Sadduzäer nach der fortdauernden Bedeutung von Ehebeziehungen „in der Auferstehung": „Wenn sie von

---

[37] Besonders drastisch 2 Sam 13 (Amnons Vergewaltigung seiner Halbschwester Tamar und deren anschließende Verstoßung).
[38] Ex 20,14; Lev 20,10; Dtn 5,18; 2 Sam 11f.; Spr 6,20–7,27; Mt 6,27–30.
[39] Siehe dazu Mk 3,31–35 parr. Mt 10,34–37; Lk 14,26.

den Toten auferstehen werden, so werden sie weder heiraten noch sich heiraten lassen, sondern sie sind wie die Engel im Himmel" (Mk 12,25). Das heißt zwar sicher nicht, dass Sexualität, Liebe, Ehe und Familie in eschatologischer Hinsicht bedeutungslos wären. Aber sie finden jedenfalls nicht eine Fortsetzung im Jenseits, so wenig ewiges Leben insgesamt als Verlängerung des irdischen Lebens gedacht werden kann, sondern nur als dessen qualitative *Veränderung* und *Vollendung*. In dieser Vollendungsgestalt ist nach christlichem (im Unterschied z. B. zum muslimischen) Verständnis die an die *irdische* Form der Leiblichkeit gebundene Sexualität ebenso an ihr Ende gekommen, wie die ihr zugeordneten Lebensformen (z.B. Familie, Ehe, Partnerschaft). Zugleich muss man aber sagen, dass das, was *in* der Gestaltung von Sexualität und ihren Lebensformen an Liebe (ἀγάπη) – im Gegensatz zu Eifersucht, Herrschsucht oder Treulosigkeit – verwirklicht wurde, die Bestimmung hat, nicht zu vergehen, sondern zu „bleiben" (1 Kor 13,13; 1 Joh 4,16).

Diese eschatologische Verheißung deutet zumindest an, in welcher Richtung das Ziel der damit gestellten sexualethischen Bildungsaufgabe zu suchen ist. Dabei ist freilich stets zu bedenken, wie die Sexualität in der Leibhaftigkeit des Menschen und in seiner psychosozialen Entwicklung verankert ist: dass sie einerseits von biologisch-medizinischen Bedingungen abhängt, aber andererseits auch im hohen Maße durch soziale und kulturelle Faktoren beeinflusst und geprägt wird. Der Blick auf die sexuellen Deviationen hat schließlich gezeigt, dass aus der ursprünglich offenen und prägbaren sexuellen Anlage des Individuums keineswegs notwendig oder gar automatisch eine reife, partnerorientierte, integrierte Sexualität resultiert, sondern dass vielfältige Abweichungen mit teilweise fatalen Folgen möglich sind. Der Sexualtrieb ist – ebenso wie die anderen Triebe – *steuerungs*bedürftig und *bildungs*bedürftig, aber er ist auch (in Grenzen) steuerungs*fähig* und bildungs*fähig*. Welche Aspekte eröffnen sich damit für eine Sexualethik?

Generell lässt sich sagen, dass sich vom Phänomenbefund der Ansatz beim Modell einer *Leitbildethik*[40] nahe legt: allgemein schon dadurch, dass Sexualität eine Bildungsaufgabe darstellt und darum ein Leitbild braucht; speziell dadurch, dass das am Beziehungsgedanken orientierte christliche Menschen- und Gesellschaftsbild sich für die grundlegende sexualethische Orientierung empfiehlt. Schließlich bietet auch noch die im Grundlegungsteil angesprochene zweifache (interne) Differenzierung zwischen einem individuellen und sozialen Leitbild[41] einerseits und zwischen Gottesbeziehung, Selbstbeziehung und Mit-

---
[40] Siehe dazu oben Kap. A 5, Abschn. 5.4.
[41] Siehe oben Kap. A 1, Abschn. 1.3.

mensch- bzw. Umweltbeziehung[42] andererseits eine gute Hilfe zu einer angemessenen ethischen Betrachtungsweise, die sowohl differenziert genug ist, um Unterschiede zu erfassen, als auch integriert genug, um unsachgemäße Trennungen zu vermeiden.

3.1.5.1 Sexualität als Thema der Sozialethik

Sexualität ist etwas vom Persönlichsten, Intimsten, Privatesten, Vertraulichsten, was es im Menschenleben überhaupt gibt. Das hat Konsequenzen für die Praktizierung von Sexualität und für das Reden über die eigene Sexualität. Beides gehört nicht in die Öffentlichkeit. Daraus folgt aber nicht, dass Sexualität kein Thema der *Sozial*ethik (verstanden als *Institutionen*-Ethik) wäre. Sie ist es sogar in vierfacher Hinsicht:

a) Im Blick auf die *rechtlichen* (strafrechtlichen und zivilrechtlichen) *Regeln*, die eine Gesellschaft braucht, um die freie Entfaltung von Sexualität grundsätzlich zu ermöglichen, dort aber einzuschränken, wo dies zur Schädigung, Gefährdung oder Belästigung anderer Menschen führt, insbesondere von Menschen, die sich selbst nicht hinreichend schützen können.[43]

b) Im Blick auf das gesellschaftliche *Angebot von* geschlechtlich-orientierten *Lebensformen*. Welche davon sind zu fördern und zu unterstützen? Welche sind als eher problematisch zu beurteilen? Ist die Sonderstellung von Ehe und Familie[44] sachlich begründet und berechtigt? Gibt es aus der Sicht des christlichen Menschen- und Gesellschaftsbildes ein bestimmtes gesellschaftliches Leitbild für Lebensformen? Oder ist all dies aus christlicher Sicht indifferent[45]?

---

[42] Siehe oben Kap. A 4, Abschn. 4.2.1.
[43] Neuralgische, diskussionswürdige Punkte sind dabei z.B. Vergewaltigung innerhalb der Ehe; die rechtliche Gleichstellung nicht-ehelicher mit ehelichen Lebensgemeinschaften; die berufsrechtliche „Normalisierung" von Prostitution; die Strafverschärfung bei Kindesmissbrauch sowie Strafverfolgung von Kinderpornographie, Kinderprostitution und Sextourismus.
[44] Laut GG Art. 6.1 stehen diese unter dem besonderen Schutz der staatlichen Ordnung.
[45] Für diese Indifferenzthese wird häufig Luthers Aussage, die Ehe sei ein äußerliches, leibliches, weltliches Ding (so WA 10/2,283,8f.; 30/3,74,3 u.ö.) in Anspruch genommen. Damit ist diese Formulierung jedoch missverstanden. Dass die Ehe „ein weltlich Ding" ist, besagt im Sinne Luthers, dass sie zu dem Erhaltungswirken Gottes und nicht zum Erlösungswirken Gottes gehört, also kein Heilsmittel ist. Aber als Teil der Erhaltungsordnung Gottes ist sie keineswegs indifferent, sondern für Luther eine (gute, ja „allerheiligste") Ordnung *Gottes*.

c) Im Blick auf die *Bildungsaufgabe* hinsichtlich kindlicher, jugendlicher aber auch erwachsener Sexualität. Ist dies eine staatliche oder eine religiös-weltanschauliche Aufgabe? Obliegt sie primär und zu Recht den Eltern? Welche Rolle und Aufgabe haben hier Kindertagesstätten und Schulen? Welche Aufgaben und Möglichkeiten haben die Kirchen und andere Religionsgemeinschaften?

d) Im Blick auf die *Therapieaufgabe* hinsichtlich krankhaft-abweichender Formen sexuellen Verhaltens. Wer ist befugt, in diesem Bereich zwischen „gesund" und „krank" zu unterscheiden? Welche Maßstäbe sind dafür ausschlaggebend? Ist der Staat verpflichtet, für das Vorhandensein und die Finanzierung solcher Therapiemöglichkeiten Sorge zu tragen (via Solidargemeinschaft der Versicherten)? Ist es zulässig, Strafurteile mit der Auflage einer Therapie zu verbinden? Wie weit darf dabei (mit Einwilligung der Betroffenen) in die physische und geschlechtliche Identität von Menschen eingegriffen werden?

a)–d) Wir werden im Folgenden (insbesondere in Abschn. 3.3) einen Teil dieser Fragen aufnehmen, aber sie nicht alle thematisieren können, sondern uns auf einen Kernbestand beschränken. Aber schon an dieser Auflistung zeigt sich, wie weit das sozialethische Spektrum sexualethischer Fragen reicht.

3.1.5.2 Sexualität als Thema der (Inter-)Personalethik

Ich kann mich hier sehr viel kürzer fassen; denn es versteht sich von selbst, dass Sexualität angesichts ihrer starken Ausrichtung auf ein Gegenüber, d.h. angesichts ihrer *Partner-* und *Partnerschafts*orientierung ein Thema der Personalethik ist. Im Zentrum steht dabei die Frage: Wie gehe ich in sexueller Hinsicht verantwortungsvoll mit anderen Menschen um? Wie (und d.h. auch: wie offen und deutlich) kann, darf, soll ein Mensch mit seinen sexuellen Neigungen, Wünschen, Interessen umgehen? Wo behält er sie besser für sich? Wo sollte er versuchen, ganz auf sie zu verzichten? Sodann: Auf welche Erwartungen anderer darf, kann und soll man sich einlassen? Wo sollte man sich verweigern oder verschließen? Wo muss man auch anderen Verzicht zumuten? Wo ist es hingegen gut, sich zu öffnen – und wie weit?

All dies steht im Blick auf die Sexualität immer unter dem Vorzeichen, dass hierbei nicht nur zwei *Menschen*, sondern zwei Menschen mit ihren (unterschiedlichen) Menschen*bildern*, zwei geschlechtliche Identitäten einander begegnen, die weder verschmelzen können (oder sollen), noch eines auf Kosten des anderen sich durchsetzen darf. An diesem Punkt wird sich (erneut[46]) zeigen, dass und warum bestimmte ethische Konzepte (z. B. ein Ethos der Gegenseitigkeit, das sich undifferenziert an der Goldenen Regel orientiert), nicht oder nur unzureichend geeignet sind, diese Fragen angemessen zu beantworten. Spätestens an dieser Stelle stoßen wir auf den Begriff „*Liebe*" als Leitbegriff einer christlichen Ethik im Allgemeinen und einer christlich orientierten Sexualethik im Besonderen. Die Zuordnung zu und Unterscheidung von Liebe im Sinne von Agape, Eros und Sexualität wird dabei eine wichtige Aufgabe und Herausforderung sein.[47]

3.1.5.3 Sexualität als Thema der Individualethik[48]

Dass das (christliche) Menschenbild Orientierungskraft auch für den Umgang des Menschen mit sich selbst hat, gerät oft aus dem Blick, obwohl es stets von Bedeutung ist. Bei der Sexualität ist es kaum zu übersehen – nicht nur im Blick auf die Frage der Autoerotik, sondern auch im Blick auf die weiterreichende Frage, was es für das menschliche Leben bedeutet oder jedenfalls bedeuten kann, *keinen* Partner fürs Leben zu finden oder ihn (früher oder später) wieder zu verlieren. Was bedeutet es in sexualethischer Hinsicht, alleinstehend, geschieden, verwitwet zu leben? Gehört in diese Reihe auch das bewusst gewählte Single-Dasein? Wo hat das „living-apart-together", also eine Partnerschaft bei getrennten Wohnungen, seinen Ort? Hier berühren sich die individualethischen Fragen mit den sozialethischen Fragen nach den Lebensformen. Eine Zeit wie die unsere, die (auch in dieser Hinsicht) eine Fülle von Möglichkeiten und Optionen[49] anbietet, hat hier besonderen Orientierungsbedarf. Diese Fragen sind nun in die beiden folgenden Abschnitte mitzunehmen.

---

[46] Siehe oben Kap. A 5, Abschn. 5.1.4.
[47] Siehe dazu unten Abschn. 3.2.
[48] Der Begriff „Individualethik" bekommt hier einen (im Vergleich zu Kap. A 1, Abschn. 1.3) engeren Sinn; denn er bezeichnet hier nicht nur das ethisch verantwortete persönliche Verhalten, sondern dieses Verhalten, sofern es die Beziehung des Individuums zu sich selbst betrifft. Man könnte dies vielleicht besser als „Autoethik" bezeichnen, muss dann allerdings bereit sein, die unbeabsichtigte Assoziation zum Straßenverkehr in Kauf zu nehmen.
[49] Vgl. hierzu P. Gross, Die Multioptionsgesellschaft, Frankfurt a. M. 1994.

3.2 Liebe[50]

3.2.1 Vorklärungen zum Begriff „Liebe"

Sowohl vom christlichen Menschenbild her als auch von der Beschreibung des Phänomens der Sexualität her drängt sich der Begriff „Liebe" geradezu als *der sexualethische Leitbegriff* auf. Liebe erscheint in ethischer Hinsicht als die Erfüllung von Sexualität schlechthin. Das ist auch zutreffend. Man kann sogar noch einen Schritt weitergehen und sagen, dass sich der Begriff „Liebe" als christlich-ethischer Leitbegriff in keinem anderen Bereich der Ethik (sei es Medizinethik, Ethik des Politischen, Wirtschaftsethik, Ethik der Kultur etc.) so selbstverständlich anbietet und sogar aufdrängt wie in der Sexualethik. Insofern ist diese Begriffswahl geradezu alternativlos.

Etwas anderes bietet aber Anlass zur Beunruhigung – jedenfalls zum Nachdenken: Verdankt der Liebesbegriff seine Anschlussfähigkeit und Plausibilität möglicherweise der Tatsache, dass es sich bei „Liebe" um einen einerseits *emotional* hoch aufgeladenen und äußerst *positiv* besetzten, andererseits aber ganz *unspezifischen, vagen* Begriff handelt, der ganz unterschiedliche, unvergleichliche, möglicherweise sogar unvereinbare oder gegensätzliche Sachverhalte zusammenfassend bezeichnet? Für diese Vermutung lassen sich leicht alltagssprachliche und wissenschaftliche Belege beibringen. Deswegen sind begriffliche Vorklärungen an kaum einer Stelle so notwendig wie beim Begriff „Liebe".

---

[50] Siehe hierzu: A. Nygren, Eros und Agape, Bd. I und II, Gütersloh 1930/1937; C. S. Lewis, Was man Liebe nennt. Zuneigung, Freundschaft, Eros, Agape, (engl. 1960), dt. Basel (1979) 1998⁶; E. Fromm, Die Kunst des Liebens, Frankfurt a. M. 1979; H.-P. Mathys, Liebe deinen Nächsten wie dich selbst, Freiburg 1986; N. Luhmann, Liebe als Passion. Zur Codierung von Intimität, Frankfurt a. M. (1982) 1990⁵; U. Beck/E. Beck-Gernsheim, Das ganz normale Chaos der Liebe, Frankfurt a. M. 1990; G. Meckenstock/H. Ringeling, Art. „Liebe VII–IX", in: TRE 21 (1991), S. 156–187; H. Jellouschek, Die Kunst als Paar zu leben, Stuttgart 1992; M. Welker, Art. „Liebe", in: Evangelisches Soziallexikon (NA), Stuttgart/Berlin/Köln 2001, Sp. 959–963; M. Ebersohn, Das Nächstenliebegebot in der synoptischen Tradition, Marburg 1993; H. Meisinger, Liebesgebot und Altruismusforschung, Freiburg/Göttingen 1996; H. Bedford-Strohm, Gemeinschaft aus kommunikativer Freiheit, Gütersloh 1999, S. 191–379; W. Härle, Dogmatik, Berlin/New York 2007³, bes. S. 236–248 und 517–532; A. Schüle, „Denn er ist wie Du". Zu Übersetzung und Verständnis des alttestamentlichen Liebesgebots Lev 19,18, in: ZAW 113 (2001), S. 515–534; K. Stock/E. Herms, Art. „Liebe III und VI", in: RGG⁴ 5 (2002), Sp. 338–347.

Dabei zeigt sich schon, dass es einen großen Unterschied macht, in welcher Sprache man sich über „Liebe" austauscht. So hat das Griechische *keinen* Begriff, der auch nur annähernd all das umfasst, was das deutsche Wort „Liebe" bezeichnen kann. Stattdessen hat das Griechische mehrere differenzierende Begriffe, die wir im Deutschen so nicht haben, sondern durch Komposita (wie z.B. „Nächstenliebe", „Mutterliebe", „Vaterlandsliebe") oder durch Fremdwörter bzw. Lehnwörter („Eros", „Erotik", „Caritas" oder „Agape") ausdrücken (müssen). Eine interessante Mittelstellung nimmt das Lateinische ein, weil es sowohl einen Zentralbegriff für Liebe hat („amor") als auch mehrere differenzierende Begriffe für unterschiedliche Formen oder Aspekte von Liebe (z.B. „caritas", „libido", „amicitia").

3.2.2 Liebe als Verbindung von Eros und Agape

Nimmt man die Differenziertheit der griechischen Sprachen zu Hilfe, um das Sprachfeld von „Liebe" aufzuschlüsseln, so bietet es sich an, die unterschiedlichen Facetten von Liebe in einer Ellipse zu lokalisieren, deren horizontale Brennpunkte mit den Begriffen Eros (ἔρως) und Agape (ἀγάπη) beschrieben werden können, wobei sich auch noch eine (hinsichtlich der Bedeutung untergeordnete) vertikale Achse mit Hilfe der Begriffe „Philia" (φιλία) und „Storge" (στοργή) bilden lässt. Dabei bezeichnet Philia die freundschaftliche Liebe zwischen Personen desselben und eines anderen Geschlechts; Storge bezeichnet hingegen die Liebe, die mit Verwandtschaftsbeziehungen verbunden ist, insbesondere die Liebe der Eltern zu ihren Kindern. Im Zentrum des Liebesbegriffs steht jedoch fraglos die Polarität von Eros und Agape, um die es im folgenden vor allem gehen soll.

Besonders pointiert und nachdrücklich hat Anders Nygren[51] die These von einem radikalen *Gegensatz* zwischen Eros und Agape vertreten. Diese These wird – scheinbar oder tatsächlich – schon durch den statistischen Befund erhärtet, demzufolge der Begriff „Eros" im Neuen Testament *nie*, der Stamm des Wortes „Agape" dagegen mehr als 300-mal vorkommt. Das scheint eindeutig zu belegen, dass das, was das Neue Testament (und mit ihm die Christenheit) meint, wenn es von „Liebe" redet, *nur* „Agape" und gar nicht „Eros" meint. Dafür scheint aber auch zu sprechen, dass Eros und Agape sich in mehrfacher Hinsicht sachlich deutlich unterscheiden und in gewisser Hinsicht geradezu einen Gegensatz bilden.

---

[51] Siehe oben Anm. 50.

3.2.2.1 Liebe als Eros

Im Gefolge Platons ist immer wieder für den Eros die Vorstellung von der Anziehungskraft des Getrennten verwendet worden. Dabei muss man nicht den von Platon überlieferten Mythos vom ursprünglich mann-weiblichen Kugelmenschen übernehmen, der geteilt wurde und dessen Hälften nun wieder zueinander streben. Aber diese Vorstellung ist hilfreich, um die „power" zu beschreiben, die als eine fast unwiderstehliche Anziehungskraft im Eros wirkt, freilich nicht nur *zwischen* den Geschlechtern, sondern im Falle der Homoerotik und Homosexualität auch *innerhalb* ihrer. Eros ist *begehrende Liebe*, die mit der oder dem Anderen zusammen sein will, die Nähe, Berührung, gemeinsames Glück sucht. Die begehrende, erotische Liebe ist darum auch *nicht selbstlos* – sie ist bestenfalls selbstvergessen. Der Eros sucht Resonanz, Erwiderung, Gegenliebe, aber er findet sie nicht immer und wird dann zur unglücklichen Liebe, die zum Verzicht, zur Resignation, aber auch zur Besessenheit, Verzweiflung, ja im Extremfall zur Tötung oder Selbsttötung führen kann. Der Eros ist körperbetont, und zwar sowohl in der Beziehung zum Partner (Schauen/Sehen; Berühren, Umarmen, Küssen, Streicheln, Vereinigung) als auch in der Selbstbeziehung (Erröten, Herzklopfen, Signale sexueller Erregung, aber auch körperliche Symptome des Entzugs und der Sehnsucht). Und das alles gilt so für die Agape *nicht*.

Eros ist – jedenfalls in unserer Kultur – normalerweise auf *ein* Gegenüber ausgerichtet. Es ist deshalb kein Defizit, sondern ein Zeichen seelischer Gesundheit und Reife, wenn der Eros *auswählt* und sich nur und ganz auf *einen* oder *eine* bezieht. Quantität und Qualität verhalten sich in der Erotik möglicherweise umgekehrt proportional zueinander.[52]

Eros ist geprägt durch Züge der Leidenschaft und damit im hohen Maße abhängig von Gefühlen. Diese Gefühle bleiben nicht immer gleich, sondern kommen und gehen, werden stärker oder schwächer. Es gibt Zeiten besonderer Verliebtheit und brennenden Begehrens, die unter Umständen abgelöst werden können von Phasen eines ruhigen, freundlichen Nebeneinanders oder gar von Abkühlung, Entfremdung und Abstand. Deswegen sind Beziehungen, die *nur* auf Eros basieren, gefährdeter als Beziehungen, in denen es noch andere Verbindungselemente (affektiver, familiärer, beruflicher, kultureller oder religiöser Art) gibt. Je stärker der Eros von solchen anderen Elementen abgekoppelt

---

[52] Vgl. dazu das oben Anm. 31 zur Zweierbeziehung Gesagte.

und ihnen gegenüber isoliert ist, desto mehr ist er in der Gefahr, nur oder primär die eigene Befriedigung zu suchen und danach zu erkalten. An *dieser* Stelle kann in der Tat zwischen Eros und Agape sogar ein Gegensatz entstehen und bestehen, nämlich dann, wenn der Eros zum *Gebrauchen und Benutzen* des Anderen wird.[53] Aber das ist eine *Fehlform* von Eros und nicht dessen Wesensgestalt, wie es bei Nygren gelegentlich erscheinen kann.

Der ganzheitliche Eros meint nicht nur etwas am Anderen, nicht nur das am Anderen, was mir gefällt und Spaß macht, sondern er ist Freude und Lust am Anderen in seiner/ihrer *Ganzheit*. Dieser ganzheitliche Eros ist für die Sexualethik in mehrfacher Hinsicht von Bedeutung – vor allem, um ein abstrakt-individualistisches Verständnis von Eros zu vermeiden oder zu überwinden. Ein solch abstrakt-individualistisches Verständnis wäre dort gegeben, wo die Partnerin/der Partner nur in ihrer einmaligen, unverwechselbaren *Individualität* wahrgenommen wird, nur in ihrer personalen Identität und gar nicht in ihrer sozialen Identität. Es gibt aber keinen Menschen ohne soziale Identität. Das heißt, wer diese nicht wahrnimmt und einbezieht, bezieht sich de facto auf ein *Abstraktum*. Das kann sich schwer rächen, wenn eine solche abstrakte erotische Beziehung Grundlage für eine *dauerhafte* Partnerschaft sein oder werden soll, und es kann die Erklärung dafür sein, warum eine erotische Beziehung – selbst wenn sie die Form einer Ehe oder eingetragenen Partnerschaft annimmt – nur von kurzer Dauer ist.

Demgegenüber richtet sich der ganzheitliche Eros, der *dauerhaft* ist, auf das Gegenüber in seiner Konkretheit, also in seiner personalen *und* sozialen Identität, d. h.

- als *Frau oder Mann* mit unweigerlich typisch weiblichen oder männlichen Eigenschaften, selbst wenn man vielleicht anfangs dazu neigt, diese nicht hervorzukehren und wahrzunehmen und sich (deswegen) in der Illusion wiegt, dieser Mensch sei *ganz anders* als alle anderen sonstigen Frauen oder Männer;
- als Mitglied einer Familie und eines Volkes, also verschiedener *Abstammungsgemeinschaften* mit Beziehungen, Prägungen, Beschädigungen, Eigenarten, die anders sein können als die eigenen und die einem fremd und unangenehm sein oder werden können[54];

---

[53] Exemplarisch sei hierfür noch einmal an die Geschichte von Amnon und Tamar aus 2 Sam 13 erinnert.
[54] Das ist die Wahrheit des Sprichwortes: „Man heiratet immer eine Familie".

- als Angehörige einer *sozialen Schicht*, eines Milieus, eines Berufs etc.; denn dieser *soziale Kontext* hat nicht nur einen Menschen geprägt, sondern wird weiterhin die Interessen, die Kontakte, die Zeitgestaltung in spezifischer Weise (mit-)bestimmen, wodurch sich die Frage stellt, ob ich das anregend und interessant oder abstoßend und öde finde;
- als Mitglied einer Religions-, Konfessions- oder *Weltanschauungsgemeinschaft*, die vielleicht nicht die meinige ist, aber – so oder so – zu dieser anderen Person gehört und deren Einstellungen und ihr Verhalten mitprägt, sowie schließlich
- als Mensch, d. h. als Exemplar der *Spezies „Mensch"*, mit Blick auf die Frage, ob ich mir vorstellen und wünschen kann, mit diesem Partner zusammen – wenn dies möglich ist – Kinder zu haben und ihn auch in dieser Hinsicht als Menschen zu bejahen.

Alle diese Aspekte werden umso bedeutsamer, je stärker die Erotik Grundlage einer dauerhaften Beziehung ist oder sein soll. Wer im Blick auf eine solche dauerhafte Beziehung meint, von alledem absehen zu können, schafft sich und anderen vermutlich erhebliche Probleme. Wer sogar meint, den Partner/die Partnerin schon noch an die *eigene* soziale Identität *anpassen* zu können, schafft sich und dem Partner/der Partnerin *mit Sicherheit* Probleme – und zwar gleichgültig, ob der Versuch gelingt oder scheitert.

3.2.2.2 Liebe als Agape

Die Modellgeschichte für Agape ist zu Recht „Der barmherzige Samariter" (Lk 10,25–37)[55]. Hier zeigt und erweist sich barmherzige Liebe als Hinwendung und Zuwendung, die *nicht* von leidenschaftlicher Zuneigung getrieben ist, die *nicht* gemeinsames Glück oder gemeinsame Lust erhofft, sondern sich dem anderen Menschen in *seiner* Not, in *seiner* Bedürftigkeit zuwendet. Agape ist Zuwendung um des Anderen willen. Sie will, wie Bonhoeffer treffend formuliert hat, „nichts von dem anderen, sie will alles für den anderen".[56] Agape kann sogar Züge der Selbstaufopferung annehmen. Ihre beeindruckendste Beschreibung findet sich wohl im Hohenlied der Liebe in 1 Kor 13,1–7.

---

[55] Vgl. dazu oben Kap. A 5, Abschn. 5.1.5 ad f.
[56] Bonhoeffer, D. Predigt zu 1 Kor 13,4–7, in: ders. Werke, Bd. 13, Gütersloh 1994, S. 389.

Wenn die Agape ganz ihrem Wesen entspricht, also ganz sie selbst ist, dann ist sie selbstlos und selbstvergessen, dann erwartet sie nicht einmal Gegenliebe und ist nicht abhängig von Dank oder Vergeltung. Deswegen ist sie die *höchste* ethische Möglichkeit, die als solche freilich zugleich alles andere als selbstverständlich ist. Aber deswegen ist sie auch wohl die beglückendste Erfahrung, die einem Menschen zuteilwerden kann – und zwar als Erfahrung des Geliebtwerdens und als Erfahrung eigenen Liebenkönnens. Dabei wäre Agape missverstanden, wenn man sie interpretierte als die Bereitschaft, dem Gegenüber alles Schwere abzunehmen, ihm nichts zuzumuten, es zu schonen oder es gar zu verhätscheln und zu verwöhnen. Wohl aber gilt, dass die Agape auch dort, wo sie einem anderen Schweres und Hartes zumutet, nicht das eigene Wohl, sondern das des Empfängers im Blick hat. Sie ist ganz geleitet von der Frage: Was ist für ihn/für sie wirklich *gut*?[57]

Von der Agape gilt *nicht* die umgekehrte Proportionalität von Quantität und Qualität, sondern Agape ist offen und weit für viele – grundsätzlich (aber auch nur grundsätzlich) für alle. Deshalb muss man nun auch umgekehrt sagen, dass Agape zur Deformation und Degeneration neigt, wenn sie sich exklusiv nur (noch) auf *einen* Menschen (sei es der eigene Partner oder das eigene Kind) oder auch auf die eigene Kleingruppe richtet. Agape durchbricht alles Enge, sie ist und macht wesensgemäß *weit und frei*.

Ihren Ursprung hat die Agape letztlich in der Erfahrung eigenen Geliebtwerdens, genauer gesagt: in der Einsicht, dass das eigene Dasein eine Auswirkung von schöpferischer Liebe ist. Darum ist das zur Agape passende Motiv die *Dankbarkeit*. Soweit und solange Agape so motiviert ist, ist sie weitaus weniger abhängig von Stimmungen und Schwankungen der Gefühle oder von wechselnden Resonanzerfahrungen als der Eros, sondern ist gut gegründet.

Ihre äußerste Möglichkeit ist nach christlichem Verständnis die *Feindesliebe*, die, wenn man sie als Erotik oder Freundschaft verstünde, sinnlos oder pervertiert wäre, die aber als Agape die Möglichkeit eröffnet, auch das Wohl und die Lebensperspektive dessen einzubeziehen, wahrzunehmen und ernst zu nehmen, von dem der Handelnde (jedenfalls vorerst) gar nichts Gutes zu erwarten hat.

---

[57] Es ist daher kein Wunder, dass Luther in der These 28 der Heidelberger Disputation diese Liebe, die *nicht* durch die Liebenswürdigkeit des Gegenübers entzündet wird, als ‚amor Dei' bezeichnet hat, also als *göttliche* Liebe, und d.h. als nicht nur ungeschuldete, sondern sogar *schöpferische* Liebe.

3.2.2.3 Die Verbindung von Eros und Agape

Blickt man auf diese Beschreibungen von Eros und Agape zurück, so scheint Nygren Recht zu haben: beide wirken wie Gegensätze.

- Eros will und sucht *eigenes* Glück – Agape will und sucht das Wohl *des Anderen*;
- Eros wird entzündet durch das *Liebenswerte, Reizvolle* – Agape ist begründet in *Dankbarkeit* oder *Erbarmen*;
- Eros ist tendenziell auf *ein einziges* Gegenüber ausgerichtet – für die Agape können *alle*, die Zuwendung und Hilfe brauchen, zu Nächsten werden;
- Eros ist *Zuneigung* – Agape ist *Zuwendung*.

Und doch: beide haben auch miteinander zu tun und gehören sogar in gewisser Hinsicht zusammen. Das wird unübersehbar deutlich aus der Sicht des Eros. Wenn ihm die Agape als Verhaltensdisposition fehlt, dann wird der Eros allzu leicht selbstsüchtig, rücksichtslos, lieblos – und kann dadurch auch geradezu *un*erotisch werden. Erotische Beziehungen können deshalb daran scheitern, dass einer der beiden Partner (oder beide) merken: Ich bin vom anderen gar nicht *als Person* gemeint. Wie es *mir* geht, ist ihr oder ihm letztlich egal. Der Andere will ja nur *sein* Vergnügen, *seinen* Spaß haben. Insbesondere dann, wenn die Lust so groß wird, dass sie „Ewigkeit, tiefe, tiefe Ewigkeit"[58] will und deswegen zur Grundlage einer Lebenspartnerschaft werden möchte oder soll, kommt alles darauf an, dass sie verbunden ist mit Agape, die auch trägt in „bösen Tagen", „Gesundheit und Krankheit", in „schweren Zeiten", ja sogar dann, wenn der Eros abhanden gekommen sein sollte. Erst die Verbindung des Eros mit der Agape macht den Eros *menschlich*, weil er nur so Anteil hat an der Agape-Beziehung, die das Leben *trägt*.

Nicht ebenso deutlich kann man behaupten und aufweisen, dass auch die Agape des Eros bedarf. In *bestimmter Hinsicht* kann und darf das auch gar nicht gelten (z. B. in der Seelsorge, in helfenden Berufen oder beim innerfamiliären bzw. pädagogischen Umgang mit Kindern[59]). Deswegen besteht im Verhältnis zwischen Eros und Agape –

---

58 So Nietzsches berühmte, am Surlei-Felsen im Egadin zu lesende Gedichtzeile.
59 Die Rede vom „pädagogischen Eros" ist insofern gefährlich doppeldeutig. Bezieht sich der Eros nicht auf das Verhältnis des Pädagogen zum Erziehen und Bilden, sondern zu den Zu-Erziehenden und Zu-Bildenden, dann steht er in der akuten Gefahr, zum Übergriff, wenn nicht sogar zum Verbrechen zu werden

ethisch betrachtet – eine Asymmetrie: Agape ist das Umfassende und Tragende, Eros das Umfasste und Getragene.

Aber insofern als Eros die *herzliche* Zuneigung bezeichnet, gehört jedenfalls ein *Element* des Eros zur Agape. Dieses Element ist die Tatsache, dass auch die Agape von Herzen kommt oder nicht Agape ist. Denn das *unterscheidet* die Agape von Mildtätigkeit, Wohltätigkeit oder caritativer Pflichterfüllung. Das heißt aber: Auch von der Agape lässt sich sagen: wenn sie *ohne* dieses Eros-Element geschieht, wenn sie nicht von Herzen kommt (z.B. aus einem mitfühlenden Herzen), dann ist bzw. wäre sie nicht mehr *Liebe*.

Von daher lässt sich sagen, dass die Liebe gerade als sexualethisches Kriterium zu verstehen ist als *Verbindung von Eros und Agape*, genauer: als *Agape*, die mit einem Element des Eros verbunden ist, bzw. als Eros, der von Agape umfangen und getragen ist.

Das ist mehr und etwas anderes als die Erfüllung von Geboten oder Ermahnungen. Das ist auch mehr und etwas anderes als die Einhaltung der Goldenen Regel – sei es in ihrer negativen (Tob 4,16) oder in ihrer positiven (Mt 7,12) Form. Nicht nur, weil die Goldene Regel, wenn sie als Motiv missverstanden wird, über ein Handeln aus Eigeninteresse nicht hinausführt, sondern vor allem deshalb, weil in der Goldenen Regel das, was der *Handelnde* will, den Maßstab bildet, an dem sich bemisst, was dem Anderen bzw. für den Anderen getan wird. Aber gerade so bleiben Menschen – vermutlich unerkannt und unbewusst – bei sich selbst, d.h. auf sich selbst fixiert, und machen nicht die befreiende Erfahrung der Liebe, die zur Selbstvergessenheit und gerade so zur Erfüllung führen kann.

3.2.3 Liebe als sexualethisches Leitbild und Kriterium

In diesem letzten Abschnitt des Kapitels über Liebe geht es um eine sexualethische Konkretisierung dessen, was bisher über Liebe als Verbindung von Eros und Agape gesagt wurde.

---

und ist dementsprechend zu verhindern oder zu ahnden. Dabei darf aber nicht übersehen werden, dass es hauptsächlich *innerfamiliäre* Beziehungen sind, die zum Anlass für sexuellen Missbrauch von Kindern werden.

3.2.3.1 Annahme und Bejahung der Sexualität als Schöpfungsgabe

Am Beginn dieses dritten Kapitels hatte ich bereits darauf hingewiesen, dass die biblische, also die jüdisch-christliche Überlieferung von einer *positiven* Sicht und Bewertung der Sexualität ausgeht. Sexualität ist ein wesentlicher, bejahter Bestandteil des christlichen Menschenbildes, und zwar sowohl in ihrer lustbetonten Partnerorientierung[60] als auch in ihrer regenerativen Fortpflanzungsorientierung[61]. In beiden Hinsichten gehört Sexualität zu der Schöpfung Gottes, von der es heißt: „Und siehe, es war sehr gut" (Gen 1,31).

Sexualität anzunehmen und zu bejahen muss freilich *nicht* bedeuten, sie auszuleben, indem man sexuelle Befriedigung (mit anderen oder an sich selbst) sucht und findet. Die Formen der Annahme und Bejahung der Sexualität sind vielfältig und enthalten zahllose Variationen. Das liegt auch daran, dass die Möglichkeit, Sexualität auszuleben, von vielerlei kontingenten Faktoren abhängt:

- von der eigenen sexuellen (anatomischen oder hormonellen) Ausstattung und Veranlagung;
- von der Gesundheit, Krankheit oder Behinderung, und zwar der eigenen oder der des Partners oder der Partnerin;
- vom Lebensalter und den damit gegebenen (Un-)Möglichkeiten;
- von gegebenen, vorenthaltenen oder verlorenen Beziehungen im Sinne von Partnerschaft, Familie, Verlust oder Einsamkeit sowie
- von Lebensumständen, die sich etwa aus einer beruflichen Aufgabe oder einem zuteilgewordenen Lebensgeschick ergeben.

Eine besondere Herausforderung stellt die Bejahung der Sexualität für die Menschen dar, denen das Leben eine quasi-zölibatäre Lebensform *aufzwingt*.[62] Spätestens in diesen Fällen zeigt sich, dass sich im Blick auf die Formen, in denen Sexualität bejaht und angenommen werden

---

[60] Außer auf Gen 2,23–25 sei hier exemplarisch verwiesen Prov 5,18f. sowie auf Koh 9,9.

[61] Siehe hierfür noch einmal Gen 1,28 sowie 9,1 und 7; aber auch Ps 127,3 gehört in diesen Zusammenhang: „Siehe, Kinder sind eine Gabe des Herrn und Leibesfrucht ist ein Geschenk".

[62] Die sexualethischen Aufgaben und Möglichkeiten, die sich mit der *freiwilligen* Entscheidung für eine zölibatäre Lebensform ergeben, beschreibt und reflektiert A. Grün (OSB) in seiner Schrift: Ehelos – des Lebens wegen, Münsterschwarzach 1989.

will, kaum etwas verallgemeinern lässt. Ich möchte deshalb hierzu nur zwei Gesichtspunkte nennen:

a) Der Versuch, die sich regende eigene Sexualität zu *verdrängen* oder sie zu *unterdrücken*, erweist sich in der Regel als wenig erfolgreich, oft sogar als kontraproduktiv, und er dient nicht der Entfaltung, dem Gelingen und Glück menschlichen Lebens. Starkes, unbefriedigt bleibendes sexuelles Begehren sollte entweder dazu führen, bisherige Vorsätze, Lebenspläne und -gestaltungen zu überdenken, seelsorgliche Hilfe in Anspruch zu nehmen und/oder Möglichkeiten einer befriedigenden Beziehung oder Sublimierung zu suchen.

b) Wo eigene Sexualität nicht (mehr) ausgelebt werden kann, sollte man sich davor hüten, anderen ihre Erotik und Sexualität zu missgönnen oder zu vergällen. Man kann sich – auf eine dezidiert nicht-voyeuristische Weise – am erotischen und sexuellen Glück anderer freuen. Auch das ist eine Weise, Sexualität zu bejahen und anzunehmen – und nicht die schlechteste.

3.2.3.2 Bildung und Reifung der Sexualität als Aufgabe

Wir sahen (s. o. Abschn. 3.1.2): Der Mensch ist vom Anfang bis zum Ende seines Lebens ein sexuelles Wesen:

- durch seine (sei es eindeutige, sei es diffuse) geschlechtliche Identität;
- durch spezifische Sexualhormone und ihre seelischen und körperlichen Auswirkungen;
- durch seine Fähigkeit und Bereitschaft zu lustvollen, körperorientierten Beziehungen.

Diese Aufzählung könnte eine Gleichförmigkeit suggerieren, die so nicht besteht. Vielmehr ist dem Menschen Sexualität (und zwar eigene wie fremde Sexualität) gegeben als etwas Sich-entwickelndes, als etwas Gestaltbares, Beeinflussbares und als etwas Gestaltungs*bedürftiges*. Mit alledem ist Sexualität eine *Bildungs- und Reifungsaufgabe*, sie ist Sexualität im *Werden*.

Dabei entspricht es generell dem christlichen Menschenbild, wenn bzw. dass diese Bildungs- und Reifungsaufgabe *im Geist der Liebe* angenommen, angegangen und vorangebracht wird. Aber das bedeutet im Blick auf fremde und eigene Sexualität unter Umständen Unterschiedliches, das auch von der Ungleichzeitigkeit des Alters, der Entwicklung und der Lebensumstände abhängt.

a) Bildung und Reifung fremder Sexualität[63]

Hier gilt es vor allem wahrzunehmen, was ist, was geschieht und was sich entwickelt. Eltern, Partner oder die Gesellschaft haben nicht das Recht, vorzugeben und zu bestimmen, was wann sein darf oder sein muss, sondern zum Ernstnehmen der individuellen Bestimmung eines Menschen gehört die Achtsamkeit auf *dessen* Entwicklungstempo. Wo das von Dritten nicht geachtet und respektiert wird, gehört zu dieser achtsamen Wahrnehmung unter Umständen auch ein schützendes Eingreifen, das deutliche Formen annehmen und zu Konflikten führen kann. Ich denke dabei einerseits an den Schutz vor Einflüssen, die in Kindern zur Unzeit sexuelles Interesse wecken (wollen), also nicht deren eigenes Entwicklungstempo respektieren, sondern sie mit sexuellen Reizen konfrontieren oder überschwemmen lassen. Ich denke aber vor allem an sexuellen Missbrauch von Kindern durch Erwachsene, durch den Kinder schwer geschädigt und dauerhaft traumatisiert werden (können). Oft stehen solche Kinder unter dem zusätzlichen Druck schwerer Drohungen und wagen auch deshalb nicht, sich jemandem anzuvertrauen. Hier ist Aufmerksamkeit und sensible Wachsamkeit geboten.

In beiden Fällen kann das Reden(-Können) in einer einfühlsamen, offenen, nüchternen Art eine Hilfe sein. Durch diese offene Kommunikation wird den sexuellen Einflüssen und Bildern der Charakter und Reiz des Schlüpfrigen und Verbotenen genommen. Bei Kindesmissbrauch kann therapeutische Hilfe angezeigt sein, es muss aber auch eine strafrechtliche Aufarbeitung stattfinden, schon um die Gefahr von Wiederholungen zu vermindern[64].

Oberstes Ziel im Blick auf die Entwicklung fremder Sexualität ist es, ihr einen Schutz- und Entwicklungsraum zur Verfügung zu stellen, in dem sie sich möglichst ungestört entfalten und reifen kann. Dazu gehört es auch, sich als Gesprächspartner weder aufzudrängen noch zu entziehen, sondern erreichbar zu sein. Das gilt freilich nicht nur im Blick auf die Entwicklung und Reifung von Kindern, sondern grundsätzlich aller Menschen.

---

63 Hierbei ist insbesondere an die sexuelle Entwicklung und Reifung des eigenen Partners und der eigenen Kinder gedacht.
64 Siehe dazu den Text der Evangelischen Kirche im Rheinland: Zeit heilt keineswegs alle Wunden. Leitlinien zum Umgang mit sexualisierter Gewalt, Düsseldorf 2002.

b) Bildung und Reifung der eigenen Sexualität

Auch hier ist es eine Wohltat, wenn der Geist der Liebe die Entwicklungsrichtung, die Entwicklungsart und das Entwicklungstempo bestimmt. Dabei sollten Menschen aller Lebensalter und Entwicklungsstufen lernen, sich nicht von gesellschaftlichen Standards und Normen gegen ihre Selbstwahrnehmung und gegen ihr eigenes Gewissen beeinflussen oder gar bestimmen zu lassen. Jeder muss und soll selbst herausfinden, was für ihn oder sie gut ist und was dem Anderen gut tut. Das kann bedeuten: mehr oder weniger, früher oder später, so oder anders – gemessen an dem, was wir als gesellschaftliche Normen aus Medien, Schule, Peergroup, Familie, Kirche wahrnehmen oder aufgedrängt bekommen. Der wohl größte Gewinn ist es, wenn dabei das Ziel der eigenen Liebesfähigkeit nicht aus dem Blick gerät oder abhanden kommt. Wenn und solange Erotik und Sexualität diesem Ziel zu- und untergeordnet bleiben, ist grundsätzlich *alles gut*. Das heißt nicht immer: Alles ist leicht und angenehm. Es kann sogar sehr schwer sein, weil uns bewusst werden kann, welcher Verzicht, welche Geduld, welches Leiden damit verbunden sein können. Aber all das ist in (sexual-)ethischer Hinsicht kein Selbstzweck, sondern dient dem Ziel einer reifen Sexualität, die voll in die Person in ihrer Gesamtheit[65] integriert ist.

3.2.3.3 Die Praktizierung und Gestaltung partnerorientierter Sexualität

Praktizierung von Sexualität, die vollständig autoerotisch ist, stellt wohl einen Sonderfall dar. Erotik und Sexualität sind so stark auf Begegnung, Kontakt, Berührung mit einem anderen Menschen ausgerichtet, dass diese Partnerorientierung zumindest in Form von Erinnerung, Erwartung oder Fantasie auch in der Autoerotik eine große Rolle spielt.[66] Durch die reale Begegnung, den erotischen Kontakt, die sexuelle Berüh-

---

[65] Unter Gesamtheit wird hier nicht nur eine abgeschlossene Identität verstanden, sondern gegebenenfalls auch das Fragmentarische, das einen Menschen ausmachen kann. Siehe dazu H. Luther, Identität und Fragment. Praktisch-theologische Überlegungen zur Unabschließbarkeit von Bildungsprozessen, in: ders., Religion und Alltag. Bausteine zu einer Praktischen Theologie des Subjekts, Stuttgart 1992, S. 160–182.

[66] Es könnte aber (auch) in dieser Hinsicht einen Unterschied zwischen den Geschlechtern geben, aufgrund dessen das Gesagte stärker für Männer als für Frauen zutrifft.

rung erweitert sich der sexualethische Verantwortungsbereich jedoch zumindest auf *einen* weiteren Menschen, häufig sogar noch auf einen weiteren (potenziellen) dritten Menschen: auf das *Kind*, das aus einer sexuellen Begegnung entstehen könnte. Hier tauchen dann auch – herkömmlich und aktuell – die Fragen nach dem auf, was man, solange man noch nicht verheiratet ist oder in einer festen Partnerschaft lebt, eigentlich „darf" oder „nicht darf", was also „erlaubt" und was „verboten" ist. Von meinem ethischen Ansatz her drängt es sich auf, diese Fragen zu transformieren in die Frage nach dem, was für uns und andere *gut* ist, was mit unserem Menschenbild übereinstimmt, was wir in unser Leben integrieren können. Zur Beantwortung dieser Fragen möchte ich hier einige knappe Regeln formulieren:

a) Das grundlegendste sexualethische Kriterium in Blick auf eine Partnerschaft ist nach christlichem Verständnis das Kriterium *gegenseitiger Rücksichtnahme*. In *dieser* Hinsicht ist christliches Ethos in der Tat ein Ethos der *Gegenseitigkeit*. Das kommt besonders deutlich zum Ausdruck bei Paulus in 1 Kor 7,3ff.[67], ähnlich in Aussagen der Deuteropaulinen: Kol 3,18f. und Eph 5,29–32 – in der (für uns heute durchaus problematischen) *Sprache* der damaligen Zeit. Diese Aussagen lassen sich auf zweierlei Weise lesen: als *Anspruch* an den Partner bzw. die Partnerin oder als *Verpflichtung* ihm bzw. ihr gegenüber. Ihrer biblischen Form nach sind sie eindeutig Letzteres und damit Aufruf zur *geschuldeten* Rücksichtnahme, nicht zu deren *Einforderung*. Gerade das entspricht genau dem Wesen der Agape, die nichts für sich will, sondern alles für den Anderen. Sowie das jedoch umkippt und zum *Anspruch* – gar zum *Rechts*anspruch – wird, wird freilich die Liebe verdorben oder ist es vermutlich bereits. Die geschuldete Rücksichtnahme entspricht jedoch dem Anrecht auf Achtung, in dem die *Würde* des Menschen besteht, das (auch) in diesem Fall von uns als den Würdeadressaten zu achten und – wo möglich – zu schützen ist.

Aber dem ist doch ausdrücklich noch zweierlei hinzuzufügen:

– Einem Anspruch auf erotische Liebe *muss* man sich in einer erotischen Beziehung, in einer Partnerschaft oder Ehe *nicht* in jedem Fall

---

[67] „Der Mann leiste der Frau, was er ihr schuldig ist, desgleichen die Frau dem Mann. Die Frau verfügt nicht über ihren Leib, sondern der Mann. Ebenso verfügt der Mann nicht über seinen Leib, sondern die Frau. Entziehe sich nicht eins dem anderen, es sei denn eine Zeitlang, wenn beide es wollen, damit ihr zum Beten Ruhe habt; dann kommt wieder zusammen, damit euch der Satan nicht versucht, weil ihr euch nicht enthalten könnt. Das sage ich aber als Erlaubnis und nicht als Gebot".

beugen, sondern darf und sollte ihn freundlich, aber bestimmt *zurückweisen*. Das kann der Beziehung sogar gut tun.
– Einem Anspruch auf erotische Liebe *kann* man sich in einer erotischen Beziehung, einer Partnerschaft oder Ehe *nicht* immer beugen, sondern es gibt lebensgeschichtliche und gefühlsmäßige Grenzen, deren Beachtung wichtig ist – auch um der Beziehung willen.

Auch in guten erotischen Partnerschaften gibt es Situationen, in denen die erotischen und sexuellen Wünsche, Interessen und Möglichkeiten der Partnerin und des Partners ungleich stark sind. Die Liebe ignoriert oder überrennt das nicht, sie klagt dann auch nicht das eigene Recht ein, sondern sucht *gemeinsam* nach einem gangbaren Weg. Wie der aussieht, lässt sich nicht von außen bestimmen oder vorschreiben.

b) Weil die individuelle Entwicklung Beachtung verdient, darum ist es gut, wenn insbesondere im Jugendalter der bzw. die *weniger weit Entwickelte* die Geschwindigkeit und den Grad der Annäherung und der Beziehungsintensität bestimmt. Wer anderen oder sich selbst etwas aufdrängt oder zumutet, was noch nicht „dran" ist, kann die ganze Entwicklung erheblich stören und negativ beeinflussen. Wer auf den Entwicklungsstand und die Entwicklungsmöglichkeiten des Partners nicht Rücksicht nimmt, ist unter Umständen dafür verantwortlich, dass notwendige Entwicklungsschritte übersprungen und unreife, noch nicht genießbare Früchte gebrochen und verzehrt werden, woran man sich bekanntlich leicht „den Magen verdirbt". Nur Geduld lässt Verliebtheit zur Liebe reifen. Dabei wird ein besonderes Maß solcher Sensibilität und Geduld in der Regel von Menschen gefordert, deren Partner(in) Opfer sexuellen Missbrauchs und/oder sexueller Gewalt geworden waren und die von daher an einer tiefen Verletzung leiden, die angesichts von ausbleibender oder fehlender Rücksichtnahme leicht wieder aufbrechen kann.

c) „Die Entdeckung der Langsamkeit"[68] in erotisch-sexuellen Beziehungen birgt auch noch in anderer Hinsicht große Chancen: Sie ermöglicht Entdeckungen, die sonst verschlossen blieben. Sie lässt an jedem Punkt „die Seele mitkommen", verbreitert und erweitert zugleich das Spektrum der Beziehungsmöglichkeiten. Sie erhöht schließlich die sexuelle Lust durch das Erfinden oder Entdecken und Auskosten von Vorstufen. Wer auf diese Weise einen reichen Schatz an lustvollen Berührungs- und Begegnungsmöglichkeiten erwirbt, hat zugleich einen Vorrat an Zärtlichkeiten für Zeiten, in denen (z. B. aus Gründen der

---

[68] Vgl. den gleichnamigen Roman von S. Nadolny, München 1983.

Krankheit oder räumlichen Trennung) intimer körperlicher Kontakt nicht oder nur schwer möglich ist. Aber auch in dieser Hinsicht ist die erotische Beziehung auf Gemeinsamkeit und Zweisamkeit angelegt.

d) Für die leiblich tiefste und innigste Begegnung im vollzogenen Geschlechtsakt stellt eine feste Partnerschaft den *günstigsten Rahmen* dar, und dies aus mehreren Gründen, die sich daraus ergeben, dass der Koitus nicht nur die am tiefsten reichende, sondern auch potenziell folgenreichste Begegnungsmöglichkeit ist, die es zwischen Menschen gibt:

– Der für eine feste Partnerschaft charakteristische Wille, miteinander auf *Dauer* zu leben, gibt beiden Partnern zwar keine Garantie dafür, dass die Partnerschaft tatsächlich von Dauer sein wird, aber doch die Verbindlichkeit einer festen *Absicht*.
– Die *Ganzheitlichkeit* einer festen Partnerschaft als *Lebensgemeinschaft* ist zumindest symbolischer Ausdruck für eine Integration der Sexualität in das Leben der beiden Partner.
– Der in der Regel mit einer festen Partnerschaft verbundene *gemeinsame Lebensraum* (z. B. in Form einer Wohnung) stellt einen geschützten, ungestörten Raum zur Verfügung, an dem und in dem Erotik und Sexualität sich entfalten können.
– Die feste heterosexuelle Partnerschaft als *Lebensform* (z. B. als Ehe und Familie) bietet vor allem den Raum, in dem ein Kind „kommen darf" und sogar erwünscht bzw. ersehnt ist. Das sexuelle Einswerden, das zu einem neuen, gemeinsamen Dritten führt, ist eine nochmalige Vertiefung der erotischen und sexuellen Beziehung, die wohl durch nichts anderes übertroffen werden kann.

Die weitreichend sicheren Empfängnisverhütungsmethoden unserer Zeit, deren Anwendung aus der Sicht der evangelischen Ethik[69] grundsätzlich unproblematisch, ja in vielen Fällen ausdrücklich zu empfehlen ist, rücken zwar den Zusammenhang zwischen Geschlechtsverkehr, Zeugung und Empfängnis in den Hintergrund, heben ihn aber nicht auf. Im Blick darauf gilt: Die Möglichkeit der Zeugung und Empfängnis neuen Lebens sollte erst dann zugelassen werden, wenn für dieses neue Leben ein Raum vorhanden ist, in dem es die Chance hat, in Ge-

---

[69] Die römisch-katholische Ethik sieht hingegen im Gebrauch künstlicher Empfängnisverhütungsmittel eine Handlung, die „verwerflich" ist (Katechismus der Katholischen Kirche, München u. a. 1993, S. 599, Ziff. 2370), weil dadurch die für den Geschlechtsakt in sittlicher Hinsicht wesentliche Offenheit für die Weitergabe des Lebens ausgeschlossen werde. Diese Sichtweise teilt die evangelische Ethik *nicht*.

borgenheit und Freiheit aufzuwachsen. Solange das nicht der Fall ist, ist Enthaltsamkeit oder Empfängnisverhütung geboten – aber Abtreibung ist definitiv *keine* Methode der Empfängnisverhütung.

3.3 Lebensformen[70]

In den kirchlichen und außerkirchlichen Diskussionen wird häufig über Lebensformen gestritten (übrigens meist mit erstaunlich großem Engagement, mit Heftigkeit und Schärfe), ohne die Grundfrage nach dem Sinn, der Bedeutung und Begrenzung von Lebensformen überhaupt zu stellen. In solchen Diskussionen kann nach meiner Beobachtung oft deswegen kein Fortschritt erzielt werden, weil in vierfacher Hinsicht die *Basis* der Diskussion unklar ist:
1) Was sind überhaupt Lebensformen?
2) (Wozu) Brauchen wir in der Gesellschaft Lebensformen?
3) Welche Kriterien gelten für Lebensformen?
4) Wie leistungsfähig, defizitär oder veränderungsbedürftig sind vorhandene oder neu entstehende Lebensformen?
Ich beginne deshalb mit der Beantwortung dieser Fragen.

3.3.1 Begriffliche Vorklärungen

Bei der Beantwortung der Frage: „Was sind überhaupt Lebensformen?" muss man einen weiten und einen engen Begriff voneinander unterscheiden. Im *weiten* Sinn ist jede durch Regelmäßigkeit ausgezeichnete Gestaltung eines Lebens eine Lebensform. In diesem unspezifisch weiten Sinn kann man die Tatsache, dass ein Mensch als Künstlerin, als Rentnerin, als Weltenbummler, als Eremit oder als Aussteiger lebt, als deren Lebensform bezeichnen. Dieser weite Begriff ist für die Sexualethik nicht geeignet. Sexualethisch relevant sind nur Lebensformen, durch die und in denen geschlechtliche Identität und/oder sexuelles Verhalten dauerhaft geordnet und gestaltet wird – sei es im Zusammen- oder Alleinleben. Lebensformen in diesem engeren Sinn sind geschlech-

---

[70] Siehe dazu W. Härle/R. Preul (Hg.), Sexualität, Lebensformen, Liebe (MJTh VII), Marburg 1995; Theologische Kammer der EKKW (Hg.), Was dem Leben dient. Familie – Ehe – andere Lebensformen, Kassel 1998; J. Hartmann u.a. (Hg.), Lebensformen und Sexualität. Herrschaftskritische Analysen und pädagogische Perspektiven, Bielefeld 1998 und R. Stroh, Art. „Lebensform", in: RGG⁴ 5 (2002), Sp. 152f.

terorientierte Regelsysteme und in diesem Sinne *Institutionen*, die frei gewählt oder vom Leben aufgezwungen sein können. Sie sind (in aller Regel) als *Typen* wählbarer Lebensformen in der Gesellschaft vorgegeben, häufig verbunden mit bestimmten rechtlichen Rahmenbedingungen, und sie werden von Einzelnen oder Gruppen *übernommen* (oder abgelehnt). Dabei werden sie in spezifischer Form persönlich *gestaltet*, wodurch die gesellschaftlich vorgefundenen Formen eine Bestätigung und/oder Veränderung erfahren. An dieser Geschichte der gesellschaftlichen Lebensformen schreibt folglich jede und jeder mit, wenn auch in der Regel nur in einem minimalen Ausmaß.

3.3.2 Sinn und Bedeutung von Lebensformen

Die Frage, warum Menschen überhaupt solche festen Formen, Regelsysteme und Institutionen brauchen, die sich auf ihre Sexualität beziehen, ist oft gestellt und beantwortet worden, und die Gründe sind bekannt und plausibel:[71]

– Da ist zunächst zu erinnern an die Nicht-Festgelegtheit des Menschen, die zugleich seine Offenheit für ganz verschiedene Umwelten und einen großen individuellen und sozialen Orientierungsbedarf zur Folge hat.
– Ferner geht es um die Entlastung von Dauerreflexion und permanentem Entscheidungszwang durch die Habitualisierung und Institutionalisierung von lebensdienlichen Verhaltensweisen.
– Sodann lässt sich nennen die dadurch ermöglichte Freisetzung der Aufmerksamkeit, Energie und Spontanität für unvorhergesehene oder unvorhersehbare Entscheidungs- und Handlungssituationen.
– Schließlich ist zu verweisen auf die Verminderung der Unsicherheit im Umgang miteinander durch die Ausbildung relativ stabiler Verhaltens- und Erwartungsmuster, durch die Komplexität reduziert und (relative) Erwartungssicherheit aufgebaut und erhalten wird.

Aber trotz dieser plausiblen anthropologischen und soziologischen Begründungen wird spätestens seit der Romantik die Frage gestellt, ob all das auch für die geschlechtliche Liebe, für Erotik und Sexualität gelten könne und dürfe, ob Regelhaftigkeit und Institutionalisierung nicht deren *Tod* sind? Diese Frage ist verständlich und berechtigt. Liebe, Inti-

---

[71] Davon war auch schon hier in Kap. A 2, Abschn. 2.1 die Rede.

mität, Erotik und Sexualität können zwar *Regeln* ausbilden, aber diese Regeln müssen in hohem Maß *flexibel, irritierbar* und *veränderbar sein*, wenn sie nicht Erotik und Sexualität erdrücken und ersticken sollen. Vor allem kann und darf Erotik und Sexualität nie zu einem institutionell abgesicherten *Anspruch* gemacht werden. Insofern könnte man wohl sagen: geschlechtliche Liebe und Sexualität können mit einem *Minimum* an institutioneller Regelung auskommen, solange dabei die Würde jedes der beteiligten Menschen geachtet wird. Aber diese Aussage ist in *zweifacher* Hinsicht noch zu *abstrakt*:

a) Sie geht implizit davon aus, dass Menschen einander stets als gesunde, freie, prinzipiell eigenständige und gleichrangige Partner begegnen, die in jeder Situation in der Lage sind, ihre Beziehung so zu ordnen und zu gestalten, wie es ihrer Gefühlslage, ihren Möglichkeiten, Wünschen und Interessen entspricht. Das ist eine Abstraktion, und, wenn sie nicht als solche erkannt wird, eine *Illusion*, und zwar aus drei Gründen:

– Wer liebt, ist insofern nicht frei, als er seinen Gefühlen nicht kommandieren und nicht über sie verfügen kann. Das heißt: Wer liebt, ist in hohem Maße enttäuschbar und verletzlich. Deshalb zahlen gerade die *Liebenden* in Partnerschaftskonflikten die schmerzliche(re) Zeche. Der echten, tiefen Liebe ist eine starke Tendenz zur Gemeinsamkeit eigen. Wer sagen kann: „Ich kann genauso gut ohne dich leben wie mit dir", ist wohl von der Liebe nicht sehr angerührt.
– Auch wer liebt, kann krank, gebrechlich, unansehnlich, hilfsbedürftig, verwirrt oder unleidlich werden. Und dann? Das Treueversprechen „in guten wie in bösen Tagen" ist der Liebe durchaus wesensgemäß und *nicht fremd*. Miteinander alt werden zu *wollen*, ist wohl ein Prüfstein echter Liebe. Gerne miteinander alt werden zu *können*, ist jedoch ein Glück und eine Gnade. Und zu wissen, dass Partner auch in Krankheit und Siechtum selbstverständlich füreinander da sind, entspricht dem Wesen der Liebe. Dabei muss man nicht nur an das Alter mit seinen Einschränkungen denken, sondern auch an Unfälle, Stoffwechselerkrankungen, die frühzeitig zur Impotenz führen können, und an andere schwerwiegende Erkrankungen. Im Blick auf all dies ist es ein Gewinn, wenn es verlässliche Lebensformen gibt, die auch in schwierigen Zeiten tragen – und sei es auch „nur noch" aus *Verantwortungsgefühl* füreinander.
– Auch in stabilen Partnerschaften sind Menschen füreinander in der Regel weder physisch noch psychisch völlig gleichstarke Partner. Zwar ist es gut, wenn sich Menschen finden, die einander in etwa gewachsen sind, aber es können auch dann noch unterschiedliche Entwicklungen eintreten, die diese Balance aufheben. Vor allem

kann die geschlechtliche Liebe nach einer (langen) Zeit gemeinsamen Lebens bei einem der Partner oder bei beiden abhanden kommen.[72] Wie gehen beide dann mit der gemeinsamen *Geschichte* um, mit dem, was in ihr eingesetzt, geopfert und gewonnen wurde? Gerade dieser Punkt zeigt die menschliche, die humane Bedeutung von stabilen, verlässlichen Lebensformen, die sich auch und gerade dort zu bewähren haben, wo die beiderseitige erotische Liebe abnimmt oder nicht mehr vorhanden ist. Insofern lässt sich sagen: Eine konkrete, am realen Leben orientierte Betrachtungsweise zeigt, dass auch Liebende schon alleine für sich aus guten Gründen auf stabile, tragfähige, verlässliche Lebensformen angewiesen sind.

b) Die zweite Abstraktion wird sichtbar durch Einbeziehung der generativen Dimension. Denn um wie viel mehr gilt das zuletzt Gesagte dort, wo *Kinder* ins Spiel kommen. Da dies zwar nicht Teil jeder Partnerschaft, aber der Anfang jedes menschlichen Lebens ist, ist die Bedeutung dieses Aspektes kaum zu überschätzen. Kinder brauchen einen Lebensraum, der das Gefühl der *Geborgenheit* vermittelt. Es ist längst bekannt, welche psychosomatischen Störungen und Schäden Kinder erleiden, wenn sie keine solchen – im Idealfall äußerlich *und* innerlich verlässlichen, „berechenbaren", Orientierung gebenden – Strukturen vorfinden. Menschen werden geboren in einem Zustand, in dem sie auf Gedeih und Verderb auf zuverlässige Versorgung und Pflege, auf liebevolle Zuwendung und zugleich auf kontinuierlich sich erweiternde Freiheitsräume angewiesen sind. Durch die Hilflosigkeit, Schutzlosigkeit, Pflege- und Bildungsbedürftigkeit des Menschen werden die *Notwendigkeit* von Lebensformen und ihr *Sinn* unübersehbar: Sie sollen für verlässliche, lebensdienliche Aufenthalts-, Entwicklungs- und Rückzugsräume sorgen, die das erforderliche Maß an Erwartungssicherheit, Fürsorge und Geborgenheit ermöglichen. Sie sollen nach außen *schützen* (im wörtlichen und übertragenen Sinn), und zwar Kinder, Kranke, Schwache, Hinfällige, aber auch *Beziehungen* (Partnerschaft und Kommunikation). Dieser Schutz darf aber nicht zur *Abkapselung* und *Isolierung* führen, sonst wird die Beziehung eng und kann an ihrer eigenen Enge ersticken oder in ihr leerlaufen.

---

[72] Wie Erich Kästner dies in der ersten Strophe seines – traurigen – Gedichtes „Sachliche Romanze" (in: Kästner für Erwachsene, Hg. R. W. Leonhardt, Frankfurt a. M. 1966) zum Ausdruck bringt: „Als sie einander acht Jahre kannten (und man darf sagen: sie kannten sich gut), kam ihre Liebe plötzlich abhanden. Wie andern Leuten ein Stock oder Hut".

3.3.3 Ethische Kriterien für Lebensformen[73]

Lebensformen sollen nach innen Geborgenheit und Nähe ermöglichen, aber sie dürfen dies nicht auf Kosten der inneren Freiheit, d.h. auf Kosten der Freiheit *in* der Beziehung tun. Auch in festen Lebensformen braucht der Einzelne – soweit dies möglich ist – andere äußere und innere Beziehungsmöglichkeiten. Neben dem Gemeinsamen, das diejenigen miteinander verbindet, die an dieser Lebensform teilhaben, sollte es immer auch die Möglichkeit des Kontaktes und Austauschs in Cliquen oder mit Freunden sowie die Möglichkeit des Alleinseins und des Geheimnisses der Person geben.[74] Was der schon 1969 in der DDR verfasste Text „Chancen der Ehe heute" formuliert, lässt sich unschwer verallgemeinern und auf alle geschlechtlich orientierten Lebensformen anwenden.[75] Der Text verwendet die Raum-Metapher in vierfacher Hinsicht und macht sie für Lebensformen fruchtbar. Diese werden verstanden als

– ein gesellschaftlich geschützter Raum für gelebte Partnerschaft,
– ein Spielraum für die Freiheit der Partner in gegenseitiger Liebe, Wahrhaftigkeit und Vergebung,
– ein schützender Raum für das Aufwachsen von Kindern, für Kranke und Alte sowie
– ein offener Raum für schöpferische Einübung in alle Formen mitmenschlicher Verantwortung.

Eine wesentliche *Initialzündung* für die Wahl solcher Lebensformen liegt in aller Regel in der geschlechtlichen Liebe. Aber trotzdem sollte beides deutlich unterschieden werden, und zwar um beider Elemente willen. Sonst entstehen Missverständnisse, vermeidbare Enttäuschungen und Beschädigungen sowohl der Liebe als auch der Lebensform. Hier zeigen sich nun die *Grenzen* der Lebensformen, die ebenso ernst genommen und gesehen werden müssen wie ihr unverzichtbarer Sinn: Lebensformen haben ihren Sinn darin, *Raum* für gelingende Beziehung zu sein. Dadurch und so sind sie lebensdienlich und liebesdienlich. Aber *mehr* als ein Raum, und zwar ein bewohnbarer Raum, können sie *nicht*

---

[73] Siehe dazu H. Jellouschek, Die Kunst als Paar zu leben, Stuttgart 1992.
[74] Es war vor allem R. M. Rilke, der immer wieder daran erinnert hat, dass Liebende gegenseitig ihre Einsamkeit hüten und bewachen (müssen).
[75] Sexualethische Kommission des Bundes der evangelischen Kirchen in der DDR, Chancen der Ehe heute (1969), in: Denkschrift zu Fragen der Sexualethik, Gütersloh 1971, S. 82.

sein und sollten sie darum auch nicht sein wollen. Sie *sind* nicht die gelingende Beziehung und sie können diese *nicht garantieren*. Wer das von ihnen erwartet, überfordert sie und programmiert damit Enttäuschung und Scheitern vor.

Lebensformen haben deshalb die ganz wichtige Funktion, Kommunikations-, Interaktions- und Kooperationsmöglichkeiten auch dort zu schaffen und zu stabilisieren, wo die emotionale Basis einer Beziehung vorübergehend oder dauerhaft Schaden gelitten hat. Das gilt nicht nur für Partnerschaften und Ehen, sondern auch für solche Beziehungen – z.B. zu Kindern, zu alten Eltern oder auch zu Geschwistern –, die sich nicht *direkt* geschlechtlicher Liebe verdanken, sondern nur indirekt mit ihr verbunden sind. In diesen Fällen ist die Gefahr geringer, dass die ehemalige (heftige) Zuneigung in ebenso heftige (oder noch heftigere) Abneigung umschlägt. Wo Letzteres passiert, kann das Leiden und die Verletzungsgefahr für alle Beteiligten so hoch sein, dass die Auflösung der Lebensform das geringere Übel ist. Aber es sind auch viele Fälle denkbar, in denen die Lebensform (z.B. der Ehe, der Partnerschaft oder der Familie) aufrechterhalten wird, um dem Beziehungsgefüge einen Raum zu geben, obwohl diese Familie, Partnerschaft oder Ehe nicht mehr durch positive Emotionen zusammengehalten wird. Und diese Leistungen können die Lebensformen gerade deshalb (und dann) erbringen, weil (und wenn) sie *nur* der Raum für gelingende Beziehungen sind.

Die begrenzte bzw. begrenzende Sicht der Lebensformen entspricht im Übrigen durchaus dem Neuen Testament. Familie und Ehe gehören zu dem, was nur in dieser Welt gilt und mit ihr vergeht – im Unterschied zur Liebe (Agape), die *bleibt*. Von daher erklärt sich auch Jesu Relativierung aller Familienbeziehungen, *wenn und sofern* es um einen Konflikt oder eine Konkurrenz zum Reich Gottes geht[76], wobei sein gleichzeitiges Festhalten am Gebot der Elternehrung und am Verbot der Ehescheidung ebenfalls zu beachten ist.[77]

Was können Familie[78], Ehe und andere Lebensformen gemessen an diesen ethischen Kriterien leisten? Davon soll nun die Rede sein.

---

[76] Mk 3,31 par.; Mt 10,35–37 sowie Lk 14,26f.
[77] Mk 7,10 par.; 10,19 parr.; 10,1–12 par.; Mt 5,27ff.
[78] Die unübliche Vorordnung der Familie vor der Ehe erfolgt hier aus sachlichen Gründen, die dem weiteren Verlauf der Argumentation (s.u. S. 357f.) zu entnehmen sind.

3.3.3 Familie[79]

3.3.3.1 Der umstrittene Begriff „Familie"

In den politischen Auseinandersetzungen der zurückliegenden Jahre haben fast alle Parteien das Thema „Familie" wiederentdeckt. Das hat unterschiedliche Gründe: Im Vordergrund steht natürlich die demographische Perspektive, die eine Verringerung der deutschen Wohnbevölkerung um ca. 1 % pro Jahr befürchten lässt. Ferner spielen bildungspolitische Themen eine Rolle, wie zum Beispiel die in qualitativer Hinsicht verstärkte Gewalt an Schulen und die relativ schlechten deutschen Ergebnisse bei den PISA-Studien. Schließlich stellt sich für viele jüngere Menschen – vor allem für Frauen – massiv die Frage nach der Vereinbarkeit von Berufs- und Familienleben. In diesem Zusammenhang flammte auch der Streit darüber neu auf, was überhaupt als „Familie" zählt und damit zu dem gehört, von dem es in GG Art. 6 (1) heißt: „Ehe und Familie stehen unter dem besonderen Schutze der staatlichen Ordnung".[80]

---

[79] Siehe dazu K. Lüscher u. a. (Hg.), Die „postmoderne" Familie. Familiale Strategien und Familienpolitik in einer Übergangszeit, Konstanz 1990²; F. X. Kaufmann, Zukunft der Familie. Stabilitätsrisiken und Wandel der familialen Lebensformen sowie ihre gesellschaftlichen und politischen Bedingungen, München 1990; ders., Zukunft der Familie im vereinten Deutschland, München 1995; H. Bertram (Hg.), Die Familie in Westdeutschland, Opladen 1991; ders., Die Familie in den neuen Bundesländern, Opladen 1992; K. Böllert/H.-U. Otto (Hg.), Die neue Familie. Lebensformen und Familiengemeinschaften im Umbruch, Bielefeld 1993; R. Nave-Herz, Familie heute. Wandel der Familienstrukturen und Folgen für die Erziehung, Darmstadt 1994; H.-G. Gruber, Familie und christliche Ethik, Darmstadt 1995; H. P. Buba/N. F. Schneider (Hg.), Familie. Zwischen gesellschaftlicher Prägung und individuellem Design, Opladen 1996; Ch. Leipert (Hg.), Familie als Beruf. Arbeitsfeld der Zukunft, Opladen 2001; Kirchenamt der EKD (Hg.), Was Familien brauchen. Eine familienpolitische Stellungnahme des Rates der EKD, Hannover 2002; H.-G. Krüsselberg/H. Reichmann (Hg.), Zukunftsperspektive Familie und Wirtschaft. Vom Wert von Familie für Wirtschaft, Staat und Gesellschaft, Grafschaft 2002; Konrad-Adenauer-Stiftung (Hg.), Familienreport 2005, St. Augustin 2005; W. Huber, Familie haben alle, Berlin 2006; H. Reifeld (Hg.), Ehe, Familie und Gesellschaft, St. Augustin 2006; Robert-Bosch-Stiftung (Hg), Unternehmen Familie, Stuttgart 2006 sowie M. Domsgen, Zur Bedeutung familialer Beziehungen für Theorie und Praxis der Gemeindepädagogik, in: ZThK 106 (2009), S. 477–500.

[80] Mit der Definition der Begriffe „Ehe" und „Familie" geht es zugleich um die Frage der Gleichwertigkeit, der Schutzbedürftigkeit und der Förderungswür-

Dabei konkurrieren (mindestens) folgende fünf Familienbegriffe miteinander:

a) Familie ist die Lebensgemeinschaft, in der ein Ehepaar mit mindestens einem eigenen (leiblichen oder adoptierten) Kind zusammenlebt.

b) Familie ist die Lebensgemeinschaft von mindestens einem Elternteil und mindestens einem (leiblichen oder adoptierten) Kind.

c) Familie ist überall dort, wo Kinder leben.

d) Familie ist dort, wo Erwachsene und Kinder füreinander Verantwortung übernehmen.

e) Familie ist jede Lebensgemeinschaft, in der (wechselseitige) Unterstützung und Hilfe praktiziert wird.

Bei kritischer Prüfung dieser Definitionsvorschläge komme ich zu folgendem Ergebnis:

ad a) Diese Definition ist *zu eng*, weil sie streng genommen schon beim Tod eines Elternteils, bei Scheidung oder Trennung aus einer Familie eine Nicht-Familie machen würde. Außerdem ist es kaum vertretbar, einem nicht verheirateten, aber dauerhaft zusammenlebenden Paar mit Kind(ern) den Familienstatus abzusprechen.[81]

ad b) Diese zweite Definition ist m. E. ein präziser und leistungsfähiger Familienbegriff, weil er durch das zweimalige „mindestens" eine Untergrenze definiert, aber dadurch auch nach oben (bis zur Drei- oder Viergenerationenfamilie hin) offen ist und die Lebensgemeinschaft von Eltern und Kindern zum ausschlaggebenden Kriterium macht.

ad c) Diese Definition legt mit guten Gründen die Betonung auf Kinder, weil erst Kinder aus einem Paar eine Familie machen. Aber nicht überall dort, wo Kinder leben, ist Familie, z.B. nicht in Kinderheimen, Kinderdörfern, Waisenhäusern etc. Diesen Unterschied zu verwischen ist irreführend und ignoriert die Bedeutung der Eltern und der (förderlichen oder belastenden) Lebensgemeinschaft mit ihnen.

ad d) Diese Definition betont sehr stark das *ethische Ziel* der Verantwortungsübernahme, auch wenn das „füreinander" nur im groben Durchschnitt und Überblick gelten kann.[82] Aber eine Familie bleibt auch dort Familie – wenn auch in höchst defizitärer Weise –, wo die

---

digkeit unterschiedlicher Lebensformen und damit um rechtliche und finanzielle Regelungen, die gesellschaftlich und politisch umstritten sind.

[81] Wie wünschenswert es ist, dass Paare mit Kindern heiraten, ist eine andere Frage, die uns beim Thema ‚Ehe' noch beschäftigen wird.

[82] Am Lebensanfang und Lebensende brauchen wir in der Regel mehr Fürsorge als wir geben können, in der Lebensmitte ist es dagegen in der Regel umgekehrt.

Verantwortung *nicht* wahrgenommen wird und unter Umständen der Staat eingreifen muss.[83]
ad e) Diese Definition leidet teilweise am selben Problem wie d). Hinzu kommt aber, dass durch das Fehlen der Kinder (bzw. Eltern) der Begriff so unspezifisch wird, dass er auf jede Wohngemeinschaft angewandt werden könnte. Das mag für Menschen (z.B. während des Studiums oder im Alter) zwar so etwas wie ein Familien*ersatz* sein, ist aber keine Familie.

3.3.3.2 Was spricht für die Lebensform „Familie"?

Es gibt gute Gründe für stabile, verlässliche Lebensformen (siehe oben 3.3.2), aber es gibt eigentlich nur *einen* Grund für die Lebensform „Familie". Dieser *eine* Grund ist die mit der Abstammungsbeziehung (bzw. mit der auf Adoption basierenden Wahlbeziehung) *normalerweise* gegebene emotionale Beziehung – zunächst von Seiten der Eltern zu ihren Kindern, aber sehr früh auch schon von Seiten der Kinder zu ihren Eltern. Dabei gibt es Unterschiede der Intensität und der Entstehungsdauer für diese Bindungen, und sie können auch mehr oder weniger vollständig misslingen. Die Schwangerschaft stellt, insbesondere wenn sie gewollt und/oder bejaht ist, üblicherweise eine Phase starker Beziehungsentwicklung dar, in die Väter erst durch eine nachträgliche „Adoption" hineinwachsen müssen.[84] Für die Kinder ist die Bindung zu den Eltern normalerweise so eng, intensiv und alternativlos, dass sie unglaublich viel an Vernachlässigung, Ablehnung und Bestrafung erdulden, bevor sie es vorziehen, von ihren Eltern getrennt zu werden (um zu Pflegeeltern oder in ein Heim zu kommen). Dabei spielt natürlich auch die Angst vor dem Unbekannten und Fremden eine entscheidende Rolle.

Von der wünschenswerten familiären Situation gibt es freilich zahlreiche – teilweise dramatische – Ausnahmen, die durch Beziehungsstörungen, Erziehungsversagen der Eltern, Verwahrlosung der Kinder oder sogar durch Missbrauch der Kinder durch die Eltern oder andere Angehörige gekennzeichnet sein können. In solchen Fällen stellt häufig

---

[83] Man sollte auch hier (vgl. oben Kap. B 2, Abschn. 2.1.3, bei Anm. 12 zum Gesundheitsbegriff) ethische Zielsetzungen nicht mit Begriffsbestimmungen gleichsetzen oder verwechseln, weil man damit das Ethische in die zu definierenden Begriffe und Institutionen hineinnimmt und nicht mehr als Kriterium oder Leitbild für sie zur Geltung bringen kann.

[84] Dasselbe gilt natürlich im Falle der wirklichen Adoption für Adoptivmütter.

das Kinderheim oder Kinderdorf eine relativ bessere Alternative für das betroffene Kind dar. Das gilt insbesondere im Blick auf Heime, in denen es familienähnliche Strukturen und einen quasi-familiären persönlichen Einsatz von professionellen Pädagogen gibt, die de facto einen Familienersatz darstellen und dann die weitaus bessere Alternative zu der verkorksten familiären Herkunftssituation darstellen.[85] Daneben sind in solchen Situationen die Freigabe zur Adoption oder die Vermittlung in eine Pflegefamilie erwägenswerte Alternativen im Interesse der Kinder, um die es dabei vor allem geht und gehen muss. Aber das sind immer *Notlösungen*.

Die Familie ist im Übrigen auch eine unverzichtbare Grundlage für eine *freie* Gesellschaft. Dementsprechend versuchen alle totalitären Gesellschaftsmodelle, von Platon angefangen über den Nationalsozialismus und den Kommunismus bis hin zu allen möglichen Horror-Utopien, möglichst früh und umfassend die Kinder aus ihren Herkunftsfamilien herauszulösen und unter ein staatliches Erziehungsmonopol zu bringen. Davon ist *insgesamt* nichts Gutes zu erwarten, weil damit der Staat konstitutiv zum *totalitären* Staat wird, der sich auch die Kompetenz zur weltanschaulich-religiösen Bildung seiner Bürger anmaßt. Auch deshalb ist es wichtig und nötig, die Familie zu stärken und zu stabilisieren.[86]

3.3.3.3 Gefährdung und Stabilisierung der Familie

Es gibt viele äußere Ursachen, die Familien belasten und gefährden: dazu zählen die (oft notwendige) Berufstätigkeit beider Eltern bei gleichzeitig fehlenden guten Betreuungsangeboten, das Fehlen eines gemeinsamen Lebensrhythmus, erhöhte schulische Leistungsanforderungen und vielfältige, divergierende Freizeitangebote etc.

---

[85] Für erfahrungsgestützte Hinweise, die mich zu dieser Aussage veranlasst haben, danke ich Helge Marquardt.

[86] Laut den Angaben des Deutschen Jugendinstituts ist der Prozentsatz traditioneller Familien freilich ohnehin erstaunlich hoch. So leben diesen Angaben zufolge in Westdeutschland 83,9 % und in Ostdeutschland 69 % aller Kinder unter 18 Jahren bei ihren beiden leiblichen, miteinander verheirateten Eltern. So: Ch. Althaus, Familie. Vielfalt – Risiko – Ressourcen, in: Ökumenischer Studientag Familie, 16. April 2008, Dokumentation, S. 18.

Ich will mich hier exemplarisch auf *eine* Belastung und Gefährdung konzentrieren, die in der heutigen Normalform der Familie als *Kleinfamilie* liegt. Die Intensität der Beziehung zwischen zwei Erwachsenen und einem Kind bekommt für alle Beteiligten leicht etwas Bedrückendes oder Erdrückendes – sei es in Form von Anpassungsdruck oder in Form einer übertriebenen Zuwendung. Können Einzelkinder ohne Unterstützung durch Geschwister ein stabiles Selbstbewusstsein in Auseinandersetzung mit den Eltern entwickeln? Wie sollen Eltern ohne Entlastung durch andere Verwandte ihrer Aufgabe, insbesondere ihrer Doppelaufgabe in Familie und Beruf gerecht werden? Die Großfamilie alten Stils sollte freilich nicht verklärt werden; denn sie hatte nicht nur positive Seiten. Insbesondere junge Frauen, die in solche Großfamilien eingeheiratet haben, hatten und haben es manchmal sehr schwer. Aber es ist erstrebenswert, dass heutige Kleinfamilien sich ein verwandtschaftliches, freundschaftliches oder kirchliches Umfeld suchen oder schaffen, in dem Enge und familiärer Überdruck kompensiert werden können.

Viele Familien sind krank. Deshalb wurde in den 60er und 70er Jahren mit Wohngemeinschaften, Kommunen und Großfamilien neuen Typs experimentiert. Davon ist nur weniges übrig geblieben. Es gibt offenbar bislang noch keine überzeugende Alternative zur (Klein-) Familie, aber es besteht die dringende Notwendigkeit nach staatlicher, gesellschaftlicher Entlastung und Förderung sowie nach kirchlicher Unterstützung und Begleitung von Familien.[87] Mit kranken Familien kann eine Gesellschaft nicht gesund werden. Mehrgenerationenhäuser könnten vielleicht ein zukunftsweisendes Modell für neue, konstruktive Formen des Zusammenlebens zwischen den Generationen sowie zwischen Menschen mit und ohne Behinderung werden. Sie verdienen jedenfalls aufmerksame Wahrnehmung durch Kirche und Gesellschaft.

---

[87] Siehe dazu W. Härle, Bildung auf dem Grund der Taufe, in: ders., Christlicher Glaube in unserer Lebenswelt, Leipzig 2007, S. 69–78, bes. S. 75–78 sowie in P. Barz/B. Schlüter (Hg.), Werkbuch Taufe, Gütersloh 2009, S. 20–29.

3.3.4 Ehe[88]

3.3.4.1 Umstrittenes am Ehebegriff

Im Blick auf den Ehebegriff ist vor allem[89] *ein* Element umstritten: Die (intendierte) Dauer. Ist trotz kontinuierlich sinkender Eheschließungs- und steigender Scheidungszahlen[90] daran festzuhalten, dass Ehe eine ihrer Intention nach *lebenslange* Gemeinschaft ist, oder sollte der Begriff „Ehe" so verändert werden, dass er auch Partnerschaften umfasst, die von vornherein zeitlich begrenzt sind (sogenannte Lebensabschnittspartnerschaften)?

Aus dem, was ich in früheren Zusammenhängen über den inhärenten Zusammenhang von Geschlechtlichkeit, Liebe, Erotik, Sexualität und Generativität gesagt habe[91], ergibt sich als Folgerung, dass ich einer solchen Veränderung ablehnend gegenüberstehe. Eine grundsätz-

---

[88] Siehe dazu M. Luther, Vom ehelichen Leben (1522) in: WA 10/2, 275–304 sowie in: K. Bornkamm/G. Ebeling, Martin Luther, Ausgewählte Schriften, Bd. 3, Frankfurt 1982, S. 166–199; F. Schleiermacher, Ueber die Ehe. Zweite Predigt (1820), in: H. Gerdes/E. Hirsch (Hg.), Friedrich Schleiermacher, Kleine Schriften und Predigten, Bd. I, Berlin 1970, S. 379–390; N. und G. O'Neill, Die offene Ehe. Konzept für einen neuen Typus der Monogamie (1972), dt. Reinbek 1975; G. Gaßmann, Ehe – Institution im Wandel. Zum evangelischen Eheverständnis heute, Hamburg 1979; O. Bayer (Hg.), Ehe. Zeit zur Antwort, Neukirchen-Vluyn 1988; B. Wannenwetsch, Die Freiheit der Ehe. Das Zusammenleben von Frau und Mann in der Wahrnehmung evangelischer Ethik, Neukirchen-Vluyn 1993; H.-G. Gruber, Christliche Ehe in moderner Gesellschaft. Entwicklungen – Chancen – Perspektiven, Freiburg/Basel/Wien 1995²; H. Birkhölzer, Ehe – kein Auslaufmodell. Lebensgestaltung zwischen biblisch orientierter, christlicher Lebenssicht und Lebenskompromiß, München 1997; H. Reifeld (Hg.), Ehe, Familie und Gesellschaft, St. Augustin 2006.

[89] Ein weiteres Problem zeigt sich in der Frage, ob der Begriff „Ehe", der traditionell auf heterosexuelle Lebenspartnerschaften bezogen ist, auch auf eingetragene homosexuelle Lebenspartnerschaften angewandt und so ausgeweitet werden sollte.

[90] Zwischen 1950 und 2000 gab es in Deutschland einen fast kontinuierlichen *Abwärtstrend* bei den Eheschließungen, wodurch diese sich um mehr als die Hälfte reduziert haben. Bei den Ehescheidungen gibt es dagegen einen kontinuierlichen *Anstieg* von 1955 bis 2000 (von etwa jährlich 0,8 % der Bevölkerung auf 2,4 %). *Statistisch gesehen* wird zur Zeit jede zweite Ehe geschieden, darin sind allerdings auch die *mehrfachen* Scheidungen einzelner Personen enthalten, die entsprechend mehrfach gezählt werden.

[91] Siehe oben die Aussagen zum „ganzheitlichen Eros" in Abschn. 3.2.2.1.

liche zeitliche Befristung ist weder mit dem Wesen der Liebe noch mit dem der Verantwortung vereinbar.[92]

3.3.4.2 Der Sinn der Ehe[93]

In der Vergangenheit wurden gelegentlich einzelne Ehezwecke herausgehoben und kritisch oder polemisch anderen entgegengesetzt – so auch gelegentlich im interkonfessionellen Verhältnis. So wurden häufig zwei oder drei selbstständige Ehezwecke unterschieden:

- die Lebens- und Liebesgemeinschaft der Ehegatten,
- die Weitergabe des Lebens,
- die Legitimierung und Kanalisierung der Sexualität.

Heute besteht ein breiter Konsens darüber, dass es nur *einen* Sinn der Ehe gibt: Sie ist als öffentlich eingegangene, rechtlich geordnete Lebensform *Verantwortungsgemeinschaft* von Mann und Frau, die als solche *grundsätzlich* offen ist für Kinder und die als solche der Ort der Beheimatung von Sexualität ist. Die konkret gedachte Verantwortungsgemeinschaft Ehe schließt also die Beheimatung der Sexualität und die Offenheit für die Weitergabe menschlichen Lebens ein. Aber mit Birkhölzer[94] ist daran zu erinnern, dass viele Ehen hinter diesem Sinn zurückbleiben und Elemente eines „Lebenskompromisses" in sich aufnehmen müssen oder selbst zum Lebenskompromiss werden. Und auch im Umgang mit Krisen, Defiziten und Erfahrungen des Scheiterns schreiben Ehepaare an der Geschichte der Institution „Ehe" mit.

3.3.4.3 Krise, Wandlung und Auflösung der Ehe

Wenn hier von „Wandlung" der Ehe die Rede ist, dann ist damit nicht nur die eben erwähnte kontinuierliche gesellschaftliche Entwicklung der Institution Ehe gemeint, sondern so etwas wie eine grundlegende Neuordnung und -orientierung zwischen zwei Menschen, also ein „neuer Partnerschaftsvertrag",[95] wie er nach einer tiefen Krise nötig

---

[92] Ich werde darauf noch einmal am Ende von 3.3.4.3 eingehen.
[93] Vgl. dazu vor allem den einschlägigen instruktiven Abschnitt aus der Arbeit von W. Wannenwetsch: Die Freiheit der Ehe (s.o. Anm. 88), S. 143–181.
[94] H. Birkhölzer, Ehe – kein Auslaufmodell (s.o. Anm. 88), bes. S. 101–127.
[95] N. und G. O'Neill, Die offene Ehe (s.o. Anm. 88), S. 32–45.

sein kann, um die Auflösung der Ehe zu vermeiden. Voraussetzung hierfür kann eine sogenannte „psychische bzw. psychologische Scheidung"[96] sein, wie sie von Psychologen gelegentlich für Paare empfohlen wird – vor allem dort, wo sich herausstellt, dass faktisch nicht zwei reife Partner eine Ehe eingegangen sind, sondern jeder von beiden dem anderen sein „inneres *Kind*" anvertraut hat.[97]

Es gibt freilich auch zahlreiche *äußere* Einflussfaktoren auf Ehen in unserer Gesellschaft, die teilweise aus durchaus positiven Entwicklungen hinsichtlich der Gestaltung des Sexuallebens resultieren. Ich nenne hier exemplarisch fünf:

a) die stärkere Akzeptanz und Betonung *eigener Wünsche* (auch von und bei Frauen) in Verbindung mit größerer Freiheit gegenüber vorgegebenen Rollenbildern;

b) der gesellschaftlich akzeptierte *freizügigere Umgang* mit Erotik und Sexualität;

c) die große Zahl gesellschaftlicher *Begegnungs- und Kontaktmöglichkeiten* auch zwischen den Geschlechtern;

d) die *längere Lebensdauer*, die zugleich die Aufgabe einschließt, die Ehe über eine längere Zeit hin aufrechtzuerhalten und zu gestalten sowie

e) die größere gesellschaftliche *Akzeptanz von Scheidungen*.

Die katholische Moraltheologie hält – davon unbeeindruckt – an der prinzipiellen *Unauflöslichkeit* der Ehe fest, d.h. sie geht davon aus, dass eine (gültige geschlossene und vollzogene) Ehe nicht nur nicht geschieden werden *darf*, sondern gar nicht geschieden werden *kann*. Sie kennt freilich sowohl die *Nichtigkeitserklärung* von Ehen, die entweder nicht vollzogen wurden oder auf ungültigen Voraussetzungen basierten, als auch die „Trennung von Tisch und Bett" als faktische Auflösung der ehelichen *Lebens*gemeinschaft. Was die katholische Moraltheologie wegen ihres Eheverständnisses jedoch nicht akzeptieren

---

[96] So Hans Jellouschek, Der Froschkönig, Stuttgart 1985, S. 95–108.
[97] Wo dies nur *einseitig* geschieht, kann es – äußerlich betrachtet – gut gehen, wenngleich die Ehe dann eher einer Mutter-Sohn- oder Vater-Tochter-Beziehung gleicht. Im Hintergrund dieser Überlegungen steht die von Eric Berne (Spiele der Erwachsenen, 1967/1990) und Thomas A. Harris (Ich bin ok, Du bist ok [1967/1973]) entwickelte Transaktionsanalyse, die davon ausgeht, dass jeder heranwachsende Mensch drei (unterschiedlich starke) Ichs entwickelt: ein Eltern-Ich, ein Erwachsenen-Ich und ein Kindheits-Ich, die in verschiedenen Situationen angesprochen werden und reagieren, woraus eine Fülle von Beziehungskonflikten resultieren können – insbesondere, wenn die Ebenen, auf denen kommuniziert wird, nicht miteinander übereinstimmen.

und anerkennen kann, ist die *Wiederverheiratung Geschiedener.* Diese hat automatisch die Exkommunikation zur Folge, was diejenigen Katholiken, denen an einer engen Bindung zu ihrer Kirche gelegen ist, und die nicht in „wilder Ehe" mit einem zweiten Partner zusammenleben *wollen,* in schwere innere Konflikte bringen kann.

Was an dieser römisch-katholischen Auffassung m.E. *richtig* ist, ist die Einsicht, dass man eine einmal geschlossene und vollzogene Ehe nicht *ungeschehen* machen kann und deswegen faktisch „nie mehr los wird". In mehreren Hinsichten bleibt auch die *Verantwortung* für den ehemaligen Partner selbst über eine Scheidung und Wiederverheiratung hinaus bestehen. Richtig ist auch, dass vermutlich jede Ehescheidung ein tiefer Einbruch in die Lebensgestaltung ist, der zum Innehalten, zur Selbstprüfung, unter Umständen zu einer Therapie Anlass geben muss. *Aber* es gibt auch unter Christen Entwicklungen in Ehen, die nicht dem Sinn der Ehe entsprechen und um derentwillen schon das Alte Testament (Dtn 24,1f.) die Scheidung als *Notlösung* geordnet hat, und Jesus hat ihm darin nicht widersprochen (Mk 10,2–9).

Die entscheidende Frage ist hier, wie der Satz zu verstehen ist: „Was Gott zusammengefügt hat, soll der Mensch nicht scheiden" (Mk 10,9). Üblicherweise wird er so verstanden: „(Gültig geschlossene) Ehen sollen nicht geschieden werden". Das setzt voraus, dass jede (gültig geschlossene) Ehe *von Gott* zusammengefügt ist. Der junge Schleiermacher (und in Abschwächung auch noch der ältere) hat es in seinem „Katechismus der Vernunft für edle Frauen" gewagt, die Logik dieses Satzes umzukehren: „Du sollst keine Ehe schließen, die gebrochen werden muss".[98] Isoliert und verabsolutiert man diesen Interpretationsansatz, so kann mit seiner Hilfe die ethische Kritik an Ehebruch und Ehescheidung leicht ad absurdum geführt werden. Aber als *ein* Interpretationselement ist es doch wichtig und verdient auch in der Vorbereitung auf kirchliche Trauungen Beachtung: Es *kann* ein ethischer Erfolg eines Traugesprächs sein, eine geplante Eheschließung *zu verhindern.*

Aber wenn eine Ehe eingegangen wurde, wenn sie ihre Geschichte hatte und – insbesondere – wenn aus ihr Kinder hervorgegangen sind, dann ist es auch in Situationen, die man als Entfremdung oder als Scheitern bezeichnen kann, nicht automatisch der bessere Weg, sich scheiden zu lassen. Dem komplexen Gewebe des Lebens, an dem Herkunftsfamilien, Kinder und ihre Familien sowie Freunde, Kollegen und Be-

---

[98] Siehe H. Bolli (Hg.), Schleiermacher-Auswahl, München/Hamburg 1968, S. 274. Vgl. auch seine (zweite) Predigt „Ueber die Ehe", in: F. Schleiermacher, Kleine Schriften und Predigten, Bd. I, Berlin 1970, S. 379–390.

kannte partizipieren, *kann* es angemessener sein, die Ehe und damit die Familie aufrechtzuerhalten – unter Umständen bei Trennung von Tisch und Bett. Es wäre freilich nicht abwegig, wenn in einer so schwierigen Konstellation die noch bestehende Ehe dadurch respektiert würde, dass die neuen Partner bewusst darauf verzichten, ein eheähnliches Leben zu führen. Dabei geht es auch hier nicht um ein generelles *Verbot* der Ehescheidung, sondern um die Suche nach lebensdienlicheren Lösungen. Und da gilt jedenfalls *nicht automatisch*, dass die Scheidung die lebensdienlichste Konsequenz aus dem Scheitern einer Ehe ist.[99]

Könnte eine *zeitliche Begrenzung* der Ehe dieses Problem (besser) lösen? Ich meine „Nein!" Welche Zeitspanne sollte es sein und was wäre der Vorteil eines solchen von vornherein vereinbarten Verfallsdatums? Der relativ plausibelste Vorschlag, der in diesem Zusammenhang diskutiert wird, ist der, dass eine Ehe auf die Zeit bis zum Erwachsensein aller Kinder begrenzt wird. Aber das hätte normalerweise entweder eine Unscheidbarkeit einer Ehe für mindestens zwei Jahrzehnte zur Folge, oder es wäre mit der Funktionsbestimmung eines Ehepartners als befristete Erzieherin oder als Erzieher auf Zeit verbunden. Obwohl ich den Zusammenhang von Ehe und Familie für sehr wichtig halte, sehe ich *darin keine* sinnvolle Lösung. Wem die Lebensform Ehe zu starr oder zu eng ist, der muss für sich nach anderen Lebensformen Ausschau halten. Und es gibt sie ja.

3.3.5 Andere Lebensformen[100]

Es wäre freilich eine *verengte* Perspektive, bei „anderen Lebensformen" *ausschließlich* an Alternativen zur Ehe zu denken und damit von vornherein so etwas wie eine Institutionenkonkurrenz ins Auge zu fassen.

---

[99] Sowohl F. Böckle im Handbuch der christlichen Ethik, Bd. 2, 1978, S. 126f. als auch M. Marquardt, in: Marburger Jahrbuch Theologie VII, S. 98f. gehen in erfreulicher Offenheit auf die Frage ein, was es bedeutet, wenn z.B. einer der Ehepartner einen neuen Liebespartner findet.

[100] Siehe dazu M. Wingen, Nichteheliche Lebensgemeinschaften. Formen – Motive – Folgen, Osnabrück/Zürich 1984; A. Heller, Zusammenleben von Frau und Mann. Kirche und nichteheliche Lebensgemeinschaften, Wien/Klagenfurt 1989; H. Jellouschek, Die Kunst als Paar zu leben, Stuttgart 1992; Theologische Kammer der EKKW (Hg.), Was dem Leben dient. Familie – Ehe – andere Lebensformen, Kassel 1998 sowie S. Keil/M. Haspel (Hg.), Gleichgeschlechtliche Lebensgemeinschaften in sozialethischer Perspektive. Beiträge zur rechtlichen Regelung pluraler Lebensformen, Neukirchen-Vluyn 2000.

Vielmehr verdient es Beachtung, dass die weitaus meisten Menschen in ihrem Leben auf ganz natürliche Weise eine *Mehrzahl* von anderen Lebensformen durchlaufen. Das erklärt sich einerseits aus dem groß gewordenen Zeitraum zwischen Geschlechtsreife und Eheschließung bzw. Familiengründung und andererseits aus den lang gewordenen Zeiträumen *nach* einer Ehe, die durch Tod oder Scheidung beendet wurde. So durchlaufen viele Menschen nach der Lebensform der Herkunftsfamilie (als Kind) eine Zeit als Alleinlebende (Single), als Verlobte oder Festbefreundete, als Teil einer nicht-ehelichen Lebensgemeinschaft, als Geschiedene oder Verwitwete. Das hat eine ethisch ganz unbedenkliche *Pluralität* von Lebensformen zur Folge, von denen viele schon seit Jahrhunderten existieren, manche neu hinzugekommen sind. Aber an zwei Stellen gibt es Konflikte, die auch ethisch relevant sind:

a) bei der Gegenüberstellung von Ehe und nicht-ehelicher heterosexueller Lebensgemeinschaft und

b) bei der Gegenüberstellung von Ehe und gleichgeschlechtlicher Lebensgemeinschaft.

ad a) Die Frage nach dem Verhältnis von Ehe und nicht-ehelicher heterosexueller Lebensgemeinschaft ist deshalb nicht leicht zu beantworten, weil es strittig ist, wer in dieser Auseinandersetzung die Begründungspflicht trägt. Heißt die entscheidende Frage: „Warum sollten wir *heiraten*?" oder: „Warum wollt ihr *nicht* heiraten?" Im Hintergrund steht dabei die Grundfrage der Bedeutung von Lebensformen für die geschlechtliche Liebe. Von den Bedenken, die gegen feste, institutionalisierte Lebensformen in Sachen geschlechtlicher Liebe vorgebracht werden, war ebenso schon die Rede wie von den Gründen, die für verlässliche, rechtlich geregelte Beziehungen auch zwischen Liebenden sprechen, die zusammenleben wollen. Die Gründe *gegen* die Institution werden m. E. qualitativ umso *stärker*, je mehr sich mit der Heirat (oder gar mit dem Kinderkriegen) die Hoffnung verbindet, damit die Liebesbeziehung *stabilisieren* oder *absichern* zu können. Das kann eine Ehe oder feste Partnerschaft nicht leisten. Die Gründe *für* eine Institutionalisierung werden m. E. qualitativ umso *stärker*, je mehr man auf die Belastungen und Gefährdungen blickt, denen auch eine Liebesbeziehung ausgesetzt ist – nicht um diese durch eine Ehe zu vermeiden, sondern um mit diesen Belastungen und Gefährdungen möglichst *schonend umzugehen*.

Nun *scheint* es so etwas wie eine salomonische Lösung zu geben: die möglichst weitgehende rechtliche Gleichstellung der nicht-ehelichen Lebensgemeinschaften mit der Ehe. Aber dieses „Ei des Kolumbus" ist natürlich faktisch ein *Selbstwiderspruch*; denn genau diese Rechtsform soll ja vermieden werden. Würden nicht-eheliche Lebensgemeinschaften faktisch den Ehen rechtlich gleichgestellt, so würde genau die Intention der nicht-ehelichen Lebensgemeinschaften unterlaufen.[101]

Gibt es Gründe dafür, trotz Zuneigung und Liebe eine solche rechtsförmige Institution nicht zu wählen? Der beste Grund, den ich mir denken kann, lautet: „Wir sind uns noch nicht sicher, ob wir wirklich für immer beieinander bleiben wollen". Aber in diesem Fall sollten sich beide Partner auch fragen: Ist es dann gut, dass wir (schon) zusammenleben? Sollten wir dann nicht nach anderen, distanzierteren Formen des Lebens (living-apart-together) suchen? Der alte Gedanke, dass die Qualität und Belastbarkeit einer Beziehung sich gerade in der zeitlich befristeten und überschaubaren *Distanz*, im Aufeinander-warten-können, zeigt, ist nicht altmodisch, und wenn altmodisch, dann jedenfalls *nicht abwegig*. Denn das Leben mutet dieses Warten auch *innerhalb* von Ehen und anderen Formen dauerhafter, stabiler Partnerschaft nicht selten zu.

ad b) Ganz anders ist die Situation bei homosexuell geprägten Menschen. Aufgrund empirischer Untersuchungen vertritt Dannecker die These, dass insbesondere bei der Mehrheit homosexueller *Männer* „von zwei gleichzeitig vorhandenen Objektbeziehungsmodalitäten"[102] auszugehen ist: einerseits von der flüchtigen Begegnung mit einem relativ zufälligen Sexualpartner, andererseits von der Beziehung zu einem „festen Freund", die die Form einer umfassenden, relativ dauerhaften Beziehung hat. Naturgemäß kommt nur Letztere für eine Lebensgemeinschaft infrage.[103] Und hier gilt nun *nicht*: Wer eine solche Form sucht, kann die Ehe wählen. Deswegen ist es im Blick auf gleichgeschlechtliche Lebensgemeinschaften auch *kein* Widerspruch, wenn für sie eine der Ehe *vergleichbare* rechtliche Absicherung gesucht oder verlangt wird. Dieses Verlangen ist legitim, und für die entsprechenden Änderungen war und ist in Deutschland, wie die Verabschiedung des Lebenspartnerschaftsgesetzes gezeigt hat, ein politischer Wille vorhanden, für den es auch gute ethische Gründe gibt.[104] Die EKD-Denkschrift

---

[101] Man kann vielleicht mit guten Gründen eine nicht-eheliche Lebensgemeinschaft wollen, aber man kann dann nicht *gleichzeitig* die rechtlichen Vorteile, die mit der Lebensform „Ehe" verbunden sind, wollen.

[102] M. Dannecker, Art. „Homosexualität 1" in: Lexikon der Bioethik 2 (1998), S. 226.

[103] Und das gilt natürlich auch für heterosexuell veranlagte bzw. geprägte Menschen.

[104] Man kann darüber geteilter Meinung sein, ob diesem Verlangen besser Rechnung getragen wird durch Schaffung des Rechtsinstituts der eingetragenen gleichgeschlechtlichen Lebenspartnerschaft, das nur von 1–2 % der Betroffenen in Anspruch genommen wird, oder durch vertragliche Regelungen, die sich in einem bestimmten, staatlich vorgegebenen Rahmen bewegen und größere individuelle Gestaltungsspielräume eröffnen.

„Mit Spannungen leben" (1995) sowie der Folgetext: „Verlässlichkeit und Verantwortung stärken" (2000) raten homosexuell geprägten Menschen zur Führung einer Lebensgemeinschaft, die sich an den Kriterien von Freiwilligkeit, Ganzheitlichkeit, Dauer, Verbindlichkeit und Partnerschaftlichkeit orientiert, und sie treten ein für die Beseitigung all der Benachteiligungen, für die keine sachlichen Gründe bestehen.
Wenn dagegen in der innerkirchlichen Kritik die (durchgehend negativen) biblischen Aussagen über Homosexualität ins Feld geführt werden, so ist dazu zweierlei zu sagen:

– teilweise handelt es sich – wie bereits oben (3.1.5) gezeigt – um *alttestamentliche* Begründungs- und Denkformen, die für das Neue Testament und damit für das Christentum nicht (mehr) gelten;
– und bei den kritischen Aussagen zu praktizierter Homosexualität, die sich im Neuen Testament finden (nämlich Röm 1,24–27; 1 Kor 6,9 und 1 Tim 1,10), muss man immer fragen, ob das, was durch sie infrage gestellt oder als Sünde qualifiziert wird, nicht ebenso auf heterosexuelle wie auf homosexuelle Beziehungen zutrifft, also gar nicht spezifisch für Homosexualität ist. Und das ist in der Tat der Fall: Wenn die sexuelle Praxis eine Konsequenz der Vertauschung von Schöpfer und Geschöpf ist (Röm 1,24–27), oder wenn Kinder als Lustobjekt benutzt werden (1 Kor 6,9 und 1 Tim 1,10), ist dies unter homosexuellen wie unter heterosexuellen Bedingungen gleichermaßen Sünde.

3.3.6 Lebensformen und Gesellschaftsstruktur[105]

3.3.6.1 Die Notwendigkeit eines gesellschaftlichen Modells für Lebensformen

Insbesondere der Gesetzgeber, aber auch alle Institutionen und Personen, die für die Gestaltung der Gesellschaft (Mit-)Verantwortung tragen, brauchen ein Modell – jedenfalls aber Kriterien –, an dem bzw. an denen sie sich bei ihren grundsätzlichen Entscheidungen orientieren können, sowohl was den gesetzlichen Regelungsbedarf anbelangt als auch hinsichtlich der Schaffung von Einrichtungen und im Blick auf die

---

[105] Vgl. hierzu den Text der Evangelischen Kirche von Kurhessen-Waldeck: Was dem Leben dient, Kassel 1998 sowie H. Reifeld (Hg.), Ehe, Familie und Gesellschaft, St. Augustin 2006.

Formulierung von Bildungszielen und -inhalten. Dabei besteht zwischen der demokratischen Willensbildung in der Gesellschaft und den richtunggebenden Entscheidungen der staatlichen Organe durchaus eine *Wechselwirkung*: Einerseits wählen Mehrheiten politische Parteien mit ihren Programmen, andererseits beeinflusst die Umsetzung politischer Programme Willensbildungsprozesse in der Bevölkerung. Geschlechtliche Identitäten und Verhaltensweisen sind in erheblichem Maße gesellschaftlich-kulturell mitkonstruiert, also nicht von Natur aus festgelegt. Und selbst wer diesen konstruktivistischen Anteil zurückhaltend beurteilt, kann den Einfluss, der z.B. durch Medien, Erziehung, erlebte Vorbilder und staatliche Maßnahmen auf die Gestaltung und Veränderung von Lebensformen ausgeübt wird, nicht bestreiten. Dann stellt sich aber die Frage nach dem *Modell* oder nach den *Kriterien*, an denen sich diese Steuerung orientieren soll – mithin die sozialethische Frage in Blick auf Lebensformen.

3.3.6.2 Kriterien für ein gesellschaftliches Modell von Lebensformen

Alles ethische Nachdenken über Lebens- und Gesellschaftsformen, das sich auf ein positives Ergebnis ausrichtet, geht von der (in der Regel unbewussten oder ungenannten) Prämisse aus: „Die Menschheit soll (auch in Zukunft) sein". Hans Jonas nennt dies den einzigen wirklichen kategorischen Imperativ und spricht deshalb von einer „Pflicht zur Zukunft"[106]. Dieser kategorische Imperativ, „dass eine Menschheit sei",[107] lässt sich *religiös* (aus Gottes Schöpferwillen), *metaphysisch* (aus der Vernunftnatur der Handelnden) und *pragmatisch* (aus der Notwendigkeit nachwachsender Generationen) begründen. Nun könnte nicht nur, sondern wird nach allem, was wir naturwissenschaftlich wissen, die Existenz der Menschheit irgendwann enden. Das kann sich aufgrund verschiedener Ursachen ereignen, aber *wollen* können wir es verantwortlicherweise *nicht*, und zwar gerade dann nicht, wenn wir aus Verantwortung auch für kommende Generationen handeln.

Deswegen verdienen Lebensformen, die der Weitergabe und Erhaltung menschlichen Lebens dienen, Anerkennung und Schutz. Aber dies ist nicht das einzige Kriterium. Qualitativ nicht weniger wichtig ist, ob in ihnen der Würde und Freiheit von Menschen Raum gegeben wird

---

[106] H. Jonas, Das Prinzip Verantwortung (s.o. Kap. A 5, Abschn. 5.4) S. 84ff. und 91f.
[107] A.a.O., S. 90.

und ob es in ihnen möglich ist, Beziehungen zu leben, die authentisch und menschlich sind.

Man kann – im Anschluss an Kant – die Auffassung vertreten, Lebensformen müssten sich am Maßstab des kategorischen Imperativs und damit der *Universalisierbarkeit* messen lassen, und deswegen verdienten Ehe und Familie den absoluten Vorrang. Sie seien *der* wünschenswerte Normalfall. Zu diesem Ergebnis muss oder kann man kommen, wenn man Lebensformen *nur* an ihrer objektiven Bedeutung für die Gesellschaft misst und dabei die Frage nach der subjektiven Zugänglichkeit außer Acht lässt. Aber das ist eine *abstrakte* Betrachtungsweise. Ehe und Familie sind zwar „objektiv" universalisierbar,[108] aber nicht „subjektiv". Das gilt zunächst in schwächerer Form für die Menschen, die keinen Partner finden oder die ein Lebensziel haben, in dem Ehe und Familie keinen Platz haben. Es gilt aber vor allem für die Menschen, die aufgrund ihrer sexuellen Prägung gar nicht ermutigt werden *dürfen*, die Lebensform der (heterosexuellen) Ehe zu wählen.[109] Für sie kann und darf Ehe und Familie nicht das Leitbild sein.[110] Das Kriterium der Universalisierbarkeit ist damit nicht hinfällig, aber man darf es nicht an einzelne Lebensformen anlegen; denn keine von ihnen ist sowohl objektiv als auch subjektiv universalisierbar. Man muss das Kriterium der Universalisierbarkeit stattdessen an die *Gesellschaftsstruktur im Ganzen* anlegen.[111] Daraus lassen sich dann folgende drei Kriterien für ein gesellschaftliches Modell der Lebensformen ableiten:

a) In der Gesellschaft muss Raum sein für alle Formen des Zusammenlebens, die mit den durch die Verfassung verbürgten Grundrechten vereinbar sind, und damit der Würde aller Menschen Rechnung tragen.

b) Die Gesellschaft hat sowohl die ethische Pflicht der Erhaltung und Förderung der Zukunftschancen der Gesamtgesellschaft als auch

---

[108] Das heißt: Man könnte sich theoretisch eine Gesellschaft *denken*, in der jede Person bei Erreichung des dafür erforderlichen Alters verpflichtet wäre, zu heiraten und nach Möglichkeit eine Familie zu gründen.

[109] Das war über lange Zeit hin eine Form, wie homosexuell geprägte Menschen (meist ohne Wissen ihres heterosexuell geprägten Partners) versucht haben, ihre sexuelle Veranlagung vor der Öffentlichkeit zu *verbergen* oder durch das Zusammenleben mit einem heterosexuell geprägten Partner zu *verändern*. Diese Praxis hat unglaublich viel Leid über *alle* Beteiligten gebracht; deshalb kann von ihr nur dringend abgeraten werden.

[110] Der Buchtitel von W. Huber: Familie haben alle (s.o. Anm. 79) gilt zwar tatsächlich für alle Menschen, aber nur im Blick auf ihre *Herkunfts*familie.

[111] Einen Ansatz dazu enthält der in Anm. 105 genannte Text: Was dem Leben dient.

der Unterstützung und Förderung derer, die (am meisten) benachteiligt sind.[112]

c) Die Gesellschaft hat die Aufgabe, nicht *ein* sexualethisches Leitbild zu entwickeln, sondern die Entwicklung spezifischer, ethisch verantworteter Leitbilder für unterschiedliche Orientierungen zuzulassen und zu ermöglichen.

Diese drei Punkte sollten in einer freien Gesellschaft den Charakter eines breiten Konsenses haben, sonst können sie selbst nicht förderlich wirksam werden. Unter geschichtlichen Bedingungen steht ein solcher Konsens freilich nicht ein für alle Mal fest, sondern muss immer wieder neu hergestellt, und d.h. auch: neu errungen und weiterentwickelt werden. Dabei könnte es eine der wichtigen Funktionen von Kirche und Theologie sein, an diejenigen Voraussetzungen zu erinnern, von denen die Gesellschaft lebt, die sie aber nicht selbst garantieren, sondern nur in Anspruch nehmen kann, mit denen sie jedoch im schlechteren Fall rücksichtslos umgeht, im besseren Fall aufmerksam und pfleglich umgehen sollte.

---

[112] Es spricht viel für die Annahme, dass dies in der gegenwärtigen gesellschaftlichen Situation der Bundesrepublik Deutschland die Familien und hier besonders die Kinder sind.

4 Gerechtigkeit

Beim Thema „Gerechtigkeit" horchen viele Menschen interessiert auf. Freilich verbinden sich mit diesem Begriff ganz unterschiedliche Fragestellungen und Erwartungen.[1] Die einen denken dabei vorrangig an eine gerechte *(Welt-)Wirtschaftsordnung*, andere an *soziale Gerechtigkeit* im Verhältnis der unterschiedlichen gesellschaftlichen Klassen, Gruppen oder Schichten, wieder andere an ein *Strafrecht*, das die Opfer wirksamer schützt oder den Tätern eher gerecht wird, nicht wenige bewegt die Frage nach *Chancengerechtigkeit* im Bildungs- und Berufsleben, wieder andere beziehen das Thema auf das *Verhalten* von Lehrern, Erzieherinnen oder Eltern im Umgang mit Kindern. Diese verschiedenen Stichworte mögen als Beleg dafür genügen, dass „Gerechtigkeit" eine breit gestreute und hohe ethische Relevanz besitzt und in ganz unterschiedlichen Bereichen des Lebens (insbesondere in der Wirtschaft, im Recht und im Bereich der Erziehung) eine große Rolle spielt. Zugleich zeigt sich, dass wir es bei der Gerechtigkeit mit einem *affektiv* besetzten Begriff und Thema zu tun haben. Existentiell aufwühlend und durchschlagend wird das Thema Gerechtigkeit freilich in der Regel erst dann, wenn man sich an dem Gegenbegriff, also an einer mit „Ungerechtigkeit" beschriebenen Erfahrung orientiert, und wenn man von ihr selbst betroffen ist oder sich von ihr mit betreffen lässt. Wie bei anderen

---

[1] Die theologische Bedeutung von Gerechtigkeit bleibt an dieser Stelle vorerst im Hintergrund. Auf sie werde ich erst im letzten Unterabschnitt unter der Überschrift „Gerechtigkeit und Liebe" (4.4) eingehen. Zu ihr zählt die Frage nach der Gerechtigkeit Gottes im Horizont des Theodizeeproblems, die Beschäftigung mit biblischen Vorstellungen von Gerechtigkeit und ihrer Bedeutung für unsere Zeit. Schließlich gehört auch Luthers Ringen um den Begriff der „Gerechtigkeit Gottes" hierher, der ihn zunächst „zum Verzweifeln trieb" (EG 342,3), bevor sich für ihn durch ein *theologisches* Neuverständnis dieses zunächst *ethisch* verstandenen Begriffs der reformatorische Durchbruch ereignete, so dass er im Rückblick sagen konnte: „Wie sehr ich vorher die Vokabel ‚Gerechtigkeit Gottes' gehasst hatte, so pries ich sie nun mit entsprechend großer Liebe als das mir süßeste Wort" (Vorrede zum ersten Band der Wittenberger Ausgabe der lateinischen Schriften Luthers [1545]; zitiert nach: M. Luther, Ausgewählte Schriften, hg. von K. Bornkamm und G. Ebeling, Band 1, 1982, S. 23).

ethischen Begriffen auch, erhöht sich der Grad der Konkretheit, Anschaulichkeit und inneren Beteiligung erheblich, wenn man sich nicht an wünschenswerten und angestrebten Idealzuständen, sondern an zu überwindenden Unrechtszuständen und Leidenssituationen orientiert und an ihnen – soweit das möglich ist – mitfühlend Anteil nimmt.[2] Dort, wo Menschen das Gefühl haben, dass es in einem für sie wichtigen Bereich oder im Blick auf ihnen wichtige Menschen *ungerecht* zugeht, verbindet sich mit dieser Wahrnehmung häufig ein inneres oder auch laut werdendes Aufbegehren, ein Ärger, der sich zur Empörung und Wut steigern kann: „Das ist ungerecht!" oder noch schärfer: „Das ist eine schreiende Ungerechtigkeit".

Dass „Gerechtigkeit" ein zentraler ethischer – und seit es die Unterscheidung zwischen Individual- und Sozialethik gibt, auch ein sozialethischer – Grundbegriff ist, wird vermutlich von niemandem ernsthaft bestritten.[3] Ein Blick in Platons Politeia[4] und Aristoteles' Nikomachische Ethik[5] zeigen sogar, dass Gerechtigkeit vom Anfang der abendländischen Ethikgeschichte an nicht nur (neben Klugheit, Tapferkeit und Besonnenheit) zu den vier *Kardinal*tugenden zählte, sondern dass sie unter ihnen noch einmal eine dominierende Stellung einnahm. „Gerechtigkeit" wird – wie bereits in Kap. A 2 gezeigt – insbesondere bei Platon verstanden als innere und äußere Wohlordnung im umfassenden

---

[2] Das ist auch literarisch möglich, z.B. bei der Lektüre (der ersten Hälfte!) von Kleists Michael Kohlhaas (1810), Stuttgart 2008. Vgl. aber auch unten bei Anm. 75.

[3] Siehe dazu folgende Literaturauswahl: Aristoteles, Nikomachische Ethik, Buch V; Thomas von Aquin, Summa Theologiae II/2, q.57–61; E. Brunner, Gerechtigkeit. Eine Lehre von den Grundgesetzen der gesellschaftlichen Ordnung, Zürich 1943; J. Pieper, Über die Gerechtigkeit, München (1953) 1965[4]; J. Rawls, Eine Theorie der Gerechtigkeit (1971), dt. Frankfurt a. M. 1975; ders., Gerechtigkeit als Fairness. Ein Neuentwurf (2001), dt. Frankfurt a.M. 2003; M. Walzer, Sphären der Gerechtigkeit. Ein Plädoyer für Pluralität und Gleichheit (1983), dt. Frankfurt a. M./New York 1992; J. Habermas, Faktizität und Geltung, Frankfurt a. M. 1992; W. Lienemann, Gerechtigkeit, Göttingen 1995; W. Huber, Gerechtigkeit und Recht. Grundlinien christlicher Rechtsethik, Gütersloh (1996) 2006[3]; H.-R. Reuter, Rechtsethik in theologischer Perspektive. Studien zur Grundlegung und Konkretion, Gütersloh 1996; S. Lippert, Recht und Gerechtigkeit bei Thomas von Aquin, Marburg 2000; E. Otto, Gottes Recht als Menschenrecht, Wiesbaden 2000; O. Höffe, Gerechtigkeit. Eine philosophische Einführung, München (2001) 2004[2] sowie A. Sen, Die Idee der Gerechtigkeit (2009), München 2010.

[4] Siehe oben Kap. A 2, Abschn. 2.3.1.

[5] Siehe oben Anm. 3.

Sinne des Wortes.[6] Und Aristoteles weist darauf hin, dass es zwei unterschiedliche Grundbedeutungen des ethischen Begriffs „Gerechtigkeit" gebe: eine *umfassende*, der zufolge „Gerechtigkeit" geradezu der Inbegriff von ethisch richtigem Verhalten ist, und eine *spezielle*, wonach „Gerechtigkeit" eine Tugend neben anderen ist, nämlich die Tugend, nichts zu wollen, was dem Grundsatz der Gleichheit zuwider läuft[7]. Während die erste, umfassende Bedeutung in unserer Alltagssprache praktisch nicht mehr vorkommt und darum hier auch nicht behandelt werden soll, verbindet sich die spezielle, an der Gleichheit orientierte Bedeutung auch in unserer Sprache stets mit diesem Begriff. Davon soll in Abschn. 4.1 unter Einschluss der mit dem Begriff „Gerechtigkeit" verbundenen Differenzierungen die Rede sein.

Aristoteles entdeckte aber auch, dass Gerechtigkeit nicht nur in der Anwendung allgemeiner ethischer Prinzipien und Kriterien bestehen kann, sondern ein situationsbezogenes *Korrektiv* benötigt, wenn sie nicht angesichts bestimmter Fallkonstellationen in ihr Gegenteil, also in eklatante Ungerechtigkeit umschlagen soll, wie es das lateinische Sprichwort: „Summum ius – summa iniuria"[8] beschreibt. Das Korrektiv gegen diesen Umschlag bezeichnet Aristoteles mit dem griechischen Begriff „ἐπιείκεια", der in der Regel mit „Billigkeit" ins Deutsche übersetzt wird. Die Redewendung, etwas sei „recht und billig" erinnert noch an diese Bedeutung von „billig", das ansonsten zu einem Synonym für „preisgünstig" (oder auch von „minderwertig") geworden ist. Damit werden wir uns in Abschn. 4.2 befassen.

Ein anderer Ansatz und Zugang zu unserem Thema zeigt sich dort, wo „Gerechtigkeit" als „Fairness" verstanden und bezeichnet wird, wie das vor allem im englischsprachigen Kontext der Fall ist. In enger Verbindung damit stehen die Versuche, durch faire *Verfahren* zur Realisierung von Gerechtigkeit beizutragen und „Gerechtigkeit" generell

---

[6] Das ist deshalb der Fall, weil Gerechtigkeit als die Tugend galt, durch die das rechte Verhältnis aller menschlichen Seelenvermögen und aller (übrigen) Tugenden im Individuum zustande kommt und durch die folglich auch das rechte Verhältnis der verschiedenen Stände im Gemeinwesen geregelt wird (s.o. Kap. A 2, Abschn. 2.3.1). Ähnliches gilt – von anderen Voraussetzungen her – für den alttestamentlich-hebräischen Begriff „Sedakah", der in der Regel mit „Gerechtigkeit" übersetzt wird, eigentlich aber „Gemeinschaftstreue" bedeutet.

[7] Vgl. Aristoteles, Nikomachische Ethik 1129 b – 1130 b. Diese spezielle Tugend überwindet das verbreitete Laster der πλεονεξία, das heißt: der Habgier des Menschen, der mehr haben will, als ihm zusteht.

[8] Dt.: „Höchstes Recht – größtes Unrecht".

als „Beteiligungsgerechtigkeit" zu verstehen. Davon soll Abschn. 4.3 handeln.[9]

Schließlich wurde in den letzten Jahrzehnten insbesondere im Bereich der christlichen Ethik auch der Ansatz aufgenommen und zur Geltung gebracht, der unter dem Begriff „Ma'at" (Weltordnung) aus dem Alten Ägypten stammt und im alttestamentlich-hebräischen Begriff „Sedakah" zu großer Bedeutung gelangt ist und in der Vorstellung von der „konnektiven", also verbindenden Gerechtigkeit[10] in der Ethik Beachtung findet. Dieser Begriff von „Gerechtigkeit" bedeutet „Gemeinschaftstreue" bzw. „gemeinschaftsförderliches Handeln" und nähert sich den Begriffen „Erbarmen" und „Liebe" an. Damit soll sich der letzte Abschnitt dieses Kapitels (4.4) befassen.

Bevor wir uns mit diesen Einzelaspekten befassen, ist es jedoch sinnvoll zu fragen, was angesichts der Vielzahl der Bedeutungen, Aspekte und Zugänge das ist, was dies alles miteinander verbindet und es erlaubt (oder sogar erfordert), diese Vielfalt unter dem *einen* Begriff „Gerechtigkeit" zusammenzufassen und zu behandeln. Als roten Faden in diesem Labyrinth von Fragen und Ansätzen wähle ich die klassische Formel: *„suum cuique"*, also: „Jedem das Seine". Ich folge darin Josef Pieper, der schreibt: „Sosehr aber auch, wenn ‚Gerechtigkeit' gedacht wird, eine schlechthin nicht zu bewältigende Vielfalt vor den Blick kommt – es ist dennoch ein Gedanke von äußerster Einfachheit, auf den diese Vielfalt sich zurückführt. ... Es ist der Gedanke, dass einem Jeden das Seine zu geben sei"[11]. Dieser „Gedanke von äußerster Einfachheit", eben der Grundsatz „suum cuique" ist freilich selbst eine reduzierte, verkürzte Formel gegenüber der klassischen Definition von Gerechtigkeit, wie sie der römische Jurist Ulpian (ca. 170–228 n. Chr.) gegeben hat. Im vollständigen Wortlaut heißt Ulpians Definition: „Gerechtigkeit ist der beständige und dauerhafte Wille, jedem sein Recht

---

[9] Hauptgewährsmann für diesen Ansatz ist J. Rawls (s. o. Anm. 3). Diese Theorie hat eine weitreichende Diskussion ausgelöst, die im Rahmen dieses Buches nicht einmal andeutungsweise wiedergegeben werden kann.

[10] Siehe dazu K. Koch, SDK im Alten Testament, Heidelberg 1953; H. H. Schmid, Gerechtigkeit als Weltordnung, Tübingen 1968; J. Assmann, Ma'at. Gerechtigkeit und Unsterblichkeit im Alten Ägypten, München (1990) 1995²; W. Huber, Gerechtigkeit und Recht (s. o. Anm. 3), S. 158–166; H. Spieckermann, Recht und Gerechtigkeit im AT, in: J. Mehlhausen (Hg.), Recht – Macht – Gerechtigkeit, Gütersloh 1998, S. 253–273 sowie E. Otto, Gottes Recht als Menschenrecht, Wiesbaden 2000.

[11] J. Pieper, Über die Gerechtigkeit, München (1953) 1965⁴, S. 14.

zuzuteilen" oder m.E. genauer: „jedem sein Recht zuteilwerden zu lassen"[12].

Das „suum cuique" ist also eine Kurzformel, und diese Kurzformel findet sich sinngemäß und wörtlich schon Jahrhunderte vor Ulpian, etwa bei dem griechischen Dichter Simonides[13] (556–468 v.Chr.); ferner bei Platon[14], hier allerdings – wie wir bereits sahen[15] – in der interessanten Form, dass Gerechtigkeit nicht darin besteht, dass jedem das Seine *zuteilwird*, sondern „dass jeder das Seinige *tut*"; sodann findet sich die Formel bei Aristoteles[16] sowie schließlich – nun im lateinischen Wortlaut – ca. 250 Jahre vor Ulpian bereits bei Cicero[17]. Dieser Überblick zeigt, dass die vielerorts zu lesende Behauptung, die Formel „suum cuique" stamme von Ulpian, falsch ist. Und die wohl tatsächlich auf Ulpian zurückgehende und seine Leistung darstellende *Lang*formel: „*ius* suum tribuere", also: „jedem *sein Recht* zuteilwerden lassen", ist weitgehend in Vergessenheit geraten.

Ist die bekannte Kurzformel eine etwas Wesentliches eliminierende *Verkürzung*, oder stellt sie eine sachgemäße *Ausweitung* und damit einen Gewinn dar? Ich bin der Überzeugung, dass nur die auf Ulpian zurückgehende, weitgehend in Vergessenheit geratene *Lang*formel, also die Rede vom je eigenen *Recht* geeignet ist, den *ethischen* Begriff der Gerechtigkeit zu erfassen.[18] Diese These möchte ich im Folgenden erläutern und begründen.

---

12 Lat.: „Iustitia est constans et perpetua voluntas ius suum cuique tribuendi" (Fragment 10 aus Ulpians Liber primus regularum D1,1, zitiert nach Ulpian, hg. von T. Honoré, Oxford 1982, S. 34). Im Art. „Gerechtigkeit" im HWBPh Band 3, Sp. 331 ist die Definition ohne genauere Quellenangabe mit einer kleinen Variante wiedergegeben. Es heißt dort: „unicuique tribuendi" statt „cuique tribuendi". Thomas von Aquin (STh II/2, q. 58,1) zitiert statt dessen: „ ... cuique tribuens". Ich kann nicht entscheiden, welche dieser Varianten den authentischen Wortlaut Ulpians wiedergibt, halte mich aber – wie die Mehrheit der Autoren – an die oben im Text zitierte Fassung.

13 Siehe dazu Platon, Politeia 332c: „τὸ προσῆκον ἑκάστῳ ἀποδιδόναι". Platon kennt diesen Begriff von „Gerechtigkeit" also, übernimmt ihn aber (so) nicht. Vgl. dazu oben die Fortsetzung im Text.

14 Platon, Politeia 433a ff.

15 Siehe oben Kap. A 2, Abschn. 2.3.1.

16 Aristoteles, Rhetorik 1,9: „ἀρετὴ δι' ἣν τὰ αὑτῶν ἕκαστοι ἔχουσι".

17 Cicero, De finibus 5,(23): „quae animi affectio suum cuique tribuens ... iustitia dicitur ...". Das zeigt, dass sogar die Formel „suum cuique *tribuens*" schon bei Cicero vorhanden ist, also zu Unrecht erst auf Ulpian zurückgeführt wird.

18 Hingegen ist m.E. nur die *Kurz*formel, also das uneingeschränkte „suum cuique", das nicht auf ein Recht rekurriert, in der Lage, den *theologischen* Begriff

Gegen das „suum cuique" als Grundprinzip der ethischen Gerechtigkeit hat Schopenhauer eingewandt: „Ist es das Seinige, braucht man es ihm nicht zu geben"[19]. Das klingt einleuchtend, aber *ganz* recht hat Schopenhauer damit nicht, weil es sehr wohl Situationen gibt, in denen einem Menschen etwas gehört, das ihm aber (widerrechtlich) vorenthalten wird und ihm deswegen gegeben werden muss oder müsste. Aber Schopenhauer macht mit seiner Kritik auf eine kleine Ungenauigkeit aufmerksam, die sowohl in der Lang- als auch in der Kurzfassung der Formel enthalten ist: Genau genommen geht es weder um das „suum" im Sinne dessen, was jemand *besitzt*, noch um das „ius suum" im Sinne eines *Rechtes*, das durch eine gerechte Handlung zugeteilt oder durch eine ungerechte Handlung vorenthalten wird[20], sondern gegeben oder verweigert wird das, was einem Menschen *von Rechts wegen* zusteht. Es ist (möglicherweise) noch nicht das Seinige, aber es steht ihm zu; und (normalerweise[21]) ist es nicht „ein Recht" oder „sein Recht", das ihm zugeteilt oder verweigert wird, sondern es ist eben das, was ihm von Rechts wegen zusteht[22]. In diesem Sinne gilt tatsäch-

---

    von Gerechtigkeit in den Blick zu bekommen und eine sowohl kritische als auch konstruktive Verbindung zwischen dem ethischen und dem theologischen Begriff von Gerechtigkeit herzustellen. Damit habe ich mich beschäftigt in dem Aufsatz: ‚Suum cuique' – Gerechtigkeit als sozialethischer und theologischer Grundbegriff (1997), in: W. Härle, Christlicher Glaube in unserer Lebenswelt, Studien zur Ekklesiologie und Ethik, Leipzig 2007, S. 282–293.

[19] Die beiden Grundprobleme der Ethik, in: ders., Werke in fünf Bänden, Bd. III, Zürich 1988, S. 574. Und er fährt an der zitierten Stelle fort: „bedeutet also: ‚Keinem das Seinige nehmen'". Deshalb schlägt Schopenhauer als „Grundsatz der GERECHTIGKEIT" die Formel „neminem laede" (statt: „suum cuique") vor (a.a.O., S. 570).

[20] Zwar kann Gerechtigkeit etwa im Rahmen eines Gesetzgebungsverfahrens darin bestehen, Menschen bestimmte *Rechte* zuzuteilen, aber das ist nicht der Normalfall, sondern ein Sonderfall von Gerechtigkeit.

[21] Ausnahmen von dieser Regel bilden z.B. Gesetze, Verträge oder Versprechen, durch die einem Menschen ein *Recht* im Sinne eines Rechtsanspruchs zugebilligt wird. Und wenn man das *Zubilligen* solcher Rechte als „gerecht" bezeichnet, sagt man (implizit), dass diese Rechte den Betroffenen (auch) von Rechts wegen zu*standen* – also nicht nur *jetzt* als Rechtsanspruch zu*stehen*.

[22] Mit dieser Formulierung entkräfte ich den Einwand von Tugendhat (Vorlesungen über Ethik, Frankfurt a. M. 1995³, S. 367), Gerechtigkeit beziehe sich nicht auf ein bestehendes Recht, denn es sei z.B. nicht sinnvoll zu sagen, ein zu Bestrafender habe „ein Recht" auf die Strafe; man könne nur sagen, „dass er sie ‚verdient'". Tugendhat handelt sich damit das Problem ein, Gerechtigkeit *ausschließlich* an den Verdienstgedanken (statt an den des Rechts) zu binden. In

lich, was in der ethischen Diskussion immer wieder einmal betont wurde: *Gerechtigkeit setzt (ein) Recht voraus*[23], d.h. einen verbindlichen Anspruch des Einzelnen, einer bestimmten Gruppe oder der ganzen Gesellschaft, der eingefordert, gegebenenfalls sogar eingeklagt werden kann. Aber woran bemisst sich, was das Recht eines Menschen (oder sogar jedes Geschöpfs) ist bzw. was ihm von Rechts wegen zusteht?

In der ethischen Diskussion über die Jahrhunderte hin sind auf diese Frage unterschiedliche Antworten gegeben worden, die sich für unsere Zwecke etwas vereinfachend auf zwei (ethisch diskutable) reduzieren lassen: jedem nach seiner *Leistung*, oder: jedem nach seinem *Bedürfnis*. Dass es sich hierbei nur *scheinbar* um eine vollständige und strenge Alternative handelt, ist leicht einzusehen. Denn es gibt einerseits viele Bereiche des Lebens, in denen es absurd und ungerecht wäre, Menschen lediglich nach ihrem Bedürfnis und gar nicht nach ihrer Leistung zu behandeln.

Weite Teile des Geschäftslebens und der Arbeitswelt, des Sports, schulischer und universitärer Prüfungen, aber auch des Strafrechts würden geradezu ihren Sinn verlieren, wenn bei ihnen nicht nach Leistung, Verdienst, Tat oder Untat, sondern (ausschließlich) nach dem jeweiligen Bedürfnis geurteilt und zugeteilt würde.

Aber in zahlreichen anderen Bereichen des Lebens (und teilweise auch in den eben genannten) wäre es andererseits nicht nur ungerecht, sondern geradezu unsinnig oder unmenschlich, wenn nach Leistung statt nach Bedürfnis geurteilt würde.

Die frühe Kindheit und das hohe Alter, Zeiten schwerer Krankheit oder des Sterbens, d.h. aber: Situationen, von denen wir alle herkommen und auf die wir (großenteils) zugehen, sind die eklatantesten Beispiele hierfür.

Das zeigt aber: Je mehr ein Mensch auf das reduziert ist, was er ist, und je mehr er auf das angewiesen ist, was ihm zuteilwird, anders gesagt: Je weniger ein Mensch aus und von dem leben kann, was er selbst tut und schafft, desto mehr ist er auf eine Gerechtigkeit angewiesen, die

---

der von mir vorgeschlagenen Terminologie würde es heißen: Einem zu Bestrafenden steht die Strafe von Rechts wegen zu. Gegen diese Formulierung ist m.E. nichts einzuwenden.

[23] So z.B. (unter Berufung auf Thomas von Aquin) J. Pieper, Über die Gerechtigkeit (s.o. Anm. 3), S. 18: „Die Gerechtigkeit ist etwas Zweites. Der Gerechtigkeit liegt das Recht voraus". Ähnlich argumentiert J. St. Mill, Utilitarismus, dt. Stuttgart (1976) 1994, S. 75ff.

sich an den Bedürfnissen statt an den Leistungen orientiert. Andererseits: Je stärker ein Mensch in der Lage ist, seinen Lebensunterhalt selbst zu verdienen, einen Beitrag zum gesellschaftlichen Leben zu leisten und sich auch für andere einzusetzen, um so mehr wird man ihn an dem messen, was er zu leisten imstande ist und tatsächlich leistet.

Aber wie stellen sich auf diesem Hintergrund die unterschiedlichen Aspekte, Zugangsweisen und Lösungsvorschläge zum Thema „Gerechtigkeit" dar, von denen am Beginn dieses Kapitels die Rede war?

4.1 Gerechtigkeit als Gleichbehandlung des Gleichen

– Wenn mehrere Kinder, die in einer Familie leben oder in einer Gruppe zusammen sind, bei der Verteilung von Gaben oder von Aufgaben ungleich behandelt werden, dann empfinden sie das (zumindest prima vista) häufig als ungerecht.
– Wenn zwei Menschen dieselbe Arbeit geleistet haben, aber dafür nicht denselben Lohn erhalten, dann empfinden wir das (zumindest prima vista) in der Regel als ungerecht.
– Wenn zwei Personen, die gemeinsam ein Verbrechen begangen haben, dafür in einem Gerichtsurteil ein unterschiedliches Strafmaß erhalten, so erscheint das (zumindest prima vista) als ungerecht.

Folgt man diesem Empfinden, dann scheint es darauf hinauszulaufen, dass Ungerechtigkeit überall dort zu konstatieren ist, wo *Ungleichbehandlung* herrscht. Umgekehrt wäre folglich Gerechtigkeit die Behandlung von Menschen nach dem Prinzip der *Gleichheit*.[24] Tatsächlich hat Gerechtigkeit es mit Gleichheit bzw. Gleichbehandlung zu tun, aber eine Identifikation von „Gerechtigkeit" mit „Gleichbehandlung" wäre ein simplifizierender Kurzschluss. Nur auf den ersten Blick (eben prima

---

[24] Bei der Verwendung des Begriffs „Gleichheit" stellt sich hier und im Folgenden jeweils die Frage, ob dabei an *vollkommene* bzw. *vollständige* Gleichheit gedacht ist (und in welchen Fällen diese überhaupt erreicht oder festgestellt werden kann), oder ob man mit einem weniger strengen Begriff operieren muss, der besagt: „in etwa gleich" bzw. „in bestimmter Hinsicht gleich". Ich setze im Folgenden – wenn nichts anderes gesagt wird – jeweils diesen *weniger* strengen Begriff von „Gleichheit" voraus, weil er den Differenzierungen und der Vielfalt des Lebens besser gerecht wird als ein strenger Begriff. Letzterer wird freilich für Mathematik und Logik benötigt, ist also keineswegs überflüssig.

vista) ergibt sich eine solche Gleichsetzung. Schaut man genauer hin, so wird schnell deutlich, dass Gleichbehandlung sogar zu großer Ungerechtigkeit führen kann.

So ist schon bei dem ersten Beispiel leicht zu erkennen, dass die Gerechtigkeit der Gleich- oder Ungleichbehandlung von Kindern derselben Familie oder Gruppe z.B. entscheidend von dem Lebensalter der Kinder abhängt, wobei man nicht einfach sagen kann: je älter, desto mehr an Gaben und Aufgaben, sondern dass gelegentlich auch die umgekehrte Logik gilt, derzufolge ein kleineres Kind mehr an Zuwendung und Unterstützung braucht als ein älteres.

Hier erweist es sich als ausschlaggebend, ob und in welcher *Hinsicht* Gleichheit oder Ungleichheit besteht und welche *Konsequenzen* daraus für die Gleich- oder Ungleichbehandlung zu ziehen sind.

In dem zweiten genannten Beispiel, das auf dem bekannten Grundsatz: „Gleicher Lohn für gleiche Arbeit" basiert, macht es einen relevanten Unterschied, ob die Arbeit, z.B. das Auswechseln einer defekten Steckdose, von einem Facharbeiter oder von einem Auszubildenden vorgenommen wird. Im ersten Fall ist die Selbstständigkeit, das Können und darum auch die Gewähr für gute Arbeit deutlich größer, und das muss sich auch im Lohn für die geleistete Arbeit sowie im berechneten Preis niederschlagen (dürfen). „Gleicher Lohn für gleiche Arbeit" gilt also nur, wenn man – ausdrücklich oder stillschweigend – hinzufügt: „bei gleicher Qualifikation". Würde ein Arbeitgeber oder Kunde hingegen sagen, er sei nicht bereit, an zwei Facharbeiter bei gleicher Qualifikation für dieselbe geleistete Arbeit denselben Lohn oder Preis zu zahlen, da der eine Deutscher, der andere Ausländer ist oder der eine Muslim, der andere Christ, der eine ein Mann, die andere eine Frau, dann wäre das in jedem Fall (zumindest) ungerecht, weil diese Unterscheidungen alle nichts mit der geleisteten Arbeit und ihrer Qualität zu tun haben.

Eine der schwierigsten Fragen, die sich bei der Unterscheidung zwischen Gerechtigkeit und Ungerechtigkeit stellt, ist hier die Frage, welche Formen der Gleichheit oder Ungleichheit für die Beurteilung des anstehenden Falles *relevant* sind und welche *irrelevant*. Und davon hängt, wie eben gezeigt, Entscheidendes ab.

Beim dritten Beispiel hängt die Entscheidung zwischen Gerechtigkeit und Ungerechtigkeit nicht nur davon ab, dass die Tat von beiden Personen in jeder Hinsicht *gemeinsam* geplant und ausgeführt wurde, sondern z.B. auch davon, ob beide Personen in gleicher Weise strafmündig sind, und ob es sich bei beiden Personen um eine erste Straftat oder um eine Wiederholungstat handelt.

In diesem Fall hat die Entscheidung zwischen Gerechtigkeit und Ungerechtigkeit zu tun mit dem Lebenskontext der Personen, die zu beurteilen und gerichtlich zu verurteilen sind. Eine Strafzumessung, die sich lediglich an dem begangenen Delikt, aber nicht an dem dabei vorauszusetzenden Lebenskontext orientieren würde, wäre nicht gerecht(er), sondern ungerecht(er).[25]

Schon diese drei schlichten Beispiele zeigen, dass Gerechtigkeit nicht mit Gleichbehandlung identifiziert werden kann, weil Gleichbehandlung zu offenkundiger Ungerechtigkeit führen kann, nämlich dann, wenn *Ungleiches* gleich behandelt wird. Das für alle Gerechtigkeitstheorien fundamentale Prinzip der Gleichheit und Gleichbehandlung muss daher differenziert und konkretisiert werden. Die Tugend oder das Gebot der Gerechtigkeit fordert nicht unterschiedslose Gleichbehandlung, sondern sie fordert eine Gleichbehandlung sozusagen auf höherer Ebene, die darin besteht, dass Gleiches gleich und Ungleiches ungleich behandelt wird. Das zeigt, dass und warum als Elementarformel für Gerechtigkeit nicht die Formel: „jedem das Gleiche", sondern nur die Formel: „jedem das Seine" fungieren kann; denn nur sie bezieht die faktisch bestehende Ungleichheit mit ein und vermeidet damit *die* Ungerechtigkeit, die in der unterschiedslosen Gleichbehandlung des Ungleichen bestünde. Man kann von daher „Gerechtigkeit" geradezu definieren als „Gleichbehandlung unter den Bedingungen und unter Berücksichtigung von Ungleichheit". Das hebt freilich die Forderung[26] nicht auf, dass nicht die Gleichbehandlung, sondern die Ungleichbehandlung von Menschen begründungspflichtig ist. Aber *welche* Ungleichheit ist für die Gerechtigkeit relevant und welche nicht? Welche Ungleichbehandlung lässt sich folglich rechtfertigen und welche nicht? Und was heißt es demzufolge, unter den Bedingungen und unter Berücksichtigung von Ungleichheit jedem sein Recht zuteilwerden zu lassen?

Um sich einer Beantwortung dieser Frage anzunähern, ist es sinnvoll, einige Unterscheidungen zu übernehmen, die bereits Aristoteles in die Diskussion um „Gerechtigkeit" eingebracht hat: Er unterscheidet zunächst zwischen einer distributiven oder austeilenden Gerechtigkeit und einer kommutativen oder ausgleichenden Gerechtigkeit, sodann unterscheidet er noch innerhalb der ausgleichenden Gerechtigkeit zwischen

---

[25] Auch dies ist leicht gesagt, aber schwer anzuwenden. Denn gerade für die Gerechtigkeit im Bereich der Rechtsprechung (dargestellt durch die Justitia mit den verbundenen Augen) gilt, dass sie „ohne Ansehen der Person" zu urteilen bzw. zu richten hat. Das kann aber nicht heißen, dass die Lebensumstände und die Tatumstände nicht in die Urteilsfindung einzubeziehen wären, sondern „nur", dass dies bei allen Personen in gleicher Weise zu geschehen habe. Die Rechtsprechung geht nicht von der Illusion aus, dass alle Menschen gleich seien, wohl aber von dem rechtsstaatlichen Grundsatz, dass alle Personen *vor dem Gesetz* gleich und darum gleich zu behandeln sind.

[26] Zum Beispiel von W. Lienemann, Gerechtigkeit (s. o. Anm. 3), S. 16.

einer Form von Gerechtigkeit, die in freiwillig eingegangenen Beziehungen ihren Ort hat, und einer Form von Gerechtigkeit, die in unfreiwillig sich einstellenden Beziehungen zu verorten ist.[27] Was ist damit gemeint?

4.1.1 Austeilende Gerechtigkeit[28]

Unter austeilender (distributiver) Gerechtigkeit versteht man – im Anschluss an Aristoteles – diejenige Form der Gerechtigkeit, die sich auf die *Verteilung von* Gütern oder Übeln bezieht.[29] Von den oben genannten drei Beispielen beschreibt das erste Beispiel also einen Fall von austeilender Gerechtigkeit, wobei es keinen Unterschied macht, ob das, was zu verteilen ist, ein Gut oder ein Übel ist. Diese Form der Gerechtigkeit spielt nicht nur in Familien oder Gruppen eine Rolle, sondern z. B. auch im Staat in Form der Steuergerechtigkeit.[30] Wie werden die Belastungen, die das Bezahlen von Steuern darstellt, in der Gesellschaft so verteilt, dass dies gerecht ist? Jedenfalls nicht einfach gleich;[31] denn es wäre offensichtlich ungerecht,[32] wenn ein Geringverdienender ebenso viel an Steuern bezahlen müsste wie ein Großverdiener. Aber reicht es z. B. aus, Steuergerechtigkeit dadurch herzustellen, dass alle denselben *prozentualen* Anteil ihres Einkommens an Steuern bezahlen? Das wird

---

[27] Und im Blick auf die unfreiwilligen Beziehungen unterscheidet Aristoteles dann noch einmal zwischen Vergehen gegen die Gerechtigkeit, die *heimlich* geschehen (wie z. B. Diebstahl, Ehebruch oder Meuchelmord), und solchen, die *gewaltsam* geschehen (wie z. B. Misshandlung, Totschlag, Raub oder ehrenrührige Beschimpfung). Diese zusätzliche Unterscheidung lasse ich hier beiseite, weil sie für die Gerechtigkeitsthematik nicht sonderlich ergiebig ist.

[28] Siehe dazu auch D. Hübner, Die Bilder der Gerechtigkeit. Zur Metaphorik des Verteilens, Paderborn 2009.

[29] Daher ist es falsch, wenn immer wieder behauptet wird, die reformatorische Erkenntnis Luthers beziehe sich auf die *distributive*, also austeilende Gerechtigkeit Gottes. Vielmehr geht es in der reformatorischen Entdeckung um Gottes *kommutative* bzw. *ausgleichende* Gerechtigkeit, die Luther durch die Bibel neu zu verstehen lernt (s. u. Anm. 37).

[30] Vgl. dazu Kirchenamt der EKD (Hg.), Transparenz und Gerechtigkeit. Aufgaben und Grenzen des Staates bei der Besteuerung, Hannover 2009.

[31] Ich orientiere mich hier nicht an den Verbrauchssteuern (z. B. Mehrwertsteuer) oder an anderen Steuern, die für alle Bürger gleich hoch sind, sondern an der Lohn- und Einkommensteuer.

[32] Und es wäre nicht nur ungerecht, es wäre für den Staat auch ruinös, da dann das, was für die untersten Einkommen an Steuern zumutbar und möglich ist, das Maß für alle anderen abgäbe, was schnell zum Staatsbankrott führen würde.

gelegentlich so vertreten[33] mit dem Argument, dass bei einem einheitlichen Steuersatz von z. B. 25 % jemand, der 1 000 000,– € im Jahr verdient, 250 000,– € an Steuern *bezahlt*, jemand der nur 20 000,– € verdient, hingegen nur 5000,– €. Ist es nicht gerecht, wenn derjenige, der das fünfzigfache verdient, auch das fünfzigfache an Steuern zahlt? Wer dies trotz dieses Argumentes nicht für gerecht hält, wird zur Begründung hierfür die Aufmerksamkeit in der Regel auf das richten, was den beiden Steuerzahlern nach Abzug der Steuerschuld *verbleibt*, und danach stehen dem Großverdiener 750.000,– €, dem Geringverdiener jedoch nur 15 000,– € zur Verfügung. Und da heißt die Gerechtigkeitsfrage: Ist dem Großverdiener nicht doch *mehr* an Belastung zuzumuten? Diese Auffassung vertreten alle diejenigen, die für *progressive* Steuersätze eintreten, also für Steuersätze, die mit der Höhe des Einkommens auch *prozentual* ansteigen, so dass derjenige, der nur 20 000,– € verdient u.U. nur 10 % seines Einkommens an Steuern zahlt, also nur 2000,– €, derjenige, der 1 000 000,– € verdient, jedoch z.B. 40 %, also 400 000,– €.

Selbst wenn man sich leicht über den Grundsatz verständigen kann, dass es gerecht ist, „breiteren Schultern größere Lasten aufzulegen", ist damit noch nicht gesagt, in welchem Maß dies zu geschehen hat, um von möglichst vielen Menschen als gerecht empfunden zu werden. Das Prinzip der austeilenden oder distributiven Gerechtigkeit macht als solches darüber keine Aussagen. Es appelliert allenfalls an das Gerechtigkeits*empfinden* der Menschen, aber das ist natürlich eine variable Größe, die auch davon abhängt, wie jemand persönlich von einer solchen Belastung oder Entlastung betroffen ist.

Wenn man überlegt, in welchen Fällen denn *Güter* möglichst gerecht auszuteilen sind, fallen einem zunächst am ehesten Beispiele aus dem familialen Nahbereich ein. Und da der Staat nicht dazu da ist, Güter an die Bürger auszuteilen,[34] scheint die gerechte Verteilung von Gü-

---

[33] Allerdings wird dabei dann in der Regel die Einführung eines erheblichen steuerfrei bleibenden Grundfreibetrages für alle vorgeschlagen, der zunächst vom Bruttoverdienst abzuziehen ist und damit die Bezieher geringer Einkommen spürbar entlastet.

[34] Nicht der Staat finanziert die Bürger, sondern die Bürger finanzieren den Staat. Das ist ordnungspolitisch zu beachten, wenn man den Gedanken eines staatlich finanzierten „Bürgergeldes" erwägt. Und für Auszeichnungen, die der Staat (etwa in Form von Orden) verleiht, gilt wiederum (s.o. Anm. 29), dass dies kein Fall von distributiver, sondern von kommutativer Gerechtigkeit ist. Orden sollen nicht möglichst gleichmäßig über die Bürger verteilt werden, sondern denen verliehen werden, die sie verdient haben.

tern gar keine gesellschaftliche Rolle zu spielen. Aber das gilt nicht ausnahmslos. Wer die Zeit des Zweiten Weltkriegs noch miterlebt hat oder aus Erzählungen kennt, weiß, welche Rolle im Krieg und danach die Lebensmittelmarken spielten, die noch wichtiger waren als Geld, wenn es darum ging, das Lebensnotwendige zugeteilt zu bekommen – und wenn es dabei einigermaßen gerecht zugehen sollte. Dabei war es ein geradezu selbstverständlicher Bestandteil dieses Systems, dass natürlich nicht alle *die gleiche* Lebensmittelkarte, d.h. dieselbe Menge an Marken zum Bezug von Lebensmitteln bekamen, sondern dass zwischen unterschiedlichen Gruppen (nach Bedarf und Leistung) *unterschieden* wurde, wodurch z.B. Schwangere und stillende Mütter (zu Recht) ebenso bevorzugt wurden wie Menschen, die von Berufs wegen schwere körperliche Arbeit zu verrichten hatten. Auch hier wäre eine Gleichbehandlung aller extrem ungerecht gewesen, aber die Frage, *welches* Maß und *welche* Form an Ungleichbehandlung durch die Forderung nach Gerechtigkeit geboten ist, war mit dieser Einsicht noch nicht beantwortet. So bestätigt das Prinzip der distributiven oder austeilenden Gerechtigkeit zwar die *Forderung*, Gleiches gleich und Ungleiches ungleich zu behandeln, aber es gibt keinen verlässlichen *Maßstab* für eine solche *gerechte* Ungleichbehandlung an.[35]

4.1.2 Ausgleichende Gerechtigkeit

Unter ausgleichender (oder kommutativer) Gerechtigkeit versteht man – wiederum im Anschluss an Aristoteles – diejenige Form der Gerechtigkeit, die sich auf den *Ausgleich für* geleistete Güter oder angerichtete Übel bezieht. Der Ausgleich für geleistete *Güter* spielt vor allem in der Wirtschafts- und Arbeitswelt (als gerechter Preis und Lohn) eine Rolle und setzt irgendeine Form von *freiwillig* eingegangener vertraglicher Beziehung (z.B. als Kaufvertrag oder Arbeitsvertrag oder auch nur in Form von Bezahlung einer Ware oder einer geleisteten Arbeit) voraus. Aristoteles spricht deshalb zu Recht von der ausgleichenden

---

[35] Aristoteles (Nikomachische Ethik, 1132a-1133b) stellte dazu zwar die These auf, bei der distributiven Gerechtigkeit dürfe, im Unterschied zur kommutativen Gerechtigkeit, nicht nach dem *arithmetischen* Maßstab für Gleichheit verfahren werden, der sich aus einer einfachen Addition oder Subtraktion ergibt, sondern es müsse ein *geometrischer* Maßstab angewandt werden, der zwei Verhältnisse zueinander in Beziehung setzt. Aber selbst wenn man sich dieser These anschließt, ist damit noch nicht gesagt, welche Proportionalität dabei zu berücksichtigen ist.

Gerechtigkeit in freiwillig eingegangenen Beziehungen (s. 4.1.2.1). Davon unterscheidet er den Ausgleich für angerichtete *Übel*, der vor allem im Bereich des Strafrechts (als gerechte Strafe) eine Rolle spielt. Da solche Übel (in Form von Vergehen oder Verbrechen) nicht auf der Basis einer freiwilligen Vereinbarung zwischen Täter und Opfer geschehen[36], sondern dem Opfer vom Täter angetan und von diesem *unfreiwillig* erlitten werden, spricht Aristoteles im Blick darauf zu Recht von ausgleichender Gerechtigkeit in unfreiwillig sich einstellenden Beziehungen (s. 4.1.2.2).[37] Beides verdient eine gesonderte Betrachtung und Behandlung, da Ersteres vor allem in den Rahmen der Wirtschaft gehört, Letzteres in den Rahmen des Strafrechts.

4.1.2.1 Ausgleichende Gerechtigkeit in freiwilligen Beziehungen

Die freiwillige ausgleichende Gerechtigkeit kann man auch als *Tauschgerechtigkeit* bezeichnen; denn sie hat ihren Ort vorwiegend dort, wo Güter oder Leistungen getauscht bzw. durch ein Äquivalent (natürlich vor allem Geld) ausgeglichen werden. Dabei ist der ausgleichenden Gerechtigkeit dann Genüge getan, wenn der Wert der getauschten Güter einander gleich ist, und die ausgleichende Gerechtigkeit wird verletzt, wenn dies nicht der Fall ist, weil z. B. der Preis oder der Lohn überhöht ist oder zu niedrig ausfällt. Dagegen könnte man einwenden, dass dies ja gar nicht möglich sei, da die Vereinbarung zwischen den Kauf- oder Lohnparteien ja per definitionem *freiwillig* zustande gekommen ist. Und diese Freiwilligkeit scheint stets eine Zustimmung zu dem Lohn oder Preis zu implizieren. Das ist zwar prinzipiell richtig, aber es setzt zumindest zweierlei voraus: Erstens müssen alle Parteien über den Wert der Güter oder Leistungen angemessen *informiert* sein, sie dürfen sich also nicht im Irrtum (etwa über die Qualität der Ware) befinden, und zweitens müssen die Parteien *alternative Möglichkeiten* haben, ihren Bedarf zu befriedigen. Diese letztgenannte Bedingung ist z. B. dort nicht gegeben, wo es zu einer Kartell- oder zur Monopolbildung der Anbieter kommt, die aufgrund von internen Absprachen oder aufgrund von Marktbeherrschung faktisch die Preise (lebensnotwendiger Produkte)

---

[36] Wo dies doch geschieht (z. B. in Form eines Versicherungsbetruges), ist dies in der Regel selbst eine Straftat, die eine (gerechte) Bestrafung erfordert.

[37] Wenn Luther im Rückblick sagt, er habe die Gerechtigkeit Gottes als diejenige (miss-)verstanden, aufgrund deren der gerechte Gott die Sünder bestraft, dann meint er also genau diese unfreiwillige ausgleichende (kommutative) Gerechtigkeit (s. o. Anm. 29).

diktieren können. Das heißt: Die freiwillige ausgleichende Gerechtigkeit setzt zu ihrem Funktionieren einen *Markt* (z.B. einen Arbeitsmarkt, Dienstleistungsmarkt, Warenmarkt) voraus, auf dem Anbieter und Abnehmer die Chance haben, von ihnen als gerecht empfundene Bedingungen (Preise und Löhne) auszuhandeln oder aufgrund des Vergleichs zwischen unterschiedlichen Anbietern auszuwählen. Dem dient einerseits die Organisation von Arbeitnehmern und Arbeitgebern in Interessenverbänden, andererseits das staatliche Kartellrecht, das die Kartell- oder Monopolbildung zu verhindern versucht. Von Preisen und Löhnen, die unter diesen Bedingungen zustande gekommen sind, kann man dann in der Tat sagen: Sie sind grundsätzlich gerecht. Aber auch hier gibt es keinen von außen angelegten Maßstab, an dem sich dies bemessen ließe, sondern die Gerechtigkeit wird durch faire Regeln für den Austausch sichergestellt.[38]

4.1.2.2 Ausgleichende Gerechtigkeit in unfreiwilligen Beziehungen[39]

Mit der Gerechtigkeit bezogen auf unfreiwillige Beziehungen befinden wir uns auf dem Gebiet, für das vor allem[40] das *Strafrecht* zuständig ist. Hier ist die Situation vorausgesetzt, in der die soziale Ordnung (sei es heimlich, sei es gewaltsam[41]) verletzt worden ist und die Gerechtigkeit irgendeine Form der Bestrafung, der Sühne und/oder der Wiedergutmachung erfordert. Dabei stellen sich hier genau genommen zwei Fragen: Erstens, ist es gerecht, eine solche begangene Verletzung der sozialen Ordnung zu bestrafen oder wird dadurch nicht eine neue Ungerechtigkeit geschaffen, die das alte Unrecht nicht aufhebt, sondern nur vermehrt? Zweitens, welche Art der Strafe, Sühne oder Wiedergutmachung ist dabei angemessen?

---

[38] Damit berühren wir erstmals das noch zu behandelnde Thema „Gerechtigkeit als Fairness" (s.u. 4.3).
[39] Unfreiwillig sind diese Beziehungen natürlich nicht aus der Sicht des Täters, sondern aus der des *Opfers*.
[40] Dies gilt „vor allem", aber nicht ausschließlich, da es auch Sanktionen der gesellschaftlichen Moral (außerhalb der Grenze des Strafrechts) gibt, die hierher gehören, auch wenn die (un-)gerechten Sanktionen dabei nicht eindeutig definierbar sind. Literarisch bietet Theodor Fontanes Effie Briest ein bekanntes Beispiel für solche nicht strafrechtlichen, aber gleichwohl höchst wirksamen moralischen Sanktionen im Sinne ausgleichender (Un-)Gerechtigkeit in unfreiwilligen Beziehungen.
[41] Vgl. oben Anm. 27.

Das „weite Feld"[42], das wir damit betreten, kann hier nicht einmal von ferne erschöpfend behandelt werden.[43] Deshalb muss ich mich mit einigen Thesen begnügen.

Nicht eine einzige Straftheorie und ein einziger Strafzweck (sei es Sühne[44], Generalprävention[45], Spezialprävention[46] oder Resozialisierung[47]) kann eine befriedigende Antwort auf den Sinn von Strafrecht und Strafvollzug geben, sondern nur eine Kombination mehrerer Straftheorien und Strafzwecke. Dabei ist stets mitzubedenken, wie sich die *Realität* des Strafvollzugs (und seiner Auswirkungen) zu der *intendierten* Zielsetzung verhält. In diesem Zusammenhang verdient insbesondere die Rückfallquote straffällig gewordener Menschen Beachtung.

Bei der Strafzumessung reicht es nicht aus, wenn lediglich der angerichtete Schaden ausgeglichen oder der unrechtmäßig erworbene Vorteil rückerstattet wird, weil damit noch kein Motiv gegeben wäre, die Straftat nicht bei nächster Gelegenheit zu wiederholen. Ausgleichende Gerechtigkeit in unfreiwilligen Beziehungen setzt jedoch eine genaue Kenntnis nicht nur der Tat und der Tatumstände voraus, sondern auch eine möglichst genaue Kenntnis des Täters, um diesem bei der Strafzumessung – wie wir gerne sagen – gerecht zu werden.

Dabei darf jedoch das *Opfer* der Straftat nicht aus dem Blick geraten, das sich – zumindest in diesem Fall – keiner Verletzung der sozialen Ordnung schuldig gemacht, sondern diese erlitten hat. Es muss verhindert werden, dass das Opfer einer Straftat durch den Strafprozess noch einmal zum Opfer gemacht wird oder sich durch das über den Täter verhängte Strafmaß gedemütigt fühlt. Deshalb darf der Opferschutz in

---

42 So in Anspielung auf den Schluss von Effie Briest formuliert.
43 Vgl. dazu W. Härle, Theologische Vorüberlegungen für eine Theorie kirchlichen Handelns in Gefängnissen, in: ZEE 32 (1988), S. 199–209; Kirchenamt der EKD (Hg.), Strafe: Tor zur Versöhnung? Eine Denkschrift der EKD zum Strafvollzug, Gütersloh 1990 sowie die Art. „Strafe" und „Strafvollzug", in TRE 32 (2001), S. 195–222 und 225–233.
44 Sühne ist die Zufügung eines Übels, durch das die Verletzung der sozialen Ordnung geahndet und so die verletzte Ordnung symbolisch wiederhergestellt wird.
45 Generalprävention ist die abschreckende Wirkung, die von der Bestrafung des Täters auf die Allgemeinheit erhofft wird.
46 Spezialprävention ist die abschreckende oder verhindernde Wirkung, die von der Bestrafung des Täters auf ihn selbst erhofft wird, indem z.B. durch Freiheitsentzug eine Tatwiederholung auf Zeit unmöglich gemacht und so die Öffentlichkeit vor dem Täter geschützt wird.
47 Resozialisierung ist die Befähigung des Täters aufgrund von sozial-therapeutischen Maßnahmen (während des Strafvollzugs) zur Wiedereingliederung in das soziale Leben.

der Diskussion und im allgemeinen Bewusstsein nicht hinter dem – auch notwendigen – Täterschutz zurücktreten oder gar in Vergessenheit geraten.

Es ist ein Problem unserer Rechtsordnung, dass im Strafprozess in der Regel der Staat, vertreten durch den Staatsanwalt, als Ankläger auftritt, gegen den sich das Verbrechen des Täters nicht (bewusst) gerichtet hatte. Das Opfer, dem das Verbrechen zugefügt wurde, tritt allenfalls in der Rolle des Nebenklägers auf. Um diese Asymmetrie zu beheben, werden immer wieder Verfahren vorgeschlagen, in denen es vor dem Richter zu einem Täter-Opfer-Ausgleich kommen soll. Das *kann* zu einem angemessenen Schuldbewusstsein des Täters beitragen und dient dann der Gerechtigkeit. Es kann aber auch dazu führen, dass das Opfer erneut verletzt oder gedemütigt oder (versuchsweise) zum Mitschuldigen gemacht wird. Deshalb ist im Blick auf diese Möglichkeit große Vorsicht und Zurückhaltung geboten.

Die tragischen Konstellationen, die sich durch Fehlurteile, also durch ungerechte Urteile in Strafprozessen ergeben können, sind einer der entscheidenden Gründe für die berechtigte Abschaffung der Todesstrafe, die im Falle eines Fehlurteils keine Wiedergutmachung ermöglicht. Aber dies ist nicht die einzige, sondern nur eine besonders dramatische Form, in der die Irrtumsfähigkeit im Rahmen der ausgleichenden Gerechtigkeit bewusst wird. Das mag einer der Gründe für das pointierte Diktum von Gertrud von le Fort sein: „Gerechtigkeit ist nur in der Hölle; im Himmel ist Gnade, und auf Erden ist das Kreuz".[48]

4.2 Gerechtigkeit und Billigkeit

Dass auch dann, wenn alle Regeln der (distributiven oder kommutativen) Gerechtigkeit angewandt werden, Gerechtigkeit verfehlt werden kann, hat – wie gesagt – bereits Aristoteles erkannt und darum in der Nikomachischen Ethik das grundlegende Buch V über die Gerechtigkeit mit einem Abschnitt über die „Billigkeit" („ἐπιείκεια") abgeschlossen.[49] Er begründet die Einführung dieses Elements wie folgt:

---

[48] G. von le Fort, Der Papst aus dem Ghetto. Die Legende des Geschlechtes Pier Leone, München (1959) 1990⁸, S. 153. Den Hinweis auf dieses Zitat verdanke ich Frau E. Dinkler-von Schubert.

[49] Dies ist ein Element der Aristotelischen Gerechtigkeitstheorie, das Luther stets gelobt und in sein Denken übernommen hat. Vgl. dazu P. Althaus, Die Ethik Martin Luthers, Gütersloh 1965, S. 139f. Für Luther ist die Billigkeit sogar ein Ausdruck der Liebe, die über dem Gesetz und dem Recht steht.

„Das Billige ist eine Berichtigung der Gesetzes-Gerechtigkeit. Das hat seinen Grund darin, dass jedes Gesetz allgemein abgefasst ist. Aber in manchen Einzelfällen ist es nicht möglich, eine allgemeine Bestimmung so zu setzen, dass sie richtig ist. In solchen Fällen, in denen es nötig ist, sich allgemein auszudrücken, dies aber nicht so geschehen kann, dass alles richtig ist, nimmt das Gesetz die Fälle gewissermaßen im Allgemeinen, ohne dabei zu übersehen, dass damit eine Quelle für Fehler gegeben ist. Und trotzdem ist diese Vorgehensweise richtig; da der Fehler weder im Gesetz noch im Gesetzgeber liegt, sondern im Wesen der Sache; denn so ist nun einmal die Vielfalt dessen, was das Leben bringt".[50]

Dazu ein fiktives Beispiel: Angenommen, ein Hochschullehrer im Beamtenverhältnis wird von einem Land ins andere berufen und nimmt diesen Ruf an. Da er nicht in beiden Ländern gleichzeitig Beamter sein kann, muss er erst im einen Land aus dem Beamtenverhältnis ausscheiden, bevor er im anderen verbeamtet werden kann. Nachdem er in seinem Herkunftsland aus dem Beamtenverhältnis entlassen wurde, fährt er sofort in das andere Land, verunglückt aber auf der Reise tödlich, bevor er die neue Urkunde entgegennehmen konnte. Formal-rechtlich hätte seine Familie damit keinen Anspruch auf eine Pension aus einem der beiden Beamtenverhältnisse. Aber wenn für diesen Sonderfall keine akzeptable Lösung gefunden würde, würde das als ungerecht empfunden. Es bedarf einer situationsbezogenen Lösung, eines Korrektivs.

Auch hier ist es nicht schwer festzustellen, dass es offensichtlich ungerecht wäre, wenn keine der Situation gerecht werdende Lösung gefunden würde, aber es ist schwer zu sagen, worin diese Lösung bestehen könnte und wer sie zu finden und zu verantworten hätte. Naheliegend ist es daher, für solch einen Fall ein spezielles Gesetz bzw. eine Ausnahmeregelung zu beschließen, nach der künftig zu verfahren ist. Aber damit sind zwei Fragen noch nicht beantwortet: Erstens, kann diese Regelung auch auf diesen zurückliegenden Fall angewandt werden, der eintrat, als sie noch gar nicht existierte? Zweitens, was soll geschehen, wenn künftig *andere* Sonderfälle auftreten, die nach einer Billigkeitslösung schreien? Tatsächlich wird – insbesondere in Deutschland – häufig dieser Weg einer *fortschreitenden rechtlichen Regelung* begangen, der zu einem ständigen Anwachsen von Gesetzen und Änderungsgesetzen führt, das allseits beklagt wird, aber unaufhaltsam zu sein scheint. Taucht der nächste Fall auf, der eine Billigkeitslösung erforderlich macht und der in der Öffentlichkeit bekannt wird, so besteht zumindest eine Tendenz dazu, auch hierfür nach einer gesetzlichen Lösung zu suchen. Das hat *einen* großen Vorteil: die weitgehende Vermeidung von Willkürentscheidungen. Aber es hat auch einen großen Nachteil: die fortschreitende Verrechtlichung, die doch die neu auftauchenden Fälle

---

[50] Aristoteles, Nikomachische Ethik, Buch V, Abschn. 14 (1137 b).

nie einholen, geschweige denn überholen kann. Was dabei geschieht, ist eine permanente Überführung von Billigkeitsanforderungen in gesetzliche Lösungsversuche um den Preis eines immer komplizierter und undurchschaubarer werdenden Rechtssystems.

Aber gibt es dazu eine Alternative? Ja, es gibt sie, aber sie erfordert Mut. Sie besteht im Aushalten von Billigkeitsanforderungen und in ihrer Lösung durch *Ermessensentscheidungen*. Das setzt voraus, dass solche Ermessensspielräume bewusst eingeräumt werden und das Risiko eingegangen wird, dabei möglicherweise auftretende Fehlentscheidungen oder Missbräuche zu ertragen. Zugleich setzt es zum Zweck der Minimierung solcher Fehlentscheidungen und Missbräuche bei den Entscheidungsträgern die Entwicklung eines *Ethos der Verantwortung* voraus. Tatsächlich gibt es auch in unserer Rechts- und Verwaltungskultur bereits solche definierten Spielräume für „pflichtmäßiges Ermessen".[51]

Die Alternative zwischen fortschreitender Verrechtlichung und Einräumung von Ermessensspielräumen erinnert an die Aussage von G. Bornkamm über das Verhältnis von kasuistischer Gesetzesauslegung und Liebesgebot, in der er die „immer engere(n) Maschen eines Netzes", von denen jede auch „ein neues Loch" lässt, dem Berühren des menschlichen Herzens gegenüberstellt.[52] Es könnte sich schon bald als eine wesentliche Frage für die Rechtskultur in unserem Land erweisen, ob wir den Mut finden, den Weg der fortschreitenden Verrechtlichung zugunsten der Stärkung von Ermessens- und Verantwortungsspielräumen zu verlassen. Damit würde jedenfalls dem Anliegen der Billigkeit ein Dienst erwiesen.

4.3 Gerechtigkeit als Fairness und Verfahrensgerechtigkeit

Die bisher angesprochenen Gerechtigkeitstheorien lieferten wichtige Differenzierungen und Präzisierungen, konnten aber samt und sonders keinen inhaltlichen Maßstab liefern, an dem sich ablesen ließe, wann

---

[51] So gilt etwa für Schiedsmänner und Schiedsfrauen: „Pflichtmäßiges Ermessen bedeutet: Es besteht für den Sch[ieds]m[ann] kein Zwang, eine Ordnungsstrafe zu verhängen. Er kann davon absehen, wenn die Lage des Falles es gebietet, wenn die Voraussetzungen dafür gegeben sind und besondere Umstände ihn veranlassen, von der Verhängung einer Strafe abzusehen. Jeder Fall ist darum besonders zu prüfen und zu bewerten" (H. Heid, in: SchiedsamtsZeitung 27 (1956), H. 12, S. 183a-187).

[52] G. Bornkamm, Jesus von Nazareth, Stuttgart u.a. (1956) 1980⁵, S. 93 (zitiert oben in Kap A 5, bei Anm. 42).

eine Entscheidung gerecht oder billig ist. Wohl aber tauchte im Zusammenhang mit der ausgleichenden Gerechtigkeit hinsichtlich freiwilliger Beziehungen bereits eine Möglichkeit auf, das Gerechtigkeitsproblem auf dem Weg über faire Verfahrensbedingungen zu lösen.[53]

Das erinnert an die alte Erzählung von zwei Personen, die gemeinsam einen Schatz finden, aber in Streit miteinander geraten, weil sie sich nicht darüber einigen können, wie dieser Schatz gerecht zwischen ihnen aufzuteilen sei. Sie begegnen schließlich einem weisen Menschen, der ihnen einen überzeugenden Rat für eine gerechte Teilung gibt: Einer von beiden solle den Schatz in zwei (seiner Meinung nach) gleiche Teile aufteilen und der andere solle einen dieser beiden Teile für sich auswählen. Man muss nun nur noch durch Losen entscheiden, wer die (unangenehmere) Aufgabe des Teilens und wer die (angenehmere) Aufgabe des Wählens übernimmt, so hat man das Gerechtigkeitsproblem jedenfalls so gelöst, dass keiner von beiden einen Grund hat, sich über die Ungerechtigkeit der Teilung zu beklagen. Voraussetzung ist lediglich, dass beide Parteien ein realistisches Bild von dem Wert des Schatzes und seiner einzelnen Bestandteile haben, und dass beide Parteien sich konsequent an die vereinbarten Regeln halten, die von ihnen (als gerecht bzw. als fair) akzeptiert worden sind.

Nun ist das Leben selten so einfach gestrickt, dass Gerechtigkeitsprobleme sich auf diese Weise lösen lassen.[54] Wohl aber lässt sich – wie die Arbeiten von John Rawls[55] zeigen – dieser Ansatz mit erheblichem theoretischen Aufwand in eine leistungsfähige Theorie der Gerechtigkeit transformieren, die ich im Folgenden in ihren einfachsten Grundzügen darstellen will. Rawls wählt seinen Ausgangspunkt bei einer fiktiven Vorstellung[56], die bereits in der politischen Theoriebildung des 17. und 18. Jahrhunderts eine Rolle gespielt hat: bei der rein gedanklichen Annahme eines *Urzustandes*, in dem die Gesamtheit der Menschen sich befindet. Dabei setzt er voraus, dass die Menschen vernunftbegabt sind, ihre eigenen Interessen erkennen und verfolgen und an einem möglichst konfliktfreien Zusammenleben interessiert sind. Zusätzlich nimmt Rawls an, dass sie nicht wissen, welche Position sie künftig in der realen Welt „nach" dem Urzustand bzw. „außerhalb" des Urzustandes einnehmen, mit welchen Fähigkeiten sie ausgestattet sein und welcher gesellschaftlichen Gruppe sie angehören werden. Sie

---

[53] Siehe oben bei Anm. 38.
[54] Schon die Beteiligung von *mehr* als zwei Personen am Teilungsvorgang erlaubt es nicht mehr, das Problem so einfach und elegant zu lösen.
[55] Siehe oben Anm. 3.
[56] Es ist für das Verständnis und für die Kritik dieser Theorie wichtig, sich klarzumachen, dass Rawls nicht voraussetzt, dass dieser (oder ein ähnlicher) Urzustand in der Geschichte der Menschheit jemals existiert hätte.

erwägen und entscheiden insofern „unter dem Schleier des Nichtwissens"[57]. Die Frage lautet nun: Welche Regeln würden solche Menschen in einem solchen Urzustand beschließen, um ihr „künftiges" Zusammenleben möglichst gerecht zu ordnen?
Aufgrund seines (liberalen) Menschenbildes kommt Rawls zu folgendem Ergebnis:

> *Erster Grundsatz*
> Jedermann hat gleiches Recht auf das umfangreichste Gesamtsystem gleicher Grundfreiheiten, das für alle möglich ist.
>
> *Zweiter Grundsatz*
> Soziale und wirtschaftliche Ungleichheiten müssen folgendermaßen beschaffen sein:
>
> (a) sie müssen unter der Einschränkung des gerechten Spargrundsatzes den am wenigsten Begünstigten den größtmöglichen Vorteil bringen, und
> (b) sie müssen mit Ämtern und Positionen verbunden sein, die allen gemäß fairer Chancengleichheit offen stehen".

Zusätzlich formuliert Rawls zwei Vorrangregeln. Diese besagen einerseits den „Vorrang der Freiheit" vor allem anderen und zweitens den „Vorrang der Gerechtigkeit vor Leistungsfähigkeit und Lebensstandard".[58]

Was besagen diese Grundsätze und Vorrangregeln? Sie besagen, dass die Menschen im Urzustand unter dem Schleier des Nichtwissens eine Gesellschaft wählen würden, in der alle Menschen möglichst frei sind, d.h., in der Freiheiten in Einzelfällen nur eingeschränkt werden dürften, wenn dies „das Gesamtsystem der Freiheiten für alle" stärkt, außerdem muss eine solche Einschränkung „für die davon Betroffenen annehmbar sein".[59]

Unter dieser Voraussetzung sind für Rawls soziale und wirtschaftliche Ungleichheiten durchaus zulässig, wenn sie erstens den am wenigsten Begünstigten den größtmöglichen Vorteil bringen, d.h., wenn ohne diese Ungleichheiten die am wenigsten Begünstigten noch weniger begünstigt wären. Diese sog. Maximin-Regel[60] schließt freilich nicht aus, dass die im System ohnehin Begünstigten durch die Ungleichheiten ungleich größere Vorteile haben könnten. Sie verhindert also nicht die Öffnung einer „Schere" zwischen Arm und Reich, sondern besagt nur, dass keine andere Ungleichheit für die am wenigsten Begünstigten einen größeren Vorteil bringen würde.

---

[57] J. Rawls, Theorie der Gerechtigkeit (s.o. Anm. 3), S. 36.
[58] A.a.O., S. 336f.
[59] Ebd.
[60] Da sie sich an der Maximierung des Minimums orientiert.

Die zweite Bedingung, unter der Ungleichheit für Rawls akzeptabel ist, besteht darin, dass die Ungleichheiten (insbesondere solche vorteilhafter Art) mit Ämtern oder Positionen verbunden sind, die – „gemäß fairer Chancengleichheit"[61] – allen Mitgliedern der Gesellschaft zugänglich sind. Prinzipiell muss also jede Person die Möglichkeit haben, in solche Ämter oder Positionen zu gelangen, an die solche sozialen und/oder wirtschaftlichen Vorteile gebunden sind.

Schließlich gilt für diese Ungleichheiten noch der wichtige Vorbehalt des „gerechten Spargrundsatzes",[62] und das heißt: Bei allen Verteilungsregelungen müssen die Lebensbedingungen künftiger Generationen mit bedacht werden. Deren Zukunft darf nicht durch gegenwärtige Regelungen und Verteilungen aufs Spiel gesetzt werden.

Dieser letztgenannte Gedanke verdient besondere Beachtung und Berücksichtigung, zumal diese künftigen Generationen sich ja (mangels Existenz) noch nicht an der Formulierung der Grundsätze und Regeln beteiligen können. In dem Vorbehalt des gerechten Spargrundsatzes taucht das insbesondere für ökologische Fragen entscheidende Problem der „Nachhaltigkeit" („sustainability") unseres Lebens, Gestaltens und Wirtschaftens auf, mittels dessen die Verantwortung der jetzt Lebenden für die zukünftigen Lebensverhältnisse in den Blick genommen wird. Dies ist ein ethisches Kriterium, das in vielerlei Hinsichten, ja genau genommen überall und durchgehend Beachtung und Berücksichtigung verdient.[63] Es ist nicht nur im Rahmen einer Umweltethik zu beachten, sondern bei allen Entscheidungen, von denen die Zukunft betroffen ist – und bei welchen gälte das nicht? Rawls' Kriterium des gerechten Spargrundsatzes spricht insofern ein Thema an, das man ohne Übertreibung als eine *unverzichtbare Dimension jeder auf Verantwortung gegründeten Ethik* bezeichnen kann. Das ist eine große Stärke dieser Theorie.

Problematisch sind in dieser Theorie jedoch

– die Annahme des *absoluten* Vorrangs der Freiheit gegenüber der sozialen und wirtschaftlichen Gleichheit;

---

[61] J. Rawls, Theorie der Gerechtigkeit (s. o. Anm. 3), S. 336.
[62] Ebd.
[63] Siehe dazu W. Härle, Ausstieg aus der Kernenergie? Einstieg in die Verantwortung, Neukirchen-Vluyn 1986 sowie die Denkschrift des Rates der EKD, Umkehr zum Leben. Nachhaltige Entwicklung im Zeichen des Klimawandels, Gütersloh 2009.

– die Annahme, dass die Anwendung der Maximin-Regel zu einer gerechten und darum relativ konfliktfreien Gesellschaft führen würde; vor allem aber
– die Annahme einer „fairen Chancengleichheit", derzufolge alle Ämter und Positionen allen Mitgliedern der Gesellschaft offen stehen.

Insbesondere in dieser letzten Annahme (egal ob sie als Beschreibung oder als Forderung verstanden wird) zeigt sich die Schwäche des liberalen Menschen- und Gesellschaftsbildes, das eine faire Chancengleichheit voraussetzt, die weder gegeben ist noch vollständig realisiert werden kann, sondern allenfalls ein gesellschaftlich anzustrebendes und immer nur näherungsweise zu erreichendes Ziel darstellt.[64] Genau eine solche faire Chancengleichheit wäre und ist aber die – nicht gegebene – Voraussetzung für die Verwirklichung von Gerechtigkeit im Sinne dieser Theorie. Deswegen verdienen diejenigen Stimmen in der Gerechtigkeitsdiskussion Gehör, die ihre (und unsere) Aufmerksamkeit auf die Frage richten, wie und unter welchen Bedingungen die Lebens- und Bildungschancen von Menschen so verbessert werden können, dass sie überhaupt erst in die Lage versetzt werden, ihre Interessen zu artikulieren und zur Geltung zu bringen.[65] Damit rücken die Konzepte der „sozialen Gerechtigkeit"[66] und der „partizipativen Gerechtigkeit" bzw. „Beteiligungsgerechtigkeit" in den Blick, die in den zurückliegenden

---

[64] Zur „Idee der freien und gleichen Personen" als „normative Konzeption" bei Rawls siehe seinen Neuentwurf: Gerechtigkeit als Fairness (s.o. Anm. 3), S. 44–52.

[65] Dazu zählen vor allem die Arbeiten von M. Nussbaum, Gerechtigkeit oder Das gute Leben (1988), dt. hg. von H. Pauer-Studer, Frankfurt a. M. 1999; A. Sen und M. Nussbaum, The Quality of Life, Oxford 1993; A. Sen, Ökonomie für den Menschen, München/Wien 2000; ders., Die Idee der Gerechtigkeit, München 2010, S. 253–317 sowie J. Eurich, Gerechtigkeit für Menschen mit Behinderung. Ethische Reflexionen und sozialpolitische Perspektiven, Frankfurt a. M./New York 2008, bes. S. 41–170.

[66] Siehe zu diesem häufig auftauchenden, aber sehr unklaren Begriff die große Arbeit von U. Nothelle-Wildfeuer, Soziale Gerechtigkeit und Zivilgesellschaft, Paderborn u.a. 1999. In diesen Zusammenhang gehört auch das schon aus der Antike stammende Konzept des Gemeinwohls (bonum commune), das sozialethisch von großer Bedeutung, aber ebenfalls dringend klärungsbedürftig ist. Wichtige Beiträge zur Problematik und Bedeutung dieses Konzepts bilden die Arbeiten von J. Fetzer/J. Gerlach (Hg.), Gemeinwohl – mehr als gut gemeint? Klärungen und Anstöße, Gütersloh 1998 sowie von E. Herms, Grundzüge eines theologischen Begriffs sozialer Ordnung, in: ders., Gesellschaft gestalten, Tübingen 1991, S. 56–94.

Jahrzehnten verstärkt Aufmerksamkeit gefunden haben.[67] Sie knüpfen zwar in gewisser Hinsicht an das Konzept von „Gerechtigkeit als Fairness" an, fragen aber – darüber hinausgehend – genauer und konkreter nach dessen Realisierungsbedingungen. Und erst wenn diese gegeben sind, kann davon gesprochen werden, dass Menschen selbst für ihre Rechte und damit für Gerechtigkeit eintreten können.

4.4 Gerechtigkeit und Liebe

Mit der Nennung des Konzepts der partizipativen Gerechtigkeit haben wir uns an die Grenze bewegt, an der der ethische Gerechtigkeitsbegriff den theologischen Gerechtigkeitsbegriff berührt und beide sogar ineinander übergehen. Dass diese Grenze sich hier zeigt, ist ein Spezifikum des christlichen Glaubens, für den die Überzeugung charakteristisch ist, dass Gott gerade denen nahe ist, die sich nicht selbst helfen können, und dass die Gerechtigkeit Gottes und damit die vor Gott geltende Gerechtigkeit nicht auf die Leistung des Menschen reagiert oder aus ihr resultiert, sondern ihm unverdient zugeeignet wird und nur im Vertrauen angenommen werden kann.

Es gibt eine deutlich erkennbare Traditionslinie innerhalb des Alten Testaments, auf der sich dieses Gottes- und Gerechtigkeitsverständnis vorbereitet und anbahnt. Sie nimmt ihren Ausgangspunkt bei der Hoffnung, dass Gott als der gerechte Richter sich die Sache dessen zu eigen macht, der *unschuldig* ist und *zu Unrecht* angeklagt und verfolgt wird. Schon insofern ist Gottes Gerechtigkeit Heilshandeln – freilich eben für den *unschuldig* Verfolgten, Angeklagten und Verurteilten (siehe z.B. Ps 26,1 und Spr 13,6). Aber auch das Alte Testament kennt Situationen, wo Schuldige und Unschuldige miteinander unter einer Gerichts- und Strafandrohung stehen und wo Schuld und Unschuld in einem Menschenleben unentwirrbar ineinander liegen; und auch im Blick auf diese Grenzsituationen hofft der alttestamentliche Beter auf Gottes rettende Gerechtigkeit, auf seine Gemeinschaftstreue (siehe z.B. Ps 31,2; 65,6; 71,2).

Aber der Gedanke, dass die Gerechtigkeit Gottes sich *gar nicht* von den erbrachten oder versäumten Werken des Menschen abhängig mache, taucht in dieser Deutlichkeit, Klarheit und Schärfe wohl erst in der

---

[67] Siehe dazu z.B. W. Huber, Gerechtigkeit und Recht (s.o. Anm. 3), S. 190–199 sowie A. Anzenbacher, Christliche Sozialethik. Einführung und Prinzipien, Paderborn u.a. 1997, S. 221–224.

Verkündigung Jesu auf, wie sie im Neuen Testament überliefert ist. Und damit verträgt sich die auf Ulpian zurückgehende Rede vom „ius suum", also der Gedanke, dass die Gerechtigkeit Gottes jedem sein Recht zuteilwerden lasse und folglich so etwas wie einen Rechtsanspruch des Menschen begründe oder voraussetze, nur unter einer entscheidenden, alles verändernden Bedingung: dass nämlich dieses „Recht" ein dem Menschen von Gott aus Gnade verliehenes und zugesprochenes Recht ist, auf das er von sich aus keinen Anspruch hat. Man kann sogar noch einen Schritt weitergehen und sagen: Die Gerechtigkeit im theologischen Sinn wird mit Sicherheit *verfehlt*, wo sie zum Gegenstand eines eigenen oder selbstverdienten Rechtsanspruchs gemacht, also etwa mit Verweis auf eigene Leistung eingefordert oder eingeklagt wird.

Mit dieser spezifisch theologischen Rede von Gerechtigkeit wird Gerechtigkeit im ethischen Sinn des Wortes überschritten in Richtung auf Erbarmen[68], oder sogar in Richtung auf *Nächstenliebe*, also auf *Agape*. Man kann m.E. die These wagen, dass Gerechtigkeit im *theologischen* Sinne nichts anderes ist als Agape[69], und das gilt in gleicher Weise für die Gerechtigkeit Gottes wie für die Gerechtigkeit des Menschen vor Gott. Und im Blick auf Agape gilt generell: Sie verträgt es nicht, als Recht verstanden und als Rechtsanspruch geltend gemacht zu werden[70]. Wenn es um Agape geht, ist der Rechtsweg grundsätzlich ausgeschlossen.

Marie von Ebner-Eschenbach hat diesen Gedanken – auf wohltuende Weise *unter*treibend – einmal so formuliert: „Die meisten Menschen brauchen mehr Liebe, als sie verdienen".[71] Dieses behutsame, aber entschlossene Beiseitelegen und Beiseiteschieben des Verdienstgedankens im Blick auf die Agape gewinnt vor allem dort grundlegende Bedeutung, wo es um die Konstituierung und Erhaltung des menschlichen Daseins sowie um seine Neukonstituierung angesichts von Schei-

---

68 Man beachte dazu die Rolle, die die Rede vom Erbarmen Gottes bzw. das „es jammerte ihn" an entscheidenden Stellen in der biblischen Überlieferung spielt (z.B. Ps 103,13; Jon 4; Mt 9,36; 14,14; 15,32; Mk 1,41; 6,34; 8,2; Lk 10,33 und 15,20).

69 *Insofern* stimme ich auch der Warnung W. Hubers (Gerechtigkeit und Recht, Gütersloh 1996, S. 199) vor „falschen Antithesen" zwischen Gerechtigkeit und Liebe zu.

70 *Deshalb* stimme ich der Warnung W. Hubers (a.a.O. S. 208) vor einer „Verrechtlichung der Liebe" und einer „Verlieblichung des Rechts" uneingeschränkt zu.

71 M. von Ebner-Eschenbach, Aphorismen, Frankfurt a. M. 1964, S. 8.

tern, Schuld und Tod geht. Hier endet alles erworbene oder verdiente Recht, und darum kommt hier die ethische Gerechtigkeit an ihr Ziel und Ende, indem sie von der Liebe oder Güte aufgehoben, das heißt: aufbewahrt, begrenzt und überboten wird.

Innerhalb ihrer Reichweite hat die Agape die Fähigkeit, in einer Weise zu erkennen und zu tun, was das „suum" des anderen, d. h. was für den anderen Menschen gut ist, die sogar noch über das hinausgehen kann, was ein Mensch von sich selbst zu wissen meint. Und darum ist nach dem Neuen Testament (unter Zitierung und Zusammenfassung alttestamentlicher Gebote) das Doppelgebot der *Liebe* – und nicht etwa ein Doppelgebot der Gerechtigkeit – „das höchste und größte Gebot"[72].

Aber: Die Reichweite unseres Erbarmens, unserer Güte und unserer Liebe ist begrenzt, und die Agape selbst ist permanent bedroht. Und darum ist es eine zwar schöne, aber irreführend-harmonische Idee, wenn man meint, die Agape erledige die Aufgabe, für Gerechtigkeit zu sorgen, gleich mit, sozusagen mit der linken Hand. Das kann sie allenfalls im Nahbereich zwischenmenschlicher Begegnungen. Je mehr sich jedoch die Gerechtigkeit auf die Fernen und Fernsten bezieht und je stärker sie durch Strukturen[73], Institutionen und Organisationen vermittelt ist (und Letzteres gilt in der Neuzeit immer umfassender), desto mehr sind rechtliche Regelungen erforderlich, die der Gerechtigkeit dienen und Rechtsansprüche auf konkrete Gerechtigkeit begründen.

Gerechtigkeit im ethischen Sinn des Wortes ist mit Liebe nicht gleichzusetzen und nicht zu verwechseln. Aber Agape ist eine tragfähige *Grundlage* und eine orientierungskräftige *Zielperspektive* für ethische Gerechtigkeit, und diese wiederum ist eine besonders wichtige und leistungsfähige Ausdrucksform und Stellvertreterin von Agape, und zwar unter Einschluss des für die konstitutiven Elemente des Rechts. Denn was in der Agape keinen Platz hat, das ist hier, wo es um die Erhaltung menschlicher Lebensbedingungen angesichts bedrohter, gestörter und zerstörter zwischenmenschlicher Beziehungen geht, von größter positiver Bedeutung: nämlich der im Recht begründete Anspruch auf Gerechtigkeit.

---

[72] Mt 22, 38 parr. Siehe dazu oben Kap A 5, Abschn. 5.1.5.
[73] Damit kommt auch ihr Widerlager in Form von „struktureller Ungerechtigkeit" in den Blick. Und das zeigt, dass sich der Begriff „gerecht" oder „ungerecht" nicht nur auf menschliches *Verhalten* anwenden lässt, also eine Verhaltensdisposition oder -eigenschaft bezeichnet, sondern auch auf von Menschen geschaffene, zugelassene und zu verantwortende *Verhältnisse* struktureller Art, wie z. B. die Verteilung von Ressourcen, Produktionsmitteln oder Reichtum.

Hier tut sich eine Spannung auf, die wohl nicht auflösbar ist, und die gerade deshalb für die Ethik eine dauerhafte Herausforderung darstellt, und zwar insbesondere für eine Ethik, die sich als theologische Disziplin versteht. Eine der Fragen, in denen diese Spannung zum Ausdruck kommt, lautet: Wie kann verhindert werden, dass der mit Recht und Gerechtigkeit notwendig verbundene – und insofern *wertvolle* – Gedanke des Rechts*anspruchs* so missbraucht wird, dass er sich selbst gefährdet oder zerstört?[74]

Recht und Gerechtigkeit sind konstruktive Reaktionen auf tatsächlich bestehende Übel in der Welt. Wie lässt sich vermeiden, dass sie von diesen Übeln selbst infiziert oder gar in deren Dienst gestellt werden? Für die hier bestehenden Gefahren und Gefährdungen bietet die Lektüre des *zweiten* Teils von „Michael Kohlhaas"[75] das erforderliche Anschauungsmaterial.

Ich denke, es ist kein Zufall, dass in den biblischen Texten von so etwas wie Menschenrechten nicht schon in der Schöpfungsgeschichte die Rede ist, sondern erst – da allerdings sehr betont – im Anschluss an das himmelschreiende Verbrechen[76] des Brudermords, den Kain an Abel verübt. Und nun das Entscheidende: Es ist der *Mörder*, dem laut Gen 4,15 als Erstem das Menschenrecht der Lebenserhaltung und des Lebensschutzes zugesprochen wird.[77]

Gerechtigkeit im ethischen Sinn des Wortes, die letztlich auf dem Gedanken der Menschenrechte basiert, kann zwar solche zerstörten menschlichen Beziehungen nicht heilen; aber sie kann die zerstörerischen Folgen gestörter Beziehungen in Grenzen halten, im günstigsten Fall sogar vermindern oder vermeiden, und sie kann so Räume für das Zusammenleben eröffnen und gestalten. Für dieses Ziel lohnt es sich, im Wissen um die Relativität und Vorläufigkeit aller menschlichen Bemühungen um Gerechtigkeit das je Eigene zu tun, genauer gesagt: Jede das Ihre und jeder das Seine: „suum *quisque*".

---

[74] Vermutlich braucht *jeder* soziale Rechtsstaat zu seinem Funktionieren nicht nur ein Rechtsbefolgungs-Ethos, sondern auch ein Selbstbegrenzungs-Ethos im Blick auf das Geltendmachen und Durchsetzen von Rechtsansprüchen. Und das gilt für *alle* gesellschaftlichen Schichten.

[75] Vgl. oben Anm. 2.

[76] „Die Stimme des Blutes deines Bruders schreit zu mir von der Erde" (Gen 4,10).

[77] „Aber der Herr sprach zu ihm: … wer Kain totschlägt, das soll siebenfältig gerächt werden. Und der Herr machte ein Zeichen an Kain, dass ihn niemand erschlüge, der ihn fände". Das Kainsmal ist also ein *Schutz*zeichen.

5 Friede

In diesem Kapitel werde ich die Grundfragen der Friedensethik in enger Anlehnung an die friedensethische Diskussion behandeln, wie sie in den Kirchen – insbesondere in den deutschen evangelischen Kirchen – seit der Mitte des 20. Jahrhunderts geführt wurde. In zahlreichen kirchlichen Texten (z. B. in Friedensdenkschriften) ist das dokumentiert. Dabei hat der erste Teil dieses Kapitels den Charakter eines Längsschnittes, der auf dem Weg über die Darstellung der friedensethischen Entwicklung seit 1948 zu einer aktuellen Standortbestimmung hinführt. Im zweiten Teil wird dann als zentrales friedensethisches Thema der Paradigmenwechsel vom gerechten Krieg zum gerechten Frieden analysiert und gewürdigt.

5.1 Friedensethische Entwicklung und Standortbestimmung

5.1.1 „Krieg soll nach Gottes Willen nicht sein" – Amsterdam 1948

Die tiefste Zäsur in der evangelischen, vielleicht sogar in der christlichen Friedensdiskussion bildet das Jahr 1948. Damals legte – auf dem Hintergrund der Schrecken des Zweiten Weltkriegs und angesichts des heraufziehenden „Kalten Krieges" – die IV. Sektion der ersten Vollversammlung des ökumenischen Rats der Kirchen in Amsterdam einen Bericht vor, der von der Vollversammlung „geprüft" und den Kirchen „zu ernster Erwägung und geeignetem Vorgehen empfohlen"[1] wurde. Ins allgemeine kirchliche und theologische Bewusstsein ist dieser Sek-

---

[1] So der offizielle Wortlaut, in: Die erste Vollversammlung des ökumenischen Rates der Kirchen, Tübingen/Stuttgart 1948, S. 116. Der Sektionsbericht ist vollständig abgedruckt in: W. Härle, Zum Beispiel Golfkrieg. Der Dienst der Kirche in Krisensituationen in unserer säkularen Gesellschaft (Vorlagen NF 14), Hannover (1991) 1992², S. 60–72. Ich zitiere im Folgenden nach dieser letztgenannten Quelle. Dort findet sich die im Text zitierte Formulierung auf S. 60.

tionsbericht vor allem durch die Überschrift seines *ersten* Abschnitts eingegangen: „Krieg soll nach Gottes Willen nicht sein"[2]. Tatsächlich ist das auch die wichtigste Botschaft dieses Textes, um derentwillen man ihn als einen tiefen Einschnitt in der Friedensdiskussion bezeichnen kann.

Während sowohl im Zusammenhang mit den Befreiungskriegen gegen Napoleon (1813–15), dem deutsch-französischen Krieg von 1870/71, im Vorfeld und in der Frühzeit des Ersten Weltkriegs[3] und auch noch im Zweiten Weltkrieg immer wieder kirchliche und theologische Stellungnahmen laut wurden, die den Krieg als Ausdruck des Willens Gottes darstellten, heroisierten und teilweise verklärten, sind solche Töne nach 1948 aus den Stellungnahmen christlicher Kirchen und Theologen zu Kriegen oder militärischen Konflikten – jedenfalls im westlichen Teil Europas – praktisch völlig verschwunden.

Neben dieser Zentralbotschaft des ÖRK-Sektionsberichts sind jedoch drei andere Elemente in diesem Text vorhanden, die bisher nur wenig beachtet und rezipiert wurden, obwohl sie für die Friedensdiskussion der letzten 60 Jahre und für die Friedensethik faktisch von Bedeutung waren:

5.1.1.1 Nüchternheit und Skepsis

Der Text von 1948 ist nicht etwa von einer Stimmung der Hoffnung und des Aufbruchs im Blick auf neue Friedensmöglichkeiten und -entwicklungen geprägt, sondern ganz im Gegenteil von einem nüchternen Realismus, der skeptische Züge trägt. So beginnt der Sektionsbericht mit folgenden Worten:

---

[2] A. a. O., S. 62. Nicht selten wird dieses Zitat verändert zu: „Krieg darf nach Gottes Willen nicht sein".

[3] Ich verzichte hier darauf, die massenhaft vorhandenen Belege kirchlich-theologischer Kriegsbegeisterung auch nur in Auswahl zu nennen. Stattdessen verweise ich auf eine interessante Äußerung Karl Barths vom 4. September 1914, der sich in den ersten Kriegswochen gerade wegen der positiven theologischen Aussagen seiner liberalen Lehrer zum Krieg von diesen abwandte. Barth schreibt damals in einem Brief an seinen Freund Thurneysen: „Die Formel: ‚Gott will den Krieg nicht' ist vielleicht irreführend, obwohl im Zusammenhang wohl verständlich. Gott will den Egoismus nicht. Er *will* aber, dass der Egoismus sich im Krieg offenbare und so sich selbst zum Gericht werde" (Karl Barth/ Eduard Thurneysen, Briefwechsel, Bd. 1, 1913–1921, Zürich 1973, S. 10).

„Der Oekumenische Rat der Kirchen ist in einer Zeit kritischer internationaler Spannungen zusammengetreten. Die Hoffnungen der letzten Kriegsjahre und das Morgenrot eines kommenden Friedens sind dahin. Kein wirksames System ist gefunden worden, um politische Veränderungen auf friedlichem Wege durchzuführen, so sehr auch Millionen danach verlangen".[4]

Hieran wird deutlich, wie stark bereits drei Jahre nach dem Ende des Zweiten Weltkriegs der neu entstehende Ost-West-Konflikt, der dann den Namen „Kalter Krieg" erhielt, das Bewusstsein der Menschen bestimmte und mit Furcht und Sorgen erfüllte.

5.1.1.2 Grundsätzliche Meinungsverschiedenheiten

Unter der Überschrift: „Krieg soll nach Gottes Willen nicht sein" und unter Verweis auf die (nach Hiroshima und Nagasaki) *reale* Möglichkeit eines Vernichtungskriegs unter Einsatz von Atombomben konstatiert der Sektionsbericht:

„Wir können uns ... nicht länger der Frage entziehen: Kann der Krieg heute noch ein Akt der Gerechtigkeit sein? Auf diese Frage können wir freilich keine einmütige Antwort geben. Drei verschiedene Grundhaltungen werden in unserer Mitte vertreten:

a) Da sind zunächst jene, die die Überzeugung haben, dass, wenn der Christ auch unter bestimmten Umständen wird in den Krieg ziehen müssen, ein moderner Krieg mit seinen allumfassenden Zerstörungen niemals ein Akt der Gerechtigkeit sein kann.

b) Da es gegenwärtig unparteiische, übernationale Instanzen nicht gibt, so meinen andere, militärische Maßnahmen seien das letzte Mittel, um dem Recht Geltung zu verschaffen, und man müsse die Staatsbürger klar und deutlich lehren, dass es ihre Pflicht ist, das Recht mit der Waffe in der Hand zu verteidigen, wenn es keine andere Möglichkeit mehr gibt.

c) Wieder andere lehnen jeden Kriegsdienst irgendwelcher Art ab und sind überzeugt, dass Gott von ihnen verlangt, bedingungslos gegen den Krieg und für den Frieden Stellung zu nehmen, und nach ihrer Meinung müsste die Kirche im gleichen Sinn sprechen.

Wir bekennen offen, dass es uns schwer ist, so verschiedene Meinungen in dieser Sache unter uns zu haben. Wir bitten alle Christen dringend, sie möchten es als ihre Pflicht ansehen, dauernd um diese schwierige Frage zu ringen und in aller Demut Gott zu bitten, er wolle ihnen den rechten Weg zeigen. Wir glauben, dass hier die Theologen die besondere Verpflichtung haben, den theologischen Fragen nachzugehen, um die es sich hier handelt: Derweilen darf die Kirche

---

[4] Bericht der IV Sektion, a.a.O., S. 60.

nicht aufhören, alle, die eine dieser drei Meinungen mit Ernst vertreten und die bereit sind, sich von Gott erleuchten zu lassen und sich Seinem Willen zu unterwerfen, als ihre Brüder und Schwestern anzusehen".[5]

Diese gebrochenen, differenzierten, besonnenen Aussagen haben in der öffentlichen Rezeptionsgeschichte des Sektionsberichts von 1948 bislang weitaus weniger eine Rolle gespielt als die eindeutige Devise: „Krieg soll nach Gottes Willen nicht sein".

5.1.1.3 „Herrschaft des Rechts"[6]

Beachtung verdient schließlich auch die Überschrift des dritten Abschnitts des Sektionsberichts: „Die Völker der Welt müssen sich zu der Herrschaft des Rechts bekennen". Es dauerte zwar mehr als 45 Jahre, bis dieser Gesichtspunkt in der evangelischen Friedensdiskussion die Aufnahme und Beachtung fand, die er verdient, aber schließlich bekam er in dem EKD-Text „Schritte auf dem Weg des Friedens" von 1994 doch wegweisende Bedeutung.[7]

5.1.2 Wiederbewaffnung und Atomwaffen als kirchliche Zerreißprobe

Schon in der ersten Hälfte der Fünfzigerjahre brach dann in Deutschland eine Friedensdiskussion von größter Intensität und Heftigkeit aus.

---

[5] A. a. O., S. 62f.
[6] Es verdient Beachtung, dass diese Formel etwa drei Monate nach dem Sektionsbericht von Amsterdam auch in der Präambel der am 10. 12. 1948 von der Generalversammlung der UN beschlossenen Allgemeinen Erklärung der Menschenrechte auftaucht („da es wesentlich ist, die Menschenrechte durch die Herrschaft des Rechtes zu schützen, damit der Mensch nicht zum Aufstand gegen Tyrannei und Unterdrückung als letztem Mittel gezwungen wird"). Die Tatsache, dass diese Formel im selben Jahr in einem kirchlichen und einem politischen Text von großer Bedeutung Verwendung findet, lässt vermuten, dass sie schon zuvor entstanden und bekannt war und dadurch (unabhängig voneinander) in diese beiden Texte gelangte.
[7] Hannover (1994) 2001³, S. 4 und 25. Darauf werden wir später (s.u. Abschn. 5.1.5) zurückkommen. In dem ÖRK-Text von 1948 sind im übrigen noch weitere wichtige Einsichten zu entdecken, so etwa die These: „ ... wenn die Nationen nicht bereit sind, auf einen größeren Teil ihrer nationalen Souveränität zu verzichten, werden sie in der Versuchung stehen, zum Mittel des Krieges zu greifen, um ihre Ansprüche durchzusetzen" (Bericht der IV Sektion, S. 67f.).

Auslöser und Hintergrund waren einerseits die Entscheidungen über die Bewaffnung der Bundesrepublik Deutschland und der Deutschen Demokratischen Republik, andererseits die Kontroversen über die Drohung mit dem Einsatz von Atomwaffen. Diese Auseinandersetzungen wurden mit solcher Heftigkeit geführt, dass die Einheit der Evangelischen Kirche als gefährdet erschien. Angesichts dieser Gefahr war es von großer Bedeutung, dass die Spandauer Synode der EKD von 1958 formulieren konnte: „Wir bleiben unter dem Evangelium zusammen ...".[8] Aber auf welcher Basis konnte man in der Friedensfrage unter dem Evangelium beisammen bleiben?

5.1.3 Komplementarität, Drohung und Einsatz – die Heidelberger Thesen

Zur Beantwortung der zuletzt formulierten Frage haben die Heidelberger Thesen[9] vom 28. April 1959, auch wenn sie nie offiziell von der EKD rezipiert wurden, wichtige Beiträge geleistet und Anstöße gegeben. Dabei sehe ich den entscheidenden Beitrag der Heidelberger Thesen *nicht* in der berühmten und häufig zitierten ersten These: „Der Weltfriede wird zur Lebensbedingung des technischen Zeitalters".[10] Diese These, von der die Autoren zu Recht sagen, sie sei „kein Satz des Christentums ..., sondern eine Aussage der profanen Vernunft"[11] ist vielmehr eine der problematischen Aussagen, weil sie mit ihrer Unterstellung, der Weltfriede beginne im gegenwärtigen technischen Zeitalter „genau deshalb möglich zu werden, weil er notwendig wird"[12], ein Vertrauen in die

---

[8] Wichtige Passagen des Spandauer Beschlusses, einschließlich des oben zitierten Satzes, sind eingegangen in die Heidelberger Thesen von 1959 und wieder abgedruckt im Anhang der EKD-Denkschrift „Frieden wahren, fördern und erneuern", Gütersloh 1981, S. 81. Wo der Abdruck von der ursprünglichen Quelle (G. Howe, [Hg.], Atomzeitalter – Krieg und Frieden, Witten/Berlin [1959] 1962^3, S. 226–236) abweicht, habe ich mich an der ursprünglichen Quelle orientiert und diese zitiert.

[9] Die Kommission, die die Heidelberger Thesen verfasst hat, wurde im Frühjahr 1957 auf Initiative von Militärbischof H. Kunst bei der FEST in Heidelberg einberufen. Hauptverfasser dieser Thesen waren C. F. von Weizsäcker, H. Gollwitzer, E. Schlink, H. Kunst, G. Picht und G. Howe (so Howe, a.a.O., S. 9; an dieser Stelle werden auch die weiteren Mitglieder der Kommission genannt).

[10] A. a. O., S. 76.

[11] Ebd.

[12] Ebd.

Selbstdurchsetzung des Vernünftigen in Fragen des Friedens erkennen lässt, das sich weit vom christlichen Menschenbild entfernt hat.

Als klärend oder weiterführend kann ich auch *nicht* die ebenfalls bekannt gewordene Formulierung aus These VIII bezeichnen: „Die Kirche muss die Beteiligung an dem Versuch, durch das Dasein von Atomwaffen einen Frieden in Freiheit zu sichern, als eine heute noch mögliche christliche Handlungsweise anerkennen".[13] Mit der Formulierung „heute noch" wird der Eindruck einer präzisen zeitlichen Befristung erweckt, die jedoch in ihrer Unbestimmtheit keinen wirklich klärenden Charakter hat.[14] Solche Formulierungen haben einen rhetorisch beschwichtigenden Effekt und täuschen eher Konsens vor, als ihn herzustellen oder zu formulieren.

Weiterführend sind aber m.E. zwei andere Gedanken aus den Heidelberger Thesen: Einerseits die sog. Komplementaritätsthese, anderseits die Reflexionen über das Verhältnis von Drohung mit Waffen und Einsatz von Waffen.

a) These VI formuliert: „Wir müssen versuchen, die verschiedenen, im Dilemma der Atomwaffen getroffenen Gewissensentscheidungen als komplementäres Handeln zu verstehen".[15] Mit der aus der Physik (genauer: aus der Quantenmechanik) entlehnten Vorstellung von der Komplementarität wollen die Thesen die Spandauer Formel vom Zusammenbleiben unter dem Evangelium vertiefen und erweitern. Demnach sind die beiden (ablehnenden und bejahenden) Haltungen dann komplementär, wenn sie einander nicht nur dulden, sondern gegenseitig als je unterschiedliche Konsequenzen aus dem gemeinsamen „Ziel der Vermeidung des Atomkrieges und der Herstellung des Weltfriedens"[16] achten können. Aber auch darüber geht der Text noch einen kleinen, gewichtigen Schritt hinaus, indem er an zwei Stellen zumindest die Möglichkeit formuliert, „dass der eine seinen Weg nur verfolgen kann, weil jemand da ist, der den anderen Weg geht"[17]. Diesen Kom-

---

[13] A.a.O., S. 83
[14] Vgl. dazu die „Aktuelle Re-Lektüre der Heidelberger Thesen von 1959", die H. R. Reuter unter dem Titel „Zum Problem nuklearer Abschreckung heute" in: ZEE 44 (2000), S. 113–122 vorgelegt hat.
[15] Heidelberger Thesen, S. 81.
[16] A. a. O., S. 82.
[17] Ebd. Ähnlich heißt es in These XI: „Faktisch stützt heute jede der beiden Haltungen, die wir angedeutet haben, die andere. Die atomare Bewaffnung hält auf eine äußerst fragwürdige Weise immerhin den Raum offen, innerhalb dessen solche Leute wie die Verweigerer der Rüstung die staatsbürgerliche Freiheit genießen, ungestraft ihrer Überzeugung nach zu leben" (a. a. O., S. 87).

plementaritätsgedanken haben die „Schritte auf dem Weg des Friedens" im Jahr 1994 aufgenommen und nun nicht nur auf die Stellung zu atomaren Waffen, sondern grundsätzlicher und umfassender auf die prinzipielle Entscheidung über den Einsatz militärischer Gewalt sowie auf die Entscheidung zwischen Wehrdienst und Kriegsdienstverweigerung angewandt. Es heißt dort:

> „Nur gemeinsam, und nicht nur in gegenseitiger Freigabe, sondern erst im Bezug aufeinander sind die Bereitschaft zum Einsatz militärischer Gewalt und die Gesinnung unbedingter Gewaltfreiheit ein angemessenes Zeugnis für das Friedensgebot Gottes und damit indirekt für den christlichen Glauben. Gemäß dieser Einsicht tritt die Kirche dafür ein, Waffenanwendung und Waffenverzicht als Handlungsweisen von Christen aufeinander zu beziehen: Die Soldaten sind auf die Kriegsdienstverweigerer und die Friedensdienste angewiesen, damit ihr Handeln als Ausdruck der politischen Verantwortung von Christen wahrgenommen und nicht als ein Sich-Abfinden mit dieser Welt fehlinterpretiert wird; die Kriegsdienstverweigerer und die Friedensdienste sind aber auch auf die Soldaten angewiesen, damit ihr Handeln als Zeugnis christlicher Hoffnung verstanden und nicht als Ausdruck der fehlenden Solidarität mit den Opfern von Gewalt und Friedensbruch missdeutet wird".[18]

Ich habe den Eindruck, dass die so verstandene Komplementarität immer stärker anerkannt wird, und dass sie dort, wo sie anerkannt wird, einen beachtlichen Beitrag zur Versachlichung der Diskussion zwischen Soldaten und Kriegsdienstverweigerern, Befürwortern und Gegnern der ethischen Legitimität des Einsatzes von militärischer Gewalt leistet.

b) Der zweite weiterführende und immer noch aktuelle Denkansatz der Heidelberger Thesen wird in These IX (wenn auch in irreführender Formulierung) erkennbar:

> „Für den Soldaten einer atomar bewaffneten Armee gilt: Wer A gesagt hat, muss damit rechnen, B sagen zu müssen; aber wehe den Leichtfertigen!"[19]

Was sich hinter dieser These verbirgt, ist eine ernsthafte Auseinandersetzung nicht nur über die Frage möglicher Befehlsverweigerung von Soldaten im Fall des Einsatzes atomarer Waffen, sondern eine sehr viel

---

[18] Schritte auf dem Weg des Friedens. Orientierungspunkte für Friedensethik und Friedenspolitik, Hannover 1994, S. 23f.
[19] Heidelberger Thesen, S. 84. Durch diese Formulierung bringen die Heidelberger Thesen das Problem nicht klar zum Ausdruck; denn es geht nicht um ein *B* nach einem angekündigten *A*, sondern genau um dieses *A*; und es geht nicht um ein neues *Sagen*, sondern um ein konsequentes *Tun*, nachdem man etwas gesagt, nämlich angedroht hat. Richtig müsste es also heißen: „Wer A *gesagt* hat, muss damit rechnen, auch A *tun* zu müssen".

grundsätzlichere Reflexion über das *Verhältnis von Drohung und Einsatz* militärischer Mittel. Dabei wird gemeinsam (und zu Recht) vorausgesetzt, dass die Drohung *nicht* dem *Einsatz* dient, sondern (wie alle Sanktionsandrohungen) das Ziel verfolgt, das Angedrohte *nicht* tun zu müssen. Aufgrund dieser Logik haben die Befürworter einer Drohung mit dem Einsatz atomarer Waffen darauf verwiesen, dass diese Drohung unter den Bedingungen des Ost-West-Gegensatzes den Weltfrieden erhalten hat und den Einsatz des Angedrohten nicht hat Wirklichkeit werden lassen.[20]

Aber man muss sich natürlich die Frage stellen: Was müsste oder könnte geschehen, wenn diese Drohung *nicht* verfängt, also das bezweckte Verhalten der gegnerischen Seite *nicht* bewirkt? Gilt hier nicht – schon um der künftigen Glaubwürdigkeit willen – die Logik: „Wer A gesagt hat, muss nun auch A tun?" Die Heidelberger Thesen tendieren sehr stark in diese Richtung. Deshalb schließt die Erläuterung zu These IX mit folgenden Sätzen ab:

> „Sollte es zum Ausbruch eines atomaren Krieges kommen, so könnten wir als Rechtfertigung des Einsatzes dieser Waffen – da wir die traditionelle Rechtfertigung dafür ausdrücklich verworfen haben – nur die Feststellung zulassen, dass die Drohung ohne Bereitschaft zum Ernstmachen sinnlos gewesen wäre; dass also nun die Folgen des Versagens des Friedensschutzes durch diese Drohung eingetreten und von uns zu tragen sind. Der Christ wird dies nicht anders denn als ein Gericht über uns alle verstehen können".[21]

Zu diesem Punkt hat jedoch Helmut Gollwitzer als einer der Mitverfasser der Heidelberger Thesen eine persönliche Stellungnahme formuliert[22], in der er eine reservatio mentalis, also einen gedanklichen Vorbehalt für legitim erklärt, aufgrund dessen man zwar bereit sein kann, mit dem Einsatz atomarer Waffen zu drohen, sich aber trotzdem vorbehält, ob diese dann auch tatsächlich eingesetzt werden sollen. Gollwitzers Hauptargument für diese Möglichkeit lautet: Nach dem Scheitern der Drohung ist eine *neue Situation* entstanden, die eine neue ethische Reflexion nötig, jedenfalls aber möglich macht.

---

[20] Die Atombombenabwürfe von Hiroshima und Nagasaki aus dem Jahr 1945 waren Teil eines anderen politischen Szenarios und erfordern eine eigene Beurteilung. Es dürfte aber schwerfallen, sie ethisch zu rechtfertigen.
[21] Heidelberger Thesen, S. 85.
[22] H. Gollwitzer, Zum Ergebnis der bisherigen Beratungen, in: Howe, Atomzeitalter (s.o. Anm. 8), S. 247–267 (bes. S. 264).

5.1.4 Friede als politische Aufgabe – die Nachrüstungsdebatte

Die Heidelberger Thesen von 1959 haben es (in Verbindung mit dem Spandauer Synodenbeschluss von 1958) geschafft, so etwas wie eine gemeinsame, wenn auch spannungsvolle Basis in der Friedensfrage zu formulieren, die es den Beteiligten erlaubte, für die folgenden zwei Jahrzehnte „unter dem Evangelium zusammenzubleiben". Ende der 1970er-, Anfang der 1980er Jahre brach dann jedoch erneut eine heftige, tiefgreifende Friedensdiskussion auf, deren politischer Entstehungszusammenhang unter dem Stichwort „Nachrüstungsdebatte" in die Geschichte eingegangen ist. Ihr Auslöser war einerseits der Einmarsch der Sowjetunion in Afghanistan (an der Jahreswende 1979/80) sowie die Aufstellung von SS 20-Raketen mit großer Reichweite durch die Sowjetunion, andererseits der NATO-Beschluss vom 12. Dezember 1979 über die Stationierung neuer Mittelstreckenraketen und Marschflugkörper für den Fall, dass die Sowjetunion ihre SS 20-Raketen nicht abrüsten sollte. Das Stichwort, das die damalige (militär-)politische Situation und die darauf bezogenen Befürchtungen der Menschen m.E. am genauesten benennt, ist das Stichwort „Rüstungsspirale". Und die entscheidende – auch innerhalb der Evangelischen Kirche ganz kontrovers diskutierte – Frage lautete: Wie kann diese Rüstungsspirale zum Stehen oder gar zu einer Umkehrung gebracht werden? Während die einen von der durch die NATO angedrohten Nachrüstung eine weitere Eskalation der Rüstungsspirale mit der möglichen katastrophalen Konsequenz eines „atomaren Befreiungsschlages" durch die Sowjetunion befürchteten, gingen die anderen davon aus, dass nur die „glaubwürdige" Androhung eigener Nachrüstung die gegnerische Seite zum Einlenken bewegen werde.

In dieser Situation verabschiedete der Rat der EKD im Jahr 1981 die Denkschrift „Frieden wahren, fördern und erneuern". Dieser umfangreiche Text ist eine gründliche, facettenreiche Bestandsaufnahme sowohl im Rückblick auf die Friedensdiskussion seit den Heidelberger Thesen als auch im Blick auf die damals aktuellen Kontroversen, die sich insbesondere in Gestalt von vier innerkirchlichen Initiativen[23] formiert und artikuliert hatten. Stärker als frühere Texte zur Friedensfrage bemüht sich diese Denkschrift um eine christliche Orientierung im

---

[23] Frieden wahren, fördern und erneuern, S. 39–42. Es handelte sich um die Initiativen: „Ohne Rüstung leben", „Frieden schaffen ohne Waffen", „Sicherung des Friedens" und „Schritte zur Abrüstung". Zusätzlich verdient die in der DDR beheimatete Bewegung „Schwerter zu Pflugscharen" Erwähnung, die damals eine große Bedeutung gewann.

Sinne einer biblisch-theologischen Grundlegung.[24] Aber nicht darin liegt ihre Stärke und ihr wesentlicher Impuls für die folgende Friedensdiskussion, sondern in dem Gedanken, der sich an die biblisch-theologische Grundlegung anschließt: Frieden zu schaffen und zu erhalten sei eine *politische* Aufgabe, und darum gelte es, „den Vorrang einer umfassenden politischen Sicherung des Friedens vor der militärischen Rüstung wiederzugewinnen".[25]

Und dann zeigt der Fortgang der politischen Ereignisse in den Achtzigerjahren, dass wohl doch diejenigen recht hatten, die nicht vom Nachgeben, sondern vom Nachrüsten eine militärische Deeskalation erhofft hatten.[26] Dass diese dann auch tatsächlich in Form des Zusammenbruchs der Sowjetunion und der Beendigung des Ost-West-Gegensatzes eintrat, hatte Anfang der 1980er-Jahre kaum noch jemand zu hoffen gewagt. Erstmals wurde nun atomare Abrüstung im großen Stil möglich. Ja, in der Anfangseuphorie schien ein dauerhafter Weltfriede in greifbare Nähe gerückt zu sein. Zugleich aber zeigte sich nun immer stärker, was schon vorher befürchtet worden war: die Führbarkeit regionaler, konventioneller Kriege, das Aufbrechen von ethnischen Konflikten, deren Eskalationen bis zu Bürgerkriegen, Verfolgungs- und Ausrottungssituationen etc.

5.1.5 Schritte auf dem Weg des Friedens

In dieser Situation veröffentlichte der Rat der EKD 1994 den bereits erwähnten friedensethischen Text „Schritte auf dem Weg des Friedens" als „Orientierungspunkte für Friedensethik und Friedenspolitik".[27] Dieser Text ist eine konsequente Weiterentwicklung und Konkretisierung der Hauptthese von 1981 vom „Vorrang einer umfassenden politischen Sicherung des Friedens vor der militärischen Rüstung". Das zeigt sich vor allem an drei Punkten:

a) Der „Ausbau von Wegen der zivilen Konfliktbearbeitung"[28] gewinnt verstärkte Bedeutung, ohne dass das Kernproblem solcher ziviler

---

[24] A. a. O., S. 43–48.
[25] A. a. O., S. 52. Dazu passt auch der im Jahr 1985 vom Kirchenamt der EKD herausgegebene Band mit Expertenbeiträgen unter dem Titel „Frieden politisch fördern: Richtungsimpulse", Gütersloh 1985.
[26] Ich muss dies konstatieren, obwohl ich selbst ganz entschieden *nicht* zu dieser Gruppe gehört habe.
[27] Schritte auf dem Weg des Friedens (s. o. Anm. 18).
[28] A. a. O., S. 31–34.

Friedensdienste angesprochen oder gar gelöst würde, wie nämlich unter den Bedingungen eskalierender, gewaltförmiger Konflikte zivile Konfliktbearbeitung überhaupt noch eine Chance auf Realisierung bekommen kann. Es scheint bislang so, als würden die zivilen Friedensdienste ihre eigentliche Leistungskraft und Bedeutung eher in der Konflikt*nachsorge*, also im Aufarbeiten von (kriegerischen) Konflikten entfalten als in der Prävention.[29] Die präventive, konfliktvermeidende Friedenssicherung mit politischen, sozialen, wirtschaftlichen und kulturellen Mitteln bleibt freilich – gerade aus christlicher Sicht – weiterhin ein dringendes Desiderat. Gefordert ist eine Sensibilität für die Wahrnehmung von Situationen, die das Potential zu gewaltförmigen Konflikten in sich tragen, und der entschlossene Wille, *diese* Ursachen anzugehen und, soweit wie möglich, zu beheben. Das ist freilich wesentlich leichter gesagt als getan, zumal unsere Erde an solchen potentiell gewaltförmigen Konfliktherden nicht arm ist.

b) Mit auffallender Deutlichkeit wird in diesem Text der Lehre vom gerechten Krieg[30] der Abschied gegeben, gleichzeitig wird jedoch die Möglichkeit „humanitärer Interventionen"[31] unter Anwendung militärischer Gewalt als äußerstes Mittel (ultima ratio) bejaht[32]. Hinter dieser widersprüchlich wirkenden Konzeption verbirgt sich eine Einsicht oder Vermutung, die inzwischen vielfältige Unterstützung gefunden

---

[29] Siehe dazu unten unter 5.2.1.1.3 die Überlegungen zu einem „Recht nach dem Krieg" (ius post bellum).

[30] Siehe dazu unten Abschn. 5.2.1.

[31] Die Problematik dieses euphemistischen Ausdrucks wurde erst später, nämlich in dem Text „Friedensethik in der Bewährung. Eine Zwischenbilanz zu Schritte auf dem Weg des Friedens, Hannover 2001, S. 75, erkannt und von da an vermieden. Das Gemeinte sollte eher mit dem Ausdruck „militärische Interventionen aus humanitären Gründen" oder „ … mit humanitären Zielen" bezeichnet werden. Michael Haspel (Friedensethik und Humanitäre Intervention. Der Kosovo-Krieg als Herausforderung evangelischer Friedensethik, Neukirchen 2002) macht jedoch auch noch nach 2001 von diesem problematischen Begriff permanent Gebrauch. Auch im Blick auf einen anderen (von der NATO verwendeten) Ausdruck, nämlich „Kollateralschaden", macht der EKD-Text „Friedensethik in der Bewährung" (ebd.) zu Recht kritische Bedenken geltend. Dieser verharmlosend wirkende Ausdruck wurde jedoch offenbar vor 35 Jahren ausgerechnet von einem *Theologen* in die friedensethische Diskussion eingeführt, nämlich von P. Ramsey in seinem Werk: The Just War Force and Political Responsibility, New York 1968, S. 146, 315 und 412. Ähnliche Ausdrücke finden sich bei Ramsey auf S. 409, 415, 429, 437 u. ö.

[32] Schritte auf dem Weg des Friedens (s.o. Anm. 18), S. 28. Vgl. dazu unten Abschn. 5.2.1.1.1 c.

hat: Was neben der staatlichen Selbstverteidigung als legitimer Einsatz von militärischer Gewalt unter gegenwärtigen Bedingungen völkerrechtlich und ethisch akzeptiert werden könne, habe nicht (mehr) den Charakter eines Krieges (und sei es eines „gerechten Krieges"), sondern sei „Ausübung internationaler Polizeigewalt zur Rechtsdurchsetzung".[33]

c) Die bedeutendste Weiterentwicklung und Konkretisierung, die die „Schritte auf dem Weg des Friedens" m.E. vollziehen, lässt sich wieder sehr gut an einer Formel verdeutlichen, die in diesem Fall aus dem ÖRK-Text von 1948 übernommen wurde und die „Orientierungspunkte" von 1994 wie ein roter Faden durchzieht: „Herrschaft des Rechts".[34] Die darin implizierte These von der Friedensordnung als Rechtsordnung[35] setzt voraus, dass es sich bei der Herrschaft des Rechts um *internationales* Recht handelt, und daraus folgern die „Schritte":

„Humanitäre Gesichtspunkte können eine Intervention mit militärischen Zwangsmitteln nur rechtfertigen, wenn ... die Entscheidung über ein solches Eingreifen, die nicht der Souveränität einzelner Staaten überlassen bleiben darf, im Rahmen und nach den Regeln der Vereinten Nationen getroffen wird".[36]

Freilich äußert der Text selbst

„Zweifel, ob der tatsächliche Zustand der Organisation der Vereinten Nationen in allen Fällen eine Orientierung an den Grundsätzen und Regelungen der Charta gewährleistet – nicht zuletzt im Blick auf die Ständigen Mitglieder des Sicherheitsrats, die jeden Beschluss und jede Aktion, die sie selbst oder ihre Interessen zum Gegenstand haben, mit ihrem Veto blockieren können".[37]

Deswegen erwägen die „Schritte", ob nicht „neben die Vereinten Nationen, wie in der Charta vorgesehen, regionale Systeme kollektiver Sicherheit treten können".[38] Dass diese Erwägungen kurze Zeit später im Kosovokrieg höchst aktuell wurden, kann hier nicht vertieft werden. Auf einen anderen Punkt möchte ich jedoch ausdrücklich hinwei-

---

[33] A. a. O., S. 21. Auf die Konsequenzen, die sich aus einem solchen Paradigmenwechsel für das Selbstverständnis der jeweiligen Streitkräfte eines Landes, für ihre Bewaffnung und Ausrüstung, für die Begründung der Wehrpflicht und den Einsatz der Bundeswehr „out of area" ergeben könnten, kann hier nicht einmal andeutungsweise eingegangen werden.
[34] A. a. O., S. 23, 24, 25, 28 und 30. Vgl. oben Abschn. 5.1.1.3.
[35] A. a. O., S. 27.
[36] A. a. O., S. 28.
[37] A. a. O., S. 29.
[38] Ebd.

sen, der durch die „Schritte" eher implizit als explizit deutlich wurde. Eine der Schlüsselthesen des Textes lautet:

> „Eine rechtlich verfasste internationale Ordnung kann nur Friedensordnung sein, wenn sie unter dem Recht steht, d.h., wenn das Recht in ihr als verbindlich anerkannt wird. Rechtsbefolgung wird also ein entscheidendes Element einer internationalen Friedensordnung zu sein haben. ... Als Rechtsordnung ist Friede wie jede Rechtsordnung auch Zwangsordnung. ... Im Konfliktfall muss Recht auch durchgesetzt werden".[39]

Was damit (und im Kontext dieser Aussagen) angesprochen wird, ist die Erkenntnis, dass mit der Bejahung der „Herrschaft des Rechts" im internationalen Bereich *unvermeidlich* die Bejahung der *Sanktionsandrohung als Mittel der Rechtsdurchsetzung* verbunden ist. Das zeigt, dass die Rede vom Frieden als einer *politischen* Aufgabe und deren Konkretisierung durch eine internationale *Rechts*ordnung der Frage nach der Legitimität von *Gewalt*anwendung im Sinne militärischer Maßnahmen nicht entgehen kann, sondern sie unweigerlich nach sich zieht.

5.1.6 Leitbild „gerechter Friede"

Dieser Zusammenhang wird noch deutlicher aufgewiesen in der friedensethischen „Zwischenbilanz", die im Jahr 2001 unter dem Titel „Friedensethik in der Bewährung" vom Rat der EKD veröffentlicht wurde. Zwar wird auch hier der „Vorrang nicht-militärischer Instrumente bei der Friedenssicherung"[40] und der „Ausbau von Wegen der zivilen Konfliktbearbeitung"[41] betont, aber die Lehre vom gerechten Krieg erhält in diesem Text einerseits insofern eine gewisse Rehabilitierung, als ihre Argumente und Kriterien wiederholt gewürdigt werden als „Prüffragen ... für die Anwendung militärischer Gewalt",[42] und andererseits insofern, als in diesem Zusammenhang die Rede von der Anwendung militärischer Zwangsmittel als äußerstes Mittel (ultima ratio) ausdrücklich bejaht wird.[43]

---

[39] A. a. O., S. 27 f.
[40] A. a. O., S. 69 f.
[41] A. a. O., S. 71.
[42] A. a. O., S. 69 und 80. Solche Prüffragen lauten: „Was ist ein Rechtfertigungsgrund für die Anwendung militärischer Gewalt? Wer darf sie anwenden? Welche Ziele und Mittel sind legitim? Sind die Ziele überhaupt erreichbar? Wird bei der Gewaltanwendung eine Verhältnismäßigkeit gewahrt?"
[43] Siehe besonders a. a. O., S. 73 f.

Das kann umso mehr überraschen, als die Zwischenbilanz sich ausdrücklich den „Leitbegriff des gerechten Friedens"[44] zu eigen macht, der als scheinbar neues[45], klares und spezifisch christliches Konzept im Rahmen des konziliaren Prozesses ab Mitte der Achtzigerjahre breite Verwendung und Resonanz fand[46]. Es erscheint aber nur auf den ersten Blick als widersprüchlich, wenn in der „Zwischenbilanz" beides neben- und miteinander auftaucht; denn gerade die Rede vom gerechten Frieden handelt sich (wie die Rede von der „Herrschaft des Rechts") das Problem des Einsatzes militärischer Gewalt bzw. Zwangsmittel unvermeidlich dort ein, wo ein Friede *nicht* als gerecht, sondern als aufgezwungen, menschenrechtswidrig, unmenschlich, ungerecht etc. bezeichnet werden muss. Gerechter Friede ist etwas anderes als das Schweigen der Waffen oder als Friede um jeden Preis, und genau damit vermag auch die Programmformel vom gerechten Frieden dem Grundproblem aller Friedensethik nicht zu entrinnen, ob und unter welchen Bedingungen die Drohung mit dem Einsatz militärischer Gewalt und die Anwendung solcher Gewalt im Interesse des Friedens ethisch legitimiert werden können.

Wer das „ob" generell verneint, muss die Frage beantworten, wie dann z.B. der Einsatz der Alliierten im Zweiten Weltkrieg oder die Abwehr irakischer Raketenangriffe gegen Israel durch den Einsatz von Patriot-Raketen friedensethisch zu beurteilen sind. Aber viel wichtiger ist die Einsicht, dass dann konsequenterweise *alle Formen* potentiell tötender Gewaltanwendung, also auch durch Polizei, abgelehnt werden müssen. Die Unterscheidung zwischen positiv zu beurteilender polizeilicher Gewalt und negativ zu beurteilender militärischer Gewalt entbehrt jedenfalls in dieser Hinsicht jeder sachlichen Begründung.[47]

---

[44] A. a. O., S. 67 und 91. Vgl. dazu W. Härle, Zielperspektive: Gerechter Friede, in: Für Ruhe in der Seele sorgen. Evangelische Militärpfarrer im Auslandseinsatz der Bundeswehr, Leipzig 2003, S. 17–24.

[45] In Wirklichkeit kommt der Begriff schon bei Augustin vor, in: De civitate Dei, Buch XIX, Kap. 12, dt. übers. von W. Thimme, München 1978, S. 550. Und da bildet der gerechte Friede keinen Gegensatz zu Begriff und Lehre vom gerechten Krieg.

[46] Nicht zuletzt mittels des am 27. September 2000 veröffentlichen Hirtenwortes der Deutschen Bischofskonferenz: „Gerechter Friede".

[47] Das geht auch klar hervor aus Artikel XVI der CA, der unter der Überschrift „Von der Polizei und weltlichem Regiment" sowohl die Frage nach der für einen Christen möglichen Übernahme des Richteramtes als auch nach der für ihn möglichen Beteiligung an einem rechtmäßigen Krieg behandelt (siehe BSLK 70,7–18).

Einige der historischen Friedenskirchen haben denn auch konsequent polizeiliche ebenso wie militärische Gewalt generell abgelehnt. Und das verdient Respekt. Aber der konsequente Gewaltverzicht (sowohl im Blick auf sich selbst[48] als auch im Blick auf andere) fordert – auch in ethischer Hinsicht – einen sehr hohen Preis: nämlich den Verzicht darauf, wehrlose Opfer gegen ihre kriminellen oder militärischen Angreifer (notfalls mit Waffengewalt) zu schützen, obwohl es möglich wäre. Deshalb stellt eine solche konsequent pazifistische Position innerhalb der christlichen Friedensethik verständlicherweise insgesamt eine Ausnahme dar.

Bemerkenswert ist in diesem Zusammenhang die Entwicklung, die bei Dietrich Bonhoeffer festzustellen ist. Auf der Tagung des Weltbundes für Freundschaftsarbeit der Kirchen in Fanø vertrat er 1934 mit folgenden Sätzen eine pazifistische Position:

„Nur das eine *große ökumenische Konzil* der *Heiligen Kirche Christi* aus aller Welt kann es so sagen, daß die Welt zähneknirschend das Wort vom Frieden vernehmen muß und daß die Völker froh werden, weil diese Kirche Christi ihren Söhnen im Namen Christi die Waffen aus der Hand nimmt und ihnen den Krieg verbietet und den Frieden Christi ausruft über die rasende Welt".[49]

In seiner posthum veröffentlichten Ethik, die Anfang der 1940er Jahre entstand, vertritt Bonhoeffer hingegen eine ganz andere Auffassung. Dort heißt es:

„Das erste Recht des natürlichen Lebens besteht in der Bewahrung des leiblichen Lebens vor willkürlicher Tötung. Von willkürlicher Tötung muß dort gesprochen werden, wo unschuldiges Leben vorsätzlich getötet wird. Unschuldig in diesem Zusammenhang aber ist jedes Leben, das nicht einen bewussten Angriff auf anderes Leben unternimmt und das keiner todeswürdigen verbrecherischen Tat überführt werden kann. Willkürlich ist demnach nicht die Tötung des Feindes im Kriege; denn wenn dieser auch nicht persönlich schuldig ist, so nimmt er doch bewußt teil an dem Angriff seines Volkes auf das Leben meines Volkes und muß daher die Folgen der Gesamtschuld mittragen. Willkürlich ist selbstverständlich nicht die Tötung des Verbrechers, der fremdes Leben antastete. Willkürlich ist aber auch nicht die Tötung von Zivilpersonen im Krieg, sofern sie nicht direkt beabsichtigt, sondern nur unglückliche Folge einer militä-

---

[48] Dies ist die von Luther vertretene friedensethische Position, der den Einsatz von Gewalt zum Schutz oder zur Verteidigung der *eigenen Person* (oder gar der eigenen Religion) konsequent ablehnt und ihn nur zum Schutz des *Nächsten*, insbesondere des einem *anbefohlenen* Nächsten akzeptiert.

[49] D. Bonhoeffer, Kirche und Völkerwelt (28. August 1934), in: ders., Gesammelte Schriften, Bd. 1, München 1965, S. 219. Mit der Zitierung dieser – wie er es nennt – „prophetischen Worte" beginnt W. Lienemann seine Studie: Frieden. Vom „gerechten Krieg" zum „gerechten Frieden", Göttingen 2000, S. 11.

risch notwendigen Maßnahme ist. Willkürlich aber wäre die Tötung wehrloser Gefangener oder Verwundeter, die sich keines Angriffs auf mein Leben mehr schuldig machen können".[50]

Bonhoeffer hat sich also ganz offensichtlich von einer pazifistischen zu einer nichtpazifistischen Position entwickelt. Dafür mag auch seine Beteiligung am politischen Widerstand gegen Hitler eine Rolle gespielt haben.

Meine persönliche Antwort auf die Frage nach der ethischen Legitimität des Einsatzes militärischer Mittel und damit indirekt nach dem Pazifismus hat – nach wie vor – bedingten und gradualistischen Charakter. Sie lautet:

„Die Benutzung militärischer Macht ist um so weniger zu vertreten, je weiter sie sich von Notwehr oder Nothilfe entfernt und je mehr sie ausgeweitet wird, d.h. nicht nur Waffen, sondern auch Menschen, nicht nur militärische Einrichtungen, sondern unterschiedslos alles zu zerstören beginnt. Weil die Aufgabe, für Recht und Frieden zu sorgen, so immer weniger wahrgenommen, ja sogar tendenziell in ihr Gegenteil verkehrt wird, ist eine solche Rechtfertigung mit ansteigender Eskalation immer weniger möglich. Umgekehrt ist die Benutzung militärischer Macht um so eher zu vertreten, je enger sie im Sinne von Notwehr oder Nothilfe auf den Schutz bedrohter Menschen, ihres Lebens, ihrer Freiheit und der demokratisch-rechtsstaatlichen Strukturen ihres Gemeinwesens bezogen bleibt und je gezielter und begrenzter sie nur die militärischen Angriffsmittel zerstört. Kirchen und Christen haben mit allem Nachdruck den alleinigen Sinn dieser Benutzung [militärischer Gewalt] anzumahnen und darum auf die Minimierung des Einsatzes solcher Machtmittel zu dringen."[51]

Das ist einerseits eine Absage an den Pazifismus, andererseits eine strenge Begrenzung des Einsatzes militärischer Mittel auf kollektive Notwehr und Nothilfe. Inwieweit sich solcher Einsatz auch auf fremde Länder beziehen kann, wird im folgenden Abschnitt noch zu prüfen und zu erwägen sein.[52]

---

[50] D. Bonhoeffer, Ethik, München 1992, S. 183f.
[51] Schritte auf dem Weg des Friedens (s.o. Anm. 18), S. 16f. Dieser Text ist ein fast wörtliches Zitat aus W. Härle, Zum Beispiel Golfkrieg (s.o. Anm. 1), S. 41–43.
[52] Siehe dazu unten Abschn. 5.2.1.1.1 b.

5.2 Vom gerechten Krieg zum gerechten Frieden[53]

Ein „*vom* ... *zum* ..." kann den Anschein erwecken, als würde das eine abgetan und etwas ganz anderes, Neues träte an seine Stelle. Schon die Hinweise am Ende des vorigen Abschnitts haben jedoch zumindest andeutungsweise gezeigt, dass „gerechter Krieg" und „gerechter Friede" nicht in einem konträren Verhältnis zueinander stehen, weil die Kriterien für einen gerechten Krieg als Prüffragen für den Einsatz militärischer Mittel im Interesse eines gerechten Friedens wiederkehren (können). Will man das Verhältnis beider Theorien zueinander richtig verstehen, muss man die Aufmerksamkeit sowohl auf das richten, wodurch beide Formeln (und ihre Inhalte) voneinander *unterschieden* sind, als auch auf das, wodurch sie miteinander *verbunden* sind.

Die vor uns liegende Aufgabe möchte ich daher in folgenden vier Schritten in Angriff nehmen: Ich möchte zunächst die Lehre vom gerechten Krieg – insbesondere ihre Kriterien und ihren Sinn – darstellen (5.2.1); sodann fragen, was an dieser Lehre unbefriedigend, problematisch oder gar inakzeptabel ist (5.2.2). Dem will ich dann die Konzeption des gerechten Friedens gegenüberstellen (5.2.3), bevor ich abschließend beide Theorien miteinander vergleiche und dabei auch bewerte (5.2.4).

5.2.1 Die Lehre vom gerechten Krieg

5.2.1.1 Kriterien für einen gerechten Krieg

Die Lehre vom gerechten Krieg hat sich von der (vorchristlichen) Stoischen Philosophie an bis zum Beginn der Neuzeit entwickelt und hat bis weit ins 20. Jahrhundert hinein eine wichtige Rolle gespielt. Sie versucht eine Antwort auf die Frage zu geben: Unter welchen Bedingungen kann ein Krieg ethisch gerechtfertigt werden? Dafür sucht diese Lehre nach plausiblen Kriterien, wobei sie *zwei Arten* von Kriterien unterscheidet: Das ius *ad* bellum (das Recht *zum* Krieg) fragt nach den Kriterien, die erfüllt sein müssen, um überhaupt einen (gerechten) Krieg führen (also „beginnen") zu können. Es sind dies Kriterien, die folglich bei der Entscheidung für oder gegen einen Krieg Anwendung finden (sollen). Das ius *in* bello (das Recht *im* Krieg) fragt hingegen nach den Kriterien und Regeln, die während bzw. bei der Kriegführung und in-

---

[53] Vgl. hierzu auch U. H. J. Körtner, Gerechter Friede – gerechter Krieg, in: ZThK 100 (2003), S. 348–377.

sofern im Krieg zu beachten und anzuwenden sind, damit von einem *gerechten* Krieg die Rede sein kann. Sehen wir uns zunächst beide Arten von Kriterien je für sich an:

5.2.1.1.1 Kriterien für das Recht zum Krieg (ius ad bellum)

Es gibt keine ganz eindeutige und abgeschlossene, sozusagen kanonische Sequenz solcher Kriterien, wohl aber *vier* grundlegende (klassische) Kriterien, die schon daran als solche erkennbar werden, dass es für sie eingeführte und allgemein anerkannte *lateinische* Termini gibt. Dazu kommen dann drei weitere Kriterien, die im Laufe der Neuzeit hinzugekommen sind, für die es keine lateinischen Bezeichnungen gibt.[54] Diese drei – ich nenne sie – *modernen* Kriterien hängen eng miteinander zusammen (und übrigens auch eng an einem der klassischen Kriterien) und lassen sich deshalb gut in einer eigenen Gruppe zusammenfassen. Ich beginne mit den vier klassischen Kriterien:

a) Rechtmäßige Entscheidungsinstanz (legitima potestas)
Dass die Frage nach der für eine Kriegsentscheidung (Kriegserklärung) zuständigen Instanz eigens als Kriterium für einen gerechten Krieg aufgeführt wird, versteht sich vielleicht nicht von selbst, zumal man sagen könnte, dass diejenige Instanz, die in einem Staat *faktisch* die Macht hat, einen Krieg (gegen ein anderes Land) zu erklären und diesen zu führen (also die Truppen zu befehligen und strategische Entscheidungen zu fällen), offensichtlich dazu in irgendeiner Form legitimiert und anerkannt sein muss.[55] In dem „in irgendeiner Form" liegt freilich ein

---

[54] Für die Darstellung und Beschreibung dieser Kriterien verweise ich auf die letzte Friedensdenkschrift der EKD: Aus Gottes Frieden leben – für gerechten Frieden sorgen, Hannover (2007) 2007², S. 65–77. (Zur Vorgeschichte, Entstehung und Rezeption dieser Denkschrift siehe den instruktiven Aufsatz von E. Pausch, „Aus Gottes Frieden leben – für gerechten Frieden sorgen", in: Kirchliches Jahrbuch für die EKD 134 (2007), Lieferung 1, Dokumente zum kirchlichen Zeitgeschehen, S. 74–91.) Ich erweitere bzw. ergänze aber hier die dortige Aufzählung um zwei Kriterien, die in der Friedensdenkschrift (im Kriterium der Verhältnismäßigkeit der Folgen) mitgedacht, aber nicht eigens expliziert worden sind. Und ich verändere die Reihenfolge der Kriterien teilweise aus noch zu nennenden Gründen.
[55] Siehe C. Schmitt, Politische Theologie. Vier Kapitel über die Souveränität, Berlin (1922) 1996⁷, S. 13: „Souverän ist, wer über den Ausnahmezustand entscheidet".

großes Problem, weil dabei gewährleistet sein muss, dass sich nicht irgendeine Machtkonstellation herausbildet, sondern dass die Entscheidungsinstanz tatsächlich legitim, also aufgrund geltender Regeln legitimiert ist.

Das Kriterium der rechtmäßigen Entscheidungsinstanz hat in *neuerer* Zeit erheblich an Bedeutung gewonnen, insbesondere dort, wo es um militärische Einsätze gemäß der UN-Charta[56] geht, die ein Mandat durch den Weltsicherheitsrat benötigen. „Was ist", so fragt(e) man, „wenn eines der ständigen Mitglieder des Weltsicherheitsrates sein Veto gegen einen Militäreinsatz einlegt, obwohl alle übrigen Mitglieder der Überzeugung sind, dass ein solcher Einsatz geboten ist?" Ist es dann zulässig, dass – wie im Fall des befürchteten Völkermordes im Kosovo – z.B. die NATO anstelle der UNO einen solchen Einsatz beschließt und durchführt? Ist *sie* in einer solchen Situation dann die rechtmäßige Entscheidungsinstanz? Gemäß der UN-Charta sicherlich *nicht*! Und was sagt das dann über die Legitimität der Entscheidungsinstanz und über das „Gerechtfertigtsein" eines solchen militärischen Einsatzes?

Das Kriterium bzw. die Frage nach der rechtmäßigen Entscheidungsinstanz hat aber in zweierlei Hinsicht auch ganz *grundsätzliche und vorrangige* Bedeutung gegenüber allen anderen Kriterien: Erstens benennt das Kriterium denjenigen *Adressaten*, der dafür verantwortlich ist, die Entscheidung darüber zu treffen, durchzuführen und zu verantworten, die in einer möglichen Konfliktsituation ansteht, und dies ist das primäre Subjekt der ethischen Urteilsbildung hinsichtlich des Einsatzes militärischer Mittel. Zweitens darf die Frage nach der rechtmäßigen Entscheidungsinstanz zur Klärung möglichst nicht auf die Situation verschoben werden, in der der Konfliktfall bereits eingetreten ist, weil sich sonst die Frage nach der Entscheidungskompetenz und nach der inhaltlichen Beurteilung und Entscheidung der Situation auf heillose Weise miteinander vermischen können. Im schlimmsten Fall würde dann nämlich die Frage nach der ethischen Verantwortbarkeit eines militärischen Einsatzes selbst zum Gegenstand einer (gewaltsamen?) Auseinandersetzung über die rechtmäßige Entscheidungsinstanz.

b) Gerechter Grund (causa iusta)
Das Kriterium des gerechten Grundes ist offensichtlich von größter Bedeutung. Es handelt sich dabei um *das* zentrale inhaltliche Kriterium. Aus christlicher, insbesondere aus reformatorischer Sicht sind dabei zwei Grundsätze – ein positiver und ein negativer Grundsatz – zu be-

---

56 Siehe Charta der Vereinten Nationen (26. 6. 1945), in: A. Randelzhofer (Hg.), Völkerrechtliche Verträge, Berlin 1998[8], S. 1–24, bes. Art. 51–53.

achten. Zunächst positiv: *Nur* ein Verteidigungskrieg kann ein gerechter Krieg sein. D.h., nur die Abwehr eines militärischen Angriffs, wobei freilich gelegentlich hinzugefügt wird: eines *erfolgten bzw. erfolgenden* oder eines *unmittelbar bevorstehenden* militärischen Angriffs. Es leuchtet ein, dass diese Hinzufügung zwar realitätsbezogen ist, aber auch gefährliche Türen für einen Missbrauch öffnen kann. Ob das geschieht, hängt mit davon ab, welche Kriterien dafür angelegt werden, ob ein militärischer Angriff unmittelbar bevorsteht. Sodann negativ: Niemals darf in *Glaubens*dingen ein (sei es Angriffs- oder Verteidigungs-)Krieg geführt werden. Das klingt hart, ist aber im Sinne der reformatorischen Theologie ganz konsequent gedacht, da es sich aus der grundlegenden Unterscheidung zwischen Gottes weltlichem Regiment (mittels Recht und Gewalt) und Gottes geistlichem Regiment (mittels Wort und Geist) ergibt. Für Luther ist dementsprechend nicht nur die *Ausbreitung* des christlichen Glaubens mit Feuer und Schwert indiskutabel, sondern auch dessen *Verteidigung* mit militärischen Mitteln unzulässig. Diskutabel ist alleine der Einsatz militärischer Mittel, um einen unrechtmäßigen Angriff auf Land und Leute, Leib und Leben, Eigentum und Freiheit der Menschen abzuwehren, und selbst dafür legt Luther strenge Maßstäbe an.[57]

Es stellt sich jedoch die Frage, ob es sich dabei – im Sinne einer kollektiven Not*wehr* – nur um Angriffe auf das *eigene* Land und die *eigene* Bevölkerung handeln kann, oder ob auch – im Sinne der kollektiven Not*hilfe* – Angriffe gegen andere Länder ein ethischer Rechtfertigungsgrund für den Einsatz militärischer Mittel sein können. Das Hirtenwort der Katholischen Deutschen Bischofskonferenz spricht im Blick auf diese Frage von einer „Pflicht ..., Menschen vor fremder Willkür und Gewalt wirksam zu schützen".[58] Die Evangelische Kirche äußerst sich hierzu – zu Recht – sehr viel zurückhaltender:

---

[57] Siehe Luthers Stellungnahme zur Wurzener Fehde in dem „Sendbrief an Kurfürst Johann Friedrich und Herzog Moritz von Sachsen" von 1542, in: WA Br 10,32–37 sowie in: W. Härle, Zum Beispiel Golfkrieg (s.o. Anm. 1), S. 53–59. Die Friedensdenkschrift: Aus Gottes Frieden leben (s.o. Anm. 54), S. 67, fasst Luthers diesbezügliche Position zu Recht in dem Satz zusammen: „Luther schränkte die möglichen Kriegsgründe strikt auf die Selbstverteidigung im Fall eines tatsächlich erfolgten Angriffs ein".
[58] Gerechter Friede (s.o. Anm. 46), S. 83, ähnlich auf S. 47 und auf S. 85 bezogen auf Nothilfe zum Schutz der Opfer „schwerwiegender und systematischer Verletzung der Menschenrechte innerhalb eines Staates".

"Dass hinter dem Schutz der Menschenrechte die Achtung der Staatensouveränität zurückzutreten habe, ist zwar ein im Prinzip richtiger Ansatz; es ist aber fraglich, inwieweit er Interventionen mit Waffengewalt rechtfertigen kann ... *Erlaubnisgrund* für Militärinterventionen aus humanitären Gründen können nur aktuelle, schwerste Unrechtshandlungen sein, die die minimale Friedensfunktion einer politischen Ordnung überhaupt beseitigen und der Selbstbestimmung der Bevölkerung die Grundlage entziehen, indem ganze Gruppen einer Bevölkerung an Leib und Leben bedroht und der Vernichtung preisgegeben werden."[59]

Der Schutz der Menschen vor Willkür und Gewalt, die innerhalb von Staaten ausgeübt wird, ist grundsätzlich eine Aufgabe, die auch innerstaatlich in Angriff genommen und gelöst werden muss. Militärische Nothilfe von außen ist in der Regel nicht geeignet, die Ursachen von Willkür und Gewalt in einem Land zu beheben. Oft genug erscheint sie schon nach kurzer Zeit selbst als Ausübung von fremder Gewalt und provoziert dadurch Ablehnung und neue Gewalt.

c) Äußerstes Mittel (ultima ratio)
Ein besonders häufig genanntes, neuerdings aber auch kritisch diskutiertes Kriterium ist das des „äußersten Mittels" (ultima ratio). Ich übersetze im Anschluss an die EKD-Denkschriften „ultima" bewusst nicht mit „letztes", sondern mit „äußerstes", weil die Rede vom (zeitlich) letzten Mittel das Missverständnis wecken kann, als müssten erst alle anderen (nicht-militärischen) Mittel erprobt worden sein (und sich als untauglich erwiesen haben), bevor man legitimerweise militärische Gewalt anwenden dürfte. Dann kann „das Kind schon in den Brunnen gefallen" sein. Deshalb haben die Friedenstexte der EKD von 1994 und von 2001[60] bereits die „Übersetzung" von „ultima ratio" durch „äußerstes Mittel" vorgeschlagen.
Ich bin darüber hinaus der Auffassung, dass man, um dies deutlich zum Ausdruck zu bringen, sagen sollte: Nur wenn der Einsatz militärischer Mittel *ethisch geboten* ist, ist er auch erlaubt.[61] Vor einer solchen

---

[59] Aus Gottes Frieden leben (s.o. Anm. 54), S. 74f.
[60] Schritte auf dem Weg des Friedens (s.o. Anm. 18), S. 18: Das Wort „ultima" bzw. „letztes" steht „nicht zeitlich für ein zuletzt eingesetztes, sondern im Rahmen nüchterner friedenspolitischer Abwägung qualitativ für ein nach dem Maß der ausgeübten Gewalt ‚äußerstes' Mittel", ebenso: Friedensethik in der Bewährung (s.o. Anm. 31), 73f.
[61] Siehe dazu W. Härle, Wenn die Anwendung von Gewalt geboten ist – Eine friedensethische Standortbestimmung aus evangelischer Sicht (2003), in: ders., Christlicher Glaube in unserer Lebenswelt. Studien zur Ekklesiologie und Ethik, Leipzig 2007, S. 357–373.

Redeweise schrecken viele zurück, weil ihnen die Rede von einem ethisch *gebotenen* Einsatz militärischer Mittel unpassend vorkommt. Ich halte sie trotzdem für richtig, weil sie die Messlatte für einen solchen Einsatz angemessen *hoch* legt. Das Kriterium der „ultima ratio" geht zu Recht davon aus, dass die Anwendung militärischer Gewalt (selbst dann, wenn sie sich nur gegen militärische Einrichtungen oder Waffensysteme richtet und nicht gegen Personen) ein Übel darstellt, dessen Anwendung einer besonderen und besonders sorgfältigen Begründung bedarf. Um wie viel mehr ist der Einsatz von Waffen gegen *Menschen* ein schweres Übel, dessen Rechtfertigung sich niemals von selbst verstehen kann.

Demgegenüber verdienen *nicht*-militärische Mittel (wie Verhandlungen, Ultimaten, Embargos oder Boykottmaßnahmen) offenbar den Vorzug. Man darf sich freilich keine Illusionen darüber machen, dass und wie die Zivilbevölkerung eines Landes auch unter solchen („sanfteren") Embargo-Maßnahmen leiden kann – zumal die Herrschenden es in der Regel gut verstehen, sich selbst und ihre treuen Vasallen möglichst wenig darunter leiden zu lassen.

Zwar kann die zeitliche Komponente nicht gänzlich ausgeschaltet werden, weil der *sofortige* Einsatz militärischer Mittel in Konfliktsituationen sicher berechtigte Zweifel daran begründen würde, ob Alternativen überhaupt bedacht, geschweige denn erprobt worden seien. Trotzdem halte ich diese Neuinterpretation von „ultima ratio" für sachlich berechtigt und weiterführend, und zwar nicht etwa deswegen, weil sie den Einsatz militärischer Gewalt erleichtert, sondern weil sie einerseits dazu beitragen kann, dass dieser Einsatz – wenn überhaupt, dann – *rechtzeitig* und nicht *zu spät* erfolgt, und weil sie andererseits die Anforderungen für den Einsatz militärischer Gewalt in ethischer Hinsicht *verschärft*.

d) Richtige Absicht (recta intentio)
Schon aus alltäglichen Konflikten wissen wir, dass ein unrechtmäßiger (oder als unrechtmäßig empfundener) Angriff häufig nicht nur abgewehrt und der Angreifer zurückgedrängt wird, sondern dass die Abwehr leicht in einen Gegenangriff, eine Vergeltungsaktion oder gar in eine Art „Rachefeldzug" umschlägt, wobei oft nicht nur Gleiches mit Gleichem, sondern Schlimmes mit Schlimmerem vergolten wird. Dass dadurch nach oben offene Gewaltspiralen entstehen, denen schon das Talionsprinzip („*Ein* Auge um *ein* Auge ...") Einhalt zu gebieten versucht,[62] ist bekannt und braucht hier nicht wiederholt zu werden. Die

---

[62] Vgl. dazu oben Kap. A 5, Abschn. 5.1.1.

richtige Absicht beim Einsatz militärischer Mittel kann nur die wirksame Verteidigung gegen einen (unrechtmäßigen) Angriff sein. Dabei wäre dieses Kriterium missverstanden, wenn es so interpretiert würde, als sei es lediglich erlaubt, den Angreifer aus dem Land hinauszudrängen, um ihn dann unbehelligt zu lassen. Das wäre geradezu eine Einladung zum erneuten, nächsten Eingriff. Die Absicht muss jedoch auf die (Wieder-)Herstellung eines möglichst stabilen Friedenszustandes gerichtet sein. Was deshalb durch dieses Kriterium *ausgeschlossen* wird, ist die dauerhafte schwere Schädigung, die Erniedrigung und Demütigung oder gar die Vernichtung des Angreifers. Eine solche Grenzziehung ist freilich leichter in Worte zu fassen als in die Tat umzusetzen, weil alle kriegerischen Auseinandersetzungen dazu tendieren, eine *Eigendynamik* zu entwickeln, die dann kaum noch oder gar nicht mehr kontrolliert, gestoppt und rückgängig gemacht werden kann.

Ich füge nun ergänzend die drei (untereinander zusammenhängenden) modernen Kriterien an:

e) Verhältnismäßigkeit der Folgen
Man kann dieses Kriterium und die beiden folgenden Kriterien als Konkretisierungen des Kriteriums der richtigen Absicht (recta intentio) auffassen und liegt damit sicher nicht ganz falsch. Aber dabei darf man nicht vergessen, dass eine richtige *Absicht* noch nicht automatisch identisch mit den *Folgen* ist, die der Einsatz militärischer Mittel hervorruft. Gerade in diesem Bereich ist es häufig so, dass unerwünschte Nebenfolgen (z. B. sozialer, ökologischer, kultureller oder moralischer Art) auftreten, die man bestenfalls voraussehen, aber nur schwer vermeiden oder unter Kontrolle halten kann. Deswegen ist eines der unerlässlichen Prüfkriterien für die Entscheidung über den Einsatz militärischer Mittel: Mit welchen solcher Folgen ist zu rechnen und können sie verantwortlicherweise in Kauf genommen werden?

f) Aussicht auf Erfolg
Auch die Aussicht auf Erfolg ist eine Konkretisierung der richtigen Absicht, möglichst schnell und mit möglichst geringen Opfern (auf *allen* Seiten) einen stabilen Zustand des Friedens (wieder-)herzustellen. Dieses Erfolgskriterium richtet die Aufmerksamkeit nicht auf die ethische Verantwortbarkeit des Einsatzes militärischer Mittel, sondern auf deren *Effektivität*. Wird es gelingen, kann es überhaupt gelingen, einen Angriff zurückzuschlagen und eine konfliktfreie Situation herzustellen? Es ist das Kriterium, das bereits in Lk 14,28–32 genannt wird, nämlich, ob man die Mittel hat, eine solche Auseinandersetzung erfolgreich durchzuführen, oder ob es klüger ist, um Frieden zu bitten und

Souveränitätsverzichte in Kauf zu nehmen. Und *insofern* hat dieses Kriterium auch ethische Bedeutung.

g) Beendigungs-Konzept (Exit-Strategie)
Schon die Verwendung eines *englischen* Ausdrucks zeigt, dass wir es hier mit einem neueren Gedanken und Kriterium zu tun haben, aber es leuchtet wohl unmittelbar ein – nicht zuletzt, wenn man an den Irak-Krieg der US-Amerikaner und an die militärischen Auseinandersetzungen in Afghanistan denkt. Wie kann man den Einsatz militärischer Mittel wieder beenden, und zwar so, dass dabei weder der erreichte Gewinn an Konfliktbereinigung verspielt wird noch die eigenen oder fremden Truppen erneut gefährdet werden oder überhaupt neue Konfliktsituationen entstehen, die nicht weniger gefährlich sind als diejenigen, die den ersten Einsatz militärischer Mittel herausgefordert oder verursacht haben? Verräterisch an diesem Kriterium ist jedoch die Rede vom „exit" (statt z. B. von „Beendigung" bzw. „close"), die ja zumindest die Vermutung nahelegt, dass die militärischen Auseinandersetzungen auf dem Territorium des – angeblichen oder tatsächlichen – Angreifers geführt werden, womit der Begriff des „*Verteidigungs*krieges" zweifellos strapaziert wird.

5.2.1.1.2 *Kriterien für das Recht im Krieg (ius in bello)*

a) Angemessenheit der Mittel
War oben unter d) und e) von der richtigen Absicht und von der Verhältnismäßigkeit der Folgen die Rede, so werden diese beiden Kriterien nun aufgenommen und auf die zum Einsatz kommenden militärischen *Mittel* angewandt: Sind sie dem Ziel angemessen und stehen sie in einem vertretbaren Verhältnis zu der Absicht, die der militärische Einsatz verfolgt? Dabei geht es im Blick auf das ius in bello vor allem um die Frage, ob die Mittel (in der Regel handelt es sich um Waffen) nicht *mehr* zerstören als sie je an Befriedung erreichen können (siehe z.B. den US-amerikanischen Einsatz von Atombomben in der Schlussphase des Zweiten Weltkriegs gegen Japan), also ob sie nicht *über*dimensioniert sind. Hingegen gehört die Frage, ob sie *überhaupt* erreichen können, was sie erreichen sollen, zum ius ad bellum und da zu Punkt f) (Aussicht auf Erfolg). Dass gelegentlich auch beides zusammentreffen kann (die Unangemessenheit *und* die Erfolglosigkeit), hat der Vietnamkrieg gezeigt.

b) Schonung der Nicht-Kombattanten

Das letzte Kriterium im Rahmen der Lehre vom gerechten Krieg (ius in bello) ist schließlich das Kriterium, dass die *nicht-kämpfenden* Menschen (die sog. „Nicht-Kombattanten") soweit wie möglich geschont werden sollen. Im Verlauf der Menschheitsgeschichte ist dieses Kriterium (vor allem gegenüber Frauen) immer wieder verletzt worden. Das zeigt freilich auch, welch wichtige Bedeutung es hat, wenn es denn heutzutage überhaupt noch Anwendung finden kann.[63]

5.2.1.1.3 Die Idee eines Rechtes nach dem Krieg („ius post bellum")[64]

Während die bisher genannten Kriterien eines ius ad bellum und ius in bello großenteils bereits seit langem ausgearbeitet und vielfältig diskutiert worden sind, kommt mit der Forderung eines Rechtes nach dem Krieg („ius post bellum") ein neues Element in die Debatte. Was ist damit gemeint?

Diese Idee knüpft an die Erfahrung an, dass oftmals die Zeit und die Situation nach einem Krieg faktisch zu einer Konfliktsituation wird, aus der ein neuer, ein nächster Krieg entstehen kann, z.B. weil der unterlegenen Seite maßlose Wiedergutmachungsforderungen auferlegt wurden, weil sie großer Teile ihres Landes oder ihrer kulturellen Selbstständigkeit beraubt wurde, weil begangenes und erlittenes Unrecht nicht aufgearbeitet wurde, weil sie gedemütigt wurde etc. Ein solches ius post bellum gibt es noch nicht,[65] aber es gibt Situationen[66], an deren Erfahrungen man studieren kann, welche Regeln in einer Situation nach einer militärischen Auseinandersetzung beachtet werden sollten, um einen ge-

---

[63] Siehe dazu unten Abschn. 5.2.2.3.
[64] Vgl. dazu: Aus Gottes Frieden leben (s.o. Anm. 54), S. 86.
[65] Immerhin gibt es aber bereits in I. Kants Schrift von 1795: Zum ewigen Frieden (in: I. Kant, Werke, hg. von W. Weischedel, Bd. 9, 1968, S. 193–251, bes. den Abschnitt über „die Präliminarartikel zum ewigen Frieden unter Staaten", S. 196–202) Ansätze zu dieser Idee.
[66] Zum Beispiel die Situation in Südafrika nach dem Ende der Apartheit. Siehe dazu die instruktive Arbeit von R. K. Wüstenberg, Die politische Dimension der Versöhnung. Eine theologische Studie zum Umgang mit Schuld nach den Systemumbrüchen in Südafrika und Deutschland, Gütersloh 2004. Mit dieser Thematik befasste sich (in Ausrichtung auf die NS-Kriegsverbrecherprozesse nach 1945, auf die Kriegsverbrechen in Vietnam und auf die Situation nach dem Ende der DDR) auch schon die Dissertation von J. Kreuter, Staatskriminalität und die Grenzen des Strafrechts. Reaktionen auf Verbrechen aus Gehorsam aus rechtsethischer Sicht, Gütersloh 1997.

rechten Frieden zu schaffen oder zu erhalten. Hier könnte auch der Ort sein, wo zivile Friedensdienste (wie z. B. Aktion Sühnezeichen) ein besonders reiches und fruchtbares Feld für ihre Betätigung finden.

5.2.1.1.4 Anwendung der Kriterien

Die Frage nach der Anwendung der Kriterien lautet: Ist der Einsatz militärischer Mittel nur dann gerechtfertigt, wenn *alle* Kriterien des ius ad bellum und des ius in bello erfüllt sind, oder reicht es auch schon aus, wenn *einige* oder die meisten (wie viele oder welche?) dieser Kriterien erfüllt sind? Nach meinem Eindruck sind die meisten (theologischen) Ethiker aus guten Gründen der Auffassung, dass diese Kriterien nicht selektiv, sondern nur additiv bzw. umfassend verstanden werden können.[67] Nicht einige, sondern grundsätzlich *alle* Kriterien müssen also erfüllt sein, um einen geplanten oder erwogenen Einsatz militärischer Mittel als ethisch (und politisch) gerechtfertigt bezeichnen zu können.

5.2.1.2 Der Sinn der Lehre vom gerechten Krieg

Der Sinn der Lehre vom gerechten Krieg ist die *Domestizierung* und *Einschränkung* von Kriegen, die bei strikt additiver Interpretation sogar eine Tendenz zur *Ächtung* oder zum *Verbot* von Kriegen bekommt. Die bellum-iustum-Lehre zielt nicht auf die Ermöglichung oder gar Forcierung von Kriegen, sondern auf deren Humanisierung, Reduzierung, letztendlich sogar Vermeidung. Denn es stellt sich ja die Frage, ob überhaupt jemals ein Krieg die neun genannten Kriterien erfüllt hat, also wirklich ein gerechter Krieg war.[68]

---

[67] So z.B. M. Haspel, Friedensethik und Humanitäre Intervention. Der Kosovo-Krieg als Herausforderung evangelischer Friedensethik, Neukirchen 2002, bes. S. 35–145 und 220.

[68] Es ist für mich nicht zweifelhaft, dass die *Selbstverteidigung* Polens gegen den deutschen Überfall und der *Eintritt* der Alliierten in den Zweiten Weltkrieg den Tatbestand eines „gerechten Krieges" erfüllt haben. Das schließt freilich nicht aus, dass seitens der Alliierten gegen Ende des Zweiten Weltkrieges auf Städte in Deutschland und Japan Bombenangriffe durchgeführt wurden, die nicht militärischen Anlagen galten, sondern die Zivilbevölkerung terrorisieren sollten (und dies auch getan haben). Dies waren Verletzungen der Kriterien des ius in bello. Insofern kommt eine *Gesamt*beurteilung rückblickend auch hier zu einem *gemischten* Urteil.

Nicholson Baker vertritt in einer neueren Veröffentlichung[69] sogar im Blick auf den Eintritt der Alliierten in den Zweiten Weltkrieg die These, es habe sich auch dabei *nicht* um einen gerechten Krieg gehandelt. Man hätte Hitler vielmehr durch (noch) größeres Entgegenkommen in eine umfassende Friedenspolitik einbinden können. Ich halte das für eine Verkennung und Verharmlosung der nationalsozialistischen Kriegsideologie, die aus deren Rassentheorie folgt. Deshalb wäre auch eine Fortsetzung der Appeasement-Politik der Alliierten keine friedensethisch vorzugswürdige Option gewesen, wie schon deren „Erfolg" in den Jahren 1938/39 zeigt.

Es gibt in der Menschheitsgeschichte angesichts der genannten Kriterien sicherlich nicht viele Kandidaten für einen gerechten Krieg. Die Tatsache, dass Krieg führende Staaten oder Parteien gerne *sich selbst* bescheinigen oder *für sich* in Anspruch nehmen, dass es sich bei ihren Militäreinsätzen um gerechte Kriege handele, ist sicherlich zutreffend und sogar nachweisbar, aber das sagt wenig darüber aus, welche Einsätze militärischer Mittel tatsächlich diese Kriterien erfüllen. Insofern zeigt auch noch die Auseinandersetzung über die Zuerkennung eines solchen „Zertifikats", dass die *Absicht* der Lehre vom gerechten Krieg nicht bellizistisch, also kriegstreibend, sondern (zumindest auch) kriegseindämmend und -verhindernd war. Wer das nicht sieht oder zumindest zu sehen versucht, macht es sich an dieser Stelle zu leicht und wird m. E. dieser Theorie nicht wirklich gerecht.

5.2.2 Kritik an der Lehre vom gerechten Krieg

Das ändert jedoch nichts daran, dass die *Lehre* vom gerechten Krieg, ja schon die *Formel* „gerechter Krieg" (m. E. zu Recht), zunehmender Kritik und Ablehnung ausgesetzt war und ist. Dabei sind es mehrere, unterscheidbare Kritikpunkte, die vorgebracht werden:

5.2.2.1 Sprachliche Einwände

Schon gegen die hier verwendete *Sprache* erheben sich – vor allem zwei – (Gruppen von) Einwände(n), die jedoch aus unterschiedlichen Richtungen kommen. Die eine und hauptsächliche Gruppe von Einwänden richtet sich gegen die Verwendung des Wortes *„gerecht"* als Eigenschaftswort für einen Krieg oder Militäreinsatz. Nicht wenigen Menschen ist es geradezu körperlich zuwider, wenn sie auf die Zusam-

---

[69] N. Baker, Human Smoke: The Beginnings of World War II, the End of Civilization, New York 2008.

menstellung von „gerecht" und „Krieg" stoßen. Als Begründung für diesen Widerwillen wird einerseits auf die Nähe zu Eigenschaftswörtern wie „heilig" oder „gottgewollt" verwiesen, durch die militärische Einsätze nicht selten in der Geschichte eine *religiöse* Weihe und Rechtfertigung erhalten haben. Andererseits wird darauf verwiesen, dass „Gerechtigkeit" in manchen ethischen Theorien (z.B. schon bei Platon[70]) die höchste ethische Tugend und Auszeichnung ist. Viele Menschen wären wohl bereit einzuräumen, dass militärische Einsätze oder Kriege gelegentlich unvermeidlich sein mögen, aber sie würden hierfür doch nie den Ausdruck „gerechter Krieg" verwenden.[71]

Der andere und von einer anderen Seite kommende sprachliche Einwand bezieht sich auf das Wort „*Krieg*". Kann es, so wird gefragt, wirklich je darum gehen, einen *Krieg* zu rechtfertigen oder als „gerecht" zu bezeichnen? Stehen wir heute in der Bundesrepublik vor der Frage, ob wir einen *Krieg* (z.B. gegen Afghanistan oder gegen die Taliban) führen wollen? Es geht doch jeweils „nur" (oder ist das eine Verharmlosung?) um die Frage, ob der Einsatz von Soldaten und Waffen in einer bestimmten Situation, an einem bestimmten Ort (z.B. am Hindukusch) und mit einem möglichst klar definierten Auftrag (etwa zum Schutz der dort tätigen Aufbau- und Entwicklungshelfer oder zum Schutz der Zivilbevölkerung) gerechtfertigt ist. Aber (wie) lässt sich verhindern, dass daraus ein Krieg entsteht? Im Blick auf den Begriff „Krieg" bestünde wahrscheinlich in unserer Bevölkerung weitestgehende Übereinstimmung über den Satz: „Krieg soll (nach Gottes Willen) nicht sein".[72] Diskutieren lässt sich allenfalls über die Legitimität oder Unvermeidlichkeit des Einsatzes militärischer Mittel.

Wenn sprachliche Bedenken gegen *zwei* Teile einer Formel bestehen, die nicht mehr als diese zwei Teile hat, dann ist das ein Indikator für gravierende *sachliche* Probleme. Wo liegen diese?

---

[70] Siehe oben Kap. A 2, Abschn. 2.3.1.
[71] Kurz bevor der erste Irak-Krieges am 18. 01. 1991 begann, hatte Bischof H. Hirschler am 06. 01. 1991 bei einem kirchlichen Empfang gesagt: „Es gibt keinen gerechten Krieg. Gibt es den schrecklicherweise nötigen?" Schon diese Aussage wurde damals von einer Pfarrkonferenz scharf kritisiert, was eine heftige öffentliche Auseinandersetzung auslöste. S. dazu W. Härle, Zum Beispiel Golfkrieg (s.o. Anm. 1) S. 7–9.
[72] Siehe oben Abschn. 5.1.1. Die Klammerzeichen habe ich in diese Überschrift eingefügt, um anzudeuten, wo eine Differenz zwischen Glaubenden und Nicht-Glaubenden in der *Begründung* für diese Aussage auftauchen könnte.

5.2.2.2 Missbrauch der Lehre vom gerechten Krieg zur Kriegsbegründung

Die bellum-iustum-Lehre kann nicht nur missbraucht werden (das teilt sie mit vielen Lehren), sondern sie ist in der Geschichte – vor allem in der frühen Neuzeit – tatsächlich systematisch missbraucht worden, nämlich zur Rechtfertigung von Kriegen, und zwar auf *beiden* Seiten: in den Formeln des „bellum iustum ex utraque parte" („beiderseitig gerechter Krieg") sowie des „liberum ius ad bellum" („freies Recht zur Kriegsführung"), die nicht nur von den kämpfenden Parteien in Anspruch genommen, sondern ihnen auch in der Völkerrechtsdiskussion des 17. Jahrhunderts zugestanden wurden.[73] Und von da aus war es dann nur noch ein kleiner Schritt zu der These, dass das Recht zur Kriegsführung als zentrales Charakteristikum (je)des souveränen Staates anzuerkennen sei.[74] Damit wurde aber durch die geschichtliche Entwicklung die ursprünglich kriegseindämmende oder -verhindernde Intention der Lehre vom gerechten Krieg geradezu in ihr Gegenteil verkehrt, nämlich in eine beliebige Rechtfertigung der Kriegsführung – jedenfalls für souveräne Staaten. Das ist das sachliche *Haupt*argument gegen die Lehre vom „gerechten Krieg". Ein drittes Argument kommt jedoch hinzu:

5.2.2.3 Unmöglichkeit der Unterscheidung zwischen Kombattanten und Nicht-Kombattanten

Diese Kritik bezieht sich auf das letzte der o.g. Kriterien (des ius in bello), auf die Schonung der Nicht-Kombattanten[75]: An keinem anderen Kriterium kann man besser erkennen, dass diese Lehre keine Erfindung des 20. oder 21. Jahrhunderts ist, sondern einen weit zurückliegenden Ursprung hat, als diese Unterscheidung noch möglich und sinnvoll (und notwendig) war. Im Zeitalter der *Massen*vernichtungswaffen kann diese Unterscheidung geradezu lächerlich oder zynisch wirken, wobei ja schon die Bombardierungen während des Zweiten Weltkriegs – wie bereits erwähnt – teilweise ganz gezielt gegen die Zivilbevölkerung (in England, Deutschland und Japan) eingesetzt wurden, um deren Bereitschaft zur Kriegsunterstützung zu brechen. Und nicht selten geben militärische Fachleute der Vermutung Aus-

---

[73] Siehe dazu Schritte auf dem Weg des Friedens (s.o. Anm. 18), S. 19.
[74] Ebd.
[75] Siehe dazu oben Abschn. 5.2.1.1.2 b.

druck, dass in *heutigen* Kriegen die kämpfenden Truppen besser geschützt seien und sich besser schützen können als die Zivilbevölkerung.

5.2.2.1–3 Fazit

Ich halte diese drei Einwände für gewichtig genug, um nach einer ethisch besseren und leistungsfähigeren Alternative Ausschau zu halten und der *Lehre* vom gerechten Krieg den Abschied zu geben. Zu ihr gibt es *zwei Alternativen*: die eine ist ein *konsequenter Pazifismus*, der jede Form von (potentiell tötender) Gewaltanwendung ablehnt und ethisch ächtet, sei es militärische Gewalt, sei es polizeiliche Gewalt, sei es Gewalt im Sinne von Notwehr oder Nothilfe im persönlichen Bereich. Dass und warum ich mir *diese* Alternative zur Lehre vom gerechten Krieg nicht zu eigen machen kann, habe ich bereits ausgeführt.[76] Die *andere* Alternative sowohl zur Lehre vom gerechten Krieg als auch zum konsequenten Pazifismus ist die Konzeption des gerechten Friedens, der ich mich nun zuwenden möchte.

5.2.3 Die Konzeption des gerechten Friedens

Eine ausgearbeitete Lehre vom gerechten Frieden gibt es noch nicht, jedenfalls nicht in einer mit dem „bellum iustum" vergleichbaren Form; deshalb spreche ich hier auch nur von einer *Konzeption*, also einem Entwurf. Aber zweierlei kann man als charakteristisch für diese Konzeption bezeichnen: einerseits

– die konsequente Ausrichtung am *Frieden* (und nicht am Krieg oder am Einsatz militärischer Mittel), sei es um Frieden zu erhalten, zu schaffen, zu entwickeln oder zu sichern, und andererseits
– die Ausrichtung an einem inhaltlich qualifizierten, eben *gerechten* Frieden im Unterschied zu einem Frieden um jeden Preis.

Was ist unter einem solchen gerechten Frieden zu verstehen und welche Kriterien gelten für ihn? Ich schließe mich im Folgenden inhaltlich eng an die 2007 erschienene Friedensdenkschrift der EKD an: Aus Gottes Frieden leben – für gerechten Frieden sorgen[77].

---

[76] Vgl. dazu oben Abschn. 5.1.6.
[77] Siehe oben Anm. 54, bes. S. 50–56. Die im Folgenden in den obigen Text eingefügten Seitenzahlen beziehen sich auf diesen Abschnitt der Denkschrift.

5.2.3.1 Gerechter Friede als spannungsvoller Prozess

In dem Abschnitt der Denkschrift, der überschrieben ist mit den Worten: „Vom gerechten Frieden her denken", findet sich ein Schlüsselsatz mit geradezu definitorischem Charakter. Er lautet: „Friede [sc. gemeint ist: gerechter Friede] ist kein Zustand (weder der bloßen Abwesenheit von Krieg noch der Stillstellung aller Konflikte), sondern ein gesellschaftlicher Prozess abnehmender Gewalt und zunehmender Gerechtigkeit ..." (S. 54). Ich halte dies für eine gute Definition oder Umschreibung, weil es den gerechten Frieden sowohl von statischen Vorstellungen abgrenzt und auf seinen *dynamischen, prozesshaften* Charakter hinweist als ihn auch von bloß negativen Vorstellungen (Abwesenheit von Krieg, Stillstellung aller Konflikte) abgrenzt und nach einer *positiven Füllung* fragen lässt, die sich auch auf den Umgang mit Konflikten bezieht. Diese positive Füllung erfolgt in der Friedensdenkschrift unter der Überschrift:

5.2.3.2 „Dimensionen des gerechten Friedens" (S. 53)

Und zwar nennt die Denkschrift *vier* solche Dimensionen, die dann auch der Denkschrift in ihrem Fortgang eine durchgehende innere Struktur geben und damit ihre Bedeutung und Leistungsfähigkeit erweisen. Sie sind *formal* vergleichbar mit den Kriterien des gerechten Krieges.

a) „Schutz vor Gewalt" (S. 54)

Die Rede ist hier vom Schutz vor willkürlicher, rechtswidriger Gewalt, und in diesem Zusammenhang wird (scheinbar paradox, aber sachlich ganz zu Recht) ausgerechnet das staatliche Gewaltmonopol gelobt und zwar als wesentliche zivilisatorische Errungenschaft der Neuzeit. Und deshalb wird auch die Hoffnung auf eine entsprechende Lösung im zwischenstaatlichen Bereich (via UN-Charta) ausgesprochen. Zur Begründung hierfür wird auf anarchische Zustände verwiesen, in denen kein staatliches oder überstaatliches Gewaltmonopol existiert, das (per definitionem) mit polizeilichen und militärischen Mitteln zu seiner Durchsetzung ausgestattet sein muss. Solche anarchischen Zustände tendieren stets dazu, dass sich das sog. „Recht" der Stärkeren durchsetzt. Dem wird bewusst das Konzept der – streng begrenzten – „rechtserhaltenden Gewalt" (S. 65–79) entgegengesetzt. Wobei die Pointe des

Gewaltmonopols und seiner Ausstattung mit Zwangsmitteln gerade darin besteht, dass diese Mittel in der Absicht bereitgehalten werden, möglichst nie angewandt werden zu müssen (Generalprävention).

b) *„Förderung der Freiheit"* (S. 55)

Begründet wird diese Dimension gerechten Friedens aus dem Konzept der *Menschenwürde*. Und konkretisiert wird sie durch die Rede von der „Freiheit zur Kommunikation und Kooperation" (S. 55), die ihrerseits auch den Schutz vor staatlichen Eingriffen oder Übergriffen und damit die *Begrenzung* des staatlichen Gewaltmonopols einschließen muss. Auch dafür wird noch einmal auf die Bedeutung des Rechts und einer funktionsfähigen Rechtsordnung verwiesen, wenn es dort heißt: „Innerstaatlich ist es in demokratischen Rechtsstaaten gelungen, das Gewaltmonopol rechtlich einzuhegen, durch Gewaltenteilung zu kontrollieren, durch den Schutz von Grundfreiheiten zu begrenzen und für demokratische Beteiligung zu öffnen". Und die Denkschrift fährt fort: „In Analogie dazu besteht auch auf zwischenstaatlicher Ebene die Aufgabe darin, das Recht des Stärkeren durch die Stärke des Rechts zu ersetzen" (ebd.).

c) *„Abbau von Not"* (ebd.)

Diese dritte Dimension trägt der Tatsache Rechnung, dass materielle Not und eine ungerechte Verteilung materieller Güter in der Menschheitsgeschichte immer wieder Ursachen für kriegerische bzw. militärische Konflikte waren, es heute noch an vielen Stellen sind und aller Voraussicht nach auch in Zukunft sein werden (z.B. als Kampf um Wasser). Deshalb schließt das Konzept des gerechten Friedens notwendigerweise diese *soziale* Komponente ein – und zwar sowohl in den innerstaatlichen wie in den zwischenstaatlichen Verhältnissen und Beziehungen.

d) *„Anerkennung kultureller Verschiedenheit"* (S. 56)

Möglicherweise *überrascht* diese Dimension im Zusammenhang der Konzeption vom gerechten Frieden, weil sie – verglichen mit den drei anderen Dimensionen – wie ein Luxusgut wirken könnte. Aber das Gegenteil ist der Fall, und der Blick auf viele konflikträchtige oder konflikthafte Situationen und Bereiche unserer gegenwärtigen Welt belehrt uns schnell darüber, welche Rolle die Anerkennung unterschiedlicher kultureller Identitäten (in Gestalt von Sprache, Sitte, Lebensform, Religion etc.) für ein friedliches Zusammenleben der Menschen spielt.

a–d) Fazit

Durch diese vier Dimensionen wird der Prozess qualifiziert, den die Denkschrift als gerechten Frieden bezeichnet. Und auch hier gilt: Nicht einige, sondern nur und erst alle vier Dimensionen zusammen konstituieren das, was zu Recht als „gerechter Friede" bezeichnet werden kann. Und hierdurch bestätigt sich, dass „gerechter Friede" sich tatsächlich von einem „Frieden um jeden Preis" grundsätzlich unterscheidet – als ein höchst anspruchsvoller, aber auch höchst lebensdienlicher Prozess. Weil dieser Prozess in vielen Weltgegenden noch gar nicht oder nur ganz rudimentär in Gang gekommen ist oder immer wieder durch Rückschläge verlangsamt, gestoppt oder in sein Gegenteil umgekehrt wird, darum ist auch immer wieder mit Konflikten zu rechnen, in denen eine oder mehrere dieser Dimensionen des gerechten Friedens infrage gestellt, vorenthalten oder zerstört werden.

Und in diesen Situationen stellt sich dann auch im Konzept des gerechten Friedens die Frage nach der Legitimität oder gar Unvermeidlichkeit des Einsatzes militärischer Mittel. Und hier vertritt nicht erst diese neueste EKD-Friedensdenkschrift, sondern auch schon ihre Vorgängerin aus dem Jahr 2001 die Auffassung, dass in solchen Situationen die Kriterien für einen gerechten Krieg – ohne inhaltliche Veränderung – die Funktion von „Prüffragen"[78] bekommen: „Was ist ein Rechtfertigungsgrund für die Anwendung militärischer Gewalt? Wer darf sie anwenden? Welche Ziele und Mittel sind legitim? Sind die Ziele überhaupt erreichbar? Wird bei der Gewaltanwendung die Verhältnismäßigkeit gewahrt?"[79] Das kommt demjenigen, der sich gerade eben mit den Kriterien des gerechten Krieges beschäftigt hat, alles sehr bekannt vor, und deshalb stellt sich nun abschließend die Frage, ob denn mit der Lehre vom gerechten Frieden überhaupt eine wesentliche Veränderung gegenüber der Lehre vom gerechten Krieg vollzogen werde, worin sie gegebenenfalls bestehe und inwiefern sie einen Fortschritt darstelle.

---

[78] Friedensethik in der Bewährung (s. o. Anm. 31), S. 69 und 80.
[79] A. a. O., S. 69.

5.2.4 Vergleichende Würdigung der beiden Theorien

5.2.4.1 Gerechter Friede als Leitbild

Das zuletzt Gesagte könnte nun so missverstanden werden, als gebe es zwischen diesen beiden Theorien gar keine nennenswerten oder gar grundlegenden Unterschiede. Man könnte dadurch sogar auf die Idee kommen, die Konzeption des gerechten Friedens sei so etwas wie eine gereinigte oder verbesserte Form der Lehre vom gerechten Krieg. Diesen Eindruck möchte ich so weder erwecken noch stehen lassen. Er wird dem Unterschied zwischen beiden Theorien nicht gerecht, und das kann man sich schon daran deutlich machen, dass ein „gerechter Krieg" *bestenfalls* eine Notmaßnahme ist, um größeren Schaden abzuwehren, aber er kann *niemals* eine friedensethische oder friedenspolitische *Zielperspektive* sein. *Kein* friedensethisch verantwortlich denkender und handelnder Mensch kann eine Situation anstreben oder wünschen, die als „gerechter Krieg" zu bezeichnen wäre. Aber *jeder* friedensethisch verantwortlich denkende und handelnde Mensch muss eine (möglichst umfassende) Situation anstreben, die als „gerechter Friede" zu bezeichnen ist. Eine schärfere Alternative als die zwischen „kein" und „jeder" kann man sich kaum vorstellen. Und deswegen halte ich den Paradigmenwechsel vom gerechten Krieg zum gerechten Frieden für *außerordentlich bedeutsam*, obwohl es zahlreiche Elemente der Lehre vom gerechten Krieg gibt, die in der Konzeption des gerechten Friedens (wieder) auftauchen. „Gerechter Friede" ist, wie schon der Schlusssatz der friedensethischen Zwischenbilanz vom September 2001 sagte[80], ein „Leitbegriff", der „als Wegweiser für alle künftigen Schritte auf dem Weg des Friedens" dient. Das kann man vom gerechten Krieg verantwortlicherweise nie und nimmer sagen; denn Krieg, auch ein gerechter Krieg ist stets ein *Übel*, und Übel können keine ethischen Ziele sein.

Dagegen könnte man einwenden, dass es viele ethische Ziele gebe, die angesichts der realen Lage der Welt nur den Charakter von „kleineren Übeln" haben können, z.B. Verminderung des Hungers, der doch ein Übel bleibt, oder Eindämmung der Gewalt, die doch ein Übel bleibt. Aber dabei unterläuft folgender Denkfehler: Nicht der *Hunger* (auch nicht der verminderte) oder die *Gewalt* (auch nicht die eingedämmte), sondern die *Verminderung* (des Hungers) und die *Eindämmung* (von Gewalt) sind in diesem Fall die Ziele, und die sind, da sie sich auf die Verminderung bzw. auf die Eindämmung dieser *Übel* beziehen, positive ethische Ziele

---

[80] A. a. O., S. 91.

5.2.4.2 Gerechter Friede als positiver Wert

Dass das Konzept des gerechten Friedens einen eindeutig positiven Wert darstellt, liegt auch und nicht zuletzt daran, dass die Formel „gerechter Krieg" mit dem negativen Begriff „Krieg" operiert, die Formel „gerechter Friede" hingegen mit dem positiven Begriff „Friede", der noch dazu in seiner alttestamentlich-biblischen Fülle als *Schalom* geradezu ein Inbegriff für heiles, erfülltes, gelungenes Leben und Zusammenleben ist.

Dabei kann und muss man einräumen, dass auch diese Orientierung an dem positiven Wert „Frieden" nicht darum herum kommt, die negativen Seiten des Lebens und Zusammenlebens (Habgier, Aggression, Gewaltbereitschaft etc.) anzuschauen und sich mit ihnen auseinanderzusetzen. So wie man umgekehrt nicht bestreiten sollte, dass auch die Ausrichtung an der Lehre vom gerechten Krieg die Bedeutung, den Wert, die Lebensnotwendigkeit von Frieden in den Blick bekommen und sich davon inspirieren lassen kann und dies auch gelegentlich in der Geschichte getan hat. Aber es macht einen großen Unterschied, ob sozialethische Konzeptionen sich an den *Übeln* orientieren, die vermieden oder zumindest eingegrenzt werden sollen, oder ob sie sich an *Hoffnungen* orientieren, die zu beschreiben und zu realisieren suchen, was dem Leben dient. Dies kommt auch zum Ausdruck durch die Kennzeichnung der hier vertretenen ethischen Konzeption unter der Überschrift: „Die gewinnende Kraft des Guten. Ansatz einer evangelischen (Leitbild-)Ethik".[81] Etwas von dieser gewinnenden Kraft des Guten geht meinem Eindruck nach (auch) von der Formel „gerechter Friede" aus. Auch das kann man von der Formel „gerechter Krieg" nicht sagen, und auch insofern besteht zwischen beiden Theorien ein qualitativer Unterschied, der zugunsten des gerechten Friedens spricht.

5.2.4.3 Friedensethik unter unsicheren Informationsbedingungen

Im Hintergrund aller friedensethischen Überlegungen existiert ein Grundproblem, das sich immer schon stellte, heute aber noch einmal außerordentlich zugenommen hat: das Problem, „dass ein sittliches Ur-

---

[81] Veröffentlicht in: W. Härle, Menschsein in Beziehungen. Studien zur Rechtfertigungslehre und Anthropologie, Tübingen 2005, S. 347–361. Siehe dazu oben Kap. A 5, Abschn. 5.4

teil auf verlässlichem Wissen beruhen müsse", wie Kardinal Lehmann das unter Bezugnahme auf den Einsatz militärischer Mittel formuliert hat.[82] Ohne diese Voraussetzung finden alle ethischen Reflexionen in einem dunklen Raum statt und sind darum mit erheblichen Unsicherheiten und Risiken belastet. Diese Situation hat sich paradoxerweise dadurch noch verschärft, dass der Eindruck entstehen konnte, wir seien durch die Massenmedien so gut und umfassend über politische Vorgänge und Zusammenhänge informiert, wie das noch nie der Fall gewesen ist. Insbesondere die Information durch *Bilder* erweckt den – häufig trügerischen – Eindruck, hier würde die Realität abgebildet und somit unverfälscht dargestellt. Demgegenüber ist der konstruierende und damit interessegeleitete, möglicherweise verfälschende und irreführende Charakter massenmedialer Berichterstattung (insbesondere im Blick auf kriegerische Auseinandersetzungen) gar nicht zu leugnen.

Entscheiden und handeln zu müssen unter dem Vorbehalt stets begrenzten Wissens und immer gegebener Irrtumsfähigkeit, gehört freilich zu den Bedingungen, unter denen wir als Menschen generell leben und leben müssen. Das ist darum auch zu akzeptieren als Bedingung, unter der alles ethische Urteilen und Handeln geschieht – nicht jedoch als Begründung für einen Entscheidungs- und Handlungsverzicht. Deshalb haben die Kirchen die Aufgabe, plakative, eindimensionale, verkürzende Darstellungen nicht nur selbst zu vermeiden, sondern sie auch in der Öffentlichkeit infrage zu stellen, um stattdessen gegen die „schrecklichen Vereinfachungen" zu einer mehrperspektivischen, differenzierten Sichtweise anzuleiten. Damit könnten die Kirchen einen wichtigen Beitrag zur ethischen und politischen Kultur leisten.

Aber auch das hebt nicht auf, dass friedensethische Entscheidungen mit dem unter Umständen höchst folgenreichen Risiko des Irrtums verbunden sind und darum letztlich nur im Horizont des Wissens um die Möglichkeit von Vergebung getroffen werden können. Und das gilt in gleicher Weise für die getroffenen wie für die unterlassenen Entscheidungen, für unser Tun wie für unser Lassen. Davon wusste z.B. Martin Luther, der von den Bauernkriegen an bis zur Wurzener Fehde[83] als Ratgeber, Seelsorger, Reformator in Fragen von Krieg und Frieden verwickelt wurde und sich verwickeln ließ. Und er wusste auch aus eigener Erfahrung, dass man trotz sorgfältigster Prüfung und Rechenschaft doch unter Umständen nicht zur rechten Zeit das rechte Wort treffen,

---

[82] Diese Information habe ich dem Leitartikel von D. Deckers über „Die Kirchen und der Krieg", in der FAZ vom 08. 02. 03 entnommen.
[83] Siehe dazu W. Härle, Zum Beispiel Golfkrieg (s.o. Anm. 1), S. 47–59.

sondern schrecklich daneben greifen und so schuldig werden kann. Deshalb kann man sich – wie der Zauderer Melanchthon, der immer wieder fürchtete, etwas falsch zu machen und dadurch zu sündigen – von Luther auch die ebenso gefährlichen wie ermutigenden Worte sagen lassen: „Dann sei ein Sünder und sündige tapfer, aber noch tapferer glaube und freue dich in Christus, der der Sieger über Sünde, Tod und Welt ist."[84]

---

[84] Eigene Übersetzung des Originaltextes: „Esto peccator et pecca fortiter, sed fortius fide et gaude in Christo, qui victor est peccati, mortis et mundi" aus dem Brief Luthers an Melanchthon vom 1. August 1521, zitiert nach dem von H. Rückert hg. 6. Bd. von „Luthers Werke in Auswahl", Berlin 1955², S. 56,1f. Vgl. dazu Ch. Möller, Lasst die Kirche im Dorf! Gemeinden beginnen den Aufbruch, Göttingen 2009, S. 80f.

6 Das rechte Wort zur rechten Zeit[1]

6.1 Sprache – (k)ein Thema der Ethik?

Das in Klammern gesetzte „k" in der Überschrift dieses Abschnittes hat den Charakter einer Problem- und Defizitanzeige. Es ist ein Hinweis auf das Desiderat einer Ethik der Sprache, die es (jedenfalls unter diesem Titel und in dieser Form) noch nicht gibt. Bei der Überprüfung aller mir erreichbaren Ethiken aus den letzten 100 Jahren habe ich keine einzige gefunden, die einen Teil, ein Kapitel oder auch nur einen größeren Abschnitt über das Thema „Sprache" enthielte. Dabei muss und möchte ich aber ausdrücklich drei Einschränkungen machen:

– Zunächst ist daran zu erinnern, dass es eine ganze Reihe von Grundrissen der Ethik oder Einführungen in die Ethik gibt, die sich am *Dekalog* orientieren und dabei natürlich auch das achte (bzw. nach reformierter Zählung: neunte) Gebot behandeln, das bekanntlich sagt: „Du sollst nicht falsch Zeugnis reden wider deinen Nächsten", kürzer und allgemeiner gesagt: „Du sollst nicht lügen".[2] Luthers Katechismen, die sich in ihren Anfangsteilen der Auslegung des Dekalogs widmen[3], machen dazu knappe, aber gehaltvolle Aussagen, die den Charakter von Anregungen für eine Ethik der Sprache haben.[4]

---

[1] Die Tatsache, dass die im Jahr 2008 erschienene EKD-Denkschrift zum Öffentlichkeitsauftrag der Kirche denselben Titel trägt wie dieses Kapitel, ist zwar nicht zufällig, besagt aber nicht, dass beide Texte hinsichtlich ihrer Thematik oder ihres Inhaltes größere Überschneidungen aufweisen.

[2] Z.B. T. Koch, Zehn Gebote für die Freiheit, Tübingen 1995, S. 9–32, wo die Ausführungen zum achten Gebot den Anfang des Buches bilden und eine zentrale Rolle für die ganze Dekalogauslegung spielen; H. Deuser, Die Zehn Gebote, Stuttgart 2002, S. 114–121. Hierher zähle ich auch das Buch des spanischen Philosophen F. Savater, Die Zehn Gebote im 21. Jahrhundert. Tradition und Aktualität von Moses' Erbe (2004), dt. Berlin 2007, S. 145–159. Weitere, eher biblisch-exegetische Arbeiten zum Dekalog wurden bereits oben in Kap. A 5, Anm. 15 genannt.

[3] BSLK 509,15–24 und 624,24–633,30.

[4] Siehe dazu unten Abschn. 6.3.5.

Auch in anderen Dekalogauslegungen kommt allerhand zu unserem Thema vor, allerdings weithin beschränkt auf die Frage nach Lüge und Wahrheit bzw. Wahrhaftigkeit, wie das ja auch vom Dekalog her naheliegend ist.

- Sodann gibt es in der ausführlichen Theologischen Ethik von Helmut Thielicke einen Abschnitt über „Formen des Kompromisses angesichts der Wahrheitsfrage"[5], in dem vor allem die verschiedenen möglichen Formen der sog. Notlüge behandelt werden.[6]
- Schließlich möchte ich an den berühmten kleinen Text von I. Kant über das vermeintliche Recht, aus Menschenliebe zu lügen[7], und an den ebenfalls weithin bekannten kleinen Text von D. Bonhoeffer, „Was heißt die Wahrheit sagen?"[8] erinnern. Ferner ragt zu diesem Thema die gewichtige Monographie von E. Schockenhoff, „Zur Lüge verdammt?"[9] heraus, die sich mit einem wichtigen Aspekt einer Ethik der Sprache, nämlich dem Verhältnis von Wahrheit und Lüge in grundlegender und in praktischer Hinsicht beschäftigt. Schließlich erwähne ich noch die Festschrift für E. Herms, die im Jahr 2000 unter dem Titel „Befreiende Wahrheit" erschienen ist und zahlreiche Beiträge zum Thema enthält[10], sowie das Marburger Jahrbuch zum Thema „Wahrheit" aus dem Jahr 2009[11].

---

[5] H. Thielicke, Theologische Ethik, Bd. II, 1, Tübingen 1959, S. 110–189.

[6] Dabei spielt bei ihm naturgemäß die in der Medizinethik oft thematisierte Frage nach der Wahrheit bzw. Wahrhaftigkeit des Arztes gegenüber dem Patienten eine wichtige Rolle (a.a.O., S. 171–189). So z.B. auch bei E. Schockenhoff, Zur Lüge verdammt? Politik, Justiz, Kunst, Medien, Medizin, Wissenschaft und die Ethik der Wahrheit, Freiburg [2000] 2005², S. 446–506; D. Ritschl, Zur Theorie und Ethik der Medizin (s.o. Kap. B 2, Anm. 1), S. 167–169 sowie J. Römelt, Christliche Ethik in moderner Gesellschaft, Bd. 2, Freiburg/Basel/Wien 2009, S. 294f.

[7] I. Kant, Über ein vermeintes Recht aus Menschenliebe zu lügen (1797), in: ders., Werke in zehn Bänden, Hg. W. Weischedel, Bd. 7, Darmstadt 1968, S. 635–643.

[8] D. Bonhoeffer, Was heisst die Wahrheit sagen? in: ders., Ethik, zusammengestellt und hg. von E. Bethge, Stuttgart o.J. (1948), S. 283–290 sowie in: ders., Werke, Bd. 16, München 1996, S. 619–629. Mit den beiden Texten von Kant und Bonhoeffer werde ich mich hier noch befassen (siehe unten Abschn. 6.3).

[9] E. Schockenhoff, Zur Lüge verdammt? (s.o. Anm. 6). Im Vorwort zur Sonderausgabe von 2005 verweist Schockenhoff auf mehrere Monographien und Sammelbände zum Thema „Lüge", die zu Beginn des 21. Jahrhunderts erschienen sind und die Aktualität dieser Thematik belegen.

[10] W. Härle/M. Heesch/R. Preul (Hg.), Befreiende Wahrheit. FS für E. Herms zum 60. Geburtstag. Marburg 2000.

[11] W. Härle/R. Preul (Hg.), Wahrheit (MJTh XXI), Leipzig 2009.

Aber dort, wo theologische oder philosophische Autoren eine Ethik verfassen oder in sog. Bereichsethiken wie Sexualethik, Medizinethik, Wirtschaftsethik, Ethik des Politischen, des Rechts, der Kultur, der Medien[12] u. Ä. einführen, fehlt doch die Sprache mit auffälliger Regelmäßigkeit. Das erfordert eine Erklärung – und zwar eine fundiertere, als ich sie geben kann. Denn gerade bei diesem Thema bin ich nirgends auf Aussagen der Art gestoßen: „Ich behandle die Sprache *nicht* als Thema der Ethik, weil ich der Überzeugung bin, dass …". Damit hätte man dann wenigstens eine Begründung für die Nicht-Beschäftigung. Aber weder solche Teile noch solche Begründungen habe ich gefunden. Also bin ich für die Erklärung dieses Defizits auf Mutmaßungen angewiesen, von denen ich freilich *eine* sofort ausschließen will. Diese Vermutung hieße: „Man behandelt Sprache nicht als Thema der Ethik, weil man der Überzeugung ist, dass Sprache für das menschliche Leben keine wichtige Rolle spielt". Einen solchen Gedanken oder Satz halte ich für schlicht undenkbar (zwar nicht im logischen, wohl aber im anthropologischen und ethischen Sinn).

Man könnte sich allenfalls vorstellen, dass jemand sagte: „Ich behandle in meiner Ethik die Sprache nicht, *obwohl* ich der Überzeugung bin, dass Sprache für das menschliche Leben von grundlegender und umfassender Bedeutung ist". Aber das wäre natürlich keine Begründung, sondern allenfalls deren Einschränkung, bei der man eine begründende Fortsetzung erwartet. Aber was könnte als eine solche Begründung in Frage kommen?

Meine hauptsächliche Vermutung lautet: Durch die weitgehende Fixierung der traditionellen ethischen Überlegungen zum Thema Sprache auf den Dual „Lüge oder Wahrheit bzw. Wahrhaftigkeit" erscheint das Thema als ziemlich *unattraktiv*. Es gibt allem Anschein nach – zumindest *theoretisch* – nicht viel her.[13] Zu ihm ist nicht viel zu sagen, außer

---

[12] Einen schlichten, interessanten Beitrag zu einer Ethik der Sprache im Rahmen der Medienethik bietet R. Leicht, Du sollst nicht falsch Zeugnis reden wider deinen Nächsten!, in: Ch. Drägert/N. Schneider (Hg.), Medienethik, Stuttgart/Zürich 2001, S. 337–346.

[13] So auch – mit einer Brise Ironie – R. Leicht, a.a.O., S. 337: „Über das Thema ‚Medienethik' habe ich noch nie ausführlich nachgedacht, obwohl mir damit gewiss viele teils honorarträchtige Auftritte entgangen sind, auch in evangelischen Akademien. Weshalb nicht? Weil die Sache mir als Praktiker, da zu einfach gelegen, keinen komplizierten Gedanken abnötigte. Mir reichten zwei Gebote völlig aus – das siebte und das achte. ‚Du sollst nicht stehlen' und (etwas einfacher noch als bei Luther) ‚Du sollst nicht lügen!' Und fertig ist die Medienethik. Stiehl den Leuten nicht die Zeit durch langweilige und nichtssagende Artikel, bring' sie

dass man das Verbot zu lügen im Sinne der Kasuistik auf verschiedene Konfliktbereiche und -aspekte des Lebens (z.B. die sog. Notlüge, die Wahrheit am Krankenbett, die Steuerehrlichkeit, die Lüge im Bereich von Politik und Diplomatie) anwenden könnte. Und vielleicht verbindet sich mit dieser vermuteten theoretischen Unergiebigkeit ja auch noch der Eindruck einer naheliegenden Gefahr der *Moralisierung*, derzufolge mit dem Verbot oder Gebot: „Du sollst nicht lügen" bzw. „Du sollst die Wahrheit sagen", eigentlich schon alles Entscheidende gesagt ist und das es darum nur einzuschärfen und zu beherzigen gilt.

Vielleicht gibt es aber noch einen anderen Grund für die stiefmütterliche Behandlung der Sprache in der Ethik: Lüge ist ein Alltagsphänomen, vermutlich handelt es sich beim Lügen um die häufigste Übertretung der Gebote der sog. *zweiten* Tafel des Dekalogs. Hat es dann aber überhaupt Sinn, dazu bzw. dagegen etwas sagen oder tun zu wollen? Und wenn man eine besonders häufig auftauchende Form des Verstoßes gegen dieses Gebot: die *Übertreibung* und die *Untertreibung* mit hinzunimmt, erscheint dieses Thema nicht nur als uferlos, sondern auch als inquisitorisch, puristisch und kleinkariert. Wollen oder sollen die Ethiker auch noch das Sprechen reglementieren und einem die Lust am unbefangenen Reden verderben? „Das sei ferne!", würde Paulus dazu vermutlich sagen, und ich stimme ihm zu.

Fazit meiner Vermutungen: Eine Ethik der Sprache erscheint möglicherweise als ein theoretisch uninteressantes Alltagsproblem, das zum Moralisieren verführt und zum Kleinkarierten tendiert. Deshalb gibt es sie nicht – jedenfalls noch nicht.

6.2 Die grundlegende Bedeutung der Sprache für das menschliche Leben

„Sprache" kann man im *engeren* Sinn auf Wörter, Begriffe und Sätze begrenzen, oder man kann im *weiteren* Sinn Gesten, Mimik, Bilder (also alle Zeichen) einbeziehen. „Sprache" kann man als Zeichen*system* oder als Zeichen*gebrauch* oder als beides definieren. In jedem Fall hat man es bei „Sprache" nicht mit einem isolierbaren oder marginalen Teilbereich des Lebens zu tun, sondern mit einem oder sogar *dem Medium* für *alle* Formen der Kommunikation. Sprache bestimmt darum

---

nicht um ihr Geld, indem du ihnen dafür minderwertige Artikel lieferst. Und im Übrigen: Sag' ihnen die Wahrheit – sonst nichts. Was bedarf es da weiterer Worte?" Immerhin zieht er neben dem achten auch noch das siebte Gebot heran.

alles mit. Diese bereits im vorigen Abschnitt angesprochene fundamentale und umfassende Bedeutung der Sprache für das menschliche Leben lässt sich an einem konfuzianischen Dialog-Text verdeutlichen, den ich an den Anfang dieses Abschnittes stelle:

> „Der Herrscher von Wei [bat Konfuzius], mit ihm über Regierungstätigkeit zu sprechen und fragte: ‚Was müsste deiner Auffassung nach als Allererstes getan werden?' Der Meister antwortete: ‚[Zuerst] ist es notwendig, die Namen für die Dinge in Ordnung zu bringen. … Denn, wenn die Namen nicht richtig sind, stimmt die Sprache nicht mit der Wahrheit über die Dinge überein. Und wenn die Sprache nicht mit der Wahrheit über die Dinge übereinstimmt, kann der Staat nicht erfolgreich geleitet werden. Wenn der Staat aber nicht erfolgreich geleitet werden kann, werden die Umgangsformen und die Musik nicht blühen und die Menschen können nicht wissen, was bestraft und was belohnt gehört. Wenn die Menschen das aber nicht wissen, wissen sie nicht, was sie … tun sollen. Deshalb erachtet der [gute] Regent es für notwendig, dass die Worte, die er verwendet, von ihm richtig verwendet werden, damit auch das, was getan werden soll, richtig getan wird. Das heißt also: Für die Tätigkeit des Regenten ist es erforderlich, dass in seinen Worten nichts Unrichtiges ist'".[14]

Das sind faszinierende Sätze und Gedanken über die grundlegende gesellschaftliche und politische Bedeutung der Sprache. Sie enthalten auch leichte Anklänge an die grundsätzlichen Aussagen über den Gebrauch der menschlichen Zunge, wie sie sich in Jakobus 3,1–12 finden, wo es u. a. heißt:

> „Denn wir verfehlen uns alle mannigfaltig. Wer sich aber im Wort nicht verfehlt, der ist ein vollkommener Mann und kann auch den ganzen Leib im Zaum halten. … So ist … die Zunge ein kleines Glied und richtet große Dinge an, … aber die Zunge kann kein Mensch zähmen, das unruhige Übel, voll tödlichen Giftes" (V. 2, 5 und 8).

Dass kein Mensch die Zunge zähmen kann, klingt zwar realistisch, aber in ethischer Hinsicht nicht ermutigend. Man sollte sich dadurch jedoch nicht die Frage verbieten lassen, was es bedeuten könnte, wenn Sprache durchweg ethisch verantwortlich und lebensdienlich gebraucht würde.

Man stelle sich nur vor, um zunächst einmal vor der eigenen Türe zu kehren, die Grundsätze einer Ethik der Sprache[15] würde in allen Theo-

---

[14] J. Legge (Hg.), The Chinese Classics, Bd. I, Buch XIII, Kap. III, S. 263 f. (eigene Übersetzung aus dem Englischen).

[15] Zur Veranschaulichung dessen, was damit gemeint ist, reicht schon Luthers Auslegung des achten Gebotes im Kleinen Katechismus aus. Siehe den Wortlaut dieser Auslegung unten bei Anm. 32. Zur Interpretation dieses Textes siehe unten Abschn. 6.3.5.

logischen Fakultäten, Landeskirchenämtern und Diözesanverwaltungen, Dekanaten, Pfarrämtern, Gemeindebüros und bei allen Kirchenvorständen beachtet werden. Das müsste auf jeden Fall eine ansteckende Wirkung haben – wahrscheinlich nicht sofort und nicht flächendeckend, aber doch spürbar und wirksam. Es könnte doch gar nicht ausbleiben, dass daraus allmählich eine Kultur der Sprache entstünde, die weit in unsere Gesellschaft hinein ausstrahlte; denn „gut von anderen zu reden" und *über* andere nur so zu reden, wie man es tun würde, wenn sie *anwesend* wären, macht – von allem anderen abgesehen – Freude; es tut nicht nur den anderen, sondern auch der eigenen Seele wohl. Und das ist ein starkes Motiv, es so zu halten oder zumindest es so zu versuchen.

Das kann man sich auch am Gegenteil, an den massenhaft zur Verfügung stehenden Beobachtungen in der interpersonalen und gesellschaftlichen Kommunikation aus Talk-Shows und Wahlkämpfen, wissenschaftlichen und kirchlichen, aufwendig inszenierten und alltäglich sich ereignenden Auseinandersetzungen verdeutlichen. Durch die Wahl unserer Worte werden Wertungen und Abwertungen vollzogen, werden Stimmungen erzeugt, werden Positionen besetzt und vergeben. Man kann sich das leicht bewusst machen durch eine kleine Übung, bei der man irgendeine Nachricht oder Mitteilung über einen komplexen Vorgang nimmt und dazu in Gedanken oder in Schriftform mehrere Versionen verfasst: z.B. eine Version, in der die Mitteilung in einem möglichst negativen, bedrohlichen Licht erscheint; eine andere, in der sie möglichst harmlos, unproblematisch oder gar positiv dargestellt wird; schließlich noch eine, in der möglichst kühl, distanziert, objektiv und unparteiisch berichtet wird. (In Seminaren kann man das gut auf mehrere Gruppen verteilen.) Bei einer solchen Übung entdeckt man bald an sich selbst, wie es möglich ist, ohne im wörtlichen Sinne zu lügen, Mitteilungen so darzustellen, dass man sich eine gute Chance ausrechnen kann, mit dieser Aussage gut dazustehen, recht zu behalten und sich durchzusetzen. Wenn und solange für Menschen *dies* das höchste Ziel ist, solange es ihnen in der Kommunikation also primär um Ansehen, Einfluss und Macht geht, werden sie sich kaum davon abbringen lassen, solche Mittel einzusetzen. Aber insbesondere angesichts der aktuellen Herausforderung, für eine Fülle schwieriger, teilweise sogar bedrohlicher Probleme möglichst zukunftsfähige Lösungen zu finden, ist ein solcher verfälschender, polarisierender, durchsetzungsorientierter Gebrauch von Sprache *Gift*. Demgegenüber wäre es ein großer (politischer, wissenschaftlicher, menschlicher) Gewinn, wenn jemand seine Überzeugung mit Festigkeit vertreten könnte, aber gleichzeitig in der Lage und bereit wäre, deren Schwachstellen zu benennen und die Stärken anderer Auffassungen gelten zu lassen, ja ausdrücklich anzuerkennen – und wenn er dann noch die Erfahrung machte, dass dies nicht bei der nächsten sich bietenden Gelegenheit ausgenützt und als Waffe gegen ihn verwendet würde.

Ich habe den Traum, dass irgendwann auch in unserer politischen Auseinandersetzung so geredet werden könnte, und zwar ohne dass dies als Schwäche diffamiert oder als Munition benutzt wird. Aber um dies zu erreichen, dürfen wir unsere Hoffnung wohl nicht primär auf die Politik richten, sondern müssen in anderen gesellschaftlichen Bereichen anfangen, in denen es *weniger* um die Vergabe und den Erhalt von Einfluss und Macht geht, z.B. in Kindergärten, Schulen, Universitäten und Kirchen. Um nicht missverstanden zu werden: Es geht mir dabei überhaupt nicht darum, Streit zu vermeiden und Harmonie zu erzeugen oder vorzutäuschen, im Gegenteil: Streit als Wettbewerb um die besten Konzepte und Argumente ist dringend nötig. Aber genau dieser *sachorientierte* Wettbewerb findet viel zu selten statt; denn er wird weithin ersetzt durch Karikierung fremder und Schönzeichnung eigener Positionen.[16]

Ist das alles aber nicht eher als ein Plädoyer für mehr Rhetorik (in Schule und Hochschule) zu verstehen? Nichts gegen Rhetorik, aber das, worum es geht, sitzt tiefer. Das rechte Wort zu suchen und zu finden, ist – zumindest auch – eine ethische Aufgabe. Aber was ist das rechte Wort?

6.3 Das rechte Wort

6.3.1 Das rechte Wort als das wahrheitsgemäße Wort

Die von mir unterstellten Vorbehalte gegenüber diesem Thema haben m.E. darin recht, dass es bei der Frage nach dem rechten Wort tatsächlich *zuallererst* um die Einsicht geht: Das rechte Wort ist das *wahrheits-*

---

[16] Orte, an denen dies mit bedrückender Regelmäßigkeit und Intensität wahrgenommen werden kann, sind vor allem die bereits oben erwähnten Talkshows im Fernsehen, in denen nach wenigen, relativ zivilisiert verlaufenden Anfangsrunden wie in einem Ritual die Sachauseinandersetzung hinter dem Horizont zu verschwinden und einer gegenseitigen Diffamierung und Verunglimpfung Platz zu machen pflegt. Man merkt es spätestens dann, wenn die Gesprächspartner sich regelmäßig gegenseitig ins Wort fallen und gleichzeitig in scharfer Form darum bitten, endlich einmal ausreden zu dürfen. Ich hoffe immer, dass Jugendliche solche Sendungen *nicht* sehen; denn ich halte sie für in hohem Maße *jugendgefährdend*, weil die nachwachsende Generation am Ende noch glauben könnte, dass Menschen *so* miteinander umgehen und reden *sollten*.

gemäße, das *wahrhaftige*, das *aufrichtige*, das *ehrliche* Wort. Denn nur das wahrheitsgemäße Wort gibt Orientierung, schafft echte, lebensdienliche Beziehungen zwischen Menschen, lässt die Vergangenheit und Gegenwart so sehen und stehen, wie sie ist, oder sagen wir vorsichtiger: so, wie sie uns erscheint, indem sie sich uns zeigt, und wie wir sie erkennen. Nur das wahrhaftige Wort lässt Zukunft planen und gestalten. Wahrheit oder Unwahrheit sind wie Vorzeichen vor der Klammer der Kommunikation[17], die – so oder so – über ihren gesamten Inhalt entscheiden.

Dabei gibt es, allgemein gesprochen, drei mögliche Fälle, wie Menschen von der Wahrheit abweichen können und ihnen der Zugang zum wahrheitsgemäßen Wort fehlt: das Nicht-Wissen, den Irrtum und die Lüge.

- Der *nicht-wissende* Mensch ist insofern nicht in der Lage, das wahrheitsgemäße Wort zu sprechen, als es ihm nicht zu Gebote steht. Aber solange er – sokratisch – wenigstens um sein Nicht-Wissen weiß und es auch eingesteht, ist das wahrheitsgemäße Wort das Eingeständnis dieses Nicht-Wissens und der damit möglicherweise verbundenen Ratlosigkeit. Der nicht-wissende Mensch kann ein wahrheitsgemäßes Wort offen und ehrlich aussprechen und heiße es nur: „Ich weiß es – leider – nicht".
- Der *irrende* Mensch gleicht dem nicht-wissenden in einer Hinsicht, in einer anderen unterscheidet er sich von ihm: Er gleicht ihm darin, dass er nicht weiß, aber er unterscheidet sich dadurch von ihm, dass er nicht weiß, dass er nicht weiß, sondern dass er zu wissen meint, und darum in der Regel keinen Grund hat, seinen Irrtum für sich zu behalten, sondern ihn weitergibt, als sei er die Wahrheit. Damit ist er nicht nur selbst auf dem falschen Weg, sondern wird möglicherweise zu dem, was das Neue Testament in Mt 15,14 einen blinden Blindenführer nennt. Das wahrheitsgemäße Wort wird hier erschlossen durch eine neue Einsicht, die es ermöglicht, den Satz zu sagen: „Ich habe mich geirrt".[18]
- Der Mensch, der *lügt*, unterscheidet sich dadurch vom nichtwissenden und vom irrenden Menschen, dass er die Wahrheit kennt (oder zumindest zu kennen meint), aber er sagt sie nicht, d.h. er unter-

---

[17] Zu dieser Metapher siehe W. Härle, Das christliche Verständnis der Wahrheit, in: MJTh XXI (s.o. Anm. 11), S. 62 und 79.

[18] Das ist interessanterweise ein Satz, den man nicht sinnvoll ins Präsens übertragen kann: „Ich irre mich (gerade)". Man müsste schon zumindest ein „Ich glaube" voranstellen, und das gäbe schon Hoffnung.

scheidet sich auch darin vom Nicht-Wissenden und Irrenden,[19] dass er die von ihm erkannte Wahrheit nicht mitteilt, sondern andere bewusst in die Irre führt, sie täuscht; dies jedenfalls versucht. Er enthält anderen Menschen die Wahrheit vor, die er doch kennt oder jedenfalls zu kennen meint. Dabei ist der Lügner in der Regel umso erfolgreicher, je mehr es ihm gelingt, seiner Lüge den Schein der Wahrheit zu geben. Der unwahrhaftige Mensch könnte das wahrheitsgemäße Wort sagen, aber er *will* es nicht sagen. Die Rückkehr zum wahrheitsgemäßen Wort würde hier erschlossen durch den Satz: „Ich habe gelogen, (und das tut mir leid)".[20]

Während man vom Nichtwissen wie vom Irrtum sagen kann, sie seien *menschlich*, kann man das von der Lüge nicht sagen. Sie ist nicht menschlich, sondern diabolisch oder hat zumindest etwas Diabolisches an sich, und zwar umso mehr, je wehrloser ihr Adressat (z.B. ein Kind) der Lüge ausgesetzt ist. Es ist kein Zufall, dass das Neue Testament in Joh 8,44 den Teufel den „Vater der Lüge" nennt. Dagegen könnte man einwenden, das sei eine zu kühne Aussage; denn dazu würde doch zu oft gelogen. Aber macht die Häufigkeit das Lügen weniger schlimm oder zeigt sie nur die Gegenwart des Diabolischen? Dass Lügen diabolisch ist oder etwas Diabolisches an sich hat, meine ich dabei nicht im Sinne eines moralischen Vorwurfs, so als sei das ein besonders verwerfliches Verhalten, das man gefälligst unterlassen sollte. Zu lügen ist, wenn es nicht aus Angst geschieht, zwar tatsächlich ein verwerfliches Verhalten, aber diese Feststellung hat nicht primär den Charakter einer Anklage, sondern eher den einer Klage über die Verführungsmacht der Lüge, die Menschen zu ihren Verbündeten, Mittätern, Agenten macht.[21]

6.3.2 Das rechte Wort als das der Wirklichkeit entsprechende Wort

Hat also *Immanuel Kant* recht mit seiner steilen These, „dass die Lüge gegen[über] eine[m] Mörder, der uns fragte, ob unser von ihm verfolg-

---

[19] Es gibt freilich auch den – paradox wirkenden – Fall, dass jemand zugleich irrt und lügt und dabei dann sogar noch (unabsichtlich) die Wahrheit sagen kann. Das hebt aber den Tatbestand der Lüge (als beabsichtigte Täuschung) nicht auf.
[20] Auch dieser Satz verträgt übrigens das Präsens nicht; denn dann wird er zum berühmten Paradox des Lügners, das – allerdings in etwas verkürzter und missverständlicher Form – auch in der Bibel vorkommt (Tit 1,12).
[21] Siehe zu diesem mir generell wichtigen Zugang zu den Phänomenen von Sünde und Schuld: W. Härle, Dogmatik, Berlin/New York 2007³, S. 456–492.

ter Freund sich nicht in unser Haus geflüchtet [habe], ein Verbrechen sein würde"?²² Nein, ich bin nicht der Auffassung, dass Kant mit dieser These recht hat, aber das liegt nicht daran, dass man es mit der Ehrlichkeit nicht so genau nehmen muss, sondern dass Kants These und seine Argumentation insofern abstrakt ist, als sie ganz auf der Ebene der Tatsachenwahrheit bleibt und das nicht in den Blick bekommt, was eine tieferliegende, umfassendere, tragende Ebene der Wahrheitsfrage darstellt, und was ich als „Wirklichkeitswahrheit" bezeichnen möchte.²³

Es ist ein Verdienst von *Dietrich Bonhoeffer*, dass er in seiner Studie mit dem Titel „Was heißt die Wahrheit sagen?"²⁴ nachdrücklich diesen Aspekt bzw. diese Dimension der Wahrheitsfrage zur Geltung gebracht hat. Er gibt dabei so etwas wie eine Definition von Wahrhaftigkeit, wenn er sagt: „Das Wirkliche soll in Worten ausgesprochen werden. Darin besteht die wahrheitsgemäße Rede".²⁵ Und was er damit meint, verdeutlicht er an dem Beispiel des Kindes, das von seinem Lehrer vor der Klasse gefragt wird, „ob es wahr sei, dass sein Vater oft betrunken nach Hause komme". Und Bonhoeffer fährt fort:

> „Es ist wahr, aber das Kind verneint es. Es ist durch die Frage des Lehrers in eine Situation gebracht [worden], der es noch nicht gewachsen ist. Es empfindet nur, dass hier ein unberechtigter Einbruch in die Ordnung der Familie erfolgt, den es abwehren muss. Was in der Familie vorgeht, gehört nicht vor die Ohren der Schulklasse. Die Familie hat ihr eigenes Geheimnis, das sie zu wahren hat. Der Lehrer hat die Wirklichkeit dieser Ordnung missachtet".²⁶

Ich empfinde nicht nur die Position, sondern vor allem die Argumentation Bonhoeffers überzeugend. Aus ihr geht hervor, dass es sich bei der Falschaussage des Kindes nicht (jedenfalls nicht nur und nicht einmal primär) um eine zu rechtfertigende „Notlüge" handelt, sondern dass das Kind – gewissermaßen instinktiv – etwas tut, was die Bibel nennt: „die Blöße seines Vaters bedecken" (Gen 9,23, siehe aber auch schon

---

[22] I. Kant, Über ein vermeintes Recht aus Menschenliebe zu lügen (siehe oben Anm. 7), S. 637. Ähnlich a.a.O. S. 641: „Jeder Mensch aber hat ... die strengste Pflicht zur Wahrhaftigkeit in Aussagen, die er nicht umgehen kann: sie mag nun ihm selbst oder andern schaden".

[23] Vgl. dazu W. Härle, Das christliche Verständnis von Wahrheit und Gewissheit aus reformatorischer Sicht, in: E. Herms/L. Žak (Hg.), Grund und Gegenstand des Glaubens nach römisch-katholischer und evangelisch-lutherischer Lehre. Theologische Studien, Tübingen 2008, bes. S. 199–213 sowie ders., Das christliche Verständnis der Wahrheit (siehe oben Anm. 17), S. 79.

[24] D. Bonhoeffer, Was heisst die Wahrheit sagen? (siehe oben Anm. 8).

[25] A. a. O., S. 284.

[26] A. a. O., S. 286.

Gen 3,21). Das Kind schützt in dieser Situation durch die Falschaussage die Würde seines Vaters, an der sich der Lehrer durch seine Frage – vor der Klasse – vergriffen hat.

Dass es in diesem Beispiel *darauf* ankommt, merkt man, wenn man in Gedanken einmal den Kontext dieser Szene ändert oder wechselt, indem man sich vorstellt, dass diese Frage im Rahmen einer Fallbesprechung zwischen Mitarbeiterinnen im Sozialamt gestellt wird. Sowohl der andere (geschützte) Raum als auch die andere (berufliche) Beziehung zwischen der Fragenden und dem Betroffenen würden dieser Frage und ihrer tatsachenentsprechenden Beantwortung alles Problematische nehmen. Aber in seiner Rolle (als Kind) und an diesem Ort (vor der Klasse) handelt das Kind völlig richtig, wenn es das Betrunkensein des Vaters abstreitet, also leugnet und so der Wirklichkeitswahrheit die Ehre gibt. Und darum redet es *recht*.

6.3.3 Das rechte Wort als das Wort, das gesagt werden soll

Alles bisher Gesagte verblieb noch im Horizont des Duals von Wahrhaftigkeit und Lüge. Dass eine Ethik der Sprache darin aber nicht aufgehen kann, wird schon deutlich an der trivialen Frage, ob denn alles, was (im Sinne der Tatsachenwahrheit und/oder der Wirklichkeitswahrheit) *wahr ist*, auch gesagt, also *ausgesprochen* werden soll. Und diese Frage ist natürlich ebenso zu verneinen wie die etwas törichte Frage, ob wir alles tun dürfen oder sollen, was wir tun können. Natürlich nicht. Deshalb bin ich froh, dass mir relativ früh von meiner Mutter die Regel mitgegeben wurde: „Alles was du sagst, soll wahr sein, aber nicht alles, was wahr ist, sollst du sagen".[27]

Dabei geht es jetzt (noch) nicht um die Frage nach dem rechten Zeitpunkt, sondern um die Frage nach dem, was zwar wahr (und auch als wahr gewiss) ist, aber trotzdem nicht ausgesprochen werden muss, soll oder darf. Merkwürdigerweise wirkt diese Einschränkung auf viele Menschen wie ein Einstieg in die Unwahrhaftigkeit, die sie sich darum allenfalls halbherzig zu eigen machen können. Dabei handelt es sich jedoch um eine zwar schlichte, aber ethisch wichtige Einschränkung, die unbedingt Beachtung verdient.

Das kann man sich an folgenden drei Fällen leicht deutlich machen:

---

[27] Einem Plakat habe ich entnommen, diese Weisheit stamme von Matthias Claudius (1740–1815).

– Dass nicht alles Wahre ausgesprochen werden *muss*, ist angesichts der unendlichen Fülle möglicher wahrer Aussagen, die wir kennen oder zu kennen meinen, völlig selbstverständlich und überdies ein wohltuender Schutz gegen ausufernde Geschwätzigkeit.
– Dass Wahres unter Umständen nicht ausgesprochen werden *soll*, kann den Charakter einer Klugheitsregel haben, erfordert aber häufig auch andere ethische Reflexionen, die sich auf die Lebenssituation des Gesprächspartners oder auf die mögliche Wirkung einer Aussage beziehen. Und hiermit taucht nun erneut der Gedanke auf, dass es andere, übergeordnete Gesichtspunkte geben kann, die vor dem Aussprechen einer Wahrheit warnen oder diese gar verbieten können.
– Dass Wahres unter Umständen nicht einmal ausgesprochen werden *darf*, gilt natürlich generell für alles Vertrauliche, das einem Menschen unter dem Siegel der Verschwiegenheit, als Dienstgeheimnis oder unter dem Schutz des Beichtgeheimnisses mitgeteilt wurde, und darauf ist es durchaus nicht beschränkt. Und die Wahrung solcher Vertraulichkeit und Verschwiegenheit ist ein hohes Gut, ihre Verletzung richtet schweren – häufig irreparablen – Schaden an.

Deshalb ist der Satz: „Alles was du sagst, soll wahr sein, aber nicht alles, was wahr ist, sollst du sagen", als solcher eine wichtige, beherzigenswerte ethische Regel und keine Anleitung zum Einstieg in die Unwahrhaftigkeit. Er kann freilich als solche *missbraucht* werden.

6.3.4 Ist die Goldene Regel[28] ein Maßstab für das rechte Wort?

Wir nähern uns weiter der Beantwortung unserer (impliziten) Themafrage: Was ist das rechte Wort? indem wir fragen: An welchen Kriterien bemisst sich das rechte Wort? Man kann an dieser Stelle mit Hilfe der Goldenen Regel (in ihrer negativen oder positiven Form) etwas weiterkommen, also mit dem berühmten: „Was du nicht willst, das man dir tu, das füg auch keinem andern zu" (aus Tobias 4,16), oder mit dem weniger bekannten: „Alles nun, was ihr wollt, dass euch die Leute tun sollen, das tut ihnen auch" (aus Mt 7,12). Hier wird das eigene Wollen zum Maßstab für das, was man von anderen getan bzw. gesagt und nicht gesagt haben möchte. Das rechte Wort wäre dann das Wort, das *mir recht* ist bzw. recht wäre, wenn es zu mir gesprochen würde. Das

---

[28] Siehe dazu oben Kap. A 5, Abschn. 5.1.4.

wird man nicht zu sehr pressen dürfen, wenn man nicht unter der Hand das rechte Wort durch das *nette* Wort ersetzen will. Es müsste schon das Wort sein, von dem ich gewiss bin, dass es mir *langfristig* und *umfassend* guttut. Und doch bleibt auch dann der Schwachpunkt, den die (an sich großartige, weil für den ethischen Einstieg gut geeignete) Goldene Regel generell hat: Sie macht die *eigenen* Ängste und Wünsche, die *eigene* Ablehnung und Zustimmung zum Maßstab für das, was *anderen* zu sagen ist. Aber ist diese Übertragung zulässig? Können wir (auch in dieser Hinsicht) zwischen den Geschlechtern, den Lebensaltern, den Kulturen so unbefangen hin und her schalten? Möchten Frauen dasselbe hören, was Männer gerne hören? Nein, gewiss nicht immer. Brauchen Alte dieselben Botschaften wie Junge? Auch da tendiere ich zu einem „Nein". Und stellen im Verhältnis der Kulturen nicht oft genug schon die unterschiedlichen Sprachen, Sitten und Gebräuche unüberwindbare Barrieren dar? Hier gilt m. E.: „in der Regel Ja". Deswegen reicht die Goldene Regel auch in dieser Hinsicht nicht aus, um das rechte Wort zu finden und zu bestimmen, sondern sie bietet nur einen ersten, groben, allgemeinen Zugang, um die Frage nach dem rechten Wort zu beantworten.[29]

6.3.5 Hinweise von Luthers Katechismen auf das rechte Wort

Interessanterweise sind es Luthers Katechismen, die hier weiterführende Hinweise und Anregungen geben. So heißt es etwa in Luthers Großem Katechismus zum achten Gebot:

> „Also haben wir nu die Summa und gemeinen Verstand von diesem Gepot, daß niemand seinen Nähisten, beide Freund und Feind, mit der Zungen schädlich sein noch Böses von ihm reden soll, Gott gebe [d.h.: gleichviel ob], es sei wahr oder erlogen, so nicht aus Befehl oder zu Besserung geschiehet, sondern seine Zunge brauchen und dienen lassen, von idermann das Beste zu reden, seine Sunde und Gebrechen zudecken, entschuldigen und mit seiner Ehre beschönen und schmücken".[30]

---

[29] So zitiert auch Luther die Goldene Regel in seiner Auslegung des achten Gebots als allgemeine Orientierungshilfe (BSLK 632,21f.).
[30] BSLK 632,8–18. Hierbei handelt es sich um ethische Überlegungen zur Sprache (Luther: zum „Mundwerk" [a.a.O., 626,43]), die *ausdrücklich* über den Dual von „wahr" oder „erlogen" hinausgehen.

Und im Kleinen Katechismus heißt es:

"Du sollst nicht falsch Zeugnis reden wider deinen Nähisten. Was ist das? Antwort: Wir sollen Gott fürchten und lieben, dass wir unsern Nähisten nicht fälschlich [d.h. in täuschender Absicht[31]] beliegen, verraten, afterreden [also: verleumden] oder bösen Leumund machen [also: seinen Ruf schädigen], sondern sollen ihn entschüldigen und Guts von ihm reden und alles zum Besten kehren".[32]

Darin steckt fast schon ein ganzes Programm für eine Ethik der Sprache. Auffällig daran ist, dass das Thema „Wahrheit statt Lüge" von Luther zwar in beiden Katechismen angesprochen wird und im Großen Katechismus ausdrücklich allen an der Rechtsfindung beteiligten Personen (vor allem Richtern und Zeugen) eingeschärft wird,[33] aber den Akzent setzt Luther auf etwas anderes: auf den Schutz der *Ehre* und des *guten Rufes* der Menschen.[34] Und die werden nicht nur in grober und offensichtlich verwerflicher Form beschädigt durch *Falsch*aussagen vor Gericht und im gesellschaftlichen Verkehr (Verleumdung), sondern auch durch wahre Aussagen, die für das Ansehen des davon Betroffenen abträglich sind. Wer nicht das Amt hat, solchen Aussagen nachzugehen und ihren Wahrheitsgehalt zu untersuchen (wie z.B. Richter, Prediger[35] und Eltern), hat nach Luthers Überzeugung nur zwei ethisch verantwortbare Möglichkeiten, damit umzugehen: entweder die Betroffenen (gemäß Mt 18,15–17) *selbst* anzusprechen oder aber „das Maul zu halten".[36]

Dem Gebot, über das Negative zu schweigen, korrespondiert bei Luther freilich (wie auch bei der Auslegung der anderen Gebote) die positive Aufgabe, die in diesem Fall darin besteht, den anderen Menschen zu entschuldigen, Gutes von ihm zu reden und alles zum Besten zu kehren[37] bzw. von jedermann das Beste zu reden, seine Sünde und

---

[31] Damit wird die scherzhafte „Lüge", über die der Angesprochene selbst nachträglich lachen kann (etwa in Form eines Aprilscherzes), ausdrücklich aus dem achten Gebot ausgenommen. Untersagt werden nicht Scherze, sondern Irreführungen in täuschender Absicht.
[32] BSLK 509,15–24.
[33] BSLK 625,6–626,10.
[34] So gleich zu Beginn im Großen Katechismus (BSLK 624,30).
[35] Das schließt nach Luthers Überzeugung das Recht und die Pflicht zum offenen und deutlichen Widerspruch gegen öffentlich geäußerte Irrlehre mit ein (siehe BSLK 631,39–632,2). Dadurch lässt sich Luthers eigener – oft polemischer – Stil zur Not rechtfertigen.
[36] BSLK 628,35; 629,7 und 630,23f. Sind solche Aussagen freilich öffentlich bekannt, weil sie z.B. von den Betroffenen selbst in der Öffentlichkeit gemacht wurden, dann entfällt für Luther dieses Schweigegebot.
[37] So BSLK 509,22–24.

Gebrechen zuzudecken und mit seiner Ehre zu schmücken[38]. Dagegen könnte man den Einwand erheben, es handle sich dabei doch auch um eine Irreführung mittels Sprache, bei der lediglich das negative Vorzeichen durch ein positives ersetzt werde. Aber damit würden sowohl der Wortlaut als auch die Intention dieser Aussagen verkannt. Es geht nicht um wahrheitswidrige (positive) Aussagen, sondern darum, die Person des Nächsten und sein öffentliches Ansehen in einem möglichst positiven Licht darzustellen und zur Geltung kommen zu lassen. Man muss vermutlich nicht nur in den Massenmedien, sondern auch in der zwischenmenschlichen Kommunikation damit rechnen, damit weniger Interesse zu finden oder gar Aufsehen zu erregen, aber diesbezügliche „Quoten" sind eben auch kein sicherer Maßstab zum Auffinden des rechten Wortes.

6.3.6 Das rechte Wort im Horizont des Liebesgebotes

Was bei dieser Auslegung des achten Gebotes als Kriterium für eine Ethik der Sprache vorausgesetzt ist, ohne dass dies von Luther ausdrücklich so gesagt wird, ist die *Liebe* und nur sie. Es ist die Liebe im Sinne der *Agape*, der eine Prise Eros freilich immer gut bekommt, damit die Agape nicht verkommt „zur lustlosen Wohltätigkeit"[39]. Diese Liebe trägt in sich die Sensibilität für das, was für einen *anderen* Menschen in *seiner* Situation das zurecht-weisende, das zukunft-eröffnende, das mut-machende, das tröstende Wort und in alledem das rechte Wort ist oder zumindest sein kann. Was daran das *Rechte* ist, würde ich mit dem schon wiederholt gebrauchten Begriff von Spalding[40] bezeichnen als dasjenige, was einem Menschen hilft, seine *Bestimmung*, und zwar sowohl seine Bestimmung als *Mensch* als auch seine Bestimmung als dieses unverwechselbare *Individuum* zu finden. Deswegen schließt das rechte Wort immer ein Verstehen des anderen ein, das sowohl für den Verstandenen als auch für den Verstehenden eine Erfahrung großen Glücks ist.[41]

---

[38] So BSLK 632,14–17 (siehe oben bei Anm. 30).
[39] W. Härle, Dogmatik, Berlin/New York 2007³, S. 240.
[40] J. J. Spalding, Die Bestimmung des Menschen (siehe dazu oben Kap. A 4, Anm. 17).
[41] Ich musste ziemlich alt werden, bis mir bewusst wurde, welches Glück es ist, erkannt und verstanden zu werden, und noch mehr: einen andern Menschen zu erkennen und zu verstehen.

Es gibt *einen* Satz im Neuen Testament, der diesen Gedanken wie kein anderer ausdrückt: Eph 4,15: „Lasst uns aber wahrhaftig sein in der Liebe und wachsen in allen Stücken zu dem hin, der das Haupt ist, Christus". „Ἀληθεύοντες ἐν ἀγάπῃ". In drei Worten sagt das Griechische, wofür das Deutsche acht Worte braucht. Kann man es kürzer, genauer, besser sagen? Und dass genau dies als ein Wachsen auf *Christus* hin bezeichnet wird und damit als ein Leben auf der Suche nach der menschlichen Bestimmung schlechthin, das ist nun einfach nicht mehr zu überbieten. Nun bleibt nur noch eines:

6.4 Die rechte Zeit für das rechte Wort

Wir müssen keinen Sprung weg von Eph 4,15 machen, sondern nur einen Schritt tiefer hinein; denn es ist (auch hier) die zur Liebe gehörende *Empathie* und *Sensibilität*, die einem Menschen bewusst machen kann, wann ein Wort „an der Zeit" ist, wann der berühmte καιρός gekommen ist, um zu reden: Καιρός, der als griechische Göttergestalt eine Locke vorn an der Stirn trägt, an der man ihn entschlossen packen muss, wenn er auf einen zukommt. Und wenn man zögert, kommt man vielleicht zu spät, und dann bekommt wieder einmal M. Gorbatschow recht mit seiner These, dass einen dann das Leben bestraft.

Dass es aber auch das Gegenteil gibt, habe ich bei dem von mir so geschätzten Kinderbuchautor *Erich Kästner* gelernt, und zwar aus seinem „Fliegenden Klassenzimmer".[42]

Dort erhält der Tertianer Martin Thaler zwei Tage vor Weihnachten von seinen mittellosen Eltern die Nachricht, dass er an Weihnachten nicht aus dem Internat nach Hause kommen könne, weil den Eltern das dafür notwendige Fahrgeld fehle. Martin versucht, so tapfer und tränenlos, wie das die Mutter per Brief von ihm erbeten hat, diese Enttäuschung zu verarbeiten, aber vor seinem sensiblen Lehrer, genannt Justus, kann er seinen Kummer schließlich nicht mehr verbergen.

Justus fragte ihn leise: „,Hast du etwa kein Fahrgeld?'.

Da war es mit Martins tapferer Haltung endgültig vorbei. Er nickte. Dann legte er den Kopf auf die schneebedeckte Brüstung der Kegelbahn und weinte zum Gotterbarmen. Der Kummer packte den Jungen im Genick und schüttelte und rüttelte ihn hin und her.

Der Justus stand erschrocken daneben. Er wartete eine Weile. Er wusste, dass man mit dem Trösten nicht zu früh beginnen darf. Dann nahm er sein Taschen-

---

[42] Erich Kästner, Das fliegende Klassenzimmer. Ein Roman für Kinder, Hamburg/ Zürich (1933) 1998[154], bes. S. 117–159.

tuch, zog den Jungen zu sich heran und wischte ihm das Gesicht ab. ‚Na, na‘, sagte er. ‚Na, na'".[43]

Justus war nicht nur ein sensibler, sondern auch ein kluger Lehrer. Er wusste, dass man mit dem Trösten nicht zu früh beginnen darf. Warum? Weil der Trost, der zu früh kommt, noch keinen freien Platz oder leeren Raum zum Ankommen in der Seele finden kann; denn zunächst muss die Traurigkeit in ihrer ganzen Schwere Raum finden und zum Ausdruck kommen dürfen. Und der Trost, der da schon hinein wollte, wäre vertan, verspielt, verbraucht.

Einen anderen Zugang zur Beantwortung der Frage nach der rechten Zeit des rechten Wortes bietet ein Liedvers von Nikolaus Graf von Zinzendorf. Es handelt sich um die zweite Strophe seines Liedes: „Jesu, leite mich" aus dem Jahr 1735. Sie lautet:

„Wenn in meinem Sinn
ich im Zweifel bin:
Soll ich reden oder schweigen,
kämpfen oder still mich beugen?
Sage du mir dann:
Man soll, was man kann".[44]

„Man soll, was man kann." Das klingt so bieder und allgemein, dass man sich fragen kann, warum Gott in diesem Lied gebeten wird, einem das dann zu sagen, was man doch offenbar schon jetzt weiß. Aber bezogen auf die existentielle Situation des Zweifels, von der Zinzendorf spricht, ist das vielleicht doch eine erhellende Anleitung zu einem konstruktiven Umgang mit der Frage: Was *kann* ich (sagen)? Stehen mir überhaupt (die rechten) Worte zu Gebote? Das begründet die Vermutung, dass es eine *Kunst* ist, das rechte Wort zur rechten Zeit zu sprechen. Und es sind ja gerade die Könner im Umgang mit Sprache, die Künstler, die großen Dichter, von denen wir lernen können, rechte Worte zur rechten Zeit zu finden: die Psalmisten, der alles überragende Paul Gerhardt, aber auch Gerhard Tersteegen, Friedrich Hölderlin, Friedrich Nietzsche, Rainer Maria Rilke, Hilde Domin, Mascha Kaleko, Ulla Hahn, um nur einige von denen zu nennen, denen ich in dieser Hinsicht viel verdanke. Deshalb stimme ich Traugott Koch aus vollem Herzen zu, wenn er sagt:

„Große Kunst und ein nicht herbeiführbares Glück ist es, das rechte Wort zur rechten Zeit zu finden. Nur aufmerksam kann man dafür sein".[45]

---
[43] A. a. O. S. 154.
[44] Gesangbuch der Evangelischen Brüdergemeine, Basel 2007, Nr. 910,2.
[45] T. Koch, Zehn Gebote für die Freiheit (s. o. Anm. 2), S. 19.

Das heißt aber doch: Es ist ein *Geschenk*, es ist eine *Gnade*[46], wenn einem das rechte Wort zur rechten Zeit einfällt bzw. zuteilwird. Es ist nichts, was man im technischen Sinn *machen* kann, sondern für das man sich nur offen halten kann in der Hoffnung, dass das rechte Wort zur rechten Zeit durch einen hindurchgeht. Und es ist – wie Traugott Koch zu Recht sagt – ein großes „Glück", wenn man dann vielleicht sogar auf dem Gesicht eines anderen Menschen sieht, dass ihn das rechte Wort zur rechten Zeit *erreicht* hat.

Aber was ist, wenn man (trotz alledem) merkt: Mir steht das rechte Wort (zumindest jetzt) nicht zu Gebote? Ich finde es nicht. Ich weiß es nicht zu sagen. Da greift nun die wichtige Einsicht des von uns lange gering geachteten, inzwischen sehr geschätzten Prediger Salomo: „Reden hat seine Zeit" und „Schweigen hat seine Zeit" (Koh 3,7[47]). Mit dem Schweigen – sei es dem nachdenklichen, staunenden, verlegenen, erschrockenen oder ratlosen Schweigen – ist jedenfalls insofern eine ethische *Grenze* erreicht, als damit auch das *ethische Reden* an sein Ende gekommen ist. Das ruft nicht nur die Begrenztheit der Ethik in Erinnerung, sondern konfrontiert mit dem Schweigen als einer ethischen Möglichkeit[48], der man nicht so sehr dadurch gerecht wird, dass man über sie redet, sondern eher dadurch, dass man sie tut, also selbst schweigt.

---

[46] Diesen Begriff habe ich – angeregt und ermutigt durch eine nachträgliche E-Mail zu meiner Abschiedsvorlesung, die ich von meiner ehemaligen Klassenkameradin Monika Wallraff, einer durchaus säkularen und nüchternen Frau, erhielt – gerne in mein Manuskript und nun auch in diese Ethik aufgenommen.

[47] Dort freilich in umgekehrter Reihenfolge, so dass das Schweigen voransteht.

[48] *Das* verbindet mich nun auch *inhaltlich* mit der EKD-Denkschrift: Das rechte Wort zur rechten Zeit (siehe oben Anm. 1), S. 12 und 61.

Teil C

Überblick über die evangelische Sozialethik

Dieser Text ist die – geringfügig überarbeitete – Fassung des Exkurses, der in dem von A. Rauscher herausgegebenen Handbuch der Katholischen Soziallehre (Berlin 2008, S. 233–248) die Grundlinien der evangelischen Sozialethik darstellt. Unter „Sozialethik" wird dabei nicht ein Teilbereich, sondern ein *Aspekt* der Ethik verstanden, der bei *jeder* ethischen Thematik präsent und darum mitzudenken ist: die soziale Verfasstheit der menschlichen Natur und Person, die in regelmäßigen Formen der Interaktion, d.h. in *Institutionen* ihren Ausdruck findet. (Vgl. dazu oben Kap. A 1, Abschn. 1.3.)

1 Quellen

1.1 Die als Wahrheit gewiss gewordene Botschaft des biblischen Kanons

Die evangelische Theologie gründet auf dem Schriftprinzip. Das gilt auch für ihre Ethik.[1] So fragt auch der erste Text zur reformatorischen Sozialethik, Luthers Schrift „Von weltlicher Obrigkeit" aus dem Jahr 1523,[2] sofort nach den biblischen Aussagen zu dem grundlegenden Problem der Legitimität von Gewaltanwendung. Nun enthält die Bibel Aussagen, die Gewalt *untersagen* (z.B. Mt 5,38–40 und 44; Röm 12,19; 1 Petr 3,9), und solche, in denen Gewaltgebrauch *vorausgesetzt* und *akzeptiert* wird (Mt 26,52; Röm 13,1f.; 1 Petr 2,13f.[3]). Die spätmittelalterliche Aufteilung dieser Aussagen in sog. *evangelische Räte* einerseits, die nur für die Vollkommenen (z.B. Ordensleute) gelten, und in *allgemeinverbindliche Gebote* andererseits, wird diesem Schriftbefund nicht gerecht. Die Sozialethik steht vor der Aufgabe, solche Aussagen vom *Gesamtzeugnis* und von der *Mitte* des Kanons her zu erfassen, also von dem her, „was Christum treibet"[4]. Eine solche biblisch fundierte Sozialethik unterscheidet sich sowohl von einer biblizistischen Position, die sich an einzelnen Aussagen ohne Rücksicht auf den biblischen Gesamtzusammenhang orientiert als auch von einer bibelvergessenen Position, die nicht das Zutrauen besitzt, dass aus der biblischen Botschaft vom Heilshandeln Gottes in der Geschichte Israels und in der Person Jesu Christi Orientierung für die Gestaltung der gegenwärtigen Welt zu gewinnen sei.

---

[1] Siehe dazu H. H. Schmid/J. Mehlhausen, Sola scriptura, Gütersloh 1991, bes. S. 116–140.
[2] Siehe oben Kap. A 5, Anm. 88.
[3] Die Tatsache, dass die Hauptbelege für beide Auffassungen in genau *denselben* kanonischen Schriften zu finden sind, verbietet jedenfalls eine „Lösung" durch Aufteilung auf unterschiedliche biblische Autoren oder Textcorpora und unterstreicht die Dringlichkeit der Frage nach einem *inhaltlichen* Lösungsmodell. Zu Luthers eigener Lösung siehe unten Abschn. 2.1.
[4] WA DB 7, 384,26ff.

Wesentlich sind dabei aus evangelischer Sicht drei Näherbestimmungen des Schriftprinzips:

- erstens die Begründung der Schriftautorität aus der von der Schrift bezeugten *Sache*, also aus der Selbstoffenbarung Gottes, die in Christus Jesus ihre letztgültige Gestalt gefunden hat;
- zweitens die Orientierung an der im biblischen Kanon überlieferten Botschaft aufgrund der *Gewissheit* hinsichtlich ihres *Wahrseins;*
- drittens die Einsicht, dass keine Instanz außerhalb des biblischen Kanons eine abschließende *Auslegungskompetenz* besitzt, sondern dass die Heilige Schrift (als „sui ipsius interpres"[5]) sich selbst auslegt und d.h. aus sich selbst auszulegen ist.

Deshalb und in diesem Sinne steht das reformatorische Schriftprinzip auch in sozialethischer Hinsicht dafür, dass keine Forderungen aufgestellt und erhoben werden, die der im biblischen Kanon bezeugten Selbstoffenbarung Gottes widersprechen. Nicht um die Vielzahl möglicher Erkenntnisquellen zu beschränken, sondern um dieser *kritischen* Funktion willen orientieren sich die evangelische Kirche, Theologie und Sozialethik am Schriftprinzip.

1.2 Offenbarung und Vernunft

Luthers Theologie geht – mit Paulus – von zwei Einsichten im Blick auf die menschliche Vernunft aus, die sich spannungsvoll, aber nicht widersprüchlich zueinander verhalten. Auf der einen Seite gilt, „dass die Vernunft die Hauptsache von allem ist und vor allen übrigen Dingen dieses Lebens das Beste und etwas Göttliches ist."[6] Anderseits ist die Erkenntnis der Vernunft, solange sie sich nicht von Gott her versteht, „dürftig, nicht greifbar und allzu stofflich"[7]. Zwar hat Gott „auch nach dem Fall Adams ... der Vernunft diese Majestät nicht genommen, sondern vielmehr bestätigt", aber nach dem Einbruch der Sünde in die Schöpfung

---

[5] M. Luther, Lateinisch-Deutsche Studienausgabe (LDStA) Bd. 1, Leipzig, 2006, S. 80,3. Diese Formel wird gelegentlich so missverstanden, als würde damit die Widerspruchsfreiheit sämtlicher biblischer Texte behauptet. Das ist jedoch weder ihre Aussage noch von ihr impliziert. Wohl aber besagt sie, dass selbst auftauchende Widersprüche aufgrund dieser Texte (und nicht aufgrund einer externen Autorität) zu bearbeiten, zu klären und zu entscheiden sind.

[6] LDStA 1, 665,10–12.

[7] A. a. O., 667,8.

„ist jene allerschönste und ausgezeichnetste Hauptsache, als die die Vernunft nach dem Sündenfall geblieben ist, ... unter der Macht des Teufels".[8] Der Vernunft kommt damit zwar eine herausragende Bedeutung für die Lebens- und Weltgestaltung zu, aber gleichwohl ist sie, wenn sie nichts von Gott weiß oder wissen will, stets gefährdet, ihre eigene Bedeutung und Begrenztheit zu verkennen und damit in den Dienst des Bösen zu treten.

Deshalb bedarf die menschliche Vernunft der göttlichen Offenbarung und Erleuchtung, weil sie erst dadurch ihre schöpfungsgemäße Bestimmung erkennen kann. Aus der Perspektive der Offenbarung Gottes, durch welche die Wahrheit für den Menschen und die Welt erschlossen wird, kann erkannt und anerkannt werden, was dem Menschen mit seiner Vernunft gegeben ist und was er aus ihrem Gebrauch für die Gestaltung des Lebens und der Welt gewinnen kann. Das hat für die Sozialethik besondere Bedeutung, da es in ihr um die Erfüllung des von Gott gegebenen Auftrages zur fürsorglichen Herrschaft des Menschen über die Erde („dominium terra", Gen 1,26-28; 9,2; Ps 8,7-9) geht.

In diesem Zusammenhang von Offenbarung und Vernunft ist auch die Theorie des *Naturrechts* zu verorten, die in der Stoischen Philosophie erstmals systematisch ausgearbeitet wurde.[9] Sie besagt, dass es eine die menschliche Vernunft ebenso wie das ganze Universum durchdringende geistige Ordnung gibt, die in der Handlungsorientierung des Menschen beachtet werden muss, wenn diese nicht scheitern soll. Dieser Gedanke wird von Augustin so in die christliche Theologie übernommen, dass das den Kosmos durchwaltende ewige Gesetz als Vernunft und Wille *Gottes*, des Schöpfers, verstanden wird. Eine Brücke zu biblischen Aussagen ergibt sich vor allem im Blick auf Röm 2,14f., wo Paulus von dem den Heiden ins Herz geschriebenen Gesetz Gottes spricht. Wird in der altkirchlichen und mittelalterlichen Theologie das Naturrecht primär als eine *ethische* Quelle und Orientierungsinstanz verstanden, so verschiebt sich die Betrachtungsweise in der überwiegend evangelisch geprägten Rechtsphilosophie der frühen Aufklärungszeit (H. Grotius, S. Pufendorf, Ch. Thomasius) dahingehend, dass sich das Interesse am Naturrecht auf eine rational begründete *Rechtsordnung* ausrichtet, die als Grundlage für eine allgemeine, überzeitliche Gesetzgebung dienen kann und soll. Dabei wird die Vorstellung von unveränderlichen Naturrechts*normen* bzw. -*appellen* insbesondere im

---

[8] A. a. O., 665,23f. und 667,21-23.
[9] Siehe dazu oben Kap. A 3, Abschn. 3.5.3 a.

19. Jahrhundert durch den Verweis auf geschichtliche Variabilität und gesellschaftliche Vielfalt immer mehr infrage gestellt. Gleichwohl bleibt auch für die evangelische Sozialethik die Frage nach einer überpositiven Rechtsbegründung, die den Gedanken *willkürlicher* Rechtsetzung eliminiert oder jedenfalls begrenzt, ein wichtiges Anliegen.

1.3 Kirchliches Lehramt

Nach evangelischem Verständnis wird das kirchliche Lehramt nicht in erster Linie durch die Inhaber bischöflicher Ämter, durch Synoden, theologische Lehrer oder Fakultäten ausgeübt, sondern durch das *Wort Gottes* selbst. Denn: „Gottes Wort soll Artikel des Glaubens stellen und sonst niemand"[10]. Daraus folgt, dass alle kirchlichen Dogmen, Bekenntnisse und Lehren auf ihre Übereinstimmung mit dem im biblischen Kanon ursprünglich bezeugten Wort Gottes hin zu prüfen und ggf. von daher zu korrigieren sind.[11] Die Dogmen und Bekenntnisse der Kirche werden dadurch nicht gleichgültig oder beliebig, sondern gelten als „Zeugnis und Erklärung des Glaubens, wie jderzeit die Heilige Schrift in streitigen Artikuln in der Kirchen Gottes von den damals Lebenden vorstanden und ausgeleget, und derselben widerwärtige Lehr vorworfen und vordambt worden".[12]

Zu den sozialethisch relevanten Bekenntnistexten der Lutherischen Kirchen gehören vor allem die Dekalogauslegungen Luthers in seinem Kleinen und Großen Katechismus sowie der (wichtige, aber auch umstrittene) Art. XVI der Confessio Augustana „Von der Polizei und weltlichem Regiment".[13] Für die Reformierten Kirchen sind die Auslegungen des Dekalogs im Heidelberger Katechismus (Fr. 86–115) maßgeblich. Für diejenigen Kirchen, die die Barmer Theologische Erklärung (oder zumindest deren Lehrverwerfungen[14]) zu ihren Bekenntnisgrundlagen zählen, hat insbesondere deren Art. 5 über das Verhältnis von Kirche und Staat große sozialethische Bedeutung[15]. Den Texten der

---

[10] BSLK 421,23–25.
[11] BSLK 767,8–769,40.
[12] BSLK 769,30–35.
[13] BSLK 70,8–71,17; 507,35–510,24 sowie 560,4–645,52. Vgl. dazu oben Kap. B 5, Anm. 47.
[14] So die Vereinigte Evangelisch-Lutherische Kirche Deutschlands.
[15] Siehe G. Niemöller (Hg.), Die erste Bekenntnissynode der Deutschen Evangelischen Kirche zu Barmen, Bd. II, Text – Dokumente – Berichte, Göttingen 1959, S. 196–202, bes. S. 200f.

Barmer Synode ist auch in vorbildlicher Weise zu entnehmen, wie das kirchliche Lehramt wahrzunehmen und zu verstehen ist. So senden die Synodalen die Barmer Theologische Erklärung an die Evangelischen Gemeinden und Christen in Deutschland *nicht* mit der Aufforderung, diesem Text Glaubensgehorsam zu erweisen, sondern mit folgenden Sätzen: „*Prüfet die Geister, ob sie von Gott sind! Prüfet auch die Worte der Bekenntnissynode der Deutschen Evangelischen Kirche, ob sie mit der Heiligen Schrift und den Bekenntnisschriften der Väter übereinstimmen.* Findet ihr, daß wir wider die Schrift reden, dann hört nicht auf uns! Findet ihr aber, daß wir in der Schrift stehen, dann lasset keine Furcht und Verführung euch abhalten, mit uns den Weg des Glaubens und des Gehorsams gegen das Wort Gottes zu beschreiten ...".[16]

In den Gesamtzusammenhang lehramtlicher Aussagen gehören schließlich auch die Denkschriften, Orientierungshilfen, Synodalerklärungen und Fakultätsgutachten, die von den dafür zuständigen kirchlichen Gremien erarbeitet und veröffentlicht werden, um auf diese Weise sowohl zur innerkirchlichen als auch zur gesamtgesellschaftlichen sozialethischen Orientierung beizutragen.

Dabei betonen die evangelische Kirche und Sozialethik, dass jede lehramtliche Äußerung nur insoweit verbindlich sein kann, als sie nicht dem *Gewissen* der Menschen widerspricht, ihre Befolgung also dazu führen würde, dass diese *gegen* ihr Gewissen handeln müssten. Die Begründung hierfür hat Luther in seiner berühmten Rede auf dem Reichstag zu Worms vom 18. April 1521 gegeben, als er sagte: „Wenn ich nicht durch Schriftzeugnisse oder einen offensichtlichen Vernunftgrund widerlegt werde (denn weder dem Papst noch den Konzilien alleine glaube ich, da feststeht, dass sie des öfteren geirrt und sich selbst widersprochen haben), bin ich überwunden durch die von mir angeführten Schriftworte. Und da mein Gewissen in den Worten Gottes gefangen ist, kann und will ich nichts widerrufen, da gegen das Gewissen zu handeln weder sicher noch heilsam ist".[17]

1.4 Situationsanalyse

In jedes konkrete ethische Urteil gehen Aussagen ein, die den Charakter einer Analyse des Handlungsfeldes haben, auf das sich das ethische Urteil bezieht. Solche Analysen sind zwar nicht weltanschaulich-religiös

---

[16] A. a. O., S. 206.
[17] WA 7, 838,4–8 (eigene Übersetzung).

indifferent oder voraussetzungslos, aber sie lassen sich nicht aus weltanschaulich-religiösen Überzeugungen und Gewissheiten *allein* ableiten oder gewinnen. Das heißt, zu ihrer Erarbeitung ist z.B. medizinischer, ökonomischer, juristischer Sachverstand erforderlich, über den Sozialethiker allenfalls rudimentär und exemplarisch, aber nicht umfassend verfügen können. Damit ist die Sozialethik auf Informationen angewiesen, die den allgemeinen Bedingungen und Begrenzungen menschlichen Wissens unterliegen und vom Sozialethiker nicht aufgrund eigener fachwissenschaftlicher Kompetenz auf ihre Zuverlässigkeit hin überprüft werden können. Formuliert man trotzdem solche konkreten ethischen Aussagen, so zieht in sie ein *hypothetisches* Element ein, das auch als solches gekennzeichnet werden sollte. Das Urteil wird dadurch nicht zu einem im logischen Sinne *problematischen* Urteil, sondern nimmt die Gestalt eines *hypothetisch-apodiktischen* Urteils[18] an: „Wenn das und das der Fall ist, dann folgt daraus in ethischer Hinsicht notwendigerweise dies". Diese Sprachform trägt der Tatsache Rechnung, dass die Ethik auf fehlbares empirisches Wissen angewiesen ist. Insoweit dient sie der *Selbstbegrenzung* ethischer Urteile. Sie macht damit auch erkennbar, dass und in welcher Hinsicht die Sozialethik der *Kooperation* mit anderen Wissenschaften bedarf, und insofern dient sie der *Öffnung* für interdisziplinäre Zusammenarbeit. Gleichwohl versucht sie zu ethischen Aussagen zu gelangen, die handlungsleitende Überzeugungen und Gewissheiten zum Ausdruck bringen; daher erklärt sich ihr apodiktischer Charakter.

---

[18] Siehe dazu W. Härle, Kernenergie – zu verantworten? Ein theologisch-ethischer Beitrag, in: Energiewirtschaftliche Tagesfragen. Zeitschrift für Energie-Wirtschaft, Recht und Technik, Heft 9, September 1987, S. 720–723.

2 Konzeptionen

2.1 Zwei-Reiche- bzw. Zwei-Regimenten-Lehre[1]

In Abschn. 1.1 zeigte sich, dass die sozialethische Reflexion der reformatorischen Theologie inhaltlich[2] bei dem widersprüchlich erscheinenden biblischen Befund hinsichtlich der Legitimation von Gewalt zum Zwecke der Abwehr des Bösen einsetzt. Luther greift zur Lösung auf die von Augustin[3] in Anlehnung an biblische Aussagen gebildete Lehre von zwei „civitates" oder „regna" zurück, die in der mittelalterlichen Theologie- und Kirchengeschichte (insbesondere für die Verhältnisbestimmung von Kaisertum und Papsttum) eine große Rolle gespielt hatte.[4] Augustin vergleicht dabei die Menschen, die sich nach Gott oder nach den Menschen ausrichten, mit „zwei Staaten, das ist zwei menschlichen Genossenschaften, deren eine vorherbestimmt ist, ewig mit Gott zu herrschen, die andere, mit dem Teufel ein ewiges Strafgericht zu erleiden".[5] Luther schließt sich mit der Unterscheidung zweier „Reiche" zunächst Augustin an,[6] transformiert sie jedoch sofort – im Anschluss

---

[1] Siehe hierzu den Aufsatz von H. Graß, Luthers Zwei-Reiche-Lehre, in: ZevKR 31 (1986), S. 153–176.
[2] Zeitgeschichtlich ist Luthers Schrift „Von weltlicher Obrigkeit" ausgelöst durch das Verbot mehrerer Landesfürsten, in ihrem Gebiet Luthers Übersetzung des Neuen Testaments zu verkaufen oder zu kaufen. Damit war die Frage gestellt, ob man als Christ auch in einem solchen Fall der weltlichen Obrigkeit Gehorsam schuldig sei.
[3] A. Augustinus, De civitate Dei, Buch 1–22 (413–426/7), CSEL 40/1.2, 1900; dt. Vom Gottesstaat, übersetzt von W. Thimme, eingeleitet und kommentiert von C. Andresen, München 1977/78.
[4] Vgl. dazu und zum Folgenden W. Härle, Art. „Zweireichelehre II. Syst.-theol.", in: TRE 36 (2004), S. 784–789.
[5] A. Augustinus, Vom Gottesstaat, Buch XV,1. Schon daraus wird deutlich, dass die „civitas terrena" bei Augustin sowohl als das *irdische* Reich bzw. *Welt*reich verstanden werden kann als auch als das Reich des *Teufels* („civitas diaboli"). S. dazu W. von Loewenich, Augustin – Leben und Werk, München/Hamburg 1965, S. 170.
[6] Von weltlicher Obrigkeit (siehe oben Kap. A 5, Anm. 88), S. 42–44.

an die für ihn grundlegende Unterscheidung zwischen Gesetz und Evangelium[7] – in die Unterscheidung zwischen dem geistlichen und weltlichen *Regiment*[8] Gottes.[9] Wesentlich für die darin zum Ausdruck kommende reformatorische Zwei-Regimenten-Lehre sind folgende drei Elemente: Beide Regimente, das geistliche wie das weltliche

– sind Regierweisen *Gottes*;
– unterscheiden sich durch ihre *Ziele*, indem das geistliche Regiment der *Erlösung* der Welt, das weltliche Regiment (nur) ihrer *Erhaltung* dient;
– unterscheiden sich aber auch hinsichtlich der *Mittel*, die jeweils von Gott zur Erreichung dieser Ziele eingesetzt sind: *Wort und Geist* zur Erlösung der Welt, *Recht und Gewalt*[10] zur Erhaltung der Welt; deshalb darf nie versucht werden, Menschen mittels Androhung oder Ausübung von Gewalt für den Glauben zu gewinnen, aber es darf auch nicht versucht werden, dem Bösen in der Welt, sofern es andere Menschen trifft, ohne Androhung oder Ausübung von Gewalt entgegenzutreten.

Durch die Zuordnung der widersprüchlich erscheinenden Schriftaussagen zur geistlichen oder weltlichen Regierweise Gottes zeigt sich deren einheitlicher, zusammenstimmender Sinn: Christenmenschen stehen unter dem Gebot Christi, für ihre *eigene* Verteidigung gegen das sie von außen bedrohende Böse auf Rechtsmittel und Gewalt zu *verzichten*, diese aber zum Schutz bzw. zur Verteidigung ihrer bedrohten *Mitmenschen* zu gebrauchen – insbesondere dann, wenn dies ihr Amt erfordert.

---

[7] S. dazu E. Kinder/K. Haendler, Gesetz und Evangelium, Darmstadt 1968 und A. Peters, Gesetz und Evangelium, Gütersloh 1981.

[8] „Regiment" bedeutet in diesem Zusammenhang stets „Regierweise". S. dazu die Thesen des Theologischen Ausschusses der VELKD zur Lehre von den zwei Reichen oder zwei Regimenten Gottes, in: N. Hasselmann (Hg.), Gottes Wirken in seiner Welt. Zur Diskussion um die Zweireichelehre, 2. Band, Hamburg 1980, S. 162–172.

[9] „Darum hat Gott zwei Regimente verordnet: das geistliche, welches Christen und fromme Leute macht durch den heiligen Geist, unter Christus, und das weltliche, das den Unchristen und Bösen wehrt, dass sie äußerlich Frieden halten und still sein müssen, ob sie wollen oder nicht" (Von weltlicher Obrigkeit [siehe oben Kap. A 5, Anm. 88], S. 45).

[10] Unter „Gewalt" ist nicht nur die Ausübung, sondern auch und vor allem die glaubwürdige *Androhung* von Gewalt gemeint, die ihr Ziel genau dann erreicht hat, wenn keine Gewalt *angewendet* werden muss.

In der Geschichte der evangelischen Sozialethik war die reformatorische Zwei-Regimenten-Lehre jedoch nicht gegen Missverständnis und Missbrauch gefeit, wie sich das anhand des Begriffs „Eigengesetzlichkeit"[11] verdeutlichen lässt. Versteht man darunter eine Eigengesetzlichkeit weltlich-politischer Ordnungen gegenüber *Gottes* Willen, so muss diesem Begriff und dieser Behauptung widersprochen werden. Handelt es sich jedoch um die Eigengesetzlichkeit der *weltlichen* Regierweise *Gottes* gegenüber der *geistlichen* Regierweise *Gottes*, so ist dies zu bejahen. Dafür könnte man besser den Begriff „*Anders*gesetzlichkeit" verwenden.[12]

2.2 Königsherrschaft Jesu Christi

Die Fehldeutung der Zwei-Reiche-Lehre und deren Missbrauch insbesondere im Umfeld des Nationalsozialismus konnte durch den Hinweis abgewehrt werden, dass es in der reformatorischen Lehre um zwei Regierweisen *Gottes* geht (s.o. 2.1).[13] Trotzdem war die Zwei-Reiche-Lehre vorübergehend so diskreditiert, dass Karl Barth und ihm nahestehende Theologen als *Gegenmodell* zu ihr die auf der Unterscheidung von Evangelium und Gesetz (Reihenfolge!) aufbauende Lehre von der *Königsherrschaft Jesu Christi* vertraten. Ihren profiliertesten Ausdruck fand sie 1946 in Barths Schrift: Christengemeinde und Bürgergemeinde. Barth ordnet darin Kirche (= Christengemeinde) und Staat (= Bürgergemeinde) einander im Sinne zweier konzentrischer Kreise zu, wobei die Christengemeinde den inneren Kreis bildet, in dessen Zentrum Jesus Christus steht. Die Aufgabe der Kirche ist es, „die Herrschaft Jesu Christi und die Hoffnung auf das kommende Reich Gottes"[14] zu verkündigen. Von diesem Auftrag der Kirche her gibt es aber dieser Lehre zufolge keine christliche Indifferenz gegenüber den verschiedenen politischen Gestalten und Wirklichkeiten. Die Kirche „erinnert an Gottes Reich, an Gottes Gebot und Gerechtigkeit und damit an

---

[11] Diesen Begriff hat M. Weber (Wirtschaftsethik der Weltreligionen, in: ders., Gesammelte Aufsätze zur Religionssoziologie, Tübingen I, 1972⁶, S. 237–573, dort S. 544–556) in die Diskussion über die Zwei-Reiche-Lehre eingeführt, um die Eigenständigkeit der weltlichen Regierweise zu kennzeichnen.
[12] So I. Kišš, Fünf Formen der Zwei-Reiche-Lehre Luthers, in: Zeichen der Zeit 32 (1978), S. 1–16, dort S. 6.
[13] Das schließt es grundsätzlich aus, den weltlichen Bereich der Willkür politischer Machthaber zu überlassen.
[14] K. Barth, Christengemeinde und Bürgergemeinde, Zollikon-Zürich 1946, S. 11.

die Verantwortung der Regierenden und der Regierten" (Barmer These 5).[15] Daraus folgt für Barth, dass es für die Kirche „zwar keine Idee, kein System, kein Programm, wohl aber eine unter allen Umständen zu erkennende und innezuhaltende *Richtung* und *Linie* der im politischen Raum zu vollziehenden christlichen Entscheidungen" gibt.[16] Er konkretisiert dies, indem er in einem weiteren Schritt von der „*Gleichnis*fähigkeit und *Gleichnis*bedürftigkeit des politischen Wesens ... in seinem Verhältnis zur Kirche", ja zum Reich Gottes ausgeht[17] und dies durch zahlreiche Ableitungen politischer Entscheidungen aus dem Heilshandeln Gottes in Christus Jesus demonstriert. Für diese Ableitungsthese hat Barth nur wenig Zustimmung gefunden. Wohl aber hat sich der Hinweis auf die Bedeutung der Königsherrschaft Christi auch für den politischen Bereich in zweierlei Hinsicht bewährt und weitgehende Anerkennung verschafft:

– Die erkenntnistheoretische Vorordnung des Heilshandelns Gottes in Christus Jesus vor dem sozialethisch-politischen Gestaltungsauftrag zeigt, dass Letzterer erst dann angemessen erfasst und verstanden ist, wenn er im Verhältnis zu Gottes Heilshandeln verstanden wird. Die Verhältnisbestimmung von Christengemeinde und Bürgergemeinde erweist sich damit als eine *spezifisch christliche*. Sie kann nicht ohne die Erkenntnis Jesu Christi vorgenommen werden.
– Die sachliche Vorordnung des auf die Erlösung der Welt zielenden Heilshandelns Gottes vor dem sozialethisch-politischen Erhaltungsauftrag zeigt, dass die Welterhaltung kein *Selbstzweck*, sondern auf die Erlösung hingeordnet ist, ihr dienend, den Raum für sie freihaltend. Damit wird die weltliche Regierweise Gottes noch deutlicher, als dies in der Reformation schon der Fall war, der geistlichen Regierweise Gottes zugeordnet.

Diese beiden Einsichten aus der Lehre von der Königsherrschaft Jesu Christi wurden im letzten Drittel des 20. Jahrhunderts weitgehend in die Zwei-Regimenten-Lehre aufgenommen, wodurch der Gegensatz zwischen Zwei-Reiche-Lehre und Lehre von der Königsherrschaft Jesu Christi faktisch überwunden werden konnte.[18]

---

[15] A. a. O., S. 15.
[16] A. a. O., S. 17.
[17] So a.a.O., S. 22f.
[18] Siehe dazu H.-W. Schütte, Zwei-Reiche-Lehre und Königsherrschaft Christi, in: Handbuch der christlichen Ethik, Bd. 1, Freiburg u.a. 1978, S. 339–353.

2.3 Christliche Gesellschaftstheorie

Aus dem am Ende des vorigen Abschnitts beschriebenen Konsens und dem damit erzielten Klärungsgewinn folgt, dass die evangelische Sozialethik guten Grund hat, sich der Aufgabe der Entwicklung einer *christlichen* Gesellschaftstheorie zu stellen. Dabei kann auf antike, mittelalterliche und reformatorische Theoriebildungen zurückgegriffen werden, z. B. auf die letztlich wohl von Platon stammende „Dreiständelehre"[19]. Bei Luther sind es drei von Gott eingesetzte „Stände" (die er auch als „Orden" oder „Stifte" bezeichnen kann): Das Priesteramt, der Ehestand und die weltliche Obrigkeit[20]. Dabei haben (aufgrund des Allgemeinen Priestertums) alle Christen an allen drei Ständen Anteil.[21] Weil die Dreiständelehre sich für ein hierarchisches[22], stratifizierendes Gesellschaftsverständnis anfällig erwies, geriet sie durch die Aufklärung und die Französische Revolution in die Kritik und verschwand schließlich mit der Ständegliederung der Gesellschaft und des Staates.

In der philosophischen Ethik Schleiermachers[23] findet sich im Rahmen der Güterlehre der Ansatz zu einer Gesellschaftstheorie, die von *vier* für jede Gesellschaft konstitutiven Teilsystemen ausgeht, die auf ursprüngliche Weise in der Familie in unauflöslicher Verbindung miteinander wahrgenommen werden, im Prozess der gesellschaftlichen Ausdifferenzierung jedoch auseinandertreten und sich zunehmend verselbstständigen. Dieser Ansatz ist im letzten Viertel des 20. Jahrhunderts

---

[19] Siehe dazu W. Maurer, Luthers Lehre von den drei Hierarchien und ihr mittelalterlicher Hintergrund, München 1970 und R. Schwarz, Luthers Lehre von den drei Ständen und die drei Dimensionen der Ethik, in: Luther-Jahrbuch 45 (1978), S. 15–34. Siehe dazu oben Kap. A 2, Abschn. 2.3.1.

[20] So WA 26, 504,31.

[21] Statt vom „Ehestand" kann auch von „oeconomia" die Rede sein. Das verweist nicht nur auf die vorindustrielle Einheit von familiärem und beruflichem Lebensraum, sondern auch auf den für das vorromantische Eheverständnis charakteristischen Ansatz, Ehe und Familie von der gemeinsamen Haushaltsführung her zu verstehen.

[22] Wegen des privilegierenden und statischen Klanges, den der Begriff „Stand" in der nachreformatorischen Zeit angenommen hat, vermeidet Bonhoeffer ihn (ebenso wie die Begriffe „Ordnung" und „Amt") und ersetzt ihn durch den Begriff „Mandat" (vgl. D. Bonhoeffer, Ethik, München 1992, S. 392f).

[23] Ethik (1812/13), hg. von H.-J. Birkner, Hamburg 1981, S. 80–130. Vgl. dazu oben Kap. A 2, Abschn. 2.3.2.

vor allem von E. Herms[24] aufgenommen und konstruktiv weiterentwickelt worden. Die vier für das Bestehen jeder menschlichen Assoziation in der Welt interaktionell zu erbringenden Leistungen unterscheidet und bezeichnet Herms als:

- „(1) *Herrschaft*, die Regeln der Kooperation in Geltung setzt und festhält ...;
- (2) *Ökonomische Kooperation*, die für die Allokation von Lebensmitteln sorgt;
- (3) *Wissenschaftliche Kooperation*, die dasjenige empirische Regelwissen besorgt, das für die Entwicklung und ... auch für die Bewertung ... von ökonomisch relevanten Technologien erforderlich ist;
- (4) *Weltanschaulich-ethische Kommunikation*, die auf eine kommunikative Verständigung der Interaktanten über das höchste Gut und damit auch über denjenigen Endzweck ihrer Interaktion (also des gesamten gesellschaftlichen Lebens) aus ist, der für die Auswahl und Bewertung aller Teil- und Zwischenziele erforderlich ist".[25]

In den gesellschaftlichen Funktionssystemen „Politik", „Wirtschaft", „Wissenschaft" und „Weltanschauung/Religion" werden die für die genannten Kooperationsleistungen unerlässlichen Bedingungen erbracht, und zwar in unaufgebbarer Bezogenheit aufeinander.

Andere Ansätze einer christlichen Gesellschaftstheorie (z.B. bei T. Rendtorff[26] und M. Welker[27]) schließen sich an die soziologischen Theoriebildungen bei Luhmann oder Habermas an.

Alle diese Theorieansätze sehen sich mit der Tatsache konfrontiert, dass neuzeitliche, posttraditionale Gesellschaften die Signatur des *Pluralismus* tragen, d.h., dass ihre Mitglieder nicht (mehr) in einem letzten weltanschaulich-religiösen Einheitspunkt übereinstimmen, von dem aus ihre verschiedenen Lebensentwürfe und institutionellen Ausgestaltungen als Variationen eines Gemeinsamen erlebt und verstanden werden könnten, sondern dass sich in der modernen Gesellschaft eine nicht auf ein Einheitsprinzip reduzierbare weltanschaulich-religiöse Vielfalt vorfindet. Die evangelische Sozialethik *bejaht* diesen gesellschaftlichen Pluralismus grundsätzlich, weil nur er der Religionsfreiheit und dem

---

[24] Siehe dazu vor allem seinen Aufsatzband: Gesellschaft gestalten. Beiträge zur evangelischen Sozialethik, Tübingen 1991. Vgl. dazu oben Kap. A 2, Abschn. 2.3.3.
[25] A. a. O., S. 391.
[26] T. Rendtorff, Gesellschaft ohne Religion? Theologische Aspekte einer sozialtheoretischen Kontroverse (Luhmann/Habermas), München 1975.
[27] M. Welker (Hg.), Theologie und funktionale Systemtheorie. Luhmanns Religionssoziologie in theologischer Diskussion, Frankfurt/Main 1985 sowie ders., Kirche im Pluralismus, Gütersloh 1995.

unverfügbaren Wirken des Geistes Gottes angemessen ist. Differenzen innerhalb der evangelischen Sozialethik zeigen sich jedoch dort, wo es um die Frage geht, ob und inwieweit eine pluralismus*fähige*[28] Kirche und Theologie selbst *pluralistisch* verfasst sein kann, oder ob genau das mit dem Wesen der *christlichen* Kirche und mit dem Wesen der *evangelischen* Sozialethik unvereinbar ist.[29]

2.4 Christliches Menschenbild

Aus dem Wissen, dass zwar alles, was existiert, *Gegenstand* ethischen Handelns sein kann, dass aber nur der Mensch *Subjekt* ethischen Handelns ist,[30] resultiert die besondere Bedeutung des Menschenbildes für jede Ethik. Im Blick auf das christliche Menschenbild ist jedoch (auch) in der evangelischen Ethik über die Zeiten hin ein gewisses Schwanken zwischen der Betonung der Individualität (und Freiheit) des Menschen einerseits und seiner Sozialität (und Solidarität) andererseits feststellbar. Die darin zum Ausdruck kommenden Fehlabstraktionen und Einseitigkeiten, in denen das jeweilige Pendant ungebührlich in den Hintergrund tritt, lassen sich vermeiden, wenn der Mensch (als Gemeinschaftswesen und als Individuum) grundlegend von seiner *Gottesbeziehung*, genauer: von *Gottes* Beziehung zum Menschen her verstanden wird. „Wer den Menschen erkennen und verstehen will, muss über ihn hinaus fragen und denken".[31] Dieser für das Menschsein konstitutive Gottesbezug wird in der jüdisch-christlichen Tradition in dreifacher Weise zum Ausdruck gebracht:

- Der Mensch ist samt allen anderen Kreaturen *Gottes Geschöpf*, d.h. mit seinem Dasein konstitutiv auf Gott bezogen und von Gott unterschieden.

---

[28] Siehe hierzu P. Haigis, Pluralismusfähige Ekklesiologie. Zum Selbstverständnis der evangelischen Kirche in einer pluralistischen Gesellschaft, Leipzig 2008.
[29] Letzteres vertritt zu Recht die EKD-Denkschrift „Das rechte Wort zur rechten Zeit" (siehe oben Kap. B 6, Anm. 1), S. 43–48, bes. S. 45.
[30] Siehe dazu oben Kap. A 3, Abschn. 3.4.
[31] B. Vogel (Hg.), Im Zentrum: Menschenwürde, Berlin 2006, S. 15f. Dieser von evangelischen und katholischen Sozialethikern gemeinsam erarbeitete Text ist für diesen Abschnitt über das christliche Menschenbild insgesamt ein maßgeblicher Bezugspunkt.

– Der Mensch ist im Unterschied zu allen anderen Kreaturen zu *Gottes Ebenbild* erschaffen, d.h. zu einer besonderen, personalen Beziehung und Gemeinschaft mit Gott.
– Der Mensch ist von allen anderen Kreaturen unterschieden und mit ihnen verbunden, indem ihm die Erde zur *fürsorglichen Herrschaft* anvertraut und übertragen ist.

Mit alledem ist der Mensch so erhöht, dass von ihm gesagt werden kann: „Du hast ihn wenig niedriger gemacht als Gott, mit Ehre und Herrlichkeit hast du ihn gekrönt" (Ps 8,6). In der Sprache der Stoischen Philosophie ist dies die *Menschenwürde* („dignitas humana"), die als der mit seinem Dasein gegebenes „Anrecht auf Achtung"[32] zu verstehen ist, das zwar missachtet werden kann, aber gleichwohl als *Anrecht* unantastbar und unverlierbar ist.

„Wer so hoch erhöht ist, kann tief fallen"[33], und dieser tiefe Fall des Menschen ist nicht nur eine theoretische Möglichkeit, sondern konkret erfahrbare Wirklichkeit. Deswegen hängt das christliche Menschenbild nicht der Illusion von einem vollkommenen oder zu vervollkommnenden Menschen nach, sondern kennt die tiefsitzende, zerstörerische Realität des Bösen, die aus dem menschlichen Herzen kommt[34], und sie weiß um die Notwendigkeit von Vergebung, Umkehr und Neubeginn und damit um eine das Ethische *transzendierende* Dimension menschlicher Erfahrung, die konstitutiv mit der Verkündigung und Person Jesu Christi, seinem Leben, seinem Sterben und seiner Auferstehung von den Toten verbunden ist. Im Zentrum des christlichen Menschenbildes steht Christus Jesus, der das Ebenbild Gottes *ist*[35], das die Bestimmung aller Menschen ist. Er ist dies aber nicht nur für sich, sondern für alle, die Gott dafür ausersehen hat (Röm 8,29; vgl. auch Kol 1,18). Damit ist die Bestimmung des Menschen aus christlicher Sicht von ihrer Mitte her beschrieben.

---

[32] Siehe oben Kap. B 1, Abschn. 1.2.1–6.
[33] Was ist der Mensch? Ein Bilderzyklus der EKD-Synode 2002, S. 71 sowie W. Härle, Würde. Groß vom Menschen denken, München 2010.
[34] Vgl. Gen 6,5; 8,21; Mt 15,9 par. und Mk 7,20–23.
[35] Siehe dazu 2 Kor 4,4; Kol 1,15 und Hebr 1,3.

3 Inhaltliche Schwerpunkte

3.1 Das kommende Reich Gottes

Im Zentrum der Verkündigung und des Wirkens Christi Jesu steht die Ansage der nahe herbeigekommenen Gottesherrschaft (Mk 1,15 parr.). Damit wird die alttestamentlich-frühjüdische Hoffnung auf den verheißenen Machterweis Gottes auf Erden aufgenommen und vergegenwärtigt, dabei aber auch ihrem Inhalt nach modifiziert. Denn Christus Jesus *verkündigt* nicht nur den Anbruch der Gottesherrschaft, sondern dieser *geschieht* bereits in seinen Worten, seinen Taten, seinem Lebensgeschick[1]. Das heißt: Aus dem, was Jesus sagt und tut, wird erkennbar, worin die Gottesherrschaft besteht und wie sie sich zeigt. In Jesu Einsatz gegen die Mächte des Bösen und für das Heil der Menschen wird das Kommen der Gottesherrschaft erkennbar. Und dies geschieht nicht durch äußere Gewalt, sondern durch Worte, Zeichen und Taten der *Liebe*. Was darin sichtbar und erfahrbar wird, ist das *höchste Gut*, das von Menschen erlebt und erstrebt werden kann. Und so hat das Wirken Jesu Christi einen unmittelbaren Bezug zu jeder Ethik, die sich am Gedanken eines höchsten Gutes orientiert und als christliche Ethik verstanden werden will.

Dabei ist jedoch zu bedenken, dass das Reich Gottes nicht durch menschliches Handeln, sondern nur durch *Gottes eigenes Wirken* kommt. Damit sind dem Ethos und der Ethik aus christlicher Sicht klare Grenzen gesetzt. Aber eine Ethik, die darum weiß, kann das Wissen um das Reich Gottes in zweierlei Hinsicht für die Sozialethik fruchtbar machen:

- einerseits als den kritischen Maßstab, an dem sich menschliche Verhaltensweisen und bestehende gesellschaftliche Verhältnisse messen lassen müssen; das ist die *kritische* Funktion des Reiches Gottes für die Sozialethik;
- andererseits als dasjenige höchste und letzte Ziel, von dem sich die Grundrichtung christlich-ethischer Entscheidungen herleiten und

---

[1] Siehe dazu Mt 11,2–6 par. Lk 7,18–23; Mt 12,28 par. Lk 11,20 sowie Lk 17,21.

bestimmen lässt; das ist die *konstruktive* Funktion des Reiches Gottes für die Sozialethik.

Paul Tillich[2] hat dem noch ein drittes Element hinzugefügt, indem er davon ausgeht, dass es grundlegende, weichenstellende gesellschaftliche und politische Entscheidungen geben kann, in denen es in einem „Kairos" zum punktuellen Durchbruch des Reiches Gottes in der Geschichte kommt.[3] Wo solche Überlegungen in der Sozialethik (z.B. in Gestalt der Theologie der Revolution oder der Befreiungstheologie) auftauchen, wird die reformatorische Begrenzung der weltlichen Regierweise Gottes auf Erhaltung der Welt deutlich überschritten.

3.2 Rechtfertigung allein aus Glauben

Die für die evangelische Kirche und Theologie maßgebliche biblische Lehre von der Rechtfertigung des Menschen allein durch den Glauben besagt, dass der Mensch in das rechte Verhältnis zu Gott allein dadurch kommt, dass Gott ihm in Christus seine Barmherzigkeit so zuspricht, dass im Menschen Glaube geweckt wird und er so das Erste Gebot erfüllt, aus dem die Erfüllung aller anderen Gebote folgt. Diese Lehre wird deshalb gründlich missverstanden[4], wenn sie als *Alternative* zum Ziel der heilvollen Erneuerung des Menschen aufgefasst wird. In Wirklichkeit ist sie dessen *Radikalisierung*, weil sie die Erneuerung des Menschen dort verankert, von wo alle wirksame Erneuerung ausgehen muss: von dem auf Gewissheit gegründeten, unbedingten, daseinsbestimmenden *Vertrauen auf Gott*.[5] So verstanden hat die Rechtfertigung grundlegende Bedeutung für das menschliche Ethos, und die Rechtfertigungslehre ist in mehrfacher Hinsicht Richtschnur ethischen Handelns[6]:

---

[2] Der Widerstreit von Raum und Zeit. Schriften zur Geschichtsphilosophie (= GW VI), Stuttgart 1963², passim.

[3] A. a. O., S. 24: „In jedem Kairos ist ‚das Reich Gottes nahe herbeigekommen', denn in ihm vollzieht sich eine welthistorische, unwiederholbare, einmalige Entscheidung für oder gegen das Unbedingte".

[4] Wurzel dieses Missverständnisses ist in der Regel ein intellektuell verengter Glaubensbegriff im Sinne eines Für-wahr-haltens von kirchlichen Lehraussagen oder einer Zustimmung zu ihnen (ohne hinreichende Gründe).

[5] Vgl. dazu W. Härle, Dogmatik, Berlin/New York 2007³, Abschn. 2.2.1.

[6] Siehe dazu W. Härle, Die Rechtfertigungslehre als Richtschnur ethischen Handelns, in: ders.: Menschsein in Beziehungen, Tübingen 2005, S. 335–346.

– im Blick auf das *Motiv* ethischen Handelns, weil der gerechtfertigte Mensch durch sein ethisches Handeln nicht erst sein Heil erringen oder verdienen muss, sondern von dem Geschenk des Heils schon herkommt;
– hinsichtlich der *Begründung* ethischen Handelns, weil durch Gottes Rechtfertigungshandeln die Würde jedes Menschen trotz dessen Versagen und Scheitern begründet und als Achtung gebietende Wirklichkeit zur Geltung gebracht ist;
– für die *Begrenzung* ethischen Handelns, weil der gerechtfertigte Mensch um *die* Voraussetzungen ethischen Handelns weiß, die er selbst nicht schaffen, sondern nur dankbar und verantwortungsvoll in Anspruch nehmen kann.

Insbesondere in den zurückliegenden Jahrzehnten ist die reformatorische Definition des Menschen als dessen, der durch Glauben gerechtfertigt wird („Hominem iustificari fide")[7], erneut für die evangelische Sozialethik im allgemeinen und für die Begründung der Menschenwürde im besonderen fruchtbar gemacht worden.[8] Die Bedeutung, Reichweite und Tragfähigkeit der Rechtfertigungslehre für die Sozialethik, sei es für die Bildungsethik, die Friedensethik, die Rechtsethik oder die Wirtschaftsethik[9] ist jedoch noch längst nicht ausgeschöpft.

3.3 Gerecht und Sünder zugleich

Zu den schwierigen und klärungsbedürftigen, aber auch grundlegend wichtigen Elementen der evangelischen Sozialethik gehört die von Luther[10] im Anschluss an die paulinischen Aussagen über den Menschen

---

[7] So Luthers Definition in seiner „Disputatio de homine": „Paulus fasst in Röm 3,28: ‚Wir halten dafür, dass der Mensch gerechtfertigt wird durch den Glauben ohne Werke' kurz die Definition des Menschen zusammen, indem er sagt: Der Mensch wird durch den Glauben gerechtfertigt" (LDStA 1,669,1–4).

[8] Siehe dazu R. Anselm, Die Würde des gerechtfertigten Menschen, in: ZEE 43 (1989), S. 123–136.

[9] Siehe dazu exemplarisch A. Dietz, Der homo oeconomicus. Theologische und wirtschaftsethische Perspektiven auf ein ökonomisches Modell, Gütersloh 2005; W. Härle, Zeitgemäße Bildung auf der Grundlage des christlichen Menschenbildes, in: ders., Menschsein in Beziehungen, Tübingen 2005, S. 411–423 sowie W. Huber, Gerechtigkeit und Recht. Grundlinien christlicher Rechtsethik, Gütersloh 2006³.

[10] Eine frühe, wichtige Quelle ist Luthers Römerbriefvorlesung von 1516 (WA 56,

als fleischliches und geistliches Wesen (Röm 7,14–25; 8,1–17; 2 Kor 10,1–4) entfaltete Lehre vom „simul iustus et peccator". Sie besagt, dass der glaubende Mensch als Glaubender, also im Blick auf seine Gottesbeziehung („in relatione") *ganz gerecht* ist, im Blick auf seine eigene Beschaffenheit („in qualitate"[11]) dagegen *ganz Sünder*. Das heißt nicht, dass sich die Beschaffenheit des Menschen aufgrund der Gottesbeziehung nicht ändern würde, sondern dass dies nur *durch* die Gottesbeziehung geschieht und niemals unabhängig von ihr. In diesem Leben wird der Mensch aus sich heraus immer wieder bestimmt durch selbstsüchtiges Begehren („concupiscentia"), und das ist auch dann schon Ausdruck seiner gestörten Gottesbeziehung, wenn er der Begehrlichkeit nicht durch seine Taten nachgibt, sondern sie unterdrückt oder ihr widersteht.[12] Die Sünde ist auch im Leben des Christenmenschen eine stets bedrohliche Realität. Deswegen gibt es für Luther auch einen Partialaspekt von Gerechtigkeit und Sünde im Leben des Menschen. Er ist auch teils gerecht und teils Sünder, wobei es sich nicht um ein friedliches Neben- und Miteinander, sondern um einen Streit und Kampf auf Leben und Tod zwischen beidem handelt.

Für die evangelische Ethik ist diese Erkenntnis insofern wichtig, als sie zu der Unterscheidung zwischen der bürgerlichen Gerechtigkeit

---

3–528, bes. 269,21–277,3 und 347,1–14). Aber auch in den Promotionsdisputationen der dreißiger Jahre und im Großen Galaterkommentar spielt das „simul" der Sache nach eine wichtige Rolle (siehe z. B. WA 39/1, 508,1–9 und 523,2–9; WA 39/2, 141,1–6 sowie WA 40/2, 348,14–34).

[11] So unterscheidet Luther in WA 39/2, 141,2 und 5. Andere terminologische Unterscheidungen lauten: „in spe" vs. „in re" oder „reputative" vs. „revera". Diese letztgenannten Begriffe sind insofern weniger passend, als sie den falschen Anschein erwecken können, für Luther sei (nur) das Sündersein Wirklichkeit, die Gerechtigkeit hingegen eine Sache bloßer Hoffnung oder Zurechnung. Er versteht die Zurechnung jedoch *effektiv*.

[12] Neuerdings wird von römisch-katholischer Seite immer wieder behauptet, die reformatorische Theologie und Kirche halte am „simul iustus et peccator" deshalb fest, weil sie meine, dadurch werde Gottes Ehre vergrößert; tatsächlich aber werde Gottes Ehre durch das vergrößert, was Gott aus dem Sünder mache, indem er ihn von der Sünde befreie. Dazu muss man sagen: die Prämisse stimmt nicht. Die Reformatoren lehren nicht die nach der Taufe verbleibende Sünde, um Gottes Ehre zu vergrößern (das war allenfalls das Motiv der vorreformatorischen Humilitas-Theologie Luthers und der frühen Dialektischen Theologie Karl Barths), sondern weil sie die Konkupiszenz, also die Begehrlichkeit (in ihrer irdisch-fleischlichen und in ihrer noch gefährlicheren religiös-geistlichen Form) auch beim Getauften durchgehend als eine *Realität* erleben, die der täglichen Rückkehr zur Taufe und der Vergebung bedarf.

(„iustitia civilis"), über die der Mensch durch sein Handeln verfügt, und der Glaubensgerechtigkeit („iustitia coram Deo"), über die kein Mensch verfügen kann, anleitet. Die bürgerliche Gerechtigkeit darf nicht gering geachtet, sondern muss in Ehren gehalten, gefördert und gepflegt werden, und das ist eine der Aufgaben der Ethik. Aber sie erreicht und betrifft nur das *äußere* Verhalten des Menschen und ist deswegen keine Veränderung des Menschen in der Tiefe seines Wesens und kann seine Beziehung zu Gott nicht in Ordnung bringen. Das kann nur durch das Wort und den Geist Gottes geschehen. Deshalb verweist das „simul iustus et peccator" nicht nur auf den Sinn und die Bedeutung ethischer Erziehung, Bildung und Reifung, sondern auch auf eine *Grenze*, die durch ethisches Bemühen nicht überstiegen werden kann.

3.4 Evangelische Sozialethik in einer pluralistischen Gesellschaft

Die von der reformatorischen Zwei-Regimenten-Lehre grundsätzlich geprägte evangelische Sozialethik geht davon aus, dass in der Welt, in der die Kirche lebt, das Evangelium von Christus Jesus *nicht* die *einzige* Stimme ist, die Gehör und Glauben findet. Das äußert sich im gesellschaftlichen Pluralismus (s.o. 2.3), d.h. in einer gesellschaftlichen Situation, in der das Zusammenleben nicht auf gemeinsamen, alle verbindenden religiösen oder weltanschaulichen Überzeugungen basiert, sondern auf einer Verfassungsordnung, die ihrerseits die Menschenwürde und Menschenrechte einschließlich der Glaubens- und Gewissensfreiheit aller Menschen voraussetzt und deren Respektierung fordert.

Die evangelische Sozialethik leistet ihren Beitrag zu dieser pluralistischen Gesellschaft, indem sie diese Voraussetzung nicht nur duldet, sondern ausdrücklich bejaht und ihr eigenes Verständnis vom Menschen und seiner Bestimmung möglichst klar und verständlich formuliert. Sie tut dies nicht, um ihre religiösen und ethischen Einsichten gewaltsam gegen Widerstand durchzusetzen, sondern in der Überzeugung, damit dem Gemeinwohl auf bestmögliche Weise zu dienen.

Register

Bibelstellen

Namen

Begriffe

Bibelstellenregister

Genesis

1 und 2	144
1,1–2,4a	144
1,26f.	234
1,26–28	150, 451
1,26–29	257
1,28	132, 145, 321, 336
1,31	145, 336
2(f.)	321f.
2,4b-25	144
2,15	145, 321
2,15f.	257
2,17	146
2,19f.	257
2,23–25	336
2,24(f.)	321
2,25	321
3	321
3,1	321
3,4f.	322
3,7	322
3,16	322
3,19	146, 271
3,21	439
3,22	146
4,1	391
4,15	391
4,16	322
6,2–4	95, 323
6,5	462
8,21	462
9,1	336
9,1–7	257
9,2	451
9,6	150, 234
9,7	321, 336
9,23	438
12	323
19f.	323
25,8	147
26f.	323
34–38	323
35,29	147

Exodus

20,1–17	159, 164
20,11	164
20,12	168
20,13	170
20,13–17	180
20,14	323
20,17	164
20,22–23,33	159
21,12	159
21,16f.	159
21,18f.	160
21,23	160
21,24	160
22,17f.	159
22,18	323
22,20	162
22,22	162
22,24	161
22,25f.	161
22,26	162
22,28	161
23,3	161
23,4f.	184
23,6	161
23,9	162

Leviticus

17–26	162
18,6–18	323
18,22	323
18,23	323
19,5	161
19,18	173, 180, 185
20,10	323

20,13	323	103,13	389
20,15f.	323	127,3	336
20,18	323		
24,20	160	**Proverbia**	
25,1–7	161	1,7	163
25,8–55	161	5,18f.	336
		8,13	163
Deuteronomium		9,10	163
5,6–21	164	9,11	163
5,13	170	10,6f.	163
5,15	165	10,22	163
5,16	168	10,27	163
5,18	323	11,11	163
5,21	164	11,26	163
6,4	182	11,27	163
6,5	173, 180, 182, 184	13,6	388
19,21	160	15,33	163
24,1f.	357	16,6	163
24,6	161	16,27–30	323
27,19	161	19,23	163
27,20	323	22,4	163
27,22f.	323	22,9	163
		24,25	163
2 Samuel			
11f.	323	**Kohelet**	
13	323, 331	3	164
24,10	29	3,7	446
		9,9	336
Hiob			
28,28	163	**Canticum**	
42,7–9	164	8,4	309
42,17	147	8,8f.	309
Psalm(en)		**Jesaja**	
8,4–9	257	53	137
8,6	234, 462		
8,6–9	150	**Jeremia**	
8,7–9	451	2,13	147
24,1	162		
26,1	388	**Hosea**	
31,1	192	11,9	184
31,2	388		
65,6	388	**Jona**	
71,2	388	4	389
73,17	163		
73,24	163	**Habakuk**	
90,7f.	146	2,4	192
90,12	146, 264		

Bibelstellenregister

Weisheit
11,26	148

Tobit (Tobias)
4,1–20	175
4,16	173, 175, 177, 335, 440

Baruch
3,9–4,4	162

Matthäus
1,20f.	154
2,12f.	154
4,23	136
5,27ff.	348
5,28–48	154
5,29	148, 264
5,38	160
5,38–40	449
5,38–48	180
5,43f.	184
5,44	449
5,45	184
6,27–30	323
7,12	178, 335, 440
7,12a	177f.
7,12b	178
7,13–29	178
7,17ff.	88
9,36	389
10,34–37	323
10,35–37	348
11,2–6par	463
11,5	136
12,14	189
12,28	138, 154
12,28par	463
12,33	88
13,33	138
13,47–50	138
14,14	389
15,9par	462
15,14	436
15,32	389
16,21–23	156
18,15–17	442
19,5	321
22,36	180
22,37–39	180
22,38parr	180, 390
25,1–13	138
25,14–30	138
25,31–46	138, 173
25,36	132
25,41–45	70
25,43	132
26,52	449

Markus
1,1	136
1,14f.	136
1,15	154
1,15parr	463
1,41	389
2,5–12	154
2,23–28	189
3,1–6	189
3,6	189
3,22–30	138
3,31par	348
3,31–35parr	323
4,1–9	138
4,26–29	138
4,30–32	138
6,34	389
7,10par	348
7,20–23	462
8,2	389
8,35f.	148, 264
10,1–12	323, 348
10,2–9	357
10,7f.	321
10,9	357
10,18	156
10,19parr	348
10,21	186
12,25	324
12,28f.	180f.
12,29	182
12,30f.	180f.
12,31	181
12,36	181
12,38	181
12,40	181
13,28–37	138

Lukas

1,26–38	154
4,18	136
4,21	138
6,11	189
6,27f.	184
6,27–35	177
6,27–36	180
6,31	177
6,32	177
6,35	184
6,43	88
7,18–23	463
8,1	136
10,25	180
10,25–37	332
10,27	180f.
10,29	186
10,33	186, 198, 389
10,36	186
10,37	187
11,20	138, 164, 463
12,8f.	154
13,20f.	138
14,26	323, 348
14,28–32	414
15,20	389
16,1–8	138
16,19–31	173
17,20f.	137
17,21	138, 463

Johannes

3,16	156
5,16–18	189
6,60–66	154
8,44	437
9,2f.	163
14,6	155
14,15	183
14,21	183
14,23	183
15,1–8	196
15,10	183
15,12	180, 183
15,14	183

Apostelgeschichte

4,12	155
9,10–19	154
10,9–16	154
10,15	322
16,9f.	154

Römerbrief

1,1	136
1,16	136
1,17	192
1,20–23	154
1,24–27	323, 361
2,14–16	126, 451
4,3	157
4,5	157
4,9	157
4,17	157
5,8	156, 192
5,12–21	146
6,1–11	155
6,23	146f.
7,10–12	192
7,14–25	466
8,1–17	466
8,29	462
8,38f.	156
9,28	150
12,2	196
12,19	449
12,20	184
13,1f.	449
13,8–10	189
13,9	188
13,9f.	180

1. Korintherbrief

1,17	136
4, 3–5	250
6,3	95
6,9	361
6,13–20	323
6,16	321
7,3ff.	340
7,30f.	148, 264
11,10	95
13	183
13,1–3	88, 197f.

13,1–7	332	**1. Timotheusbrief**	
13,4–7	184, 332	1,10	361
13,13	324	2,4	155
15,26	139, 146		
15,35–49	265	**Titusbrief**	
15,49f.	150	1,12	437
15,56	146f.		
		1. Petrusbrief	
2. Korintherbrief		1,12	136
3,18	150	1,18f.	155
4,4	150, 462	2,19	449
5,20	155	3,9	449
10,1–4	466		
12,7–10	148, 264	**1. Johannesbrief**	
		3,1	156
Galaterbrief		4,7–21	156
1,6–9	136	4,8	152
2,20	155	4,16	152, 324
3,24f.	195	4,17f.	171
5,4	197	5,3	183
5,6	155		
5,20	155	**Hebräerbrief**	
5,22f.	196	1,3	150, 462
Epheserbrief		**Jakobusbrief**	
1,10	155	3,1–12	433
4,15	444	3,2	433
5,29–32	340	3,5	433
5,31	321	3,8	433
		3,9	150
Philipperbrief		4,17	70
1,6	141		
		Judasbrief	
Kolosserbrief		6	95
1,15	462		
1,15f.	150	**Apokalypse**	
1,18	462	2,11	147
1,20	155	20,6	147
3,10	150	20,14	147
3,18f.	340	21,1–8	154
		21,8	147
1. Thessalonicherbrief			
5,21	VIII, 127		

Personenregister

Aland, K. 168
Albert, A. Ch. 174
Alexander, R. D. 43
Alt, A. 159, 161
Althaus, Ch. 352
Althaus, P. 381
Ambrosius von Mailand 234
Anderheiden, M. 248
Andreas, P. 92
Andresen, C. 455
Anselm von Canterbury 27
Anselm, R. 150, 465
Anzenbacher, A. 388
Aristoteles 11, 25, 29, 67, 73, 78, 90, 101, 215, 266, 366f., 374f., 377f., 381f.
Arnold, K. 314
Assmann, J. 368
Auer, A. 102
Augustin, A. 90, 126, 141, 151, 166, 305, 405, 451, 455
Austin J. L. 22, 189
Ayer, A. J. 22

Bader, G. 73
Baker, N. 418
Banner, M. 304
Barash, D. P. 45ff.
Barth, H.-M. 143
Barth, K. 143, 149, 193, 393, 457f., 466
Barton, J. 158
Barz, P. 353
Bayer, O. 354
Beauchamp, T. L. 262, 272
Beck-Gernsheim, E. 328
Beck, U. 328
Becker, H.-J. 174
Becker, U. 158
Beckmann, R. 297

Bedford-Strohm, H. 174, 328
Benda, E. 150
Bendikt XVI 151
Berne, E. 356
Bertram, H. 349
Bethge, E. 430
Beutel, A. 142
Birkhölzer, H. 354f.
Birkner, H.-J. 58, 459
Birnbacher, D. 112
Blischke, F. 158
Bloch, E. 79
Böckenförde, E. W. 124, 231
Böckle, F. 124, 358
Böllert, K. 349
Bolli, H. 357
Bollnow, O. F. 162
Bonhoeffer, D. 43, 101, 147, 184, 332, 406f., 430, 438, 459
Borck, C. 304
Bornkamm, G. 172, 354, 365, 383
Brandt, R. B. 19
Braun, F. 315
Braun, H. 183
Bremer, M. 121
Bridges, W. 311
Brudermüller, G. 231
Brunner, E. 366
Buba, H. P. 349
Bubner, R. 67, 124
Büchner, K. 232
Bußmann, H. 307
Butler, J. 42f., 109

Calixt, G. 191
Calvin, J. 196
Camus, A. 80, 146
Chambry, E. 54
Childress, J. F. 262, 272
Christiansen, K. 315

Cicero, M. T. 11, 232ff., 369
Claudius, M. 439
Clines, D. J. 162
Crüsemann, F. 164, 167

Dabrock, P. 256, 262, 288
Dahrendorf, R. 109
Dalferth, I. U. 73
Daniels, N. 121
Dannecker, M. 360
Davidson, D. 67
Dawkins, R. 44, 46, 144
Deckers, D. 427
Deecke, L. 50
Denkhaus, R. 256
Descartes, R. 122
Deuser, H. 164, 429
Dietz, A. 110f., 465
Dilthey, W. 123
Ding-Greiner, Chr. 270, 299
Dinkler-von Schubert, E. 381
Dion 57
Dionys 57
Dölling, D. 246
Domin, H. 445
Domsgen, M. 349
Dorst, B. 231
Drägert, Ch. 431
Draguhn, A. 49f.
Dürig, G. 231, 236f., 246, 255
Düwell, M. 262
Durkheim, E. 54

Ebeling, G. 113, 134, 191, 354, 365
Ebersohn, M. 180, 328
Ebner-Eschenbach, M. von 389
Eckstein, H. J. 113
Ehrenberg, H. 14
Eibach, U. 297
Eid, V. 180
Eigler, G. 57
Etzioni, A. 178f.
Eurich, J. 286, 387

Feil, E. 123
Feldhaus, St. 207
Fellmann, F. 320
Fetzer, J. 387

Fichte, J. G. 114, 142
Fischer, J. 12, 22, 67, 120f., 134, 207f., 224
Fletcher, J. 71
Fontane, Th. 379
Foot, Ph. 73
Ford, N. M. 276
Frankena, W. K. 71, 81, 86
Freud, S. 113f., 123, 304, 308f., 311, 317
Freund, A. 113
Frey, Ch. 13
Fromm, E. 328
Fuchs, Th. 50, 265, 297, 300
Funke, G. 10

Gagnon, J. H. 317
Gass, W. 13
Gaßmann, G. 354
Gehlen, A. 35
Gennep, A. van 311
Gerber, M. 40
Gerber, U. 304
Gerdes, H. 354
Gerhardt, P. 303, 445
Gerhardt, V. 287f.
Gerlach, J. 387
Gerlitz, P. 304
Gerstenberger, E. 159, 161
Gertz, J. Ch. 322
Gewirth, A. 73
Gilligan, C. 307
Gleason, C. A. 50
Glockzin-Bever, S. 311
Göring-Eckardt, K. 297
Goethe, J. W. von 124, 304
Goffmann, E. 31
Gollwitzer, H. 396, 399
Goodman, N. 87, 121
Gorbatschow, M. 444
Gräb-Schmidt, E. 242
Graf, F. W. 123
Graß, H. 455
Grawe, Ch. 29
Gray, J. 307
Grewendorff, G. 22
Grimm, J. und W. 68
Gross, P. 327

Grotefeld, S. 22
Grotius, H. 126, 451
Gruber, H.-G. 349, 354
Grün, A. 336

Habermas, J. 67, 123, 282, 366, 460
Haendler, K. 456
Härle, T. 242
Hahn, U. 445
Haigis, P. 123, 461
Harris, Th. A. 356
Hartmann, D. 22
Hartmann, J. 343
Haspel, M. 358, 402, 417
Hasselmann, N. 456
Hauerwas, St. 158
Heede, R. 25
Heesch, M. 430,
Hegel, G. W. F. 111, 114, 140
Heid, H. 383,
Heidegger, M. 146
Heller, A. 358
Henning, Ch. 129
Heraklit 11, 125
Herdegen, M. 231, 255
Herder, J. G. 142
Hermann, R. 139
Herms, E. 14, 26, 50, 58, 61ff., 67, 73, 90, 110, 127, 134, 141, 143, 204f., 207f., 235, 244, 265, 328, 387, 430, 438, 460
Herrmann, W. 204
Heuft, G. 100
Heuss, Th. 246
Hilpert, K. 114
Himmelmann, B. 73
Hirsch, E. 354
Hirsch, W. 35, 92
Hirschauer, S. 316
Hirschler, H. 419
Hitler, A. 407, 418
Hobbes, Th. 41f., 109, 114
Höffe, O. 9, 67, 124, 366
Hölderlin, F. 445
Hoerster, N. 112
Hof, R. 307
Hoffmann, P. 180
Honecker, M. 124

Honoré, T. 369
Horn, F. W. 158
Hossfeld, F. L. 164
Howe, G. 396
Huber, W. 349, 363, 366, 368, 388f., 465
Hübner, D. 375
Hügli, A. 29
Hume, D. 24, 26, 118
Hutcheson, F. 110
Huxley, A. 282

Irigaray, L. 307
Isensee, J. 231

Janich, P. 22
Janowski, B. 144, 149
Jeffner, A. 207
Jellouschek, H. 328, 347, 356, 358
Joas, H. 205
Joest, W. 139
Johann Friedrich (Kurfürst) 411
Johnson, V. 312
Jonas, H. 149, 201, 205, 362
Jonas, L. 191
Jüngel, E. 151

Kästner, E. 346, 444
Kaiser, O. 149, 162
Kaléko, M. 298, 445
Kalinowski, G. 15
Kant, I. 11, 21, 26, 65, 79, 84f., 90f., 106, 113, 115f., 121ff., 142, 183, 190, 204, 235ff., 242, 244, 246, 362, 416, 430, 437f.
Karle, I. 307, 314f.
Kasper, W. 151
Kaufmann, F. X. 349
Keil, G. 50
Keil, S. 358
Kersting, W. 10
Kierkegaard, S. 183, 197
Kinder, E. 456
Kinnert, L. 262
Kinsey, A. 13
Kišš, I. 457
Kitcher, P. 44
Kleist, H. von 366

Kluge, F. 68
Knapp, A. 44
Knoblauch, H. 255
Kobusch, Th. 120
Koch, K. 367
Koch, T. 35, 92, 113, 164, 167, 429, 445f.
Kockott, G. 317
Kohler-Weiß, Ch. 282
Köhlmoos, M. 162
König, G. 9, 19
Körtner, U. H. J. 262, 268, 408
Kollek, R. 278
Konfuzius 433
Korff, W. 207
Kornhuber, H. H. 50
Kreß, H. 262, 268f., 288
Kreuter, J. 125, 416
Krötke, W. 151
Krüsselberg, H.-G. 349
Kruse, A. 100, 270
Kuhlmann, H. 307, 315
Kunst, H. 168, 396
Kurz, D. 54
Kutschera, F. von 12, 22

Lang, E. 314
Lang, H. 312
Lange, A. 162
Lange, D. 72, 81, 180, 204, 207f., 224
Latomus, J. 139
Lautmann, R. 304, 308
Le Fort, G. von 381
Legge, J. 433
Lehmann, K. (Kardinal) 427
Lehmkühler, K. 129
Leibniz, G. W. 122
Leicht, R. 431
Leipert, Ch. 349
Lenk, H. 15, 67
Leonhardt, R. W. 346
Lessing, G. E. 80
Levinas, E. 245
Lewis, C. S. 182, 328
Libet, B. 50ff.
Lichtenberger, H. 162
Lienemann, W. 9, 50, 366, 374, 406
Lippert, S. 366

Lochman, J. M. 167
Locke, J. 122
Loewenich, W. von 455
Løgstrup, K. E. 102, 245
Löhr, M. 297
Lohse, E. 158
Lührmann, D. 180
Lüscher, K. 349
Luhmann, N. 328, 460
Luther, H. 339
Luther, M. 114, 139f., 144, 153, 157, 165ff., 168ff., 180, 189, 191ff., 195f., 200, 251, 325, 333, 354, 365, 375, 378, 381, 406, 411, 427f., 429, 431, 433, 441ff., 449f., 452f., 455, 458, 465f.

MacIntyre, A. 22, 24, 53
Mager, I. 191
Mandeville, B. (de) 109f.
Marquardt, H. 352
Marquardt, M. 358
Masters, W. H. 312
Matera, F. J. 158
Mathys, H.-P. 180, 328
Maunz, Th. 231, 236
Maurer, W. 459
Meckenstock, G. 328
Meeks, W. A. 158
Meggle, G. 22
Mehlhausen, J. 368, 449
Meisinger, H. 180, 198, 328
Melanchthon, Ph. 195, 428
Mill, J. St. 204, 371
Möller, Ch. 428
Montada, L. 203
Moore, G. E. 14, 24, 73, 76f.
Moritz von Sachsen (Herzog) 411
Mühling-Schlapkohl, M. 151
Müller, Ch. 90
Müller, H.-P. 162

Nadolny, S. 341
Nave-Herz, R. 349
Nestle, W. 11, 29
Neuen, C. 231
Neutzling, R. 307
Niebuhr, Reinhold 143

Niemöller, G. 452
Nietzsche, F. 35, 114, 186, 334, 445
Nipkow, K. E. 39
Nothelle-Wildfeuer, U. 387
Nüssel, F. 13
Nussbaum, M. 73, 387
Nygren, A. 328f., 331, 334

O'Neill, G. und N. 354f.
Ohly, L. 297
Otto, E. 158f., 162, 164, 366, 368
Otto, H. U. 349

Pannenberg, W. 134, 143, 203
Pasero, U. 315
Paton, H. J. 85
Pauer-Studer, H. 387
Paul, M. R. de 120
Pausch, E. 409
Pearl, D. K. 50
Peirce, Ch. S. 25, 123, 215
Pestalozzi, Ch. 245
Peters, A. 164, 168, 171, 191, 456
Pfeifer, W. 68
Pflüger, P. M. 320
Philon von Alexandrien 114
Picht, G. 39
Pieper, A. 16, 73, 102
Pieper, J. 366, 368, 371
Pikler, E. 40
Pius XII 301
Platon 11, 54ff., 58f., 78, 90, 330, 352, 366, 369, 419, 459
Plessner, H. 35
Pregeant, R. 158
Preul, R. 113, 343, 430
Pufendorf, S. 126, 451

Rad, G. von 162f.
Radebold, H. 100
Ramsey, P. 402
Ramsey, W. 120
Randelzhofer, A. 410
Rau, J. 299
Rauscher, A. 447
Rawls, J. 33, 224, 366, 368, 384ff.
Reichle, B. 203
Reichmann, H. 349

Reifeld, H. 349, 354, 361
Reiner, H. 10, 73, 113
Rendtorff, R. 322
Rendtorff, T. 134, 136, 460
Rest, F. 297
Reuter, F. 187
Reuter, H.-R. 366, 397
Rich, A. 15
Ricken, F. 124
Riedinger, M. 73
Rilke, R. M. 303, 347, 445
Ringeling, H. 207, 224, 328
Ritschl, D. 262, 430
Roberts, T. A. 42
Robinson, H. M. 293
Römelt, J. 113, 253, 262f., 430
Rössler, D. 268
Rogerson, J. 158
Rohls, J. 13, 118
Rolf, S. 286
Rosenzweig, F. 14
Rost, H. T. D. 174
Roth, G. 49f.
Rousseau, J. J. 98, 126
Rückert, H. 428
Rüegger, H. 297
Runggaldier, E. 67
Ryder, R. 256

Sass, H.-M. 253, 262, 273
Savater, F. 78, 429
Schaber, P. 22
Schaede, St. 256
Schätzle, J. 297
Schardien, S. 262
Scheler, M. 35, 205
Schelsky, H. 217
Schetsche, M. 304, 308
Schiller, F. 145
Schischkoff, G. 124
Schleiermacher, F. D. E. VII, 12, 26, 54, 58ff., 69, 79, 84, 89, 191, 203, 205, 212, 316, 354, 357, 459
Schlink, E. 397
Schlüter, B. 353
Schmid, H. H. 368, 449
Schmidt, G. 304, 312
Schmidt, H. 124

Schmidt, S. J. 22
Schmidt, W. H. 164, 166
Schmitt, C. 409
Schnack, D. 307
Schnädelbach, H. 16
Schneider, H. 314
Schneider, N. 431
Schneider, N. F. 349
Schockenhoff, E. 70, 81, 102, 430
Schöpsdau, K. 57
Schopenhauer, A. 370
Schrage, W. 158
Schrenk, F. 35, 259
Schrey, H. H. 174
Schroeder-Kurth, T. 315
Schröer, Ch. 124
Schüle, A. 328
Schulz, H. 174
Schulz, S. 158
Schütte, H.-W. 458
Schwarz, R. 459
Schweiker, W. 201
Schweitzer, A. 204
Schweitzer, F. 144
Schwöbel, Ch. 141, 144
Searle, J. R. 22
Seelmann, K. 231
Sen, A. 387
Shaftesbury, A. A. C. 118
Silver, L. 282
Simpson, G. G. 26
Simon, W. 317
Simonides 56, 369
Singer, I. B. 51
Singer, M. 174
Singer, P. 204, 253, 256f., 260, 287
Singer, W. 49
Slenczka, N. 73, 251
Sloterdijk, P. 282
Smend, R. 158
Smith, A. 111, 118
Sokrates 11, 78, 436
Sölle, D. 107
Spaemann, R. 73, 80, 101, 190, 251, 297, 300
Spalding, J. J. 37, 142, 443
Sparn, W. 124
Speck, J. 19

Spencer, H. 114
Spieckermann, H. 368
Spieker, M. 262
Spinoza, B. de 122, 203
Stäudlin, C. F. 65
Staupitz, J. von 192
Steinbeck, J. 322
Stevenson, Ch. L. 22
Stock, E. 254
Stock, K. 12, 124, 182, 328
Storm, Th. 86
Strauß, B. 304, 312
Strecker, G. 180
Stroh, R. 343
Swientek, Ch. 278
Sydow, K. von 314

Tag, B. 255
Teichert, W. 231
Tersteegen, G. 445
Theißen, G. 180
Thielicke, H. 217, 430
Thimme, W. 405, 455
Thom, J. C. 174
Thomas von Aquin 74f., 126, 366, 369, 371
Thomasius, Ch. 451
Thurneysen, E. 393
Tillich, P. 102, 129, 146, 154, 156, 464
Tippmann, C. 143
Tödt, H. E. 207f., 224
Trivers, R.-L. 46
Tümmer, H. 313
Tugendhat, E. 370

Ulpian 367f., 389
Unold, W. 317

Vögele, W. 281
Vogel, B. 32, 101, 231, 242, 461
Vogt, M. 44
Voland, E. 45
Volp, U. 231

Wagner, F. 124
Wallraff, M. 446
Walter, H. 314
Walzer, M. 366

Wannenwetsch, B. 354f.
Wattles, J. 174
Weber, M. 145, 205, 457
Weder, H. 180
Weigend, Th. 246
Weigert, V. 278
Weischedel, W. 36, 190, 201, 205, 416, 430
Welker, M. 328, 460
Wellhausen, J. 321f.
Wendel, H. J. 19
Werbik, H. 67
Westermann, C. 96, 149
Wille, R. 304, 306
Wilson, E. O. 44, 49
Winckelmann, J. 205

Wingen, M. 358
Wolbert, W. 19
Wolff, Ch. 122
Wolff, H. W. 149
Wright, Ch. J. H. 158
Wright, E. W. 5
Wright, G. H. van 15
Wüstenberg, R. K. 171, 416
Wuketits, F. M. 48
Wulf, Ch. 35

Žak, L. 127, 438
Zehbe, J. 65
Zeyer, A. 120
Zimmermann, R. 158
Zinzendorf, N. Graf von 445

Begriffsregister[1]

Abduktion 25, 121, 215
Abgabe von Kindern 282
Abhängigkeit 167
Ablehnung 259, 351, 441
Ableitung 275, 458
Abneigung 176, 312, 348
Absicherung, rechtliche 359f.
Absicht 123, 185, 301, 418, 423
–, richtige (recta intentio) 413ff.
Absolutes/Absolutheitsanspruch 133, 145
Abstammung(szusammenhang) (siehe auch Herkunft) 101, 143, 215, 252, 282, 305
Abstammungsbeziehung 351
Abstammungsgemeinschaft 331
Abstammungsverhältnis 251
Abstraktion/Abstraktheit 130, 188, 267, 296, 331, 345f., 438
Abstufung 206, 213, 286
Abtreibung 277f., 283, 291, 293ff., 343
–, embryopathisch indizierte 278, 296
–, kriminologisch indizierte 277, 296
–, medizinisch indizierte 293, 296
Abweichung(en) (siehe auch Deviation) 211
–, sexuelle 317ff.
Achtung (siehe auch Selbstachtung) 18, 90, 97, 163, 171, 190, 233f., 237, 240ff., 255, 258, 260, 275, 284ff., 289, 297, 340, 417
Adiaphoron 84

Adoption 283, 293, 350ff.
Adoptiveltern 283
Adoptivkind 283
Adoptivmutter 351
Adressat 182, 186, 410, 437
Äquivalent 235, 378
Affekt/affektiv (siehe auch Gefühl) 157, 186, 365
Agape 327, 329, 332, 334f., 389, 443
Aggressivität 250, 426
Aktion Sühnezeichen 417
Aktivität 68, 270
Akzeptanz 222, 269, 319, 356, 449
Alleinleben(de), Alleinstehen(de) 327, 343, 347, 359
Allgemeines/Allgemeinheit 61, 188
Allgemeininteresse (siehe auch Gemeinwohl) 108f.
Allokation 460
Alltag 191
Alltagskommunikation 268
Alltagsphänomen 432
Alltagsproblem 432
Alltagssprache 367
Alte (Menschen) 233, 308, 441
Altenheim 302
Alten-Sexualität 313
Alter (siehe auch Lebensalter) 20, 299, 345, 371
Alternative(n) 68, 205, 223, 225, 352, 358, 371, 378, 383, 413, 421
Altersdemenz 252

---

[1] Wörter werden, wenn möglich, unter dem zugehörigen Substantiv zusammengefasst. Wo das nicht möglich ist, werden Adjektive oder Verben verwendet. Kommt das Subjektiv im Register mit unterschiedlichen Adjektiven vor (siehe z.B. Abtreibung), wird es durch einen Bindestrich ersetzt.

Altes Testament/alttestamentlich 144, 150, 162, 164, 166, 180, 192, 198, 206, 234, 323, 357, 361, 367, 388
Altruismus 45ff., 109
–, reziproker 46f.
amicitia (Freundschaft) 182, 329
Amniozentese siehe Fruchtwasseruntersuchung
amor siehe Liebe
Amoralist 112
Amt 15, 385ff., 442, 456, 459
Analyse/analytisch 70, 75, 209, 218ff, 453
Anarchie 422
Anbruch der Gottesherrschaft 463
Anbruch des Heils 138ff.
Andersgesetzlichkeit 457
Androhung (von Gewalt) 239f., 456
Anenzephalie 253, 286
Anerkennung/Anerkanntsein 24, 42, 98, 107, 132, 233, 236, 244, 251, 285, 362, 458
Anfang, menschlicher siehe Lebensanfang
Angenommensein/Annahme/ annehmen 145, 263, 271f., 295, 297, 323, 336
Angreifer/Angreifbarkeit 240, 266, 415
Angriff 411, 413f.
Angriffsmittel, militärische 407
Angriffswaffen, terroristische 248
Angst 146, 204, 240, 245, 298, 300f., 351, 441
anima siehe Seele
anima rationalis/spiritualis siehe Geist
anima sensitiva siehe Empfindungsfähigkeit
anima vegetativa siehe Lebendigkeit
Anklage 194, 196, 437
Anlage 259, 318, 324
annihilatio (siehe auch Vernichtung) 140
Anpassung 332
Anrecht auf Achtung 242ff., 462
Ansehen 434, 442f.
Ansicht, moralische 124, 127

Anspruch 36, 91, 123, 242f., 340, 345, 371, 389
Anthropologie 1, 29ff., 65, 108, 142f., 431
Antinomer 191
Antlitz 245
Anwendung 159, 171, 214, 239f., 417
Apathie 264
apodiktisch 161, 455
Aporie, ethische 158, 197ff., 201ff.
Appeasement-Politik 418
Arbeit 372f.
Arbeitgeber/Arbeitnehmer 373, 379
Arbeitsvertrag 377
Arbeitswelt (siehe auch Beruf) 371, 377
Argument(ation) 14, 19, 27, 39ff., 53, 69, 75, 105, 107, 116, 119, 126, 197, 206, 212, 233, 285f., 289, 291f., 298, 435, 438
Armut 161
Arzneimittel(forschung) 280
Arzt 272f., 277, 297f., 301f.
Askese 305
Aspekt 1, 16, 89, 267, 269, 322, 447
Atombomben/-waffen 394ff., 399, 415
Auferweckung/Auferstehung (Jesu Christi/der Toten) 138, 155, 169, 265, 323, 462
Aufgabe 372f., 467
–, diakonische 271
–, ethische 190, 435
–, kulturelle 285
–, politische 401, 404
–, seelsorgliche 271, 274
Aufhebung 140f., 390
Aufklärung 176, 451, 459
Aufrichtigkeit 436
Auftrag 149, 264, 451, 457
Ausbeutung 179, 256
Ausdrucksformen 190, 199, 255, 390
Ausländer 241, 373
Auslegung 164, 170, 187, 433, 442
Auslegung des Dekalogs 168ff., 190, 430, 452
Auslegung des Rechts 159
Auslegungsgeschichte 158, 185
Auslegungsgrundsätze 170

Auslegungskompetenz 450
Aussage 239
–, biblische 257
–, ethische 455
–, wahre 442
Aussicht auf Erfolg 414
Ausstattung 233, 253, 306, 336
–, genetische 279
Austausch 60, 62f., 266, 379
Autoerotik 327, 339
Autoethik 327
Autonomie 90, 103ff., 107ff., 114, 123f., 128, 191, 272
Autorität 106, 114, 189, 450

Babyklappe 277, 282
Band der Liebe (vinculum charitatis) 152
Barmer Theologische Erkärung 172, 194, 452f., 458
Barmherzigkeit 132, 186f., 192, 198f., 464
Bauernkrieg 427
Bedeutung 110, 147, 198, 209, 213, 217, 236, 249, 255, 261, 291, 294, 344, 415, 422, 431ff., 451f.
Bedingung 16, 133, 191, 218, 260, 314, 427, 455
–, hinreichende/notwendige 85, 122, 155, 208, 260, 310
Bedrohung/Bedrohtheit 140, 146, 150, 284, 317, 390, 412
Bedürfnis 176, 371f.
Beeinflussung 52, 131f., 337
Beendigungs-Konzept (Exit-Strategie) 415
Befähigung siehe Fähigkeit
Befehl(sverweigerung) 398, 441
Befreiung 139, 155, 161, 166f., 312, 323
Befreiungskrieg 393
Befreiungsschlag, atomarer 400
Befreiungstheologie 464
Befriedigung 43, 54, 108, 160, 217, 306f., 331, 336, 415
Befruchtung 253ff., 260, 277, 281, 287ff.
–, künstliche 252, 276

Begegnung 186, 303, 339, 356, 360
Begehren/Begierde (siehe auch concupiscentia) 56, 166, 305, 311, 330, 466
–, sexuelle(s) 337
Begleitung, ärztliche/seelsorgliche 302
Begrenztheit/Begrenzung 3, 145, 188f., 201, 271, 275, 296, 302, 358, 390, 407, 423, 451, 455, 464f.
Begriff 9, 14, 69, 75, 85, 201, 231ff., 236, 244, 251, 304, 318, 328, 343, 349, 368, 432
–, ethischer 369f.
–, gradueller 260
–, theologischer 369f.
Begriffsbestimmung/-definition/-klärung 1, 9ff., 268f., 281, 351
Begründung 40, 43f., 72, 77, 106, 128, 155, 168f., 170, 188f., 202, 207, 216, 239, 248f., 257f., 260, 285, 289, 294f., 376, 405, 413, 419, 431, 465
–, schöpfungstheologische 169
–, transzendentale/transzendente 281
Begründungsoffenheit 281
Begründungspflicht 359, 374
Behandlung, palliative 302
Behandlungsabbruch 238
Behauptung 43, 260
beherrschen siehe Herrschaftsauftrag
Behinderung 100, 253, 271, 278, 283f., 286, 291f., 294, 320, 336, 353
Behindertenverband 296
Beichtgeheimnis 440
Beihilfe, ärztliche 297
Bejahung 137, 145, 157, 196, 263, 323, 336
Bekenntnis, 102f., 144, 452
Bekenntnisfreiheit 231
Bekenntnisschrift 453
Bekenntnistext 452
Belastung (siehe auch Last) 178, 295, 359, 376
Beleidigung 246, 249
Bellizismus 418
bellum iustum siehe Krieg, gerechter
bellum iustum ex utraque parte (beidseitig gerechter Krieg) 420

Belohnung 18, 38, 42, 96, 169, 194, 202, 245, 433
beneficence (Wohlwollen) 273
Beratung 196, 277, 294
Bereichsethik 431
Bereitschaftspotential 50ff.
Bergpredigt 102, 178, 196
Berührung 330, 339f.
Beruf 216, 336
–, helfender 334
Berufsgruppen 233
Berufsleben 349, 365
Berufstätigkeit 352
Besonnenheit 55f., 366
Bestätigung 210, 214, 218, 223, 226
Bestimmung 45, 100, 127f., 142, 149, 167, 204ff., 210f., 259f., 264, 281, 313, 324, 443, 462, 467
Bestimmung des Menschen 37, 79, 142f., 148ff., 205f., 260, 269, 300, 443f.
–, ewige 271
–, individuelle 338
–, schöpfungsgemäße 451
Bestmögliches (siehe auch Gut, höchstes) 74f.
Bestrafung 18, 38, 96, 169, 194, 317, 351, 379, 433, 444
Beteiligungsgerechtigkeit 368, 387
Betreuung, ärztliche und pflegerische 148, 271, 302
Beurteilung 70, 73, 96, 110, 250, 318
Bewaffnung 396, 403
Bewertung 72f., 211, 221, 249
Bewusstsein 37, 50, 116, 198
Beziehung (siehe auch Relation) 10, 140, 143, 149, 157, 194, 264, 308, 323, 334, 336f., 341, 348, 363, 391, 439
–, befriedigende 337
–, dauerhafte 332, 360
–, emotionale 351
–, freiwillige 375, 378, 384
–, rechtliche 359
–, unfreiwillige 375, 379
Beziehungsentwicklung 351
Beziehungsfähigkeit 270
Beziehungsgefüge 141, 143, 348

Beziehungsintensität 341
Beziehungskonflikt 356
Beziehungskonstellation 141, 143, 348
Beziehungsmöglichkeit 341, 347
Beziehungsproblem 176
Beziehungsstörung 351
Beziehungstiefe 320
Beziehungswesen 141, 264
Bezogenheit/Bezogensein (siehe auch Relation) 143f., 263, 460f.
Bibel 1, 95, 102ff., 144, 154, 158, 170, 175, 181, 184, 191, 264, 322f., 336, 365, 391, 401, 437f., 449, 455
Biblizismus 170, 449
Bildung 48, 58, 219, 250, 310, 313, 317, 334, 336, 467
–, ethische/moralische 39ff., 90, 179
–, sexuelle 311
–, weltanschaulich-religiöse 352
Bildungsaufgabe 63, 324, 326f.
Bildungsbedürftigkeit 324
Bildungschancen 387
Bildungsethik 465
Bildungsfähigkeit 38ff., 63, 324
Bildungsinhalte 362
Bildungsmöglichkeit(en) 54
Bildungspolitik 349
Bildungsprogramm 57
Bildungsziel 362
Billigkeit 367, 381ff.
Biologie 251, 307, 314, 324
Bisexualität 320
Blastozyste 289
Bloßstellung 241, 438
Böses/böse (siehe auch Schlechtes/schlecht) 11f., 29, 34, 66, 74, 116, 118, 139f., 145, 195, 202, 204, 206, 322, 441, 451, 455f., 462f.
Bombenangriff/Bombardierung 417, 420
bonum commune siehe Gemeinwohl
Botschaft, christliche 136ff., 449
Boykottmaßnahme 413
Brauch(tum) (siehe auch Sitte) 10f., 17f., 21
Brudermord 322, 391
Brutpflege 307

Bürgerkrieg 401
Bundesbuch 158f.
Bundesverfassungsgericht 236, 238, 246, 248, 253, 294

c(h)aritas (siehe auch Liebe) 182, 329
Chance(ngerechtigkeit) 111f., 133, 212, 225, 341, 365, 379, 387
Charakter 76, 93
Chorionzottenbiopsie 278
Christ(enmensch) 139, 141, 193, 196, 373, 394, 398, 405, 407, 455f., 459, 466
Christengemeinde siehe Kirche
Christentum/Christenheit 137, 234, 321, 361
Christentumsgeschichte 317
Christliches/christlich 1, 88, 91, 128, 148, 262, 410, 458
Christologie/Christus Jesus 102ff., 136ff., 148, 150, 152ff., 156f., 192, 195, 197, 323, 388, 428, 444, 449f., 457f., 462, 464, 467
Chromosom(en) 315
civitas terrena/diaboli (siehe auch Zwei-Reiche-Lehre) 455
Common sense 102f., 105
compassion (Mitleid) 111
Computer 94, 97
concupiscentia (siehe auch Begehren/Begierde) 305, 466
conditio humana 282, 427
Confessio Augustana 19
conscientia antecedens/conscientia consequens (siehe auch Gewissen) 116
creatio ex nihilo (siehe auch Schöpfung) 144, 157
cupiditas (siehe auch Leidenschaft) 305

Dämon(en) 94f., 138f.
Dank/Dankbarkeit 135, 333f.
Dasein 281, 333
-, menschliches/eigenes 30, 36, 129, 149, 210, 234f., 244, 263, 269, 389
Daseinsbegründung 128
Daseinskonstituierung 151, 157
Daseinsverfehlung 147
Dauer 331f., 342, 360f.
Dauerreflexion 217, 344
Deduktion 25, 121, 215, 219
Definition 9, 67, 77, 93, 108, 237f., 240ff., 246, 254f., 268f., 280, 307, 349, 422, 429, 438, 465
Defizit 81, 88, 355, 431
-, ethisches 222
-, normatives 215
Deformation 195, 333
Dekalog 1, 102, 158f., 162, 164, 166, 180, 183, 187, 189f., 194, 197, 429
Dekalogauslegung siehe Auslegung des Dekalogs
Delphin(e) 96
Demographie 349
Demokratie 423
Demütigung 241, 380f., 414, 416
deontisch, deontologisch (siehe auch Theorie[n], deontologische) 31, 90, 131
Depression 239
Determinismus 49, 51ff., 131, 143
-, evolutionsbiologischer 41
-, genetischer 45
-, psychologischer 42
deum colere (Gott verehren) 125
Deutung 69, 120, 189, 316
Deviation 317, 320
-, sexuelle 324
Diabolisches 437
Diagnostik, pränatale (siehe auch Pränataldiagnostik) 130
Diakonie 148
Diebstahl 172, 375
Differenz(ierung) 108, 122f., 131, 135, 151, 233, 290, 299, 367, 372, 374, 383, 427, 459
dignitas humana siehe Menschenwürde
Dilemma 112, 284, 295
Dimension 15, 271, 346, 386, 422, 424
Diskriminierung 241, 256
Diskurs, ethischer 213
Diskurstheorie 23
Disposition 87, 318
Disputation, Heidelberger 333

Dissens 284f.
–, bioethischer 286
Distanz 264, 267, 360, 434
Dogma 102, 452
Dogmatik VII, 134, 136, 139, 157
dominium terrae siehe Herrschaftsauftrag
Doppelgebot der Liebe siehe Liebesgebot
Down-Syndrom 295
Drang („urge") 50ff.
Dreieinigkeit siehe Trinität
Dreiständelehre 459
Dressur 35, 38f., 48, 97, 245
Droge(n) 38
Drohung 148, 169, 191, 197, 317, 338, 396f., 399
dürfen/nicht dürfen 84, 340, 439f.

Ebenbild Gottes (siehe auch Gottebenbildlichkeit) 150, 264, 462
Ebene, schiefe („slippery slope") 292
Effektivität 414, 466
Egoismus 44, 109, 111, 185, 193, 334, 393, 466
–, biologischer 44, 108
–, ethischer 42, 108ff., 176
–, psychologischer 41ff., 109
Ehe 178, 306, 323ff., 331, 340, 342, 348ff., 354, 356ff., 363, 459
Ehebegriff 354
Ehebruch 323, 375
Ehescheidung 2, 323, 348, 354, 358
Ehescheidungszahlen 354
Eheschließung 354, 359
Eheschließungszahlen 354
Eheverständnis 356
Ehezweck(e) 355
Ehre 234, 441ff., 466
Ehrfurcht (siehe auch Furcht Gottes) 171
Ehrlichkeit/ehrlich 87, 190, 436, 438
Eigengesetzlichkeit 457
Eigeninteresse (siehe auch Interesse, eigenes) 108f., 112, 176, 335
–, aufgeklärtes 108
–, kluges 177

–, langfristiges 108
–, tatsächliches 108
Eigenschaft 252f., 256, 331
Eigenständigkeit 38, 40
Eigentum(sdelikt) 159, 411
Eigenverantwortlichkeit 38, 131f.
Einfluss 38, 434f.
–, fremder 239
Einflussfaktoren 356
Einfühlungsvermögen 24, 118, 176, 285
Eingreifen 39, 338
Einheit 78f., 89, 120, 151f., 171, 205, 265, 267, 396, 460
Einheit, leib-seelische 265f., 270, 321
Einnistung (siehe auch Nidation) 253, 277, 287
Einsatz 222, 396f., 399, 419
Einschränkung 231, 271, 285, 417, 431, 439
Einsicht 18, 40, 48, 175, 215, 436
Einstellung 23, 90, 194, 199, 246, 249, 292
Einwilligung(sfähigkeit) 248, 272, 299, 301
Einzelfall 70, 208, 382
Einzelner 58f., 63
Eizelle 253f., 289, 310
Element 65ff., 240, 335, 425
Elite 62
Eltern 102, 105, 120, 159, 165, 171, 202, 207, 295, 326, 329, 338, 348, 351, 442, 444
Elterngebot 166
Eltern-Ich 356
Elternteil 350
Elternehrung 166, 348
Embargo 413
Embryo 100, 214, 242, 253f., 278, 288f., 291
Embryonenforschung, verbrauchende/tötende (siehe auch Forschung an Embryonen) 214, 279, 284, 287, 290
Embryonenschutzgesetz 254
Emotion(en) siehe Gefühl(e)
Emotivismus 22f.
Empathie 118, 162, 179, 183, 444

Empfängnis 252, 255, 281, 287ff., 342
Empfängnisverhütung(-smethoden/mittel) 126, 277, 342f.
Empfinden/Empfindung 372, 376
Empfindungsfähigkeit/Empfindlichkeit 265, 267
Endlichkeit 133, 143ff., 269, 302
Engel 94ff.
Enhancement 279, 282
Entfremdung 128, 140, 147, 150, 226, 330, 357
Enthaltsamkeit 313, 343
Entlastung 187, 320, 344, 376
Entscheidung VIII, 24, 36f., 40, 42, 49ff., 98f., 101, 154, 207, 217ff., 224ff., 233, 301, 384, 410, 427, 464
–, christliche 458
–, ethische 210, 216, 231
–, frühere 210
–, intuitive 209
–, vorläufige 224
Entscheidungsbedarf, ethischer 216
Entscheidungsfreiheit 198, 239
Entscheidungshilfe 211
Entscheidungsinstanz 410
–, rechtmäßige (legitima potestas) 409
Entscheidungskompetenz 37
Entscheidungsmacht 198
Entscheidungsprozess 221
–, ethischer 210
Entscheidungsrecht, freies 214
Entscheidungssituation 36f., 117, 209, 237
Entscheidungsverzicht 427
Entscheidungszwang 344
Entschuldigung 210, 442
Entwicklung 179, 288f., 313, 337f., 341, 345, 355, 419
–, friedensethische 392
–, hormonelle 311
–, nachhaltige 386
–, positive 356
–, sexuelle 319
Entwicklungsart 339
Entwicklungsphase 260, 311
Entwicklungsprozess 260, 289

Entwicklungsraum 338
Entwicklungsrichtung 339
Entwicklungsstufe/-schritt 245, 320
Entwicklungstempo 339,
Entzauberung 145
Entzug/Entzogenes 261, 281, 330
epieikeia siehe Billigkeit
Erbarmen 334, 368, 389f.
Erde 146, 168, 170, 381
Erfahrung 23, 26, 35, 40, 48, 53, 77, 80, 91, 97, 152, 162f., 193, 215, 219, 304, 317, 365
Erfahrungslernen 207
Erfahrungsorientierung 162
Erfahrungswissen 207, 239
Erfolg 357, 414f.
Erfüllung 147f., 198, 265, 313, 328, 335
Erfüllung von Geboten 197
Erfüllung des Gesetzes 180
Ergebnis siehe Folge(n)
Erhaltung 263, 266, 270, 276, 285, 362, 456
Erhaltung der Welt 456, 458, 464
Erhaltungsauftrag 458
Erinnerung 191, 339
–, szenische 120
Erkenntnis 78, 83, 88, 97, 121, 126ff., 133f., 143, 152, 171, 192f., 195, 197, 258f., 261, 443
–, reformatorische 375
Erkenntnistheorie 123, 458
Erkrankung 271, 345
Erlassjahr siehe Sabbatjahr
erlaubt/gesollt/verboten (siehe auch Gesolltes und Verbot) 12, 84, 321, 340, 412
Erlaubnis 340
Erleben/Erlebnis 77, 120, 191, 267, 316f.
Erleuchtung 151, 451
Erlösung 146, 151, 155, 263, 456, 458
Ermessen, pflichtmäßiges 383
Ermessensentscheidung 383
Ermessensspielraum 383
Eros/Erotik 306, 312, 320f., 327, 329ff., 333ff., 345, 354, 356, 443
Erregungspotential 310

Erröten 330
Erschließung siehe Offenbarung
Erwachsene(r) 312, 338, 358
Erwachsenen-Ich 356
Erwartung 33, 264, 274, 303, 326, 339
Erwartungsdruck 16
Erwartungserwartung 33
Erwartungsgewissheit/-sicherheit 30, 88, 344, 346
Erwartungsmuster 344
Erweiterungsbewusstsein siehe Bewusstsein
Erzieher/Erziehung 39, 57, 115, 120, 199, 250, 334, 358, 362, 365, 467
Erziehungsmonopol 352
Erziehungsversagen 351
Eschatologie/Eschaton 139f., 324
Essen und Trinken 303
Ethik VII, 1, 9, 13, 29ff., 54, 66, 78, 91, 101, 105ff., 129f., 133, 136, 153, 157, 164, 175, 205f., 208, 214, 231, 249, 256, 262, 268, 278, 297, 307f., 310, 318, 426, 429, 431, 449, 460f., 463, 467
–, aufgeklärte 213
–, bestimmungsorientierte 204
–, christliche 134ff., 141, 158ff, 198f., 205, 327, 463
–, deskriptive 13f.
–, evangelische 135, 342
–, evolutionäre 48
–, normative 13f., 26, 42, 85, 102
–, ökologische 3
–, philosophische 27f., 134
–, politische 3
–, römisch-katholische 342
–, theologische 27f., 134, 391
–, weltanschauungsfreie 213
Ethik der Kultur 3, 328, 431
Ethik der Medien 431
Ethik der Sprache 4, 430f., 433, 439, 442f.
Ethik des Politischen 328, 431
Ethik des Rechts siehe Rechtsethik
Ethikgeschichte 366
Ethikkommission(en) 24
Ethikkonzept 71

Ethikunterricht 219
Ethologie 308
Ethos 9, 13, 16f., 21, 29ff., 66, 101, 129, 162ff., 166, 170, 200, 203, 463f.
–, biblisches 199
–, christliches 206, 340
–, erfahrungsbezogenes 164
–, weisheitliches 162
Ethos der Gegenseitigkeit 177, 179, 327
Ethos der Rechtsbefolgung 33
Ethos der Verantwortung 383
Etymologie 9, 115
Eudämonismus 79, 83
Evaluation 221
Evangelium 136ff., 153, 191ff., 195ff., 323, 396, 400, 467
Evangelium und Gesetz (siehe auch Gesetz und Evangelium) 457
evangelisch 4, 126, 447, 450
Evidenz siehe Gewissheit
Evolution 258
Ewigkeit 334
Ewigkeitsgarantie 246
Exit-Strategie 415
Exkommunikation 357
Exodus 164, 166, 169
Experiment 50ff.

Fähigkeit 38, 87, 93, 97, 101, 126, 141, 145, 220, 232, 253, 256f., 264, 384
Fairness 179, 190, 367, 379, 383ff.
Fall (siehe auch Einzelfall) 25, 71f., 161, 382, 439
falsch/richtig (siehe auch richtig) 11f., 29, 34, 66, 116, 120, 206
falsch/wahr (siehe auch Wahrheit) 22, 26
Falschaussage 438f., 442
Familie 57, 60f., 64, 102f., 105, 233, 305, 324f., 331, 334, 339, 342, 348ff., 357f., 363, 372, 375f., 438, 459
Familienangehörige 297
Familienbegriff 350
Familienbeziehungen 348

Familienersatz 351f.
Familienfreundlichkeit 130
Familiengründung 359
Familienleben 349
Familienstatus 350
Fehlbarkeit 150
Fehlschluss, naturalistischer („naturalistic fallacy") 24ff.
Fehlschluss/Trugschluss, konternaturalistischer 26
Feiertag 168ff.
Feindesliebe 177, 184, 333
Fernsten-Liebe 186
fiducia siehe Vertrauen
Finanzkrise 108
Fluch/Verfluchung 138, 159, 169, 271
Fluch und Segen 169
Förderung/fördern 36, 172, 192, 290, 349f.
Fötus 100, 242, 278, 288
Folge(n) (siehe auch Nebenfolge[n]) 21, 66f., 73, 82ff., 88, 99, 119, 121, 136, 191, 202, 217, 219, 222, 317, 324, 373, 391, 414f., 440
-, außerethische 86
-, beabsichtigte 82
-, innere 169
-, zukünftige 82
Folgenabwägung 86
Folgenethik 82
Folgerung, ethische 215
Folter 21, 239f.
Forderung 91, 192, 243, 245, 377, 387, 389
-, anonyme 245
-, ethische 102, 123, 133, 135, 171, 173, 188, 198ff., 249, 294
Form(en), ethische (siehe auch Handlungsform) 1, 66, 70, 81ff., 92
Forschung 285
Forschung an Embryonen 279, 290
Forschung an Kindern 279
Forschung an Nichteinwilligungsfähigen 279
-, fremdnützige 280
-, medizinische 272, 284, 286
Forschungszweck 284, 287, 290

Fortpflanzung 306, 308, 321, 336
Fragment(arisches) 139ff., 339
Frau(en) 126, 234, 241, 282, 299, 312ff., 317, 321f., 331, 339, 340, 355f., 373, 416, 441
Freigabe, rechtliche 299
Freiheit (siehe auch Handlungsfreiheit sowie Willensfreiheit) 18, 148f., 167, 194, 203, 237, 263f., 347, 356, 362, 385f., 397, 411, 461
-, innere 347
Freiheitsentzug 17
Freiheitsraum 346
Freiheitsrechte 32
Freiwilligkeit 361, 377, 384
Fremdbestimmung 38, 226, 238
Fremde(s) 48, 234, 311, 338
Fremdnützigkeit 237
Freude 155, 194, 434
Freund(e)/Freundschaft 329, 333, 347, 357, 360
Friede 3f., 155, 188, 194, 392ff., 421, 424, 426
-, äußerlicher 456
-, gerechter 392, 404f., 408ff., 421f., 424f.
Friedensbruch 398
Friedensdenkschriften 392
Friedensdienste, (zivile) 398, 417
Friedensdiskussion 393, 395, 400
Friedensethik 392ff., 425, 465
Friedensfrage 396
Friedenspolitik 418
Friedenszustand 414
Fruchtwasseruntersuchung (Amniozentese) 278
Frühgeburt 288
Fürsorge 148, 259, 271, 275, 346, 350, 451
Fundament, religiöses/theologisches 128, 166
Fundamentalismus 132
Funktion 17, 60ff., 110, 123, 159, 161
-, konstruktive 464
-, kritische 463
-, soziale 161
Funktion des Gesetzes 193

Funktionsbereich 62
Funktionsstörung 268
Furcht 163, 171, 194

Gabe 372f.
Ganzheit/Ganzheitlichkeit 331, 342, 361
Gattung 101, 304
–, menschliche 282
Gattungswesen (siehe auch Mensch) 79, 143, 245
Gattungszugehörigkeit 252
Gebet 183
Geborgenheit 346f.
Gebot/geboten 39f., 75, 102, 116, 132, 159, 162, 165f., 171, 173, 177, 181, 183, 185ff., 191ff., 199ff., 205f., 297, 321, 335, 340, 431, 442f., 449, 457, 464
–, biblisches 196
–, erstes 171
–, ethisches 161, 164, 188, 412f.
–, höchstes (und größtes)("primum praeceptum") 75f., 174, 180f., 190, 197, 201, 390
–, rechtliches 245
–, religiöses 164
Gebot Christi 456
Gebotsethik (siehe auch Pflichtethik) 84, 102, 204ff.
Gebrauch/Gebräuche 193, 199, 259, 331, 441
Gebrauch des Gesetzes, politischer siehe usus politicus legis
Gebrauch des Gesetzes, theologischer siehe usus theologicus legis
Gebrechen/Gebrechlichkeit 345, 441, 443
Geburt 153, 253, 287f., 317
–, anonyme 277, 282
Geduld 155, 339, 341
Gefahr/Gefährdung/gefährlich 39, 64, 133, 140, 189, 197, 200, 212, 325, 352, 359, 428
Gefühl 23f., 118, 121, 123, 152, 178, 182, 184, 186, 237, 258, 267, 328, 330, 333
–, moralisches 117ff., 121

Gegebenes/Gegebenheit 102, 150, 267, 281, 285
Gegenangriff 413
Gegenliebe 330, 333
Gegensatz 268, 329, 331
–, relativer 58, 61, 316
Gegenseitigkeit 340
Gegenstand 208, 210, 237, 461
–, ethischer 1, 30, 66ff., 92f.
Gegenüber 128, 149, 182f., 185, 198, 236, 264, 311, 326, 330f., 334
Gegenwart/gegenwärtig 129, 137ff., 210, 436f.
Gegenwart Gottes 152ff., 157
Gehäuse 10
Gehalt, ethischer 66, 73ff., 92f.
Geheimnis 145, 438
Gehirn siehe Hirnforschung
Gehirnaktivität 317
Gehirnprozess 50
Gehorsam 453, 455
Geist 128, 153, 196, 265, 267, 285, 337f., 456
Geist Gottes 461, 467
Geist der Liebe 337f.
Gelassenheit 148, 264
Geld 378, 432
Gelingen 200, 337
Geltung 14, 134, 167, 185, 243, 260
Geltungsanspruch 19, 21
Geltungsbereich 17f., 21
Geltungsgrund 17ff.
Gemeinsamkeit/gemeinsam 135, 149, 284, 332, 342, 373
Gemeinschaft 29, 58f., 138, 149, 167, 259, 263, 462
–, lebenslange 354
Gemeinschaftsfriede 159
Gemeinschaftsschädigung 194
Gemeinschaftstreue (iustitia passiva) 192, 367f., 388
Gemeinwesen („Polis") 54ff., 59, 367, 407
Gemeinwohl 32, 55, 62, 110, 193, 199, 387, 467
Gemüse, menschliches („human vegetable") 242
Gemüt 181f.

Gen(e)/Genpool 44, 46f., 311
Gender 306, 314ff.
Generalprävention siehe Prävention
Generation 47, 362, 386
Generationenkonflikt 176
Generationenvertrag 47
Generativität 354
Genitalität 311
Genom 253, 282, 288
Gentherapie 279, 282
genus (siehe auch Geschlecht) 305
Genussfähigkeit 270
Gerechtfertigtwerden siehe Rechtfertigung
Gerechtigkeit/gerecht 3f., 54, 56, 79, 171, 188, 192, 194, 201, 274, 365ff., 385, 394, 418f., 421, 466
–, allgemeine/generelle 367
–, ausgleichende/kommutative (iustitia commutativa) 79, 192, 377ff., 381, 384
–, austeilende/distributive (iustitia distributiva) 374ff., 381
–, bürgerliche (iustitia civilis) 194, 200, 466
–, ethische 370
–, konkrete 390
–, partizipative 387f.
–, rettende 388
–, soziale 365, 387
–, spezielle 367
–, verbindende/konnektive 368
Gerechtigkeit Gottes 137, 148, 192, 365, 388, 457
Gerechtigkeit vor Gott (iustitia coram Deo) 194, 200
Gerechtigkeit vor den Menschen (iustitia coram hominibus) 194, 200
Gerechtigkeitsbegriff, ethischer 388, 391
Gerechtigkeitsbegriff, theologischer 388f.
Gerechtigkeitsempfinden/-sinn 118, 125, 376
Gerechtigkeitstheorie 381, 383f.
Gerechtigkeitsverständnis 388
Gericht 250, 393, 399

Gericht Gottes 192, 195
Gerichtsandrohung 388
Geringverdiener 375f.
Gesamtinteresse (siehe auch Gemeinwohl) 111
Geschäftsleben (siehe auch Berufsleben) 371
Geschichte 10, 20, 99, 104, 115, 131f., 231, 241, 318, 346, 357, 420
Geschichte der Ethik 13, 78, 89
Geschichte Israels 449
Geschiedene 327, 359
Geschlecht(er) 20, 304, 310, 346, 441
–, grammatisches 314
Geschlechterdifferenzierung/-differenz 315f.
Geschlechteridentität 315
Geschlechterrolle 130, 314
Geschlechterunterschied(e) 317
Geschlechterverhältnis 322
Geschlechtsakt/-verkehr (siehe auch Koitus) 289, 306, 309, 319, 322, 342
Geschlechtsdefinition 315
Geschlechtsleben 358
Geschlechtsorgane 310
Geschlechtsreife 359
Geschlechtsverkehr mit Tieren 159
Geschlechtlichkeit 305, 322, 354
Geschöpf/Geschöpflichkeit 95ff., 143ff., 185, 245, 257f., 264, 319, 361, 371
–, endliches 262
Geschöpf Gottes 461
Geschöpfwürde 244
Geschwister 348, 353
Geselligkeit 60
Gesellschaft 16, 30ff., 54ff., 88, 102f., 105, 110, 114, 124, 129ff., 233, 241, 249, 279, 284, 297, 304, 307, 311, 314, 320, 325, 338f., 343f., 352f., 356, 363f., 372, 375, 377, 385, 422, 433, 459f.
–, nachtraditionale 216
–, pluralistische 467
Gesellschaftsbild 59, 324f., 387
Gesellschaftsform 362

Gesellschaftsstruktur 54ff., 361, 363
Gesellschaftstheorie, christliche 459
Gesellschaftsverständnis, hierarchisches 459
Gesetz 41, 126, 138, 178, 181, 187, 189, 191ff., 248, 370, 374, 381f., 451
–, göttliches 125f., 451
–, moralisches 90
–, oberstes 273
Gesetz und Evangelium 191, 456
Gesetzesethik 204
Gesetzesgebrauch, bürgerlich-politischer 200, 202
Gesetzesgerechtigkeit 382
Gesetzgebung/Gesetzgeber 85, 361, 451
Gesetzgebungsverfahren 370
Gesinnung/Gesinnungsethik 89, 93, 102, 199, 204
Gesolltes (siehe auch erlaubt/gesollt/verboten und sollen) 12, 17, 38, 66, 84, 89
Gestaltung(sraum) 145, 149, 264, 266, 337, 344, 360, 436, 457f.
Gestik 68, 246, 432
Gesundheit 3, 148, 262ff., 283f., 320, 326, 334, 336
Gesundheit und Krankheit 334, 336
Gesundheitsbegriff/-definition 268, 270
Gesundheitsverhalten 270
Gesundheitsverständnis 270
Gesundheitszustand 293, 296
Gewalt/gewaltsam 32f., 160, 240, 250, 319, 375, 398, 411f., 425, 449, 455f.
–, abnehmende 422
–, äußere 463
–, fremde 412
–, militärische 398, 403ff., 421
–, polizeiliche 405f., 421
–, rechtserhaltende 422
–, rechtswidrige 422
–, sexuelle 341
–, staatliche 243, 245
Gewalt an Schulen 349

Gewaltanwendung 404f., 421, 449
Gewaltbegrenzung 160
Gewaltbereitschaft 426
Gewaltdarstellung 246f.
Gewaltenteilung 423
Gewaltfreiheit, unbedingte 398
Gewaltgebrauch 449
Gewaltmaßnahme 247
Gewaltmonopol, staatliches 422f.
Gewaltspirale 160, 413
Gewalttätigkeit 175, 247, 422
Gewebe, menschliches 130, 279, 287, 290
Gewinn(er) 111, 127, 226, 369, 434
Gewissen 29, 93, 97, 102f., 107, 113ff., 121, 123, 126, 339, 453
–, gutes 115, 117
–, irrendes 113
–, schlechtes 117
Gewissensentscheidung 397
Gewissensfreiheit 113, 231, 467
Gewissensurteil 113f., 116
Gewissensverständnis 116
Gewissheit/gewiss 122, 128f., 151ff., 300, 439, 450, 454f., 464
Gewohnheit 10f., 18
Gier siehe Unersättlichkeit
Glaube 163, 205, 464
–, christlicher 27, 134ff., 151, 153, 155, 190, 193ff., 263, 388, 398, 453, 456
Glaubensbegriff 464
Glaubensfreiheit 231, 467
Glaubensgerechtigkeit (iustitia coram Deo) 467
Glaubenslehre (siehe auch Dogmatik) 136
Gleichbehandlung/Gleichberechtigung (siehe auch Rechtsgleichheit) 241, 372ff.
Gleiches 372ff.
Gleichgewicht, reflektives 121
Gleichheit 127, 367, 372ff.
–, soziale 386
–, wirtschaftliche 386
Gleichrangigkeit 345
Gleichstellung 359

Gleichwertigkeit 349
Glück 26, 78ff., 83f., 87, 110, 112, 313, 330, 337, 345, 443, 445f.
–, eigenes 334
–, gemeinsames 330, 332
–, wahres 78
Glückseligkeit 78f.
Glückserfahrung 81
Glücksfall 204
Glücksverteilung 84
Glücksvorstellung 78
Gnade 137, 192, 197, 345, 381, 389, 446
Götter 95
–, fremde 165
Göttliches 450
Gonade(n) siehe Keimdrüsen
Gott 28, 79, 94f., 103f., 111, 126f., 134f., 137, 139, 141ff., 147, 151ff., 162, 166, 184f., 192ff., 204f., 235, 259, 263, 271, 274, 322f., 357, 362, 388, 395, 441, 445, 450, 455ff., 462f., 466
Gottesebenbildlichkeit 135, 149ff., 205
Gottesbeziehung/Gottesbezug 140ff., 166, 234, 324, 461f., 466f.
Gotteserkenntnis 78
Gottesgebote 166
Gottesherrschaft/Reich Gottes 137f., 140, 148, 154f., 205, 271, 323, 457f., 463
Gotteslästerung 154
Gottesliebe 173, 180ff., 192f.
Gottesrecht 159
Gottesrede 166
Gottestat/-handeln 166, 184
Gottesverständnis 151ff., 388
Gottheit 104
Gottvertrauen 322
Grad/graduell/graduieren 260, 281, 288
Grenze 1, 96, 111, 122f., 198, 222, 252, 255, 341, 347, 391, 446, 462f., 467
Grenzsituation 388
Grenzwert 58, 268
Griechisches 182, 329

Grund/Gründe 24, 35f., 38, 41, 53, 128, 189, 283, 292, 294, 298
–, ethischer 240, 291, 360
–, gerechter (causa iusta) 410
–, humanitärer 402
–, schöpferischer 128
Grundbedürfnis 55
Grundbegriff 3, 10, 208, 245f., 249, 366
Grundeinstellung 36
Grundform 89, 159
Grundfrage 65f., 276, 280
Grundfreibetrag 376
Grundfreiheit 385, 423
Grundgesetz 236f., 245
Grundlage 390
–, biblische 158ff., 191, 198
–, biologische 48
–, deskriptive 26
–, normative 158ff., 262, 272
Grundlegung 1, 3, 7ff., 32
Grundnorm 125
Grundprinzip 74, 125, 274, 370
Grundproblem 74, 426
Grundrecht(sartikel) 113, 363
Grundversorgung 302
Gruppe 46, 48f., 94, 178, 372, 375, 384
Gruppenselektion 46
Gruppensex 320
Gültigkeit siehe Geltung
Güte 390
Güterethik 81ff., 88ff., 204ff.
Güterlehre 459
gut/böse (siehe auch Böses sowie Gutes) 206, 333, 340
Gut/Güter 78, 89ff., 296, 375ff.
–, grundlegendes 298
–, höchstes („summum bonum") 36, 78ff., 89, 91, 198, 206, 284, 460, 463
–, hohes 440
–, oberstes 79
–, relatives 206
Gutes/gut/Gutsein/Gutgehen (siehe auch gut/böse) 17, 37f., 40, 43, 66, 73ff., 82ff., 87ff., 93, 96, 99, 106, 116, 118, 121f., 126, 134, 140f.,

147, 164, 166, 173, 183, 185, 189, 192ff., 197, 199, 202, 204, 206, 211, 426, 442
–, außerethisches/außermoralisches 83, 97
–, in sich 77f., 86, 93, 97, 100, 106
–, instrumentell 76f.

Habgier 118, 426
Habitualisierung 30, 34, 344
habitus siehe Verhaltensdisposition
Handeln 38, 172, 187, 202, 209, 240, 307, 427
–, ethisches 54, 77, 461, 464
–, identisches 58ff.
–, individuelles 58ff.
–, menschliches 463
–, organisierendes 58ff., 72
–, rechtes 163, 232
–, symbolisierendes 58ff., 69, 72
Handelnde(r) 12, 76, 83, 175, 178f., 190, 198, 335
Handlung/handeln VII, 22, 36, 38, 42f., 52f., 58ff., 66ff., 85, 91, 93f., 96f., 115f., 130ff., 136, 149, 174f., 200, 202, 208, 213, 227, 238
–, gerechte/ungerechte 370
–, sexuelle 322
Handlungsalternative 15, 211, 223f.
Handlungsart 58f.
Handlungsaspekt 60
Handlungsbegriff 58
Handlungsbewusstsein 117
Handlungsentscheidung 37, 51ff., 84
Handlungsfähigkeit 267
Handlungsfeld 2, 15, 276, 453
Handlungsfolge(n) 207, 240
Handlungsform 70, 72
Handlungsfreiheit (siehe auch Freiheit sowie Willensfreiheit) 49, 53f., 149, 194
Handlungsklasse (siehe auch Klasse) 71, 73, 93, 130, 208
Handlungsmittel 58f.
Handlungsmöglichkeit/Handlungsoption 72, 222, 225, 276, 280
Handlungsmuster 71

Handlungsnorm 12, 19, 105
Handlungsnotwendigkeit 59
Handlungsorientierung 451
Handlungspraxis 223f.
Handlungsraum 145
Handlungsregel 87
Handlungsroutine 211, 216f.
Handlungssituation 117
Handlungsstil 70, 72
Handlungssubjekte, ethische 193
Handlungstheorie 58, 68, 71
Handlungstyp 71
Handlungsverzicht 427
Handlungsvorbereitung 52
Handlungsvorsatz 85
Handlungsweise 397
Handlungsziel 15, 67, 72, 221ff.
Handlungszweck 58f., 67, 72
Harmonie 54ff., 79, 435
Hass 247
Hautkontakt 312
Heil (siehe auch Soteriologie) 137ff., 146f., 155f., 192, 195, 463
Heilige(r)/Heiligkeit/heilig 171, 184, 419
Heiliger Geist (siehe auch Pneumatologie) 152f.
Heiligkeitsgesetz 162, 323
Heiligung 152
Heilshandeln (Gottes) 388, 449, 458
Heilung 148, 237, 271, 273f., 302, 320, 323
Heim 351
Heirat 324, 359
Helfen siehe Hilfe
Herkunft (siehe auch Abstammung) 231, 283, 305, 357, 359, 363
Herrlichkeit Gottes 138, 141, 224
Herrschaft 18, 32, 322, 395, 403, 405, 460
–, fürsorgliche 451, 462
Herrschaftsauftrag (dominium terrae) 145, 259, 321, 451
Herrschaftsverhältnis, patriarchales 322
Herz 89, 119, 126, 148, 172, 181f., 184, 191f., 194, 200, 250, 264, 335, 383, 451, 462

Heteronomie 90f., 103ff., 114, 123f., 128
Hilfe/helfen 119, 172, 174, 320, 334, 338, 350
Hilfeleistung, unterlassene 69
Hilferuf 299
Hilfsbedürftigkeit 186
Hilfsbereitschaft 190
Hippokratischer Eid 273
Hirnforschung 41, 49
Hirntod 255
Hoden (Testes) 309
Hölle 147, 381
Hoffnung 49, 80, 91, 140, 146, 151, 176, 185, 264, 279, 388, 394, 398, 422, 426, 435f.
hominem iustificari fide (siehe auch Rechtfertigung) 465
Homoerotik 330
homo sapiens (sapiens) (siehe auch Mensch) 101, 251, 259
Homosexualität 323, 330, 360f.
honeste vivere (ehrenhaft leben) 125
Horizont 37, 81, 262, 311
Hormon(e)/hormonell 306, 309ff., 315, 317
Hospiz(dienst) 302
Humanisierung 417
Humanität 297
Humanwissenschaften 266
Humilitas-Theologie 466
Hunger 307, 425
Hybris 192
Hypnose 38f., 68
Hypophyse 309
Hypothese 25, 455

idea(e) innata(e) (angeborene Idee[n]) 122
Ideal 268, 270, 366
Identifikation(smöglichkeit) 40, 107, 267
Identifizierung 209, 240
Identisches 58ff.
Identität 18, 90
–, geschlechtliche 326f., 337, 343, 362
–, kulturelle 424

–, menschliche 282
–, personale 31, 107, 212, 282, 331
–, sexuelle 314
–, soziale 31, 331
Identitätsfindung 38, 40, 101, 107
Identitätskonflikt 117
Ideologie 43, 135
Illusion 40, 42, 49, 52, 345, 374
Imperativ
–, biologischer 45
–, kategorischer 85, 122, 133, 149,190, 362f.
–, praktischer 85, 236, 282
Implantation 291
in qualitate/in relatione 466
incurvatio in seipsum (Verkrümmung in sich selbst) 90
Indifferenz 457
Indikation 294, 296
–, embryopathische 296
–, kriminologische 293, 296
–, medizinische 293, 296
Individualethik 15f., 327, 366
Individualismus 64, 312
Individualität 331, 461
Individuelles 58ff.
Individuum 38, 45, 60, 79, 104, 178, 252, 256ff., 282, 443
In-vitro-Fertilisation (künstliche Befruchtung) 253, 276, 278, 291f.
Induktion 25, 121, 215
Information 378, 426, 455
Inkonsistenz siehe Widerspruch
Insemination, heterologe/homologe/künstliche 276
Instanz 166, 266, 409
–, menschliche 250
–, normative 1, 66, 102ff., 134
Instinkt 35
Institution 16, 94, 99, 344, 355, 360, 390, 447
Institutionalisierung 30, 344, 359
Instrument 68, 97, 310
Integration 140, 339f.
Intelligenz, künstliche 94, 96f., 100
Intension 251

Intention 44, 67, 93, 96, 99, 274, 360, 443
Interaktion 30, 210, 315, 460
Interdependenz (siehe Wechselwirkung)
Interesse 41f., 105, 108, 112, 123, 238, 252, 326, 384, 427, 443
–, altruistisches 43
–, asoziales 43
–, eigenes (siehe auch Eigeninteresse) 42f., 49, 97, 102f., 107ff.
–, eigensüchtiges/egoistisches 42f.
–, erkenntnisleitendes 123
–, soziales 43, 111
Interpretation 246, 314, 316
Interpretationsmuster 237
Interpretationsstreit 190
Intervention, humanitäre 402
Intimität 241, 304, 320, 325, 344f.
Intuition 53, 72, 102f., 107, 117, 120ff., 211, 285, 325
Intuitions-Ethik/Intuitionismus 23, 325
Inzest 323
Irreführung 427, 442f.
Irrelevanz 318, 373
Irritation 210, 218, 226, 345
Irrtum 257, 286, 378, 427, 436f.
Irrtumsfähigkeit 381, 427
Isenheimer Altar 153
Islam 324
Israel 159f., 162, 164, 166ff., 449
ius siehe Recht
ius ad bellum 408ff., 415, 417
ius in bello 408, 415f., 417
ius post bellum 402, 416f.
ius suum 370, 389
ius talionis 160, 184, 188

Jahwe (siehe auch Gott)163f.
Jesus Christus siehe Christologie/Christus Jesus
Judentum/jüdisch 126f., 158f., 234
Jugendliche(r) 250, 310, 312, 341, 435, 441
Jura/juristisch 99, 255
justice siehe Gerechtigkeit
iustitia (siehe auch Gerechtigkeit) 374

Kainsmal 391
Kairos 444, 464
Kanon, (biblischer) 449f., 452
Kardinal-Tugenden 56, 366
Kartellbildung/Kartellrecht 378f.
Kasuistik/kasuistisch 159, 161, 172, 188, 207, 383, 432
Katechismus, Großer 168, 441f., 452
Katechismus, Heidelberger 452
Katechismus, Kleiner 168, 173, 433, 442, 452
Keimbahn(therapie) 279, 282
Keimdrüsen (Gonaden) 309f., 315
Keimentschluss, ethischer 212
Kernenergie 386
Kind/Kleinkind 40, 48, 60, 63, 100, 118, 202, 241, 243, 250, 252, 279, 287, 291, 306, 308, 319, 329, 332f., 338, 340, 342, 346ff., 357f., 365, 437ff.
–, adoptiertes 350
–, inneres 356
–, leibliches 350
Kinderfreundlichkeit 130
Kindergarten 435
Kinderheim 350, 352
Kinderhort 350, 352
Kinderpornographie 325
Kinderprostitution 325
Kindertagesstätten 326
Kinderwunsch 283
Kinderzeugung 305
Kindesaussetzung 277
Kindesmissbrauch 21, 325, 338
Kindesmisshandlung 21
Kindestötung 277
Kinder-/Kindheits-Ich 356
Kindheit 35, 39, 63, 120, 252, 309, 313, 371
Kinsey-Report 312
Kirche(n) (christliche) VIII, 60, 103, 105, 129f., 148, 165, 271, 296, 319, 326, 339, 353, 364, 392, 407, 427, 429, 435, 452, 457f., 461
–, evangelische 392, 396, 450, 464
–, römisch-katholische 165, 293
–, anglikanische 165
–, lutherische 165, 452

–, orthodoxe 165
–, reformatorische 158
–, reformierte 165, 452
Kirchengeschichte/Theologie-
   geschichte 158, 455
Klasse 69ff., 93, 130
Klon/Klonierung 252, 254
–, reproduktiv 276
–, therapeutisch 279
Klugheit 146, 366
Klugheitsmoral 48
Klugheitsregel 440
Knappheit 274
Königsherrschaft Christi 457f.
Können 25, 42, 439
Körper/Körperlichkeit (siehe auch Leib)
   232, 265, 330
–, vorsozialer 216
Körperkraft 317
Körpersprache 73
Körperverletzung 159
Körperzellen 254
Kognitivismus (siehe auch Non-
   kognitivismus) 19, 22ff.
Koitus 342
Kollateralschaden 402
Kollektiv 94, 98ff.
Kollektivgewissen 98f.
Kollektivscham 99
Kollektivschuld 98f.
Kommunikation 30, 33f., 98, 183, 213,
   217f., 225f., 268, 308, 310, 356,
   423, 432, 434, 436
–, ethische 213, 259
–, intersubjektive 213
–, weltanschaulich-ethische 460
Kommunikationsbedingung 23
Kommunikationsfähigkeit 226
Kommunikationsprozess 23
Komplementarität(-these) 396ff.
Kompromiss 217, 289, 294, 430
Konfession 12, 198, 332
Konflikt 31, 48, 103, 120, 159, 174,
   211, 215ff., 218, 220, 275, 282,
   285, 290, 293f.,303, 338, 357,
   359, 387, 422ff., 432
Konfliktbearbeitung, zivile 401f., 404
Konfliktbereinigung 415

Konfliktfall 410
Konfliktherd 402
Konfliktnachsorge 402
Konfliktsituation 208, 415f.
Konkordienformel 196
Konkretion/Konkretisierung/
   Konkretheit 2, 171, 173, 188, 238,
   335, 366, 374, 414
Konkupiszenz siehe concupiscentia
Konsens 23, 284f., 364, 397, 459
Konsenstheorie 23f.
Konsequenz(en) siehe Folge(n)/
   Handlungsfolge(n)
Konsistenz 213
Konstruktion 316, 362, 427
Konstruktivismus 19, 23, 306, 314, 316
Kontext 1, 66, 119, 129ff., 177, 220,
   439
Kontextualität 130, 132f.
kontra-intuitiv 289
Kontrolle 11
–, ethische 111, 121
–, politische 111
Konvention, kulturelle 252
Konzeption 1, 5, 9ff., 19ff., 421, 424ff.,
   435, 455
–, ethische 426
–, normative 387
–, sozialethische 426
Konzil (siehe auch Vaticanum) 406,
   453
Konzil von Toledo 151
Kooperation 33f., 48, 423, 455, 460
Koran 19, 102ff.
Korrektiv/Korrektur 215, 318, 367
Kosmos 451
Kraft/Kräfte 181, 184, 196, 268, 271,
   426
Kranke/krank 148, 241, 273, 326, 345
Krankenbett 432
Krankenheilung 137
Krankheit/krankhaft 3, 137, 239,
   262ff., 283, 294, 318, 320, 334,
   336, 342, 371
Krankheitsbegriff (siehe auch Gesund-
   heitsbegriff) 270
Krankheitsgeschick 239
Kreativität 97, 221

Kreatur(en) 142, 144, 245, 263, 266, 462
Kreuz(estod) 137, 147, 381
Krieg (siehe auch Weltkrieg) 392ff., 403, 406, 416, 418ff., 426
–, atomarer 399
–, deutsch-französischer 393
–, gerechter 392, 402f., 405, 408ff., 421, 424ff.
–, Kalter 392, 394
–, konventioneller 401
–, moderner 394
–, regelmäßiger 405
Kriegsbegeisterung 392
Kriegsbegründung 420
Kriegsdienst 113, 394
Kriegsdienstverweigerer/-verweigerung 398
Kriegseindämmung 418
Kriegserklärung 409
Kriegsführung 408, 420
Kriegsgefangene 241
Kriegsideologie 418
Kriegsunterstützung 420
Kriegsverbrecherprozess 416
Kriegsverhinderung 418
Kriminalität 250
Krise 355
Kriterium 17, 21, 23, 34, 84ff., 92f., 96ff., 101, 119, 174, 187, 211, 237, 256, 274, 289, 335, 340, 343, 347, 351, 361f., 408ff., 413ff., 420f., 424, 440, 443
–, hinreichendes (siehe auch Bedingung, hinreichende) 21
–, klassisches 409
–, modernes 409, 414
–, notwendiges (siehe auch Bedingung, notwendige) 21
–, (sozial-)ethisches 179, 335, 347f., 367, 386
Kritik 179, 202, 250, 370, 418, 420, 450
–, ethische 357
–, prophetische 160, 178
Küssen 309
Kugelmensch 330
Kult/kultisch 159

Kultprostitution 323
Kultur/kulturell 13, 20f., 175, 234, 298, 307, 314, 324, 330, 414, 441
–, ethische 427
–, politische 427
Kultur der Sprache 434
Kultur des Sterbens 302
Kunde 373
Kunst/Künstler 60f., 343, 445
Kryokonservierung 254, 289

Lage 129
Land 168ff., 411
Langsamkeit 341
Lassen 427
Last(en) 178f., 299, 376
Laster (vitium, vice) 88, 110f.
Latein 182, 232, 409
Leben 2, 37, 100, 137, 140, 142, 148, 155, 171, 209, 222, 243, 249f., 266, 271, 274, 284ff., 296, 298, 302, 355, 407, 426, 444
–, erfülltes 426
–, ewiges 146ff., 265, 324
–, gesellschaftliches 372
–, irdisches 148
–, lebensunwertes 292
–, lebenswertes 292
–, menschliches 264, 280f., 285, 287, 292, 298, 346, 431ff.
–, natürliches 406
–, soziales 179, 217
–, unschuldiges 406
Lebendigkeit (anima vegetativa) 204, 255, 265, 267
Lebensabschnittspartner(schaft) 354
Lebensalter (siehe auch Alter) 20, 336, 373, 441
Lebensanfang/-beginn 39, 255, 262, 275ff., 280, 290, 350
Lebensbedingung (menschliche) 386, 390, 396
Lebensbejahung 157
Lebenschance(n) 387
Lebensdauer 356
Lebensdeutung 76
Lebensdienlichkeit 344, 358, 424, 433, 436

Lebensende 238, 255, 262, 275, 297ff., 350
Lebenserhaltung 391
Lebensfähigkeit 253, 270, 288, 296
Lebensförderung 192
Lebensform(en) 3f., 216, 304ff., 314, 324f., 327, 336, 342ff., 348, 350, 362, 424
–, andere 348, 358
–, gesellschaftliche 344
–, verlässliche 346
–, wählbare 344
Lebensfreude 285
Lebensführung 307
Lebensgefühl 170
Lebensgemeinschaft/-partnerschaft, (nicht-eheliche/eheliche) 325, 334, 342, 350, 354ff., 359, 360f.
Lebensgeschichte 212
Lebensgeschick 336, 463
Lebensgestaltung 18, 60, 216, 285, 357, 451
Lebenshaltung, reife 269
Lebenshilfe im Sterben 300, 302
Lebenskompromiss 355
Lebenskontext 269f., 373f.
Lebensleistung (siehe auch Leistung) 233
Lebensmitte 313, 350
Lebensmittel 460
Lebensmittelkarte/-marken 377
Lebensmöglichkeit 237, 271, 317
Lebensnotwendiges 377
Lebenspartnerschaft siehe -gemeinschaft
Lebensperspektive 271, 333
Lebensplanung 216
Lebenspraxis 223f.
Lebensproblematik 204
Lebensqualität 83
Lebensraum 342, 459
Lebensrecht 100f., 214, 283f., 287, 291, 293
Lebensrhythmus 352
Lebensschutz 260, 391
Lebenssituation 140, 440
Lebensstandard 385
Lebensstil 270

Lebensübergang 311
Lebensumstände 336
Lebensverhältnisse, zukünftige 386
Lebensverkürzung 301, 303
Lebensverlängerung 303
Lebensweise, gesunde 273
Lebenswelt 131, 212, 271
Lebensziel 363
Lebenszufriedenheit 270
Lebewesen 29, 83, 143, 304
–, außerirdische(s)/ET 94, 97f.
legitima potestas (rechtmäßige Entscheidungsgewalt) 409
Legitimation/Legitimierung/ Legitimität 355, 410
–, ethische 405
–, schöpfungstheologische 162
Lehramt, kirchliches 102, 452f.
Lehre 293, 418, 421, 452
–, christliche/kirchliche 134, 154, 264
Lehre vom gerechten Krieg 402, 408ff., 418ff., 425f.
Lehrer 120, 207, 438f., 444
Lehrstand 55
Lehrverwerfung 452
Leib/Leiblichkeit/Leibhaftigkeit (siehe auch Körper) 4, 117, 133, 137, 172, 265ff., 270, 308, 321, 323f., 340, 433
Leib und Leben 18, 411
Leibesfrucht 293f., 296
Leichnam, menschlicher 255
Leid(en) 270, 295, 339, 348, 366
Leidenschaft 305, 330, 332
Leihmutterschaft 276
Leistung 102, 140, 233, 371f., 377f., 388, 460
–, eigene 389
Leistungsanforderung 352
Leistungsart 61
Leistungsbereich 62
Leistungsdruck 313
Leistungsfähigkeit 343, 385, 422
Leitbegriff 327, 425
–, sexualethischer 328, 335
Leitbild 351, 363, 404f., 425
–, christliches 321

–, ethisch verantwortetes 364
–, gesellschaftliches 325
–, individuelles 324
–, soziales 324
Leitbildethik 204ff., 324, 426
Leitbildfrage 187
Leitbildperspektive 37, 90, 205
Lernbedürftigkeit (siehe auch Bildungsbedürftigkeit) 35
Lernfähigkeit 35
Lernvorgang 30
Letztes (siehe auch Vorletztes) 147
libido (siehe auch Begehren/Begierde) 182, 305, 329
liberum ius ad bellum (freies Recht zur Kriegsführung) 420
Libet-Experiment 51ff.
Liebe 3f., 45, 88, 149, 152, 155ff., 171, 181f., 185, 190, 192f., 196, 199, 304ff., 320, 324, 327, 328ff., 337f., 344f., 347f., 354f., 365, 368, 381, 388ff., 443f., 463
–, begehrende 330
–, empfangene 199
–, erotische (siehe auch Eros/Erotik) 306, 340
–, geschlechtliche 346f., 359
–, göttliche 333
–, schöpferische 333
–, unglückliche 330
Liebesgemeinschaft 355
Liebesgebot/Doppelgebot der Liebe 1, 135, 158f., 175, 180ff., 186f., 190ff., 197ff., 201, 204, 258, 383, 390, 443
Liebe zu Gott 183
Liebe zum Nächsten 186
Liebende 359
Liebenkönnen/Liebesfähigkeit 333, 339
Liebenswertes 157, 334
Lieblosigkeit 334
living-apart-together 327, 360
Lob 202
Lösung 220, 262, 294
–, gesetzliche 382
–, lebensdienliche 358
–, zukunftsfähige 434

Lösungsmöglichkeit 221
Lösungsversuche, gesetzliche 383
Logik 163, 298, 372f., 399, 431
–, deontische 15
Lohn 372f., 377ff.
Lohn- bzw. Einkommensteuer 375
Lüge 429ff., 434, 436f., 439, 442
Lust 78, 83, 305, 307, 309, 332, 334, 432
–, sexuelle 341

Ma'at siehe Weltordnung
Macht 18, 41, 14, 409, 434f., 451
Machterweis Gottes 463
Mängelwesen 35
Makrokosmos 57, 59, 104
Mandat 459
Mann/Männer 126, 234, 299, 312ff., 321f., 331, 339f., 355, 373, 441
Marktbeherrschung 378f.
Massenvernichtungswaffen 420
Maßnahme
–, eigenmächtig lebensverkürzende 303
–, militärische 394
–, staatliche 362
–, therapeutische 303
–, überflüssig lebensverlängernde 303
Maßstab 185f., 226, 377f., 383, 440f.
–, arithmetischer 377
–, geometrischer 377
–, kritischer 463
Mathematik 372
Maxime (siehe auch Willensvorsatz) 17, 85
Maximin-Regel 385, 387
Medien/Massenmedien 120, 241, 339, 362, 427, 443
Medium 432
Medizin 266, 300, 302, 324
Medizinethik 3, 238, 262, 267, 272f., 275, 280, 328, 430f.
Megaproblem 222
Mehrgenerationenhaus 353
Mehrheitsentscheidung 98
Mehrlingsbildung 253, 288
Mehrwertsteuer 375

Begriffsregister

Mem(e) 46
Mensch/Menschsein 28f., 30, 35ff., 48, 54, 56, 65, 76, 78, 83, 90, 92f., 94ff., 104f., 107, 115f.,118, 125, 127, 129, 134f., 141ff., 143ff., 164, 184, 186f., 193f., 198, 204f., 211f., 233ff., 241ff., 247, 251ff., 269, 280f., 284ff., 297ff., 304, 320ff., 326, 332, 334, 337, 347, 357, 362f., 371, 384, 388, 407, 413, 427, 437, 443, 455, 461f., 465, 467
–, guter 76
–, heterosexuell geprägter/ veranlagter 360, 363
–, homosexuell geprägter/ veranlagter 360f., 363
–, lebendiger 255
–, perfektionierter 282
–, toter 255
–, unersetzlicher 295
Menschenaffe(n) 96
Menschenbild VII, 59, 91, 141ff., 218, 249, 262, 326, 340, 385, 461
–, christliches 231, 263, 319f., 324f., 328, 336f., 397, 461
–, jüdisch-christliches 257
–, liberales 387
Menschengeschlecht/Menschheits- familie (genus humanum) 100f., 233, 252f.
Menschengruppen 233
Menschenhandel 237, 247
Menschenleben 189
Menschenliebe 430, 438
Menschenraub 159, 237
Menschenrecht(e) 34, 87, 101f., 125, 233, 244, 252, 391, 395, 412, 467
Menschenversuch 237, 258
Menschenwelt 322
Menschenwürde 3, 22, 34, 87, 101f., 110, 150, 231ff., 238f., 251, 271, 275, 280ff., 284ff., 289, 291, 293, 296f., 303, 340, 423, 462, 465, 467
Menschenschutz 287, 289, 297
Menschenzüchtung 282

Menschheit 83, 85, 87, 101, 169, 236, 242, 362
Menschheitsgeschichte 317, 416, 418
Menschheitsfamilie siehe Menschen- geschlecht
Menschsein 20, 101f., 143, 461
–, gelingendes 321
Menstruation 317
Merkbarkeit 174
Metaethik 14f., 208
Metalogisches 14
Metapher (potenzierte) 156f.
Metaphysik 14, 65, 79, 362
Methode 14
–, invasive 278
–, nicht-invasive 278
Meuchelmord 375
Mikrokosmos 57, 59, 104
Mildtätigkeit 335
Milieu 13, 20, 332
Militäreinsatz 418
Mimik 68, 246, 432
Minderheit(en) 241, 318
Minimalforderung 289
Minimalkonsens 284
Minimum, ethisches 188f.
Minnegesang 396
Missachtung (siehe auch Achtung) 237, 239, 243, 245, 247f.
Missbrauch 189f., 335, 351, 411, 420, 457
–, sexueller 335, 338, 341
Misstrauen 322
Mitbestimmung 45
Mitfreude 337
Mitgefühl 24
Mitgeschöpf(e) 140ff., 263f.
Mithandelnde(r) 220
Mitleid 18
Mitmensch(en) 141ff., 166, 171, 215, 263, 324f., 456
Mitschuldige(r) 381
Mitte des Kanons 449
Mittel 40, 58, 77f., 80, 87, 97, 218, 221f., 236, 273, 404, 414f., 423f., 434, 456
–, bloßes 236ff., 282, 287

–, geeignetes 240
–, letztes/äußerstes (siehe auch ultima ratio) 394, 402, 404, 412
–, militärisches 407f., 411ff., 419, 421f., 424, 427
Mittel zum Zweck 192
Mittelalter 455
Mitverantwortung 98f.
Mit-Wissen 115
Modell 361f.
Möglichkeit 42, 67, 70, 74, 91, 93, 97, 102, 147, 178, 203, 212, 264, 378, 427
–, ethische 446
–, verantwortbare 442
Mörder 391
Monogamie 313
Monopolbildung 378f.
Moral 9, 13, 17, 65, 67, 110, 414
–, gesellschaftliche 379
Moralerziehung siehe Bildung, ethische
Moralphilosophie 9, 27, 65
Moraltheologie 9, 356
Moralisierung 432
moral sense (siehe auch Gefühl, moralisches) 102f., 107, 118f., 121ff.
Mord 22
Morphologie 315
Motiv/Motivation (siehe auch Beweggrund) 43, 70, 72, 80, 96, 119, 135, 177, 179, 194, 196, 199f., 221, 224, 298, 335, 380, 434, 465
Müssen 440
Multioptionsbedingungen 216
Mundwerk 441
Munition 435
Musik 433
Muslim(e) (siehe auch Islam) 373
Mut 190, 302, 383
Mutter 252, 282, 295, 377
Mutterliebe 329
Mutterschaftshormon 310
Mutter-Sohn-Beziehung 356
Mythos 330

Nabelschnurblut 278f., 290
Nachhaltigkeit 386
Nachrede, üble 246, 249
Nachrüstung(sdebatte) 400f.
Nächste(r) 181, 185f., 201, 334, 406, 441f.
Nächstenliebe(gebot) (siehe auch Liebe) 48, 173, 180f., 183f., 187, 190, 193, 329, 389
Nähe 186, 330, 347
Nährstand 55
Nahostkonflikt 170
Name 433
Name Gottes 172
Nationalsozialismus 242, 247, 352, 457
Natur/Natürlichkeit 25, 56f., 79, 102ff., 118, 120, 134, 142, 232, 259, 282, 315f., 362
Naturalismus, wissenschaftlicher 49
naturalistic fallacy siehe Fehlschluss, naturalistischer
Naturrecht 32, 102ff., 124f., 127, 273, 451
Naturwissenschaft 49, 144, 157, 362
Naturwürde 258
Neandertaler 259
Nebenfolge 82, 218, 221ff., 276, 282, 414
Nebenkläger 381
Nebenwirkungen 273, 301
Negation/negativ 137, 165, 173f., 177, 200, 422, 426, 434, 442f.
Negativerfahrung 207
Neid 118
Neigung 37, 105, 108, 326
neminem laedere (niemanden verletzen) 125, 273, 370
Neosexualität 313
Nervensystem, zentrales 253
Nesthocker 35
Neues Testament 136, 139, 150, 154, 156, 173, 178, 180, 189, 198, 206, 323, 329, 348, 361, 389f., 436, 444, 455
Neuorientierung 128, 355
Nichteinwilligungsfähige(r) 279f., 300

Begriffsregister

Nicht-Festgelegtheit 344
Nicht-Kombattanten 416, 420
Nichtwissen 283f., 295, 385, 436f.
Nidation (siehe auch Einnistung) 253, 287
Nidationshemmung 277
Niederlande 299
Nihilismus 80
nihil nocere (nicht[s] schaden) 273
Nötigung 247
Nonkognitivismus 19, 22ff.
nonmaleficence (nicht schaden) 273
Norm (siehe auch Handlungsnorm) VIII, 12, 17, 34, 36, 103, 106, 141, 159, 175, 218
–, allgemeine 71
–, ethische bzw. moralische 1, 12f., 17ff., 24, 66, 87, 124, 131f., 178, 181, 188, 190, 201, 203, 208, 223f., 275
–, gesellschaftliche 339
–, höchste 275
–, rechtliche siehe Rechtsnorm
–, religiöse 18
–, tradierte/traditionelle 71, 132
Normabweichung 278, 291, 319
normal/Normalität 318
Norm- bzw. Normalitätsbegriff, ethischer/statistischer 319, 363
Normbestimmung 205
Normbewusstsein 93, 96f., 115ff., 131
Normethik 84, 86
Not 332, 423
Notlösung 352, 357
Notlüge 430, 432, 438
Notmaßnahme 40, 425
Notsituation 39, 216
Notstand 39
Notwehr 293, 407, 421
–, kollektive 411
Nothilfe 240, 407, 421
–, kollektive 411
–, militärische 412
Notwendigkeit 36, 45, 274, 299, 346, 361f.
nulla poena sine lege (keine Strafe ohne Gesetz) 124

Nutzen/nützlich 46, 86f., 280, 291

Objekt/objektiv 236f., 434
Objektbeziehungsmodalität 360
Objektformel 237f., 255
Objektorientierung 311
Obrigkeit, weltliche 455, 459
oeconomia 459
Öffentlichkeit 241f., 325, 382, 427, 442
Öffentlichkeitsarbeit 429
Ökologie 386, 414
Ökonomie siehe Wirtschaft
Östrogen(e) 310,
Offenbarung (Gottes) 104, 126ff., 135ff., 148, 151ff., 156, 450f.
Ontologie, ontisch/ontologisch 14, 31
Operation, gedankliche 179
opera trinitatis (die Werke der Trinität) 151
Opfer 137, 222f., 365, 378ff., 398, 406
Opferschutz 160, 380, 406
Optimierung 279
Option 216, 299
Orden/Ordensverleihung 194, 376
Orden(sleute) 449, 459
Ordnung 15, 163, 438, 459
–, geistige 451
–, politische 412
–, soziale 29, 379f.
Organ 279, 290
Organentnahme 254
Organspender 287
Organisation 62, 94, 390
Orientierung 105, 125, 142, 223, 346, 364, 436, 449, 453
–, christliche 400
–, ethische 54, 103, 135
–, sexualethische 324
–, weltanschaulich-ethische 226
Orientierungsangebot VIII
Orientierungsbedarf 401
–, ethischer 35ff., 327
–, individueller 344
–, sozialer 344
Orientierungshilfe 441, 453
Orientierungsinstanz 451
Ostkirche 151

Ost-West-Konflikt/-Gegensatz 394, 399, 401
out of area 403
Ovarien siehe Eierstöcke

Paar 320, 356
pacta sunt servanda (Verträge sind einzuhalten) 125
Pädagoge/Pädagogik 40, 310, 334, 352
Palästinenser 170
Palliativmedizin 301
Paradies(erzählung) 241, 321
Paradigmenwechsel 403, 425
Paradox 437
Paränese, neutestamentliche 187f., 196
Pantheismus 157
Papst/Papsttum 453, 455
Partei 102f., 105, 362
Partialaspekt 466
Partizipation (siehe auch Teilhabe) 30
Partner 215, 327, 330, 336, 338, 345ff., 363
Partnerorientierung 311, 326, 336, 339
Partnerschaft 178, 331, 340, 346, 348, 354, 361
–, dauerhafte/feste 331, 342, 359
–, eingetragene 331
Partnerschaftsorientierung 326
Partnerschaftsvertrag 355
Passionsgeschichte 156
Passivität/passiv 153
Patient 272, 280, 302, 430
Patientenverfügung 300
Patientenwille 300
Pazifismus 406f., 421
pecca fortiter (sündige tapfer) 428
peccatum regnans (herrschende Sünde) 139
peccatum regnatum (beherrschte Sünde) 139
Peergroup 339
Pentateuch 159
perfecta aetas (Mündigkeit) 39
Persönlichkeit 60, 282
Person/personal 12, 15f., 38f., 68, 70, 73, 88, 98, 100f., 139, 151, 154, 176, 187, 203, 210f., 216, 218, 237f., 251, 269, 274, 280, 334, 363, 373f., 384, 386, 406, 443, 449, 462
–, freie und gleiche 387
–, juristische 94
Personsein 287
Personenwürde 287
Personengemeinschaft 101
Person des Vertrauens 300
persona siehe Person
Personalethik 16, 326
Personalismus 156
Perspektive 122, 212f., 427
Perversion 318
petitio principii (Vorausannahme des erst noch zu Beweisenden) 75
Pflanze 257, 304
Pflege 270, 346
Pflegeeltern 351
Pflegefamilie 352
Pflegeheim 302
Pflicht 89ff., 243, 340, 394, 411, 438
–, ethische 363
Pflichterfüllung 183, 335
Pflichtethik 81f., 84ff., 102, 204f.
Pflichtgefühl 183
Pflichtorientierung 91
Pflicht zur Zukunft 362
Phänomen 10, 23, 30, 318f., 328
philia (Freundschaft) 329
Philosophie 1, 27f., 55ff., 431
Philosophie, stoische siehe Stoa
Physik 397
Plausibilität 53,179
Pluralismus 460f., 467
Pluralismusfähigkeit 461
Pluralität 131, 359
pluripotent 290
Pneumatologie (siehe auch Heiliger Geist) 153
Polarität 267
Polemik 442
Polis (siehe auch Gemeinwesen) 11, 55ff.
Politik/politisch 17, 61, 63, 99, 184, 432, 435, 458, 460
Polizei 33, 55, 240, 405, 422, 452
Polizeigewalt, internationale 403

Position 122, 212, 287, 384ff., 434f., 438
–, konstruktivistische 314,
–, pazifistische/nicht-pazifistische 407
positiv 137, 165, 170, 173, 175, 177, 182, 185, 273, 328, 362, 422, 425f., 434, 442f.
posse peccare/non posse non peccare/posse non peccare/non posse peccare (sündigen können/sündigen müssen/nicht sündigen müssen/nicht sündigen können) 141
Prägung 123, 318
–, sexuelle 363
–, weltanschaulich-ethische 226
Präimplantationsdiagnostik (PID/PGD) 278, 291f.
Präliminarartikel 416
Prämisse, weltanschauliche 214
Pränataldiagnostik (PND) (siehe auch Diagnostik, pränatale) 16, 278, 284, 291f., 294f.
Präsens 436f.
Präsenz, ärztliche 302
Prävention 160, 380, 402, 423
Praxis 209f., 214f., 227, 234
Preis 68, 127, 237, 373, 377ff., 406
Priesteramt 127, 459
Priestertum, Allgemeines 459
prima vista 372f.
Primitivstreifen 253
Prinzip (ethisches) 37, 121, 125, 272, 367
–, oberstes 275
Privateigentum 57
Privatgeheimnis 247
Problem 218ff., 332, 434
–, angrenzendes/paralleles 218, 226
–, ernsthaftes 291
–, ethisches 209, 219, 262, 278
–, medizinisches 267, 297
–, rechtliches 278
Problemanzeige 429
Problembenennung 218
Problementstehung 218f.
Problematik 455

Progesteron 310
Programm/Programmierung 97, 362, 442
Prophet(en) 154, 178, 181
Proportionalität 377
Prostitution 323, 325
Prozess 209, 211, 216, 223f., 315, 422, 424
Prüffragen 404, 408, 424
Prüfung 196, 218f., 221, 371, 453
Psychologe/Psychologie 306f., 356
Pubertät/Pubertierende 309ff.

Qualifikation 373
Qualität 12, 330, 333, 373, 378
–, ethische/moralische 83, 93, 120
Quantität 330, 333
Quelle(n) 5, 449, 465
–, ethische 451

Radikalisierung 188f., 464
Räte, evangelische 211, 449
Rassismus 215, 256f.
Rationalität 29, 267, 284
Raum 342, 348, 362, 391, 397, 439, 444
–, geschützter/schützender 347
–, offener 347
Raum der Liebe 205
Raummetapher 347
Realisierung 260
Realisierungsbedingungen 388
Realisierungsgrad 143, 260
Realisierbarkeit 218f., 222ff.
Realismus/realistisch 23, 26, 217, 393
Realität 23, 270, 380, 427, 466
Rechenschaft 213, 217
Rechenschaftspflicht 201f., 299
Recht 17, 61, 90, 99, 111, 124, 159ff., 163, 194, 238, 242ff., 247, 255, 278, 283, 299, 325, 340, 344, 365, 367ff., 381, 388ff., 394f., 403ff., 407, 411, 422f., 434, 443, 456
–, apodiktisches 161, 188
–, internationales 403
–, kasuistisches 159, 161, 188
–, überpositives siehe Naturrecht
Recht auf Gesundheit 269

Recht auf Leben siehe Lebensrecht
Recht auf Wissen/Nicht-Wissen 283f., 295
Recht im Krieg 408, 415, 417
Recht nach dem Krieg 402, 416
Recht zum Krieg 408, 417
Rechtsanspruch 340, 370, 390f.
Rechtsbefolgung 33f.
Rechtsbefolgungs-Ethos 391
Rechtsbegrenzung 33
Rechtsbegründung 249
–, überpositive 452
Rechtsdurchsetzung 403f.
Rechtsempfinden 125
Rechtsethik 3, 431, 465
Rechtsfall 259
Rechtsfindung 442
Rechtsform 359
Rechtsgefüge 40
Rechtsgleichheit (siehe auch Gleichbehandlung/-berechtigung) 241
Rechtsinstitut 360
Rechtskultur 383
Rechtslage 220, 296, 300
Rechtsnorm 17, 87, 106, 161, 203, 249
Rechtsordnung 125, 127, 159, 199, 234, 249, 284, 381, 404, 423, 451
Rechtsphilosophie 451
Rechtspraxis 296
Rechtsprechung 202, 236, 374
Rechtsschutz 260
Rechtssetzung 33f., 159, 452
Rechtsstaat 391, 423
Rechtssubjekt 287
Rechtssystem 383
Rechtsverstoß 249
Rechtsweg 389
Rechtswidrigkeit 277, 293f.
Recht(e), grundlegende(s) siehe Menschenrecht(e)
Rechtfertigung/rechtfertigen 77, 150, 205, 250, 292, 320, 417, 419f., 464
Rechtfertigung allein aus Glauben 464
Rechtfertigungsgrund 404, 424
rechtzeitig 413

Rede(n) 438, 445f.
reflective equilibrium 121, 224
Reflexion
–, ethische 53, 69ff., 142, 207, 279, 289, 399, 427, 440
–, religiöse/weltanschauliche 142, 224
–, systematisch-theologische 158
Reflexionsbedarf, ethischer 216
Reformation/Reformatoren/reformatorisch 126, 191ff., 195, 198, 365, 375, 410, 449, 458
Regel 12, 25, 31ff., 70ff., 99, 159, 175, 195, 268, 325, 340, 345, 370, 384, 403, 408, 410
–, deontische 31
–, ethische 31, 440
–, faire 379
–, Goldene 1, 22, 158, 160, 173ff., 194, 327, 335, 440f.
–, neue Goldene 160, 178
–, naturgesetzliche 31
–, rechtliche 16, 32, 34
Regelhaftigkeit 344
Regelsystem 30
Regeltheorie 71
Regelteleologie siehe Theorie, regeltelelogische
Regelwissen 460
Regelung 382
–, gesetzliche 16, 194, 252
–, rechtliche 382, 390
–, vertragliche 360
Regelungsbedarf 361
Regierungsgewalt/-tätigkeit 55, 433
Regierweisen Gottes 456f.
–, geistliche 457f.
–, weltliche 457f.
Regiment 456
–, geistliches 411, 456
–, weltliches 405, 411, 452, 456
regnum/regna 455
Reich, irdisches 455
Reich der Freiheit 79
Reich Gottes siehe auch Gottesherrschaft 79, 348, 463
Reich des Teufels 455
Reichstag zu Worms 453

Begriffsregister

Reichtum 319, 390
Reifung(sschritt) 302, 311, 320, 337f., 467
Reifungsaufgabe 337
Relat(e) 142, 202
Relation 202, 263, 281
Relationalität 78, 141, 143
Relativismus 19f.
Relevanz 219, 365, 373f.
Religion/religiös VIIf., 1, 17, 48f., 60f., 63, 134f., 142f., 145, 156, 175, 259ff., 298, 332, 352, 362, 406, 424, 453f., 460
Religionsfreiheit 460
Religionsgemeinschaft VIII, 326
Religionsunterricht 219
Reproduktionsmedizin 284
reservatio mentalis (gedanklicher Vorbehalt) 399
Resignation 193, 264, 330
Resonanz 330, 333
Resozialisierung 380
respect for autonomy (siehe auch Selbstbestimmungsrecht) 272
Respekt(ierung)/respektvoll (siehe auch Achtung) 100, 163, 242, 250, 255, 300, 303, 406
Ressourcen 274f., 390
Resultat siehe Folge(n)
Revolution, sexuelle 312
Reue 210
richtig (siehe auch falsch/richtig) 11, 17, 38, 40, 43, 120, 134
Riegel 195
Risiko 224f., 427
Rolle 232
–, soziale 31
Rollenbild 356
Romantik 306, 344
Rücksichtnahme 340f.
Rücksichtslosigkeit 175, 334
Rüstung 397, 401
Rüstungsspirale 400
Ruf, guter 442

Sabbat 165, 168ff.
Sabbatgebot, 165, 170, 189
Sabbatjahr 161

Sabbatkonflikt 189
Säugetier(e) 96f., 258
Samariter, barmherziger 186, 198f., 332
Samenzelle 253f., 310
Sanktion 16ff., 31, 41, 88, 106, 159, 199, 379
–, moralische 379
Sanktionsandrohung 399, 404
Schädigung/Schädiger/Schade(n) 39, 110, 159, 273, 275, 278, 291f., 319, 325, 380, 413, 440f.
–, (mono-)genetische 292
Schalom 426
Scham/Schamgefühl/schämen 241, 321f.
Scheidung 356f., 359
–, psychische 356
Scheitern 140, 348, 355, 357f., 389f.
Schema 208, 219f., 227
Scherz 442
Schicht 13, 76, 198, 391
–, soziale 332
Schicksal 140, 142, 259
Schicksalsschlag 204
Schiedsmann/Schiedsfrau 383
Schimpanse(n) 258
Schlachtung 244
Schlechtes/schlecht 74f.
Schmerz 77, 195, 240, 266, 270
–, unerträglicher 301
Schmerzlinderung 301
Schöpfer/schöpferisch 145, 151f., 206, 361
Schöpferwille 362
Schöpfung 104, 127, 135, 144, 147, 152, 154, 157, 169, 263, 322, 333, 450
Schöpfungsaussage 144
Schöpfungserzählung(en) 144, 321, 391
Schöpfungsgabe 321f., 336
Schöpfungsgeschichte siehe Schöpfungserzählung
Schöpfungsglaube 144f.
Schöpfungslehre 144
Schöpfungsordnung 322

Schöpfungsparadies 321f.
Schöpfungswerk 164
Schrift, Heilige 450, 452f.
Schriftaussage 456
Schriftautorität 450
Schriftprinzip 449f.
Schriftzeugnis 453
Schritt(e) 209, 218, 223
Schritte ethischer Urteilsbildung 218ff.
Scholastik 114, 126
Schuld 140, 173, 200, 314, 317f., 390, 437
–, existentielle 203
Schuldbewusstsein 381
Schulden 161
Schuldfähigkeit 100
Schuldgrenze 255
Schuldhaftigkeit 203
Schule VIII, 250, 326, 339, 349, 435
Schulpolitik 37
Schulwahl 36
Schutz 286, 289, 297, 320, 346f., 349, 362, 407, 419, 422f., 440
Schutzbedürftigkeit 349
Schutzbestimmung 167
Schutzgeld 220
Schutzraum 338
Schutzzeichen 391
Schwäche 160, 176, 178, 435
Schwachstelle/Schwachpunkt 434, 441
Schwangere 296, 377
Schwangerschaft 288, 292, 294, 310, 317, 351
Schwangerschaftsabbruch 2, 130, 277, 292f.
–, strafloser 294
„Schwangerschaftsgewebe" 242
Schwangerschaftskonflikt 293
Schwangerschaftskonfliktgesetz 296
Schweigen/Schweigegebot 442, 445f.
Schwellenbewusstsein siehe Bewusstsein
Sedakah (siehe auch Gerechtigkeit sowie Gemeinschaftstreue) 367f.
Seele 56f., 181, 184, 232, 265ff., 270, 321, 341, 434, 445
Seelenkräfte/Seelenvermögen 54, 56f., 153, 367

Seelsorge 272, 334, 336
Segen 163, 169
Seiendes 31, 259
Sein 259, 261
Sein der Person (siehe auch Person) 203
Seinsaussagen 24ff.
Seinsollendes 31
Sektion 255
Selbstachtung 18
Selbstanklage 18
Selbstaufopferung 332
Selbstbefriedigung 319
Selbstbegrenzung 455
Selbstbegrenzungsethos 391
Selbstbestimmung 38, 48, 63, 73, 143, 178, 238f., 255, 258, 273ff., 303, 412
Selbstbestimmungsrecht 238, 243
Selbstbeurteilung 117
Selbstbewusstsein 93, 97, 258
–, handlungsbezogenes 115
–, normbezogenes 116
–, stabiles 353
–, verhältnisbezogenes 116
Selbstbeziehung/-bezogenheit 141f., 191, 258, 324, 330
Selbstentfremdung 101
Selbsterfahrung 258, 310
Selbsterhaltung 44
Selbsterkenntnis 258
Selbsterleben 61, 268
Selbsterschließung (Gottes) siehe Offenbarung (Gottes)
Selbsthilfe 119
Selbstliebe 113, 181, 185, 313
Selbstlosigkeit 330, 333
Selbstmord siehe Suizid
Selbstnegierung 156
Selbstoffenbarung Gottes 450
Selbstprüfung 43, 17, 357
Selbstreflexion 183
Selbstständigkeit, kulturelle 416
Selbstsucht siehe Egoismus
Selbsttötung 297
Selbstübernahme 204
Selbstverantwortung 203
Selbstverdopplung 44

Selbstvergessenheit 330, 333, 335
Selbstverständliches 202
Selbstverständnis 76, 128, 215
–, ärztliches 298
Selbstverteidigung 403, 411, 417
Selbstvorwurf 18
Selbstwahrnehmung 258, 267, 339
Selbstwiderspruch siehe Widerspruch
Selbstzweck 36, 458
Selbstzweifel 43
Selektion 292
Seligkeit 140, 192
Semantik 242, 268
Sensibilität 443f.
Setzung 23, 285
Sex 314, 316
Sextourismus 325
Sexismus 256f.
Sexualbeziehung 306
Sexualerregung 310
Sexualerziehung 311
Sexualethik 3f., 308, 311, 324, 327, 331, 343, 431
Sexualhormone 337
Sexualpartner 360
Sexualpräferenz 319
Sexualtrieb 306f., 314, 324
Sexualvergehen 159
Sexualverhalten 163
Sexualität, genitale (siehe auch Geschlechtsverkehr) 309, 311
–, menschliche 3, 304ff., 320ff., 327f., 344, 354ff.
–, partnerorientierte 339
–, reife 339
–, sündige 313
sexus (siehe auch Geschlecht) 305, 315
Sich-eiferndes/Sich-durchsetzenwollendes 56
Sicherheit 202, 220
–, kollektive 403
–, politische 401
Sich-Selbst-Empfinden 267
Sicht(weise) 427, 462
simul iustus et peccator (zugleich gerecht und Sünder) 139, 464, 466f.
Sinaibund 166

Single(-dasein) 327, 359
Sinn(frage) 36f., 142, 187, 258f., 344, 346, 355, 399, 408, 417, 432
Sippe 105, 159
Sisyphus-Arbeit 80
Sitte (siehe auch Brauch[tum]) 10f., 17f., 34, 424, 441
Sittengesetz 103ff., 125, 127
Sittenlehre 9
Sittlichkeit 9, 79, 162
Situation 3, 16, 71f., 87, 129, 131, 153, 187, 189, 201, 215ff., 237, 239f., 274, 286, 299, 301, 360, 370, 379, 382, 416, 438, 443
–, aporetische 289
–, neue 399
Situationsanalyse 453
Situationsethik 71
Skepsis 126, 164, 393
Sklave(rei) 234, 237, 241
Societas Ethica 208
Sohn Gottes 137, 148, 152
sola fide (allein durch den Glauben) 155
Soldat(en) 398, 419
Solidargemeinschaft 320, 326
Solidarität 398, 461
sollen/gesollt 11, 14, 26, 42, 66, 75, 439f.
Sollensaussagen 24ff.
Sollensforderung 45
Sonntag 169f.
Soteriologie (siehe auch Heil) 140
Sophist(en) 78, 125
Souveränität, nationale 395
Souveränitätsverzicht 415
sozial 307, 314, 324, 414
Sozialethik 4
–, (evangelische) IX, 4, 15f., 325, 362, 366, 447ff., 451, 458f., 461, 463ff., 467
–, katholische 447
–, reformatorische 449
Sozialordnung 179
Sozialwissenschaft 312
Sozialität 29, 109, 267, 461
Sozialisation 120
Sozialisationsopfer 204

Soziobiologie 44ff.
Soziologie 1, 29ff., 306, 314
Spätabtreibung 277, 296
Spannung 391, 394
Spargrundsatz 385f.
Spaß 334
Sperma 276, 288
Spezialprävention siehe Prävention
Spezies 48, 101, 251, 258f., 332
Speziesismus 256f.
Spezieszugehörigkeit 252
Spiegel 195
Spiel(en) 309
Spielraum 347, 383
Spirale der Gewalt siehe Gewaltspirale
Spirale der Vergeltung 184
Spontaneität 120, 179, 344
Sport 371
Spott 241
Sprache 3, 29, 68, 97, 115, 129, 133, 252, 318, 329, 340, 367, 418, 424, 429ff., 441, 443
Sprachanalyse 65
Spruch/Spruchsammlung 163
Staat 57, 61, 103, 105, 114, 124, 350, 375f., 381, 412, 422, 433, 452, 455, 457, 459
–, souveräner 420
–, totalitärer 352
Staatsanwalt 381
Staatsbankrott 375
Stabilisierung 352, 359
Stall 10
Stammzelle(n) 290
–, adulte 279, 290
–, embryonale 290f.
Stammzellforschung 2, 130, 279, 290
Stammzelllinie 279
Stand/Stände 56, 367, 459
Standpunkt 14
–, archimedischer 133
Status 287
status quo 224
Stellvertretung 300
Sterbehilfe 297
–, aktive 16, 275, 297ff.
–, indirekte 301
–, passive 300

Sterben 238, 298ff., 371, 462
Sterben lassen 300
Sterbeprozess 239, 300
Sterbewunsch 239
Steuer(n) 375f.
Steuerehrlichkeit 432
Steuergerechtigkeit 375
Steuersatz 376
Steuerungsbedürftigkeit/-fähigkeit 324
Stichtagsregelung 279
Stigma/Stigmatisierung 283, 320
Stil 70
Stimme, innere 103ff.
Stimme des Gewissens 116
Stimme Gottes 114
Stimmung 333, 434
Stoa 234, 408, 451, 462
Störung 211, 217, 270, 318f.
Stoffwechselerkrankung 345
Stoiker 125
storge (Elternliebe) 329
Strafe 97, 146, 159, 171, 194, 202, 370, 379, 383
Strafandrohung 160f., 388
Strafanordnung 294
Straffreiheit 277, 294
Strafgesetz 17
Strafgesetzbuch 194, 246f.
Strafleiden 137
Strafmaß 161, 372, 380
Strafmündigkeit 373
Strafprozess 380f.
Strafrecht 16, 97, 160, 275, 338, 365, 371, 378f.
Straftat 247, 275, 378, 380
Straftatbestand 69, 249
Straftheorie 380
Strafvollzug 380
Strafzumessung 373, 380
Strafzweck 380
Struktur(en) 15, 99, 104, 346, 390, 422
–, familienähnliche 352
–, terroristische 222
Stufen der Liebe 185
Subjekt 1, 53, 67, 90, 123, 152, 182, 202, 210, 266, 410, 461

–, ethisches 65ff., 92ff., 103, 108, 113, 210, 212ff., 217, 220, 224f., 289
Subjektbereich 251, 286
Sucht 185
Südafrika 416
Sühne(tod) 137, 155, 379f.
Sünde 126f., 137, 139f., 146, 148, 154, 195, 319, 361, 428, 437, 441f., 450, 466
Sündenfall 126, 150, 321f., 450
Sünder 150, 156, 192ff., 428
„sueth-" 10f.
sui ipsius interpres (ihre eigene Auslegerin) 450
Suizid 146
–, ärztlich assistierter 298f.
–, assizierter 300
Suizidstatistik 299
Suizidversuch 299
summum bonum siehe Gut, höchstes
summum ius – summa iniuria (höchstes Recht – höchstes Unrecht) 367
sustainability siehe Nachhaltigkeit
suum cuique (jedem das Seine) 125, 368ff.
suum quisque (jeder das Seine) 391
„svada-" 11
Symbol 69, 156, 259
Sympathie/sympathy 111, 118, 184
Synteresis/Synderesis 114
System, totalitäres 222, 242
Systematik 207

Tabu 298, 312, 314
Tabubruch 299
Tadel 202
Täter 240, 365, 378ff.
Täterschutz 381
Täter-Opfer-Ausgleich 381
Täuschung 437
Talionsprinzip 160, 413
Talk-Show 434f.
Tapferkeit 55f., 366
Tat 42, 69, 88, 169, 192, 199f., 293, 371, 380, 463, 466

Tat der Barmherzigkeit 198f.
Tatsache 23, 299
Tatsachenwahrheit 438
Tatumstände 380
Taufe 466
Tauschgerechtigkeit 378
Teildisziplin, ethische 1, 9ff.
Teilhabe (siehe auch Partizipation) 233, 271
Teleologie/teleologisch (siehe auch Theorie[n], teleologische) 90, 131
tertius usus legis (dritter Gebrauch des Gesetzes) 195
Testes siehe Hoden
Testosteron 310
Teufel 139, 437, 451, 455
Teufelskreis (circulus vitiosus) 208
Text 130, 433, 450
Theismus 156
Thema 1, 3, 429ff.
Theodizee 365
Theologe(n) 394, 402, 461
Theologie 1, 27f., 129f., 364f., 431
–, christliche 144
–, dialektische 466
–, evangelische 126, 449f., 464
–, reformatorische 455,
Theologie der Revolution 464
Theologiegeschichte/Kirchengeschichte 158, 455
Theonomie 104, 114, 123ff.
Theorie(n) 44, 207ff., 431
–, deontologische 81f., 84ff.
–, konsistente 208
–, regelteleologische 87f.
–, teleologische 81ff.
Theorie der Gerechtigkeit siehe Gerechtigkeitstheorie
Theoriebildung, ethische 130, 132f., 207
Therapie 270, 272, 318, 357
Therapieaufgabe 326
Therapiemöglichkeit 272, 278, 326
Therapiezweck 290
Thesen, Heidelberger 396, 398, 400
Tiefe, anthropologische 199
Tier(e) 35, 44, 94, 142, 159, 213, 232, 244, 252, 257, 304, 308, 323

Tierquälerei 244
Tierversuch(e) 258, 276
Tierwürde 244, 258
Tischgemeinschaft 137
Tod 137, 139, 145ff., 153, 155, 209, 253ff., 265f., 269, 272, 299, 303, 359, 390, 428
–, biologischer 255
–, eigener 303
–, ewiger 147
–, klinischer 255
–, kreatürlicher 147
Todesdefinition 254
Todesdrohung 68
Todesstrafe 159, 381
Todeswunsch 298
Tötende(r) 298
Tötung 159, 273, 282, 287, 290, 292, 298, 317, 406f.
–, willkürliche 406
Tötung auf/ohne Verlangen 275, 297ff.
Tötungsdelikt 159
Tötungsgrund 295
Toleranz/Tolerierung 188, 242
Ton und Stil 206
Tora 102
Toraweisung 178
Totalitarismus 57, 64, 242, 352
Totipotenz 290
Totschlag 375
Tradition 131
–, jüdisch-christliche 461
Traditionsabbruch 166
Traditionsstrom 166
Tragik 289, 293f., 381
Transaktionsanalyse 356
Transformation 312
Transparenz 156
Transzendenz 102, 134, 143
Traugespräch 357
Traum/Träume 154, 435
Trauma 338
Traurigkeit 445
Trauung 357
Trennung 269, 322, 325, 342
Trennung von Gott 147
Trennung von Tisch und Bett 356, 358

Treue 313
–, eheliche 319
Treueversprechen 345
Treulosigkeit 324
Triadizität (Dreistelligkeit) 128
Triage 274
Triebspannung/Triebentspannung 311f.
Trinität(slehre) 128, 151ff.
–, immanente 152
Tritheismus 151
Trost/Trösten 444f.
Truppe 421
Tugend (virtus, vice) 53, 55f., 75, 79, 87ff., 93, 102, 132, 190, 367
Tugendethik 81f., 87ff., 205
Tugendhaftigkeit 110
Tugendorientierung 91
Tun (siehe auch Handeln) 40, 67, 134, 140f., 191f., 194, 196f., 398, 427, 446
Tun der Liebe 183, 197
Tun des Bösen/Guten 165, 175f., 195
Tun-Ergehen-Zusammenhang 163, 169
Tun und Lassen 427
Turmbau 322
Tutiorismus 224f.

Übel (malum) 375, 377f., 391, 413, 425f., 433
–, kleineres 292, 425
Überbevölkerung 132
Überbietung 188f., 390
Übereinstimmung 213
Überforderung 36, 206
Überforderungsbewusstsein siehe Bewusstsein
Überführung 199
Übergang 206, 317
Übergriff 334, 423
Überkompensation 161
Überleben 279
Überlegung 35, 42
–, ethische 441
Überlieferung 3, 129, 336
–, biblische siehe Bibel
Übernehmen 344
Überordnung 256ff.

Begriffsregister

Überprüfung 27, 116f., 121, 127, 219, 225ff.
Überprüfungsinstanz 225
Überraschungsarmut 11
Überredung 38f.
Übertragung 441
Übertreibung 432
Überversorgung 244
Überwachungsgesellschaft 249
Überwindung 148, 178, 185
Überzeugung 12, 14, 16, 38ff., 53, 88, 106, 114, 116, 131, 135, 211, 434, 455
–, ethische 116f., 211
Übung 10, 434
ultima ratio (siehe auch Mittel, letztes/äußerstes) 394, 402, 404, 412
Ultraschalluntersuchung 278
Ultimatum 413
Umfeld 353
Umfeld der Geburt 276
Umgang 213, 244, 259, 268f., 272
–, achtsamer 272
–, freizügiger 356
–, innerfamiliärer 334
–, pädagogischer 334
Umgangsformen 433
Umgebung, vertraute 301
Umkehr/Umkehrung 186f., 462
Umorientierung 310
Umstand/Umstände, konkrete 71
Umwelt/Mitwelt 35, 194
Umweltbeziehung 324
Umweltethik 16
Umweltreiz 36
Unangemessenheit 415
Unantastbarkeit 101, 150, 234, 242f., 462
Unauflöslichkeit 356
Unbedingtes 464
Unbestimmtheit 188
UN-Charta 410, 422
Unersättlichkeit 185
Unerträglichkeit 296, 299
Ungenauigkeit 370
Ungerechtigkeit 175, 178, 365f., 372ff., 379, 382, 384
–, strukturelle 390

Ungewissheit 240
„Ungeziefer" 242
Ungleichbehandlung 372, 374
Ungleichheit 373f., 385f.
–, soziale 385
–, wirtschaftliche 385
Ungleichzeitigkeit 337
Unfairness 178
Unfreiwilligkeit 298, 375
Unheil 139
Universalisierbarkeit/Universalisierung 71, 108, 111ff., 122, 170, 179, 201, 221, 249, 363
Universalismus 19ff., 26, 108
Universität 435
Universum 98, 104, 451
Unmöglichkeit 223
Unrecht 366f., 416
Unrechtshandlung 412
Unrechtsstaat 125
Unschuld(ige) 322, 388
Unsicherheit 300, 344, 360, 427
Unsterblichkeit 266
Untat 371
Unterdrückung 32, 337
Untergrenze 350
Unterlassung 69f., 73, 174f., 199f., 223f.
Unterlassung des Bösen 177, 194
Unterlegenheit 208
„Untermensch(en)" 241f.
Unterordnung 245, 256f.
Unterschied/Unterscheidung 20, 145, 149, 191, 212, 231, 233, 257, 263, 269, 350, 408, 461
–, konstitutiver 258
–, qualitativer 426
–, wesentlicher 257
Unterstützung 290, 320, 350, 373
Untertreibung 432
Unterversorgung 244
Unterweisung, ethische/religiöse 166
Unumkehrbarkeit 210
Unvereinbarkeit 211
Unverfügbarkeit 261
Unverlierbarkeit 150, 462
Unversehrtheit 148, 264

Unwahrhaftigkeit 439f.
Unwerterklärung 296
Unzeit 338
Urdekalog 165
Ursache 318
Ursache und Wirkung 317
Ursprung 127, 129, 134, 210, 232, 236, 258f.
Ursprung des Lebens 166
Ursprungsbeziehung 142
Urteil 246
–, ethisches/moralisches 120f., 427, 453
–, hypothetisch-apodiktisches 455
–, sittliches 426f.
Urteilsbedarf, ethischer 216
Urteilsbildung 223f.
–, ethische VIII, 1, 71f., 128, 130ff., 207ff., 216f., 232, 410
–, individuelle 218
–, reflektierende 209
Urteilsfähigkeit/-vermögen, ethische(s) 63, 93, 118, 219
Urzustand 384
usus legis (Gebrauch des Gesetzes) 193
–, (bürgerlicher) civilis legis 193, 199
–, (belehrender) didacticus legis 195
–, (überführender) elenchticus legis 193, 195
–, in renatis (in den Wiedergeborenen)196
–, (politischer) politicus legis 193f., 199
–, (theologischer) theologicus legis 195
Utilitarismus 83, 112, 205
Vagheit 328
Variante 318, 320
Vater 252, 439
Vater der Lüge 437
Vater-Tochter-Beziehung 356
Vaterlandsliebe 329
Vaticanum II 19
vegetativ 266
Verabsolutierungsverbot 145
Verachtung/verächtlich 247

Veränderung 2, 133, 170, 282, 310, 313, 363, 424, 466
–, qualitative 324
Veränderungsbedürftigkeit 343
Veränderbarkeit 345
Veranlagung 336
–, sexuelle 363
Verallgemeinerung(sfähigkeit) siehe Universalisierung/Universalisierbarkeit
Verantwortbarkeit 223, 341
Verantwortlichkeit 49, 88, 97ff., 143, 187, 201ff., 217ff., 245, 249, 259, 362, 410, 414
–, ethische/moralische 203, 320, 410, 433
–, existenzielle 202f.
–, rechtliche 203
Verantwortlichkeitsbegriff 202
Verantwortung 15, 28, 34, 36, 82, 97ff., 100, 105f., 131, 143, 149, 203, 206, 211, 264, 282, 297f., 347, 350f., 355, 357, 361f., 386, 425
–, ethische 99, 102, 142f., 197ff., 201f., 211, 260
–, politische 398
Verantwortungsbegriff 201
Verantwortungsbereich 340
Verantwortungsethik 204ff.
Verantwortungsfähigkeit 259
Verantwortungsgefühl 345
Verantwortungsgemeinschaft 355
Verantwortungshorizont 82
Verantwortungslosigkeit 284, 295
Verantwortungsübernahme 210
–, existenzielle 204
verantwortungsvoll 269, 326
Verbesserung 282
Verbindlichkeit 91, 185, 361, 453
Verbindung/Verbundenheit 145, 149, 212, 263, 288, 330, 334f., 408
Verborgenheit 137, 241
Verbot/verboten 12, 39f., 84, 116, 161, 165, 171, 173, 175f., 187, 289, 358, 417, 432, 440
Verbrauch 290
Verbrauchssteuern 375

Begriffsregister 517

Verbrechen 334, 372, 378, 381
Verdammnis 147
Verderben 163, 197, 273
Verdienst 192, 233, 371, 376
Verdienstgedanke 370, 389
Verdienstvolles 202
Verdienst und Würdigkeit 169
Verdrängung 212, 337
Verehrung 259
Vereinbarung 378
Vereinfachung 427
Vereinigung 311f.
Vereinte Nationen (siehe auch UN-Charta) 403
Verewigung 140, 147
Verfälschung 427
Verfahren 367, 381
Verfahrensbedingungen, faire 384
Verfahrensgerechtigkeit 383
Verfahrensordnung 159
Verfallsdatum 358
Verfassung 210f., 266, 363, 447
Verfassungsordnung 467
Verfehlung 95, 143, 146, 172
Verfolgung 317
Verfolgungssituation 401
Verfügbarkeit 225
Verfügung 200, 203, 222
Verführbarkeit (siehe auch Versuchlichkeit) 95
Verführung 96
Verführungsmacht 437
Vergänglichkeit 148, 348
Vergangenheit 210, 436
Vergebung 137, 140, 154, 427, 462, 466
Vergehen 378
Vergeltung 160, 184, 333
Vergeltungsaktion 413
Vergeltungsbedürfnis 160
Vergeltungsbegrenzung 160
Vergeltungsprinzip 160
Vergeltungssucht 160
Vergessenheit 191
Vergewaltigung 21, 325
Vergleich 225, 425
Vergnügen 334
Verhältnis 93, 377, 390

Verhältnisbestimmung 458
Verhältnismäßigkeit 414f., 424
Verhalten 11, 35, 38, 44, 67, 89, 96, 306, 365, 390
–, abweichendes 319
–, äußeres 467
–, sexuelles 312, 343
Verhaltensanweisung 40
Verhaltensdisposition 48, 53, 87, 89, 93, 199, 205, 249, 334, 390
Verhaltenseigenschaft 390
Verhaltenserwartung (siehe auch Erwartung) 33
Verhaltensform, sexuelle 319
Verhaltensgewohnheit 30
Verhaltensmaßstab 179
Verhaltensmöglichkeit 44
Verhaltensmuster 344
Verhaltensregel 33f.
Verhaltenssteuerung 38
Verhaltensstruktur 48
Verhaltensweisen, lebensdienliche 344
Verhandlung 413
Verharmlosung 247
Verheißung 139, 168, 197, 206
–, eschatologische 324
Verheißungswort 168
Verhinderung 225, 277, 357
Verkauf 244
Verkehrtheit 195
Verkündigung 189, 196, 462f.
–, christliche 134, 136, 155, 389
Verkürzung 369
Verlängerung 271, 324
Verlässlichkeit 346
Verlangen 322
Verleihung 243, 389
Verletzung/Verletzlichkeit 238, 266, 341, 345, 379, 381, 440
Verleumdung 246f., 249, 442
Verlieblichung 389
Verliebtheit 330
Verlierer 111
Verlorenheit 155
Verlust 336, 346
Vermehrung 290
Vermeidung 225, 417

Verminderung 344, 425
Vermittlung 352
Vermutung 259
Vernachlässigung 351
Vernichtung (siehe auch annihilatio) 140, 147, 266, 273, 412
Vernunft 27, 29, 56, 69, 79, 111, 123, 126, 134f., 153, 232f., 252, 397, 450f.
-, praktische 102ff., 107, 115, 117, 121ff.
-, profane 396
Vernunftbegabung/-vermögen 56, 104, 384
Vernunfterkenntnis 122
Vernunftgrund 453
Vernunftnatur 362
Vernunftrecht 125
Verordnung 248
Verpflichtung siehe Pflicht
Verrat 442
Verrechtlichung 382, 383
Versachlichung 398
Versäumnis 195
Verschärfung 413
Verschiedenheit 232
-, kulturelle 423
Verschwiegenheit 440
Versenkung 183
Versicherungsbetrug 378
Versöhner 206
Versöhnung 151f., 155, 157
Versorgung 269, 346
Verspottung 317
Versprechen 174, 370
Verstand (siehe auch Vernunft) 153
Verständlichkeit/verstehen 154, 443
Verständnis, reformatorisches 191ff.
Verstorbene(r) 255, 259
Versuch, medizinischer 244
Versucher 96
Versuchlichkeit (siehe auch Verführbarkeit) 150
Versuchsanordnung 52
Vertauschung 361
Verteidigung 41, 411
-, wirksame 413
Verteidigungskrieg 394, 411, 415

Verteilung 375
-, gerechte/ungerechte 274, 423
Verteilungsregel 179, 386
Vertiefung 189, 302, 342
Vertrag 360, 370
Vertrauen 27, 155, 300, 323, 388, 464
Vertrauliches 440
Vertrautheit 11
Verunglimpfung 246, 249, 435
Verunsicherung 225, 310
Verwahrlosung 250, 351
Verwandlung 148, 155
Verwandtschaft 46, 101, 353
Verwandtschaftsbeziehung 329
Verwandtschaftsselektion 46
Verwandtschaftszusammenhang 252
Verweigerung 397
-, ethische 101, 150
Verweis 451f.
Verwerflichkeit, (ethische) 77, 86, 116, 214f., 342, 437
Verwerfung 283, 291f.
Verwitwete 327, 359
Verwundete(r), wehrlose(r) 407
Verwundung 266
Verzehr 244
Verzicht 223, 250, 293, 303, 326, 330, 339
Verzweiflung 193, 195, 249, 330, 365
Vielfalt 312, 368, 372, 382
Vietnamkrieg 415
Vision 154
vision of life 91, 209, 211, 218f., 223
Völkermord 21, 410
Völkerrechtsdiskussion 420
Volk 102ff., 159, 164, 167, 331
Volksfrömmigkeit 152
Volksverhetzung 246f.
Vollendung 127, 138ff., 148, 151, 157, 265, 271, 324
Vollkommenheit 449
Vollversammlung des ökumenischen Rates 392
volonté général 98
volonté de tout 98
Voluntarismus 23f.
voluptas (siehe auch Lust, Vergnügen) 305

Voraussetzung(en) 27, 29ff., 66f., 73, 134ff., 209, 219, 364, 387
–, weltanschauliche 213, 215
Vorbehalt 179, 427
Vorbeugung 273
Vorbild 39f., 102, 233, 362
Vorform 281
vorgeburtlich (pränatal) 252, 276
Vorgeschichte 220
Vorkehrung 303
Vorkern/Vorkernstadium 253f., 288f.
Vorletztes (siehe auch Letztes) 147, 264
Vorordnung siehe Vorrang
Vorrang 256, 285, 348, 458
–, absoluter 386
Vorrangregel 385
Vorsicht 381
Vorsorge 273, 300
Vorsorgevollmacht 300
Vorstellung 81, 266
Vorteil 48, 192, 221, 385f.
–, rechtlicher 360
Vorurteil 123
Vorverständnis 10
Vorwurf 452
–, moralischer 437
Vorzeichen 192, 436
Vorzugswürdigkeit 35, 208, 225

Wachkoma-Patient(en) 242
Wachsamkeit 338
Wachstum 138, 310
Wählbarkeit 202, 344
Waffe(n) 394, 397, 413, 415, 419, 435
Waffenanwendung 398
Waffenverzicht 398
Wahl/Wahlakt/wählen 35f., 38, 67ff., 91, 93, 131, 142, 202f., 232, 295
Wahlergebnis 227
Wahlfähigkeit 93, 96
Wahlfreiheit 167, 203
Wahlkampf 434
Wahlmöglichkeit 210
Wahnsinn 154
Wahrhaftigkeit 188, 193, 296, 430f., 436, 438f., 444
Wahrheit 78, 122, 128f., 135, 154ff., 171, 427, 430ff., 435ff., 449, 451

Wahrheit am Krankenbett 432
Wahrheitsfähigkeit 14, 23
Wahrheitsfrage 430, 438
Wahrheitsgehalt 442
Wahrheitsgemäßheit 26, 435f., 438
Wahrheitswidrigkeit 443
Wahrnehmung 27, 100, 143, 244, 313, 316, 366
Waisenhaus 350
Wandlung 355
Warnung 43, 189, 440
Wasser 423
Wechseljahre 313
Wechselseitigkeit 179
Wechselwirkung 63, 212, 362
–, psycho-physische/-somatische 266
Weg 154f., 298
Weg zum Heil 195
Wegweisung/-weiser 196, 425
Wehrdienst 398
Wehrlosigkeit 437
Wehrpflicht 403
Wehrstand 55
Weihe, religiöse 419
Weisheit 55f., 146, 164, 175, 272f., 439
–, ältere 163
Weisheitsliteratur 158, 162
Weisheit in der Krise 163
Weisung 192, 196
Weitergabe 362
Weitergabe des Lebens 323, 355
Weiterleben 299
Welt 28, 30, 104, 111, 125f., 129, 134f., 144f., 205, 263, 428, 456
Weltanschauung VII, 48, 61, 63, 134f., 142, 145, 259f., 262, 332, 352, 453f., 460
Weltbild 262
–, jüdisch-christliches 257
Weltenbummler 343
Weltende 157
Weltentstehung 157
Welterhaltung siehe Erhaltung der Welt
Weltfriede (siehe auch Friede) 396f., 399
Weltgesellschaft 31
Weltgestaltung 451

Weltgesundheitsorganisation (WHO) 268
Weltkrieg, Erster 393
Weltkrieg, Zweiter 392ff., 415, 417, 420
Weltoffenheit 35
Weltordnung 162f., 368
Weltreich 455
Weltsicherheitsrat 410
Weltverachtung 148, 265
Werk(e) 151, 194
Werkzeug 68
Wert(e) 66, 76, 83, 89, 97, 102, 131f., 145, 147, 157, 194, 213, 235, 237, 285, 378
–, absoluter 235
–, positiver 426
–, relativer 235
Wertethik 82, 204, 206
Wertschätzung 235, 295
Wertung 120, 283, 434
Wertunterschied 234
Wesen
–, endliches 264
–, geschlechtliches 321
–, menschenähnliches 247
–, menschliches 291
–, sexuelles 337
Wesen der Liebe 345
Wesen Gottes 157
Westkirche 151
Wettbewerb 435
Widerfahrnis 198
Widerlegung 43
Widerspruch/Widerspruchsfreiheit 21, 85, 108, 116f., 150, 171, 208, 213f., 218, 250, 257, 359, 450
Widerstand 39, 206, 250, 407
Wiederbewaffnung 395
Wiedergewinnung 217
Wiedergutmachung 159, 379, 381, 416
Wiederherstellung 270
Wiederholung 220, 223ff.
Wiederholungstat 373
Wiederverheiratung 357
Wille/wollen 18, 26, 104, 153, 176, 202f., 239f., 258, 273f., 300, 440

–, freier (liberum arbitrium) 200
–, gebrochener/gebeugter 240
–, guter 193
–, menschlicher 240
–, selbstbestimmter 239
Willensäußerung 238f.
Willensbildungsprozess 361
Willensentscheidung 23
Willensfreiheit (siehe auch Freiheit sowie Handlungsfreiheit) 51
Wille Gottes/gottgewollt 126f., 154, 172, 183, 190, 196f., 199, 392ff., 419, 451, 457
–, eigentlicher 299
–, erhaltender 200
Willensoffenbarung Gottes 162
Willensvorsatz (siehe auch Maxime) 17
Willkür 226, 233, 411f., 457
Willkürentscheidung 382
Willkürgewalt 31
Willkürmaßnahme 247
Willkürregel 18
Wirken Gottes 151ff., 156, 206, 263, 463
Wirken Christi Jesu 189, 271, 463
Wirklichkeit 26, 103f., 155, 210, 437, 462
–, politische 457
Wirklichkeit Gottes 155ff.
Wirklichkeitserkenntnis 23, 155
Wirklichkeitserschließung 151f.
Wirklichkeitsverständnis VII, 1, 28, 91, 209ff.
–, christliches 337
Wirklichkeitswahrheit 438f.
Wirkung(en) siehe Folge(n)
–, doppelte 82
Wirkweise 193
Wirtschaft 60ff., 99, 163, 365, 378, 460
Wirtschaftsethik 3, 328, 431, 465
Wirtschaftskrise 109
Wirtschaftswelt 377
Wissen 126, 145, 264, 283, 427
–, empirisches 455
–, ethisch-orientierendes 62
–, technisch-orientierendes 62
Wissenschaft 60ff., 129, 291, 460
–, alttestamentliche 165

Wissenschaftlichkeit 15
Wissenschaftstheorie 2
Wochenende/Wochentage 170
Wohl 40, 42, 112, 183, 245, 250, 273, 333f.
Wohlbefinden 268
Wohlergehen 72, 83, 110
Wohlordnung siehe Gemeinwohl
–, äußere/innere 366
Wohltätigkeit 335, 443
Wohltat/Wohltun (benefit) 110f., 167, 244, 273, 298, 339, 434
Wohlwollen 190
Wohngemeinschaft 351, 353
Wohnung/Wohnen/Wohnort 10, 271, 342
Wohnverhältnisse 302
Wollen des Menschen (siehe auch Wille/wollen) 194
Wort/Worte/Wörter 4, 427ff., 432ff., 443, 456, 463
–, rechtes 427, 435, 437, 443f.
–, wahrheitsgemäßes 435
Wort Gottes 452f., 467
Würde 22, 110, 150, 157, 232f., 240, 244, 250, 260, 262, 264, 271, 286, 298, 345, 362f., 439, 465
–, differenzierte 232f.
–, gemeinsame 232f.
–, gleiche 233
–, spezifische 244, 258
–, unantastbare 255
Würdeadressat 236, 244f., 340
Würdeträger 236, 244, 251
Würdeverständnis, differenziertes 233
Würdigung 425
Wunderwerk 310
Wunsch/Wünsche 40f., 105, 108, 176, 178f., 243f., 248, 312, 326, 356, 441
Wurzel, sprachliche 10
Wurzener Fehde 411, 427
Wut 366

Zählung 165
Zärtlichkeit 341
Zäsur 392
Zahl 110, 112

Zauberei 159
Zeichen 69, 128f., 137, 152, 154, 316, 432, 463
Zeichengebrauch 432
Zeichensystem 432
Zeit/Zeitpunkt 4, 164, 209f., 274, 296, 300, 303, 413, 427, 429ff., 446
–, rechte 427, 439, 444ff.
–, schwere 334
Zeitbudget 216
Zeitdifferenz 300
Zeitpunkt 253, 255
Zeitraum 359
–, paradiesischer 32
Zeitspanne 358
Zellgebilde 253
Zellhaufen 242
Zentrum der Ethik 1
Zerfall 60
Zerstörung 415
Zeugnis 398, 442, 452
–, falsches 429
Zeugung 252, 342
Ziel 36f., 40, 67, 78, 93, 98, 127, 129, 131, 134, 155, 198, 206, 211, 216ff., 258f., 273f., 279, 324, 339, 387, 390, 397, 404, 415, 424, 434
–, ethisches 188, 350, 425
–, höchstes und letztes 463
–, humanitäres 402
Zielbestimmung 205, 320
Zielperspektive 390, 425
Zielsetzung 40, 380
–, ethische 351
–, therapeutische 279
Zielvorstellung 221, 320
Zinsen 161
Zirbeldrüse 309
Zirkel(schluss)/zirkulär 82, 88, 208, 238
Zivilbevölkerung 417, 419ff.
Zivilperson(en) 406
Zölibat 336
Zone, leere 311
Zuchtmeister 195
Zudringlichkeit 302
Zuerkennung 235
Zufall 36, 232

Zufallsprinzip 274
Zuflucht 195
Zugänglichkeit, subjektive 363
Zugang 441
Zukunft/zukünftig 91, 138, 147, 210, 362, 386, 423, 436
Zukunftschancen 363
Zulassung 152, 292
Zum-Besten-Kehren 442
Zumutbarkeitsklausel 202
Zumutung 184
Zuneigung 176, 184, 332, 334f., 348
Zunge 433, 441
Zurechenbarkeit 68, 73
Zurechnung 204, 466
Zurechtbringung 155
Zurückhaltung 381
Zurücknahme 261
Zusammenarbeit 62
Zusammenfassung 65, 178, 188f.
Zusammenhang 121, 129f., 209
Zusammenleben 18, 41,193, 233, 245, 249f., 279, 284, 298, 343, 360, 363, 384, 391, 424, 426

Zuschreibung 251f., 261, 285
Zuspruch/Zugesprochenes 281, 389
Zustand 67, 252, 422
Zustandekommen 128
Zustimmung 248, 250, 378, 441, 464
Zuteilwerden 101, 199
Zuwendung 149, 182ff., 243, 272, 332, 334, 346, 373
Zwang 31, 240, 336
Zwangsmaßnahme 239
Zwangsmittel 405, 423
Zwangsordnung 404
Zweck (siehe auch Handlungszweck) 67, 76f., 79f., 87, 98, 192, 236ff., 282, 287
Zweierbeziehung/-partnerschaft 320
Zweifel 24, 313, 445
Zweigeschlechtlichkeit 315
Zwei-Reiche-Lehre/Zwei-Regimenten-Lehre 455ff., 467
Zweisamkeit 342
Zwergenweitwurf 248
Zwiespalt 117
Zygote 254, 290